教育部哲学社会科学研究重大课题攻关项目

北京大学儒学研究院
北京大学《儒藏》编纂与研究中心
承担

汤一介 李中华 主编 ——现代卷——
胡军 著

中国儒学史

北京大学出版社

总　序

一、儒学与中华民族的复兴

(一) 儒学的"反本开新"

我们为什么要编著一部《中国儒学史》,这是由于中华民族正处在伟大民族复兴的进程之中。民族的复兴必然与民族文化的复兴相关联,而"儒学"在我国的历史上曾居于主流地位,影响着我国社会生活的方方面面。因此,儒学的复兴和中华民族的复兴是分不开的,这是由历史原因形成的。儒学自孔子起就自觉地继承着夏、商、周三代的文化,从历史上看它曾是中华民族发育、成长的根,我们没有可能把这个根子斩断。如果我们人为地把中华民族曾经赖以生存和发展的根子斩断,那么中华民族的复兴就没有希望了。因此,我们只能适时地在传承这个文化命脉的基础上,使之更新。就目前我国发展的实际情况看,我估计在二十一世纪儒学作为一种精神文化在中国、甚至在世界(特别是在东亚地区)将会有新的发展。为什么儒学会有一个新的发展?原因当然是多方面的,有政治的、经济的原因,更与"西学"(主要指作为精神文化的西方哲学等等)对中国传统文化(特别是儒学)所进行的全方位的冲击有着更密切的关系。回顾百多年来中国的历史,在相当长的时期里,中国文化("中学")在与西方文化("西学")的搏击中节节败退,"全盘西化"(或"全盘苏化")占尽上风,甚至"打倒孔家店"成为某些中国知识分子标榜"进步"的口号。可是在这样艰难的"中学"日衰的形势下,中国仍然有一代又一代的学人,一方面坚忍地传承着中国文化的优秀传统,另一方面又以广阔的胸怀融合着"西学"的精华。他们深信"中学",特别是"儒学"不会断绝,自觉地承担着中国传统文化"存亡继绝"和复兴中国文化的使命。因此,正是由于"西学"对中国文化的冲击,使得我国学者得到了对自身文化传统进行自我反省的机会。我们逐渐知道,在我们的文化传统中应该发扬什么、应该抛弃什么,以及应该吸收什么。因而在长达一百多年中,我们中国人在努力学习、吸收和消化"西学",这为儒学从传统走向现代奠定了基础。新的现代儒学必须是能为中华民族的复兴、能为当今人类社会"和平与发展"的前景提供有意义的精神力量的儒学;应该是有益于促进各民族结成团结、友好、互信、互助、和睦相处的大家庭的儒学;新的现代儒学该是"反本开新"的儒学。"反本"才能"开新","反本"更重要的是为了"开新"。"反本"必须要对儒学的源头有深刻的了悟,坚持自身文化的主体性。我们对儒学的来源及其发展了解得越深入,它才会越有对新世纪的强大生命力。"开新"要求我们全面、系统地了解当今人类社会所面临的亟待解决的生存和发展的重大问题和思想文化发展的总趋势,这必须对儒学作出适时的、合乎时代的新解释。"反本"和"开新"是不能分割的,只有深入发掘儒家思想的真精神,我们才可能适时地开拓儒学发展的新局面;只有敢于面对当前人类社会存在的新问题,才能使儒学的真精神得以发扬和更新,使儒家在二十一世纪的"反本开新"中"重新燃起火焰",以贡献于人类社会。

(二)儒学与"新轴心时代"

当今世界处于全球化的形势下,人类社会面临着的是一个大变动的时代,正因为在这人类社会处于全球化的时代,使得各国、各民族在政治、经济、文化诸多方面处在错综复杂、矛盾重重的关系之中。人类社会如何从这种复杂的矛盾关系之中找出一条出路?在进入第三个千年之际,世界各地的思想界出现了对"新轴心时代"的呼唤,这就要求我们更加重视对古代思想智慧的温习与发掘。回顾我们文化发展的源头,希望从人类的历史文化智慧中找出一条能使世界走上健康合理的"和平与发展"道路,这无疑是各国人民所希望的前景。"轴心时代"的概念是由德国哲学家雅斯贝尔斯(1883—1969)提出的。他认为,在公元前500年前后,在古希腊、以色列、印度、中国、古波斯都出现了伟大的思想家。在古希腊有苏格拉底、柏拉图,以色列有犹太教的先知,印度有释迦牟尼,中国有老子、孔子,古波斯有索罗亚斯特,等等,形成了不同的文化传统。这些文化起初并没有互相影响,都是独立发展起来的。这些文化传统经过两千多年的发展,在相互影响中已成为人类文明的共同精神财富。雅斯贝尔斯说:"人类一直靠轴心时代所产生、思考和创造的一切而生存,每一次新的飞跃都回顾这一时期,并被它重新燃起火焰。自那以后,情况就是这样。轴心期潜力的苏醒和对轴心期潜力的回忆,或曰复兴,总是提供了精神力量。对这一开端的复归,是中国、印度和西方不断发生的事情。"①例如,我们知道,欧洲的文艺复兴就是把其目光投向其文化的源头古希腊,而使欧洲文明重新燃起新的光辉,并对世界产生重大影响。中国的宋明理学(新儒学)在印度佛教文化的冲击后,充分吸收和消化了佛教文化,再

---

① 〔德〕卡尔·雅斯贝尔斯:《历史的起源与目标》,魏楚雄、俞新天译,华夏出版社,1989年,第14页。

次回归先秦孔孟，把中国儒学提高到一个新的水平，并对朝鲜半岛、日本、越南的文化发生过重大影响。

在人类社会进入新千年之际，人类文化是否会有新的飞跃？雅斯贝尔斯为什么特别提到中国、印度和西方对轴心期的回忆，或曰"复兴"的问题？这是不是意味着，中华文化又有一次"复兴"的机会？我认为，答案应是肯定的。当前，中华民族正处在民族复兴的进程之中，而民族的复兴要以民族文化的复兴为精神支柱。毋庸讳言，"国学热"的兴起，可以说预示着我们正在从传统中找寻精神力量，以便创造新的中华文化，以"和谐"的观念贡献于人类社会。我们可以看出，自上个世纪末，我国学术界出现了对中国传统文化研究重视的趋势；而进入二十一世纪则逐渐成为一种社会潮流，"读经"、"读古典诗词"，恢复优良的道德修养传统，蔚然成风，不少中小学设有读《三字经》、《弟子规》、《论语》、《老子》等等的有关课程内容。社会各阶层、团体、社区也办起了读古代经典的讲习班和讲座等等。这一潮流，也影响着我国的高层领导人。胡锦涛总书记在十七大的报告中提出"弘扬中华文化，建设中华民族共有精神家园"，将对有力地推动中华文化的发展产生重要影响。我们应特别注意的是，中国一批知识分子在深入研究中国自身文化传统的同时，对当今世界文化发展的总趋势更加关注，并已有较深的研究。他们知道，中国文化必须在传承中更新，这样中国文化才能得以真正的"复兴"，而"重新燃起新的火焰"。我们还可以看到，世界各国人民对中国文化的重新认识和欢迎，两百多所"孔子学院"的建立，儒学经典将要被译成外国的八种文字，这无疑可以说是儒学在"新轴心时代"得以"复兴"的明证。我认为，中国文化必须在坚持自身文化的主体性中"复兴"，必须在吸收其他各民族文化、特别是西方先进文化的优秀成果中"复兴"，必须在深入发掘中国文化的特殊价值以贡献于人类社会中复兴，当然也必须在努力寻求我们民族文化中具有"普世价值"意义的资源中"复兴"。因此，我们期待着和各国的学者一起,为建设全球化形势下文化的"新轴心时代"而努力。在欧洲,经过解构性的后现代主义对"现代性"思潮的批判之后,出现了以过程哲学为基础的"建构性的后现代主义",他们认为:"建设性的后现代主义对解构性的后现代主义的立场持批判态度,……以建构一个所有生命共同福祉都得到重视和关心的后现代世界。"①建构性的后现代主义还认为,在崭新的时代,每个人的权利都获得尊重,如果说第一次启蒙的口号是"解放自我",那么新世纪的第二次启蒙的口号则是尊重他者,尊重差别,他们提出"人和自然是一生命共同体"的宇宙有机整体观,以此反对"现代二元论的科学主义和工具理性"。里夫金在他的《欧洲梦》中强调,在崭新的时代,每个人的权利都获得尊重,文化的差异受到欢迎,每个人都在地球可以维持的范围内享受着高质量生活(不是奢侈生活),而人类生活在安定与和谐之中。② 因此,他们认为,必须对自身前现代传统的某些观念加以重视,要重视两千多年前哲人的智慧。印度在1947年取得了独立。在争取独立的过程中,许多民族运动的领袖都把印度的传统思想作为一种精神武器。国大党的领袖甘地采取把印度教和民族运动结合在一起的策略,因此国大党在指导思想和人员构成上都有明显的印度教特征。③ 二十世纪中期印度思想家戈尔瓦卡就提出:印度必须建立强大的印度教国家,他特别强调"印度的文明是印度教的文明"。④ 他们认为,只有把印度人民的宗教热忱和宗教精神注入到政治中,才是印度觉醒和复兴的必要条件。因此,印度民族的复兴必须依靠其自身印度教的思想文化传统。印度人民党同样崇奉印度教,它是一种以"印度文化为核心的民族主义或者

---

① 《为了共同福祉——约翰·科布访谈》(王晓华访问记),上海:《社会科学报》,2002年6月13日。
② 参见〔美〕杰里米·里夫金:《欧洲梦》序言,杨治宜译,重庆出版社,2006年,第8页。
③ 参见丁浩:《浅析印度国大党的教派主义倾向及其影响》,见于《重庆科技学院学报(社会科学版)》,2007年第1期。
④ 参见汝信总主编:《世界文明大系·印度文明卷》,中国社会科学出版社,2004年,第554页。

称为'印度教特性'"。他们认为,"可将印度现在同过去的光辉连接起来","以印度教意识和认同来重建印度"。① 人民党的思想家乌帕迪雅耶提出的"达磨之治论",就是要把印度教"种姓达磨"观念与现代人道主义思想结合起来,其目的是要用这种学说来捍卫印度教的传统文明和精神,抵御西方文化的侵袭和影响。国大党和人民党交替执政,就说明印度教在印度的复兴。② 这有力地说明印度正是"新轴心时代"兴起的一个重镇。这是不是可以说,在全球化的情况下,中国、印度和欧洲都处在一个新的变革时期,他们都将再一次得到"复兴"的机会?我认为,雅斯贝尔斯的看法是有远见的。这里,我必须说明,我并没有要否定其他民族文化也同样将会得到"复兴"的机会,如拉美文化、中东北非地区的伊斯兰文化等等。但是,无论如何,中国、印度、欧洲(欧盟)的"复兴"很可能预示着"新轴心时代"的到来。

(三) 儒学的三个视角

在这可能即将出现的"新轴心时代",面对着的与两千多年前的那个"轴心时代"的形势是完全不同了。全球化已把世界连成一片,任何国家、任何民族所要解决的不仅是其自身社会的问题,而且要面向全世界。因此,世界各国、各民族理应将会出现为人类社会走出困境的大思想家或跨国大思想家集团。实际上,各国各民族的有些思想家已在思考和反省人类社会如何走出当前的困局、迎接一个新时代的种种问题。在此情况下,各国、各民族的历史文化经验和智慧,无疑是十分重要的。因此,对影响中国社会两千多年历史的主流文化"儒学"应有一总体的认识和态度是很必要的。

由于儒学是历史的产物,又有两千多年的历史,对它有种种不同的看法应说是很自然的。在今天全球化、现代化的时代,我们应该或

---

① 参见曹小冰:《印度特色的政党和政党政治》,当代中国出版社,2005年,第237页。
② 参见汝信总主编:《世界文明大系·印度文明卷》,第555—558页。

可能怎样看儒学,我认为也许可以从三个不同的角度来考察儒学:一是政统的儒学,二是道统的儒学,三是学统的儒学。(一)政统的儒学:政治化的儒学曾长期与中国历代专制政治结合,所提倡的"三纲六纪"无疑对专制统治起过重要作用。儒家特别重视道德教化,因而对中国社会在一定程度上起着稳定的作用。但是,把道德教化的作用夸大,使中国重"人治"而轻"法治",而且很容易使政治道德化,从而美化政治统治;又使道德政治化,使道德成为为政治服务的工具。当然,在专制政治统治的压迫下,儒家的"以德抗位"、"治国平天下"的"王道"理想也并非完全丧失。不过总的说来,政治的儒学层面对当今的社会而言可继承的东西并不太多,它存在着较多的问题。(二)道统的儒学:任何一个成系统有历史传承的学术派别,必有其传统,西方是如此,中国也是如此。从中国历史上看,儒、道、释三家都有其传统。儒家以传承夏、商、周三代文化为己任,并且对其他学术有着较多的包容性,他们主张"万物并育而不相害,道并行而不相悖"。但既成学派难免就会有排他性。因此,对"道统"的过分强调就可能形成对其他学术文化的排斥,而形成对异端思想的压制。在历史上某些异端思想的出现,恰恰是对主流思想的冲击,甚至颠覆,这将为新的思想发展开辟道路。(三)"学统的儒学"是指其学术思想的传统,包括它的世界观、思维方法和对真、善、美境界的追求等等。虽不能说儒学可以解决人类社会存在的一切问题,但儒学在诸多方面可为人类社会提供有意义的、较为丰厚的资源是无可否认的,应为我们特别重视。我这样区分,并不是说这三者在历史上没有关系,甚至可以说在历史上往往是密不可分的,只是为了讨论方便,为了说明我们应该更重视哪一个方面。基于此,我认为,当前甚至以后,儒学的研究不必政治意识形态化,让学术归学术;而且儒学应更具有"海纳百川"的气度,在与各种文化的广泛对话中发展和更新自己。

既然我们对儒学要特别重视的是其"学统",那么我们应该如何从

"学统"的角度来看儒学,我有以下四点看法:(一)要有文化上的主体意识。任何一个民族的生存与发展必须植根于自身文化土壤之中,必须有文化上的自觉,只有对自身文化有充分的理解与认识,保护和发扬,它才能适应自身社会合理、健康发展的要求,它才有吸收和消化其他民族文化的能力。一个没有能力坚持自身文化的自主性的民族,也就没有能力吸收和融化其他民族的文化以丰富和发展其自身文化,它将或被消灭,或被同化。(二)任何文化要在历史长河中不断发展,必须不断地吸收其他民族文化,在相互交流与对话中才能得到适时的发展和更新。罗素说得对:"不同文明的接触,以往常常成为人类进步里程碑。"[①]在历史上,中华文化有着吸收和融化外来印度佛教文化的宝贵经验,应该受到重视。在今天全球化的时代,面对西方的强势文化,我们应更加善于吸收和融合西方文化和其他各民族的优秀文化,以使中华文化更具有世界意义。(三)社会在不断发展,思想文化在不断更新,但古代思想家提出和思考的文化(哲学)问题,他们的思想的智慧之光,并不因此就会过时,有些他们思考的问题和路子以及理念可能是万古常新的。雅斯贝尔斯认为:在科学方法的运用上,我们可以说我们所处的时代是超过了亚里士多德,但就哲学本身而言,我们很难再达到苏格拉底和柏拉图的水准。哲学历史的某些发展是显而易见的,但我们并不能由此得出结论说,后代的哲学家就一定超过前代。[②] (四)任何历史上的思想体系,甚至现实存在的思想体系,没有完全正确的,没有放之四海而皆准的绝对真理的学说,它必然有其局限性,其体系往往包含着某些内在矛盾,即使其中具有普遍意义(价值)的精粹部分也往往要给以合理的现代诠释。恩格斯在《反杜林论》草稿片断中说:"在黑格尔以后,体系说不可能再有了。十分明显,世

---

① 《中西文明的对比》,见罗素:《中国问题》,学林出版社,1996年,第146页。
② 参见《论雅斯贝尔斯的世界哲学及世界哲学史的观念——代"译序"》,载〔德〕雅斯贝尔斯:《大哲学家》,李雪涛等译,社会科学文献出版社,2005年,第12页。

界构成一个统一的体系,即有联系的整体。但是对这个系统的认识是以对整个自然界和历史的认识为前提的,而这一点是人们永远也达不到的。因而,谁要想建立体系,谁就得用自己的虚构来填补无数的空白,即是说,进行不合理的幻想,而成为一个观念论者。"① 这里所说的"体系"是指那种无所不包的、自以为是放之四海而皆准的"绝对真理"。"绝对真理"往往都是谬误之论。罗素在其《西方哲学史》中说:"不能自圆其说的哲学决不会完全正确,但是自圆其说的哲学满可以全盘错误。最富有结果的各派哲学向来包含着显眼的自相矛盾,但是正为了这个缘故才部分正确。"② 我认为这两段话对我们研究思想文化都很有意义。因为任何思想文化都是在一定历史条件下产生的,它不可能完全解决人类社会今天和明天的全部问题,就儒学来说也是一样的。正因为儒学是在历史中的一种学说,才有历代各种不同诠释和批评,而今后仍然会不断出现新的诠释,新的发展方向,新的批评,还会有儒家学者对其自身存在的内在矛盾的揭示。在人类社会进入全球化的时代,不断反思儒学存在的问题(内在矛盾),不断给儒学新的诠释,不断发掘儒学的真精神中所具有的普遍性意义和特有的理论价值,遵循我们老祖宗的古训"日日新,又日新",自觉地适时发展和更新其自身,才是儒学得以复兴的生命线。

(四)儒学与"忧患意识"

"儒学"在中国传统文化中相对于佛道有一特点,即它的"入世"精神,并基于此"入世"精神而抱有较为强烈的忧患意识。《周易·系辞

---

① 〔德〕恩格斯:《世界是有联系的整体·对世界的认识》,载《恩格斯著〈反杜林论〉参考资料》附录,北京大学哲学系编,1962年,第137页。
② 〔英〕罗素:《西方哲学史》下册,马元德译,商务印书馆,1963年,第143页。

下》中说:"作《易》者,其有忧患乎?"①自孔子以来,从中国历史上看,儒家学者多对社会政治抱有"以天下为己任"的忧患意识。儒家的这种"忧患意识"也许可以说是儒家不同于现代知识分子的一种对社会政治的中国士大夫特有的批判精神。它是由于儒家始终抱有的对天下国家一种不可推卸的社会责任感和历史使命感而产生的。孔子生活在"天下无道"的春秋时代,《说苑·建本篇》说:"公扈子曰:春秋,国之鉴也。春秋之中,弑君三十六,亡国五十二。"孔子对此"礼坏乐崩"的局面有着深刻的"忧患意识",我们查《论语》,有多处讲到"忧"(忧虑,忧患),其中"君子忧道不忧贫"可说是代表着孔子的精神。"道"是什么?就是孔子行"仁道"的理想社会,其他富贵贫贱等等对孔子是无所谓的。《论语·阳货》中有一段表现孔子"忧国忧民"的抱负:"公山弗扰以费畔,召,子欲往,子路不悦,曰:'末之也,已,何必公山氏之之也!'子曰:'夫召我者,而岂徒哉!如有用我者,吾其为东周乎!'"孔子认为,假若有人用他治世,他将使周文王、武王之道在东方复兴。可见,孔子所考虑的问题是使"天下无道"的社会变成"天下有道"的社会。在《礼记·檀弓下》有一则孔子说"苛政猛于虎"的故事,这深刻地表现着他"忧国忧民"的"忧患意识"。这种"忧患意识"体现着孔子"仁民"的人道精神,同时也表现了他对"苛政"的批判意识。孟子有句常为人们所称道的"名言":"生于忧患而死于安乐",这种"忧患意识"正是因为他要"以天下为己任",而批判那些"入则无法家拂士,出则无敌国外患"的诸侯君王。我们读《孟子》也许只有十分深切地感受到中国士大夫所有的"富贵不能淫,贫贱不能移,威武不能屈"的精神,才能真正地立于天地之间而无愧。我认为,这不能不说是中国儒者特有的批判精神。有这种精神,就可以抵制和批判一切邪恶,甚至可以"大义灭亲"、

---

① 《周易·系辞下》中还说:"君子安而不忘危,存而不忘亡,治而不忘乱,是以身安而国家可保也。"司马迁《报任安君书》中说:"盖西伯拘而演《周易》,……大氐圣贤发愤之所为作也。"周文王演《周易》正是基于其"忧患意识"。

"弑父弑君"。① 周公不是为了国家百姓杀了他的亲兄弟吗?② 管仲不是初助公子纠,后又相桓公,孔子还说他"如其仁,如其仁"吗?③ 当齐宣王问孟子:"汤放桀,武王伐纣,有诸?"孟子回答说:那些残害"仁义"的君王之被杀只是杀了个"独夫"吧!④

在中国古代的传统社会中,君王对社会政治无疑起着极大的作用,因此臣下能对君王有所规劝是非常重要的。《郭店楚简·鲁穆公问子思》一条:

> 鲁穆公问于子思曰:"何如而可谓忠臣?"子思曰:"恒称其君之恶者,可谓忠臣矣。"公不悦,揖而退之。成孙弋见,公曰:"向者吾问忠臣于子思,子思曰:'恒称其君之恶者,可谓忠臣矣。'寡人惑焉,而未之得也。"成孙弋曰:"噫,善哉言乎! 夫为其君之故杀其身者,尝有之矣。恒称其君之恶,未之有也。夫为其君之故杀其身者,效禄爵者也。恒称其君之恶者,远禄爵者也。为义而远禄爵,非子思,吾恶闻之矣。"

这段故事说明,历史上有些儒者总是抱着一种"居安思危"的情怀,为天下忧。子思认为能经常批评君王的臣子才是"忠臣",成孙弋为此解释说:只有像子思这样的士君子敢于对君王提出批评意见,这正因为他们是不追求利禄和爵位(金钱与权力)的。中国历史上确有一些儒学者基于"忧国忧民"的"忧患意识"而能持守此种精神。汉初,虽有文景之治,天下稍安,而有贾谊上《陈政事疏》谓:"进言者皆曰天下已安已治矣,臣独以为未也。曰安且治者,非愚则谀,皆非事实知治乱之体者也。"贾谊此《疏》义同子思。盖他认为,治国有"礼治"和"法治"两套,"夫礼者禁于将然之前,而法者禁于已然之后,是故法之所用

---

① 事见《左传》隐公四年。
② 事见《史记·管蔡世家》。
③ 见《论语·宪问》,又见《左传》庄公八年和九年。
④ 见《孟子·梁惠王下》。

易见,而礼之所为生难知也。"他并认为此"礼治"和"法治"两套对于治国者是不可或缺。此"礼法合治"之议影响中国历朝历代之政治制度甚深。在中国历史上有"谏官"之设,《辞源》"谏官"条说:"掌谏诤之官员。汉班固《白虎通·谏诤》:'君至尊,故设辅弼置谏官。'谏官之设,历代不一,如汉唐有谏议大夫,唐又有补阙、拾遗,宋有左右谏议大夫、司谏、正言等。"按:在中国历史上的"皇权"社会中,"谏官"大多虚设,但也有少数士大夫以"忧患意识"之情怀而规劝帝王者,其"直谏"或多或少起了点对社会政治的批判作用。此或应作专门之研究,在此不赘述。

宋范仲淹有《岳阳楼记》一篇,其末段如下:

> 嗟夫!予尝求古仁人之心,或异二者之为,何哉?不以物喜,不以己悲;居庙堂之高则忧其民,处江湖之远则忧其君。是进亦忧,退亦忧。然则何时而乐耶?其必曰"先天下之忧而忧,后天下之乐而乐"乎。噫!微斯人,吾谁与归!

这段话可说是表达出大儒学者之心声。盖在"皇权"统治的专制社会中,儒学之志士仁人无时不能不忧,其"忧民"是其"仁政"、"王道"理想之所求,而此理想在那专制制度下,是无法实现的,故不能不忧。其"忧君",则表现了儒家思想之局限,仅靠"人治"是靠不住的。在"皇权"的专制制度下,仁人志士之"忧"虽表现其内在超越之境界,但终难突破历史之限度。儒学者可以"杀身成仁"、"舍生取义",但不仅不能动摇"皇权"专制,反而可能在某种程度上帮助巩固了皇权统治。这或是历史之必然,不应责怪这些抱有善良理想良知之大儒,他们的主观愿望是可歌可涕的。个人的善良愿望必须建立在变革这专制制度上才可能有一定程度上之实现。

儒家的"忧患意识"虽说对"皇权"专制有一定的批判作用,但它毕竟不同于现代社会中知识分子的"批判意识"。这是因为现代知识分子的"批判意识"是建立在"人人平等"的基础之上。现代知识分子的"批判意识"不仅仅是对某个个人批判,而必须是根据理性对某种制度的批判。面对今日中国社会风气败坏、信仰缺失之现实,必须把儒家原有的具有一定程度批判精神的"忧患意识",提升至对社会政治制度的批判,而不能与非真理或半真理妥协,因此它应当是得到"自由"和"民主"保障的有独立精神的批判。① 可是话又要说回来,无论如何,儒家这种"居安思危"的"忧患意识"中包含的某种程度的批判精神和勇气,仍然是我们要在继承的基础上认真总结,并把它提高到现代知识分子的批判精神上来的。在中华民族伟大复兴的过程之中,儒家基于社会责任感和历史使命感的"忧患意识"在我们给以新的诠释的情况下,将使我民族能够不断地反省,努力地进取,并使儒学得以日日新,又日新,中华民族得以常盛不衰。

(五) 儒学与"和谐社会"建设

在二十一世纪初,我国提出建设"和谐社会"的要求,这将对人类发展的前景十分重要,并会对人类社会健康合理生存产生深远影响。我们知道,"和谐"是儒学的核心概念,在我国传统儒学中包含着"和谐社会"的理想以及可以为建设"和谐社会"提供的大量有意义的思想资源。《礼记·礼运》中的"大同"思想可以说已为中华民族勾画出一幅"和谐社会"的理想蓝图。《论语》中的"礼之用,和为贵",将会对调节

---

① 参见拙作《五四运动的反传统与学术自由》,台湾联经出版事业公司,1989年。该文中有如下两段:"中国知识分子大都对社会有着强烈的社会责任感和历史使命感;'天下兴亡,匹夫有责',他们为了尽社会责任和完成历史使命可以'杀身成仁'、'舍生取义'。中国知识分子这种对国家和民族命运的关怀,无疑是十分可贵的。但是也正因为这种过分强烈的社会责任感和历史使命感,而使他们陷于'急功近利',而要直接参与政治,去从政做官了。我不知道这对中国社会是'幸'还是'不幸',不过我私以为'不幸'的成分为多。照我看,知识分子应该是以创造知识和传播知识为谋生手段。他们对政治的意义在于批判、议论,他们应有不与非真理和半真理妥协的良心。""中国知识分子由于超强的社会责任感和历史使命感往往由'不治而议'走向'治而不议',把'做官'看成是他们最重要的使命,从而失去他们对社会政治的批判功能,并且很可能成为政治权利的附庸。"

人们社会生活之间的关系有着重要的意义;"和而不同",又可以为不同民族和民族之间的"和平共处"提供某种理据。《中庸》中的"中和"思想,要求在各种关系之间掌握适合的度,以达到万事万物之"和谐"的根本。特别是《周易》中的"太和"①观念经过历代儒学思想家的阐发,已具有"普遍和谐"的意义。"普遍和谐"包含着"人与自然"、"人与人"(人与社会、国家与国家、民族与民族)、"人的自我身心内外"等诸多方面"和谐"的意义,所以王夫之说"太和"是"和之至",意即"太和"是最完美的"和谐"。所有这些包含在儒家经典中的"和谐"思想,为中国哲学提供了一种对人类社会极有价值的世界观和思维方式。

复兴儒学要有"问题意识"。当前我国社会遇到了什么问题,全世界又遇到了什么问题,都是复兴儒学必须考虑的问题。对"问题"有自觉性的思考,对"问题"有提出解决的思路,由此而形成的理论才是有真价值的理论。当前,我国以及全世界究竟遇到些什么重大问题?近一二百年来,由于对自然界的无量开发,残酷掠夺,造成了生态环境的严重破坏。由于人们片面物质利益的追求和权力欲望的无限膨胀,造成了人与人之间以及国家与国家之间的矛盾与冲突,以至于残酷的战争。由于过分注重金钱和感官享受,致使身心失调,人格分裂,造成自我身心的扭曲,吸毒、自杀、杀人,已成为一种社会病。因此,当前人类社会需要解决,甚至今后还要长期不断解决的"人与自然"、"人与人"(人与社会、国与国、民族与民族)、"人自我身心"之间的种种矛盾问题,无疑是人类要面对的最大课题。其中"人"的问题是关键。

针对上面提出的三个方面的问题,我认为,儒学可以为当今人类社会提供若干有益的思想资源。

(一)儒家"天人合一"(合天人)的观念将会为解决"人与自然"之间的矛盾提供某些有意义的思想资源。1992年世界一千五百七十五

---

① 《周易·乾卦·彖辞》:"乾道变化,各正性命,保合太和,乃利贞。"

名科学家发表的《世界科学家对人类的警告》说:"人类和自然正走上一条相互抵触的道路。"造成这种情况不能说与西方哲学曾长期存在"天人二分"的思维模式没有关系。罗素在《西方哲学史》中说:"笛卡尔的哲学,……它完成了、或者说极近乎完成了由柏拉图开端而主要因为宗教上的理由经基督教哲学发展起来的精神、物质二元论……笛卡尔体系提出来精神界和物质界两个平行而彼此独立的世界,研究其中之一能够不牵涉另一个。"①这就是说,在西方哲学中长期把"天"和"人"看成是相互独立的,研究"天"可以不牵涉"人";研究"人"也可以不牵涉"天",这可以说是一种"天人二分"的思维模式(但进入二十世纪,西方哲学有了很大变化,已有西方哲学家打破"天人二分"的定式,如怀德海②)。而中国"天人合一"是说在"天"和"人"之间存在着相即不离的内在关系,研究其中一个必然要牵涉另外一个。《周易》是我国一部最古老重要的大书,它是中国哲学的源头。《郭店楚简·语丛一》:"易,所以会天道人道也。"《周易》是一部会通天道、人道所以然的道理的书。也就是说它是一部讲"天人合一"的书。对如何了解"天人合一"思想,朱熹有段话很重要,他说:"天即人,人即天。人之始生,得于天也;既生此人,则天又在人矣。"③"天"离不开"人","人"也离不开"天"。人初产生时,虽然得之于天,但是一旦有了人,"天"的道理就要由"人"来彰显,即"人"对"天"就有了责任。"天人合一"作为一种世界观和思维模式,它要求人们不能把"人"看成是和"天"对立的,这是由

---

① 〔英〕罗素:《西方哲学史》下册,马元德译,商务印书馆,1988年,第91页。
② 《怀德海的〈过程哲学〉》(刊于2002年8月15日上海《社会科学报》)中说:"(怀德海)的过程哲学(process philosophy)把环境、资源、人类视为自然中构成密切相连的生命共同体,认为应该把环境理解为不以人为中心的生命共同体。这种新型生态伦理,对于解决当前的生态危机具有重要的现实意义。过程哲学是生态女性主义的思想之根,因为生态女性主义的哲学基础是彻底的非二元论,是对现代二元思维方式的批判,而怀德海有机整体观念,正好为它提供了进行这种批判的理论根据。"可见,现代一些西方哲学家已经对"天人二分"的二元对立的思维模式作出反思,并且提出了"自然"与"人"构成"密切相连的生命共同体"。
③ 《朱子语类》,中华书局,1986年,第387页。

于"人"是"天"的一部分,破坏"天"就是对"人"自身的破坏,"人"就要受到惩罚。因此,"天人合一"学说认为,"知天"(认识自然,以便合理地利用自然)和"畏天"(对"自然"应有所敬畏,要把保护自然作为一种神圣的责任)是统一的。① "知天"而不"畏天",就会把"天"看成一死物,不了解"天"乃是有机的生生不息的刚健大流行,所以《周易·乾·象》中说:"天行健,君子以自强不息。"这即是说"天"与"人"为持续发展着的"生命的共同体"。"畏天"而不"知天",就会把"天"看成外在于"人"的神秘力量,而使人不能真正得到"天"(自然)的恩惠。所以"天人合一"思想要求"人"应担当起合理利用自然,又负责任地保护自然的使命。"天人合一"这种思维模式和理念应该说可以为解决当前"生态危机"提供某些有意义的思想资源。

(二)"人我合一"(同人我)的观念将会为解决"人与人(社会)"之间的矛盾提供某些有意义的思想资源。"人我合一"是说在"自我"和"他人"之间存在着一种相即不离的内在关系。为什么"自我"和"他人"之间存在着相即不离的内在关系?《郭店楚简·性自命出》中说:"道始于情。"人世间的道理(人道)是由情感开始的,这正是孔子"仁学"的出发点。孔子的弟子樊迟问"仁",孔子回答说"爱人"。这种爱人的品质由何而来呢?《中庸》引孔子的话说:"仁者,人也,亲亲为大。""仁爱"的品德是人本身所具有的,爱自己的亲人是最根本的。但孔子的儒家认为"仁爱"不能停留在只是爱自己的亲人,而应该由"亲亲"扩大到"仁民"以及"爱物"。孟子说:"亲亲而仁民,仁民而爱物。"②

---

① 康德的墓志铭上写着:"有两样东西,我们愈经常愈持久地加以思索,它们愈使心灵充满不断增长的景仰和敬畏:在我们之上的星空和我心中的道德法则。"是不是说,康德也认为应对"天"有所敬畏呢? 这和孔子的"畏天命"是不是有相通之处呢?

② 见《孟子·尽心上》。《中庸》中说:"唯天下至诚,为能尽其性;能尽其性,则能尽人之性;能尽人之性,则能尽物之性;能尽物之性,则可以赞天地之化育;可以赞天地之化育,则可以与天地参矣。"此可以为孟子"亲亲而仁民,仁民而爱物"之开展。因此,孔孟之"仁爱"学说,不仅可以为解决"人与人"之间关系,也可以为解决"人与自然"之间关系,提供有意义的思想资源。

所以《郭店楚简》中说："孝之蚤,爱天下之民","亲而笃之,爱也;爱父其继爱人,仁也"。如果把爱自己的亲人扩大到爱他人,那么社会不就可以和谐了?如果一个国家、一个民族把爱自己国家、自己民族的"爱"扩大到对别的国家、别的民族的爱,那么世界不就可以和平了吗?把"亲亲"扩大到"仁民",就是要行"仁政"。在《论语》中虽然没有出现"仁政"两字,但其中却处处体现着"仁政"思想,如"博施于民,而能济众","举贤才","泛爱众","导之以德,齐之以礼"等等,都是讲的"仁政"。孔子的继承者孟子讲"仁政",意义也很广泛,我认为最重要的是他说:"民之为道也,有恒产者有恒心,无恒产者无恒心。"意思是说,对老百姓的道理,要使老百姓都有一定的固定产业,他们才能有一定的道德观念和行为准则。没有一定的固定产业,怎么能让他有相应的道德观念和行为准则呢!所以孟子说:"夫仁政,必自经界始。""仁政",首先要使老百姓有自己可以耕种的土地。我想,我们今天要建设"和谐社会",首要之事就是要使我们的老百姓都有自己的固定产业,过上安康幸福的生活。就全人类说,就是要使各国、各民族都能自主地拥有其应有的资源和财富,强国不能掠夺别国的资源和财富以推行强权政治。所以"人"与"人"、"国家"与"国家"之间的协调和相互爱护的"人我合一"思想对建设"和谐社会"、"和谐世界"应是有意义的。

(三)"身心合一"(一内外)将会为调节自我身心内外的矛盾提供某些有意义的思想资源。"身心合一"是说肉体生命与精神生命之间存在着一种相即不离的和谐关系。儒家认为达到"身心合一"要靠"修身"。《郭店楚简·性自命出》中说:"闻道反己,修身者也。"意思是说,知道了做人的道理,就应该反求诸己,这就是"修身"。所以《大学》认为,"修身"、"齐家"、"治国"、"平天下","自天子以至于庶人,壹是皆以修身为本,其本乱而末治者否矣。"《中庸》里面也说:"为政在人,取人以身,修身以道,修道以仁。"社会靠人来治理,让什么人来治理要看他自身的道德修养,修养是以符合不符合"道"为标准,做到使社会和谐就要有"仁爱"之心。这里,把个人的道德修养(修身)与"仁"联系起来,正说明儒家思想的一贯性。《郭店楚简·性自命出》中说:"修身近至仁"。修身是为达到实现"仁"的境界的必有过程。因此,儒家讲"修身"不是没有目标的,而是为了"齐家"、"治国"、"平天下",即希望建设"和谐社会"。《礼记·礼运》中所记载的"天下为公"的"大同"社会就是儒家理想和谐社会的蓝图。如果一个社会有了良好的制度,再加之以有道德修养的人来管理这个社会,社会上的人都能"以修身为本",那么这个社会也许就可以成为一个"和谐的社会",世界就可以成为一个"和谐的世界"吧!

冯友兰先生把"人生"分成四种"境界":自然境界,功利境界,道德境界,天地境界。所谓有"自然境界"是说人和动物一样,只是为活着,对于人生的目的没有什么了解(觉解)。所谓有"功利境界",是说一切为了"利益",为他自己的利益(私利)。所谓"道德境界"是说,他的行为是为了"行义",也就是为了"公利",也可以说他的行为是为了"奉献"。"天地境界"的人,他的行为也可以说是"奉献",但他不仅是"奉献"于社会,而且"奉献"于宇宙。如果人能达到"道德境界"、"天地境界",那么他不仅与"他人"(社会)和谐了,与宇宙和谐了,而且"自我身心内外"也和谐了。孔子有一段话,也许可以作为"修身"的座右铭,他说:"德之不修,学之不讲,闻义不能徙,不善不能改,是吾忧也。"意思是说,不修养道德,不讲求学问,听到合乎正义的话不能去身体力行(实践),犯了错误而不能改正,是孔子最大的忧虑。孔子这段话告诉我们的是做人的道理,"修德"并不容易,那就必须有崇高的理想,有为人类长远利益考虑的胸怀;"讲学"同样不容易,它要求人们天天提高自己的知识和能力,这样才可以负起增进社会福祉的责任;"徙义"是说人生在世,听到合乎道义的话应努力跟着做,应日日向着善的方向努力,把"公义"实现于社会生活之中;"改过",人总是会犯这样那样的错误,问题是要勇于改正,这样才可以成为合格的人。"修德"、"讲学"、"徙义"、"改过",是做人的道理,是使人自我身心内外和谐的路径。这就要求"修身",以求得一"安身立命"处。①

在儒家看,想要解决上述的种种矛盾,"人"是关键。因为,只有人才可以"为天地立心,为生民立命,为往圣继绝学,为万世开太平"。是不是我们可以说,当今人类社会遇到的问题,儒学可以为其提供某些有意义的思想资源?善于利用儒学的思想资源来解决当今人类社会存在的种种问题,是不是可以说为儒学的复兴提供了机会?当然,我们必须注意到,孔子的儒家思想并不是十全十美的,它并不能全盘解决当今人类社会存在的诸多复杂问题,它只能给我们提供思考的路子和有价值的理念(如世界观、人生观、价值观等等的理念),启发我们用儒学的思维方式和人生智慧,在给这些思想资源以适应现代社会和人类社会发展前途新诠释的基础上,为建设和谐的人类社会作出它可能作出的贡献。

司马迁说的"居今之世,志古之道,所以自镜也,未必尽同"是很有道理的名言。我们生活在今天,要了解自古以来治乱兴衰的道理,把它当作一面镜子,但是古今不一定都相同,需要以我们的智慧在传承前人有价值的思想中不断创新。因此,我们今天的任务是对自古以来的有价值的思想(包括儒家思想)进行现代诠释,创造适应现代社会需要的新学说、新理论。

二、儒学与"普遍价值"问题

如果说儒学能为解决"人与自然"、"人与人(社会)"、"人自身的身

---

① 朱熹《四书或问》说:"但能致中和于一身,则天下虽乱,而吾身之天地万物不害为安泰;其不能者,天下虽治,而吾身之天地万物不害为乖错。其间一家一国,莫不皆然,此又不可不知耳。"盖人生在世,必有一"安身立命"之原则和境界。黄珅校点,上海古籍出版社、安徽教育出版社,2001年,第56页。

心内外"的矛盾提供某些有意义的思想资源,那么我们能不能说这些思想资源针对某些特定的问题包含着"普遍价值"的意义呢？我认为,这应是肯定的。"价值论"是当今一种很流行的学说,[①]它涉及各个学科,如宗教、哲学、文学、艺术、政治、经济,甚至科学技术,等等,而其中"价值哲学"是讨论"价值问题"最重要的学科。"价值哲学"是一种什么样的学科呢？概括起来说,它是讨论某种哲学学说,如孔子的"仁学";某一哲学命题,如"天人合一"、"道法自然";某一哲学概念,如"忠恕"(朱熹说"尽己谓之忠"、"推己谓之恕")等等的价值问题。我认为,必须承认世界上各不同民族文化中都有某些"普遍价值"意义的因素。这是在当今全球化境域下,多元文化中寻求文化中的"普遍价值"的意义所要求的。当前,在我国学术界对文化(哲学)中的"价值"问题已不少讨论,而比较集中的是讨论文化(哲学)中是否存有"普遍价值"的问题,有些学者或政治家对文化(哲学)中存有"普遍价值"持否定的态度。我认为,这是大成问题的。这是因为,不承认在各个不同民族的文化中都具有"普遍价值"意义的因素,那么很可能走上文化的"相对主义",认为没有什么"真理"(哪怕是相对意义的"真理"),只能是"公说公有理"、"婆说婆有理",这样在不同文化之间很难形成对话,很难找到共同语言,很难对遇到的共同问题的解决达成"共识"。这种看法对当前世界全球化将是一种极为有害的消极力量,是不利于人类社会健康合理发展的。同时,如果我们不讲文化中具有"普遍价值",那么其他文化,特别是西方文化却大讲他们文化中的"普遍价值",这岂不是把我们讲"普遍价值"的权利给了西方文化,这将有助于西方某些学者和政客鼓吹有利于他们的"普遍主义"大行其道,而使他们具有了

---

① 冯平在《现代西方价值哲学经典》(北京师范大学出版社,2009年)的"序言"中说:"现代西方价值哲学是一场哲学运动,这场运动发轫于19世纪40年代,起始于新康德主义。"最早将现代西方价值哲学介绍到中国来的是张东荪先生。张东荪先生在1934年出版了以他在燕京大学的讲义为基础的《价值哲学》一书。

"话语霸权"。因此,发掘各个不同民族文化中的"普遍价值",对促进全世界各个民族、各个国家共同发展将是十分有意义的。

(一) 藉文化沟通与对话寻求共识

自上个世纪九十年代以来,在中国逐渐掀起了"国学热"的浪潮,相当多的学者,特别注意论证中国文化的民族特性和它的特殊价值之所在。为什么会发生这种情况,我认为这和世界文化发展的形势有关。因为自上世纪后半叶,西方殖民体系逐渐瓦解,原来的殖民地民族和受压迫民族为了建立或复兴自己的国家,有一个迫切的任务,他们必须从各方面自觉地确认自己的独立身份,而自己民族的特有文化(宗教、哲学、价值观等等)正是确认自己独立身份的最重要的因素。在这种情况下,正在复兴的中华民族强调应更多关注自身文化的主体性和特有价值,是完全合理的。但与此同时,西方一些国家已经成功地实现了现代化,而且许多发展中国家也正在走着西方国家已经完成的工业化和现代化的道路。因此,西方发达国家出现了一种"普遍主义"(universalism)的思潮,认为只有西方文化中的理念对现代社会才具有"普遍价值"(universal value)的意义,而其他各民族的文化并不具有"普遍价值"的意义,或者说甚少"普遍价值"的意义,或者说非西方的民族文化只有作为一种博物馆中展品被欣赏的价值。我们还可以看到,某些取得独立的民族或正在复兴的民族,也受到"普遍主义"的影响,为了强调他们自身文化的价值而认为他们的文化可以代替西方文化而成为主导世界的"普世"文化。例如,在中国就有少数学者认为,二十一世纪的人类文化将是"东风"压倒"西风",只有中国文化可以拯救世界,这无疑也是一种受到西方"普遍主义"思潮影响的表现,是十分错误而有害的。因此,当前在中国,在发展中国家,更多地关注各民族文化的特殊价值,各发展中国家更加关注自身文化的"主体性",以维护当今人类社会文化的多元发展,反对西方的"普遍主义",

反对"欧洲中心论",是理所当然的。当然也要防止在民族复兴中受西方"普遍主义"影响而形成的民族文化的"至上主义"或"原教旨主义"。

现在的问题是,我们反对"普遍主义",是不是就要否定各个民族文化中具有的"普遍价值"？所谓"普遍主义"可能有种种不同的解释。本文把"普遍主义"理解为：把某种思想观念（命题）认定为是绝对的、普遍的,是没有例外的,而其他民族的文化思想观念（命题）是没有普遍价值甚至是没有价值的。"普遍价值"是说：在不同民族文化之中可以有某些相同或相近的价值观念,而这些相同或相近的价值观念应具有"普遍价值"的意义,它可以为不同民族普遍地接受,而且这些具有"普遍价值"意义的观念又往往寓于特殊的不同民族文化的"价值观念"之中。正是具有"普遍价值"意义的思想往往是寓于某些不同民族文化的"特殊价值"之中,才需要我们去努力寻求其蕴含的"普遍价值"的意义。这在哲学上是"共相"与"殊相"的问题。在我看来,在各个不同民族文化中可以肯定地说存在着"普遍价值"的因素。所以我们必须把"普遍价值"与"普遍主义"区分开来。在强调各民族文化的特殊价值的同时,我们应努力寻求人类文化中的"普遍价值"的因素及其意义。当前人类社会虽然正处在经济全球化,科技一体化的形势下,但是由于二战后殖民体系的瓦解,"欧洲中心论"的消退,文化呈现着多元化的趋势。因此,要求在不同文化中寻求"普遍价值"必须通过不同文化间的沟通与对话,以致达成某种"共识",这大概是我们寻求不同文化间"普遍价值"的必由之路。

（二）寻求不同文化间"普遍价值"的途径

为什么我们要寻求各民族文化的"普遍价值"？这是因为同为人类,必然会遇到需要共同解决的问题,在各种不同文化中都会有对解决人类社会遇到的问题有价值的资源。这些能解决人类社会所遇到的"共同问题"的有价值的思想资源,我认为就具有"普遍价值"的意义。

如何寻求人类文化中的"普遍价值",也许有多条不同的途径,我在这里提出三条可以考虑的途径供大家批评指正:

(一)在各民族的文化中原来就有共同或者是相近的有益于人类生存和发展的理念,这些共同理念无疑是有"普遍价值"的意义。1993年在美国芝加哥召开的世界宗教大会,在寻求"全球伦理"问题的讨论中提出寻求伦理观念上的"最低限度的共识",或者叫做"底线伦理"。为此,在闭幕会上发表了一份《走向全球伦理宣言》,认为"己所不欲,勿施于人"在各民族文化中都有与此相同或相似的理念,它可以被视为"道德金律"。在《宣言》中特别举出佛经所说:"在我为不喜不悦者,在人亦如是,我何能以己之不喜不悦加诸他人?"佛经中这句话可以说十分深刻而精确地表述了具有"普遍价值"意义的"道德金律"。在《宣言》中还列举了一些宗教和思想家的思想中对"己所不欲,勿施于人"的各种表述,①因此认为它具有"普遍价值"的意义。又如,恩格斯在《反杜林论》中提出"勿盗窃"应具有"普遍价值"的意义。这类思想、理念在人类各种文化中是并不少见的。例如佛教的"五戒"中的"不盗、不邪淫、不妄语"和基督教《摩西十戒》中的"不可奸淫"、"不可偷盗"等等都有"普遍价值"的意义。

(二)在各不同民族文化的不同理路中寻求"普遍价值"。例如中国儒家的"仁",西方基督教的"博爱",印度佛教的"慈悲",虽然形式不同,出发点不同,甚至理路中也有差异,但却都具有"普遍价值"的意义。

孔子的"仁",是把"亲亲"作为出发点,作为基础,樊迟问仁,孔子曰"爱人"。为什么要爱人,"爱人"的出发点是什么?《中庸》引孔子的话

---

① 在孔汉思和库舍尔编、何光沪译的《全球伦理——世界宗教议会宣言》中《全球伦理普世宣言的原则》罗列了许多与孔子"己所不欲,勿施于人"相同或相近的话,如《圣经·利未记》:"要爱自己的人,像爱自己一样。"犹太教的主要创立者希勒尔说:"你不愿施诸自己的,就不要施诸别人。"《摩诃婆多》:"毗耶婆说:你自己不想经受的事,不要对别人做。"第149、150页。

"仁者,人也,亲亲为大"。① "仁爱"是人本身所具有的,爱自己的亲人是最根本的。但儒家认为,"亲亲"必须扩大到"仁民"以及于"爱物",②才是完满的真正的"仁"(仁爱),所以《郭店楚简》中说:"孝之蚤,爱天下之民。""爱而笃之,爱也;爱父其继爱人,仁也。"且儒家也有以"博爱"释"仁"者。③ 这就是说,孔子的"仁"虽是从爱自己的亲人出发,但它最终是要求爱天下老百姓,以实现其"治国平天下"的目标。因此,我们可不可以说,孔子的"仁"的理念具有某种"普遍价值"的意义。

基督教的"博爱",当然我们可以从多方面理解它的涵义,但它的基础是"在上帝面前人人平等",而由"在上帝面前人人平等",可以引发出来的"在法律面前人人平等",这对人类社会也应是具有"普遍价值"的意义,因为这样人类社会才能有公平和正义。"在法律面前人人平等"从表现形式上看是近代西方法律制度的一条重要原则,但其背后支撑的伦理精神理念则是"博爱",把所有的人都看成是上帝的儿子。④

佛教的"慈悲",《智度论》卷二十七中说:"大慈与一切众生乐,大悲拔一切众生苦",其出发点是要普度众生脱离苦海,使众生同乐在极乐世界。《佛教大辞典》的"普度众生"条谓:"佛谓视众生在世,营营扰扰,如在海中。本慈悲之旨,施宏大法力,悉救济之,使登彼岸也。"⑤由小乘的"自救"到大乘的"救他",这种"普度众生"的精神,我认为也是具有某种"普遍价值"的意义。

---

① 《郭店楚简》中的《性自命出》说:"道始于情。"人与人之间的关系开始是建立在"情感"的基础上。
② 《中庸》:"唯天下至诚,为能尽其性。能尽其性,则能尽人之性。能尽人之性,则能尽物之性。能尽物之性,则可以赞天地之化育。可以赞天地之化育,则可以与天地参矣。"
③ 《孝经·三才章》:"'君王'则天之明,因地之利,……是故先之以博爱,而民莫遗其亲。"如果能使"博爱"(即如天地一样及人、及物)成为社会伦理准则,那么就不会发生违背家庭伦理的事。
④ 《圣经·加拉太书》:"你们因信基督耶稣都是神的儿子。你们受洗归入基督的,都是披戴基督了。并不分犹太人和希腊人,自由人和奴隶,男人和女人,因为你们在基督里都成为一了。"《圣经·马太福音》记有耶稣的《登山教训》中说:"使人和睦的人有福了,因为他们必称为上帝的儿子。"
⑤ 丁福保编:《佛教大辞典》,文物出版社,1984年,第1046页。

孔子的"仁"、基督教的"博爱"、佛教的"慈悲"虽然出发点有异,理路也不大相同,而精神或有相近之处。故而是不是可以说有着某种共同的价值理念,这种共同价值的理念核心就是"爱人"。①"爱人"对人类社会来说无疑是有着极高的"普遍价值"的意义。

(三) 在各不同民族文化中创造出的某些特有的理念,往往也具有"普遍价值"的意义。

要在各民族文化的特有的理念中寻求"普遍价值"的意义,很可能有不同的看法。我想,这没有关系,因为我们仍然可以在"求同存异"中来找寻某些民族文化特有理念中的"普遍价值"的意义。因为我对其他民族文化的知识了解不在行,我只想举一两个中国儒家哲学中的某些理念谈谈我的一点想法。

在不同民族文化中存在着不同的思想观念(如宗教的、哲学的、风俗习惯的、价值观的等等),这是毫无疑义的,而且可能因文化的不同而引起矛盾和冲突,这不仅在历史上存在过,而且在当今世界范围内也存在着。在这种情况下,"和而不同"的观念是不是对消除"文明的冲突"会有"普遍价值"的意义?"不同"而能"和谐"将为我们提供可以通过对话和交谈的平台,在讨论中达到某种"共识",这是一个由"不同"达到某种程度的相互"认同",这种相互"认同"不是一方消灭另一方,也不是一方"同化"另一方,而是在两种不同文化中寻求交汇点,并在此基础上推动双方文化的提升,这正是"和"的作用。就此,我们是不是可以说"和而不同"对当今人类社会的"文明共存"具有某种"普遍价值"的意义?

前面我们曾引用过 1992 年世界一千五百七十五名科学家发表的一份《世界科学家对人类的警告》在开头的一句话:"人类和自然正走

---

① 在佛教的"十二因缘"中有"爱",但"十二因缘"中的"爱"是指"欲望"的意思,有"占有"义,而"慈悲"是一种无"占有欲"、无功利目的的"爱",是"普度众生"的"博爱"。这里可能有翻译问题。

上一条相互抵触的道路。"为什么会发生这种情况,就是因为人们对自然无序无量的开发,残暴的掠夺,无情的破坏,把"自然"看成是与"人"对立的两极。针对这种情况也许中国的"天人合一"的理论会对解决这种情况提供某些有意义的思想资源。王夫之《正蒙注·乾称上》中有一段话讲到"天人合一",大意是说:我考察自汉以来的学说,都只抓到先秦以来《周易》的外在表象,不知《周易》是"人道"的根本,只是到了宋朝周敦颐才开始提出了"太极图说",探讨了"天人合一"道理的根源,阐明了人之始生是"天道"变化的结果,是"天道"运动的实在表现。在"天道"的变化中把精粹部分给了人,使之成为"人"之"性",所以"人道"的日用事物当然之"理"与"天道"阴阳变化之秩序是一致的,是统一的,这个道理不能违背。王夫之这段话,可以说是对儒学"天人合一"思想,也是对"易,所以会天道人道也"很好的解释。"人道"本于"天道",讨论"人道"不能离开"天道",同样讨论"天道"也必须考虑到"人道",这是因为"天人合一"的道理既是"人道"的"日用事物当然之理",也是"天道"的"阴阳变化之秩序"。"人道"本于"天道","人道"是"天道"的显现,因此"人"对"天"有着不可推卸的责任。这样的思想理论对当前遭受惨重破坏的"自然界",可以说是很有意义的,因而也可以说它有"普遍价值"的意义。其实这种观点,在当今西方学术界也有,例如过程哲学的怀德海曾提出"人和自然是一生命共同体"这样的命题,这个命题深刻地揭示着人和自然之不可分的内在关系,人必须像爱自己的生命那样爱护自然界。这个理念应该说有着重要的"普遍价值"的意义。

《论语·颜渊》记载着孔子的一段话,他说:"克己复礼为仁。一日克己复礼,天下归仁焉。为仁由己,而由人乎哉?"这句话,在中国历朝历代就有着不同的诠释,而这种种"诠释"都是与诠释者所处时代和他个人的学养、境界息息相关的。那么,我们今天是否可以给它以一种新的诠释呢?费孝通先生对"克己复礼"有一新的诠释,他说:"克己才能复礼,复礼是取得进入社会、成为一个社会人的必要条件。扬己和克己也许正是东西文化的差别的一个关键。"①这样的诠释是有其特殊意义的。朱熹对"克己复礼为仁"的解释说:"克,胜也。己,谓身之私欲也。复,反也。礼者,天理之节文也。"这就是说,要克服自己的私欲,以便在进入社会的人际关系中很好地遵循合乎"天理"(宇宙大法)的礼仪制度。"仁"是人自身所具有的内在品德,"爱生于性","性自命出","命由天降",②"礼"是规范人的社会行为的外在礼仪制度,它的作用是为了调节人与人之间关系,使之和谐相处。"礼之用,和为贵。"要人们遵守合乎"天理"的礼仪制度必须是自觉地,出乎内在的爱人之心,它才合乎"仁"的要求,所以孔子说:"为仁由己,而由人乎哉?"仁爱之心是发自内心的,不是由外力来强迫而有的。因此,孔子认为有了追求"仁"的自觉要求,并把人们具有的"仁爱之心"按照合乎"天理"的规范实践于社会生活中,这样社会就会和谐安宁了。"一日克己复礼,天下归仁焉。"《论语·颜渊》中孔子所说的这段话是为"治国安邦"说,"治国安邦"归根结底就是要行"仁政"。"治国平天下"应该行"仁政",行"王道",不应行"苛政"、"霸权"。行"仁政"行"王道"才能使国泰民安,使不同民族、国家和睦相处,而共存共荣。孔子儒家的"仁政"对"现代化"是否也可以有所贡献呢?如果我们对此有所肯定,那是不是也可以说具有一定的"普遍价值"的意义呢? 因此,如果各国学者一起努力发展各民族、各国家文化中存在的"普遍价值"的资源,而不要坚持唯我独尊的"普遍主义",那么世界和平就有希望了。实际上,在各民族、各国家的文化中都存在着"普遍价值"意义的因素,问题是需要我们去发掘它,并给以合理的诠释。这是因为各民族、各国家文化中所具有的"普遍价值"意义的因素往往是寓于其特殊理论体系的形式

---

① 费孝通:《文化论中人与自然关系的再认识》,见北京大学中国社会与发展中心、北京大学社会学系、北京大学社会学人类学研究所《ISA 工作论文》,2002 年。

② 见于《郭店楚简》中的《语丛》和《性自命出》。

之中,这就要我们善于从中揭示其有益于人类社会发展的内在价值资源。有责任感的学者应该是既能重视和保护自身的文化"普遍价值",同时又能尊重和承认其他民族和国家文化中的"普遍价值"。"有容乃大"的精神也许是有活力的文化能得以不断发展的原则。

(三)"多元现代性"的核心价值

最后,我想谈谈"多元现代性"的问题。对"多元现代性"可能有多种说法,至少有两种很不相同的解释:一种是,现代性是多元的,不同民族有不同的"现代性";另一种看法是,"多元现代性"就是"现代性",有着共同的基本内涵,只是不同民族进入现代化的道路不同,形式有异,实现方法更可能千差万别。我个人的意见,也许第二种意见较为合理。我们知道,"现代性"就其根源性上说是源自西方,因为西方早已实现了现代化,而且现在许多发展中国家也正在走现代化的道路。因此,就"现代性"说必有其基本相同的核心价值。什么是作为根源性的"现代性"核心价值?这里我想借用严复的观点谈谈我的看法。

严复批评"中学为体,西学为用",他认为,不能"牛体马用",这是基于中国哲学的"体用一源"("体"和"用"是统一的)而言。[①] 他基于此"体用一源"的理念,认为西方近现代社会是"自由为体,民主为用"的社会。[②] 我想,严复所说的"西方近现代社会"不仅仅是指"西方近现代社会",而是说的人类社会的"近现代社会"。那么,我们能不能说"近现代社会"的特征是"自由为体,民主为用"的社会,而"自由"、"民主"从根源性上说是"现代性"的核心价值?我认为是可以这样说的。对现代社会而言,"自由"是一种精神(包括自由的市场经济和个体的

---

① 严复在《与〈外交报〉主人书》中说:"善夫金匱裘可桴孝廉之言曰:体用者,即一物而言之也。有牛之体,则有负重之用;有马之体,则有致远之用。未闻以牛为体,以马为用者也。……故中学有中学之体用,西学有西学之体用,分之则并立,合之则两亡。"见《严复集》第三册,中华书局,1986年,第558—559页。

② 语见严复:《原强》,《严复集》第一册,中华书局,1986年,第11页。

"人"的"自由"发展,因为"自由"是创造力),而"民主"从权力和义务两个方面来使"自由"精神的价值得以实现。就这个意义上说,"自由"和"民主"虽源自西方,但它是有着"普遍价值"的意义。我们不能因为它源自西方就认为不具有"普遍价值"的意义。当然,如何进入"近现代社会",所走的道路,所采取的方法,所具有的形式可能是不同的。但它不可能是排除"自由"和"民主"的社会。

如果我们用中国哲学"体用一源"的思维模式来看世界历史,也许会有一个新的视角。我们可以把"现代社会"作为一个中间点,向上和向下延伸,我们可以把人类社会分成"前现代社会"、"现代社会"和"后现代社会",如果用中国的"体用一源"的观点看,我们是不是可以说"前现代社会"是以"专制为体,教化为用"类型的社会;"现代社会"是以"自由为体,民主为用"类型的社会;"后现代社会"是以"和谐为体,中庸为用"类型的社会。

人类社会在前现代时期,无论是中国的"皇权专制"或是西方中世纪的"王权专制"(或"神权专制"),虽然形式不同,但都是"专制"社会,要维持其"专制"就要用"教化"作为手段。中国在历史上自汉以来一直是"皇权专制",它把儒学政治化用来对社会进行"教化"以维持其统治。① 当前中国社会可以说正处在由"前现代"向"现代"过渡之中。其他许多发展中国家大概也都是如此。西方中世纪"王权或神权"的"专制"社会,他们用基督教伦理作为"教化"之手段,以维持他们的统治。② 因此,当时的世界是一个"多元的前现代性"的世界。关于"现代性"的价值问题上面已经说过,在这里再多说一点我的看法。"自由"是一种

---

① 《白虎通义·三纲六纪篇》说:"《含嘉文》曰:君为臣纲,父为子纲,夫为妻纲。又曰:敬诸父兄,六纪道行,诸舅有义,族人有序,昆弟有亲,师长有尊,朋友有旧。……所以疆理上下,整齐人道也。……是以纲纪为化,若罗网之有纪纲,而万目张也。"

② 恩格斯在《费尔巴哈与德国古典哲学的终结》中说:"在中世纪,随着封建制度的发展,基督教形成为与封建制度相适应的宗教,……中世纪把哲学、政治、法律等思想体系的一切囊括在神学之内,变成神学的分科。"张仲实译,人民出版社,1949年,第46页。

精神,"民主"应是一种维护"自由"得以实现的保证。但是,在现代社会中"自由"和"民主"也不是不可能产生种种弊病。因为任何思想体系都会在其自身体系中存在着矛盾。① 任何制度在一时期都只有相对性的好与坏,"自由"、"民主"等等也是一样。但无论如何"自由"和"民主"对于人类社会进入"现代"是有着根本性意义的。② 人们重视"自由",因为"自由"是一种极有意义的创造力。正因为有"自由经济"(自由的市场经济)才使得工业化以来人类社会的财富极大增长,使人们在物质生活上受益巨大。正因为有"自由思想",使得科学、文化日新月异。但不可讳言,"自由经济"却使贫富(包括国家与国家的、民族与民族的以至于同一国家、民族内部)两极分化日益严重;特别是自由经济如果不受到一定程度的控制,将会引起经济危机和社会混乱,近日发生的金融危机就是一明证。③ "科学主义"、"工具理性"的泛滥扼杀着"人文"精神,弱化了"价值理性"。"现代性"所推崇的"主体性"和主客对立哲学,使得"人和自然"的矛盾日益加深,因而出现了对"现代性"的解构思潮,这就是"后现代主义"。关于"后现代"问题,我没有多少研究,只能粗略地谈点看法。在上个世纪六十年代兴起的后现代主义是针对现代化在发展过程中的缺陷提出的,他们所作的,是对"现代"的解构,曾使一切权威性和宰制性都黯然失色,同时也使一切都零碎化、离散化、浮面化。因此,初期的后现代主义目的在于"解构",企图粉碎一切权威,这无疑是有意义的。但是它却并未提出新的建设性主张,也并未策划过一个新的时代。到二十世纪末,以"过程哲学"为

---

① 罗素:《西方哲学史》中说:"不能自圆其说的哲学决不会完全正确,但是自圆其说的哲学满可以全盘错误,最富有结果的各派哲学向来包含着显眼的自相矛盾,但正因为了这个缘故才部分正确。"见《西方哲学学》下册,第143页。罗素这段话应说对任何哲学都有意义。

② 《北京晚报》2007年3月16日刊温家宝总理答法国《世界报》记者问说:"民主、法制、自由、人权、平等、博爱,这不是资本主义所特有的,这是整个世界在漫长的历史过程中共同形成的文明成果,也是人类共同的追求的价值观。"

③ "自由主义既使人免于市场经济之前时代的束缚,也使人们承受着金融和社会灾难的危机。"见耶鲁大学教授保罗·肯尼迪:《资本主义形式会有所改变》,《参考消息》,2009年3月16日。

基础的"建构性后现代"提出将第一次启蒙的成绩与后现代主义整合起来,召唤"第二次启蒙"。例如,怀德海的过程哲学(process philosophy)认为,不应把"人"视为一切的中心,而应把人和自然视为密切相连的生命共同体。他并对现代西方社会的二元思维方式进行了批判,他提倡的有机整体观念,正好为他提供了批判现代二元论(科学主义)的理论基础。过程研究中心创会主任约翰·科布说:"建设性后现代主义对解构性的后现代主义的立场持批判态度,……我们明确地把生态主义维度引入后现代主义中,后现代是人与人,人与自然和谐相处的时代。这个时代将保留现代性中某些积极性的东西,但超越其二元论、人类中心主义、男权主义,以建构一个所有生命共同福祉都得到重视和关心的后现代世界。""今天我们认识到人是自然界的一部分,我们生活在生态共同体中,……"①这种观点,也许会使中国儒家的"天人合一"思想与之接轨。他们还认为,如果说第一次启蒙的口号是"解放自我",那么第二次启蒙的口号是尊重他者,尊重差别。例如里夫金在他的《欧洲梦》中强调,在崭新的时代,每个人的权利都获得尊重,文化的差异受到欢迎,每个人都在地球可维持的范围内享受着高质量的生活(不是奢侈生活),而人类能生活在安定与和谐之中。他们认为,有机整体系统观念"都关心和谐、完整和万物的互相影响"。② 上述观点,在某种程度上也许和中国儒家中的"和谐"观念有相通之处。过程哲学还认为,当个人用自己的"自由"专权削弱社会共同体的时候,其结果一定会削弱其自身的"自由"。因此,必须拒绝抽象自由观,走向有责任的深度自由,要把责任和义务观念引入自由中,揭示出"自由"与义务的内在联系。这与中国传统文化所强调的人只能在与他人

---

① 《为了共同的福祉——约翰·科布访谈》(王晓华访问记),上海《社会科学报》,2002年6月13日。

② 参见杰里米·里夫金:《欧洲梦》,第326页。

的关系中才能生存的观点有着某种相似之处。① 因此,有见于建构性的后现代主义在西方逐渐发生影响,那么相对于"现代社会",后现代社会将可能是以"和谐为体,中庸为用"的社会。"和谐"作为一种理念它包含着"人与自然的和谐"、"人与人的和谐"(社会的和谐)、"人自我身心的和谐"等极富价值的意义。在这种种"和谐"中必须不断地寻求平衡度,这就要求由"中庸"来实现。如果中国社会能顺利地走完现代化过程,这当然是非常困难而且漫长的。但是由于在儒家文化中,有着丰富的关于"和谐"和"中庸"的思想资源,如果我们给这些有意义的思想资源以适应人类社会发展的新的诠释,② 也许我国社会很可能比较容易进入"建构性的后现代社会"。正如科布所说:"中国传统思想对建设性后现代主义是非常有吸引力的,但我们不能简单的回到它。它需要通过认真对待科学和已经发生的变革的社会来更新自己。前现代传统要对后现代有所裨益,就必须批判地吸收启蒙运动的积极方

---

① 在中国传统文化的儒家思想中,特别是先秦儒家思想认为,人与人之间有着一种相互对应的关系,如"君仁臣忠"、"父慈子孝"、"兄友弟恭"等等。《礼记·礼运》:"何谓人义?父慈子孝,兄良弟弟,夫义妇听,长惠幼顺,君义臣忠,十者谓之人义。"《左传·昭公二十六年》:"君令臣共,父慈子孝,兄爱弟敬,夫和妻柔,姑慈妇听,礼也。"

② 关于"和谐"观念在中国典籍中论述颇多,如《周易·乾卦·彖辞》:"乾道变化,各正性命,保合太和,乃利贞。"(《张子正蒙注》:"太和,和之至。")《论语》中有"礼之用,和为贵";"和而不同"。《国语·郑语》:"夫和实生物,同则不继。"在西方,莱布尼兹哲学被称为是一种"和谐的体系"(system of Harmony),他的思想建立在所谓普遍的和谐(universal Harmony)之上,他的"单子论"是视宇宙整体为和谐系统的一种学说,而在分殊性中看出统一性来。关于"中庸"的观念,如《书经·大禹谟》:"允执厥中。"《论语》:"子曰:中庸之为德也,其至矣乎,民鲜久矣。"(朱熹《四书集注·论语集注》:"中者,不偏不倚无过不及之名,庸,平常也。")《中庸》中的"中和"("中也者,天下之大本也;和也者,天下之达道也。"),郑玄《礼记·中庸》题解:"名曰中庸者,以其记中和之用也。庸,用也。""执其两端,用其中于民。"西方哲学中有"mean"一词,我们把它译成"中庸"。亚里士多德把"中庸"和节制相联系,并提出一套系统的理论。他认为,万物皆有其中庸之道,如"10"这个数"5"居其中;人的心理状态、情感中,欲望过度是荒淫,不及则是禁欲,节制是适度。中庸有两种,自然界的中庸是绝对的,人事的中庸则是相对的。在伦理学上,人的一切行为都有过度、不及和适度三种状态,过度和不及都是恶行的特征,只有中庸才是美德的特征和道德的标准。美德是一种适中,是以居间者为目的。他还把这种中庸原则运用于政治国家学说。他认为,由中等阶级治理的国家最好,因为拥有适度的财产是最好的,最容易遵循合理的原则,最不会逃避治国的工作或拥有过分的野心,是国家中最安稳的公民阶级;由中等阶级的公民组成的城邦,是结构最好的和组织最好的,因此有希望把国家治理得很好。

面,比如对个体权利的关注和尊重。"①科布的这段话,对我们应该说是很有教益的。因而,寻求不同文化中的"普遍价值"必将成为当前学术界关注的一个重点。

让我们回到"多元现代性"的问题。前面我们已经说过,就"现代性"来说必有其基本相同的核心价值,但不同民族、不同国家如何进入"现代社会",它们所走的道路,所采取的方法,所具有的形式可能很不相同。为什么会出现这种情况,我认为这是由不同民族、不同国家的历史文化原因所造成的,不可能要求完全相同。因此,我们可以设想,中国的儒家思想是不是可以在接受"自由"、"民主"等现代性的核心价值的情况下,创造出不同于西方的道路,并为此补充某些新的内容,从而可以对消除"现代性"所带来的弊端起积极作用。

我认为,儒学的"民本"思想、"宽容"精神以及责任意识应可成为接引"自由"、"民主"、"人权"等现代精神进入中国社会的桥梁。儒家的"民本"思想虽不即是"民主",但它从本质上并不是反民主的,其根据就在于"民为邦本"。"民为邦本"虽仍是由"治人者"的角度出发的,但它却知道"民"作为国家根基的重要性,因此从理论上说"民主"进入中国社会应不太困难。又,儒学有着对其他文化较为宽容的精神,如它主张"道并行而不相悖",因此"自由"应比较容易被容纳。中国许多儒者都有着"居安思危"、"先天下忧而忧,后天下乐而乐"的社会责任感,这种特殊的批判精神和责任伦理引入"民主"、"人权"等现代意识应是有意义的。在历史上,中国接受印度佛教文化就是一例。如果我们能把儒学的"民本"思想,"宽容"、"责任"意识等精神融合在"自由"、"民主"、"人权"之中,那么是不是可以走出一条新的进入"自由为体,民主为用"的现代社会呢?我想,它也许是一条使中国较快而且较稳

---

① 《为了共同的福祉——约翰·科布访谈》(王晓华访问记),上海《社会科学报》,2002年6月13日。

妥实现现代化的路子。

西方现代社会发展到今天,它的种种弊病已经显现,而且如不改弦易辙,那么将使人类社会走向毁灭其自身的道路。因而在西方有"后现代主义"思潮的出现。如果我们从儒家学者所具有的社会责任感和历史使命感中总结出某种"责任伦理",这是不是可以减轻"现代化"所带来的弊病呢?如果"自由"、"民主"是一种负责任的"自由"、"民主",这样的社会也许是可以比较合理的发展。法国人类进步基金会的主席卡拉梅就提出过"责任伦理"的问题,并认为除"人权合约"之外,应有一"责任公约",这是很有见地的。① 同时,实际上中国的学者也已经注意到这个问题。我最近注意到西方的某些"中国学"专家已开始从儒家思想发掘有益于人类社会合理发展的思想因素。如法国当代大儒汪德迈在他的《编纂〈儒藏〉的意义》中说:"面对后现代化的挑战,……曾经带给世界完美的人权思想的西方人文主义面对近代社会的挑战,迄今无法给出一个正确答案。那么,为什么不思考一下儒家思想可能指引世界的道路,例如'天人合一'提出的尊重自然的思想,'远神近人'所提倡的拒绝宗教的完整主义以及'四海之内皆兄弟'的博爱精神呢?"② 美国学者安乐哲、郝大维在《通过孔子而思》一书中说:"我们要做的不只是研究中国传统,更是要设法使之成为丰富和改造我们自己世界观的一种文化资源。儒家从社会的角度来定义'人',这是否可用来修正和加强西方的自由主义模式?在一个以'礼'建构的社会中,我们能否发现可利用的资源,以帮助我们更好理解哲学根基不足却颇富实际价值的人权观念?"③ 法国索邦大学查·华德教授认为:"孔子思想中充满信仰、希望、慈悲,具有普遍性。在二十一世纪的

---

① 参见《建设一个协力、尽责、多元的世界》,《跨文化对话》第九集,上海文化出版社,2002年。
② 该文见于《光明日报》,2009年8月31日。
③ 〔美〕郝大维、安乐哲:《通过孔子而思》中译本序,何金俐译,北京大学出版社,2005年,第5页。

今天不仅有道德的示范作用,更有精神的辐射作用。"[①]"自由"、"民主"、"人权"等等是现代社会的财富,"责任"、"民本"、"宽容"等等同样是现代社会的财富。现在社会不能没有"自由"、"民主"、"人权"等等,这是"现代性"社会必具备的核心价值,否定它们就没有现代社会。但是,某些民族和国家的文化中不仅会有丰富"自由"、"民主"、"人权"的内涵的思想因素,甚至会存在着制约"自由"、"民主"、"人权"等等可能发生的负面作用的思想资源。正是因为有可能制约"自由"、"民主"、"人权"可能产生的弊病,也许在人类社会发展到后现代时,各个民族和国家文化中具有特殊价值的因素将会成为更重要的"普遍价值"的资源。

我们编著《中国儒学史》,其目的之一也是希望揭示中国儒学的特殊价值中所存在的对人类文化具有"普遍价值"意义的因素以贡献于世界。

三、儒学与经典诠释

《中国儒学史》是2003年教育部哲学社会科学研究重大课题攻关项目《〈儒藏〉编纂与研究》中的一个子项目,共分九册:先秦儒学,两汉儒学,魏晋南北朝儒学,隋唐儒学,宋元儒学,明代儒学,清代儒学,近代儒学和现代儒学。这部《中国儒学史》仍是把研究的重点放在儒家的哲学思想方面,但同时我们也多少注意到不要把"儒学"仅仅限在哲学思想方面,因此希望在写作中也力图扩大"儒学"的某些研究内容。当然,我们做得如何,有待读者的评论。在写作本书时,我们特别考虑到它应包含某些"经学"的内容。

---

① 《中法学者沪上共论孔子思想》,上海《文汇报》,2009年4月18日。

1938年,马一浮应浙江大学校长竺可桢约至该校为学生讲论"国学",后集为《泰和会语》。在《楷定国学名义(国学者六艺之学)》中说:"六艺者,即是《诗》、《书》、《礼》、《乐》、《易》、《春秋》也。此是孔子之教,吾国二千余年来普遍承认一切学术之原皆出于此,其余都是六艺之支流。故六艺可以该摄诸学,诸学不能该摄六艺。今楷定国学者,即是六艺之学,用此代表一切固有之学术,广大精微,无所不备。"①马一浮这个说法确有其独特见地。盖"六艺之学"即"六经",它为中国学术之源头,而其后之学皆原于此,并沿此之流向前行,是"源头"与"支流"的关系。正因在我国历史上"六艺之学"("经学")代有大儒发挥之,并吸取其他文化以营养之,故作为中华学术文化之源头的"六艺",其中必有其"普遍价值"之意义。任何民族的学术文化都是在特定的历史环境中形成的,都是有其特殊意义的学术文化,而学术文化的"普遍价值"往往寄寓其"特殊价值"之中。如孔子的"仁者,爱人",基督的"博爱",释迦的"慈悲",虽出发点不同、理路不同,但"爱人利物"则有着相同的"价值",而具有"普遍价值"的意义。既然学术文化之"普遍价值"往往寄寓"特殊价值"之中,那么马一浮所说"六艺不唯统摄中土一切学术,亦可统摄现在西方一切学术",应亦可解。盖因"人同此心,心同此理"也。人类所遇到的问题常是共同的,人类对解决这些问题的思考往往也是大同小异的。因此,我中华民族当然应由其自身学术文化中寻求有益于人类社会生活的"普遍价值",这并不妨碍在其他民族学术文化中寻求"普遍价值",古云"道并行而不相悖"也。所以马一浮说:弘扬"六艺之学"并不是狭义地保存国粹,也不是单独发挥自己的民族精神,是要使此种文化普遍地及于人类。

六十多年之后的2001年,著名学者、国学大师饶宗颐先生在北京大学的一次演讲中提出应重视"经学"的研究和经典的整理,他说:"经

---

① 马一浮:《马一浮集》第一册,浙江古籍出版社、浙江教育出版社,1996年,第10页。

书是我们的文化精华的宝库,是国民思维模式、知识涵蕴的基础;亦是先哲道德关怀与睿智的核心精义,不废江河的论著。重新认识经书的价值,在当前是有重要意义的。'经学'的重建,是一件繁重而具创辟性的文化事业,不应局限于文字上的校勘解释工作,更重要的是把过去经学的材料、经书构成的古代著作成果,重新做一次总检讨。'经'的重要性,由于讲的是常道,树立起真理标准,去衡量行事的正确与否,取古典的精华,用笃实的科学理解,使人的生活与自然相调协,使人与人的联系取得和谐的境界。"①现在我们编撰《中国儒学史》必须注意"经学"的研究,以期使"经学"能成为此书的重要部分。

如果我们把孔子看作是儒家的创始人,那么可以说,自孔子起就自觉地继承着夏、商、周三代的文化,而"六经"正是夏、商、周三代文化的结晶。("六经"又称"六艺"②)虽然从文献考证的角度上说,"六经"(或"五经",因"乐经"早已失传)并非成书于夏、商、周三代之时,但"六经"所记却可被视为记载夏、商、周三代文化的基本传世文本。1993年于湖北出土的"楚简"中有一段关于"六经"的重要记载:

> 礼,交之行述也。
> 乐,或生或教者也。
> 书,□□□□者也。
> 诗,所以会古今之诗也。
> 易,所以会天道、人道也。

---

① 见于饶宗颐先生近日所写的《〈儒学〉与新经学及文艺复兴》一文,《光明日报》,2009 年 8 月 31 日。

② "六艺"之名始见《史记》中《伯夷传》、《李斯传》等,后刘歆编纂《七略》,其一为《六艺略》。马一浮先生把"国学"定为"六艺之学"甚有道理。参见拙作《论马一浮的历史地位与思想价值》,见《儒学天地》,2009 年 1 期。

春秋,所以会古今之事也。①

这段话说明了战国中期对"六经"的看法:《礼》,是人们(各阶层或谓各种人际关系)规范交往的行为规则的书;《乐》,是陶冶人的性情(生者,性也)和进行教化的书;《书》,因缺字,但据其他文献可知应是"记事"之书;《诗》,是把古今的诗会辑在一起的一部"诗集";《易》,是会通天道人道所以然的道理的书,即司马迁所说的"通天人之际"的书;《春秋》,是会通古今历史变迁之轨迹的书,即司马迁所说的"达古今之变"的书。从古代文献记载,可以说"六经"包括了夏、商、周三代的器物文化、制度文化、思想文化。《论语·述而》中说:"子曰:述而不作,信而好古,窃比于我老彭。"意思是说,孔子所"述"、所"好"是古代的典籍文献,即"六经"。《庄子·天运》:"孔子谓老聃曰:丘治《诗》、《书》、《礼》、《乐》、《易》、《春秋》六经,自以为久矣。"又,《论语·述而》:"子曰:加我数年,五十以学《易》,可以无大过矣。"②《孟子·滕文公下》:"孔子成《春秋》,而乱臣贼子惧。"这样的材料在先秦文献中还有多处,不一一详列。孔子把"六经"作为自己治学、为人、行事所依的典籍,同时也把"六经"作为教学的基本教材。③ 从今天看来,恐怕离开了"六经",我们很难了解中国文化的源头,更难了解儒学的精神。但到汉朝,《乐经》失传,而只有"五经"了。汉武帝"罢黜百家,独尊儒术",并于建元五年(前136年)设"五经博士",使《易》、《书》、《诗》、《礼》、《春秋》在我国确立了"经"的地位。此后的历史上虽有"七经"(或"六

---

① 《庄子·天下》:"《诗》以道志,《书》以道事,《礼》以道行,《乐》以道和,《易》以道阴阳,《春秋》以道名分。"《荀子·儒效篇》:"圣人也者道之管也。天下之道管是矣,百王之道一是矣,故《诗》、《书》、《礼》、《乐》之道归是矣。《诗》言是其志也,《书》言是其事也,《礼》言是其行也,《乐》言是其和也,《春秋》言是其微也。"

② 《史记·孔子世家》:"孔子五十而学《易》,韦编三绝。"

③ 《礼记·经解》:"孔子曰:入其国,其教可知也。其为人也,温柔敦厚,《诗》教也;疏通知远,《书》教也;广博易良,乐教也;絜静精微,《易》教也;恭俭庄敬,《礼》教也;属辞比事,《春秋》教也。"

经")、"九经"、"十经"、"十一经"、"十二经"以及"十三经"之设,[①]但其中《易》、《书》、《诗》、《礼》、《春秋》在儒学中的根本性地位是不言而喻的。

近几年来,"北京大学《儒藏》编纂与研究中心"承担着教育部《〈儒藏〉编纂与研究》重大攻关研究项目。"中心"已联合我国二十余所高校和研究院以及韩、日、越三国学者编纂《儒藏》精华编,并为以后编纂《儒藏》大全本作准备。《儒藏》精华编收书近五百种,按四部分类,其中"经部"有二百余种。另外尚专设"出土文献类"。《儒藏》精华编还有一特色,即我们还把日本、韩国、越南儒学者以汉文写作的儒学典籍有选择的收入,约有一百五十余种。预计2015年完成校点。同时组织我校各方面力量编辑《儒藏总目》,现在《总目·经部》已经完成,所著录者有一万四千余种之多。从中我们可以看到,历代儒学大家无不对"五经"的"注疏"、"论述"、"考订"等等方面用力甚勤。这次我们编著《中国儒学史》虽注意到"经学"方面,但很难说比较完满,因在这方面的研究成果不多,对此我们将会继续关注这个方面的新进展,以便再版时对这方面有所加强。学术研究是无止境的,从总体上说定是"日日新,又日新"地前进着。

儒家的"经书"不仅应包括已有的"五经"或"十三经",而且应包括自上个世纪末出土的儒家文献。饶宗颐先生在前面提到的演讲中说:"现在出土的简帛记录,把经典原型在秦汉以前的本来面目,活现在我们眼前,过去自宋迄清的学人千方百计求索梦想不到的东西,现在正如苏轼诗句'大千在掌握'之中,我们应该再做一番整理工夫,重新制订我们新时代的'圣经'(Bible)。"这是2001年饶先生说的一段话,意思是说新出土的先秦文献更能表现秦汉以前经典原型的本来面目。在2001年,我们能看到的重要出土文献主要是长沙马王堆出土的"帛

[①] 参见《中国儒学大观》,北京大学出版社,2001年,第24页。

书"和1993年在湖北荆门地区出土的《郭店楚简》;其后1994年,上海博物馆于海外购得战国竹简一千二百多支;2008年清华大学又由海外购得战国竹简两千余支,如此等等。这批简帛虽非全为儒家典籍,但可以说归属于儒家者占首位。这批归属于儒家的典籍其价值自不待言,应可与传世"五经"的地位相当,例如其中的《帛书周易》、上博《周易》、《五行篇》、《孔子诗论》以及与《尚书》的篇章等等有关的文献。这批文献又可补自孔子至孟子之间儒学之缺。因此,它是我们研究儒家思想要给以特别重视的。

我国历代儒家学者都十分重视对"五经"的诠释,因而可以说我们有着十分雄厚的诠释经典的资源。中国自古就是一个非常重视历史传统的国家,故有"六经皆史"的说法。孔子说他自己对"经典"是"述而不作,信而好古"。这就是说,孔子对三代经典("六经")只是作诠释,而不离开经典任意论说;对经典信奉而且爱好,以至于"不知老之将至"。孟子以"祖述尧舜"、"宪章文武"、"述仲尼之志"为己任。荀子认为"仁人"之务,"上则法尧舜之制,下则法仲尼、子弓之义"。实际上,孔、孟、荀及先秦儒学者所述严格地说都是对"六经"的诠释。如先秦之《易传》是对《易经》的诠释;《大学》中则多有对《书经》、《诗经》的诠释;上博《战国楚竹书》中的《孔子论诗》是对《诗经》的一种诠释(《中庸》和《五行》同样包含着对《诗经》的诠释);《礼记》可说是对《礼经》的诠释;《春秋》三传是对《春秋》经的诠释。现试以《左传》对《春秋经》和《易传》对《易经》的解释为例说明先秦儒家对经书的诠解方式。

《左传》是对《春秋》的解释,相传是由左丘明作的,但近人杨伯峻考证说"我认为,《左传》作者不是左丘明","作者姓何名谁已不可考","其人可能受孔丘影响,但是儒家别派"。杨伯峻并认为:"《左传》成书于公元前403年魏斯为侯之后,周安王十三年(前386年)以前。"这里我们暂且把杨伯峻先生的论断作为根据来讨论《左传》对《春秋》的解释问题。据杨伯峻推算《左传》成书的时间,我们可以说《左传》是目前知道的最早一部对《春秋经》进行全部诠释的书,或者也可以说是世界上现存最早的解释性的著作之一。这就说明中国的经典解释问题至少有着两千三四百年的历史了。

《春秋》隐公元年记载:"夏五月,郑伯克段于鄢。"《左传》对这句话有很长一段注释,现录于下:

> 初,郑武公娶于申,曰武姜,生庄公及共叔段。庄公寤生,惊姜氏,故名曰寤生,遂恶之。爱共叔段,欲立之。亟请于武公,公弗许。及庄公即位,为之请制。公曰:"制,岩邑也,虢叔死焉。佗邑唯命。"请京,使居之,谓之京城大叔。祭仲曰:"都,城过百雉,国之害也。先王之制,大都,不过参国之一;中,五之一;小,九之一。今京不度,非制也,君将不堪。"公对曰:"姜氏欲之,焉辟害?"对曰:"姜氏何厌之有?不如早为之所,无使滋蔓!蔓,难图也。蔓草犹不可除,况君之宠弟乎?"公曰:"多行不义,必自毙,子姑待之。"既而大叔命西鄙、北鄙贰于己。公子吕曰:"国不堪贰,君将若之何?欲与大叔,臣请事之;若弗与,则请除之,无生民心。"公曰:"无庸,将自及。"大叔又收贰以为己邑,至于廪延。子封曰:"可矣。厚将得众。"公曰:"不义,不暱。厚将崩。"大叔完聚,缮甲兵,具卒乘,将袭郑,夫人将启之。公闻其期,曰:"可矣。"命子封帅二百乘以伐京。京叛大叔段。段入于鄢。公伐诸鄢。五月辛丑,大叔出奔共。书曰:郑伯克段于鄢。段不弟,故不言弟;如二君,故曰克;称郑伯,讥失教也,谓之郑志。不言出奔,难之也。①

《左传》这样长长一段是对经文所记"郑伯克段于鄢"六个字的注释,它是对历史事件的一种叙述。它中间包含着事件的起始,事件的曲折过程,还有各种议论和讨论以及事件的结尾和评论等等,可以说是一相

---

① 杨伯峻:《春秋左传注》,中华书局,1981年,第1册,第10—14页。

当完整的叙述式的故事。《左传》这一段叙述如果不是对《春秋》经文的铺陈解释,它单独也可以成为一完整历史事件的叙述,但它确确实实又是对《春秋》经文的注释。如果说"郑伯克段于鄢"是事件的历史(但实际上也是一种叙述的历史),那么相对地说上引《左传》的那一段可以说是叙述的历史。叙述的历史和事件的历史总有其密切的关系,但严格说来几乎写的历史都是叙述的历史。叙述历史的作者在叙述历史事件时必然都和他处的时代、生活的环境、个人的道德学问,甚至个人的偶然机遇有关系,这就是说叙述的历史都是叙述者表现其对某一历史事件的"史观"。上引《左传》的那一段,其中最集中地表现作者"史观"的就是那句"多行不义,必自毙"和最后的几句评语。像《左传》这种对《春秋》的解释,对中国各种史书都有影响。我们知道中国有"二十四史",其中有许多"史"都有注释,例如《三国志》有裴松之注,如果《三国志》没有裴注,这部书就大大逊色了。裴注不专门注重训诂,其重点则放在事实的解释和增补上,就史料价值说是非常重要的。《三国志·张鲁传》裴注引《典略》"熹平中,妖贼大起,三辅有骆曜。光和中,东方有张角,汉中有张修。骆曜教民缅匿法,角为太平道,修为五斗米道"云云一长段,大大丰富了我们对汉末道教各派的了解。裴注之于陈寿《三国志》和《左传》之于《春秋》虽不尽相同,但是都是属同一类型,即都是对原典或原著的历史事件的叙述式解释。

《易经》本来是古代作为占卜用的经典,虽然我们可以从它的卦名、卦画、卦序的排列以及卦辞、爻辞等等中分析出某些极有价值的哲理,但我们大概还不能说它已是一较为完备的哲学体系,而《易传》中的《系辞》对《易经》所作的总体上的解释,则可以说已是较完备的哲学体系了。[①]《系辞》把《易经》看成一个完整的整体性系统,对它作了整

---

① 《易传》中除《系辞》,还包含其他部分,都可作专门讨论,但限于篇幅,本文只讨论《系辞》对《易经》的解释问题。

体性的哲学解释,这种对古代经典作整体性的哲学解释,对后世有颇大影响,如王弼的《老子指略》是对《老子》所作的系统的整体性解释,《周易略例》则是对《周易》所作的系统的整体性解释。① 何晏有《道德论》和《无名论》都是对《老子》作的整体性解释,如此等等在中国历史上还有不少。② 《系辞》对《易经》的解释,当然有很多解释问题可以讨论,本文只就其中包含的本体论和宇宙生成论两大问题来略加探讨,而这两个不同的解释系统在实际上又是互相交叉着的。

《易经》的六十四卦是一个整体性的开放系统,它的结构形成为一个整体的宇宙架构模式。这个整体性的宇宙架构模式是一生生不息的有机架构模式,故曰:"生生之谓易。"世界上存在着的事事物物都可以在这个模式中找到它一一相当的位置,所以《系辞》中说:《易经》(或可称"易道")"范围天地之化而不过,曲成万物而不遗"。在宇宙中存在的天地万物其生成变化都在《易经》所包含的架构模式之中,"在天成象,在地成形,变化见矣。"天地万物之所以如此存在都可以在《易经》中的架构模式中找到其所以存在的道理,找到一一相当的根据,"天下之理得,而成位于其中。"因此,"易与天地准,故能弥纶天地之道。"《易经》所表现的宇宙架构模式可以成为实际存在的天地万物相应的准则,它既包含着已经实际存在的天地万物的道理,甚至它还包含着尚未实际存在而可能显现成为现实存在的一切事物的道理,"故神无方易无体","易"的变化是无方所的,也是不受现实存在的限制的。这就说明,《系辞》的作者认为,天地万物之所以如此存在着、变化着都可以从"易"这个系统中找到根据,"易"这个系统是一无所不包的宇宙模式。这个模式是形而上的"道",而世界上已经存在的或者还未

---

① 王弼大概还有专门对《系辞》作的玄学本体论解释,这不仅见于韩康伯《周易系辞注》中所引用的王弼对"大衍之义"的解释,还见于杨士勋《春秋榖梁传疏》中引用王弼的话。
② 《世说新语·文学篇》"裴成公作《崇有论》"条,注引"晋诸公赞曰:自魏太常夏侯玄、步兵校尉阮籍等皆著《道德论》"云云。

存在而可能存在的东西都能在此"易"的宇宙架构模式中找到其所以存在之理,所以《系辞》中说:"形而上者谓之道,形而下者谓之器。"在中国哲学中,从现有的文献资料看,最早明确提出"形上"与"形下"分别的应说是《系辞》。我们借用冯友兰先生的说法,可以说"形而上"的是"真际","形而下"的是"实际","实际"是指实际存在的事物,而"真际"是实际存在事物之所以存在之"理"(或"道",或"道理")。① 这就是说,《系辞》已经注意到"形上"与"形下"的严格区别,它已建立起一种以"无体"之"易"为特征的形而上学体系。这种把《易经》解释为一宇宙架构模式,可以说是《系辞》对《易经》的形而上本体论的解释。

这种对《易经》本体论的解释模式对以后中国哲学的影响非常之大,如王弼对《系辞》"大衍之数"的解释,王弼《老子指略》对《老子》的解释。韩康伯《周易系辞注》"大衍之数五十,其用四十有九"条中说:"王弼曰:演天地之数所赖者五十也,其用四十有九,则其一不用也。不用而用以之通,非数而数之以成,斯易之大极也。四十有九,数之极也,夫无不可以无明,必因于有,故常于有物之极,而必明其所由之宗也。""宗"者,体也。这里王弼实际上用"体"与"用"之关系说明"形上"与"形下"之关系,而使中国的本体论更具有其特色。②《老子指略》中说:"夫物之所以生,功之所以成,必生乎无形,由乎无名。无形无名者,万物之宗也。"用"无"和"有"以说"体"和"用"之关系,以明"形上"与"形下"之关系,而对《老子》作一"以无为本"之本体论解释。

在《系辞》中还有一段对《易经》的非常重要的话:"易有太极,是生两仪,两仪生四象,四象生八卦,……""易"包含着一个生成系统。这

---

① 冯友兰先生所用"真际"一概念,在佛教中已普遍使用,如《仁王经》上说:"以诸法性即真际故,无来无去,无生无灭,同真际等法性。"《维摩经》说:"非有相非无相,同真际等法性。"丁福保《佛学大辞典》谓"真际"即至极之义。"道"虽不是实际存在的事物,但它并不是"虚无",而是"不存在而有"(non-existence but being),这是借用金岳霖先生的意思。(参见冯友兰:《中国现代哲学史》,第217页,广东人民出版社,1999年)陆机《文赋》:"课虚无以责有,叩寂寞而求音。"正是"不存在而有"的最佳表述。
② 《周易王韩注》第三十八章:"万物虽贵,以无为用,不能舍无以为体也。"

个生成系统是说《易经》表现着宇宙的生生化化。宇宙是从混沌未分之"太极"(大一)发生出来的,而后有"阴"(--)"阳"(—),再由阴阳两种性质分化出太阴(==)、太阳(=)、少阴(==)少阳(==)等四象,四象分化而为八卦(☰、☷、☳、☴、☵、☲、☶、☱),这八种符号代表着万物不同的性质,据《说卦》说,这八种性质是:"乾,健也;坤,顺也;震,动也;巽,入也;坎,陷也;离,丽也;艮,止也;兑,说也。"这八种性质又可以用天、地、雷、风、水、火、山、泽的特征来表示。由八卦又可以组成六十四卦,但并非说至六十四卦这宇宙生化系统就完结了,实际上仍可展开,所以六十四卦最后两卦为"既济"和"未济",这就是说事物(不是指任何一种具体事物,但又可以是任何一种事物)发展到最后必然有一个终结,但此一终结又是另一新的开始,故《说卦》中说:"物不可穷也,故受之以未济终焉。"天下万物就是这样生化出来的。"易"这个系统是表现着宇宙的生化系统,是一个开放性的系统。《系辞》中还说:"天地絪缊,万物化醇,男女构精,万物化生。"《序卦》中说:"有天地,然后有万物;有万物,然后有男女;有男女,然后有夫妇;有夫妇,然后有父子;有父子,然后有君臣;有君臣,然后有上下;有上下,然后礼仪有所错。"这种把《易经》解释成为包含着宇宙的生化系统的理论,我们可以说是《系辞》对《易经》的宇宙生成论的解释。这里有一个问题需要作些分疏,照我看"太极生两仪……"仅是个符号系统,而"天地絪缊,化生万物……"和"有天地,然后有万物"就不是符号了,而是一个实际的宇宙生化过程,是作为实例来说明宇宙生化过程的。因此我们可以说,《系辞》所建立的是一种宇宙生化符号系统。这里我们又可以提出另一个中国哲学研究的新课题,这就是宇宙生成符号系统的问题。汉朝《易经》的象数之学中就包含宇宙生成的符号问题,而像"河图"、"洛书"等都应属于这一类。后来又有道教中的符箓派以及宋朝邵雍的"先天图"、周敦颐的"太极图"(据传周敦颐的"太极图"脱胎于道士陈抟的"无极图",此说尚有疑问,待考)。关于这一问题需另文讨论,非本文所应详论之范围。但是，我认为区分宇宙生成的符号系统与宇宙实际生成过程的描述是非常重要的。宇宙实际生成过程的描述往往是依据生活经验而提出的具体形态的事物（如天地、男女等等）发展过程，而宇宙生成的符号系统虽也可能是依据生活经验，但其所表述的宇宙生成过程并不是具体形态的事物，而是象征性的符号，这种符号或者有名称，但它并不限定于表示某种事物及其性质。因此，这种宇宙生成的符号系统就象代数学一样，它可以代入任何具体形态的事物及其性质。两仪（--和—）可以代表天地，也可以代表男女，也可代表刚健和柔顺等等。所以我认为，仅仅把《系辞》这一对《易经》的解释系统看成是某种宇宙实际生成过程的描述是不甚恰当的，而应了解为可以作为宇宙实际生成系统的模式，是一种宇宙代数学，我把这一系统称之为《系辞》对《易经》解释的宇宙生成论。像《系辞》这类以符号形式表现的宇宙生成论，并非仅此一家，而《老子》的"道生一，一生二，二生三，三生万物，万物负阴而抱阳，冲气以为和"，也是一种宇宙生成的符号系统，也是一种宇宙代数学，其中的数字可以代以任何具体事物。"一"可以代表"元气"，也可以代表"虚霩"（《淮南子·天文训》谓"道始于虚霩"，虚霩者尚未有时空分化之状态）。"二"可以代表"阴阳"，也可以代表"宇宙"（《天文训》谓"虚霩生宇宙"，即由未有时空分化之状态发展成有时空之状态）。"三"并不一定就指"天、地、人"，它可以解释为有了相对应性质的两事物就可以产生第三种事物，而任何具体事物都是由两种相对应性质的事物产生的,它的产生是由两种相对应事物交荡作用而生的合物。① 然而汉朝的宇宙生成论与《系辞》所建构的宇宙生成论不同,大都是对宇宙实际生成过程的描述,此是后话,当另文讨论。②

我们说《系辞》对《易经》的解释包括两个系统,即本体论系统和宇宙生成论系统,那是不是说《系辞》对《易经》的解释包含着矛盾?我想,不是的。也许这两个系统恰恰是互补的,并形成为中国哲学的两大系。宇宙本身,我们可把它作为一个平面开放系统来考察,宇宙从其广度说可以说是无穷的,郭象《庄子·庚桑楚》注:"宇者,有四方上下,而四方上下未有穷处。"同时我们又可以把它作为垂直延伸系统来考察,宇宙就其纵向说可以说是无极的,故郭象说:"宙者,有古今之长,而古今之长无极。"既然宇宙可以从两个方面来考察,那么"圣人"的哲学也就可以从两个方面来建构其解释宇宙的体系,所以"易与天地准"。"易道"是个开放性的宇宙整体性结构模式,因此"易道"是不可分割的,是"大全",宇宙的事物曾经存在的、现在仍然存在的或者将来可能存在的都可以在"易"这个系统中找到一一相当的根据。但"易道"又不是死寂的,而是一"生生不息"系统,故它必须显示为"阴"和"阳"(注意:但"阴"和"阳"缊而生变化,"阴阳不测谓之神")相互作

---

① 关于"三"的问题,庞朴同志提出"一分为三"以区别于"一分为二",这点很有意义。如果从哲学本体论方面来考虑,"一分为三"的解释或可解释为在相对应的"二"之上或之中的那个"三"可以是**本体**,如"太极生两仪",合而为"三","太极"是**本体**,而"两仪"是**本体**之体现。我在一篇文章中讨论过,儒家与道家在思想方法上有所不同,儒家往往是于两极中求"中极",如说"过犹不及"、"叩其两端"、"允执其中",而道家则是于"一极"求其对应的"一极",如"天下皆知美之为美,斯恶已"。(参见《论〈道德经〉建立哲学体系的方法》,《哲学研究》,1986年第一期)儒家于"两极"中求"中极",这"中极"并不是和"两极"平列的,而是高于"两极"之上的。就本体意义上说,这"中极"就是"中庸",就是"太极"。因此,就哲学上说,"一分为三"与"一分为二"都是同样有意义的哲学命题。就哲学意义上说"一分为三"实是以"一分为二"为基础。

② 例如《淮南子·天文训》中说:"道始于虚霩,虚霩生宇宙,宇宙生元气,元气有涯垠,清阳者薄靡而为天,重浊者凝滞而为地。"《**孝经纬·钩命诀**》:"天地未分之前,有太易、有太初、有太始、有太素、有太极,是为五运。形象未分,谓之太易。元气始萌,谓之太初。气形之端,谓之太始。形变有质,谓之太素。质形已具,谓之太极。五气渐变,谓之五运。"可见,汉朝的宇宙生成论大体上都是"元气论"。

用的两个符号(不是凝固的什么东西),这两个互相作用的符号代表着两种性质不同的势力。而这代表两种不同性质的符号是包含在"易道"之中的,"易道"是阴阳变化之根本,所以说"一阴一阳之谓道"。杨士勋《春秋穀梁传疏》中引用了一段王弼对"一阴一阳之谓道"的解释,文中说:"《系辞》云:一阴一阳之谓道。王弼云:一阴一阳者,或谓之阴或谓之阳,不可定名也。夫为阴则不能为阳,为柔则不能为刚。唯不阴不阳,然后为阴阳之宗;不柔不刚,然后为刚柔之主。故无方无体,非阴非阳,始得谓之道,始得谓之神。"阴和阳代表着两种不同的性质,此一方不能代表彼一方,只有"道"它既不是阴又不是阳,但它是阴阳变化之宗主(本体),故曰"神无方,易无体也"。就这点看,《系辞》把《易经》解释为一平面的开放体系和立体的延申体系的哲学,无疑是有相当深度的哲学智慧的。再说一下,《系辞》对《易经》的整体性哲学解释和《左传》对《春秋》的叙述事件型解释是两种很不相同的解释方式。

  李零教授说:"汉代的古书传授有经、传、记、说、章句、解故之分。大体上讲,它们的区分主要是,'经'是原始文本,'传'是原始文本的载体和对原始文本的解说(类似后世所说的'旧注')。'经'多附'传'而行,'传'多依'经'而解,……'记'(也叫'传记')是学案性质的参考资料,'说'则可能是对'经传'的申说(可能类似于'疏'),它们是对'传'的补充(这些多偏重于义理)。'章句'是对既定文本,……所含各篇的解析,……'解故'(也叫作'故'),则关乎词句的解释。"李零教授说清了"经"与诠释"经"的"传"、"记"、"说"、"解"、"注"、"笺"、"疏"等等之间的关系。[①] 今天,我们要读懂"五经",是不能不借助历代儒学大家的注疏的。同时,在我国对经典的诠释中常需具备"训诂学"、"文字学"、"音韵学"、"考据学"、"版本学"、"目录学"等等的知识,也就是说具备这些方面的知识才能真正把握中国诠释经典的意义。

---

① 李零:《郭店楚简校读记》,北京大学出版社,2002年,第72页。

1998年,我曾提出"能否创建中国解释学"的问题,其后写了四篇文章讨论此问题。① 在中国,自先秦以来有着很长的诠释经典的历史,并且形成了种种不同的注释经典的方法与理论。而各朝各代诠释经典的理论与方法往往也有所不同。例如在汉朝有用所谓"章句"的方法注释经典,分章析句,一章一句甚至一个字一个字地详细解释。据《汉书·儒林传》说,当时儒家的经师对"五经"的注解,"一经之说,至百余万言。"儒师秦延君释"尧典"二字,十余万言;释"曰若稽古"四字,三万言。当时还有以"纬"(纬书)证"经"的方法,苏舆《释名疏证补》谓:"纬之为书,比傅于经,辗转牵合,以成其谊,今所传《易纬》、《诗纬》诸书,可得其大概,故云反复围绕以成经。"此种牵强附会的解释经典的方法又与"章句"的方法不同。至魏晋,有"玄学"出,其注释经典的方法为之一变,玄学家多排除汉朝繁琐甚至荒诞的注释方法,或采取"得意忘言",或采取"辨名析理"等简明带有思辨性的注释方法。王弼据《庄子·外物》以释《周易·系辞》"言不尽意,书不尽言",作《周易略例·明象章》,提出"得意忘言"的玄学方法,而开一代新风。② 此是一典型解释儒经的新方法。郭象继之而有"寄言出意"之说,其《庄子·逍遥游》第一条注说:

> 鹏鲲之实,吾所未详也。夫庄子之大意,在乎逍遥游放,无为而自得,故极大小之致,以明性分之适。达观之士,宜要其会归,而遗其所寄,不足事事曲与生说,自不害其弘旨,皆可略之。

这种"寄言出意"的注释方法自与汉人注释方法大不相同。《大慧普觉禅师语录》卷二十二中说:"曾见郭象注庄子,识者云:却是庄子注郭

---

① 此五篇论文均收入拙著《和而不同》一书中,辽宁人民出版社,2001年。
② 王弼《周易略例·明象》:"夫象者,出意者也;言者,明象者也。尽意莫若象,尽象莫若言。言生于象,故可寻言以观象;象生于意,故可寻象以观意。意以象尽,象以言著。故言者所以明象,得象而忘言;象者所以存意,得意而忘象。"参见汤用彤先生《魏晋玄学论稿》中之《言意之辨》。《汤用彤全集》第四卷,河北人民出版社,2000年,第22页。

象。"如果说汉人注经大体上是"我注六经",那么王弼、郭象则是"六经注我"了。

郭象注《庄子》还用了"辨名析理"的方法,这种方法和先秦"名家"颇有关系,盖魏晋时期"名家"思想对玄学产生有所影响。郭象《庄子·天下注》的最后一条谓:

> 昔吾未览《庄子》,尝闻论者争夫尺棰连环之意,而皆云庄生之言,遂以庄生为辩者之流。案此篇较评诸子,至于此章,则曰:其道舛驳,其言不中,乃知道听途说之伤实也。吾意亦谓,无经国体致,真所谓无用之谈也。然膏梁之子,均之戏豫,或倦于典言,而能辨名析理,以宣其气,以系其思,流于后世,使性不邪淫,不犹贤于博弈者!故存而不论,以贻好事也。

这里郭象把"辨名析理"作为一种解释方法提出来,自有其特殊意义,但"辨名析理"几乎是所有魏晋玄学家都采用的方法,所以有时也称魏晋玄学为"名理之学"。如王弼说:"夫不能辨名,则不可言理;不能定名,则不可以论实也。"嵇康《琴赋》谓:"非夫至精者,不能与之析理也。"就这点看,魏晋玄学家在注释经典上已有方法论上的自觉。至宋,有陆九渊提出"六经注我,我注六经"的问题,[①]实在魏晋时已开此问题之先河,不过当时并未把它作为一问题提出。至清,因考据之学盛,有杭世骏论诗而对"诠释"有一说:"诠释之学,较古昔作者为尤难,语必溯源,一也;事必数典,二也;学必贯三才而穷七略,三也。"[②]意思是说,诠释这门学问,就今人对诗文的诠释说比古昔作者更加困难,原因是首先应了解其原意,其次要知道所涉及的典故;再次是必学贯天、地、人三学而对"七略"知识有所了解。杭世骏所言之"诠释"虽非今日

[①] 陆九渊著,钟哲点校:《陆九渊集》,中华书局,1980年,第522页。《陆氏年谱》记载有杨简曾闻:"或谓陆先生云:'胡不注六经?'先生云:'六经当注我,我何注六经。'"
[②] 杭世骏:《李义山诗注序》,《道古堂全集·文集》卷八。

所说之西方"诠释学"(Hermeneutics)之"诠释",但也可看到自先秦两汉以来,我国学者在各学科中均意识到对著作之文本是需要通过解释来理解的。因此,对中国儒学的研究,必须注意历代对"经书"的注释,以使人们了解在我国的历史传统确有对"经典"诠释颇为丰富的理论与方法的资源。通过《中国儒学史》的撰写,对儒家经典的诠释历史加以梳理,总结出若干有意义的理论与方法,也许对创建"中国诠释学"大有益处。①

四、儒学与外来文化的传入

罗素说:"不同文明的接触,以往常常成为人类进步里程碑。"②在两千多年的儒学发展史中,我们可以清楚地看到,"儒学"的每一次发展除其自身内在自觉地更新外,都是在与我国国内存在的各学派交流中得到发展的,汉儒吸收了道家、法家、阴阳家的学说而有"两汉经学";魏晋南北朝时期,诸多玄学家均有注儒家经典者,而"以儒道为一"。③ 儒学在我国历史上与我国原有各学派之间的相互影响无疑是在研究儒学史时应予注意的。这方面已有论述较多,兹不详述。也许更应关注的是外来文化传入对儒学发生重大影响的问题。

在儒学发展史上,可以说有两次重大的外来文化传入对我国儒学

---

① 参见拙作《论创建中国解释学问题》,《中国哲学》第二十五辑,辽宁教育出版社,2004年。
② 《中西文明的对比》,见罗素:《中国问题》,第146页。
③ "向子期(秀)以儒道为一。"(谢灵运《辨宗论》),汤用彤《王弼之〈周易〉、〈论语〉新义》说:"陈寿《魏志》无王弼传,仅于《钟会传》尾附叙数语,实太简陋。然其称弼'好论儒道','注《易》及《老子》',孔老并列,未言偏重,……盖世人多以玄学为老、庄之附庸,而忘其亦系儒学之蜕变。"汤著《向郭义之庄周与孔子》中说:"郭序曰,《庄子》之书'明内圣外王之道'。向、郭之所以尊孔抑庄者,盖由此也。"其时有王(弼)韩(康伯)《周易注》、何晏《论语集解》、王弼《论语释疑》、向秀《周易注》、郭象《论语体略》《论语隐》、皇侃《论语义疏》等等。

产生过重大影响,第一次是自公元一世纪以下,印度佛教文化的传入,它成为宋明理学(道学)产生的重要原因之一。如果不算唐朝传入的景教和在元朝曾发生过一定影响的也里可温教,因为这两次外来文化的传入都因种种原因而中断了。第二次文化外来是西方文化大规模的进入中国。自十六世纪末,特别是自十九世纪中叶西方文化全方位的传入,大大地影响和改变了儒学在中国社会生活中的地位。那么,我们需要问,今天应该如何看儒学与西学的关系?我想,这也许涉及到文化发展中"源"与"流"的关系问题。

我们知道,任何历史悠久且仍然有着生命力的民族文化必有其发生发展的源头,也就是说有其发源地,它可被称为该民族文化之"源"。例如今日欧洲文化的源头可以说主要是源自古希腊,印度文化的发源地在南亚的恒河流域。中华文化源远流长,有五千年的历史,它的源头在东亚的黄河、长江流域。在这些有长久历史的民族文化发展过程中总是在不断吸收着其他地区民族文化以滋养其自身,而被吸收的种种文化对吸收方说则是"流"。一个有长久历史仍然有着生命力的文化就像一条不断流着的大江大河,它必有一个源头,它在流动之中往往会有一些江河汇入,这些汇入主干流的江河常被称为"支流",甚至某些支流在一定情况下其流量比来自源头的流量要大,但"源"仍然是"源","流"仍然是"流"。因此,我们在讨论一种文化的发展时必须注意处理好文化的"源"与"流"的关系。

(一) 儒学与印度佛教的传入

儒学自孔子起就自觉地继承着源自中华大地的夏、商、周三代的文化,在长达两千多年的历史中曾是中华文化的主体,因而也可以说它的学说是来自中华大地文化的源头。印度佛教文化在一世纪传入中国之后曾对中国社会的宗教、哲学、文学、艺术、建筑、医学等等诸多方面有着重大影响,这一事实是中外学界所公认的。但是,上述的所有学科在历史上仍然体现着中华文化内在的精神面貌。因此,中国固有文化仍然是"源",而印度佛教文化只是"流"。佛教传入中国的历史很长,在魏晋时有着广泛的影响,然就其与"魏晋玄学"的关系说,并非因佛教的传入而有"玄学",而恰恰相反,是因有"玄学"而佛教才得以在我国比较顺利地流行。印度佛教对魏晋南北朝时期中国的思想文化起着重大作用,但它只是一个"助因",并不能改变中国思想文化的根本性质和发展方向。"玄学是从中国固有学术自然的演进,从过去思想中随时演进的'新义',渐成系统,玄学的产生与印度佛教没有必然关系。易而言之,佛教非玄学生长之正因。反之,佛教倒是先受玄学的洗礼,这种外来思想才能为我国所接受。所以从一个方面讲,魏晋时代的佛学也可以说是玄学。但佛学对玄学为推波助澜的助因是不可抹杀的。"①例如在中国有影响的佛教学说僧肇和道生所讨论的许多问题仍是中国原本在"玄学"中所讨论的问题,如僧肇四论:动静、有无、知与无知、圣人人格等问题都是自王弼、郭象以来玄学讨论的主题,可以说《肇论》是接着"玄学"讲的。而道生之顿悟,"实是中印学术两者调和之论,一扫当时学界两大传统冲突之说,而开伊川谓'学'乃至圣人学说之先河。"②到隋时,据《隋书·经籍志》记载:当时"民间佛经,多于六经数十百倍",但也未能改变儒学在社会上的正统地位。因而至隋唐,在我国出现了若干受我国固有的儒、道学术文化影响的佛教宗派,其中在我国最有影响的天台、华严、禅宗实是中国化的佛教宗派。另虽有玄奘大师提倡的唯识宗,流行三十余年后则渐衰。天台、华严、禅宗所讨论的重要问题是心性问题。"心性问题"本来是中国儒家思想所讨论的问题(近期出土文献对此问题讨论甚多)。天台有所

---

① 参见汤用彤:《魏晋玄学的发展》,见《汤用彤全集》第四卷,河北人民出版社,2000年,第112页。
② 参见:汤用彤《谢灵运〈辨宗论〉书后》,《汤用彤全集》第四卷,第96—102页。

谓"心生万法";①华严宗有融"佛性"于"真心";禅宗则更认为"佛性"即人之"本心"(本性)。由于佛教的中国化,使得中国化的佛教宗派、特别是禅宗大大改变了印度佛教的原貌;佛教在中国从"出世"走向世俗化,认为在日常生活中就可以成佛,因而原来被佛教排斥的儒家"忠君"、"孝父母"②和道家的"顺自然"③等等思想也可以被容纳在禅宗里面。在世界历史上,文化也曾发生过异地发展之问题,印度佛教文化在中国的发展就是一例。公元八、九世纪佛教在印度已大衰落,然而在中国却大发展,而有天台、华严、禅宗等。中国佛教这些宗派直接影响着朝鲜半岛、日本等地。因此,我们可以说中国文化曾受惠于印度佛教,而印度佛教又在中国得到发扬光大。

至宋,理学兴起,一方面批评佛教,另一方面又吸收佛教。本来中国儒学是入世的"治国平天下"之道,而非如佛教的"出世"寻求"西方极乐世界",两者很不相同,但理学不仅吸收了华严宗"理事无碍"、"事事无碍"的思想,而有"人人一太极,物物一太极"和"理一分殊"等思想,有助于程颐、朱熹传承先秦孔孟的"心性"学说,而建立了以"理"为本的形而上学。④陆九渊、王阳明则更多地吸收禅宗的"明心见性"等思想,传承先秦儒家"尽心、知性、知天"的思想,而有"吾心便是宇宙"和"心外无物"等思想,建立了以"心"为体的形而上学。⑤程朱的"性即

---

① 智顗《修习止观坐禅法要》:"一切诸法,皆由心生。"
② 契嵩本《坛经·无相颂》:"恩则孝养父母,义则上下相邻。"宋宗杲大慧禅师说:"予虽学佛者,然爱君忧国之心,与忠义士大夫等。""学不至,不是学;学至而不用,不是学;学不能化物不是学。学到彻头处,文亦在其中,武亦在其中,事亦在其中,理亦在其中,忠义孝道乃至治身治人安国安邦之术无不在其中。"
③ 无门和尚《颂》:"春有百花秋有月,夏有凉风冬有雪,若无闲事挂心头,便是人间好时节。"
④ 《朱子语类》卷一中,朱子曰:"太极只是天地万物之理。在天地言,则天地中有太极,在万物言,则万物中各有太极。未有天地之先,毕竟是生有此理。""伊川说得好,曰'理一分殊'。合天地万物而言,只是一个理,及在人,则又各有一个理。"
⑤ 《陆九渊集》中《与曾宅之》写到:"盖心,一心也;理,一理也;至当归一,精义无二,此心此理,实不容二。"王阳明《传习录上》中说:"心即理也,天下又有心外之事,心外之理乎?……心即理也,此心无私欲之蔽,即是天理,不须外面添一分。"

理"和陆王的"心即理"虽理路不同,但都是要为"治国平天下"的理想找一形而上学的根据;这样就使宋明理学较之先秦儒学有了更加完善的理论体系。这一发展正是由于理学吸收、消化和融合了隋唐以来中国化的佛教宗派而形成的。但是,从根本上说,理学仍然是先秦以来儒家"心性"学说的发展,佛教只是助因。从这里我们也可以看出文化的"源"和"流"的关系。

(二) 儒学与"西学"的传入

在十九世纪末,由于西方列强的入侵,大大有利于西方文化(西学)在中国的传播。因此,引起了"中西古今之争",此"中西古今之争"一直延续至今。所谓"中西古今之争"无非是说中国文化面临着三个相互联系的问题:如何对待西方文化;如何看待我国本民族的固有文化;在现时代如何创建我国自身的新文化。一个多世纪以来,西方学术思想像潮水一般地涌入我国,最早有影响的西方学说是严复翻译的《天演论》,因而进化论思想影响着中国几代人。其后,继之而有叔本华哲学、尼采哲学、康德哲学、古希腊哲学、无政府主义、马克思主义,英国经验主义、欧洲大陆理性主义、十九世纪德国哲学、实用主义、实在论,分析哲学、现象学、存在主义、结构主义,解构主义、解构性后现代主义以至建构性后现代主义等等,先后进入我国。中国学界面对如此众多的学术派别(西学),我们如何接受,如何选择,无疑是个大难题。

我们是不是可以根据百多年来的历史,对"西学"输入中国作一些分析?照我看,从中国社会发展的情况看也许可以把"西学"对中国学术思想的影响分成:中国社会迫切需要的思想、有利于促进中国哲学更新和发展的思想,以及和中国哲学较相近,能对中国社会发生巨大影响的思想等几类。当然也还有其他西方学术派别影响着我国学术界,此处就不一一详谈了。

第一，中国社会迫切需要的思想：自鸦片战争以来，中国社会迫切需要的是如何改变我国落后、挨打的局面。为了自强图存，再守着过时的思想文化传统，提倡什么"奉天承运"、"三纲六纪"、"中学为体，西学为用"已经不行了，中国社会必须"进化"，于是西方的"进化论"思想自严复的《天演论》译出之后无疑成为影响中国社会的主要思潮。其时，中华民国的缔造者孙中山即是"进化论"的信徒。至于我国学术文化界，无论是激进派的，如陈独秀、鲁迅、郭沫若等等，自由主义派的，如张东荪、胡适、丁文江等等都接受了"进化论"思想，甚至保守派的，如梁漱溟、杜亚泉等也不反对"进化"。[①] 其后，尼采的"重新估价一切"的思想深深地影响中国学术界，这正适合中国社会急遽变化之需要。中国必须改变，因而需要对过去的一切进行重新评估。1904年，王国维介绍尼采时，指出尼采学说的目的是要"破坏旧文化而创造新文化"，为"弛其负担"而"图一切价值之颠覆"，并"肆其叛逆而不惮"，盛赞尼采的"强烈之意志而辅以极伟大之知力"。其后，鲁迅、陈独秀、沈雁冰(茅盾)、郭沫若等等无不要求以"强固的意志"去对旧传统"进行战斗"。特别是蔡元培在一次演讲中说："迨至尼采(原注：德国之大文学家)，复发明强存弱亡之理，……弱者恐不能保存亦积极进行，以与强者相抵抗，如此世界始能日趋进化。"而傅斯年在《新潮》杂志上号召："我们须提着灯笼沿街找超人，拿着棍子沿街打魔鬼"，赞扬尼采是一个"极端破坏偶像家"。所以尼采思想在"五四运动"前后都有过重大影响。[②] 其他如无政府主义思想也曾发生过一定影响，盖因其反对"专制政权"甚激烈。

第二，有利于中国哲学得到更新和发展的思想：宋明理学在中国

[①] 杜亚泉《接续主义》中说："国家之接续主义，一方面含有开进之意味，一方面又含有保守之意味。盖接续云者：以旧业与新业相接续之谓。有保守而无开进，则拘墟旧业，复何用其接续乎！"

[②] 参见乐黛云：《尼采与中国现代文学》，收入《比较文学与中国现代文学》，北京大学出版社，1987年。

统治了近千年,这一学说日愈僵化,逐渐成为束缚人们思想的教条。因此,有了现代新儒学的出现。人们一向以自熊十力开创,而经牟宗三等发展,至今而有第三代如杜维明、刘述先等为现代新儒学的代表。但是,实际上在中国另外还有一些企图吸收"西学"来发展儒学的学派,例如以冯友兰为代表的"新理学"派和以贺麟为代表的"新心学"派。

熊十力的"新唯识论"体系虽颇有创见,但相对地说还是比较传统地继承着儒家哲学,不过我们已可以看出,他对"西学"确颇有认识,如他说:"西学以现象为变异,本体为真实,其失与佛法等。"同时熊先生也看到中国哲学在"认识论"有不重"思辨"之缺点,故"中国诚宜融摄西洋而自广",使两者结合而成"思修交尽之学"。[①] 可见,熊十力已注意到必须吸收西方哲学之长而为中国哲学开拓新的方面。其后,牟宗三则多吸收与融合康德哲学;而杜、刘等则以开放的心态面对西方哲学,而维护儒学传统则未变。

冯友兰的"新理学"之所以新正是在把柏拉图的"共相"与"殊相"和"新实在论"(如"潜在"的观念)引入中国哲学。他把世界分成"真际"(或称之为"理",或称之为"太极")和"实际",实际的事物依照所以然之理而成为其事物。冯先生之创建"新理学",其意图主要是使中国哲学中的"形上学"更加凸显,以说明宋明理学可发展为与西方哲学媲美的形上学。[②]

贺麟的"新心学"的思想也许可以说包含在《儒家思想的新开展》一文中。他认为:(1) 必须以西洋的哲学发挥儒家理学(此"理学"指"性理之学")。由于中国哲学特别重视的在于道德精神的建构,而并非一种注重学说知识体系建构的哲学,如能会合融贯、吸收借鉴西洋

---

① 参见《熊十力全集》第五卷,第57、58、63页,第四卷,第105、111页,湖北教育出版社,2001年。

② 可参见冯友兰:《三松堂全集》第四卷《新理学》,河南人民出版社,1986年。

哲学,不仅可作道德可能的理论基础,且可奠定科学可能的理论基础。(2)必须吸收基督教的精华以充实儒家的礼教。(3)必须领略西洋艺术而使新诗教、新乐教、新艺术与新儒学一起复兴。① 为什么贺麟要从这三个方面来讨论"儒家思想的新开展"? 我认为,正是因为西方哲学一向重视对"真"、"善"、"美"问题的讨论,而贺麟正是希望在吸收西方文化的基础上发展"新儒学"。因此,他在《中国哲学与西洋哲学》中说:"今后中国哲学的新发展,有赖于对西洋哲学的吸收与融会,同时中国哲学家也有复兴中国文化、发扬中国哲学,以贡献于全世界人类的责任。"②

汤用彤先生为什么在写完《汉魏两晋南北朝佛教史》之后,就开始研究"魏晋玄学",主要是要梳理中国哲学自汉至魏晋南北朝之变化。他认为,中国哲学就思想上说自有其自身发展内在逻辑,印度佛教的传入虽对"玄学"的发展有推进作用,但它只是"助因",而非正因。③ 这也就是文化发展的"源"与"流"的问题吧! 但这一研究的结果,却说明中国哲学自有其"本体之学",而其"本体论"或与西方哲学不同,④ 其"道"、"无"、"理"、"太极"等虽为"超越性"的,但它不离万事万物,而内在于万事万物,故"体用如一",⑤ 而其人生境界又是"即世间而出世

---

① 贺麟:《儒家思想的新开展》,见《文化与人生》,商务印书馆,1988年,第8—9页。
② 见贺麟《哲学与哲学史》,商务印书馆,1990年,第127页。
③ 参见《魏晋思想的发展》,《汤用彤全集》第四卷,第112页。
④ 汤用彤:《魏晋玄学流派略论》中指出,魏晋玄学与东汉有根本之不同,他说:"魏晋玄学已不复拘拘于宇宙运行之外用,进而论天地万物之本体。汉代寓天道于物理,魏晋黜天道而究本体,以寡御众,而归于玄极(王弼《易略例·明象章》);忘象得意,而游于物外(《易略例·明象章》)。于是脱离汉代宇宙论(Cosmology or Cosmogony)而留连于存存本本之真(Ontology or Theory of Being)。"按:张东荪否认中国有"本体论"(参见张耀南:《张东荪知识论研究》,台湾洪叶文化事业有限公司,1995年)。又,俞宣孟教授也反对中国有本体论(参见上海《社会科学报》,2004年9月9日)。这是由于他们企图用西方本体论学说规范中国哲学之故。
⑤ 《周易注》引王弼曰:"演天地之数,所赖者五十也。其用四十有九,则其一不用也。不用而用以之通,非数而数之以成,斯易之太极也。四十有九,数之极也。夫无不可以无明,必因于有,故于有物之极,而必明其所由之宗也。"郭象《庄子注》:"夫圣人虽身在庙堂之上,然其心无异于山林之中,世岂识之哉!"

间"的。

从以上几例可以看出,上个世纪中叶中国哲学的研究者们特别注意自身哲学研究所未展开的方面,如认识论、形上学(本体论)、宗教精神、纯艺术精神,从而努力吸收西方哲学"以自广"。

第三,和中国哲学较相近而对中国社会发生较大影响的思想:

中国哲学的创造者,无论儒、道还是先秦其他诸子,都是有社会关怀的"士",这一传统十分久远,我们从《尚书·说命》中"非知之艰,行之惟艰"就可以看到儒家的精神是入世的,要"明明德"于天下。要"明明德"于天下,就不仅是个理念问题,必须实践,必须身体力行,必须见之于事功。所以孔子说:"吾岂匏瓜也哉?焉能系而不食?"所以儒家哲学是一种"治国平天下"的实践的哲学。[①] 马克思《关于费尔巴哈的提纲》中说:"哲学家们只是用不同的方式解释世界,问题在于改变世界。""全部社会生活在本质上是实践的。"[②]因此,他们在"实践"问题上可有相同之处。马克思主义自上个世纪以来一直影响着中国社会,除了中国社会确实需要一巨大的变革外,我认为这和儒家思想重视"实践"(道德修养的实践,社会政治生活的实践)有着密切的关系。毛泽东的《实践论》就是证明,这是大家都了解的。同时,儒学与马克思主义又都是带有理想主义的学派。儒学有其"大同"社会的理想;马克思

---

① 参见拙作《论知行合一》,收入《反本开新——汤一介自选集》中,首都师范大学出版社,2008年。

② 《马克思恩格斯全集》第三卷,人民出版社,1960年,第8页。

主义有其共产主义的理想。① 他们的理想主义或许带有某种"空想"成分,但无疑都有对人类社会发展前景的乐观主义的期盼,我们必须珍视。

中国学术界无疑都十分关心马克思主义中国化的问题,从哲学这个层面讲,我认为做得比较成功的应该是冯契同志。已故的冯契同志是一位有创造性的马克思主义者,他力图在充分吸收和融合中国传统哲学和西方分析哲学的基础上使马克思主义哲学成为中国化的马克思主义哲学。他的《智慧说三篇》可以说是把马克思主义的实践唯物辩证法、西方的分析哲学和中国传统哲学较好结合起来的尝试。② 冯契同志在他的《智慧说三篇·导论》中一开头就说:"本篇主旨在讲基于实践的认识过程的辩证法,特别是如何通过'转识成智'的飞跃,获得性与天道的认识。"冯契同志不是要用实践的唯物主义辩证法去解决西方哲学的基本问题,而是要用实践的唯物主义辩证法解决中国哲学的"性与天道"的问题;而如何获得"性与天道"的认识,又借用了佛教哲学中的"转识成智",以此来打通"天"与"人"的关系问题。他说:"通过实践基础上的认识世界与认识自己的交互作用,人与自然、性与天道在理论与实践的辩证统一中互相促进,经过凝道而成德、显性以宏道,终于达到转识成智,造成自由的德性,体验到相对中的绝对、有限中的无限。"接着冯契同志用分析哲学的方法,对"经验"、"主体"、"知

---

① 《礼记·礼运》:孔子曰:"大道之行也,与三代之英,丘未之逮也,而有志焉。大道之行也,天下为公,选贤与能,讲信修睦。故人不独亲其亲,不独子其子,使老有所终,壮有所用,幼有所长,矜、寡、孤、独、废、疾者皆有所养,男有分,女有归。货,恶其弃于地也,不必藏于己;力,恶其不出于身也,不必为己。是故谋闭而不兴,盗窃乱贼而不作,故外户而不闭。是谓大同。"《马克思、恩格斯、列宁、斯大林论共产主义社会》:"在共产主义社会高级阶段,迫使人们奴隶般的服从社会分工的现象已经消失,脑力劳动和体力劳动的对立也随之消失,劳动已不仅仅是谋生的手段,而且成了生活的第一需要,生产力已随着每个人的全面发展而增长,一切社会财富的资源都会充分地涌现出来,……只有在那时候,才能彻底打破资产阶级法权的狭隘观点,社会才能把'各尽其能、各取所需'写在自己的旗帜上。"(人民出版社,1958年,第11页)

② 参见拙作《读冯契同志〈智慧说三篇〉导论》,上海《学术月刊》1998年增刊。

识"、"智慧"、"道德"等等层层分析,得出如何在"认识世界和认识自己的过程中转识成智"。首先,冯契同志把金岳霖先生的"以经验之所得还治经验",扩充为"得之以现实之道还治现实",而这个"得之以现实之道还治现实"必须有一个主体,这个"主体"即"我"。我认为这点很重要,因为没有离开"主体"的"现实"("现实"已不是自在的,而是"为我之物"了),必须有一个主体,才可以在"认识世界和认识自己的过程中转识成智"。而"我"这个主体在现实生活中,必定是一"知识"的主体,又是一"道德"的主体。我想这里可能产生两个必须回答的问题:第一个问题是:"转识成智",即是由"知识"领域进入"智慧"领域(境界),也就是说要由"以物观之"进入到"以道观之"。由此就要超越这个作为主体的"我",这样,作为主体的"我"必须达到"与道同体"(王弼语)的境地,才是"以道观之"。第二个问题是:作为知识的主体(认识世界的主体)和自由道德人格的主体(认识自己的主体)在"转识成智"的过程中是同一的还是不同一的?如果是不同一的,"转识成智"将不可能,因为这样就不可能在"自证中体认道(天道、人道、认识过程之道)"。我认为,冯契同志正是运用实践唯物主义辩证法解决这两个问题的,也就是说用实践唯物主义辩证法来解决"性与天道"这一古老又常新的哲学问题。

冯契同志有一非常重要的命题:"化理论为方法,化理论为德性。"他对这个命题解释说:"哲学理论一方面要化为思想方法,贯彻于自己的活动,自己的研究领域;另一方面又要通过自己的身体力行,化为自己的德性,具体化为有血有肉的人格。"而无论"化理论为方法",还是"化理论为德性",都离不开实践。照我的理解,"化理论为方法"不仅是取得"知识"的方法,而且也是达到"智慧"的方法。冯契同志说:"知识和智慧、名言之域和超名言之域的关系到底如何,便成为我一直关怀、经常思索的问题。""知识"的取得无疑离不开实践,而"智慧"是否也只能靠实践才能体证呢?冯契同志说:"在实践的基础上认识世界和认识自己的交互作用中如何转识成智,获得关于性与天道的认识?这样一种具体的认识是把握相对中的绝对,有限中的无限,有条件的东西中的无条件的东西。这里超名言之域,要通过转识成智,凭理性的直觉才能把握的。"这里可以注意的是:认识世界和认识自己都必须在实践的基础上实现。世界和自我都是一个实在的发展过程,人生活在这个过程之中离不开实践的活动,没有实践就没有人的"世界"和人的"自我",当然也就没有"性与天道"的问题;只有在实践中人才可以把"世界"和"自我"内化,而有"性与天道"的问题。对"性与天道"的证悟,是把握相对中的绝对、有限中的无限。当然,我们说"转识成智"这种具体的认识是把握"相对中的绝对、有限中的无限"也是具有相对性的。对于一个哲学家来说,他可以完成"转识成智",但是对于人类来说,由于只要有人类存在,人们的实践活动总是要继续下去的,而且要不断地使人们的认识在实践的基础上,由具体到抽象,再由抽象上升到具体。因此,实践的唯物主义辩证法作为一种方法,它不仅是取得"知识"的方法,而且也是体证"智慧"的方法。但是,正如冯契同志所说,"知识"和"智慧"不同,"知识"所及为可名言之域,而"智慧"所达为超名言之域,这就要"转识成智"。照冯契同志看,"转识成智"要"凭理性的直觉才能把握"。对这一点冯契同志也有一个解释:"哲学的理性的直觉的根本特点,就在具体生动地领悟到无限的、绝对的东西,这样的领悟是理性思维和德性培养的飞跃。"(按:这有点像熊十力先生所提出希望建立"思修交尽"的"量论"那样)"理性的直觉"这一观念很重要,照我看,它是在逻辑分析基础上的"思辩的综合"而形成的一种飞跃。如果没有逻辑分析,就没有理论的说服力;不在逻辑分析基础上作"思辨的综合",就不可能形成新的哲学体系。因而,"理性的直觉"不是混沌状态的"悟道",而是清楚明白的自觉"得道"。我们从冯契同志许多论文中,特别是《导论》中,可以体会他运用逻辑分析和思辨综合的深厚功力,正由于此,实践唯物主义辩证法才更具有理论的力量,这也说明他研究的目的归根结底是为了用实践唯物辩证法来解决"性与天道"这一古老又常新的中国哲学问题,以贡献于世界。

前面我们已经讲到,冯契同志的"智慧"学说就是要解决"性与天道"问题的学说,他说:"关于道的真理性认识和人的自由发展内在地联系着,这就是智慧。"这里冯契同志非常注重"道的真理性的认识"和"人的自由发展"的内在联系。从这一点看,冯契同志的"智慧"学说也是颇具有中国哲学的特色的。"涵养须用敬,进学在致知"。前者是属于道德修养的问题,后者是属于知识学问的问题。在中国哲学史中,特别是在儒家哲学中,"道德"和"学问"是统一的,学以进德。朱熹说:"为学,须思所以超凡入圣。"① 冯契同志认为,"转识成智"是在实践基础上认识世界和认识自己交互作用所达到的飞跃。我认为这里有两点很重要:第一是认识世界和认识自己都必须在实践的基础上才有可能实现;第二是认识世界与认识自我是一个统一的过程。只有在它们的交互作用中才能实现"转识成智"。对此,冯契同志把"德性之知"引入他的哲学体系。他特别申明:"我不赞成过去哲学家讲德性之智时所具有的先验论倾向,不过,克服了其先验论倾向,这个词还是可以用的。"在中国哲学史中,张载首先提出"德性之知",他说:"见闻之知,乃物交而知,非德性所知;德性所知,不萌于见闻。"② 张载把"见闻之知"与"德性之知"割裂开来,因此确有先验论倾向。为什么在张载的哲学里会发生这样的问题呢?我认为,他没有认识到在实践的基础上"见闻之知"和"德性之知"可以统一起来。而冯契同志解决了这个问题,他说:"主体的德性自在而自为,是离不开化自在之物为我之物的客观实践活动过程的。"我认为冯契同志的这个看法是接着中国哲学的问题讲的,对中国哲学中关于"知识学问"与"德性修养"的关系给了更为

---

① 《朱子语类》,第135页。
② 《正蒙·大心篇》,《张载集》,中华书局,1978年,第24页。

合理的解决。

从中国哲学的传统看,"做学问"与"做人"应是统一的,一个人学问的高下往往是和他境界的高低相联系的。冯契同志认为,"做学问"首先要"真诚"。《中庸》说:"唯天下至诚,为能尽其性;能尽其性,则能尽人之性;能尽人之性,则能尽物之性;能尽物之性,则可以赞天地之化育;可以赞天地之化育,则可以与天地参矣。"学问要作到"转识成智",要达到"参天地,赞化育"的境界,必须有一至诚的心。"做学问"要"真诚","做人"同样要"真诚",真诚的人才可以作到"化理论为方法,化理论为德性"。这无疑是儒家理想的生活态度,也是马克思主义者理想的生活态度。冯契同志在这两方面都为我们作出了榜样,而且他的"智慧学说"之所以有其理论的力量也正在于此。

近半个世纪以来,要想作一个真正有创造性的哲学家是很难的,这点我们大家都有体会,正因为如此,《智慧说三篇》就更有其特殊的价值。我之所以用比较长的篇幅来讨论冯契同志的《智慧说三篇》,这是因马克思主义中国化对当前中国哲学的发展是个最重大的问题。司马迁作《史记》对自己有个要求,这就是要求他的书能"究天人之际,通古今之变,成一家之言",冯契同志的《智慧说三篇》不正也是一部努力追求"究天人之际,通古今之变,成一家之言"的智慧书吗?有真诚之心做学问的学者们多么希望有更为宽松的学术环境,使他们能充分发挥自己的才智,创作更多更好的体现我们这个时代的哲学著作来。

从印度佛教文化(哲学)的传入到西方文化(哲学)的传入毕竟有一个"源"与"流"的关系。我认为,从文化(哲学)发展的"源"与"流"的关系看,中国文化(哲学)的前景可以有两个不同的提法:一是新的中国文化(哲学)将沿着中国化的马克思主义发展;另一是新的中国文化将会是吸收马克思主义和其他各民族的优秀文化(哲学)的中国自身的文化(中国哲学)。说法或有差异,前者的重点是在马克思主义吸收了中国特有文化而成为新的中国文化;后者是说中国自身文化传统吸收了马克思主义而成为新的中国文化。我认为,这两个发展方向也许并不对立,或可互补?但是,中国文化毕竟应是中国自身的文化,这样才有"根",才是由其源头发展下来的中国文化。无论如何,建设新的中国哲学、新的儒家哲学是需要我们长期、深入不断研究的。

《中国儒学史》是由多位学者合力撰写的,在学术思想上不可能完全一致,甚至可能是很不一致,如何办?我认为,或许不一致并不是坏事,而是好事,因为这样可以留下继续讨论、更加深入研究的余地。我们只要求史料有根有据,论说"持之有故,言之成理",表达清楚明白,并有自己的创新见解,这样就可以了。也就是说,《中国儒学史》虽是一部书,但仍应可体现"百家争鸣"的精神。当然,在写作的"体例"上,我们希望能尽可能地一致。

这篇"总序"并不代表参与《中国儒学史》编撰的众多学者的看法,也没有经过大家讨论,因此它只是我个人的一些看法,所以不能算是一篇真正的"总序"。欢迎大家批评指正。

汤一介
2010 年 4 月 3 日完成

目 录

前 言 ……………………………………………………………… 1

第一章 新文化运动时期的儒学 ……………………………… 5
第一节 新文化运动的目标:新人生论 ……………………… 5
第二节 打倒孔家店 …………………………………………… 16
第三节 陈独秀对儒家思想的批判 …………………………… 30
第四节 新文化运动的反思 …………………………………… 47

第二章 梁漱溟的儒学思想 …………………………………… 62
第一节 由佛入儒、儒佛并重的思想历程 …………………… 62
第二节 文化三路向说 ………………………………………… 71
第三节 儒家直觉主义精神 …………………………………… 81
第四节 儒家的理性至上主义 ………………………………… 93
第五节 未来世界文化的展望 ………………………………… 109

第三章 熊十力的新唯识论 …………………………………… 118
第一节 会通儒佛、直探本体的学思历程 …………………… 118
第二节 体用不二 ……………………………………………… 125
第三节 翕辟成变 ……………………………………………… 139

第四章 冯友兰的新理学 ……………………………………… 143
第一节 《新理学》的形上学 ………………………………… 143

第二节　新理学的共相理论 …………………………… 160
　　第三节　天地境界论 …………………………………… 177
　　第四节　中国到自由之路的探索 ……………………… 193
　　附　录　重建还是拒斥形而上学 ……………………… 211

第五章　贺麟的新心学 ……………………………………… 224
　　第一节　生平和著述 …………………………………… 224
　　第二节　儒家思想的新开展 …………………………… 227
　　第三节　知行合一新论与直觉论 ……………………… 252
　　第四节　心即理的唯心论 ……………………………… 263
　　第五节　儒学思想基督教化的努力 …………………… 271

第六章　方东美的儒家思想 ………………………………… 281
　　第一节　生平及思想历程 ……………………………… 281
　　第二节　儒家的人文价值 ……………………………… 297
　　第三节　中国哲学源于儒家思想 ……………………… 303
　　第四节　儒家的价值论 ………………………………… 319

第七章　牟宗三的道德的形而上学 ………………………… 325
　　第一节　理论渊源及其历史背景 ……………………… 325
　　第二节　道德主体的确立 ……………………………… 328
　　第三节　道德底形上学与道德的形上学 ……………… 350
　　第四节　智的直觉的证成 ……………………………… 379
　　第五节　两层存有论 …………………………………… 392
　　第六节　圆善与圆教 …………………………………… 407
　　第七节　贡献及其评价 ………………………………… 424

第八章　唐君毅的心通九境论 ·············· 431
第一节　生平及思想渊源 ·············· 431
第二节　道德自我的含义 ·············· 443
第三节　道德自我的展开及途径 ·············· 457
第四节　心灵九境 ·············· 474
第五节　唐君毅形上学的特质 ·············· 480
第六节　唐君毅形上学的地位 ·············· 486

第九章　钱穆的儒学思想 ·············· 494
第一节　阐扬中国文化的一生 ·············· 494
第二节　士统即道统 ·············· 505
第三节　经验直觉主义认识论 ·············· 526
第四节　历史大视域关照下的中国文化观 ·············· 546

第十章　徐复观的儒学思想 ·············· 570
第一节　徐复观与当代新儒家 ·············· 570
第二节　治学研究方法论 ·············· 575
第三节　文化哲学 ·············· 580
第四节　政治哲学 ·············· 596
第五节　徐复观儒学思想的当代定位 ·············· 608

前 言

如果细究"现代儒学"这一概念,那么我们就会发现它不是一个具有极为明确含义的概念,与所谓的"新儒家"概念有着明显的不同。

"新儒家"有着明确的特定的含义,其代表人物是牟宗三、唐君毅、徐复观等人。"新儒家"主要是指这些代表人物的儒学思想。其间虽也有种种区别,但他们的思想却也有"一以贯之"之道。

"现代儒学"这一概念所表达唯一意思就是儒学在现代或在现代的儒学。

当然,我们必须注意的是,"现代"和"儒学"都是含义极为复杂的概念,尤其是"现代"的含义。

在现代汉语中,"现代"一般与近代、当代相区别。如果将1840年至1915年这一段历史称之为近代的话,那么从1915年至1949年这一段历史就叫做现代。而1950年至今则被称之为当代。从思想史的研究而言,这样的历史断代有着很重要的意义。显而易见,这三段历史及其间的思想有着本质性的差异,特别是对于中国大陆而言更是如此。但是本书所谓的"现代"儒学却指称1915年以迄当今的儒学思想。如果我们把现代儒学局限在1915年至1949年,那么港台地区儒学思想的代表人物就难以处置与安排。一个明显的事实是,港台地区的儒学发展是大陆地区1949年前儒学思想的延伸和演变。如牟宗三、唐君毅等人就反复申明自己传承的就是熊十力的衣钵。因此,为了完整地体现和研究中国现代儒学思想发展演变的轨迹,放大现代的含义也就是势所必行的。

其实,"现代儒学"中"现代"不只是一个历史的分期,更是对此段历史时期性质的断定。所以,此处所谓的"现代"也就进一步有了"现代化"或"现代性"的含义。之所以如此说,是因为新文化运动曾经明确地指出了中国走向现代社会所需要的种种要素。比如陈独秀就是以包含着人的独立、自由、平等、法制、科学、民主等在内的一种新人生论来评判传统儒学思想的。陈独秀对传统儒学思想的批评以现在的眼光来看不免有这样或那样的错误,尤其是他竟然天真地认为在西方文化与中国传统文化之间可以有"存其一必废其一"的关系。但是在此时此地,我们又不得不说,他对现代社会性质的理解应该说是基本正确的,即现代社会必须是法制的、民主的、独立的、自由的、科学的等。如缺少了某些环节,就不能够说这样的社会是现代社会。他以现代性对传统儒学思想的批评给儒学的现代发展提出了新的课题。这一课题就是,如何将现代性与传统的儒学思想结合起来以促进中国现代社会的发展与繁荣。

历史地看,梁漱溟就接过了这样的话题。他的《东西文化及其哲学》,主题就是回答为什么中国历史上未曾出现科学、民主、法制等社会要素。他的答案是中国文化、西方文化与印度文化发展走的是不同路向,所以中国历史上没有产生民主与科学。后来在其《中国文化要义》一书中,他的某些看法虽有改变,如中国传统文化中有民主精神,却没有民主制度,但其总的思路也还是试图将现代性的思考与儒家思想的传统结合起来。贺麟"儒学思想的新开展"的课题大体上也是循着同样的思路。后来的新儒家的各位也走着所谓的"返本开新"或由内圣开出外王的路子。

总之，如何努力将传统儒学思想与现代性结合，或如何努力将传统儒学思想与西方文化某些要素融合起来，使儒学思想适应中国现代社会发展需要，是现代儒学致思的方向。这里涉及传统与现代的关系的问题。如果加以细究的话，我们就可以清楚地看到，所谓的传统与现代的区别，或者将传统与现代区分开来只有在我们的思维或概念世界中才有可能。于是，我们就有了如何将传统与现代结合起来的问题。之所以有这样的问题，完全是因为我们将时间空间化了的结果，以为传统儒学已经离我们相当的遥远。这种将时间空间化的思维方法用来研究自然界尚且会出现不少错误，以这样的方法来研究生命及其思想的发展历史，更是问题层出不穷。由于将传统与现代完全对立了起来，为了表达我们对儒学思想的殷切深厚的感情，我们因此极力向传统儒学靠近。殊不知，此种认知思路似乎对传统表现出了某种深厚的感情，然而实际上却反而疏远了传统，把传统看做好像是某种与我们没有血肉相连的东西。其实，传统并没有离我们而去，传统就在现代之中，在历史的发展过程中，传统逐渐地融化在现代的社会与我们的生命之中。可以说，没有完全脱离传统的现代，因此任何现代社会都是传统的延伸。但必须注意的是，现代社会并不只是传统的完全的克隆或复制，而是在传统基础上的衍变。我们不应该在现代社会之外去寻找所谓的传统，传统就在现代社会之内。因此我们的当务之急，是立足当下，将研究的重点放在蕴涵着传统的现代，而不是完全地脱离或超越现代去寻找传统的乌托邦。

本书大体上是沿着上述的思路来研究现代儒学的发展及其演变。

本书的第七章《牟宗三的道德的形而上学》是由张健捷撰写的，第八章《唐君毅的心通九境论》是由王怡心撰写的，第九章《钱穆的儒学思想》是由王晓黎撰写的，第十章《徐复观的儒学思想》是由刘爱军撰写的。第一章至第六章是由我本人撰写的。

由于本书是集体撰写的,虽经由我统稿,但我还是遵循学术自由的原则,尊重作者的写作风格和文章体例,没有强求统一,而是保留各自的撰写体例,以显示每位作者的研究和撰写的风格和特色。比如有的篇章对研究对象作了相当详细的生平与思想发展的介绍,有的就没有。在这一点上之所以没有强求统一,是因为通行的思想史的研究著作对于研究对象都有很详细的介绍。本书认为此种体例没有必要硬性效仿。比如著名的哲学家冯友兰虽然不能说已经是家喻户晓的人物,但其知名度极高,所以也就大可不必花费相当篇幅去介绍他的生平,而是开门见山直接研究他的儒学思想。至于其他的学者,本书还是花了一点篇幅做生平介绍。

至于我本人撰写的几章,也由于写作时间的不一,所以在风格及撰写体例上也颇显得前后不一致,但由于时间实在是紧迫、更由于能力所限,本书一定存在着不少问题,希望读者不吝指正,多提意见,留待以后充实、改正和提高。

胡 军

2009 年 6 月 10 日

于北京大学静园四院

第一章
新文化运动时期的儒学

第一节 新文化运动的目标:新人生论

中国现代史上具有重大历史和文化意义的新文化运动包括着思想革命和文学革命这两大内容。文学革命是以白话文运动为主,具有工具性的价值和意义。而思想革命的内容是积极地提倡一种新的人生论,可以说它是新文化运动的终极目标。而在新文化运动中提倡这种新人生论最着力、也最有影响力的两位领袖人物便是陈独秀和李大钊。他们认为,新文化运动的宗旨在于以转变人的基本思想来促进文化改革,特别是道德改革。如果没有牢固的文化基础,社会和政治改革便不能成功,也不能持久。这就是所谓的思想文化改革必须优先的信念。因此新文化运动最迫切、最根本的变化乃是"根本思想"的转变,而根本思想是指一种新的道德观念或人生价值论。从知识分子着眼,要振兴腐败没落的中国,只能从彻底转变中国人的世界观和全面重建中国人的思想意识着手。如果没有能适应现代生活的新的世界观和新的思想意识,以前所实行的全部改革终将徒劳无益,无济于事。他们的基本信念是,思想改革为其他一切必要改革的基础。而实现思想变革的最好途径是改变人的思想,改变人对宇宙和人生现实所持的整个观念,即改变人的世界观,提倡一种新的人生论。

陈独秀和李大钊的这一看法是从中西文化交流的历史中总结出来的。

他们认为中国近代、现代社会的中心问题,是由于西方文化与哲学引进之后而导致的中西文化与哲学思想冲突所形成的结果。这一过程是从明朝中叶开始的,其后所涉及的范围越来越广,新旧的矛盾和斗争也越来越激烈,对西学的认识也越来越深入。细看去,这一过程大致可分为以下六期。

第一期在明朝中叶,西教西著初入中国,知之者乃极少数之人,信之者仅一二人而已。第二期为清初,火器历法,见纳于清帝,朝野旧儒,群起非之,是为中国新旧相争之始。第三期在清朝中叶,鸦片战争以后,西洋武力震惊中土,于是提倡西洋机械练兵之术,于是"洋务"、"西学"为当时人所热衷的新名词。第四期在清末,甲午之战,军破国削,康梁乘势变法,变法虽未成功,但是新思想拓宽了领地,于是由行政问题折入政治根本问题。第五期在民国初年,当时新旧之所争,康梁提倡,只在行政制度优良否,尚未涉及政治根本问题。但在民国初年,一部分有识之士有了政治为根本问题的觉悟,于是进而有了民主共和和君主立宪的讨论。辛亥革命后,共和告成。第六期即辛亥之后的四五年,由于备受专制政治的痛苦,于是人们渐渐厌恶专制,而倾向共和民主。

在这六期中西冲突中,中国人最初学习接受的是西洋的器物,其后是政治。之后,中国人对于西方文化的认识越来越深刻,中国人的觉悟,越来越提高,但是中国的问题并未在这六期中得到解决。于是陈独秀指出:"此等政治根本解决问题,不得不待诸第七期吾人最后之觉悟。"他所谓的"最后之觉悟"分为两个方面,即"政治的觉悟"和"伦理的觉悟"。所谓的"政治觉悟"有这样的三个步骤:第一步是要知国家为人们公产,人类为政治动物,而中国人尚没有这样的觉悟。第二步觉悟是,抉择优良政体,现在的潮流是,由专制政治趋于自由政治,由个人政治趋于国民政治,由官僚政治趋于自治政治。他说:"吾国欲图世界的生存,必弃数千年相传之官僚的专制的个人政治,而易以自由的、自治的国民政治也。"第三步觉悟是,"所谓国民政治,果能实现与否,纯然以多数国民能否对于政治自觉其居于主人的主动的地位为唯一根本之条件"。"共和立宪而不出于多数国民之自觉与自动,皆伪共和也,伪立宪也,政治之装饰品也,与欧美各国之共和立宪绝非一物。"

而他尤重"伦理的觉悟"。他说:"伦理的觉悟,为吾人最后觉悟之最后觉悟。"

陈独秀所说的伦理觉悟就是要确立自由、平等、个人独立的思想与原则,他认为共和立宪,要以独立、平等、个人自由为其原则,只有多数国民确立起了独立、平等、自由的原则,共和立宪才有可能实现。因此,可以说:"伦理的觉悟,为吾人之最后觉悟之最后觉悟。"又说:"盖伦理问题不解决,则政治学术,皆枝叶问题。纵一时舍旧谋新,而根本思想,未尝变更,不旋踵而仍复旧观者,此自然必然之事也。"可见,陈把伦理看得比政治、经济更为根本。陈独秀所说的"伦理的觉悟"实质所指的就是一种新的人生论。

他在《青年杂志》创刊号上(1915年9月15日)的第一篇文章《敬告青年》中便提出了这种新人生论纲要。其内容有这样的六点:

一、自主的而非奴隶的。每人各有自主权,他说:"我有手足,自谋温饱;我有口舌,自陈好恶;我有心思,自崇所信;绝不认他人之越俎,亦不应主我而奴他人；盖自认为独立自主之人格以上，一切操行，一切权利，一切信仰，唯有听命各自固有之智能，断无盲从隶属他人之理。"他认为，儒家的忠孝节义是奴隶的道德。尼采说，道德有两类，一是贵族的道德，一是奴隶的道德。所谓贵族的道德是听命于自己，以自己来取舍。而奴隶的道德则相反，唯他命是从。

二、进步的而非保守的。进化为宇宙之根本大法，不进则退。陈认为，"固有之伦理法律学术礼俗，无一非封建制度之遗"。不适用于今世，他说："吾宁忍过去国粹之消亡，而不忍现在及将来之民族，不适世界之生存而归削灭也。"

三、进取的而非退隐的。陈认为，生存竞争，势所不免，一息尚存，即无守退安隐之余地。排万难而前行，乃人生之天职。他指出，退隐为弱者不适竞争之现象，而不是什么高人出世之行。所以，人之生也，应战胜恶社会，而不可为恶社会所征服；应超出恶社会，进冒险苦斗之兵，而不可逃遁恶社会，作退避安闲之想。

四、世界的而非锁国的。"立国于今之世，其兴废存亡，视其国之内政者半，影响于国外者恒亦半焉。"万邦并立，动辄相关。

五、实利的而非虚文的。"一切虚文空想之无裨于现实生活者，吐弃殆尽。"陈认为，"利用厚生，崇实际而薄虚玄，本吾国初民之俗"；但是"周礼崇尚虚文"。周以后，名教流行，与现实社会生活背道而驰。

六、科学的而非想象的。陈认为，近代欧洲之所以优越于他族者，在于科学之兴，其功不在人权之说下，若舟车之有两轮焉。我们要急起直追，当以科学与人权并重。"科学说明真理，事事求诸证实，较之想象武断之所为，其步度诚缓，然其步步皆踏实地，不若幻想突飞者之终无寸进也。"

陈又说："人生在世究竟为的什么？究竟应该怎样？""我敢说道：'个人生存的时候，当努力造成幸福，享受幸福；并且留在社会上，后来的个人也将能享受。递相授受，以至无穷。'"但要幸福，莫怕痛苦，现在个人的痛苦,有时又会造成未来个人的幸福。

陈的这种新人生论显然是与中国传统社会人生论有着实质性的区别。在上述的六点中,他都竭力将中国的或在他看来是旧的人生论拿来与西洋的或在他看来是新的人生论进行比较。这种新人生论在上世纪初对于广大青年有着十分巨大的启蒙作用。特别是他在其中提出的"科学"、"人权"(后改为民主)成为了新文化运动的两个目标。

应该看到,《敬告青年》中所提出的这种新人生论还只是一个大纲或框架,还没有得到系统深入的阐发。在《新青年》四卷二号(1918年2月15日)上陈独秀发表了一篇题为《人生真义》的文章,比较集中地论述了他关于人生意义的看法。顾名思义,人生真义是要讨论人生在世究竟是为了什么这样重大而根本的问题。关于人生意义的理论相当繁多,所以在提出自己的看法之前,陈独秀也清楚地意识到,历史上曾经有过的种种人生论。他指出,佛教的、基督教的、孔孟的、墨子的、杨朱的、老庄的人生思想都有不可避免的局限性。在批评上述几家的人生理论之后,他提出了自己关于人生的理论。他说道:照这样看起来,我们现在时代的人所见人生真义,可以明白了。今略举如下:

一、人生在世,个人是生灭无常的,社会是真实存在的。

二、社会的文明幸福,是个人造成的,也是个人应该享受的。

三、社会是个人集成的,除去个人,便没有社会;所以个人的意志和快乐是应该尊重的。

四、社会是个人的总寿命,社会解散,个人死后便没有连续的记忆和知觉;所以社会的组织和秩序,是应该尊重的。

五、执行意志,满足欲望,自食色以至道德的名誉,都是欲望,是个人生存的根本的理由,始终不变的。此处可以说"天不变,道也不变"。

六、一切宗教、法律、道德、政治,不过是维持社会不得已的方法,非个人所以乐生的原意,可以随着时势变更的。

七、人生幸福,是人自身出力造成的,非是上帝所赐的,也不是听其自然所能成就的。若是上帝所赐,何以厚于今人而薄于古人?若是听其自然所能成就,何以世界各民族的幸福不能一样呢?

八、个人之在社会,好像细胞之在人身;生灭无常,新陈代谢,本是理所当然,丝毫不足恐怖。

九、要享幸福,莫怕痛苦。现在个人的痛苦,有时可以造成未来个人的幸福。比如有主义的战争所流的血,往往洗去人类或民族的污点。极大的瘟疫,往往促成科学的发达。

总而言之:人生在世,究竟为的什么?究竟应该怎样?我敢说道:个人生存的时候,当努力造成幸福,享受幸福;并且留在社会上,后来的个人也能够享受。递相授受,以至无穷。

陈的这种人生论大体上是正确的,应该肯定。此种人生思想是以个人为基础的。在他看来,所谓的幸福是个人的幸福,痛苦也是个人的痛苦。但个人不是孤立的,而是生活在社会之中,个人生命的价值和意义只有在社会中才能实现,所以社会的组织和秩序是应该得到尊重的。但社会是个人集成的,即便是国家也是"国人共谋安宁幸福之团体",其目的在"保障权利,共谋幸福"(《爱国心与自觉心》)。可以清楚地看到,在陈独秀思想中,个人是社会和国家的本位,或基础。他的人生论是个人主义的,但不是利己主义的。

他的人生论也是一种积极奋斗、拼搏的,他曾经说过青年生活的历程就是从"实验室到监狱,从监狱到实验室"。他本人作为政治家、革命活动家的生涯就是他此种人生观的最好的注脚。

陈独秀的人生论是自主的、进步的、进取的、世界的、实利的和科学的。陈独秀这一新人生论虽然还未成一系统的理论,但其人生论的框架已经形成,其实质内容就是自由、平等、科学、民主,是理性、乐观的人生观。

李大钊与陈独秀一样，将改造中国社会的希望寄托在青年人身上，因此他的新人生论便可称之为青春人生论。

李大钊由自然的春天思考着人生的青春之意义。春天"春日载阳，东风解冻"，春日有"清和明媚之象"，"百卉昭苏"，春天给人们带来"无限之希望，无限之兴趣"。① 人生的青春则体现了"高尚之理想，圣神之使命，远大之事业，艰巨之责任"。②

青春的使命或责任就是要"进前而勿顾后，背黑暗而向光明，为世界进文明，为人类造幸福，以青春之我，创建青春之家庭，青春之国家，青春之民族，青春之人类，青春之地球，青春之宇宙"。③ 实现自我与民族拯救就必须发扬青春的精神。

李大钊认为，青春有两重含义：一是指个体的青春进程；一是指宇宙的无尽青春。在这两重含义中，李尤重后者。个体的青春只有通过与宇宙无尽之青春相结合才有意义。

在他看来，真正的快乐是青春的快乐，是发扬进取的精神，在人生的战场上拼搏、奋斗，把自己有限的生命投入到无尽的青春之中的快乐。这种快乐是永存的。

青年的责任，"在冲决过去历史之网罗，破坏陈腐学说之囹圄，勿令僵尸枯骨，束缚现在活泼泼地之我，进而从现在青春之我，扑杀过去青春之我，促今日青春之我，禅让明日青春之我"。④

与青年相对是老辈，"老辈之灵明，蔽翳了经验，……老辈之精神，局臃于环境，……老辈之文明，和解之文明也，与境遇和解，与时代和解，与经验和解"。⑤ 李大钊认为老辈的文明已经不合时代潮流，是过时的属于坟墓中的东西，所以必须打破。

---

① 李大钊：《青春》，《李大钊选集》，人民出版社，1959年，第65页。
② 李大钊：《青春》，第65页。
③ 李大钊：《青春》，第76页。
④ 李大钊：《青春》，第75页。
⑤ 李大钊：《"晨钟"之使命》，《李大钊选集》，人民出版社，1959年，第59页。

但是李认为,今日中国仍然是老辈文明为主的国家,而具有青春精神的青年十分罕见。李大钊认为,中国所以落后挨打,不是因为"老辈之强,乃吾青年之弱,非被旧人之勇,乃吾新人之怯,非吾国之多老辈多旧人,乃吾国之无青年无新人耳"!①

他所谓的无青年无新人,是说青年人虽有,但却"乏慷慨悲壮之精神,起死回天之气力耳"。②

老辈所代表的旧文化,已成为昨日黄花,与新的青春文化不可同日而语。它们本没有力量与新的思想相抗衡。然而,由于青年软弱,使得它们似能称霸一时。因此,李大钊号召青年们要发扬奋斗进取的青年精神,与老辈宣战,与老辈格斗,"取由来之历史,一举而摧焚之,取从前之文明,一举而沦葬之"。③

他把希望寄托在青年身上,坚信在新与旧的斗争中,青年正是进步法则的体现者。任何压制青年的力量,都是阻碍进化的保守势力,必须彻底扫除。

李大钊青春人生观的核心部分就是要实现"青春中华之创造"。

所以要提出创造青春中华这一目标,就是因为,现在的中华已不是青春期的、而是白首之中华。李认为,中华民族自黄帝以降,已有四千八百年,其青春期在周代,至今日,中华民族已是白首之民族,白首之民族就是衰亡之民族,与青春民族相遇,必败无疑。中华民族的未来,不在白首民族之苟活,而在青春中华之再造。要发扬回春之力,"冲决历史之桎梏,涤荡历史之积秽,新造民族之生命,挽回民族之青春"。

现在中华民族既已是白首民族,那么创造青春中华的可能性在哪儿呢?

---

① 李大钊:《"晨钟"之使命》,第60页。
② 李大钊:《"晨钟"之使命》,第60页。
③ 李大钊:《"晨钟"之使命》,第62页。

李大钊说:"盖尝闻之,生命者,死与再生之连续也。今后人类之问题,民族之问题,非苟生残存之问题,乃复活更生、回春再造之问题也。"①他又说:"顾吾以为宇宙大化之流行,盛衰起伏,循环无已,生者不能无死,毁者必有所成,健壮之前有衰颓,老大之后有青春,新生命之诞生,固常在累累坟墓之中也。"②

李的这一看法实在是以进化论和循环论的结合为基础的。

根据这一看法,青春之中华诞孕于白首中华之中。这样的白首民族,亡之不惜,青年的任务在于孕育青春中国之再造,而不在于为白首中国之不死而呼号。白首中华为老辈所有之中华,历史之中华,坟墓中之中华也。未来中华,青年所有之中华,理想之中华,胎孕中之中华也。

综上所述,我们可以清楚地看出,陈独秀与李大钊的新人生论是一种积极的、向上的、乐观的、革命的人生论,在新文化运动时期发生过重大的影响,左右着当时绝大多数年轻人的世界观或价值观。即便在当今社会,他们的人生论仍然具有其不可磨灭的价值。

但我们必须注意的是,他们的人生论是以西学为其基础,为其内容的,特别是受了当时在国内盛行的进化论思潮的支配。他们所理解的进化论的基本看法是,后来者居上,年轻人一定要胜过老年人,中国的希望寄托在年轻人身上。少年智则中国智,少年强则中国强,少年富则中国富,少年进步则中国进步。梁启超的这一思想口号依然可以用来诠释新文化运动领袖人物的人生论的基调。于是,他们的结论也就是中国要发展,要进步就必须全盘否定传统的人生论。这一基本看法使新文化运动时期的领袖人物都将中国未来的希望寄予在年轻人身上。所以陈独秀《青年杂志》(后改名为《新青年》)就是专为青年而创设的,他的发刊词"敬告青年"及《新青年》所登载的文章便清楚地表

---

① 李大钊:《青春》,第71页。
② 李大钊:《"晨钟"之使命》,第58页。

明了这一点。

同样,李大钊的人生论思想也是专为青年的,所以他命名自己的思想为"青春哲学"。

这一理念使新文化运动时期的领袖人物们认为老辈的文明已经不合时代潮流,是过时的属于坟墓中的东西,所以必须打破。只有彻底打破传统的旧的东西,新的人生论才能真正成为时代的潮流,并进而引领中国逐渐走向独立、繁荣、富强。

于是,他们都着意排斥中国传统的人生论思想。用陈独秀的话讲就是"存其一,必废其一"。用李大钊的话讲则是"取由来之历史,一举而摧焚之,取从前之文明,一举而沦葬之"。在他们看来,传统与现代之间是水火不相容、冰炭不同器。不仅陈独秀、李大钊如此,细查新文化运动时期的其他人物如胡适、鲁迅等人也都基本持守这样的思想立场。

新文化运动时期出现这样的思想立场自有其复杂的原因。首先,西方社会自十八九世纪以来已逐渐走上以社会化生产为主导的经济发展模式,民主、法制、科学、人权等不仅已深入人心,且已制度化。返观当时的中国仍处于传统的家庭生产模式之中,生产力低下,经济落后,大众尚不知民主、法制、科学、人权等究竟为何物。其次,西方假借强权侵占、掠夺中国。1840年直至新文化运动时期的连年的对外战争中国均以惨败告终,割地赔款,国家主权逐渐沦丧,遂使中国社会沦为殖民地和半殖民地。复次,国内政局动荡,自戊戌变法后,在政体问题上争论不休,是维持传统的帝制,还是走君主立宪或者是建立民主共和国。辛亥革命推翻了传统的皇权统治制度,建立了中华民国。但共和体制不久即遭遇颠覆。短短的民主共和之后即是两次短暂的帝制复辟运动。再有,自从西方各家各派思想涌进中国之后,中国传统思想受到了巨大的冲击,固有的文化核心或价值系统逐渐崩溃,中国因此缺乏了必要的精神支柱,丧失了精神家园。新文化运动领袖人物的共识在于他们清楚地认识到,西方文化的核心不在于他们的物质文明,而在于他们的价值系统或所谓的人生论。因此结论就是我们向西方文化学习,首要的就是学习他们的包括民主、人权、科学在内的人生论。这种人生论对于中国来讲是新的,所以他们称之为新人生论。要引进、介绍、确立这种新的人生论,在他们看来,当然就要反对中国传统的人生论。同时,我们也同样明白地意识到,这种思维模式得到了社会达尔文主义的支持,后来者居上,凡是后来的均是进步的、是革命的,凡是历史上固有的都是落后的,是倒退的,需要全面颠覆。

在当时沉闷的中国思想界,《新青年》等杂志提出、介绍和宣传的这种新人生论迅速得到了广泛的传播,成为了当时中国社会的闪亮点。人们感到似乎在这样的新人生论的指引下,中国终究会走向独立、繁荣和富强。

细读《新青年》,我们会看到,新文化运动领袖人物尽管准确地看到西方文化的核心,也基本上解决了中国向西方学什么的问题,但是他们对西方文化却缺乏深入系统的研究,比如对于民主、人权、科学等虽然有着基本的了解,但总的说来,他们的文章中对此类问题的讨论缺乏深度,更不能自成系统。比如说"民主",他们在很大程度上将其视为一种人生态度和权利,还没有能够对民主的制度及其运行模式做详细而深入的考察与研究。当时中国社会的剧烈动荡、急需改造的紧迫任务遂使他们根本就没有对上述重大问题做学理上的研究与分析。我们可以陈独秀为例。陈独秀说过这样的话:"近代文明之特征,最足以变古之道,而使人心社会划然一新者,厥有三事:一曰人权说,一曰生物进化论,一曰社会主义是也。"①如此解读法兰西文明显然是不准确的。他们的有的提法,在今天看来,显得过于偏颇、过于激进,也曾在当时及现代的社会中产生负面的作用。

---

① 陈独秀:《法兰西人与近世文明》,《陈独秀著作选》,上海人民出版社,1993年,第136页。

第二节　打倒孔家店

在新文化运动的领袖们看来,要在中国引进、宣传和确立上述的新人生论,就必须首先要全盘推翻、颠覆传统的人生论。而传统人生论当然是以儒家思想为代表的。其实,在他们看来,引进、宣传和确立新人生论与全方位地推翻中国传统的人生论是一件事情的两面。正是由于这样的原因,批判儒家思想或打倒"孔家店"也就自然而然成为了新文化运动的一个主要内容。

其实,批孔并不是从新文化运动开始的,自有儒家思想以来,历史上就不断出现过批孔的运动。孔子稍后,即有杨、墨对于儒家的批判。如翻看《墨子》一书中的《兼爱》、《节用》、《明鬼》、《非乐》、《非儒》等篇,可以清楚地看到,墨子是处处与儒家唱反调的。杨朱也是将孔子的思想视为批判的靶子。在当时杨墨之言盈天下,可见他们对孔子思想的批判在当时产生了相当大的影响。这是第一次对儒家思想的批判。第二次批孔则盛行于汉晋之际,玄学家中批判儒家思想者大有人在,其主题便是"越名教而任自然"。魏晋玄学家也可称之为新道家,他们取代了儒家在一个相当长的时期内成为了社会主流。紧接着,于东汉末年传入的佛教逐渐地在中国的思想界和民间信仰上占据了支配地位。唐王朝横跨漫长的历史长河,其间思想界的纷争此起彼伏,各有消长,但佛学似乎影响最大。这是对儒家思想的第二次批判。第三次批判则在晚明至清朝。李贽公开倡导"不以孔子是非为是非"。黄宗羲也提出了"天下为主,君为客"的思想反对儒家所主张的民众与君主是绝对的隶属关系的思想立场。晚清的谭嗣同在其著作《仁学》中发出了冲决封建网罗的战斗号召。如果说,前一次的批孔运动历时最短的话,那么后两次的批孔运动则都经历了几百年的时间。虽然后两次的批孔运动对儒家思想形成了极大的冲击,但是儒家思想却可以通过整合不同的思想资源以新的形态出现,宋明理学就是如此产生的。

但与历史上历次批孔运动不一样,新文化运动对儒家思想的批判是在西方文化已经历史地对中国传统文化形成巨大的连续冲击并且社会的结构发生了全面、深入的解体的社会历史背景之下进行的,所以这样的批判自然对儒家思想有着巨大的颠覆作用。

近代历史上,批孔与尊孔是相互消长的。之所以有新文化运动的批孔运动,是因为在其前后也有着相当规模的尊孔运动。

如1912年在康有为的授意下,其弟子陈焕章等人就成立过"孔教会"。陈焕章等人曾上书参、众两院,要求奉孔教为国教。黎元洪、冯国璋、张勋等人也积极配合,通电上书,积极鼓噪要尊崇孔教,速定孔教为国教,将其载入宪法,要求所有学校一律设立崇祠,行释奠之礼。此种形势激励了社会上的守旧势力,霎时社会上各种尊孔会社如孔教会、宗圣会、孔道会、洗心会、孔社、大成社先后成立,鼓吹尊孔读经的《不忍》《孔教会杂志》《孔社》等刊物也相继出版、发行,春丁祀孔、秋丁祀孔、孔子诞辰纪念会和祀孟活动也在社会上推波助澜。

1915年8月14日,杨度、孙毓筠、刘师培、李燮和、胡瑛、严复六人组成"筹安会",通电各省,发表筹安会宣言,宣称:"我国辛亥革命之时,人民激于感情,但除种族障碍,未计政治进行,仓促制定共和国体,国情适否,未及三思。"中华民国成立后"国家所历危险,人民所感痛苦,举国上下,皆能言之。长此不图,祸将不已"。他们并且指出:"美之大政治家古德诺博士即言君主实较民主为优,中国尤不能不用君主国体。"[①]这就公开打出了要求复辟帝制的旗号。

为了实现袁世凯做皇帝的美梦,保皇守旧派真是无所不用其极,在全国上下频频策划、组织各种请愿联合会。于是全国上下五花八门

---

① 参见侯宜杰:《袁世凯传》,百花文艺出版社,2003年,第三十二、三十三、三十四章。

的请愿团陆续出现,其成员既有王公遗老、政府官僚、将军、巡按使等,也有车夫游民。甚至乞丐、妓女也纷纷被组织起来,成立了所谓的乞丐请愿团、妓女请愿团,跪呈劝进表,恳请袁世凯俯顺民意,早登皇位。

这种复辟帝制的荒唐丑陋的闹剧,自然会引起全国上下的愤怒反抗和激烈批判。

袁世凯的复辟帝制活动虽然以失败告终,但是保皇派的活动并不因此收敛。早在袁世凯的授意下,《中华民国宪法草案》第十九条中列了这样一个条目"孔子教义应为国民教育养性之基础"。1916年秋,国会在北京开会时,此一条目成了会议辩论的焦点。由于袁世凯彼时已经去世,很多议员能够自由地表达自己的意见,他们坚决反对将此一条目列入宪法之中。康有为对此深感不满,提出了强烈的抗议,当即给总统黎元洪、总理段祺瑞写了一封公开信,再次提议要将孔教定为国教。

针对康有为的尊孔言论,陈独秀马上做出激烈的反应,在1916年10月1日刊出的《新青年》第二卷第二号发表《驳康有为致总统总理书》予以批驳,坚决反对奉孔教为国教。他指出在西方宗教已由隆盛逐渐衰微,教会仪式"尤所蔑视",中国人本不重宗教,孔子的思想"绝无宗教之实质与仪式,是教化之教,非宗教之教",所以康有为妄图奉孔教为国教是"强欲平地生波,惑民诬孔,诚吴稚晖先生所谓'凿孔栽须者矣'"!他并且认为,信教自由"已为近代政治之定则",强迫信教,根本是行不通的。中国本无统一之信仰,除孔教外,尚有佛、道、耶、回之信仰,康有为奉孔教为国教,势必排斥上述各家信仰。陈独秀又进一步陈列国内大众反对袁世凯复辟帝制的种种事实以驳斥康有为。①

李大钊紧随其后,于1917年1月30日的《甲寅》日刊发表《孔子与宪法》一文。李大钊认为,孔子与宪法之间本来毫不相关,所以将孔

---

① 陈独秀:《驳康有为致总统总理书》,《陈独秀著作选》,上海人民出版社,1993年,第214—218页。

子立于宪法为"怪诞之尤"的现象。

李大钊列举以下理由以说明自己的论点。

第一,孔子是数千年前的残骸枯骨,而"宪法者,现代国民之血气精神也。以数千年前之残骸枯骨,入于现代国民之血气精神所结晶之宪法,则其宪法将为陈腐死人之宪法,非我辈生人之宪法也;荒陵古墓中之宪法,非光天化日中之宪法也;护持偶像权威之宪法,非保障生民利益之宪法也"。这样的宪法是孔子的纪念碑,孔子的墓志铭,而不是真正的宪法了。

第二,孔子是历代帝王专制的护符,宪法者,现代国民自由之证券也。专制不能容于自由,即孔子不当存于宪法。所以,将孔子立于宪法,是专制复活之先声也,宪法将不是解放人权之宪法也。

第三,孔子只是国民中一部分所谓孔子之徒者的圣人,宪法者,中华民国国民全体,不问其信仰,不问其民族的共同信条。所以,将孔子立于宪法,此宪法将为一部分人之宪法,非国民全体之宪法;此为孔教徒之宪法,而不是国民全体的宪法。

第四,孔子的思想表述不是很清楚明确,是所谓"含混无界之辞也"。而宪法就不一样了,必须一文一字均有极明确清楚之意义,有"极强之效力者"。所以,将孔子之道立于宪法,不能普及于全国。将使人得不到确切的条文而遵循之。这样宪法也就自己失其效力。①

这一批判主要是从礼仪制度、习俗等方面入手,政治性较强,主要还不是学理方面深入的分析和研究。

李大钊虽然强烈反对将孔教立为国教,但他还是肯定了孔子在封建社会中的中枢作用,而全盘否定了孔子在现代社会中的作用。孔子或儒家传统与现代化之间的关系问题现在仍是一个热烈讨论着的问题。李大钊激烈地否定传统,是在当时切实地感觉到了儒家思想在当时社会上压制人的独立自由民主的局面,所以矫枉必须过正,在当时

---

① 李大钊:《孔子与宪法》,《李大钊选集》,人民出版社,1978年,第77—78页。

条件下,还不可能对儒家的学说作公正、全面、深入的学理上的探讨。

陈独秀和李大钊的反对立孔教为国教的思想在当时社会上产生了广泛的影响。

其实《新青年》发表最早的反孔文章是易白沙撰写的《孔子平议》。此文分为上、下两篇。上篇刊于《新青年》第一卷第六号(1916年2月15日),下篇刊于第二卷第一号(1916年9月1日)。

易白沙认为,当春秋之世,孔子代表的儒学虽为当时显学,也只不过是九家中的一家,诸子中的一子而已。秦始皇焚书坑儒,儒家也遭此厄运。但汉高祖刘邦却震慑于儒家之威,且鉴于秦始皇之覆辙,不再敢肆意溺乳冠,乃改弦更张开始祀孔子以太牢。汉武帝时则百尺竿头更进一步,罢黜百家、独尊儒术,"利用孔子为傀儡,垄断天下之思想,使失其自由"。此后历史上尊孔越演越烈。于是"国家之风俗、人心、学问越见退落"。易白沙指出,此种尊孔为"滑稽之尊孔也"。孔子只是此类尊孔活动的傀儡,被后世的野心家所利用。孔子不得复生,所以不能对此负责。但孔子本人仍有其不得推脱之责任。为什么呢?易白沙接着揭秘孔子为何被后世野心家利用的以下诸多原因:

第一,孔子尊君权,漫无节制,易演变为君主专制主义。所以中国言君权者,没有两种限制的力量,一是天,另一个就是法。墨家主张前者,法家则倡言后者。但孔子的君权论没有任何限制,君就是天,民不可一日无君,犹不可一日无天。又儒家言人治,不言法制。

第二,孔子讲学不许问难,所以容易演变成思想专制。易白沙指出,受诸子思想的影响,孔子弟子不免有所疑问,时有问难。然"孔子以先觉之圣,不为反复辨析是非,惟峻词拒绝其问。此不仅壅塞后学思想,即儒家自身学术,亦难阐发"。对于此点易白沙更举少正卯例子而批判孔子。少正卯曾讲学于鲁,孔子之门,曾三盈三虚,惟有颜回不去。孔子甚感威严扫地,故为大司寇仅仅七天,就利用自己的权势诛杀少正卯,"三日尸于朝,示威弟子,子贡诸人为之惶恐不安。因争教而起杀机,是诚专制之尤者矣"!

第三,孔子思想表述不明确,易为人所利用。所以孟子说:孔子圣之时者也,可以仕则仕,可以止则止,可以久则久。"其立身行道,皆抱定一'时'字。教授门徒,亦因时、因地而异。"韩愈就指出了孔子思想的此一特点,说孔子必用墨子,墨子必用孔子。其原因在于,"孔子讲学没有绝对之主张",所以其言"节用、爱众,颇近墨家节用、兼爱之说。虽不答鬼神之问,又尝言祭鬼、祭神,颇近明鬼之说"。儒家思想明明与道家思想背趣,但孔子亦称不言之教,无为之治。孔子主张省刑,又言重罚;提倡忠君,又言不必死节。如此等等。通过上述诸端,易白沙确认,孔子"美其名曰中行,其实滑头主义耳!骑墙主义耳!……后世暴君皆口于救国保民,侮辱天下名节,皆持是义"。

第四,孔子但重做官,不重谋食,易入民贼牢笼。君子谋道不谋食,学也禄在其中,是为儒门安身立命第一格言。儒家以道干政,不为当时君主所用。如此,孔子所谓的"禄在其中"的说道也就失去效用,忧贫生活也就在所难免。由于儒生既不屑耦耕,又不能捆屦织席,不能执守圉之器以待寇,不能制飞鸢车辖以取食,故儒家生机,全陷入危险之地,三月无君,也就惶惶不可终日。因于生计,儒生不得不落入民贼之牢笼。"流弊所趋,必演成哗世取宠,捐廉弃耻之风俗。"如因为尊叔孙通为圣人,"鲁诸生各得五百斤金"。于是,易白沙批判道:"彼去圣人之世犹未远也,贪鄙龌龊,以至于此,每况愈下,抑可知矣!"

在上篇中,易白沙是从孔子及其儒家思想本身的缺点出发,指出儒家思想所以为历代野心家利用的原由。

《孔子平议》下篇则从中国古代学术及当时世界学术潮流论说,以孔子和儒家来统一古之文明,那么各家各派必将群起反对。如以孔子思想来网罗现代文明,则"印度、欧洲,一居南海,一居西海,风马牛不相及"。孔子和儒学所以不能够统一学术,是因为各家各派思想各有自己的系统,各有自己的特点和纲领。所以,在此学术背景之下,"孔子不得称为素王,只能谓之显学"。

在易白沙看来,孔子不可称为素王,是因为他的真正意愿是成为"真王"。孔子弟子包括孔子本人,及以后的孟子、荀子皆抱有帝王思想。不但如此,孔子及儒家还具有革命思想,且频频参与谋乱之活动。需要注意的是,孔子及其弟子的革命思想和参与谋乱是公开的,因为"孔子的宏愿,诚欲统一学术、统一政治"。正因为如此,孔子及其儒家不需假借什么。因为他们处于专制积威之下,不得已而为之。后世民贼利用孔子是有悖于孔子之精神。

易白沙的批孔主要仍然是局限在中国传统思想之内,从孔子及儒家思想,从儒家思想与其他各派思想流派之间的异同出发,认为儒家思想不可能,也不应该定于一尊、一统天下。他也指出了,儒家思想本身所具有的缺点也使儒家思想频频为历代帝王所利用。从他的批孔中很难看出西方思想对批孔活动的深厚的影响,还尚未能将西方的人生论思想自觉地与儒家思想对立起来。所以他的批孔模式仍然是中国思想史上批孔活动的历史延续。这就使他的批孔活动在当时没有产生很大的社会效应。

不过他的文章却引起了四川一位学者吴虞的重视,后者将易白沙视为"同调",从而激发起了他自己对孔子及儒家思想传统的更为激烈,更为深入的批判。

四川学者吴虞因为读了《新青年》上易白沙的文章而于1916年12月3日写信给陈独秀。在信中,他讲述了自己对于孔子为代表的儒家思想传统的强烈的批判性立场。他在信中说道:"读贵报《孔子平议》,谓自王充、李卓吾数君外,多抱孔子万能思想。不佞丙午游东京,曾有诗(题为《中夜不寐偶成》,载《饮冰室诗话》),注中多'非儒'之说。归蜀后,常以六经、《五礼通考》、《唐律疏义》、满清律例及诸史中'议礼'、'议狱'之文,与老、庄、孟德斯鸠、甄克斯、穆勒·约翰、斯宾塞、久保田随诸家之著作,及欧美各国宪法,民、刑法,比较对勘。十年来,粗有所见。拙撰《辛亥杂诗》(见《甲寅》七期)、《李卓吾别传》(见《进步》九卷三、四期),略有发挥。此外尚有《家族制度为专制主义之根据论》、《儒家大同之义本于老子说》、《儒家重礼之作用》、《儒家主张阶级制度之害》、《消极革命之老庄》、《读荀子》诸篇,其主张皆出王充、李卓吾之外。暇当依次录上,以求印证。不佞常谓孔子自是当时之伟人,然欲坚执其学以笼罩天下后世,阻碍文化之发展,以扬专制之余焰,则不得不攻之者,势也。"①

接读吴虞来信后,陈独秀回信称吴虞为"蜀中名宿",并希望吴虞能够将其批儒的文章"全数寄赐,分载《青年》、《甲寅》,嘉惠后学,诚盛事也"。对于吴虞的观点,陈独秀深表赞同,他申说道:"窃以无论何种学派,均不能定为一尊,以阻碍思想文化之自由发展。况儒术孔道,非无优点,而缺点则正多。尤与近世文明社会绝不相容者,其一贯伦理政治之纲常阶级说也。此不攻破,吾国之政治法律、社会道德,俱无由出黑暗而入光明。神州大气,腐秽蚀人,西望峨眉,远在天外,赞仰弗及,我劳如何。"②

遵陈独秀嘱,吴虞将其所写若干篇批孔文章悉数寄奉陈独秀。这些文章即是吴虞在给陈独秀信中所提及的那些文章。于是,自1917年2月1日《新青年》第二卷第六号发表吴虞的《家族制度为专制主义之根据论》文章后,《新青年》第三卷第一、二、三、四、五号连续六期发表了吴虞的《读〈荀子〉书后》、《消极革命之老庄》、《礼论》、《儒家主张阶级制度之害》、《儒家大同之义本于老子说》等文章。

《新青年》是新文化运动的指导刊物,在当时的思想界、文化界,尤其是在青年中有着巨大的影响。《新青年》连续发表吴虞批判儒家、孔子的文章,推动了对于儒家思想的批判运动,使批判儒家、孔子的运动

---

① 吴虞:《致陈独秀》,《吴虞集》,四川人民出版社,1985年,第385页。
② 陈独秀:《陈独秀复信》,《吴虞集》,第386页。

达到了一个新的高度,在全国产生了极大的影响。吴虞本人也因此突然名噪一时,成为了当时几乎与陈独秀齐名的两名批孔"健将"中的一位。

1916年至1919年间的《新青年》是当时深入、系统批判儒家思想、孔子思想的一个重要的阵地。《新青年》的批孔、批儒家思想的文章使儒家思想传统遭遇了前所未有的重创。1919年,《新青年》又掀起了一波新的批孔浪潮,当年的《新青年》第六卷第四号发表了鲁迅的小说《狂人日记》。鲁迅借狂人之口对中国传统儒家思想做了全面而彻底的否定。他在小说中以狂人的身份说道:"古来时常吃人,我也还记得,可是不甚清楚。我翻开历史一查,这历史没有年代,歪歪斜斜的每页上都写着'仁义道德'几个字。我横竖睡不着,仔细看了半夜,才从字缝里看出字来,满本都写着两个字是'吃人'!"①仁义道德就是用来吃人的,中国是有了"四千年吃人履历"。人与人互相吃,"我未必无意中,不吃了我妹子的几片肉,现在也轮到我自己,……没有吃过人的孩子,或者还有?救救孩子……"。《狂人日记》是我国历史上第一篇猛烈抨击封建礼教的"吃人"的小说。将仁义道德看成是具有"吃人"的性质确实是鲁迅的创造。鲁迅以辛辣、幽默和夸张的笔调对儒家思想的无情而彻底的批判在当时社会上产生过巨大的影响。其实,鲁迅的抨击对象已不局限在儒家思想,而是将整个中国传统文化都看做是"吃人"的文化传统。

受《狂人日记》的影响,吴虞遂产生了灵感,于是奋笔写下《吃人与礼教》的文章,对儒家思想作进一步的抨击。吴虞此文,并不是学理的分析和批判,而是列举历史事实,表明鲁迅所谓的仁义道德是吃人的说法自有其历史的根据。

他举的第一个历史事实是关于春秋时齐桓公的。周襄王祭文王、武王之后,拿祭肉分给齐桓公,并说"齐侯年老了,就不必下拜了",就

---

① 鲁迅:《狂人日记》,《鲁迅全集》,人民文学出版社,1981年,第424—425页。

免了那套君臣之礼了吧。齐桓公感觉如此行事恐怕不行,就退而与管子商量。管子说:"如果照着周襄王的吩咐去做,不行旧礼,就变成了君不君、臣不臣,那会酿成大乱。"于是,齐桓公出而说道:"天子如天,鉴察不远,威严常在颜面之前,不敢不拜。"看来,齐桓公是很讲究礼教的,接受那么一小块祭肉还尚且不能如此苟且,要严格按照君君臣臣的纲常名教行事。但是,我们要知道的是,这位齐桓公却是货真价实的吃人肉的。他曾对易牙说道:"惟蒸婴儿之未尝。"于是,易牙赶忙回家蒸其婴儿呈给齐桓公吃。所以,你看齐桓公表面上讲礼教,口口声声说要"诛不孝,无以妾为妻,敬老爱幼"等道德仁义的门面话,实际上却是吃人肉的。第二个历史故事是关于汉高帝刘邦的。当项羽要挟说要杀他父亲的时候,他却无耻地说:"如果你杀了我父亲,那就别忘了分一杯肉羹给我吃。"但当他当上皇帝之后,却重礼教,讲纲常,祭祀孔子。从这样两个故事,吴虞总结道:"原来我们中国吃人肉的风气,都是霸主之首、开国之君提倡下来的。你看高帝一面讲礼教,一面吃人肉,这类崇儒重道的礼教家,可怕不可怕呢?"①第三个故事讲的是汉朝臧洪与唐朝张巡的事。太守张超请臧洪做郡功曹。后来曹操围张超于雍丘,臧洪认为自己的兵力不够,想从袁绍请兵。袁绍不答应,张超兵败,家族灭绝。臧洪由是与袁绍结怨。于是,袁绍兴兵包围了臧洪,城中粮绝,臧洪杀其爱妾,以食兵将。吴虞指出,臧洪不过是张超的功曹,张超也不过是臧洪的郡将,按三纲的道理说起来,也没有该死的名义。如果臧洪真有知遇之感,可以自己慷慨捐躯,一死了之,也就完了。"怎么自己想做义士,想身传图像,名垂后世,却把他人的生命拿来供自己的牺牲,杀死爱妾,以享兵将,把人当成狗屠呢?这样蹂躏人道,蔑视人格的东西,史家反称他为'壮烈',同人反亲慕他为'忠义',真是是非颠倒,黑白混淆了。"②至于唐朝的那个张巡更是有过之

---

① 吴虞:《吃人与礼教》,《吴虞集》,第170页。
② 吴虞:《吃人与礼教》,第170页。

而无不及,当着三军杀其爱妾,以食军士。将士皆泣下,不忍食。越是自命忠义的人,吃人的胆子也就越大。

以上三个历史故事使吴虞得出如下的看法:"孔二先生的礼教讲到极点,就非杀人不成功,真是残酷极了!一部历史里面,讲道德仁义的人,时机一到,他就直接间接的都会吃起人肉来了。就是现在的人,或者也有没做过吃人的事,但他们想吃人,想咬你几口出气的心,总未必打扫得干干净净!……什么'文节公'呀、'忠烈公'呀,都是那些吃人的人设的圈套来诓骗我们的!我们如今应该明白了!吃人的就是讲礼教的,讲礼教的就是吃人的呀!"①

吴虞就这样将仁义道德或礼教与吃人紧密地联系在一起。从此,"吃人的礼教"的说法在新文化运动时期也就不胫而走,其影响甚至扩展至海外,成为了鼓励年轻人积极投身批判儒家思想、孔子思想运动的战斗口号。

胡适曾如斯评价吴虞在"打倒孔家店"运动中所起到的重要作用,他说道:"吴先生和我的朋友陈独秀是近年来攻击孔教最有力的两位健将。"②他称道吴虞为中国思想界的"一个清道夫",说:"吴又陵先生是中国思想界的一个清道夫。他站在那望不到尽头的长路上,眼睛里,嘴里,鼻子里,头颈里,都是那迷漫扑人的孔渣孔滓的尘土,他自己受不了,又不忍见那无数行人在那孔渣孔滓的尘雾里撞来撞去,撞得破头折脚。因此,他发愤做一个清道夫,常常挑着一担辛辛苦苦挑来的水,一勺一勺的洒向那孔尘迷漫的大街上。"③在新文化运动的领袖们看来,吴虞在批判儒家、孔子的文化运动中起了重大的作用,其功不可没。所以胡适称吴虞为"'四川省只手打孔家店'的老英雄"。

---

① 吴虞:《吃人与礼教》,第171页。
② 胡适:《〈吴虞文录〉序》,《胡适文集》,北京大学出版社,1998年,第二卷,第609页。
③ 胡适:《〈吴虞文录〉序》,第608页。

在吴虞看来,封建礼教是与中国传统的家族制度紧密联系在一起的。礼教的吃人本质实质上讲的就是礼教的专制本质。吴虞指出,孔子的礼教在历史上演变成为了政治专制主义,两者是密切不可分的。而中国所以走上这类政治专制主义是与传统社会的宗法性、家族制度紧密相联的。这样的认识导引吴虞对孔家店的抨击集中在孔教与专制主义的关系上。

他认为,天下有两大祸患,一是君主专制,另一便是教主专制。君主专制,钳制人的言论自由;而教主专制则禁锢人的思想。他指出,这两大祸患,君主专制与教主专制,在中国古代都走向了极端。"君主之专制,极于秦始皇之焚书坑儒,汉武帝之罢黜百家;教主之专制,极于孔子之诛少正卯,孟子之距杨、墨。"①所以为了主张言论自由、思想自由,吴虞愿"扣衣执鞭"而"鼓舞言论思想自由之风潮也"。

中国历史上的这种极端的专制主义是与传统社会的宗法性或家族制度不可分的。吴虞对传统儒家经典《春秋》、《荀子》、《孝经》等及其他经典做了详细的考察后,指出:孔子之学说,认孝为百行之本,所以孔子立教,也就自然而然莫不以孝为起点,故而"教"字从孝。"凡人未仕在家,则以事亲为孝;出仕在朝,则以事君为孝。能事亲、事君,乃可谓之为能立身,然后可以扬名于世。自事父推之事君长,皆能忠顺,则既可扬名,又可保禄位。"②

吴虞进一步认为,孝既为百行之本,于是,"孝乎惟孝,是亦为政",家与国无分也;"求忠臣必于孝子之门",君与父无异也。"推而广之,则如《大戴记》所言:'居处不庄,非孝也;事君不忠,非孝也;莅官不敬,非孝也;朋友无信,非孝也;战阵无勇,非孝也;'盖孝之范围,无所不包,家族制度之与专制政治,遂胶固而不可分析。而君主专制所以利用家族制度之故,则又以有子之言为最切实。有子曰:

---

① 吴虞:《辨孟子辟杨墨之非》,《吴虞集》,第13页。
② 吴虞:《家族制度为专制主义之根据论》,《吴虞集》,第62页。

'孝悌也者，为仁之本。其为人也孝悌，而好犯上者鲜；不好犯上而好作乱者，未之有也。'"①总之，儒家所主张的孝悌，在吴虞看来，是注定要导致政治上的专制主义。其结论就是"儒家以孝悌二字为两千年来专制政治与家族制度联结之根干，而不可动摇"。②

在此，我们必须注意到的是，吴虞虽然指出了孝悌与君主制相连，但是要进一步论定儒家所主张的家族制度就是专制主义的，他还必须提供理由说明孝悌必然导致政治上的君主专制主义。对之，吴虞论说道："夫为人父止于慈，为人子止于孝，似平等矣；然为人子而不孝，则五刑之属三千，罪莫大于不孝；于父之不慈者，故无制裁也。君使臣以礼，臣事君以忠，似平等矣；然为人臣而不忠，则人臣无将，将而必诛；于君之无礼者，故无制裁也。是则儒家之主张，徒令宗法社会牵掣军国社会，使不完全发达也，其流毒诚不减于洪水猛兽矣。"③他的结论就是，儒家所主张的孝悌是"专为君亲长上而设"，专门用来压抑卑贱者。

对于家族专制主义给卑贱者带来的苦痛，吴虞有着刻骨铭心的感同身受。母亲死后，吴虞与其父亲间的矛盾日趋激烈，其父品性不端，经常苛待吴虞一家。吴虞因其父的丑恶行为而与之发生冲突，并于1910年的下半年达至极点。错误本在其父，但其父亲却托书官府，诬告吴虞。此场父子间的冲突于是演变成为了轰动成都"上流社会"的"家庭革命"的大事。虽经官府审断，输理的是他父亲，但吴虞却频频遭到社会上"欲以孔孟之道来挽救人心来维持礼教的人们"的愤怒谴责，吴虞遂被社会指责为"非理非法"的"忤逆"子。在忍无可忍之下，吴虞于1910年11月写下《家庭苦趣》一文，油印散发，着意为自己辩解。当时的《蜀报》记者在《本省纪事》栏内也刊登发表了此文。不意，吴虞因此又犯下了家丑不可外扬之罪。时任四川教育总会会长的徐

---

① 吴虞：《家族制度为专制主义之根据论》，第62—63页。
② 吴虞：《家族制度为专制主义之根据论》，第63页。
③ 吴虞：《家族制度为专制主义之根据论》，第64页。

炯,特地召开会议申讨,并将吴虞逐出教育界。咨议局也进行纠举,呈请四川护理总督王人文予以逮捕。不得已,吴虞逃离成都避难,直至辛亥革命后始获自由。① 经此迫害,吴虞更清楚地认识到,其父是"魔鬼",其"心术之坏","亦孔教之力使然也"。这一清醒的认识使他更坚定了对孔教和家族制度的批判。

吴虞所以对孔教或孔家店做如此猛烈的抨击,寻其原因,可以说家庭悲剧给其带来的巨大痛苦不能不说是一个重要的因素。

当然,吴虞对孔教的抨击也无疑受了西方关于民主、自由、法制等方面的思想影响。吴虞1905年秋赴日本,入东京法政大学速成科学习,前后两年。正是在这两年中,吴虞比较全面地接触了西方思想,对于西方的宪法、民法、刑法、进化论、世界史、政治学、经济学等均有一定程度的涉略。

西方思想资源是使吴虞走上抨击孔教的一个因素,但是仔细阅读吴虞和陈独秀批孔文章,我们会发现,吴虞与陈独秀的批孔教的文章之间还是有着不小的差异。陈独秀批孔教的文章可以说主要是将孔教放在与西方思想的对立面来进行抨击的。与之不同,吴虞则主要是在中国传统思想内寻找批判孔教的资源,其批判的路数总体上极其类似于墨家、道家、李卓吾等人对于孔教的批判。如他对家族专制主义与政治专制主义的批判主要仍然是停留在对儒家经典本身的分析与演绎。如此等等。

在批判儒家思想传统方面,吴虞与陈独秀之间的更大区别在于,批判儒家思想本身并不是陈独秀的终极目的,他对儒家思想批判的真正目的是想要从西方引进和确立一种全新的人生论或价值论。而吴虞则不一样,他的抨击孔教虽然客观上有利于新人生论的确立,但他本人并没有这样明确的目标,批判或颠覆孔教就是他的批判活动的全部目的。

---

① 见吴虞:《家庭苦趣》,《吴虞集》,第18页。

第三节　陈独秀对儒家思想的批判

陈独秀(1879—1942),安徽怀宁县人,生于知识分子家庭,自小受过封建教育,读过"四书"、"五经",十七岁考中秀才,1902年去日本,在中国留日学生中组织爱国团体"中国青年会",不久被遣送回国。后又两度赴日。1915年夏再从日本回国,在上海创办《青年杂志》,从第二卷起改名《新青年》。1917年初,受北京大学校长蔡元培之聘,任北大文科学长,于是《新青年》也改在北京发行,成为新文化运动的指导刊物。

陈独秀在他的一生中,在中国现代史上做出了两件有重大历史意义或改变了历史进程的事情:一是创办了《新青年》,发动新文化运动;一是缔造了中国共产党。

陈独秀于1915年9月15日在上海创办了《新青年》。《新青年》原名《青年杂志》,后因为与上海基督教青年会办的《上海青年》(月报)同名,后者提出批评,所以,从1916年9月1日出版的第二卷第一号正式改为《新青年》。

《新青年》是综合性的学术刊物,每期100页,六号为一卷。初期编辑部设在上海,从第一卷第一号(1915年9月15日)至第三卷第六号(1917年8月1日),由陈独秀一人主编。第三卷的第一号发行于1917年(民国六年)3月1日。其时陈已在北京,他是1917年1月进京任北大文科学长的,家住东城箭杆胡同9号(今20号),他的家就是《新青年》的编辑部。

从第四卷第一号(1918年1月15日)起,《新青年》由陈一人主编改为同人刊物,成立了编委会。编委会由七人构成:陈独秀,周树人,周作人,钱玄同,胡适,刘半农,沈尹默(据沈尹默回忆)。并规定由七个编委轮流编辑,每人一期,周而复始。编委聚会的地点,常常是箭杆胡同9号,于是陈独秀的家无形中成了新文化运动的指挥部。虽为同人刊物,而陈仍负主要责任。

从第七卷第一号(1919年12月1日),《新青年》又由陈一人主编。此后不久,陈独秀南下返沪,编辑部又迁到上海。1920年8月,陈等在上海创立中国共产党发起组,《新青年》从第八卷开始成为中共发起组的机关刊物。

之所以要在此介绍陈独秀与《新青年》的关系,实在是因为《新青年》是新文化运动时期内批判儒家思想传统、批判封建礼教的主要阵地,陈独秀、吴虞的批孔文章绝大部分便是发表在《新青年》上的。

可以说,陈独秀的一生都是反孔教的。

他反孔教的最早一篇文章是《驳康有为致总统总理书》,最后一篇为《孔子与中国》。第一篇发表在1916年10月1日《新青年》第二卷第二号。最后一篇发表于1937年10月1日的《东方杂志》三十四卷第十八、十九号。

在此,我们必须尤其要注意的是,陈独秀之所以激烈地抨击孔教主要是由于当时的现实政治需要,这就使他的批判带有强烈的现实的政治性质,同时也使他的批判不免附有了某种情感色彩。他自己说道:"孔子生于二千年前君主之世,自本于君政立言,恶得以其不合于后世共和政制而短之耶?曰:是诚然也;愚之非难孔子之动机,非因孔子之道不适于今世,乃以今之妄人强欲以不适今世之孔道,支配今世之社会国家,将为文明进化之大阻力也,故不能已于一言。"①

袁世凯称帝、张勋复辟均以孔教相号召,鼓舞舆论,当时国内"孔教会"、"尊孔会"等林立于中国各地。这种政治形势迫使陈独秀不得已而拿起笔连续写下了大量的批孔文章。

---

① 陈独秀:《复辟与尊孔》,《陈独秀著作选》,第一卷,第339页。

尤其是康有为的《致总统总理书》更激起了陈独秀的批孔教的热情。在这之前，陈独秀虽有批孔教的言论，但还未有专论出现。如在《敬告青年》一文中，他对孔教就有所批评，但此文主体还是介绍、引入一种新的人生论。但康有为的《致总统总理书》出笼后，陈独秀的批孔热情随之一发而不可收拾。在短短的时间内陆续撰写和发表了如下的批孔文章：《驳康有为致总统总理书》(1916年10月1日《新青年》第二卷第二号)，《宪法与孔教》(1916年11月1日《新青年》第二卷第三号)，《孔子之道与现代生活》(1916年12月1日《新青年》第二卷第四号)，《袁世凯复活》(1916年12月1日《新青年》第二卷第四号，此文虽主要批判袁世凯的帝制活动，但依然揭露了帝制活动的思想资源仍是礼教或孔教)，《答常乃德(古文与孔教)》(1916年12月1日《新青年》第二卷第四号)，《再论孔教问题》(1917年1月1日《新青年》第二卷第五号)，《答吴又陵(孔教)》(1917年1月1日《新青年》第二卷第五号)，《文学革命论》(1917年2月1日《新青年》第二卷第六号，此文虽讨论文学革命，但也涉及孔教问题)，《再答常乃德(古文与孔教)》(1917年2月1日《新青年》第二卷第六号)，《答傅桂馨(孔教)》(1917年3月1日《新青年》第三卷第一号)，《三答常乃德(儒教与家庭)》(1917年3月1日《新青年》第三卷第一号)，《答俞颂华(宗教与孔子)》(1917年3月1日《新青年》第三卷第一号)，《答佩剑青年(孔教)》(1917年3月1日《独秀文存》卷三)，《四答常乃德(孔教与家庭)》(1917年4月前日《新青年》第三卷第二号)，《答刘竞父(孔教)》(1917年5月1日《新青年》第三卷第三号)，《再答俞颂华(孔教)》(1917年5月1日《新青年》第三卷第三号)，《答〈新青年〉爱读者(孔教)》(1917年7月1日《新青年》第三卷第五号)，《再答吴又陵(孔教)》(1917年7月1日《新青年》第三卷第五号)，《复辟与尊孔》(1917年8月1日《新青年》第三卷第六号)，《驳康有为〈共和平议〉》(1918年3月15日《新青年》第四卷第三号)，《答张寿朋(文学改良与孔教)》(1918年12月15日《新青年》第五卷第六号)。

在短短的两年零两个月的时间内,陈独秀竟写下了二十一篇批判孔教的文章,其中还不包括他在这一期间的几次演讲中对孔教所作的批判在内。可以看出,自1916年10月直至1918年的12月,对以孔子为代表的儒家思想、对封建礼教的批判已经成为了这一时期内陈独秀思考和研究的焦点。

细读陈独秀的上述批孔的文章,我们可以清楚地发现这样一个事实,即这些文章所批判的直接对象并不是孔子本人的思想,也不是儒家思想,而是康有为帝制复辟运动的思想言论及实践活动。上述所列文章《驳康有为致总统总理书》、《宪法与孔教》、《孔子之道与现代生活》、《袁世凯复活》、《再论孔教问题》、《复辟与尊孔》、《驳康有为〈共和平议〉》等七篇是陈独秀批孔的主要文章,而其他十四篇则是上述七篇文章发表后就读者的疑问所作的答疑。因此研究新文化运动时期陈独秀的批孔立场,这七篇文章是至关重要的。而这七篇文章虽总名为批孔文章,但其实际所批判的真正对象则不是孔子,而是康有为。陈独秀批判康有为假借孔子、假借儒家思想传统为其封建帝制的复辟活动张目、造舆论。这是我们必须注意的。这也是陈独秀批孔的思想及其活动不同于吴虞的一个很重要的方面。也就是说,陈独秀的批孔有着强烈的现实关怀、有着极其明确的针对性。而吴虞的批孔则不一样,他那些后来被《新青年》采纳而发表的批孔文章绝大部分是在康有为《致总统总理书》之前已写就的,所以缺乏现实的针对性。

与吴虞批孔不同的另一点则是,吴虞批孔主要针对的是孔子代表的儒家思想、封建礼教及其在历史上的作用。而陈独秀的则不同,他的批判矛头直接指向的是康有为及其他在当时现实生活中企图以孔子为傀儡而实施的尊孔复辟思想立场和实践活动。

所以,我们可以这样说,陈独秀是强烈反对假借孔教而实施复辟帝制的任何活动。所以他本人并不反对孔子,他说:"我们反对孔教,并不是反对孔子本人,也不是说他在古代社会无价值。"又说:他之不得已批判孔子,不是"因孔子之道之不适合于今世",而是因为"今之妄人强欲以不适今世之孔道,支配社会国家,将为文明进化之大阻力也"。① 吴虞虽然也对孔子本人的思想与后来的封建礼教做了一定程度的区别,但不容否认,他批判的直接对象还是孔子、儒家。

陈独秀认为孔子思想有其本身的价值。

在他看来,孔子思想的价值明确表现在他对宗教迷信所持的理性态度。陈独秀指出,自上古以至于东周,先民关于宗教神话的传说,在诸子书及纬书中多得几乎"不可殚述"。孔子却将这些宗教神话传说一概弃而勿论。孔子教学生注重的唯有德行、言语、政事、文学四科。《论语·述而》曰:"子以四教,文、行、忠、信。"又曰:"子不语怪力乱神。"《论语》中诸如"夫子之文章,可得而闻也;夫子之言性与天道,不可得而闻也","务民之义,敬鬼神而远之,可谓知也"等等,不一而足。可见,孔子教人重人事而远鬼神,与墨子根本不同。② 陈独秀指出,宗教实质,重在灵魂的救赎,是出世之宗教。孔子的思想却并非如此,不事鬼神、不知死,以文行忠信教,这就表明儒学思想是入世之教,是哲学,而不是宗教。

陈独秀为什么要肯定孔子的这一思想立场呢?根据他本人的看法,人类社会进步在于两大动力,一是民主,一是科学。"孔子不言神怪,是近于科学的。"③以科学来反对宗教的思想立场当然是有问题的,因为宗教与科学各走一路,分属不同的领域。但是当时的陈独秀对于科学的态度颇坚,他是要主张"以科学代替宗教"的。他如斯说道:"人类将来之进化,应随今日方始萌芽之科学,日渐发达,改正一切人为法则,使与自然法则有同等之效力,然后宇宙人生,真正契合。此非吾人最大最终之目的乎? 或谓宇宙人生之秘密,非科学所可解决,决疑释忧,厥为宗教。余则以为科学之进步,前途尚远。吾人未可以今日之

---

① 陈独秀:《复辟与尊孔》,第339页。
② 陈独秀:《孔子与中国》,《陈独秀著作选》,第三卷,第377页。
③ 陈独秀:《孔子与中国》,第386页。

科学自画，谓为终难决疑。反之，宗教能使人解脱者，余则以为必先自欺，始克解决，非真解也。真能决疑，厥为科学。故余主张以科学代宗教，开拓吾人真实之信仰，虽缓终达。若迷信宗教以求解脱，直'欲速则不达而已'!"①从中我们可以清楚地看到，其实科学万能的思想、科学主义在新文化运动时期已经在新思想界占据着极其重要的地位。陈独秀就是这一思想的积极鼓吹者。

他指出，科学思想追求明确、清晰，而反对持论笼统。当时那些积极鼓吹孔教的人就是由于他们不明科学，仍旧沿袭传统的持论模糊笼统的思维方式，称儒家思想为"孔教"，因此使得孔教的问题争论不休，莫衷一是。他认为，孔子立说之实质，绝无宗教家言也，所以儒家思想不能称之为"孔教"。"夫孔教之名词既不能成立，强欲定孔教为国教者，讵非妄人？"②

陈独秀指出，孔子这种非宗教迷信的态度不但在当时社会有其价值，即便在现代社会中也仍然有自己的价值。陈独秀赞同孔子对待宗教的理性态度，因为陈独秀本人对待宗教持守的也是同样的理性态度，批判一切宗教。

他认为，孔子的价值还表现在，他在历史上建立了君、父、夫三权一体的礼教。这一价值，"在孔子立教的当时，也有它相当的价值"，尽管也曾"在历史上造过无穷的罪恶"。③

孔子与礼教的关系，在尊孔派与反孔派那里也并没有统一的看法。比如尊孔者在此问题上有两种不同的看法。一派认为，礼教为孔子所确立。另一派则指出，三纲五常出于纬书，而由宋儒极力提倡，于是在历史上逐渐酿成君权万能之流弊，此与原始儒家，特别是与孔子没有任何瓜葛。所以他们认为，原始孔教是民间化的真孔教。三纲五

---

① 陈独秀：《再论孔教问题》，《陈独秀著作选》，第一卷，第253页。
② 陈独秀：《孔子与中国》，第254页。
③ 陈独秀：《孔子与中国》，第379页。

常,属于伪孔教。

陈独秀在此一问题上赞同尊孔派的前一种看法,即认为是孔子奠立了礼教的基础,从此礼教一直延续至今。他在《宪法与孔教》一文中说:"三纲五常之名词,虽不见于经,而其学说之实质,非起自两汉、唐、宋,则不可争之事实也。"并又进一步指出:"愚以为三纲说不徒非宋儒所伪造,且应为孔教之根本教义。何以言之?儒教之精华曰礼。"①

那么,什么是礼呢?

为了回答此一问题,陈独秀遂进一步大量引用《礼记》中的《坊记》、《曲礼》、《礼运》、《冠义》等资料来清楚地表明礼具有的"精义",以此表明礼为孔子思想的本义。在1937年10月1日发表在《东方杂志》上的《孔子与中国》一文中他又对孔子与礼教的关系做了更进一步的考证。在陈独秀看来,孔子生活的以前年代,由于商业的发展与繁荣,已经动摇了闭关自守的封建农业经济,逐渐的经济兼并走向了政治兼并,封建制度瓦解之势已成,统一之政权因此在酝酿过程中。"孔子生当此时,已预见封建颓势将无可挽救,当时的社会又无由走向民主之可能,于是乃在封建的躯壳中抽出它的精髓,即所谓尊卑长幼之节,以为君臣之义,父子之恩,夫妇之别,普遍而简单的礼教来代替那'王臣公、公臣大夫、大夫臣士、士臣皂、皂臣舆、舆臣隶、隶臣僚、僚臣仆、仆臣台'的十等制,冀图在'礼'的大帽子之下,不但在朝廷有君臣之礼,并且在整个社会复父子、夫妻等尊卑之礼,拿这样的连环法宝,来束缚压倒那封建诸侯大夫以至陪臣,使他们认识到君臣之义,无所逃于天地之间,以维持那日就离析分崩的社会。"②所以,在陈独秀看来,孔子的教义实质就是以三纲五常为内容的礼教制度。

陈独秀又认为,别尊贵明贵贱的礼教制度强化了阶级制度,这套

---

① 陈独秀:《宪法与孔教》,《陈独秀著作选》,第一卷,第227、228页。
② 陈独秀:《孔子与中国》,第380页。

礼教制度乃是"宗法封建时代所同然"。这就是说,孔子所确立的礼教是适应了中国当时的宗法社会的需要,所以应该有其自身的存在价值。因此,陈独秀指出,孔子的礼教在中国历史上有一定的价值,不可全部抹杀。

但是,孔子的这一套礼教制度却"在二千年后的今天一文不值"了。为什么呢？陈独秀认为现代社会与中国古代社会在性质上是根本不同的,所以孔子之道或孔子提倡的礼教已经完全不适应于现代社会。正因为如此,陈独秀挺身而出坚决反对奉孔教为国教。在此,我们可以清楚地看见,陈独秀是在现代性的基础上反对孔教或孔子的。他的《孔子之道与现代生活》、《宪法与孔教》等反孔教的文章标题即鲜明地点明了陈独秀的这一思想立场。而且他更进一步地认为,现代生活是根本与孔子之道不相容的,所以"存其一必废其一"。

这就牵涉到了陈独秀所理解之现代社会的性质。在他看来,现代社会至少应该具备如下这些性质。

第一,现代社会必须是法治的社会。这样的社会至少必须具有如下的两个必备之要素:(一)宪法是国家的根本大法,是对最高权力的限制。于是,他申说道:"盖宪法者,全国人民权利之保证书也,决不可杂以一族一教一党一派人之作用。"①最高权力之一切举措均须以法律为其唯一的准绳。既然宪法性质如此,所以在陈独秀看来,康有为等人企图奉孔教为国教是违反宪法的。(二)法律面前人人平等,绝不应该有尊卑贵贱之分别。三纲五常主张的是阶级尊卑的制度,强调的是片面之义务和不平等之道德。

第二,现代社会必须是不断进步的社会。陈独秀以进化论为武器,说明一切事物都在变化发展的途程之中,道德伦理也是如此。他说:"新陈代谢,陈腐朽败者无时不在天然淘汰之途,与新鲜活泼者以空间之位置及时间之生命。人身遵新陈代谢之道则健康,陈腐

---

① 陈独秀:《宪法与孔教》,第226页。

朽败之细胞充塞人身则人身死;社会遵新陈代谢之道则隆盛,陈腐朽败之分子充塞社会则社会亡。"他把进化看做是"宇宙之根本大法",他说道:"自宇宙之根本大法言之,森罗万象,无日不在演进之途,万无保守现状之理。"①所以,世界上决没有"空间上人人必由之道,时间上万代不易之宗",因此不可能存在着一种万古不变的道德伦理的教条,他认为孔子所提倡的道德,所提倡的礼教是封建时代的道德,封建时代的礼教。他说:"孔子生长封建时代,所提倡之道德,封建时代之道德也;所垂示之礼教,即生活状态,封建时代之礼教,封建时代之生活状态也;所主张之政治,封建时代之政治也。封建时代之道德、礼教、生活、政治,所心营目注,其范围不越少数君主贵族之权利与名誉,于多数国民之幸福无与焉。"②而现代社会,陈认为,应该是共和时代,所以产生于封建时代、服务于封建时代的孔子之道也就当然不适宜现代社会了。

他以进化论为武器,坚决批判反对复古守旧的思潮。他认为,今天中国固有的伦理、法律、学术、礼俗,无一不是封建制度之遗,较之欧洲人差近几千年,所以中国要生存于当今的世界,必须弃旧图强,不能墨守成规戒律,他说:"吾宁忍过去国粹之消亡,而不忍现在及将来之民族,不适世界之生存而归消灭也。"

陈独秀又退一步说,"即不以进化之社会言之,其间亦不无微变"。他说,吾辈不满于康先生,康先生不满意于张之洞与李鸿章,而张之洞、李鸿章也不满意于清廷反铁路与海军的顽固派,所以变化是通例,"道与世更"是古今中外的普遍法则。

第三,现代社会也是以伦理经济的个人独立主义为其必要的基础。陈独秀认为:"现代社会,以经济为之命脉,而个人独立主义,乃为经济与生产之大则,其影响遂及于伦理学。故现代伦理学上之个人人

---

① 陈独秀:《敬告青年》,《陈独秀著作选》,第一卷,第131页。
② 陈独秀:《孔子之道与现代生活》,《陈独秀著作选》,第一卷,第235页。

格独立,与经济学上之个人财产独立,互相证明,其说遂至不可动摇;而社会风纪,物质文明,因此大进。"①陈认为:"西洋个人独立主义,乃兼伦理经济二者而言,尤以经济上个人独立主义为之根本也。"②伦理上的个人独立主义是以经济上的个人独立主义为基础的。而个人独立主义是促进经济发展的动力,这种经济上的个人独立主义应该指的是财产的个人所有。个人独立之财产或私有经济是伦理意义上的个人独立主义的物质基础。伦理上的独立主义显然是指个人独立之人格。强调个人独立之人格是陈独秀的伦理思想、政治思想的一个重点,是他用来批判孔子礼教的最重要的武器之一。

在孔子的礼教即三纲说中,"人格之个人独立即不完全,财产之个人独立更不相涉";"君为臣纲,父为子纲,夫为妻纲";"父兄畜其子弟,子弟养其父兄,《坊记》曰:'父母在,不敢有其身,不敢私其产。'"为人子为人妻者,先失个人独立之人格,复无个人独立之财产。

第四,现代社会是建立在人权平等说的基础之上的。陈独秀认为,三纲五常之名词,虽不见于经,而其学说的实质,非起自两汉、唐、宋之后,应为孔教之根本教义。③ 三纲五常说别尊卑,明贵贱,尊卑贵贱是一种阶级制度,孔子礼教是宗法封建社会的产物,宗法社会以家族为本位,而不是以个人为本位,因此个人无权利,一家之人,听命家长。在他看来,宗法制度之恶果有四:一曰损失个人独立自为之人格,一曰窒碍个人意思之自由,一曰剥夺个人法律上平等之权利,一曰养成依赖性戕贼个人之生命力。

陈指出,与儒家的三纲五常不同,"西洋民族举一切伦理、道德、政治、法律,社会之所向往,国家之祈求,拥护个人之自由权利与幸福而已。思想言论之自由,谋个性之发展也,法律之前,个人平等也。个人

---

① 陈独秀:《孔子之道与现代生活》,第232页。
② 陈独秀:《孔子之道与现代生活》,第233页。
③ 陈独秀:《宪法与孔教》,第228页。

之自由权利,载诸宪章,国法不得而剥夺之,所谓人权是也"。每一个人,各有自主之权,绝无奴役他人之权利,亦绝无以奴自处之义务。因为有人权平等之说兴起,所以:破坏君权,求政治之解放;否认教权,求宗教之解放;均产说兴,求经济之解放也;女子参政运动,求男权之解放也。

第五,当然现代社会更是民主的社会。在民主社会中主权在民,人民是国家的主人,"国家为人民公产,人类为政治动物",这就是说,除了拥有经济权利、社会权利之外,人们还应该先天具有政治权利,人民是国家的主人,国家主权在民。于是,陈独秀指出:民主政治"非政府所能赐予,非一党一派人所能主持,更非一二伟人大老所能负之而趣"。他更进一步说道:民主政治"不出于多数国民之自觉与自动,皆伪共和也,伪立宪也,政治之装饰品也"。这就是说,民主政治的建立必须以大多数国民是否具有民主政治的意识为转移。世界现在的潮流是"由专制政治,趋于自由政治;由个人政治,趋于国民政治;由官僚政治趋于自治政治"。① 在陈独秀看来,中国的将来必须走民主政治的道路。

第六,在现代社会中,科学扮演着越来越重要的角色,起着巨大的作用。陈独秀甚至认为,科学与民主一样是推动世界历史前进的主要的动力。中国要走向现代社会不得不走上科学发展的道路。此处所说的科学含义除通常的意义而外,他特备注重科学的方法,与人应该具有的以科学为基础的人生态度。

陈又从男女平等、男女社会、妇女独立谋生、权利等方面批评了孔子的礼教。

总之,陈认为,孔子学说"于近世自由平等之新思潮,显相背驰,不于报章上词而辟之,则人智不张,国力浸削,吾恐其敝将只有孔子而无中国也"。

---

① 陈独秀:《吾人最后之觉悟》,《陈独秀著作选》,第一卷,第 178 页。

显然,在陈独秀看来,孔子之道与现代社会是不相容的,是背道而驰的。他如斯说道:"东西洋民族不同,而根本思想亦各成一系,若南北之不相并,水火之不相容也。"① 他于是完全将中西文化对立起来,他说:"吾人倘以新输入之欧化为是,则不得不以旧有之孔教为非。倘以旧有之孔教为是,则不得不以新输入之欧化为非。新旧之间,绝无调和两存之余地。吾人只得任取其一。"②

于此,我们可以清楚地看到,陈独秀是完全而彻底地站在了西方思想的立场上来估价孔子之道在现代社会的价值,所以在他眼里以孔子为代表的儒家思想传统也就毫无价值可言,是一文不值的。由于他的目标是想在中国建设一个以西方国家为模版的国家,所以他也就不得不全面地反对儒家的思想传统。对此,他本人有极为明确的表述。他说:"欲建设西洋式之新国家,组织西洋式之新社会,以求适今世之生存,则根本问题,不可不首先输入西洋式社会国家之基础,所谓平等人权之新信仰,对于此新社会新国家新信仰不可相容之孔教,不可不有彻底之觉悟,猛勇之决心;否则不塞不流,不止不行。"③

陈独秀关于他自己对西方思想的表述前后并不完全冲突,但却有不同之处。他前期注重的是一种新的人生论,强调人权、自由、科学、平等、独立人格、民主等。但在后期可能是为了便于宣传或者出于别的什么原因,他却往往将他自己早期的新人生论简化为民主与科学两项内容。比如他在1919年1月15日《新青年》第六卷第一号的《〈新青年〉罪案之答辩书》中曾经明确地指出,新文化运动的宗旨即是民主与科学。当时社会上曾有人攻击《新青年》犯下了破坏孔教、破坏礼法、破坏国粹、破坏贞节、破坏旧伦理、破坏旧艺术、破坏旧宗教、破坏旧文学、破坏旧政治等罪。他答辩道:"追本溯源,本志同人本来无罪,

---

① 陈独秀:《东西民族根本思想之差异》,《陈独秀著作选》,第一卷,第165页。
② 陈独秀:《答佩剑青年(孔教)》,《陈独秀著作选》,第一卷,第281页。
③ 陈独秀:《孔子与中国》,第229页。

只因为拥护那德莫克拉西(Democracy)和赛因斯(Science)两位先生,才犯了这几条滔天的大罪。要拥护那德先生,便不得不反对孔教、礼法、贞节、旧伦理、旧政治;要拥护那赛先生,便不得不反对旧艺术、旧宗教;要拥护那德先生又要拥护那赛先生,便不得不反对国粹和旧文学。大家平心细想,本志除了拥护德、赛两先生之外,还有别项罪案没有呢?若是没有,请你们不用专门非难本志,要有气力有胆量来反对德、赛两先生,才算是根本的办法。"①

陈独秀的这一答辩书对于后人理解新文化运动起了很大的作用。于是,后来研究新文化运动的学者都将新文化运动的宗旨归结为民主与科学。其实这样的概括确有将新文化运动的宗旨狭窄化的倾向。因为虽然民主、科学与人生有着密切的关系,但我们显然不能将人生全部归结为民主与科学。我的看法是民主与科学只能是人生论的部分内容,更有甚者,有的学者认为民主、科学并不属于人生论。

但不管怎么说,陈独秀是完全站在了一种所谓彻底的西方思想的立场来批判以孔子为代表的儒家思想传统的,并且将此两者完全的对立起来。这也是陈独秀批孔与吴虞的第三个重要的区别。

在此我们还必须要特别注意的是,陈独秀认为当时社会上的尊孔,其目的当然不是为尊孔而尊孔,而是为袁世凯的复辟帝制服务的。陈独秀与蔡元培等人都清楚地看到了,袁世凯之所以能够复辟称帝是有其相当深厚的社会土壤的。蔡元培在袁世凯复辟帝制失败后,曾尖锐地指出,袁世凯复辟帝制的丑剧并不是他个人之罪恶,而是有着社会基础的。他分析道:支持袁世凯称帝的有三种社会势力,一是官僚,二是学究,三是方士。蔡元培对这三种社会势力做了如下的评论:"畏强抑弱,假公济私,口蜜腹剑,穷奢极欲,所以表官僚之黑暗也。天坛祀帝,小学读经,复冕旒之饰,行跪拜之仪,所以表学究之顽旧也。

---

① 陈独秀:《〈新青年〉罪案之答辩书》,《陈独秀著作选》,第一卷,第442—443页。

武庙宣誓,教会祈祷,相士贡谀,神方治疾,所以表方士之迂怪也。"正因如此,尽管袁世凯帝制活动失败,且本人也已死去,但是复辟帝制的活动并未因此而停顿,"而此三社会之流毒"依旧。① 所以蔡元培认为,袁世凯复辟帝制的丑剧在当时有其社会基础。他说道:"中华民国约法,有责任内阁,而当时普遍心理,乃不以为然。言统一,言集权,言强有力政府。于是为野心家所利用,而演出总统制,又由总统制而演出帝制。此亦崇拜总统、依赖总统之心理有以养成之。"②

陈独秀对蔡元培的剖析深表赞同。他说:"由蔡先生之说,即强谓肉体之袁世凯已死,而精神之袁世凯故犹活泼泼地生存于吾国也。不第此也,即肉体之袁世凯,亦已复活。吾闻其语矣,吾见其人矣。其人之相貌、思想、言论、行为,无一非袁世凯,或谓为'袁世凯二世。'呜呼!"③于是,在蔡元培思想的基础上,他进一步申说道:"蔡先生谓袁世凯代表吾国三种社会,余谓此袁世凯二世则完全代表袁世凯,不独代表过去之袁世凯,且制造未来之无数袁世凯。袁世凯之废共和复帝制,乃恶果非恶因;乃枝叶之罪恶,非根本之罪恶。若夫别尊卑,重阶级,主张人治,反对民权之思想之学说,实为制造专制帝王之根本恶因。吾国思想界不将此根本恶因铲除净尽,则有因必有果,无数废共和复帝制之袁世凯,当然接踵而生,毫不足怪。"④

我们可以清楚而明白地看到,陈独秀批孔的矛头是直接指向当时社会上的废共和复帝制的活动,他反对袁世凯复辟帝制,强烈批判康有为为袁世凯复辟帝制张目,更要清洗所以不断制造专制帝王的社会的根本恶因。此种恶因既指蔡元培所说的三种社会流毒,更指向容易为历代帝王所利用的儒家思想。正是这样的认识,提醒陈独秀必须在

---

① 蔡元培:《对于送旧迎新二图之感想》,《蔡元培全集》,浙江教育出版社,1997年,第二卷,第463页。
② 蔡元培:《对于送旧迎新二图之感想》,第464页。
③ 陈独秀:《袁世凯复活》,《陈独秀著作选》,第一卷,第238页。
④ 陈独秀:《袁世凯复活》,第239—240页。

中国大地上积极努力地宣传自由、人权、民主、平等、法制等思想,提高青年之修养,培养国民之人格,改变社会之风俗和道德。

陈独秀对于袁世凯帝制活动的这种深入认识,遂使其十分重视对于一般民众的思想教育的工作,指出伦理的觉悟是吾人最后之觉悟。在《社会契约论》中,卢梭曾经深刻地指出过:一个有着漫长的专制传统的民族在进入现代生活之后,虽然可以自称自己已经建立了真正的"共和国",但是它的古老而漫长的专制传统的习惯、风俗总是会不断的死灰复燃。更为恐怖的是,在长期的专制体制下生活的大众对于专制体制的奴役已经司空见惯,习以为常,麻木不仁,对欺骗和腐败也已习惯。他们更关心的只是自己的生活不要因此受到影响,眼睛紧紧地盯住自己已获得的地位和财富。他们其实是一盘散沙,虽然人数众多,但却没有真正地组织成为一个社会,他们受了私欲的蒙蔽,对于他人和社会无动于衷。一个处于这样社会之中的民族是难于有健全的法律和理性的行动,因为他们的意志和他们的灵魂早已腐化了。卢梭因此认为,要使一个思想或灵魂已经腐化的民族重新获得新生,就像让一个已经变坏的人恢复良心一样的困难。他的结论是,除了某种大革命之外,再也没有别的补救办法了。卢梭所描述的社会极其类似于新文化运动时期的中国社会。只有一场真正的思想革命才能唤醒广大民众,从而使中国社会逐渐地摆脱皇权专制走向民主政治体制。可以说,新文化运动就是这样的一场思想革命。遗憾的是,这场思想革命的影响只局限在青年学生之中,而没有机会进一步扩展到整个中国的社会大众。特别是蔡元培所提及的那些社会阶层,对于民主政治、对于科学不只是相当隔膜的,而且其中的大部分由于处在既得利益者的立场遂对之抱持顽强的反对态度。后来的研究新文化运动的学者似乎对于新文化运动的影响估计过高。

不管怎么样,陈独秀以民主与科学或以一种新人生论来批判儒家思想传统就给后来的保守主义者留下一个相当复杂的理论难题。这个难题就是,儒家思想传统果真是与民主与科学截然对立的吗?梁漱溟尽管不同意将西方文化归结为民主与科学的看法,但是他本人早期关于中国文化的讨论与研究的宗旨却是要回答中国传统文化为什么不能产生民主与科学这样的问题。他早期的《东西哲学与文化》是这样的,后来的《中国文化要义》也是这样的研究理路。

后来的新儒学着力要解决的最为重要的理论问题也是儒学思想与民主、科学之间的关系问题。他们所谓的"内圣"开出"外王"或"返本开新"就是企图说明如何从儒学开辟出一条通向民主、科学的形而下的途径。他们本能地意识到,如果不能够指出一条将传统儒学思想与现代社会的民主、自由、法制、科学、人权等要素融合起来的途径,那么其他的一切努力必将是多余的。现在看来,这一问题似乎无论在理论上还是在实践上仍然未得到妥善的解决。

陈独秀对儒家思想传统的批判通过《新青年》在当时的中国社会上产生过巨大的影响,在相当长的一个时期内,对儒家思想传统的批判几乎成为了当时社会上占据主导地位的意识形态。

将儒家思想传统与西方现代思想绝对对立起来的思维模式,使陈独秀完全否认儒家思想在中国现代社会可能具有的正面作用。其实,细读陈独秀的著作,我们发现陈独秀之所以那么激烈地将儒家思想与现代社会完全对立起来,也是与其本人的文化虚无主义有关。他有一种强烈的反对一切偶像的冲动。1918年8月15日《新青年》第五卷第二号上有他的一篇《偶像破坏论》。就是在此文中,他指出,凡是无用而受人尊重的都是废物,也都算是偶像。对这样的偶像都应该破坏。如果受人尊重而又毫无用处,这样的偶像应该彻底破坏。于是,他说道:"天地间鬼神的存在,倘不能确实证明,一切宗教,都是一种骗人的偶像:阿弥陀佛是骗人的;耶和华上帝也是骗人的;玉皇大帝也是骗人的;一切宗教家所尊重的崇拜的神佛仙鬼,都是无用的骗人的偶像,都应该破坏!"①

陈独秀指出,不但宗教的偶像应该破坏,君主、国家、"男子所受的一切勋位荣典"、"我们中国女子的节孝牌坊,也算是一种偶像",当然此类偶像也都在必须破坏之列。

总之,陈独秀指出:"破坏! 破坏偶像! 破坏虚伪的偶像! 吾人信仰,当以真实的合理的为标准;宗教上、政治上、道德上、自古相传的虚荣,欺人不合理的信仰,都算是偶像,都应该破坏! 此等虚伪的偶像倘不破坏,宇宙间实在的真理和吾人心坎儿里彻底的信仰永远不能合一。"②

从表面上看,陈独秀似乎站在了文化虚无主义的立场,积极主张破坏一切偶像。但是仔细读他的此篇文章,我们可以清楚地意识到,他只是中国传统文化的虚无主义者,他要破坏的只是中国传统文化的那些偶像,其理由就是认为,中国传统文化完全不适合现代社会,在现代社会中毫无实际用处。在他心目中,偶像当然是受人尊重的。但是受人尊重的偶像有两类。凡是那些受人尊重,但是又毫无现实用处的均属于应该破坏的偶像之列,都应该破坏,而且必须是毫不留情的破坏。还有一类偶像,这类偶像是"真实有用的东西,自然应该尊重,应该崇拜"。此处所说的"真实有用"的东西是要能够"确实证明"的,但陈独秀没有说明,究竟如何来"确实证明"。根据他对偶像的这一看法,他也就当然地要推翻、颠覆、批判传统的中国文化,道理很简单,因为在现代社会中它们已经毫无用处了,是应该被破坏的偶像。而西方文化中的民主、科学、人权、法制、自由、平等、独立人格等等也算是偶像,但它们是真实有用的,是应该受到人人的尊重和崇拜的偶像。这种分析明确地告诉我们,陈独秀的虚无主义是针对中国传统文化而发的。

---

① 陈独秀:《偶像破坏论》,《陈独秀著作选》,第一卷,第391页。
② 陈独秀:《偶像破坏论》,第393页。

第四节　新文化运动的反思

顾名思义,新文化运动是一场关于文化改造或一场思想革命的运动。或者更具体地说是一场以西方思想文化来批判中国传统文化的运动。现在的问题是,我们到底该怎么来评价这场运动。这是一个极其复杂的历史问题和理论问题。

因为评价新文化运动首先涉及的就是新文化运动与五四运动之间的关系。现在的学者往往将这场运动都冠之以"五四运动",甚至以"五四运动"指代新文化运动。应该承认,这种说法正确地看到了新文化运动与五四运动之间的联系。但是遗憾的是,这样的看法却明显地忽视了它们之间的性质上的差异。历史地看,新文化运动是一场文化批判与文化建设并重的运动,它以《新青年》创刊为序幕,而结束于1923年。其宗旨是要在国内引进、介绍、确立一种新的人生论。而"五四运动"则是爆发于1919年5月4日的反帝反封建的政治运动。其政治口号是"外争主权、内除国贼"。其直接之起因是1919年4月底中国在巴黎和会失败及1915年中国与日本签订的"二十一条"不平等条约。总的说来,五四运动是一场政治运动。

新文化运动之后的相当长时期内,学者对于新文化运动基本都持一种积极肯定的态度。但二十世纪九十年代以来,曾有学者将新文化运动与无产阶级文化大革命相提并论,且将这两场运动都归结为是激进主义思潮引领的结果,对中国传统文化构成了极大的破坏。这样的看法也很值得商榷。无产阶级文化大革命严格说来不是一场文化建设运动,而是一场破坏文化的运动,或者说是一场由最高领导层授意发动、以"文化革命"名义进行而实质是破坏文化的政治斗争。而新文化运动则是一场由民间的平民知识分子发动的文化运动,虽对中国传统文化进行了猛烈的抨击,但其本意并不是纯粹的破坏,而是要在破的基础上重新确立一种以新人生论为主要内容的新文化。而且这两场革命所带来的历史结果也是截然不同的。

讨论新文化运动最为核心的问题在于,如何认清新文化运动的宗旨。我在前面已经反复申说,新文化运动的宗旨是要确立一种新的以自由、人权、平等、法治、民主、科学为基本内容的新人生论。如果这一点看法是正确的话,那么接下来的问题就是,如何进一步看待人生论在文化系统中的地位问题。而后一问题就其实质来说涉及究竟什么是文化,文化的核心是什么这样的关键问题。尤其是究竟什么是文化的问题至今仍然是很多讨论文化问题的学者说不清道不明的大问题。因此我们感到有必要在此讨论什么是文化的问题。

所谓的"文化"是源自拉丁语 cultura 一词。这一词的含义颇丰,其主要含义是指耕作、居住、练习等。耕作、练习、居住等是人为的行动。耕作、居住实际就是人类的创造,使人的生活方式与动物的区别开来了,从而使人类进入了文明社会。可见,文化是人的创造。对文化活动性质的此种认识使文化学家们对文化所下的定义突出了文化创造的主体性。比如最早给文化下定义的是文化人类学的创始人、英国学者爱德华·泰勒。在其《原始文化》(1871)中,他这样说道:"文化……是包含全部知识、信仰、艺术、道德、法律、风俗以及作为社会成员的人所掌握和接受的任何其他的才能和习惯的复合体。"这一对文化的定义大致包括以下几个部分:第一,文化是包括知识、信仰、艺术、道德、法规以及所有作为社会成员所获得的种种能力和习惯。第二,文化是一个整体,而不是零碎的片段的杂凑和拼盘。第三,文化均是后天习得的,不是先天具有的。凡是先天的就不属于文化,而是本能或叫自然的遗传。

泰勒文化定义的特色在于他重视人的内在的知识、信仰、艺术、道德等在文化中的重要作用。这一思想实际上已被后来所有的人类学家所认可。

泰勒的文化思想在后世产生了巨大的影响,他的文化定义也成为了经典型的定义。后来的人类学家也都是在他的文化定义的基础上进行研究和分析的。

当然后来的人类学家关于文化的定义也多有与泰勒不同处。比如美国人类学家克拉孔、克罗伯指出,那些外在可见的行为模式、器物、社会制度等也应该属于文化研究的范围,也应该是文化的研究对象。文化的定义应该将其包括在内。

于是,我们大致可以看到,"文化"一词基本有两个用法。一个是指"一个社群内的生活模式——有规则地一再发生的活动以及物质布局和社会布局",这些都是一个特定人类群体所特有的。在这个意义上,文化是指那些可以被我们实际地经验观察到的现象领域,如行为模式、制度模式、器物等。文化另一个意义是指知识、艺术、价值或信仰的有组织的系统。一个民族用它们所拥有的知识、艺术、价值或信仰系统来指导他们的经验和知识,规约他们的行为,决定他们的选择。

"文化"一词的两种用法使得人类学家不能够在两个用法之间做出很明确清楚的区分,在这两者之间摇摆不定,有时指称前者,有时指称后者。这就使得他们在研究文化现象的时候极有可能将实际进行的行为模式与决定行为模式的思想或动机的模式混为一谈,对文化做清晰的研究也就随之更为困难重重。因此后来的许多人类学家坚持要对文化的上述的两种用法做出区分。

这种区分的实质就是将那些能够为我们直接观察到的经验现象比如行为模式、社会制度、器物与那些决定这些行为模式和社会制度的并且不易被人们直接观察到的观念性的模式区别开来。在这样的思想指导之下,人类学家普遍接受了这样的定义,就是文化专指观念性的东西,如知识、信仰、道德、艺术、法律等。而那些可以被我们直接观察到的经验事件或经验现象则被称之为社会。如此,文化与社会也就因此被并列起来而分属于两个不同的范畴了。

美国人类学家基辛的《文化人类学》(1976)一书采纳的就是这样的立场。如他这样说道:"我们将用'文化'一词指涉潜藏在一个民族的生活方式之下的共同的观念系统,指涉概念性设计和共同意义系统。如此定义的文化,指的是人们所学到的知识,而不是人们所做的事情或所制造的物品。"①我们可以清楚地看到,基辛对文化所下的这一定义,并无任何新意,而是对前此人类学家关于文化讨论的一个总结,将其文化定义局限在决定外在行为模式的观念系统。外在的可直接观察的行为模式、器物等则被排斥在文化的范围之外。所以他接着说道:"文化不是由我们能够直接观察、计算、度量的事物或事件组成,而是由共同的观念和意义组成的。"②

由上可知,人类学家所谓的"文化"指的就是观念系统,而决不是指外在的可以直接观察、直接研究的行为模式。

那么,可以直接观察和直接研究的行为模式又是属于什么范畴呢?

基辛认为,所有那些可以为我们直接观察和直接研究的行为模式和器物等是属于社会的。什么是社会?基辛指出:一个社会就是以这种方式——通常借地域的隔离和共同的语言、文化——而与四邻的种群区别开来的一个种群。他在此所说的这种方式具有什么样的内容呢?基辛以荷匹印第安人为例来说明什么是社会。他说:我们不能说荷匹印第安人是某种文化的成员,他们是一个种群(population)成员,可以在许多方面与临近的种群区别开来:他们居住在分开的社区里,使用共同的语言,拥有相同的风俗,他们彼此之间相互作用,较之与外群人的相互作用更亲密而且更频繁。可见,他所谓的社会就是我们通

---

① 〔美〕基辛:《文化·社会·个人》,辽宁人民出版社,1988年,第32页。
② 〔美〕基辛:《文化·社会·个人》,第35页。

常所说的民族。

上述的看法实质是将文化与社会并列起来,指出文化不是社会,社会也不是文化。因为这个原因,文化学家需要经常讨论文化与社会的关系,认为文化与社会是人类生活的两个方面。在他们看来,"社会"一词指的是我们可以实际地观察到的经验现象领域,这一现象领域就是实际行为模式和经验事件实际发生、发展和演变的模式,总之是指那些可以观察到的围绕人的一切现象。而"文化"一词指的则是观念的领域,指的是观念系统。这里所谓的观念系统的具体内容包括着这样一些东西,如知识、信仰、情感、价值观、法律等。显然具有上述内容的观念系统不是我们能够直接地观察到的,是潜藏在生活于某一社区的人们生活方式背后。我们只能从他们的行为和行为的结果即所做的事情来推导他们可能具有哪些概念系统。

在人类学家们看来,文化与社会这两者之间,文化是具有决定作用的。如果人类不先验地具有某种文化,那么他们的行为肯定是得不到说明的,或者说是没有什么意义可寻的。比如挤眉弄眼这样身体行动的意义,如果不是有内在的心理内涵,它的意义是无法寻觅的。

我们现在需要考虑的问题在于,第一,如果人类学家们主张文化决定社会的看法是正确的,而且同时他们认为社会是由行为模式和实际发生的事件组成的且可以直接地被观察到的,而文化是隐藏在行为模式背后是不能被直接观察的观点也是没有问题的。但问题在于,如果文化决定社会,而我们研究文化又只能从我们能够观察到的经验现象出发,即从社会出发,那么我们能否从外在的行为模式和实际发生的事件来推导内在的知识、艺术观点、价值系统等就是一个无法解决的难题。因此将社会排斥在文化之外的观点是有问题的。第二,既然文化决定社会,社会决定于文化,也就是说这两者之间具有这样的决定与被决定的关系。这种因果关系表明,它们之间不是并列的,而是一种隶属的关系,所以不能分开来进行研究。

将文化与社会并列起来的观点遭遇到的最大困难则是没有能力说明社会是如何形成的。社会不是先验地形成的。社会的形成是离不开种群的,但种群是形成社会的生理条件,而不是形成社会的全部条件。比如社会的形成离不开语言,而语言显然就是文化的;不但如此,所谓的风俗也应该是文化包含的一个含义。如果情形果真是这样的话,那么将文化与社会并列起来的观点是很值得商榷的。因为所说的社会的许多因素本身就是文化的,社会本身就是文化的。

将文化与社会并列起来的人类学家都承认"我们在世界上所知道的并赋予意义的许多事物,根本就不属于物质世界,而是我们用'心灵之眼'创造出来的"。能够做到这一点,就我们的知识而言,似乎只有人类。由于自己的创造性活动,他们也只能生活在自己创造的符号系统之内。人类是一种特殊的动物,他们不是直接地生活在物理世界之中,而是生活在自己创造的世界之中。从这个意义上,可以说,人类为自己创造的东西所包围。那么这里所谓人类所创造的东西究竟是指什么呢?经过加工的食物、建造的房屋、用于农业、工业等的生产工具;用以战争的坚船利炮;语言应该是人类的创造,在人类的生活中扮演着极为重要的作用;礼仪习惯,比如成人礼、婚礼、葬礼、加冕礼等社会习俗礼仪在社会生活中具有同样重要的意义;政治生活中的长子继承权、家庭生活中的一夫多妻制或一夫一妻制、民主政治制度等就是所谓人类自己创造的东西。以上仅仅是简单列举所谓人类创造的物件,当然人类创造的不仅仅是这些。全面地罗列人类所创造的一切不是我们的目的,而且也没有必要。我们的目的是要明确寻找人类所创造的这一切所具有的共同性质,即它们既是文化的,也是社会的。

上述的分析告诉我们,人类所创造的一切统称之为"文化",将文化与社会并列起来是不妥当的。因此我所理解的"文化"当然也是将社会包括在内的。

但必须明确的是,文化的核心依然主要是指信仰、艺术、道德、知识、法律、风俗等,这些因素在文化中起着决定性的作用。这应该是人类学家们的共识。

上面关于文化的分析清楚地告诉我们,现在所谓的工业、农业、军事、经济、科技、法律、社会管理等是文化的产品或结果,虽然也可以称之为文化,但是决不是文化的核心。而信仰、道德、艺术、法律、知识、风俗等在人类文化学家们看来确是文化的核心。历史,尤其是文化史的发展也在表明这样的看法是正确的。

上面关于文化定义的分析表明,人生论确实在每一文化系统中占据着核心的作用,对于历史、文化、社会的发展发挥着至关重要的作用。由此,我们可以进一步断定,陈独秀关于中国人对于西方文化的认识历史的分析是正确的。他超越了仅仅将西方文化归结为物质文明、制度文明的浅薄看法。因为显然物质文明、制度文明在文化中并不具有决定性的作用。那些坚持从文化的外在层面观照中西文化关系的人已经历史地将中国引领上了一条只注重实用技术的路径。陈独秀却正确地指出,文化的核心应该是人生论。正是出于这样的认识,所以他于1915年创办《新青年》杂志的目的在于协助中国青年重建思想和陶冶人格。而批判现实政治不是杂志的任务,其根本宗旨在于以转变人的道德信念、确立一新的人生论来促进思想或文化的变革,尤其是道德的变革,所以他反复申说"伦理觉悟为吾人最后之觉悟"。在他看来,没有一场彻底的思想革命或道德革命,其他一切的变革都将无济于事,是不可能取得成功的。即便成功了,也不可能持久。因此他看到了中国社会当时最为需要的,也是最为迫切、最根本的变革不是政治制度的变革,也不是经济领域的改革,而是"根本思想"的转变。因此结论便是,要真正使腐败落后的中国走向繁荣富强,首要的只能是彻底改变中国人的世界观、人生观,完全重建中国人的意识世界。这就是思想革命、道德革命优先的思想。只有完成了这一思想革命,中国的政治制度、中国的经济建设等才有望获得快速的发展。

从上述的分析中,我们可以得知,陈独秀是正确地认识了中国到底向西方文化学习什么的根本问题,所以主要是由他发动的新文化运动的宗旨就是提倡和确立一种新人生论。从现在看,陈独秀新文化运动提出的目标也并未完全实现,政治民主化的建设仍然处在举步维艰的漫长途程之中,科学还有待于普及和提高。他所积极提倡的新人生论即便在当下也未得到普及,仍具有强大的现实意义和理论意义。

由现在看来,陈独秀的思想革命优先的看法有着历史的先见之明。不先行思想革命,由没有民主、自由、科学、独立、法制、责任等意识的人来从事单纯的经济建设会给社会带来无穷的社会问题,导致产生权与钱结合的变相官僚资本,形成财富分配极不公平现象,加剧社会矛盾,导致生态环境的急剧恶化。当下社会漫延的极端功利化趋势也与单轨的经济发展模式密切相关。

还应该肯定的是,陈独秀当时所提倡的新人生论是正确的,是积极的乐观的,在当时及以后产生过巨大的历史影响,现在仍然可以清晰地感受到这一影响的历史延续性。民主与科学在当代中国仍然具有至高无上的地位,这与新文化运动领袖人物的积极鼓吹宣传是密不可分的。他对现代社会的理解基本上也是正确的。他认为现代社会应该具有的那些因素,如民主、人权、法治、科学、独立的人格等几乎已成为了具有普世性的价值取向。可以说,缺乏或部分地缺乏这些因素的社会都没有资格被称之为现代意义上的社会。陈独秀的问题在于他对这些现代社会要素尽管有了基本的认识,但仍远远没有深入系统的研究及表述。新文化运动的领袖人物对于上述要素缺乏系统深入的理论研究实质上影响着后来中国社会的发展。

同时,我们也应该看到陈独秀虽然正确地认识到新人生论是西方文化的核心,但是他却不能够正确的解决中西文化的关系问题,他将中西文化截然对立起来,认为要引进和确立新人生论就必须全盘地颠覆中国传统的文化,尤其是要彻底地推倒儒家思想传统,这就表明他对文化性质的理解存在着极大的误解。首先,他没有清楚地意识到,西方的新人生论虽然基本适合于现代社会,但这样的人生论一旦引进中国本土也就必须嫁接在中国传统文化的根茎之上才有可能生存、滋生、繁荣。没有了中国文化固有的实体,任何优秀的文化都是不可能生根开花的。第二,文化本身就是在漫长历史过程中人类的创造,具有客观实在性。人是创造文化的主体,但是人也必然处在一定的文化系统内才有可能从事创造性的活动。任何人都不可能随意脱离自己所处的文化系统。这一道理同样适用于陈独秀。当陈独秀猛烈地抨击中国传统儒家思想的时候,他本人也恰恰生活在这样的传统之中,他的言论与行动也带有明显的儒家传统的痕迹。

陈独秀、吴虞等人在《新青年》上所发动的对儒家思想传统的猛烈抨击在客观上激发了儒家思想重新崛起。如梁漱溟就是在《新青年》反孔声浪中异军突起的,感觉自己的使命即是要在新的历史条件下讲明儒家思想的价值及其意义。尽管如此,他也受到了新文化运动的深刻影响。这种影响表现在,首先,他肯定民主与科学的价值,并且指出中国必须要对于西方文化是全盘承受,而根本改过,就是对其态度要改一改,要批评地把中国原来态度重新拿出来。他所谓全盘承受就是全盘的西化。在梁漱溟看来,这种全盘承受科学与民主在当时是不可避免的,因为人类在面临第一问题时亦即在追切要解决人的物质生活时必须如此。舍此就断难生存在这个充满着激烈竞争的世界上。但是在他看来,这样的全盘承受也仅仅是权宜之计,不得已而为之。一旦人与自然之间的问题解决后,人与人间的关系问题就凸现出来,那时候人类也就必然要拿起我们的孔家文化,来处理或解决人与人之间的种种关系或矛盾。总之,在梁漱溟看来,西方的科学与民主并不是人类的终极目标,而只是当时我们所不得不要借用的工具。

其次,梁漱溟在东西文化的关系的态度上与陈独秀不同。陈独秀是将中西文化截然对立起来,认为"存其一必废其一"。陈独秀的这一思维模式触发梁漱溟不得不考虑启用另一种模式来考虑和研究中西文化的关系问题。思考的结果就是他所谓的文化三路向说。就是说，中西文化并不是截然对立、水火不相容的，而是各走各的道，相互之间没有优劣短长之分。

再次，梁漱溟认为虽然中国未曾产生民主与科学，但是中国文化自有其长处，将来的世界必定要走上儒家思想的路径。

对儒家思想传统的抨击也为马克思主义思想在中国的传播创造了条件。十九世纪以来，马克思的思想在中国就有零星的介绍。二十世纪出版了几部社会主义著作，皆由日文翻译。国人较有系统地介绍马克思的思想，始于孙中山的信徒朱执信的《德意志社会革命家小传》，该文发表在日本东京创刊的《民报》第2号，时间是1906年。但直至民国初年，马克思主义思想的流传仍是非常有限的。马克思的思想在中国知识界，尤其是对知识青年产生巨大影响，是从《新青年》开始的。1919年5月，李大钊推出"马克思主义研究专号"。1920年9月，《新青年》新辟"俄罗斯研究"专栏。

李大钊策划的专号，十月革命的影响与废除不平等条约，1918年适值马克思百年诞辰，又加上五四运动的暴发，形成了马克思主义传播的极佳时机。

陈独秀积极地以西学抨击儒家思想传统，所以他主编的《新青年》自然也就自觉地以弘扬西学为其宗旨，从而激发了对西学的深入系统的介绍和研究，对西学做有计划的介绍和宣传开始于《新青年》杂志，如对西方哲学的宣传介绍则有杜威专号，罗素的专栏，此外对叔本华（一卷四号，1915年）、赫克尔（黑格尔）之一元哲学（二卷二号、三号、四号、五号，1916年，马君武摘译），柏格森哲学（四卷二号，1918年2月15日），德意志哲学家尼才的宗教（四卷五号，1918年5月5日），斯宾塞尔的政治哲学（六卷三号，1919年3月15日），实验主义（胡适撰，六卷四号，1919年4月15日），杜威讲演录（七卷二、三、四号，八卷一号),罗素(七卷四号,1920年上有介绍,八卷二号有六篇文章是关于罗素的,同卷三号也有六篇是关于罗素的,同卷四号有三篇,五号有一篇),还有关于无政府主义的介绍等。关于西方文学的介绍则有王尔德、托尔斯泰、屠格涅夫、拜伦、陀思妥耶夫斯基、易卜生、安徒生,罗丹等。

我们曾在前面指出过,新文化运动对儒家思想或孔子的批判是在中国传统社会结构发生巨大而深刻的现代必然要产生的。看看从近代向现代转变的任何国家的历史都发生过类似的思想批判。如果熟悉中国近现代历史,我们可以知道中国近现代历史发生着要比其他国家更为深刻而全面的转变。

这一历史转变既表现在价值观层面,也表现在中国社会结构的全面深刻的变革方面。

在此,为了能够深入了解新文化运动的意义,我们首先必须懂得中国传统社会的结构。

综观世界历史的发展,我们发现这样一种现象,这就是绝大多数的民族在其早期的历史发展中都经历了"家族、私有经济、国家"这三个不同的先后更迭的历史阶段。家族制度本为原始社会末期父系氏族公社的产物。而私有经济则是在家族经济这个母体中孕育并不断发展起来的。但是,私有经济发展到一定阶段就会毫不留情地冲击家族制度,并最终从根本上摧毁家族制度。正是由于此种原因,世界上绝大多数家族制度因此纷纷瓦解。于是,从家族制度的瓦解过程中逐渐地分化出了一夫一妻制的家庭。原始社会也就随之退出了历史舞台而形成了国家,国家代替了家族。这是世界上绝大多数民族历史所走过的共同道路,也是家族制度在大多数地区遭遇到的共同命运。

中国古代的家族制度却走着一条独特的道路。应该承认,在中国古代的家族制度的母体中也产生出了某种程度的私有经济。但是奇怪的是,这种私有经济却并没有发展到足以从根本上摧垮家族制度的程度。这就表明了,在中国古代,家族经济极大地限制了私有经济的发展。正是中国古代的家族制度过于强大,使中国古代历史并未走上一条从家族制度到私有经济再到国家、由国家从根本上代替家族的道路,而是由家族过渡到国家,或者说家族完全进入了国家政权机构之中。因此,国家和家族完全混合在一起。而且由于国家最高统治者为了有效地巩固自己的统治地位,有意识地并且充分地利用了家族制度即分封亲戚和同姓等方法来为自己的国家政权服务。正是由于这样的原因,在中国古代,国家制度非但没有代替家族制度,却在某种程度上,家族制度反而因国家制度而得到极大的加强。于是,国家制度加强了家族制度,而家族制度反过来也巩固了国家制度。这样,家主高居政坛之上,家即国,国即家,家国同构,二者融为一体,和谐并存。由于是由家族而进入国家,所以家族关系的宗法血缘关系因此进入了国家制度之中。儒家思想正是在这样的背景之下形成的。可以说,儒家思想是中国古代宗法社会的产物,带有宗法血缘的特性。所谓的宗法制就是以父系血缘关系为纽带而建立起来的大、小宗之间的统辖隶属关系,并以宗族形式管理、统辖族人。孔子所向往的周礼实质上就是建立在宗法血缘关系基础之上的一整套典章、制度、规矩和礼节。

在中国古代虽然家族制度势力强大,但是私有经济毕竟还存在着,战国时期的连年征战实际上对于家族制度有着强烈的冲击,杨墨的批孔就是对儒家所代表的家族制度的挑战。魏晋以迄隋唐间对于儒家思想的批判实质上也与中国社会结构发生变化有着极为密切的关系。至于晚明以降,中国社会的结构经历着更大的变化。尤其是鸦片战争之后,西方文化、经济、军事、政治等的全面入侵,使中国传统的社会结构发生了巨大的变革,出现了二千年来未见的大变局。西方的坚船利炮、声、光、电、化使国人意识到自己的器物不如人,随后国人认识清楚不但自己的器物不如人,即便我们的行政制度也同样不如人,所以需要进行变法。辛亥革命结束了两千多年的封建制度。这场革命表明我们的政治制度也是落后的,需要以西方的民主宪政取而代之。更为重要的是,新文化运动使人民进一步认清我们的人生论也有着问题。

其实,在孔子的思想中,虽然维护以宗法血缘为基础的周礼是其主导的方面,但是孔子毕竟还有企图突破宗法关系束缚的思想倾向。然而在儒家思想传统的后期发展中,君臣、夫子、夫妇的关系逐渐变成了绝对片面的关系。汉代的董仲舒就是这种思想的代表。如果说原始儒家反反复复强调的君臣、夫子、夫妇还主要是一种伦理道德的模式,那么到了汉儒手中原始儒家的君臣夫子夫妇大义所形成的"三纲"、"五常"就已经蜕变成了适合封建中央专制权力的意识形态。原始儒家思想与汉儒的思想之间固然有着很大的区别,但是我们决不能因此而否认这两者之间的天然联系。而此种天然联系就是以宗法血缘为其先天的纽带的。汉代以后历代统治者及其思想家们就是以宗法血缘为基础而完成了中国传统社会的制度设计。毋庸讳言,儒家思想在历史上就是与此种社会制度紧密相联的。

应该承认,此种社会制度设计及其实施在历史上有其合理性。但是问题在于,随着中国传统社会结构的不断变化,儒家思想却没有随之做出相应的调整以适应此种历史变迁。晚明以来,尤其在东南沿海一带的社会结构,发生了巨大的变化。然而晚明以来虽有猛烈批判儒家思想传统的思想者,但社会的主流意识形态却仍然固守有失调整的儒家思想而不变。社会的思想精英却也不重视思想的创新而沉迷于考证训诂音韵之学,认为这才是学问的根本。此种学术思潮一直延续到清末,遂形成中国社会的思想贫血症,而近五百年来西方国家的思想、政治、文化、科学等方面却发生了翻天覆地的变化。以至于西方思想强借其暴力手段汹涌而至时我们竟然全不知如何应对,甚至于以儒家思想为其基础而形成的整套社会制度在西方思想文化的冲击下顿时全盘崩溃。

众所周知,宗法国家的稳定存在主要依赖于如下的几大要素:政治名义上的统一、土地的国有化、劳动者的安于纲常名教、安土重迁。然而在春秋战国之间,周天子已名存实亡,土地私有化也在加剧,劳动者也不再依附于特定的土地。此种社会结构的变化促成了对儒家思想的第一次批判。于是,家族本位转变为家庭本位。宗法制度也发生了变化,战国之后出现了官僚制的政治结构。虽然如此,宗法制并没有完全退出历史舞台,而是作为官僚制的社会基础仍然顽强地在历史上发挥着重要的作用。

但是面对明朝以来的社会结构变化,儒家思想却缺乏有针对性的应对。由于儒家思想没有能够做出及时的调整,遂使儒家思想在西方文明冲击下不堪一击,乃至于一蹶而不振,直至现在仍然找不到应对的良策。

如果上述的看法是对的话,那么新文化运动对儒家思想的批判并非一两个先觉者的一厢情愿,而是儒家思想在明代以来有失调整而形成的结果,至于西方文化的冲击则是外在的因素,固然重要,但绝对起不了决定性的作用。

在西方思想冲击下,儒家思想失于一时之应对是完全可以理解的。问题的严重性在于,儒家思想如何现代化至今仍然是一个没有得到很好解决的问题。这一问题不只是一个理论问题,似乎更是一个现实问题。

二十世纪以来的中国社会结构发生了质变。儒家思想赖以生成的宗法血缘的家族制度在现代中国社会毫无作用。城市在中国现代社会中的作用完全代替了乡村。而且产业革命率先在城市实现之后已经更大规模地流向农村。产业革命与城市化的结合已经彻底地瓦解了历史上所谓的家族的或家庭的制度,宗法血缘关系不再有任何的社会作用。城市化和产业革命使大量人口冲破了安土重迁的社会习俗而大规模地流向城市或城郊。政治统一的合法性也不再诉诸于那套陈旧的纲常名教,而是来自于人民的意志和程序的合法性。领导者治理国家虽然要求其有良好的道德品质是很重要的方面,但更为重要的不是这些,而是他们应该如何严格地依法行政。

  以上所描述的只是中国现代化进程的一个部分,但就是这一部分的变迁清楚地表明儒家思想传统已经完全地失掉了她曾经拥有过的丰厚的社会土壤。儒家思想传统曾经主导过中国古代历史进程,是因为庞大的以宗法血缘为基础而建立起来的家族制度支撑了这一思想传统。而在现代的中国社会,以宗法血缘为基础的家族或家庭制度已经完全失去了左右社会的作用。在这样的情况下,儒家思想该如何去应对呢?现在的"国学热"引导不少人热衷于儒家经典的阅读与背诵,这是很好的一件事。但如果不能够真正给儒家思想接上现代的土壤,那么儒家经典的命运也只不过永远停留在经典之中,而决计不可能走进现代社会之中。

第二章

梁漱溟的儒学思想

第一节　由佛入儒、儒佛并重的思想历程

梁漱溟(1892—1988),父济,字巨川,在清王朝内阁任职,民国七年(1918),旧历十月十日,在其六十寿辰前三天的凌晨,一人出门,在积水潭投水,殉清而死,临死前撰文《敬告世人书》。梁父殉清而死在社会上引起了很大的反响。《新青年》杂志曾专门就此事展开讨论。陈独秀、陶孟和、李大钊、胡适等都写过文章讨论此事。社会上也有一种看法,认为殉清不足道,但以身殉道的精神,不应全盘否定。

梁漱溟从小受过传统教育,也进过新式学堂,终其一生未进过大学,也未出洋留学,只是个中学教育程度。

梁十四岁进入中学之后,便有一股向上之心驱使他在两个问题上追求不已:一是人生问题,即人活着为了什么;二是社会问题,亦即是

中国问题,中国向何处去,这两个问题是互相关联的。他的一生八十余年的主要精力可以说都用在这两个问题上。

梁的个性极强,思想行为却极其认真,他总想在思想上、在个人的生命上要有个安顿之处,乃能生活下去,不似一般人的糊涂。

早年由于受功利主义的影响,梁漱溟认为,欲望就是人生的一切,人生就是在欲望的满足与不满足的过程中度过的。于是问题也就在究竟什么是苦,什么是乐。他反复思索后得出的看法是,认为人生的苦乐不在外界,而在自身,即在主观欲望的满足与不满足。欲望满足则乐,不满足则苦。而人生的这种欲望是无穷尽的,有限的人生根本不可能满足此无限的欲望。这样的思考引导他得出如下的看法:人生基本是苦的。既然生命的苦与乐都出在人类生命本身而不在外面,所以根本的解决办法就是否定人生。当时的梁漱溟指出,其余的思想流派纷纷向外追逐以求解决人生问题的想法都是错误的,只有佛家是正确的。因此其思想自然折向佛家一路。他是经过自己的百般计较、苦苦思索才寻到了这一看法,然后再去寻觅佛典印证。

他读佛学书大致有两个时期:一是十四五岁,辛亥革命之前。一是民国以后不当记者,在进北大之前,在家闲居二年多,专攻佛典。

他研读佛学的结果:第一,十八岁那年拒绝父母为他订婚,并从十九岁开始吃素,一度想出家为僧。第二,通过自学佛学书籍,大大增进了自学的能力。他原只有中学毕业的学历,以后教书,做学问,办教育,靠的都是自学而不断积累起来的知识。

1917年梁年仅二十四岁,受蔡元培邀请,在北大哲学门教印度哲学。蔡邀梁是因为1916年冬蔡从欧洲回国接任北大校长时,梁的一篇文章《究元决疑论》,正在上海商务印书馆办的《东方杂志》上连载。文章的中心内容是批评古今中外的各家学说,唯独推崇佛学。蔡抵京后,梁经当时的教育总长范源濂的介绍,带着这篇文章,慕名去见蔡先生。当梁拿出文章时,蔡即说他经过上海时就看过了,并说了要请梁到北大教书的话。由于梁当时是司法总长的秘书,分不开身让别人代课,所以,当年的暑假后才到校接替。就这样,从1917年至1924年,梁在北大前后共七年。北大的这七年对梁的影响是很大的。

一是增长了梁内心的争名好胜之心,当时的北大名流云集,所以梁的压力当然是很大的。改变了梁笃信佛学,一心想出家生活的道路。

二是一面教书,一面自学、研究,在学识上成熟了,开始具备了自己独有的见解。

三是通过与陈独秀、蔡元培、李大钊、胡适等人的交往,梁感受到当时思想界一流学者的影响。

梁离开北大的原因是,他对教育问题有了新的认识,梁办学的动机是自己求友,又与青年为友。所谓自己求友,即一学校之校长和教职员应当是一班同志向、同气类,彼此互相取益的私交近友,而不应当是一种官样职务关系。所谓与青年为友,含有两层意思,一是帮着他走路,二是此所云走路不单是指知识技能,而是指学生的整个的人生道路。

为了实践对教育问题的新认识,新设想,梁决定离开北大。

在北大,梁是一个学者、思想家,离开北大后,梁则主要是一个活动家。离开北大后的七年里,他由河南村治学院至山东乡村建设研索院。

从思想上讲,梁初信佛,后由佛入儒。此种思想的转变明显地发生于梁漱溟在北大任教期间。如上所说,梁漱溟来北大之前是笃信佛学的,他在当时社会上的影响及其被蔡元培邀请来北大任教也是由于其在佛学方面的见识。但应邀来北大之时梁漱溟本人的思想应该说已有了较大的转变,即其时梁漱溟并不仅仅站在佛学的立场上,而是自觉到有向社会讲明孔子思想的"责任",认为佛学和儒家思想是自己思想的趋向。我们知道他是一位极其认真的人,是一个爱有自己的思想和见解的人,不似一般人的随和应顺。因此他来北大是他人生中的一件大事,他会考虑作为北大老师应该具有的职责。蔡元培请梁漱溟来北大是因为他读过梁氏的《究元决疑论》,认为梁氏对佛学有较为深入的研究且有自己独到的见解,所以约他来讲印度佛学。但梁认为自己在学术上的职责不仅仅在于讲明佛学,同时也得向社会传播儒家孔子的思想。此一想法是由于当时社会上及北大校园内盛行着崇尚西洋思想、反对东方文化的思潮。那时北大的教授如陈独秀、胡适、李大钊、高一涵、陶孟和等都是新文化运动的干将,梁漱溟"日夕与之相处,无时不感觉压迫之严重……问题之不可忽略,非求出一解决的道路不可"。① 这是梁漱溟来北大之前和之后所感觉到的思想上的压力。在此严重压力之下,产生了一种愿望,就是"为孔子为释迦说个明白,出一口气"。② 由于当时他并未对东西文化的问题形成系统的想法,所以来北大当初只是向蔡元培表达自己的此番抱负。于是,他对蔡元培说:"我的意思,不到大学则已,如果要到大学作学术一方的事情,就不能随便做个教员便了,一定要对于释迦孔子两家的学术至少负一个讲明的责任。"所以他第一天到北大就来到蔡元培的办公室,想探明蔡元培及学校对于孔子持什么样的态度。"蔡先生沉吟的答道:我们也不反对孔子。"梁漱溟则进一步说道:"我不仅是不反对而已,我此来除替释迦孔子去发挥外更不做旁的事!而我这种发挥是经过斟酌解决的,非盲目的。"在另一场合,遇到当时北京大学文科学长陈独秀时,梁漱溟又对他重复了自己来北大的旨意。③

梁漱溟是一个极有主见的人,且持守自己思想的一贯性,并不是

---

① 梁漱溟:《自述》,《梁漱溟全集》,第二卷,山东人民出版社,1989年,第12页。
② 梁漱溟:《自述》,第12页。
③ 梁漱溟:《东西文化及其哲学》,《梁漱溟全集》,第一卷,山东人民出版社,1989年,第344页。

一个轻易改变自己思想的人,他所以在进北大的前后思想有如上的变化,是既有主观方面的原因,也有客观方面的原因。

1920春,梁漱溟应"少年中国学会"之约准备有关宗教问题的演讲。他原以为此事于他是轻而易举的。但提起笔来,思绪紊乱,却不知从何写起,随写随改,满纸涂改。当此时他深感自己思路闭塞,头脑一片空白。他自己不觉惊讶万状,莫名其妙,遂掷笔叹息。待静下心之后,他随手取来《明儒学案》一书翻阅。梁漱溟平素较为留意阳明心学一派的思想,对于王心斋一派尤为在意。当时他"于《东崖语录》中忽然看到'百虑交锢,血气靡宁'八个字,蓦地心惊;这不是恰在对我说的话吗?这不是恰在指斥现时的我吗?顿时头皮冒汗默然自省,遂由此决然放弃出家之念"。① 梁漱溟认为,是王心斋将他引入儒学之门,给予他极大启发,他极其欣赏王心斋称颂自然的思想。但我们必须在此注意的是,他这里所说的"放弃出家之念",并不是意味着他从佛家的立场而完全地转变到儒家的立场。可以说,他的思想仍然是佛学的,但其生活态度却发生了很大的变化。这就是,原来他极想出家为僧,不事婚娶,脱离俗世,完全过出家人的生活。然王心斋的《东崖语录》却使他"默然有省",从此打消了出家的念头,并于当年末结婚成家。此时诚如他本人所说的那样,他对儒学刚入门,只有极粗浅的领悟,思想的根本还在佛学。对于自己从佛入儒这一转变,梁漱溟后来有这样的解释。他说:"我是在生活上做一个人的生活,我思想上还是倾向佛家。思想上倾向佛家,人还是做一个人的生活。做一个人的生活应当是走儒家的路。"②

其实在此之前,梁漱溟早已动念留居世间。他接受蔡元培的邀请去北京大学讲授哲学,扎入知识分子成堆的地方这一事实就清楚地表明,梁漱溟确立出家念头的当下就有着出世与入世的挣扎。只不过进

---

① 梁漱溟:《我的自学小史》,《梁漱溟全集》,第二卷,第699页。
② 梁漱溟:《这个世界会好吗》,东方出版社,2006年,第125页。

北大前没有机遇使他的入世心愿落实。但进了北大却不一样了。他自己说是"被误拉进北京大学讲什么哲学,参入知识分子一堆,不免引起好名争胜之心"。① 说"引起好名争胜之心"是很准确的。这说明梁漱溟本已有"好名争胜之心"。北大名流云集自然引发了他的好名争胜之心,有"好名争胜之心"的人当然极想在其中一试身手。

梁漱溟早年未曾在儒家经典上下过工夫。由于受其父亲的影响,在开蒙读书时念完了《三字经》、《百家姓》后径直读《地球韵言》一类的书,而不是如其他儿童一样接读"四书五经"。上中学后,他也不喜读古书。既受王心斋思想的启蒙,他有意于儒家思想,遂自觉地念诵儒家经典。他从《论语》、《孟子》念起。特别使他对儒家思想有新的感受的是,他发现儒家的人生态度与佛家的截然不同。佛家认定,人生是苦的。儒家则不一样,他们对人生抱定一种乐观向上的精神。"全部《论语》通体不见一苦字。相反地,劈头就出现了悦乐字样。其后,乐之一字随在而见,语气自然,神情和易,偻指难计其数,不能不引起我的思寻研究。卒之,纠正了过去对于人生某些错误看法,而逐渐有其正确认识。"②儒家思想使他意识到,以前的"所欲得遂则乐,所欲不得遂则苦"的看法是片面的。此时的他彻悟到,苦与乐与欲望无关,而全视乎自己生命的活泼流畅与否。"生命流畅自如则乐,反之,顿滞一处则苦。"试看《论语》一书开篇即云:学而时习之,不亦乐乎!"而且《论语》都贯穿着一种和乐的人生观——一种谨慎的乐观态度。如云:仁者乐山,智者乐水;贫而乐;饭疏食饮水,曲肱而枕之,乐在其中;发愤忘食,乐以忘忧,不知老之将之。如是等等。此其显示出来的气氛又何等不同!宜乎后儒便有'寻孔颜乐处'之倡导了。"③

---

① 梁漱溟:《这个世界会好吗》,第698页。
② 梁漱溟:《自述早年思想之再转再变》,《梁漱溟全集》,第七卷,第181页。
③ 梁漱溟:《自述早年思想之再转再变》,第185页。

由于梁漱溟早年是怀着人生是苦的印度式的思想,而现在竟然在儒家的早期经典中不期发现人生中充满着乐趣。对于他来说,儒家的乐观人生赋予他一种强大的新鲜之感。两相对照,他自然而然地发现,中国儒家思想与印度的佛学思想在人生苦乐问题上竟有截然不同的态度。

　　梁漱溟原是要做佛家的,但新文化运动中期的社会情势迫使他不得不放弃佛家的念头而来大力提倡儒家。这其中有三个原因:第一个原因就是当时的那种全盘西化的浪潮。他说:"周围种种情形都是叫我不要作佛家生活的。一出房门,看见街上的情形,会到朋友,听见各处的情形,在在触动了我研究文化问题的结论,让我不能不愤然的反对佛家生活的流行,而联想到我自己。又总没有遇到一个人同意于我的见解,即或有,也没有如我这样的真知灼见,所以反对佛教推行这件事,只有我自己来做。"第二个原因是"我又看着西洋人可怜,他们当此物质的疲惫,要想得精神的恢复,而他们所谓精神又不过是希伯来那点东西,左冲右突,不出此圈,真是所谓未闻大道,我不应当导他们于孔子这一条路来吗"?第三个原因是"我又看见中国人蹈袭西方的浅薄,或乱七八糟,弄那不对的佛学,粗恶的同善社,以及到处流行种种怪秘的东西,东觅西求,都可见其人生无着落,我不应当导他们于至好至美的孔子路上来吗"?正因为上述的种种理由,梁漱溟感叹道:"孔子之真若非我出头倡导,可有那个出头?"[①]在此我们可以看出梁漱溟当时的那种孤军奋战的情景。他在逆流而上,顶着全盘西化的狂澜,竭力提倡儒家文化的真精神。他不愧为现代儒学思想的第一人,是现代新儒家的源头活水。

　　其实在梁漱溟思想的转变过程中,其父亲的影响是巨大的。他的父亲不希望他研读佛学、希望他结婚,希望他好好上学。梁父感伤国家的多灾多难,痛心传统文化价值的坠落,因此在六十岁生日的前三

---

① 梁漱溟:《东西文化及其哲学》,第543—544页。

日以身殉道。如果上述的思想转变原因大都是外在的话,那么先父的辞世则在他内心深处激起了深刻的变化。他自己回忆道:"在先父辞世后一二年间我即转变。……此次转变之深刻,前后绝不相同。"①他在《思亲记》一文中详细记下了此一思想转变的原委。"溟自元年以来,谬慕释氏。语及人生大道,必归宗天竺;策数世间治理,则矜尚远西。于祖国风教大原,先民德礼之化,顾不知留意;尤大伤公之心。读公晚年笔墨,暨辞世遗言,恒觉有抑郁孤怀,一世不得同心,无可诉语者;以漱溟日夕趋侍于公,向尝得公欢,而卒昧谬不率教,不能得公之心也。呜呼!痛已!儿子之罪,罪弥天地已!逮后始复有寤于故土文化之微,而有志焉,又狂妄轻率言之,无有一当,则公之见背既已三年矣。顾可赎哉!顾可赎哉!"②梁父崇尚服膺中国传统的礼仪德治教化,而梁漱溟则早年尚慕西方的功利主义,后归总佛学,却从不留意于故国文化,深感自己不能得父亲之心,继承父亲的意志,颇感痛心,觉得自己罪弥天地,遂有志于故土文化的研究,大力宏扬儒家思想,以慰先父遗愿。

由于是受王心斋的启发而折入儒家思想,并由王学而直探儒学的源头,所以其儒家思想偏重于陆王一系,但他不是照着陆王讲,而是接着陆王讲。他这人好用思想,自称是"我是先自己有一套思想再来看孔家诸经的,看了孔经,先有自己意见再来看宋明人书的;始终拿自己思想作主"。③他认为,儒家的东西或孔子的那一套不是一种思想,而是一种生活。儒学就是一种生活的哲学,或生命的学问。他自己说过,"由我看去,泰洲王氏一路独可注意"。④可见,梁不仅仅是一位思想家,也是一位严格的按照自己的思想生活的实践者。而不是将儒学看做是脱离现实、与社会、生命毫无关系的抽象空洞的学理。

---

① 梁漱溟:《自述》,第 10—11 页。
② 梁漱溟:《自述》,第 11 页。
③ 梁漱溟:《自述》,第 10—540 页。
④ 梁漱溟:《自述》,第 10—540 页。

梁漱溟是在新文化运动时期第一个公开打起儒家旗帜的新儒家，而且是中国现代的第一个新儒家。他说"世界未来文化就是中国文化的复兴"，他所说的中国文化就是孔家文化。他说"孔子以前，中国文化差不多都收在孔子手里，孔子以后的中国文化又差不多都由孔子那里出来"，又说："孔子不是与诸子并列的，而是孔子为全为主，诸子为分为宾。"① 在他看来，中国文化就是孔家文化。

梁漱溟的这种文化立场似乎是与新文化运动的方向背道而驰的。因为新文化运动所确立的目标是民主与科学，她引导青年要确立一种新的自由、民主、平等、科学的人生观，有着一种强烈的否定中国传统文化的冲动。新文化运动的领袖人物激烈地否定儒家思想，认为正是儒家思想妨碍着中国的发展与进步。

但是梁漱溟并不反对新文化运动，他的尊孔与复古派人士康有为、林纾、章士钊等人的尊孔复古运动具有不同的性质。因为他认为中国当时急需要的还应是第一路向，而不是文化的第二路向。所以，他拥护和欢迎西方民主与科学到中国来，他研究东西文化的最后结论是三条：要排斥印度的态度，丝毫不能容留；对于西方文化是全盘承受，而根本改过，就是对其态度要改一改；批评把中国原来态度重新拿出来。他所谓全盘承受就是全盘的西化。

在梁漱溟看来，这种全盘承受科学与民主在当时是不可避免的，因为人类在面临第一问题亦即在迫切要解决人的物质生活时必须如此。舍此就断难生存在这个充满着激烈竞争的世界上。但是在他看来，这样的全盘承受也仅仅是权宜之计，不得已而为之。一旦人与自然之间的问题解决后，人与人之间的关系问题就凸现出来，那时候人类也就必然要拿起我们的孔家文化，来处理或解决人与人之间的种种关系或矛盾。总之，在梁漱溟看来，西方的科学与民主并不是人类的终极目标，而只是当时我们所不得不要借用的工具。

---

① 见梁漱溟：《东西文化及其哲学》，第472页。

梁漱溟的主要著作有《究元决疑论》《印度哲学概论》《东西方文化及其哲学》《中国文化要义》《人心与人生》，成名作为《东西方文化及其哲学》。以上著述现已全部收入《梁漱溟全集》（共八卷），由山东人民出版社于1989年出版。

第二节　文化三路向说

通过上面的介绍，我们清楚地看到，梁漱溟的思想前后有三大转折。第一期约在二十岁前，那时他凡事皆以利害得失来说明是非善恶，认为有用的都是对的，是善的。反之，没用的当然则是不对的，是恶。此种看法近于欧洲的功利主义。功利主义肯定人生的欲望，或者说欲望就是人生的一切。欲望满足则乐，反之则为苦。第二期转入古印度的佛学思想，认为人生是苦的，慨叹人生不外是迷茫苦恼的一回事。人有无穷的欲望就有没有边际的苦，所以欲望便是迷茫。第三期则是梁漱溟1920年前后转入儒家思想，看到人生本是生趣盎然，充满无穷的乐趣。

思想上的这种流转变化自然给予梁漱溟莫大的启迪。于是，他恍然意识到各民族的文化文明各自走着不同的路向，其间似乎并无共同或一般性的东西。因此他从此反对那种将世界不同民族的文化硬塞进一个抽象的理论框架中的不同阶段的做法，坚持认为，文化都是特殊的具体的，抽象的普世性的文化是根本不存在的。正是基于这样的想法，他坚定地指出"中印两方文化文明之为两大派系，合起来西洋近代基督教的宗教改革下发展着现实幸福的社会风尚，岂不昭然其为世界文化文明三大体系乎"。[①] 这就是他所谓的文化三路向说。

---

①　梁漱溟：《自述早年思想之再转再变》，第185页。

文化三路向说的前提当然首先要明白什么是文化的问题。而梁漱溟讨论文化问题是因为他感受到文化、东西文化的关系问题在当时是一个非常紧迫非常重要的问题。为什么呢？第一，他指出，当时的世界几乎完全是西方化的世界，在西方文化的压力之下，只有那些主动积极地接纳西方文化的国家才能在这个世界上站得住脚，凡没有或来不及学会西方文化的国家纷纷地成为了西方的殖民地或半殖民地国家。西方文化似乎不仅主宰了整个世界，而且渗透到了生活的每一个方面，现代意义上的生活，精神生活、社会生活和物质生活，都充满了西方的文化。整个世界的潮流是，非西方的国家只有西方化才能在此世界寻找到一席之地。这种西风压倒东风的一边倒的世界现状给梁漱溟非常大的刺激。第二，梁漱溟认为，从明末以来西方文化就一直压迫着中国文化，但中国人民在这几百年来似乎对于什么是西方文化有了逐步深刻的认识，但是直到新文化运动期间对于西方文化的一本源泉还是没有认识清楚。情形果真如此，那么我们又怎么能够好好地来处理中国文化与西方文化的关系呢？因此梁漱溟说道："现在对于东西文化的问题，差不多是要问：西方化对于东方化，是否要连根拔掉？中国人对于西方化的输入，态度逐渐变迁，东方化对于西方化步步的退让，西方化对于东方化的节节斩杀！到了最后的问题是已将枝叶去掉，要向喉咙去着刀！而将中国化根本打倒！我们很欢迎此种问题，因为从前枝枝节节的做去，实在徒劳无功。此时问到根本，正是要下解决的时候，非有此种解决，中国民族不会打出一条活路来。所以此种问题并非远大事业，是明明对于中国人逼着讨一个解决！中国人是否要将中国化连根的抛弃？"①所以文化及其相互之间的关系问题已经到了非要根本解决不可的关键时刻。第三，即便在新文化运动的中心的北京大学，那些运动的干将们似乎对于文化、中国文化及其与西方文化的关系也没有很清醒深刻的认识，并没有明确系统的了解。他

---

① 梁漱溟：《东西文化及其哲学》，第335页。

举了一个例子,有一次蔡元培和几位教授要到欧洲去,教职员开欢送会,梁说:"那时候我记得有几位演说,他们所说的话大半都带一点希望这几位先生将中国文化带到欧洲,而将西洋文化带回来的意思。"①上述种种表明,在梁漱溟看来,东西文化关系问题已经是刻不容缓急需解决的根本性问题。

梁讨论文化问题的思想前提是佛家唯识学。他说:"我这个人未尝学问,种种都是妄谈,都不免'强不知以为知',心里所有只是一点佛家的意思,我只是本着一点佛家的意思裁量一切,这观察文化的方法,也别无所本,完全是出于佛家思想。"②梁自认是"完全出于佛家思想",但他所理解的佛家唯识学与唯识学的本来面目是有区别的。他是接着讲,而不是照着讲,比如他把唯识的非量理解成是直觉,直觉这一概念是从西方引进,如柏格森就大讲直觉而反对理智分析的方法,所以他的哲学思想又有西方人本主义哲学的东西。从这样的思想前提出发,他来讨论什么是文化的问题。但要讨论文化问题,要讨论东西文化关系问题,就必须首先搞清楚究竟什么是文化?

他给文化下了这样的一个解说。他说:"文化是什么东西呢?不过是那一民族生活的样法罢了。"③

所以,文化的问题又归结为生活的问题。

那么,什么又是生活呢?

梁答道:"生活就是'相续'。"④他认为生活与生活者没有区别,只有生活这件事,没有生活这件东西;所谓生物,只是生活,生活、生物非二,所以都可以叫作"相续";生活才是根本,只有通过生活才可知道生活者或生物;宇宙也只是生活。他说"尽宇宙是一生活,只是生活,初无宇宙","由生活相续,故尔宇宙似乎恒在,其实宇宙是多的相续,不

---

① 梁漱溟:《东西文化及其哲学》,第330页。
② 梁漱溟:《东西文化及其哲学》,第376页。
③ 梁漱溟:《东西文化及其哲学》,第352页。
④ 梁漱溟:《东西文化及其哲学》,第376页。

似一的宛在,宇宙实成于生活之上,托乎生活而在者也。"①这样的生活才是生活的真相,也才是生活的真解。

什么叫生活的相续呢？梁认为,单就生活的表层上说,那么,生活即是在某范围内的"事事相续"。

那么事又是什么呢？梁漱溟自己答道:"一问一答即唯识家所谓一'见分'一'相分'。——是为一'事'。一'事',一'事',又一'事'……如是涌出不已,是为'相续'。为什么这样联系涌出不已？因为我们问之不已——追寻不已。一问即有一答,问不已答不已,生活就成了无已的相续。"②他认为,这探问或追寻的工具其数有六,即眼、耳、鼻、舌、身、意。凡刹那间之一感觉或一念皆为一问一答的一"事"。所以,生活叫作"事的相续"。

他认为,这一问一答,又是由意欲操纵的。一问一答是事,所以生活就是由这一问一答的事的相续。一问一答又是由意欲决定的,所以他又认为"生活就是没尽的意欲(will)——此所谓'意欲'与叔本华所谓意欲略相近——和那不断的满足与不满足罢了"。③所以,归根到底,"生活的根本在意欲",文化的根源在意欲。生活就是无尽的意欲与意欲的满足与不满足罢了。

梁漱溟认为,在我们面前,这个差不多成定局的宇宙是由我们前此的自己而成为这样的。这个东西可以叫做"前此的我"或"已成的我"。所谓"前此的我"或"已成的我",就是"物质世界能为我们所得到的,如白色、声响、坚硬等皆感觉对他现出来的影子呈露我们之前者"。而"现在的我"就是现在的意欲,这个"现在的我",大家谓之"心"或"精神"。就是当下向前的活动,是与已成的我相对待的。④

他指出,生活就是"现在的我"对于"前此的我"的一种奋斗。而奋

---

① 梁漱溟:《东西文化及其哲学》,第376页。
② 梁漱溟:《东西文化及其哲学》,第377页。
③ 梁漱溟:《东西文化及其哲学》,第352页。
④ 梁漱溟:《东西文化及其哲学》,第377页。

斗就是应付环境。文化与文明有别。文明是我们生活中的成绩品。他说:"生活中呆实的制作品算是文明,生活上抽象的样法是文化。"

他认为,生活的根本在意欲,所以文化的不同是由于意欲之所向不同,他说:"你要求一家文化的根本或源泉,你只要在看文化的根源的意欲,这求的方向如何与他家的不同。"[①]

根据这种理解,他区别了中西印文化的路向为不同的路向:西方文化是以意欲向前要求为其根本精神;中国文化是以意欲自为、调和、持中为其根本精神;印度文化是以意欲反身向后要求为其根本精神。

梁漱溟在此要解决一个到底什么是西方化的问题。对于这个问题,中国人从明末以来一直在考虑。但对于什么是西方化这一问题,一直没有得到令人满意的解答。

咸、同年间,人们只看到西洋大炮、铁甲、声、光、电、化的奇妙,所以,兴起了洋务运动,这时候人们全然没有留意西洋这些东西并非凭空而来,却有它们的来源。梁认为,它们的来源,就是西方的根本文化。他认为,有了西方的根本文化,才能产生西洋的大炮、铁甲、声、光、化、电这些东西。这些东西对于东方文化是不相容的。

甲午之站,海军全体覆没,于是大家开始意识到,火炮、铁甲、声、光、化、电,不是如此可以拿过来的,这些东西后面还有根本东西。于是大家逐渐意识到政治制度上面,遂有立宪论和革命论两派。梁认为,西洋的立宪制度、代议制度不是中国固有的制度,所以它们不能在中国实现,在中国生根,中国人不会运用。

更进一步地认识到,政治改革仍是枝叶,还有更根本的问题在后头。所以陈独秀为代表的《新青年》提出伦理的觉悟为最根本的觉悟,这也就是说思想之改革较政治变革更为根本,于是陈独秀在1915年《青年杂志》创刊号的第一篇文章《敬告青年》里提出了科学与人权,认为这两样东西才算是西方文化的根本。

---

① 梁漱溟:《东西文化及其哲学》,第352页。

梁漱溟是很赞同陈独秀的看法的,指出西方的科学与民主"是无论世界上哪一地方皆不能自外的"。同时他也承认西方文化无论在精神生活方面,还是在社会生命方面和物质生命方面,都要远远地超过中国文化、东方文化。正是基于这样的考虑,他是在一定的程度上同意把西方文化归结为民主与科学两样东西。

但是进一步的思考却使他认为,对西方文化这一认识仍有两个很重要的不称心的东西,即:第一,这样的说法没有能够表示出西方文化"征服自然"的特色。第二,民主和科学这两种精神彼此间有无相属关系,把它们算作一个精神成不成呢?梁认为,不能这样做。但是如果在表述西方文化的核心的时候,我们必须同时标举科学与民主这两样东西,那么梁漱溟则对西方文化这样的看法还是有问题的,还可以进一步商榷。梁漱溟自觉到,他的任务是要在科学与民主背后去寻找这两样东西的共同一本的源泉。他指出,只有得到这样的源泉之后,我们才可以说对于西方文化有了根本性的认识,我们的考究也才可以说到家了。

梁认为,在讨论西方文化时,要求把许多说不尽的西方化归缩到一句两句话,把它表示出来,使那许多东西成了一个很有意思的一个东西,于我们的心目中,才算是将我们的问题答对了。

梁认为文化是一民族的生活的样法,生活就是没尽的意欲和那不断满足与不满足罢了,这样的话,我们要求一家文化的根本或源泉,我们只要求这家文化的根本的意欲。各民族文化系统之间的差异是由于各民族满足意欲的方式的不同就是很显然的一件事。

根据对文化的这一看法,梁漱溟认为生活的样法有三种。

本来的路向。就是奋力取得所要求的东西,设法满足他的要求,换一句话说,就是采取奋斗的态度。遇到问题都是对于前面去下手,这种下手的结果就是改造局面,使其可以满足我们的要求,这是生活的本来路向。

第二种路向。遇到问题不去要求解决,改走两面,就在这种境地上,求我自己的满足,随遇而安,应付问题的方法,只是自己由意欲的调和罢了。

走第三条路向的人,其解决问题的方法与前两条路向都不同。遇到问题他就想根本取消这种问题或要求,梁认为,这种路向违背生活本性,因为生活本性是向前要求,对于种种欲望都持禁欲主义态度都归于这种路向。

第一种路向是向前的要求。第二种路向是对于问题不是去克服,而是对于自己的意思变换、调和、持中。第三种路向是遇到问题不是去克服,而是转身向后去,取消问题。

梁认为,所谓的西方文化是"向前要求"的文化,西方文化"征服自然"、"科学方法"、"民主异彩"都可归到这第一条路向——向前的路向:征服自然是指在物质生活方面,对于自然向前奋斗的态度的结果;科学的方法要变更现状,打碎、分析来观察,这又是向前克服对东西的态度,取怀疑态度来推测种种可疑的观念与信仰;民主是对于种种威权势力反抗奋斗而得到的,这又是向前要求的态度。

总之,梁认为,"西方文化是以意欲的向前要求为根本精神",所以"向前要求"是西方文化所以有的征服自然的科学异彩的"一本源泉"。

因此结论也就是:"考究西方文化的人,不要单看那西方文化的征服自然、科学、德谟克拉西的面目,而须着眼在这人生态度,生活路向。要引进西方化到中国来,不能单搬运、摹取他的面目,必须根本从他的路向、态度入手。但是四五十年来,大家只把科学方法,德谟克拉西的精神说来说去,总少提到此处。"

西方文化为什么能得到民主与科学,而我们却得不到呢?

在梁以前,也有人考察过这个问题,如梁讨论了西方、日本有些学者对这个问题的考察,有谓欧洲地理形势适宜了人们控制自然,这是欧洲文明发展的主因。中国地大物博,无发明自然科学之必要,所以不能产生自然科学。

又马克思的历史唯物史观认为,一切文物制度思想道德都随着经济状况的变迁而变迁。

梁不同意这些观点。他区别了意识与精神,认为意识是很没有力量的。而精神是很有力量的,并且有完全的力量。他承认唯物史观谓意识是被决定而无力决定别的。

但他又进一步认为,"生产力不是什么最高的动因",他追问道:"这所以使生产力发展可钝可利的在哪里呢?"他答道:"还在人类的精神方向。""原来生产力的发展是由于人的物质生活的欲求,而物质生活欲求是人们不能自已的。由此而生产力的发展,经济现象的变迁,都非人的意识所能自由主张自由指挥的。"

他的结论是:"所以我以为人的精神是能决定经济现象。"

根据上述观点,梁认为西方社会的民主精神从来不是唯物史观能说明的,还要寻他的精神方面的原因。梁认为是欧洲人精神上有与文明不同的地方,由这个地方才产生德谟克拉西之道。

那么,西方社会所特有的科学与民主,是怎么为西方人所得到的呢?只能由西方人的精神方面去寻找答案。

在他看来,这个答案很简单,"向前要求"就是西方民主科学形成的源泉。

西方人在古希腊罗马时代走的是第一条路向,到了中世纪一千多年则转入"第三条路向",到"文艺复兴"后又自觉地回归到第一条路向。

梁认为,西方的现代文化是自文艺复兴之后产生的,这时候西方人认识了"自己",认识了"自我",而加以肯定。这就是所谓的人类觉醒。这个觉醒是理智活动的结果,有了"我",就要为"我"而向前要求,向前要求都是因为"我"而来的,认识了他眼前的自然界,这又是理智的活动。在理智中,我与人被分成两截,再也合拢不来,一直到今天,我与人始终是被分别开的。

总之,梁认为,近世西方人理智的活动太强太盛,这一特点促使西方人的知识的数量无人及得上,精细深奥上也无人企及。然而,他们精神上也因此受了伤,生活上吃了苦,这是十九世纪以来暴露得不可掩的事实。

中国文化之根本路向,是与西方化不同路的,正是基于这样的认定,梁漱溟斩钉截铁地说道:"我可以断言假使西方化不同我们接触,中国是完全闭关与外间不通风的,就是再走三百年,五百年,一千年也断不会有这些轮船、火车、飞行艇、科学方法和'德莫克拉西'精神产生出来。"①这就是说,中国人不是同西方人走一条路线,中国人的思想是安分、知足、寡欲、摄生,而绝没有提倡要求物质享受的。

因此与西方化相比,中国化的面目如下:

第一项,西方化物质生活方面征服自然,中国是没有的。

第二项,西方化学术思想方面的科学方法,中国也是没有的。

梁认为,东西文化的差别,处处都表现了科学与手艺的对待。西方对待事物总是要求一个客观共识的确实知识,这就是科学精神,东方文化则全然蔑视客观准程规矩,而专要崇尚天才的,便是艺术的精神。大约在西方便是艺术也是科学化,而在东方便是科学也是艺术化。

西方人走上了科学的道路,于是事事都要求用一种科学方法,去一样一样地组织学问,于是就有各种独立的学科;而在中国无论是大事小事都是没有多讲科学的,都是凭个人的心思手腕去对付,不谈应用的纯粹知识。所以梁认为,在西方应付一切,解决一切都凭科学,而在中国则一切都是手艺,绝无科学。"凡是中国的学问大半是术非学,……与西方把学独立于术之外而有学有术的,全然是两个样子。"唯有有方法的乃可为学。

---

① 梁漱溟:《东西文化及其哲学》,第392页。

西方方法是检查、实验、分析,即是科学的方法;东方的方法则是猜想、直觉,即艺术的方法。科学总是变更现状的看,试换个样子看,了解分析地看,艺术总是不变现状地看,囫囵吞枣地看,整个儿地看,通过科学方法得到的是知识,艺术的方法只不过是一时主观意见而已。所以,东方是有玄学,而无科学,西方是有科学而无玄学。总之,西方文化表现了科学的精神,而东方则无科学的方法、科学的精神。

第三项,西方化社会生活方面的"德谟克拉西",中国是没有的。

(一)梁认为,在西方大家作主,在中国则一人作主,在中国是一个人拿主意,并拿无制限的主意。大家伙都听他的话,并要绝对地听话。而在西方,是大家伙同拿主意,只拿有制限的主意,大家伙同要听话,只听这有制限的话。

(二)在西方,个个人一般大小,全没个尊卑上下之分,但在中国则不一样,"几千年来维持中国社会安宁的就是尊卑大小四个字"。中国的办法是拿主意的、听话的,全然分开两事,而西方则拿主意的都是听话的,听话的都是拿主意的。所以中国"治人者"与"治于人者"划分为两个阶级,这样就有了尊卑。西方一个个人通是"治人者",也通是"治于人者",无所谓尊卑上下而平等一般,严尊卑与尚平等是中西间两异的精神。

(三)尊卑是个名分,而以权利不平等为其内容。在中国,拿主意者与听话者划分为两个阶级,一边有无限的权,一边无限的没权。所以在中国:第一层便是有权、无权打成两截;第二层便是有权的无限有权,无权的无限无权。权利和自由"这种观念不但是中国人心目中从来没有的,并且是至今看了不得其解的"。"对于西方人的要求自由,总怀两种态度:一种是淡漠的很,不懂要这个作什么,一种是吃惊的很,以为这岂不乱天下。"而在西方:第一层便是公众的事大家都有参与作主的权;第二层便是个人的事大家都无过问的权。于是放弃人权与爱自由又为中西间两异的一端了。

(四)关于人的观念,中国人不当他是一个立身天地的人,"他们本不是一个'人',原是皇帝所有的东西,他们是没有'自己'的,必要有了'人'的观念,必要有了'自己'的观念,才有所谓'自由',而西方便是有了这个观念的,所以他要求自由,得到自由"。梁把这种倾向叫做"人的个性伸展"。西方人不单是人的个性伸展一面,还有人的社会性发达一面,个性。社会性要同时发展,以"个性伸展社会性发达"这八个字来概括"德谟克拉西"。

由于西方人着重社会性发达,所以他们极重对于社会的道德,即公德。而中国人差不多不讲,所讲的都是这人对那人的道德。就是私德。又中国人以服从事奉一个为道德,而西方人不这样,而君竟可不要。只有对多数人的服从,没有对某个人的服从。

总之,从上述四个方面讲,中国都不如西方人。但是,梁认为,中国所以不如西方人是因为,中国从未走上西方的第一路向,而是走第二路向,所以中国文化的成就在其第二路向方面。

第三节 儒家直觉主义精神

梁漱溟明确地指出,中国文化的核心是孔孟儒学,就这个意义上说,中国文化亦可称之为儒家文化。中国文化持调和持中的态度,当然不能有征服自然的魄力,所以没有科学。对于权威容忍礼让,不作奋斗以求解放,所以没有"德谟克拉西",但是中国形而上学即玄学却发展到了一定的高度。中国形而上学的中心思想就是调和,"其大意以为宇宙间实没有那绝对的、单的、极端的、一偏的、不调和的事物;如果有这些东西,也一定是隐而不现的。凡是现出来的东西都是相对、双、中庸、平衡、调和。一切的存在,都是如此"。梁认为,所谓变化就是由调和到不调和,或由不调和到调和,结果都是调和,又调和与不调和不能分开,无时无处不是调和,亦无时无处不是不调和。梁认为,调和、平和是绝对的。[①] 中国形而上学所以强调调和是由于如下的两个原因:一,中国形而上学的问题与西方哲学是截然不同的,西方哲学着重的是实体,用梁漱溟的话来讲是所谓的静体。中国的形而上学却与之不同,她从不把思想的重点放在那些呆板的不变的静体上面,在她看来一切都处在流变的过程之中。二,由于着重变化与发展,所以中国形而上学所应用的方法也显然地不同于西方哲学的理智的方法,其方法是直觉的方法。在中国的形而上学中问题与方法是相协调的。由于一切都无时无处不在变化之中,而变化就是由调和到不调和,又由不调和到调和。从此种变化发展的观点看来,一切都是相对的,没有绝对的,更没有孤立存在着的东西。

梁漱溟认为,中国文化的调和持中与儒家的直觉主义紧密相连的。在他看来,所谓的直觉就是唯识家讲的非量。唯识家认为,除非量外还有现量和比量。所谓现量就是我们一般所讲的感觉。现量的作用只是得到感觉。所谓的感觉是说,比如我睁开眼看见一朵花的红色。此种红色是在我的视觉器官之内的。需要注意的是,此种红色的感觉还不是外界自开自落的花的红色,而只是我的视觉器官从外界花得到的影像。至于比量,梁漱溟认为就是哲学上所谓的理智。比量的作用是将所看见的一类东西的共同的性质抽取出来,同时将它们与其他的异类的东西区别开来,并进一步形成适合于这一类东西的概念或共相。运用比量所得到也是影像。由于单靠现量全然无所得,因此比量的整理安排的功能也无从发挥,所以在此两者之间另外有一种作用,这就是非量,梁漱溟称之为直觉。

他认为,直觉所认识的是一种意味精神、趋势或倾向。此处所说的意味精神、趋势或倾向到底具有什么样的含义呢?梁漱溟以欣赏书

---

① 梁漱溟:《东西文化及其哲学》,第444页。

法为例来说明直觉的作用。在观赏书法或绘画时,如果我们仅仅凭借感觉所得到只不过是许多黑色的笔画、种种不同的颜色和线条的组合。而只有借助于直觉,我们方可以从作品里面感受到或体会到这些艺术品的美妙或气象恢弘的意味。于是,他说道:"这种意味,既不同乎呆静之感觉,且亦异乎固定之概念,实一种活形势也。"①这种意味与所正在欣赏的作品之间是什么关系呢?根据他的看法,这种意味应该是由作品在欣赏者内在的生命中引发出来的,而不是作品本身所实在地具有的。他说:"譬如我们听见声音觉得甚妙,看见绘画觉得甚美,吃糖觉得好吃,其实在声音自身无所谓妙,绘画自身无所谓美,糖自身无所谓好吃;所有美、妙、好吃等等意味都由人的直觉所妄添的。"②根据梁漱溟的理解,在唯识学看来,现量对于本质是不增不减的,比量也是将如此种种的感觉加以箅、综的作用而不增不减得出的抽象的意义。但所谓的直觉与它们不同。所谓的直觉的美、妙、好吃这类意味并不是欣赏对象本身具有的,而是欣赏者所加给作品的。因此梁漱溟说是"妄添的"。这就是说,直觉给实在的东西增添些东西,所以才将直觉称之为"非量"。

在梁漱溟的思想中,直觉或非量又可细分为两种:一种是附于感觉的,一种是附于理智的。如听到声音而生美妙的意味,这就是附于感觉上的直觉。如读诗文得其妙味,显然其妙味并不附于诗文自身,而是读诗者由其直觉而得到的。这后一种直觉即是附于理智的直觉。梁漱溟认为,这后一种直觉在认识生活或生命时显然要显得更为重要。

他认为,一切知识都是由此三种作用构成的。但此三种作用之间有轻重的不同。虽然在知识的形成中,此三种作用都不可缺少。但由于单靠现量一无所得,所以比量和非量显得似乎更为重要。

---

① 梁漱溟:《东西文化及其哲学》,第 400 页。
② 梁漱溟:《东西文化及其哲学》,第 400—401 页。

比量就是理智。理智要求对外物做分析、比较、综合等作用,要将一物与他物区别开来,要区别主客、人我,要算账、要计较。梁漱溟认为,在西方近代以来,理智的活动太强太盛,所以知识的数量及其精细深奥几乎没有旁人能够赶得上他们。但也正因为如此,他们的精神上也受了伤,正痛苦不堪着呢。理智确实有重要的作用,但也必须发挥得恰如其分才好。西方的问题是理智过分得强盛。梁漱溟虽然说,在知识的构成上现量、比量和非量缺一不可。但其间还是有轻重先后。如他说道:"在直觉、情感作用盛的时候,理智就退伏;理智起了的时候,总是直觉、情感平下去;所以二者很有相违的倾向。"① 梁漱溟认为,比量虽有助于知识的产生、科学的进步,但在人类的生活上起着莫大作用的则不是比量,而是非量或直觉。他如斯说道:"人类所有的一切诸德,本无不出自此直觉。"② 他有时甚至指出直觉是要远远高于感觉和理智的。他这样说道:"宇宙的本体不是固定的静体,是'生命'、是'绵延',宇宙现象则在生活中之所现,为感觉与理智所认取而有似静体的,要认识本体非感觉理智所能办,必生活的直觉才行,直觉时即生活时,浑融为一,没有主客观的,可以称绝对。直觉所得自不能不用语言文字表出来,然一纳入理智的形式即全不对,所以讲形而上学要用流动的观念,不要用明晰固定的概念。"他的此番话是在叙述柏格森的观点,同时他对柏格森的这一观点极表赞同,认为是从来没有人说过,是迈越古人,是独辟蹊径的。在柏格森看来感觉和理智完全没有能力认取流动变化中的宇宙本体。只有直觉才能深入本体,并对之做整体的把握。我们可以看到,柏格森的哲学是生命哲学或人本哲学,所以他当然强调的是要对生命整体的感受或切身的体悟。而不似有科学倾向的哲学家,他们往往注重对局部或个体的分析和研究,所以对他们而言,分析的方法、观察的方法、归纳的方法,亦即梁漱溟所谓

---

① 梁漱溟:《东西文化及其哲学》,第455页。
② 梁漱溟:《东西文化及其哲学》,第454页。

的理智的方法要显然来得更为根本和重要。梁漱溟本人的思想就是生命派的哲学思想,所以他也就很是赞赏柏格森哲学思想,而对于当时来华讲学的英国著名哲学家罗素的哲学思想则感觉到难以接受,因为罗素的哲学是数理哲学,尤其重视理智方面的分析的方法。尤其是罗素及其严厉地批评了当时梁漱溟极为推崇的法国生命派哲学家。对此一批评,梁漱溟当即撰文《对于罗素之不满》对罗素表示极不满意。

此所谓"不满"是罗素对柏格森哲学思想的批判。老实说来,罗素对于柏格森的批判是很激烈的,而且只要有机会他就会对柏格森哲学,特别是他所谓的直觉方法发起攻击。这是因为在罗素看来,柏格森所谓的直觉方法是与他积极提倡的科学方法格格不入。要推广科学方法就得批判直觉的方法。梁漱溟特别地不满意于罗素对柏格森的批判。他说"罗素之反对柏格森吾侪盖尝闻之矣,尝苦其搔不着痒处,不厌人心",认为罗素对柏格森的批判"有失学者态度"。为了说明罗素对柏格森批判的"轻率无当、浅薄已极",梁漱溟引用了罗素批判柏格森的关于本能的几段话。罗素的大意是说,本能在动物是很有用的,动物的生活必须依赖于本能,但是在智慧发达了以后,本能的用处也渐渐减少了,或者甚至于将本能置之不用。言外之意,本能只是动物或野蛮人的生存方式,而文明人则更多的依靠的是知识或智慧。梁漱溟指出罗素对待柏格森关于本能看法的态度是有问题的,有失学者应有的风度。在引用了罗素的话之后,他接着评论道:"我常以为学者于义有其应践之态度:一则学者当好学;二则学者于所不知义当阙疑,不当表示浅薄无当之感想。……学者而不好学,何事乎学者耶?……右所录罗素评柏氏学,其轻率无当,浅薄已极,虽甚爱不能为辩。"①可见,梁漱溟对罗素的批判是很激烈的。梁漱溟所以如此的一个很重要

---

① 梁漱溟:《对于罗素之不满》,《梁漱溟全集》,第四卷,第653页。此文原载中华新报(上海),1921年。

的原因在于,柏格森的哲学思想是他的文化思想的理论基础。柏格森推崇本能,而梁漱溟更是有过之而无不及。他认为感觉是与我们内里的生命无关的,理智是与我们内里的生命无关的,指出"我们人原本是受本能、直觉的支配","人的生活哪里都有意识的,他同动物一般也是出于本能,冲动;知的作用哪里能作主,他不过是工具而居于从属",人"应该顺从着生活本性而任听本能冲动的活泼流畅,一改那算账而统驭抑制冲动的态度"。[①] 很清楚,梁漱溟与柏格森一样都是坚决地主张以本能来规定人的本质。所以罗素对柏格森的批判实质上就是对梁漱溟本人的批判,因此梁漱溟当然会挺身而出来回击罗素的这种批判。梁漱溟对罗素的批判实质上是对罗素哲学思想的基础即数理逻辑的批判。这种批判涉及到本能或直觉的方法与数理逻辑的方法或科学方法论之间的关系问题。由于当时的梁漱溟是站在本能的或直觉的立场上来批判罗素的,所以他并未对罗素的哲学方法进行学理的批判,这就使我们很难掌握梁漱溟本能说或其直觉方法的本质。由于这个原因,我们也很难说梁漱溟的批判击中了罗素哲学方法论的要害之处。在此应该指出的是,罗素对于柏格森的哲学思想是有一定的研究的,他在1914年就发表了一本专门研究柏格森哲学的著作,题为《柏格森哲学》,所以他并未如梁漱溟所说的没有很好地研读柏格森的哲学著作,至多只能说他对柏格森哲学有不同的看法。罗素与柏格森所研究的问题也完全是很不一样的。罗素哲学关注较多的是我们如何得到关于外在世界的知识,而柏格森所侧重的则是生命的意义。但一年后,梁漱溟的思想就有了根本性的变化,我们将在下文叙述此一变化。

与柏格森一样,梁漱溟也指出生命本体本不是感觉理智所能够把握和认取的。在他看来,孔子是积极地肯定人生的,赞美人生的。他说道:"这一个'生'字是最重要的观念,知道这个就可以知道所有孔家

---

① 参见梁漱溟:《东西文化及其哲学》第四、五章。

的话。孔家没有别的,就是要顺着自然道理,顶活泼流畅的去生发。他以为宇宙总是向前生发的,万物欲生,即任其生,不加造作必能与宇宙契合,使全宇宙充满了生意春气。……所以我心目中代表儒家道理的是'生',代表佛家道理的是'无生'。"①显然儒家的"生"或"生命"不是感觉和理智通过枝枝节节的手段所能够认取的,而只有待直觉来做整体的把握或切身的体验。

感觉和理智在形成知识的过程中是不可或缺的。知识理论的一个特性在于追求确定性。理智要求要认定,要计算,要区分主客和人我,是要讲理的。知识是关于外物的知识。但中国哲学,尤其是孔子为代表的儒家思想关注的却是人生。而且梁漱溟认为,孔子的方法是直觉的。而直觉的方法就是一切都不认定,是顺其自然的。这就影响到中国的人生态度就是一切都不认定,一切都听任直觉,他认为:"一般人是要讲理的,孔子是不讲理的;一般人是求其通的,孔子则简直不通!然而结果一般人之通却成不通,而孔子之不通则通之至。"②对于一切事物最好不要操心,计较,遇事只要当下随感而应就可以,而且随感而应通通都是对的,妥帖的,和适当的。

根据上面的叙述,我们可以清楚地看到,梁漱溟明明白白地将直觉置于理智之上。不仅如此,他进一步地指出,其实在人的生命过程中,支配我们行动的往往不是理智而是直觉。如他说:"孔子总任他的直觉,没有自己打架,而一般人念念讲理,事实上只讲一般,要用理智推理,结果仍得凭直觉;一边自己要用理智,一边自己实他听他,临时直觉叫我们往那边去,我们就往那边去。"③照梁漱溟的看法,人是在直觉的支配之下而讨生活的。而且事实似乎是,仅仅听凭直觉还不行,我们还得时时提防理智的干扰生活方向。有鉴此,梁漱溟补充道:"平

---

① 梁漱溟:《东西文化及其哲学》,第 448 页。
② 梁漱溟:《东西文化及其哲学》,第 451 页。
③ 梁漱溟:《东西文化及其哲学》,第 451 页。

常人都是求一条客观呆定的道理而秉持之,孔子全不这样。……他们把一个道理认成天经地义,象孔子那无可无不可的话不敢出口。认定一条道理顺着往下去推就成了极端,就不合乎中。事实像是圆的,若认定一点,拿理智往下去推,则为一条直线,不能圆,结果就是走不下通。"①你一认定就偏,你一有主张就自然走向极端。那么要如何才能不偏,不极端呢?梁漱溟指出,顺着生命的本来去走,就应该不认定,不计算,就应该时时处处调和、调和、再调和。"顺着生命的本来走去"的说法当然是直觉的,跟着直觉走。不算计、不计较、不安排,完全听凭直觉的支配,此地所谓的直觉确实就是本能了。实际上,梁漱溟在《东西文化及其哲学》一书中也很重视本能的作用。

其实在梁漱溟处,直觉已经不只是一种生活的方法,而且已成为了价值的源泉,在他看来善和美就是直觉。孔子所说的仁也是直觉。他说:"敏锐的直觉,就是孔子所谓仁。……儒家完全要听凭直觉,所以唯一重要的就在直觉敏锐明利;而唯一怕的就在直觉迟钝麻痹。所有的恶,都由于直觉麻痹,更无别的原故,所以孔子教人就是'求仁'。人类所有的一切诸德,本无不出自此直觉,即无不出自孔子所谓'仁',所以一个'仁'就将种种美德都可代表了。"②人类所有一切美德都是出自这个直觉,直觉敏锐的人要求平衡与调和,只不过是"顺着自然流行求中的法则走而已"。

我们可以清楚地看到,梁漱溟在《东西文化及其哲学》中高扬直觉,认为直觉与理智在很大的程度上相互排斥。在他思想中,直觉既是一种方法,也是种种价值形成的源头。作为一种方法,直觉对于任何事物不认定,不算账,不计较,不分彼此、主客、人我,而是主张调和、得中、随感而应。作为价值的源头,善、美诸德都源于直觉,认为生活时即直觉时,直觉时即生活时。

---

① 梁漱溟:《东西文化及其哲学》,第 450 页。
② 梁漱溟:《东西文化及其哲学》,第 453—454 页。

直觉作为方法不同于理智是不错的。问题是梁漱溟将直觉与理智完全地对立起来,认为此两者之间此长彼消。如他说道:"若是打量计算着去走,就调和也不对,不调和也不对,无论怎样都不对;你不算计量着去走,就通通对了。人自然会走对的路,原不需你操心打量的。遇事他便当下随感而应,这随感而应,通是对的,要于外求对,是没有的。我们人的生活便是流行之体,他自然走他那最对,最妥帖最适当的路。"①梁漱溟反对计算、反对计较在一定程度上是对的,是有道理的,但通盘反对计算、计较则是不可的。反对计算,反对计较实质上就是在反对理智。梁漱溟认为,西方文化走着纯粹理智的路,取得了很大的令人艳羡的成就,但也带来了无穷的问题。中国没有西方文化所有的成就,也没有西方的困境,因为中国文化走着一条完全不同于西方文化的路。梁漱溟是为了给自己的文化哲学思想寻找垫脚石,因此他过分地压抑了理智的作用,而随意地抬高了直觉的地位。在此两者之间的褒贬抑扬清楚地反映了梁漱溟理论创作上的偏颇随意。因为随感而应,完全听凭本能去讨生活似乎并不是真正意义上的人类生活。而且梁漱溟在《东西文化及其哲学》一书多处强调,要随顺内在的生命去做总是对的,这一说法本身即是将生命的存在和发展的方向放置于本能之上,确实没有能够反映出人类生命的本质。同样,我们也发现对于究竟什么是直觉这一问题,似乎梁漱溟也没有能够给出清楚明白的定义。给出这样的定义,无疑就是一种认定或确认,这样的认定或确认,用梁漱溟本人的话来说就是算计或计较或理智活动。但梁漱溟既要构造一种文化的思想体系来解释或说明中国文化、西方文化和印度文化之间的异同,并进一步强调中国传统文化在世界文化格局中的地位和价值,那么这样的关于文化的思想体系本身就需要充分的理据。既然中国文化是直觉见胜,无疑直觉是一个最为重要的概念,如果对之不能感够有清晰明确的概念,那么中国文化的价值也随之不

---

① 梁漱溟:《东西文化及其哲学》,第 452 页。

能够得到充分的揭示。

似乎问题也在于,直觉这一概念不但是说不清楚的,而且更得注意的是这一概念是得自西方哲学的。这一点梁漱溟本人也承认。如他说自己"没有把孔子的心理学认清,而滥以时下盛谈本能一派的心理学为依据,去解释孔学上的观念和道理,因此就通盘皆错"。① 在《东西文化及其哲学》出版后不久,梁漱溟在多处且多次提到运用"直觉"、"本能"这样的概念来解释儒家思想是不妥的,是一个很大的错误。因为我们都知道,直觉这一概念是从国外哲学界引进的。梁漱溟是受了法国哲学家柏格森关于直觉理论的影响,也是受了本能派心理学的影响。既然直觉和本能这样的概念是由国外引进的,而且柏格森和本能派心理学对于本能和直觉的研究和论述显然要比梁漱溟的来得系统深入。如果情形果真是这样的话,那么梁漱溟又怎么能够说直觉反成了中国文化或儒家思想的优长之处呢?其实不但柏格森和本能派心理学家们大谈特谈直觉,德国哲学家康德也十分重视直觉的问题,对之有很系统的深入的讨论。康德认为,只有上帝才拥有智的直觉。康德的这一看法对于中国所有那些极愿意讨论直觉的思想家而言是一个很大的挑战。运用直觉的本意是要说明,我们能够在整体上深入到或切身地体验到生命的本体或生命的整体。一个有限的认知主体是绝对不可能做到这一点的。而上帝是无限的,所以上帝才可能拥有智的直觉。人既是有限的存在,那么人何以可能具有能够深入生命整体之中的所谓智的直觉? 当然在这一问题上,我们可以允许有不同的看法。但不管是什么样的看法,从思想的角度来说,必须是持之有故、言之成理,要拿出充分的道理。尽管梁漱溟是在形而下的意义上讲述其直觉理论的。但他似乎也不能完全避免这样的问题。

梁漱溟关于直觉的理论的问题还进一步表现在现量、比量和非量之间的关系上。这三者之间究竟应该具有什么样的关系呢? 在《东西

---

① 梁漱溟:《东西文化及其哲学》附录,《〈人心与人生〉序》,《梁漱溟全集》,第一卷,第329页。

文化及其哲学》一书中,梁漱溟对之似乎并没有一个统一的看法。在第四章的"现量比量直觉三作用之说明"一段中,在单纯论及此三者及其相互关系的时候,他指出:"知识之构成,照我们的意思,即由于此三量。此三量是心理方面的三种作用,一切知识皆成于此三种作用之上。"① 在总结此一段论述这三者关系的时候,他又强调道:"以上所说是构成知识的三种工具。一切知识都是由这三种作用构成。虽然各种知识所含的三种作用有成分轻重的不同,但是非要具备这三种作用不可,缺少一种就不能成功的。"② 但是一旦运用这三者来说明中西文化之间的差异的时候,这三者间的关系就有不小的变化,如他认为西方文化是理智见长,所以知识的数量及其繁密细致是其他的民族望尘莫及的。因此西方人是要算计、要计较、要认定的。如果这样的说法能够成立的话,那么西方文化似乎就只有比量或理智,而见不到非量或直觉了。而中国文化则不一样,知识在这里没有得到相应的发展,因为中国人不擅长理智的运用,但我们的老祖宗却极其善于运用直觉或非量,我们文化的优势全在这一方面。于此,我们可以看到,比量或理智与非量或直觉已经被打开。尤其是在西方文化中,简直是只有比量或理智,而见不到在梁漱溟看来无比重要的直觉了。但事实似乎并非如此,因为梁漱溟已经指出过知识的构成这三者缺一不可,仅有理智不足以构成知识,但在梁漱溟关于文化比较的论述中已将直觉看做是中国文化的特长。如果是这样的话,那么西方文化中得到长足发展的知识将得不到说明。另一个更重要的思想事实是,梁漱溟关于直觉的说法固然有来自印度佛学的启发,但毋庸置疑的,其主要来源却应该说来自西方。如果是这样的话,那么梁漱溟也不应该说直觉只能在中国文化中找到,西方人则没有这样的利器。他的这番论述容易使人得到如下的印象,即过了河后又把桥拆掉了。

---

① 梁漱溟:《东西文化及其哲学》附录,《〈人心与人生〉序》,第397页。
② 梁漱溟:《东西文化及其哲学》,第401页。

通过上面的论述,我们清楚地看到,在上述三者之间,梁漱溟是有摇摆的,时而认为这三者关系紧密,时而又将它们拆散。问题还不仅如此,在第四章的末尾,在总结他自己对中国文化、印度文化和西方文化的论述时,他又这样来解析。他说:"(一)西洋生活是直觉运用理智的;(二)中国生活是理智运用直觉的;(三)印度生活是理智运用现量的。"①讲完这些之后,他自己也有感觉到"这话乍看似很不通",但又坚持道:"为表我的意思,不得不说这种拙笨不通的话,待我一一说明,或可解惑。"②此后梁漱溟确也花了不少篇幅试图解说这些"似很不通"的话,但结果总令不少人若坠五里雾之中。胡适就是读了此番解说总不得要领的一位学者。在《东西文化及其哲学》一书出版后约两年,胡适在《读书杂志》上发表《读梁漱溟先生的〈东西文化及其哲学〉》一文,批评梁漱溟这番话"更是荒谬不通"。他问梁漱溟道:"试问直觉如何运用理智?理智又如何运用直觉?理智又如何运用现量?"③胡适的不得要领固然是由于他自己的文化立场,但无可否认梁漱溟的解说不清也是很重要的原因。直觉本身就是解说不清的人人心中所有而口中所无的东西,而通过直觉得到的对生命或艺术作品的意味或气韵也是不能以语言来表述清楚的。至于现量、比量和非量之间的关系更是说不清楚的。问题不在梁漱溟身上,而在他所讨论的问题本就不是能够说清楚的问题,而且又以不能说清楚的问题来解说中国文化、西方文化和印度文化之间的关系,于是问题也就层出不穷。梁漱溟本人确实也悟到了问题的症结所在。在《东西文化及其哲学》出版后两年,他就有两个重要的悔悟。其中"第二个重要的悔悟是在本书第四章末尾,说:'西洋生活是直觉运用理智,中国生活是理智运用直觉,印度生活是理智运用现量'之一段。这一段的意思我虽至今没有改动,但这一段的

---

① 梁漱溟:《东西文化及其哲学》,第485页。
② 梁漱溟:《东西文化及其哲学》,第485页。
③ 胡适:《读梁漱溟先生的〈东西文化及其哲学〉》,《胡适文集》,第三卷,北京大学出版社,1998年,第190、191页。

话不曾说妥当。……不料我一再声明的仍未得大家的留意,而由这一段不妥当的说话竟致许多人也跟着把'直觉''理智'一些名词滥用误用,贻误非浅;这是我书出版后,自己最歉疚难安的事。现在更郑重声明,所有这一段话我今愿意一概取消,请大家不要引用他或讨论他。"①果然以后他不再谈论直觉或非量。但文化三路向和中国文化优异的基本立场他是始终坚持的。如果不再运用直觉,那么该从什么角度切入来研究中国文化的优长之处呢?

第四节　儒家的理性至上主义

上文的分析表明,直觉或本能自身充满着不少说不清道不白的问题,用这样的理论来解读中国传统文化的优长之处则更会增长人们的怀疑或疑惑。但三路向说是梁漱溟文化思想的基石,是他的基本信念。现在需要考虑的问题则是如何来寻找一个理论的切入点来解读中国文化。在《东西文化及其哲学》发表约一年之后,经过长期思考后,梁漱溟认为,中国文化所以较之西方文化优越是因为她以理性见长。他在《乡村建设理论》一书中明白地指出:"我尝说:中国文化是人类文化的早熟(见《东西文化及其哲学》),现在更正确地指实来说,那就是人类理性开发早,想明白中国过去文化,及中国本来的前途,都要先明白这个东西——理性。"②似乎就是在这本书中,梁漱溟开始以"理性"代替"直觉"或"本能"来说明中国文化的特异之点和优长之处。此后的几十年他都未改这一诠释中国文化的基本看法。如在《朝话》(作

---

① 梁漱溟:《东西文化及其哲学·第三版自序》,《梁漱溟全集》,第一卷,第323页。
② 梁漱溟:《乡村建设理论》,《梁漱溟全集》,第二卷,第181页。《乡村建设理论》的"见地和主张,萌芽于民国十一年,大半决定于十五年冬,而成熟于十七年;……自十八年春将全盘意思写定成书"。见第144—145页。

者于1932年至1935年间与学生作朝会时的部分讲话辑录)、《中国文化要义》(始作于1942年春,1944年中辍,1946年末重新写作,1949年6月完成)、《中国——理性之国》(始作于1967年,完成于1970年)中,作者都是从理性的角度来诠释中国传统文化。特别是后两书的最为重要的或核心的概念即是"理性"。我们可以看到,约从1922年直至1970年前后,梁漱溟一直在以"理性"这一观念解读中国传统文化。

那么现在的问题是什么是理性呢?在《乡村建设理论》一书中,梁漱溟是这样来解说"理性"的。他说:"所谓理性,是指吾人所有平静通达的心理。吾人心理平平静静没有什么事,这个时候,彼此之间无论说什么话,顶容易说得通。这似乎很浅,很寻常,然而这实在是宇宙间顶可宝贵的东西,人之所以异于禽兽者就在这一点。"①对于理性的这一解读严格说来还不能算是道出了理性的本质特征,顶多只是个描述。但梁漱溟本人却始终坚持对理性的这一看法。如在后来出版的《中国文化要义》第七章中的第一节"理性是什么"解答理性的时候,他用的还是这同样的描述。从这一描述中,我们可以大略看到,他所谓的理性至少有如下的几点:第一,理性是人的理性,是人类特有的,是人类有别于动物的本质特征;第二,理性既是人类的特征,而人是有思想有语言的,而思想与语言是有其自身的法则与结构,且不说思想,语言本是约定俗成的产物,这就暗含着某种共性的东西在其中;第三,理性是平静通达的心理,这一说法表明:(一)梁漱溟仅仅是停留在心理学的层次而没有上升到纯粹哲学的层面上讨论理性,因此他讨论的所谓的理性是从对中国文化现象的概括提升,有别于西方哲学对于理性的讨论;(二)理性只是平静通达。

其实人类不只具有理性,正如梁漱溟在早期所主张的那样,人类还具有本能或直觉。除直觉或本能外,人类明显地还有所谓的理智。梁漱溟指出:"趋向本能者,即是生下来依其先天安排的方法以为生

---

① 梁漱溟:《乡村建设理论》,第181页。

活。反之,先天安排的不够,而要靠后天想办法和学习,方能生活,便是理智之路。"①生物的方式大体就是这三种。蜜蜂、蚂蚁等是依靠本能而生活。而人类则不同,他们依赖的是自己的理智,而且也只有人类才具有理智。

在梁漱溟看来,"理智只是本能中反乎本能的一种倾向。……有了理智就不要本能"。②可见,理智与本能二者是正相反对的,理智越强,本能越弱;而本能越强则理智越弱。动物,即便是高等动物,依然是依靠本能讨生活的。而人类则大不一样了。因为"人类是从本能生活中解放出来的"。人的生活当然是依靠其自身的器官,但人之为人重要的不在此,而在于人类能够自觉地扩大自己的心思作用。心思作用的特点,用梁漱溟后来在其《人心与人生》一书中的话说,就是主动性、灵活性和计划性,换句话说,就是人有自觉能动性,能够根据生活的需要及外在的环境制订计划,实施计划,从而改造环境。理智的重要的产物即是知识。知识越发达,人离乎本能也就越远。理智的心思作用或知识的发展已经使人类渐渐地与自然疏离淡远,开阔了他的视野,提高了他的境界。也使人类超脱了自己的物质生活,而更多地关注精神生活及其意义。理智超乎本能的这一趋势逐渐使人达到了梁漱溟所说的"无所为之境地"。在此境地上,人类突然发现自己已经越出理智而达到了更高的境界。

这一境界梁漱溟称之为"理性"。他说:"盖理智必造乎'无所为'的冷静地步,而后得尽其用,就从这里不期而开出了无所私的感情(impersonal feeling)——这便是理性。"③显然"无所私的感情"容易理解,比较困难的是"无所为"的含义。根据梁漱溟的解释,各种本能都是谋求生活的方法手段,我们要生活就必须运用本能作为手段方法。

---

① 梁漱溟:《中国文化要义》,《梁漱溟全集》,第三卷,第123—124页。
② 梁漱溟:《中国文化要义》,第124页。
③ 梁漱溟:《中国文化要义》,第125页。

如果人类的生活仅仅局限于本能的生活,仅仅只是为了生存,那么生活就沦为了方法手段。这时的生活就是有所为。但当人类的生活发展或升华到了理性的境界,生命已然超脱了本能,物质生活在人的生活中只占据很小的部分的时候,生命本身成了目的,而不仅仅是为了生存,因此对生命而言,她已不仅仅是手段方法,而到达了"豁然开朗无所为之境地"。于此境地,人类有了好善求真之心。

根据梁漱溟在《中国文化要义》中的论述,我们可以知道,他所谓的理性具有如下的含义:第一,理性是无所私的,这应该是理性的核心内容。第二,理性是人类的心思作用的一种,人类的心思作用还有另一面叫做理智。理性与理智均属人类的心思作用。知的一面叫理智,情的一面曰理性。如计算数目,计算之心就是理智,然求正确的心却叫理性。理性与情相干。第三,理性不是为了生存或生活本身。第四,理智作用无限,但做不了主,做主的是理性,而理性的取舍要以无私的感情为中心。第五,本能的生活无所谓错误不错误,高等动物虽有错误,但不自觉,亦不负责,唯人类自觉其错误,并能够本着理性而改正错误。

由理智的观点来看人、自然,往往会将人、自然打成两截。如从理智来审视人,那么就不会将其看做整个的系统,而是将心、身打开。不仅个人的身心如此,自我与他我也是处在不和谐的状态之中。再来看自然,从理智的观点来看,自然只是人类改造的对象,人只按照自己的欲望无节制地榨取自然界,资源因此不断枯竭、环境也因此持续地遭到破坏。资本主义的发展史就是一部人与自然斗争的历史,而且也是一部资本掠取、剥夺非资本主义国家和民族的历史。资本的灵魂就是追逐无限制的欲望的满足,给这个世界带来无穷的问题,人祸日益严重以至今日。梁漱溟指出,一切问题都出在人自身。他说道:"盖清明不清明,和谐不和谐,都是生命自身的事。在人自见自知,自证自信,一寻求便向外去,而生命却不在外。今日科学家的方法,总无非本于生物有对态度向外寻求,止于看见生命的一些影子,而且偏于机械一面。和谐看不到,问题却看到了。其实,人绝不是不成问题。说问题都出在人身上,这话并没有错。但要晓得,问题在人;问题之解决仍在人自己,不能外求;不信赖人,又怎么样?信赖神吗?信赖国家吗?或信赖……吗?西洋人如此;中国人不如此。"① 由理性的观点所看到一切不同于西方人的。中国人是从理性的观点来欣赏一切。于是"中国古人却正有见于人类生命之和谐。——人自身是和谐的(所谓"无礼之礼,无声之乐"指此);人与人是和谐的(所谓"能以天下为一家,中国为一人"者在此);以人为中心的整个宇宙是和谐的(所以说"致中和天地位焉,万物育焉"、"赞天地之化育,与天地参"等等)。儒家对于宇宙人生,总不胜其赞叹;对于人总看得十分可贵,特别是他实际上对于人总是信赖,而从来不曾把人当成问题,要寻觅什么办法"。② 从此种视角来看,梁漱溟又认为,所谓的理性不是别的什么东西,她就是和谐,即清明安和之心就是理性。

在梁漱溟看来,理智与理性间的关系和理智与本能间的关系不一样。理智是反乎本能的一种心理倾向,理智越强则本能越弱,反之亦然。而理智与理性之间虽有区别,但两者并不南辕北辙,而是人类的心思作用的两面,已如上述。梁漱溟区别此两者的本意是在构建其中西文化比较的理论系统。由于他意识到前此以直觉解读中国文化的种种不妥,经过缜密细致的思索之后,他现在要以理性与理智来说明中国文化与西方文化之间的差异。他的看法是:"心思作用为人类特长,人类文化即于此发生。文化明盛如古代中国、近代西洋者,都各曾把这种特长发挥到很可观地步。但似不免各有所偏,就是,西洋偏长于理智而短于理性,中国偏长于理性而短于理智。"③

---

① 梁漱溟:《中国文化要义》,第 132 页。
② 梁漱溟:《中国文化要义》,第 131 页。
③ 梁漱溟:《中国文化要义》,第 127 页。

西洋人理智偏长所以科学在西洋得到长足的发展。而中国数千年来却有好讲理的风气。试一翻看东、西方的书籍,就可以轻而易举看到无数的相关的例证。如中国人崇尚的是理,凡事以理为取舍的准则。所谓"有理讲倒人"、"有理走遍天下,无理寸步难行"。如中国人眼中的不同的宗教是可以相容的,不是绝对排斥的,因此相当数量的中国人家庭内既供奉着菩萨,也信奉儒家的教义,同时对于道教也顶礼膜拜,常常是一个庙堂内并立着孔子、老子、释迦的像。民间常有欲以沟通各家宗教的倾向。因为在大多数中国人看来,"教虽不同,其理则一",他们看重的是理,而不是不同形式的宗教间的差异。于是梁漱溟说道:"正见其是直接的信理,间接的信教。"[1]西洋人则不一样。他们虽也注重理,但其理的含义却与中国的大有不同。你试看一下亚里士多德的书所讲的形式逻辑的纯粹推理公式,看看他们所津津乐道的纯粹的毫无经验内容的数理推导系统,很容易明白西洋传统的自然科学讲究的就是这些,即便晚近以来的社会科学也有强劲的模拟自然科学的方法论。可见,中西两家讲的理是有很大的不同。梁漱溟有鉴于此,遂把西方人所乐意自得的这一套道理称之为"物理",而中国的道理如父慈、子孝、君仁、臣敬、明德、亲民、至善之类说辞却偏在人世间许多情理。西方的科学之理,是一些静态的知识,是关乎外在的事物的知识,似乎与人的行动并无很大的关系。而中国人所说的理却在在指示人的行动的方向。不管怎么说,在梁漱溟看来,西方人所讲的是物理,中国人所讲的是情理。

物理与情理是同属于人的心思作用的。这是两者间相同的一面。但她们之间的不同却也为梁漱溟注意到。第一,如物理关注的是外在世界。知识尽管是人的知识,但却是人关于外物的知识。所以物理是关于物的理,而不是关于人的理。情理却大不一样,她们不是关于外物的,不是知识,而是涉及人行为的内在动机,是关于人的理。第二,

---

[1] 梁漱溟:《乡村建设理论》,第127页。

知识的基础是人对外物的经验观察,要得到正确而客观的观察内容,观察者首先要屏除主观的好恶是非等种种感情;而情理则不一样,她关乎的是人本身,是人的整个的自己。这其中当然有理的一面,即理是法则或规则,是人人必须遵循的;然她还有另一面,即情的一面,情理是关于人情的理,所以情理是基于感情之上的。如正义感,就是一种感情,"对于正义便欣然接受拥护,对于不合正义的便厌恶拒绝。正义感,即是正义之认识力;离开此感情,正义就不可得"。① 他又说道:"周孔教化自亦不出于理智,而以感情为其根本,但却不远于理智——此即所谓理性。理性不外乎人情。"②要注意的是,情理所谓的感情不是一己的或私的感情而是无私的或为大家认同的感情。第三,物理与情理间的区别也可以从负面得到说明。所谓负面是说,人极有可能会犯错误。从物理与情理的角度讲,人的错误就有两种。比如参加考试,学生复习工夫不够,自然会答错题。答错题是他对物理把握不好,是知识方面的错误,是学习能力上的错误。如果这一学生答不出题,于是作弊。此时他所犯的错误就不是物理方面的错误了,而是情理方面的错误。这一错误就不是能力方面的错误,而是品行方面的错误。梁漱溟认为,人的错误在很多场合下是由于理智方面的。有了错误而不甘心于错误,总想改正错误,这种改正之心正是出于人的情理。

可以看见,梁漱溟上面所说的那种情理就是他反复强调的理性。而且他进一步指认,中国文化中的理性或情理在历史上是由儒家所提倡的。他说:"儒家假如亦有其主义的话,推想应当就是'理性至上主义'。"③他有这一看法据他自己说是受了日本学者五来欣造的影响。五来欣造认为,儒家的思想就是理性的。在他看来,儒家所尊崇的既

---

① 梁漱溟:《中国文化要义》,第128页。
② 梁漱溟:《中国文化要义》,第290—291页。
③ 梁漱溟:《中国文化要义》,第132页。

不是天,不是神,不是君主,也不是国家权力,且也不是大多数人民的意志,而是理性。① 梁漱溟对此一看法极表赞同。他指出,正是在儒家的领导之下,二千多年来,中国文化形成了这种理性精神。

梁漱溟认为,中国数千年风教文化的形成,周公与孔子的贡献最大。孔子以前的文化以周公为代表,周公以后的文化则以孔子为代表。他指出,在形成"周孔教化"方面,周公与孔子还是有所区别的。"周公及其所代表者,多半贡献在具体创造上,如礼乐制度之制作等。孔子则似于昔贤制作,大有所悟,从而推阐其理以教人。道理之创发,自是更根本之贡献,启迪后人于无穷。所以在后两千多年的影响上来说,孔子又远大过周公。"②他认为:"孔子深爱理性,深信理性。他要启发众人的理性,他要实现一个'生活完全理性化的社会',而其道就在礼乐制度。盖理性在人类,虽始于思想或语言,但要启发它实现它,却非仅从语言思想上所能为功。抽象的道理,远不如具体的礼乐。具体的礼乐,直接作用于身体,作用于血气;人的心理情致随之顿然变化于不觉,而理性乃油然现前,其效最大最神。——我们知道礼乐设施之眼目,盖在清明安和四字。"③我们知道根据梁漱溟的理解"清明安和"就是理性。可见,理性是与礼乐是相通的。礼乐制定的依据就是理性。

在《中国文化要义》一书中,梁漱溟认为,正是理性规定着中国文化的全部特征,使中国文化在历史上走着一条截然不同于世界上其他国家文化发展之路。比如说,我们看世界上各个民族文化似乎都是以宗教为其核心而发展起来的。中国文化则不一样。众所周知,中国不是一个宗教的国家。到底该如何来解释中国文化的这一最根本的发展趋向呢?梁漱溟认为,中国不是一个宗教的国家,是因为中国文化

---

① 梁漱溟:《中国文化要义》,第132页。
② 梁漱溟:《中国文化要义》,第104页。
③ 梁漱溟:《中国文化要义》,第110—111页。

是理性的文化。而孔子是使中国文化走上理性之路的设计者。他指出,孔子的思想与宗教之间有着根本的区别。首先,宗教总是要讲生死鬼神这一套,但孔子却偏不谈这一套东西。孔子说:"未知生,焉知死。未能事人,焉能事鬼。"其次,一般宗教都有罪福观念及其祈祷消灾的宗教行为,但孔子却是反对请祷。孔子说过"获罪于天,无所祷也!"第三,"宗教所必具之要素,在孔子不具备,在孔子有他一种精神,又为宗教所不能有的。这就是他相信人都有理性,而完全信赖人类自己所谓'是非之心,人皆有之',什么事该作,什么事不该作,从理性上原自明白。一时若不明白,终可明白。因此孔子没有独断的标准给人,而要人自己反省"。① 第四,儒家极其注重礼,但孔子却可以随时随地讨论修改礼。其他的宗教绝不可能随意修改制作礼仪。第五,一般宗教所奉行的教戒不是出于个人的制作,其实施的标准是外在的,是呆定的,是绝对的。但孔子教人所行之礼,则是人行其自己觉得应行之事,斟酌于人情之所宜,其标准不在外而在内,不是呆定的,而是活动的。第六,一切宗教都有不少的神话与迷信,而中国的经书中却少有神话与迷信,这与孔子的删定应有莫大之关系。

孔子之与宗教间的上述区别清楚地表明,孔子时时处处在启迪人的理性,使得中国人的头脑中少了许多的障蔽,避免了宗教的通病——迷信与独断。因此梁漱溟极力赞扬孔子的理性精神,指出:"他总是教人自己省察,自己用心去想,养成你自己的辨别力。尤其要当心你自己容易错误,而勿甘心于错误。儒家没有什么教条给人;有之,便是教人反省自求一条而已。除了信赖人自己的理性,不再信赖其他。这是何等精神!人类便再进步一万年,怕亦不得超过罢!"②又说:"宗教是一怪东西。它一面涵有理性成分,一面又障蔽了理性,它方使人在此得相联通,同时却又使人在彼隔阂起来。上说那些歧见猜防,

---

① 梁漱溟:《中国文化要义》,第105页。
② 梁漱溟:《中国文化要义》,第107页。

褊心固陋,如其不尽出于宗教迷信,至少亦与宗教有关。在西洋,其文化所以不能统一,民族所以难于融合,至今欧洲卒必分若干单位而不止者,正为他们当初走宗教之路所不可免。而中国的好处,就在早早脱开宗教,创辟其非宗教的文化。所以论人口,我与欧洲相埒,且他们经济进步而我未能,他们交通发达而我未能,相形之下,人们在生活关系上自又大为疏远,地面又显得格外辽阔,却是他们所不可得之融合统一,我先得到。此即中国文化虽未能以理智制胜于物,独能以理性互通于人,他们尽管身近而心不近,我们虽则身远而心不远。"①

由于孔子的理性精神的启迪,中国文化遂走上了道德代宗教的路子。道德为理性之事,完全依赖于个人的自觉自律。人生行为的是非曲直标准不在外,就在人的内心的情感之中。

中国文化因此由理性而走上道德代宗教的路子。但直接以道德代宗教是不行的,必须取径于礼,应该有一整套的礼乐制度来规范人的言行。

梁漱溟在《中国文化要义》中就是从理性这一角度来研究中国民族性的。经过研究,他认为,中国文化的十四个重要的特征,归根结底,一切的一切,总不外理性早熟一个问题。

《中国文化要义》一书所列的第一个特征是说中国文化是"无兵的文化"。梁漱溟指出,中国的"无兵文化"是由于中国文化的第二个特征"不像国家"而来。中国之所以不像个国家是因为她融国家于社会。其所以如此,原因有二:第一,是中国与西方国家不一样,西方人是集团生活见长,从集团生活便逐渐走向了国家,而中国则始终未走上国家但却总能够长久存在不被淘汰。还有更深层的第二个原因,即因为理性早熟,周孔教化主导的中国文化使传统的宗法制度转向中国文化特有的伦理组织或伦理社会,以伦理本位代替了家族本位。《中国文化要义》一书还进一步论述了为什么西方社会产生了民主制度,而中

---

① 梁漱溟:《中国文化要义》,第302—303页。

国没有民主制度的原因。这仍然是由于西方社会由强大的集团生活走向了国家制度,而中国则由于不像国家,没有强大的集团生活的缘故(详见《中国文化要义》第十二章)。

西洋社会走宗教法律之路。梁漱溟认为,宗教自来为集团形成之本,而集团内部组织秩序的维护依靠的就是法律。在他看来,宗教与法律是紧密相连的。而中国走的是道德礼俗之路。道德要以自觉自律为其本,而礼俗是在社会中逐渐地演化而成,非由某种强力由外强加的。两相对比,可以看出"中国古人之迥出寻常者,即在其有见于人心之清明正直,而信赖人自己。……是倚乎自力,而非如西洋之必倚乎他力。我所云理性早启者,正指此点。……唯理性为道德在人类生命中之真根据"。① 对于什么是"自觉自律",《中国文化要义》一书也从"理性"的角度予以解释。"云何为自觉自律? 好好恶恶而心中了了,是曰自觉;基于自觉而行吾所好,别无所为,是曰自律。"梁漱溟指出,理性,即指自觉自律之条理天成而言。②

现代科学是在西方社会中孕育与发展、繁荣起来的,为什么科学出现在西方而未能在中国出现,其故何在? 这是现代中国人经常思考的重要问题。对于这一问题可以给出种种不同的解答。研究中国文化的学者梁漱溟当然也必须给出自己的回答。既然他认为理性是中国文化所有一切特征的源泉,所以他自然也是站在理性的视角来解读中国为何没有能够形成现代科学。他指出:"科学在人类生命中之根据是理智,而道德在人类生命中之根据则是理性。道德与科学不冲突,理性与理智更无悖,然理性早熟却掩蔽了理智而不得申。"③

如前所说,中国文化不是以知识擅长,不是以经济擅长,亦非以政治军事擅长,在历史上经历过极多的变故,分分合合,虽有时亡于异族

---

① 梁漱溟:《中国文化要义》,第291页。
② 梁漱溟:《中国文化要义》,第291页。
③ 梁漱溟:《中国文化要义》,第292—293页。

的野蛮武力,但总能复兴。对周边民族不是以武力相慑,而往往以文化取胜。中国自分而合,化异为同,吸纳融汇了不同民族的文化,成就了中国文化统一的伟大局面且绵延了数千年之久。那么其中的原因究竟是什么呢?研究中国文化的学者们早就注意到了这一历史事实,由于他们站在不同的立场上,所以对这一现象有着不同的解释。梁漱溟考察了几位学者的看法,但深感不满。他认为,中国文化统一的伟业的形成应该有如下的原因。中国文字是中国文化统一的重要的力量,中国幅员广阔,人口众多,虽然语音有别,但文字却是相同的。语言为交流思想表达情感的工具,且更为重要的是圣贤经典都是以汉字流传下来的,如此等等,所以汉字在中国文化统一的伟业中所起的作用实在不可低估。但梁漱溟指出,文字不过是承载文化的工具,文化的核心不应该在文字。而且语言文字虽然是人类生命相联相通的工具,有了此一工具,但人类的生命却未见得就能够相通。因此,他认为,文化的统一"首在其人生态度礼俗信念,次则在其生活上经验方法技术,并不在文字上"。① 他认为,要探询中国文化之能够成就统一伟业的原因,我们必须首先认识到中国人的"宽宏仁让,与人相处易得融合"的一面。其次是中国人"开明通达,没有什么迷信固执"。② 迷信固执就不易与人相处,且容易起争端甚或战争。中国人的仁厚宽容与开明通达而不迷信固执表现在人生态度上就是正当适中。什么是正当适中呢?梁漱溟解释道:所谓正当适中是既不落于禁欲,也不落于恣欲。禁欲违反身体,恣欲则不免陷在身体中。所以禁欲与恣欲总不免偏于极端。而中国人却"得乎人类生命之和谐而与大自然相融合,是即正当人生仁厚有容,开明无执,皆不过其表现于外者。非宗教的文化之出现于中国古代,正为其时有人体现了此种人生,体验了此种人生——这就是所谓圣人,他本乎此种人生以领导人,就有所谓周孔教

---

① 梁漱溟:《中国文化要义》,第299页。
② 梁漱溟:《中国文化要义》,第299页。

化。异族之同化,即与我一同向往于此种人生,文化之统一,即统一于此种人生之向往"。① 我们看到,仁厚宽容,开明通达、没有迷信固执的人生态度最近情最入理,当然也就最正当适中。中国人的此种人生态度就是理性指导下形成的人生态度。正是基于这样的认识,梁漱溟指出,是理性成就了中国文化统一的伟业。

通过上面的叙述,我们可以清楚地看见,在梁漱溟看来,正是由于孔子的设计和弘扬,中国文化才因此走上了理性之路。而正是理性规定了中国文化的一切特征。中国文化的长处在斯,其短处也在斯。梁漱溟这一解读的基本立场是认为,人类的本能、理智和理性应该是循序渐进的,由本能而理智再进而为理性,而中国文化却不,她是直接地由本能而进入了理性,因此步骤显得凌乱,秩序因此出错。而所以步骤出错显然是因为孔子的伟大聪明,过早地引导中国文化走向了理性之路。

他的结论是:"中国的伟大非他,原只是人类理性的伟大。中国的欠缺,却非理性的欠缺(理性无欠缺),而是理性早启,文化早熟的欠缺。……所有中国文化之许多特征,其实不外'文化早熟'之总结果。"②

梁漱溟把中国文化看做是理性的,并从理性的角度审读中国文化的主要特质,应该说是正确的,是有见地的,揭示了中国文化的深层秘密,确实发前人之所未发。说孔子热爱理性、赞美理性是完全有根据的。

二十世纪的二十年代初梁漱溟曾从直觉的视角研究中国文化,在那时他的理论视野中似乎只有直觉与理智,他虽然也偶尔谈及感觉,但感觉在他看来或许与人的内里生命并无任何关系。而当时的他因一度沉湎于克鲁泡特金、柏格森的本能之说,因此还未曾认识到理性

---

① 梁漱溟:《中国文化要义》,第 300—301 页。
② 梁漱溟:《中国文化要义》,第 304—305 页。

及其作用。然不久他就意识到自己过分注重本能说所带来的种种困难与迷惑,他也就马上抛弃了本能说,而采用"理性"来解读中国文化。关于这一思想转变的过程,梁漱溟在《中国文化要义》第十四章中说道:"二十七年前我亦还不认识理性,同意克鲁泡特金道德出于本能之说,而不同意罗素本能,理智,灵性三分法。及至有悟于理性、理智之必须分开,而后恍然罗素之三分法为不易之论。——罗素所云灵性相当于我所谓理性。"[①]此段回忆向我们表明,梁漱溟关于理性的说法虽有来自于他对儒家思想或中国文化的独特悟解的部分,但无可否认的是罗素的相关思想也给予了他极大的启迪。他在写作《东西文化及其哲学》一书时,已注意到了罗素的这一思想,只是未曾深究就拒斥了罗素的思想。他之接触罗素思想主要是受了张申府的影响。张申府在北京大学读书时便被罗素的哲学思想深深地吸引,凡是罗素已出版的著作均读了个差不多。由于景仰罗素,他总是及时地将罗素的书热情地介绍给自己的朋友分享。作为朋友的梁漱溟自然也是张申府介绍罗素思想的对象。但梁漱溟却很难接受罗素的思想,而一味地钟情于柏格森、克鲁泡特金等人的思想。直到运用柏格森、克鲁泡特金等人的哲学思想研究中国文化及其与西方文化关系遇到困难之后,他才深刻地感受到有关本能或直觉的理论在解读文化及其相互关系的时候有着不可克服的矛盾。到了这个时候,梁漱溟才大彻大悟到罗素的三分法是"不易之论"。

罗素关于本能、理智和灵性的三分法提出甚早。他是在1915年所写的《社会改造原理》一书中提出上述的三分法。他这本书的总的理论构想是要揭示出关于社会发展的深层的动力。经过细致的分析和深入的研究后,他认为人的活动大概有三个来源,它们分别是:本能、理智和灵性。

《社会改造原理》一书认为,"本能的生活包括一切人与低等动物

[①] 梁漱溟:《中国文化要义》,第306页。

所共有的东西,一切关于保全自己和繁殖下代以及从这些演生出来的愿望和冲动"。① 而"思想生活是追求知识的生活,从只是天真的好奇心起一直到思想的伟大努力。……思想生活所包含的思想是全部或局部与个人无关的,就是说它注意于事物的本身,而不单是因为它们跟我们的本能生活有关系"。② 与本能生活和理智生活不同的"精神生活围绕着无个人关系的感情"。③ 在罗素看来精神生活主要是一种感情,然这种感情是无私的感情。当你看到了别人的忧愁和喜悦时就像自己在感受自己的忧愁与喜悦。乐人之乐,忧人之忧。这就是一种无私的感情。我们看梁漱溟的对于理性的解释便知道,他对于理性的理解是与罗素的大致相同的,即都认为理性或灵性就是一种无私的感情。当然梁漱溟在挖掘传统儒家思想资源的基础上更进一步丰富了关于理性或灵性的内涵。

梁漱溟与罗素在关于理性或灵性看法上的相似还进一步地表现在,他们都认为理智是与个人的情感无关的,理智只是一种运用的工具。所不同的是梁漱溟在《中国文化要义》一书中认为直觉类似于理智也只是一种工具。但罗素似乎并不如此看,他指出直觉应该就是一种生活,在未开化的人的生活中本能占据着很高的位置,他们的生活就是听凭着本能或冲动的驱使。即使在受过高等教育的人们中间,尽管理智或思想得到了开化,但生活的原动力还仍然是冲动和愿望。所以在罗素看来,本能或者说冲动与欲望并不就是生活的工具,它们本身即是生活或生命。

在《中国文化要义》一书中,梁漱溟认为中国传统文化是理性的文化,而西方文化则是长于理智、短于理性。梁漱溟的此种说法实质是

---

① 〔英〕罗素:《社会改造原理》,张师竹译,上海人民出版社,1986年11月,第120页。
② 〔英〕罗素:《社会改造原理》,第120—121页。此一译本中所谓的"思想"即是梁漱溟所谓的"理智"。梁漱溟所看的译本是余家菊翻译,由中华书局出版的。
③ 〔英〕罗素:《社会改造原理》,第121页。这里所谓的"精神生活"就是梁漱溟所阅读的译本中的"灵性生活"。"灵性生活"似较"精神生活"更得罗素思想之精髓。

认为，理性可以直接从本能跨过理智而得到长足的进展。这种说法暗含的前提是，理性与理智根本就是不相干的。但是罗素并不是这样看的。他指出，本能、理智与理性虽然是有所区别，但它们之间也很难有明确的区分。更为重要的是，他认为在这三者之间很少有人能够相当智慧地使其处于和谐一致的关系，所以它们相互之间难免有龃龉不和，但是对于一个完整的生活而言，本能、理智和灵性都是重要的。它们各有各的优点，也各有各的不足，不能说一个比另一个更为重要。它们的关系具有一损俱损，一荣俱荣的关系。这三者必须同时生长方有益于生活。正是有鉴于此，罗素说道："在我们所要寻求的生活里，这三者应该在互相协调之中得到发展，而且密切地融合在一个单一而和谐的整体之中。"① 那么这三者之间应该是一种什么样的关系呢？

罗素指出，本能是生活力的来源，但如果听任本能驱使，那么我们就无法控制自己，一如树木在疯狂的生长。因此必须有理智为其设置范围，确立目标。"本能或多或少地盲目地趋向于纯粹生物方面的目标，而思想使我们能够批判地判断这些目标。"② 根据这样的说法，我们清楚地看到，本能与理智之间有着互相钳制的作用，因此两者之间"有着一种不易调停的斗争"。这两者都应该受灵性生活的教导。举爱国主义为例，我们可以看清本能、理智和灵性在其中分别能够起到的作用。罗素认为，爱国主义是由好几种本能的感觉和冲动混合而生成的。完全基于本能的爱国主义使人产生一种对自己国家的爱好，而对他国取一种敌视的态度。显然这样的爱国主义是狭隘的，是有害的。理智却能够根据冷静的思考和现有的知识系统指示我们说偏爱我们自己的国家是不合理的。也就是说理智能够削弱狭隘的爱国主义，但是却不能够加强我们对于全人类的爱。要提升我们的爱国主义必须要经由灵性生活，把从本能生活中产生的爱国主义加以扩充和普遍

---

① 〔英〕罗素：《社会改造原理》，第121页。
② 〔英〕罗素：《社会改造原理》，第122页。

化,使其成为对整个人类的爱。因此在罗素看来,本能生活、理智生活和灵性生活三者是人的生活不可或缺的。虽然本能与理智之间有着紧张的关系,但在灵性的指导之下却可以得到实质性的提升。要过上完整的和谐的生活必须要在此三者之间构造和谐一致的关系。到底能不能搭建起这样的关系,是一个现实性的问题,但在理论上说,罗素认为这三者应该是密切相关,不可分离的。

而梁漱溟却不是这样看问题的,尤其是当他拿理智和理性来分别研究中西文化的时候,在他的思想里理智和理性或灵性应该是而且在事实上是可以分而治之的。具体说就是,西洋文化理智见长,中国文化理性见长。用理性来解读中国文化本无可厚非,而且在这样做的时候,梁漱溟也努力做到了自圆其说,取得了不小成绩。但在理论上,尤其是关于理性的理论及其阐述方法,关于本能、理智及理性相互之间关系的理论,梁漱溟却没有能够构筑成系统深入的理论体系。

我们也看到,梁漱溟关于理性的思想是受到了罗素的启发。《社会改造原理》一书中所谓的灵性生活的英语是 spirituallife,罗素的看法是 spirituallife 是宗教的生活。而在《中国文化要义》一书中,梁漱溟却以理性指示一种非理智的生活。

第五节 未来世界文化的展望

从物质生活上看,中国人很少有向前的要求,一般即是安分知足,享受眼前一点点生活,所以物质生活始终是简单朴素,没有什么发明创造,物质文明不发达,乃至时受自然界压迫。但这都是中国"莫大之大幸"。因为从此种文化态度出发,就不会产生西洋近世的经济状况,西洋近百年的经济发展,表面富丽,但骨子里的痛苦却十分深重。他说:"中国人一切起居享用都不如西洋人,而中国人在物质上所享受的幸福,实在倒比西洋人多。盖我们的幸福乐趣,在我们能享受的一面,而不在所享受的东西上——穿锦绣的未必便愉快,穿破布的或许很乐;中国人以其与自然融洽游乐的态度,有一点就享受一点,而西洋人风驰电掣的向前追求,以致精神沦丧苦闷,所得虽多,实在未曾从容享受。"

从社会生活方面看,中国古代的政治制度始终没有改革,礼教一直在发挥作用。人的个性和社会性都不发达,但从另一个角度讲,也有其胜过西洋之处:西洋人讲有我,彼此界限很清,开口就是权利义务、法律等。谁同谁都要算账,父子夫妻之间也都如此。这样的生活实在不合理,实在太苦。西洋人用理智,中国人要用直觉,西洋人有我,中国人无我。所以父子夫妻间从不计较,甚至屈己以从人,不分人我,处处尚情而无我,所以中国文化是世界上最优的文化。不仅如此,他还认为,世界未来文化发展的趋势将表明,人类的文化势必要走上中国文化的路子。

梁漱溟是从经济发展,学术思想和哲学思想的变迁中推测未来世界文化的发展趋势的。

他认为,西方资本主义的经济的发展,造成了一个极不合理的经济现象,"这个结果除少数善于经营而又幸运的人作了资本家,其余的便都变成了工人,社会上简直划然成两个阶级",资本家与工人之间看来是自由契约关系,但实际上工人要完全听命于资本家,时时有失业的恐慌。一边是冻馁,一边是锦绣堆积。这样的经济制度是不合理的,它完全丧失了人的本意。没有一点人的情趣和情义。所以,西方经济制度改变的必然趋势,是要从个人本位改变为以社会为本位,从生产本位改变为以分配为本位。这样一来就由第一路向改变为第二路向。即由西洋态度改变为中国态度,第一路向已经走到了尽头,生存问题已经不存在,人对物质的问题之时代已经转入人对人的问题之时代。即转向求诸内。

所谓学术思想变迁,主要指心理的变迁。西洋人走第一路向,只看人的心理的有意识的一面,忽视那无意识的一面。但自动物心理研究以来,人们发现动物多是本能的生活,很少有意识的生活。心理上知的作用并不重要,重要的则是在于情的作用与意的作用。于是发现人类的重要部分也是不在知,而在情和意。梁认为,人与动物一样,都是出于本能,出于冲动,欲望是人类行为的源泉,知的作用只不过是一种工具而已。西方人就从有意识转向无意识,孔子非常重视的情志方面,现在西洋人也已开始注意到了这一点。这就决定了他们不能不顺从着生活本性,而听人本能冲动的"活泼流畅",这也就是要从第一路向转向第二路向。

所谓哲学思想变迁,主要是指人的态度的变迁。西洋思想从前讲绝对,现在变了,讲相对;从前主知,现在主情;从前用理智,现在尚直觉;从前是静,现在是动;从前只是知识,现在是行为。从前是向外看的,现在是回视自己、自己的生命,这就是说,西洋哲学的视线已经由外转向内了,如尼采、詹姆士、杜威、柏格森、泰戈尔等人大致这样。可见,西洋哲学竟带上了东方哲学的色彩,走上了求生命的一路了。

梁认为,人类文化有三步骤,研究者也有三层次,先着眼研究者在外界物质,古代西洋近世之复兴;次则着眼研究者在内界生命,其所用是直觉。古代中国及最近情的复兴;再其次则着眼研究者在无在本体,印度及未来的复兴。

这是说,未来文化哲学是东方的文化哲学,即中国的文化哲学。未来文化哲学的方法,亦即中国的直觉方法。

现在的文化哲学是西方化向中国化的转变时期,中国化复兴之后,继之以印度化,于是西方、中国、印度三派将于此三期间次第重现,这三步骤说亦即三层次说,这就是梁为世界未来文化所规定的固定模式。

既然世界未来文化将要按照三步骤与三层次发展,那么中国对应于此应该采取何种态度呢?梁认为:

第一,要排斥印度态度,丝毫不能容留。

第二,对于西方文化是全盘承受,而根本改过,就是对其态度要改一改。

第三,批评的把中国原有的态度重新拿出来。

这种态度也即孔子所谓"刚"的态度,它要求大家往前动作,而此动作又直接发源于情感,而不假于欲望的计虑。只有这样向前动作才真有力量,即可以弥补中国人夙来的短缺,解救现在的痛苦,又避免西洋的弊害,应付世界的需要。

梁漱溟的文化三路向说独辟蹊径,标新立异,确实不同凡响,在当时的社会上产生了相当大的影响。三路向说作为一种泛论提出来,未尝不可自成一家之言。但如与古希腊、中国、印度的文化历史联系起来,认为西方、中国和印度文化走的就是这样的三条路,那就不是一般的泛论,而是在讲历史了。然讲历史必须有足够的史料,在这一点上,梁漱溟的《东西文化及其哲学》显然是有欠缺的。梁漱溟自己也意识到,在此书中他并不是谈学问,而"只是说我想要说的话。——大家如果拿学问家的著述来看我,那就错了,因为我实不配谈学问;大家如果肯虚心领取我的诚意,就请撇开一切,单就自己所要做的生活下一番酌量"。① 此书的欠缺也正反映出梁漱溟本人治学的特点和作风。他本人也明确地宣告,他不是一个学者,而是一个思想家,凡事好以自己的思想做主。他如斯说道:"我是自己有一套思想,再来看孔家诸经的;看了孔经,先有自己意见,再来视宋、明人的书;始终拿自己思想作主。"② 难怪,《东西文化及其哲学》一经问世便即遭到胡适的批评,指出

---

① 梁漱溟:《东西文化及其哲学》,第542页。
② 梁漱溟:《东西文化及其哲学》,第540页。

梁漱溟的这本书"蔽于主观成见或武断太过"。胡适治学长于考据，注重史料，主张有一分材料说一分话。你梁漱溟没有充分的史料做根据，怎么可以信口论述中西印文化的发展历史呢？胡适明确地指出，梁漱溟的文化三路向的公式"'整齐好玩'则有余了，只可恨那繁复多方的文化是不肯服服帖帖叫人装进整齐好玩的公式里去的"。① 对于梁漱溟所说的印度文化是翻身向后要求的说法，胡适针锋相对地指出道："然而我们平心观察印度的宗教，何尝不是极端的向前要求？梁先生曾提及印度人的'自饿不食，投入寒渊，赴火炙灼，赤身裸体，学着牛狗，啮草吃粪，在道上等车来扎死，上山去找老虎'。我们试想这种人为的是什么？是向后吗？还是极端的奔赴向前，寻求那最高的满足？"对于梁漱溟所说的中国人调和持中，胡适也很感冒。他说道："梁先生难道不睁眼看看古往今来的多妻制度，娼妓制度，整千整万的提倡醉酒的诗，整千整万恭维婊子的诗，《金瓶梅》与《品花宝鉴》，壮阳酒与春宫秘戏图？这种东西是不是代表一个知足安分寡欲慑生的民族文化？只看见了陶潜、白居易，而看不见他们诗里提倡酒为圣物而醉为乐境，——正是一种'要求物质享乐'的表示：这是我们不能不责备梁先生的。"②

胡适对梁漱溟的批评虽然刻薄，但却也看出《东西文化及其哲学》一书的要害。他的意思是说，印度文化并不都是翻身向后谋求生活的，也有相当的人是极端的向前奋斗拼命的；中国人也不都是调和持中的，也有不少人在享受着短促的人生。就是说，梁漱溟的三路向说没有看清各个不同民族文化所走的路是不能笼统地来看的。梁漱溟当然是读了胡适的"语近刻薄，颇失雅度"的批评，但他毕竟是个"拿自己思想作主"、认"准道理"的人，因此不改初衷，仍坚持自己的文化三

---

① 胡适：《读梁漱溟先生的〈东西文化及其哲学〉》，《胡适文集》，第三卷，北京大学出版社，1998年，第192页。
② 胡适：《读梁漱溟先生的〈东西文化及其哲学〉》，第189—190页。

路向说。此后的二十多年,他仍然在文化三路向的大框架内思索和研究东西文化的关系问题,但对文化问题的论述却不再坚持意欲和直觉的理论。在《中国文化要义》中,"理性"是一个最重要的概念。梁漱溟说道:"周孔以来,宗教缺乏,理性早启,人生态度遂以大异于他方。在人生第一问题尚未解决之下,萌露了第二问题暨第二态度,由此而精神移用到人事上,于物则忽略。即遇到物,亦失其所以对物者,科学之不得成就出于此。既不是中国人笨拙,亦不是文化进步迟慢,而是文化发展另走一路了。"①他以理性早熟来说明中国为什么没有产生科学和民主。由于理性早熟,所以理智被压抑,而科学的产生和发展必须依赖于理智。同样他也以理性早熟来说明中国人所具有的其他的一切特征。因为自周孔之后,中国人理性早熟,所以中国文化也就走上了与西方文化不同的路向。我们可以清楚地看见,梁漱溟在《中国文化要义》中的说法虽有变动,但三路向说的大框架却纹丝不动。这也就是说,梁漱溟还在坚持他的民族文化的特殊性的立场。此种立场当然有其合理性,特别是在解释各个文化系统起源的时候更具有说服力。而且梁漱溟文化特殊性的说法也是在试图解释中国传统的文化,身处现代社会中的他并不反对西方的民主与科学,而是积极主张要"全盘承受"西方文化。

梁漱溟所坚持的关于文化系统特殊性的看法是有其合理性的。任何一个文化系统的存在的价值恰恰就在于它本身的特殊性。没有了这种特殊性,任何一种文化系统也就随之失去了它存在的意义或价值。试图将全球不同的文化系统纳入到一个统一的理论框架之内的不同阶段中的看法仅仅是理论上的一厢情愿,是理论上的乌托邦。而具有现实性的存在都是特殊的,是真实的。所谓的普遍性是对特殊性的抽象,它们只具有理论性质,并不具有实在的性质。

文化三路向的理论当然是有其问题的。在梁漱溟看来,各个文化

---

① 梁漱溟:《中国文化要义》,第270页。

系统发展的应然方式是从第一路向出发,接着走第二路向,最后都走向第三路向。也就是说,各个民族文化所走的途径应该是直线式前进的。但他本人却不能够提供充分的理由向我们说明为什么文化的发展路向必须是直线的,而不能是齐头并进的。而且思想史和哲学史的历史告诉我们,第一路向、第二路向和第三路向(三路向分别要解决的问题是人与自然,人与人,人的生命本体等问题)并不是单线式连续渐进的关系,而应该就是齐头并进的,相互之间有密切的关系。有了人,才有文化。任何文化都是人的文化。人的生存并不是单向度的。要能够生存下去,人必须要同时解决与自然、与社会、与他人、与自己的内在生命种种等等的关系。即便是在解决人与自然之间的关系问题的时候,他也决计离不开他本人对社会、对他人及对自己的生命本质的理解。这也就说明了,文化系统并不是单线前进的,而是多元的,多向度的,或者说是三路向并存的。因为人的存在就是多向度的,其存在或生活固然离不开自然,但同时人的存在也离不开社会或与他者的关系。当然更显然的一件事便是他是从自己的内在的生命来看待自然、社会及他自己与他人的关系的。所以任何一个民族文化都不可能仅仅从某一单方面来解决自己的生活问题。

梁漱溟的早期关于文化哲学理论还存在着其他的种种问题,其文化观的哲学基础是西方生命派哲学。他的新儒学理论的特色是强调把东西哲学熔为一炉。他明确地指出"这时唯一的救星便是生命派哲学"。梁援引柏格森的生命哲学为其新儒学文化观作理论注解,认为柏格森的"生命"说或"绵延"说与儒家"不碍生机"的理论是一致的。认为要本体和感觉与理智是不行的,只有当下的生活直觉才行。所以,直觉时即生活时,浑融于一个,没有主客体之别。他十分重视生命哲学,强调本能或欲望的作用,认为人的生活原是受本能、直觉的支配,要人顺从生活本性而任听本能冲动的活泼流畅。进而,他认为中国传统文化是直觉的文化,西方文化是理智的文化。他将理智与直觉对立起来，认为理智是有问题的，而直觉总是对的。这就难免有其偏颇之处。后期他认识到，这样过分地强调本能与直觉的地位和功能是有问题的，是错误的。于是他不再说中国的文化是直觉的文化，而改用"理性"，认为中国文化是理性早熟的文化。而在他看来，西方的文化依旧是理智过盛的文化。前期他是将直觉与理智两橛化，后期则将理智与理性截然对立起来。应该说，直觉与理智是不同的，但将理智与理性对立起来却是一个颇值得商榷的大问题。梁漱溟的文化理论自有其优点与缺点，值得我们进一步去讨论和研究。由于篇幅所限，我们不能充分展开。

我们现在要注意的是梁漱溟文化理论在当时中国社会中的影响及其意义。我们知道新文化运动作为一种新思潮的主要旗帜便是民主与科学。显然这两样东西不是我们古已有之的，而是从西方引进的。正因为如此，所以当时人们特别是青年人关心的问题是，为什么我们自己没有科学与民主这两样东西，而必须向西方去学习。思索这样的问题必然会引导人们批评自己固有的文化，而大力张扬西方文化。因此当时社会思想的主潮无疑是欧风美雨，全盘西化或充分西化的论调主宰着社会的舆论界。梁漱溟的文化理论出现之后客观上牵制了西化论调，它向人们阐明了中国固有文化的价值所在，也解释了中国传统文化为什么没有孕育出科学与民主的原因，并昭示出以后我们的文化该向何处走。西方文化传统固然培育出了科学与民主，有这样或那样的种种优点，但不可否认的是西方文化的短处也历历在目，并给西方社会带来不少弊端。中国传统文化缺乏科学与民主，但中国文化在人生哲学上却是博大精深，因此自有其存在的理由和价值。梁漱溟的文化三路向说指出中西文化是各走一路，其间无短长优劣可论。他的文化理论改变了当时那种以优劣讨论中西文化的模式，也摆脱了认为东方文化优于西方文化的褊狭的复古论调，客观上有利于提高民族文化的尊严。他的三路向说在当时的中国社会产生了极大的影响,有学者认为,此书"亦迩来震古烁今之著作","有独创的意义和可惊叹的深刻思想力"。[①] 冯友兰是中国现代著名的哲学家,他在其论述中国为何无科学时所借鉴的也是梁漱溟的文化三路向说。这就极其清楚地表明了三路向说所具有的理论影响力。难怪此书1921年出版至1929年时已印刷第八版,为学术界所重视于此可见一斑。

文化三路向说指出我们现在不得已回过头走第一路向,但人类在不久的将来必将走上孔子的路向。孔子是中国传统文化的伟大代表。未来世界的新文化,必须以儒家为本位。资本主义的机器生产是"近代世界的恶魔",要改变资本主义带来的社会危机,要实现中国的科学与民主,出路就在于复兴中国孔孟儒学。中国儒学的高明,中国文化的伟大,就是因为"中国古时的天才比西洋古时的天才天分高些,即此便是中国文化所由产生的原故"。

梁漱溟原是要做佛家的。但在新文化运动中期,当时的社会情势迫使他不得不放弃佛家的念头而来大力提倡儒家。在新文化运动的热潮中,我们可以看见梁漱溟当时的那种孤军奋战的身影,逆流而上,顶着全盘西化的狂澜,竭力提倡儒家文化的真精神,他不愧为现代儒学思想的第一人,是现代新儒家的源头活水。后期的新儒家虽然在理论上有庞大的体系,在方法方面显得圆融成熟,但在精神上似乎总不及梁漱溟的表里如一,言行如一。他是将儒家思想看做是自己内在生命的自然流露,而不是视为纸上空谈的学理;是用来提升生命、改造社会的良药,而不是夸夸其谈的说辞。毫无疑义,梁漱溟不愧为中国现代儒学的开创者。

---

① 转引自《梁漱溟先生年谱》,李渊庭、阎秉华编著,广西师范大学出版社,2003年,第50页。

第三章

熊十力的新唯识论

第一节 会通儒佛、直探本体的学思历程

约在二十世纪六十年代之前,熊十力尚能继续写作,所以其时他"绝无孤苦之感"。但六十年代之后,他却"连年疾厄,孤身面壁,生趣渐无,不得无苦矣。年日增,病日深"。当意识到自己的肉身将要离开这个世界的时候,他以《大般若经》中的语词,描写自己将死的心理状态。他说:"人到死时,热如烈火,光焰升腾如太阳之生命,忽尔烟消云散。三千大千世界,一切都空。学问、事功,都无所有。任何创造如梦、幻、泡、影。如露亦如电。"我们切莫以此断定,熊十力是从佛学关照自己的晚年生命的意义或价值的。正是怕被别人误解了自己的思想归宿,所以在写完上述文字之后,他赶紧补充道:"然吾终不宗佛氏,

而皈依于孔子者何?"①可见,他虽用佛学术语描摹生命将终时的深切悲苦的感受,但其生命意义的指向仍然是儒家的。为什么呢?

他指出,孔子答子路问死所说的"未知生,焉知死",此六字"含藏无量义"。在此基础上,他进一步申说道:"孔子作《易》,阐明万物同秉一元之乾德以为生命,故称乾曰大生,称坤曰广生。然乾实主动以导坤,则坤之广生犹是乾之力也。乾德刚健,遍运乎天地万物,混成一体,是谓大体,生生不息也。万物同秉一元之坤德以成形体。形既成,便是千差万别的无量独立体。如吾人即以其肉体坚执为自己,傲然独立,而与一己以外之一切物对峙,实则肉体只是小体。执小体为己,是乃小己耳。若乃万物共同秉受刚健性之大生洪流为其各自身内部潜在的生命力者,是为大体,亦称大己。此乃永久周行,无有停滞,无有中断,无有穷尽。"②在熊十力看来,大生的洪流在每一瞬间,均有前流顿起顿灭,复有新流继前而起。因此生命总是瞬间内的新陈代谢。从如此的观点来观照生命,我们即可一望而知,生命绝没有最后灭尽而归于空无的末日。正是基于这样的认识,熊十力认识到,真正富有意义的或有价值的生命是能够将小己或小体融入大体或大己。有了这样的认识,当然也就无死之一说了,也不因为自己的肉身归于寂灭而痛苦、而悲伤。③

从上述熊十力对于生死的解读,我们可以看出他的思想大体虽可说是归宗于儒家思想,但此种解读当然有意无意之间有"六经注我"之倾向,掺杂着佛学的思想要素,或者说他是积极努力地以佛释儒。毋宁说,熊十力是能够自觉地站在儒家思想的立场,努力融汇贯通儒、佛两家而独辟蹊径。

此种融汇贯通儒、佛的思想立场的萌生与熊十力的家庭有着密切

---

① 熊十力:《轶书》,《熊十力全集》,第八卷,湖北教育出版社,2001年,第864页。
② 熊十力:《轶书》,第864—865页。
③ 熊十力在其《轶书》中说道:"死者,乃愚夫不悟自家与万物同秉受大生,不悟自家与万物通为一体,不悟自家本与万物同以大体为大己。"参见《熊十力全集》,第864页。

的关系。他"平生受先父之教,勤治佛学及孔子'易学'"。① 对于自己思想的终极归趣,熊十力有着十分明确的表述,即他所着重的是佛学与"易学"。在其早年,佛学与"易学"在他的思想中似乎没有侧重。或者可以说,他的主要兴趣还是在佛学的唯识论。他晚年回忆说,自己在四十岁前"于儒学犹无甚解悟"。但"深玩佛家唯识论"多年之后,"渐发其短,不当墨守"。在强烈的求真之心驱使之下,熊十力的思想也就折向了儒家思想。

熊十力家世贫困,曾祖父、祖父与父亲熊其相,"三世皆单丁,都无立锥之地"。其父七岁时,生活虽极其穷苦,但其母亲却以自己勤劳纺织所得坚决资助熊其相就乡校读书。熊十力的父亲常忍着饥饿勤奋读书。虽然好读书,但却不以科举为念。一般凡夫俗子皆走科举之路,希望博得功名。但他却以为,科举不是真正的功名。对于功名,他有着自己的理解。夫功者何? 盛德大业,国以之建,民以之为新者是为功。夫名者何? 德业为当年与后世所称颂,不可泯灭者,是为名。所谓的八股取士,是在奖励天下士人,相率而为浮词鄙语,以此迎合于不学之考官,而希望得到功名,为求得官位与摸金之阶梯。当家族内的诸老逼迫熊其相走科举之路时,他决定投水以示抗议,幸亏族人急救之,得不死。

走科举之路,既可当官也可发财。但是熊其相却认为:"穷于财,可以死我之身,不能挫吾之精神与意志。平生迥然不可乱之神,凛然不可夺之志,是乃孟子所谓上下与天地同流者也。"②父亲的这种刚毅雄健的精神显然已经流入了熊十力血脉之中。

由于家境贫寒,熊十力八岁就为邻家放牛。父亲授徒乡校,有闲暇偶尔回家教熊十力识字、讲历史故事。十岁时,熊十力入其父掌教的乡校读书,"先习《五经》章句,次及史"。他读书十分刻苦勤奋,"常

---

① 熊十力:《轶书》,第866页。
② 熊十力:《先世述要》,《熊十力全集》,湖北教育出版社,2001年,第八卷,第875页。

日夜手不释卷,睡时甚少"。不幸的是,入学第二年,父亲病重,熊十力随即失学。父亲去世后,他不得已而重新为人放牛,过着边放牛边读书的生涯。

父母双亡之后,熊十力的长兄熊仲甫承担起了家庭的重担。长兄耕读持家,辛勤劳作,抚养弟妹。在如此艰辛的生活重压之下,还坚持阅读《金刚经》。长兄对《金刚经》的热衷,估计对青年熊十力有着相当的影响。

年幼失怙,没有了父母的束缚,青年熊十力慢慢养成了不受约束、放浪张狂的性格。鲁国大夫子桑伯子曾有"不衣冠而处之风"。熊十力也居然效法之,白天在寺庙内裸露而居,毫不避人。回首往事,他自己曾有这样的记述:"年十三岁,登高而伤秋毫,顿悟万有皆幻。由是放浪形骸妄骋淫佚,久之觉其烦恼,更进求安身力宁之道。"就在此生命迷茫困顿之际,陈白沙的《禽兽说》一文的阅读,给了熊十力"当头棒喝",使他顿生"无限兴奋"之感,彻悟到了人生的旨趣。在回忆此段人生转折期间的感受时,他说道:"余乍读此文忽然起无限兴奋,犹如身跃虚空,神游八极,其惊喜如狂,无可言拟。当时顿悟血气之躯非我也,只此心上此理方是真我。"陈白沙之学上承南宋陆象山、下启明朝王阳明,是心学传承史上的中间人物。从陈白沙处,熊十力觉悟到心上之理就是真我。由此开启了他心学的特定路向。之后,他又从王船山那里彻悟到"道器一元,幽明一物"之思想。《船山学记》如斯说道:"忽读《王船山遗书》,得悟道器一元,幽明一物。全道全器,原一诚而无幻;即幽即明,本一贯而何断?天在人,不遣人以同天;道在我,赖有我以凝道。"①可见,正是由于陈白沙与王船山思想的启迪,熊十力逐渐地走上了新儒家的路向。

其实,与其说是陈白沙、王船山思想的启迪使熊十力折向儒家思想,倒不如说是熊十力思想中本有儒家思想的种子,在陈白沙《禽兽

---

① 熊十力:《先世述要》,第5页。

说》和《王船山遗书》思想的滋润下而萌芽生发。

需注意的是,促使熊十力完全转向儒家思想一路的真正原因是他本人在专研佛学唯识学的过程中逐渐地发现佛学唯识学自有其短,不当墨守。当然,佛学自有其高明之处。"空宗妙演空义,深远无极。"但空宗却从空寂方面来关照"万法实体",这就有失偏颇。他指出:佛学"于至空而大有,至寂而大生之德用,却从不道及,终是见地有偏蔽在"。① 此种思想上的悟解使他"不满于空宗"。此种思想的不满更激发了他"求真理之热诚"。正在这一思想发生转机之时,他"不期而触悟大易"。从此,熊十力也就最终确立其思想的皈依。他如斯说道:"余平生之学,颇涉诸宗,卒归大易。七十年来所悟、所见、所守在兹。"② 可见,正是佛学之短处使熊十力转向了儒学。或者,也可以说,正是佛学的帮助使熊十力觉悟到了儒学的真谛。

由于熊十力好读船山、亭林诸老先生书,遂萌生有革命之志,不事科举而积极投武昌军营当一小兵,谋策划军队。

辛亥革命武昌起义爆发,熊十力参加了光复黄州的运动,后曾任湖北督军府的参谋。

1917—1918年间,孙中山领导的护法运动爆发,熊氏由江西入湖南参与民军,支持桂军北伐,抗击段祺瑞的进攻。不久即赴广东,佐孙中山幕。因目睹"党人竞权争利,革命终无善果",认为"党人绝无在身心上做工夫者,如何拨乱反正"? 以为祸乱起于众昏无知,缺专力与学术,导人群以正见,认为革政不如革心。于是弃政自学,研读儒佛,以探讨人生的本质,以进国民的道德为己任。这是熊一生中重要的思想转折。也就是说,他从此决志学术一途。当时他年已三十五岁。这应该是熊十力一生中的重大转变。他自称"真是再生时期"。

决志学术一途之后,1919年,熊十力任教天津南开中学。不久,

---

① 熊十力:《新唯识论赘语和删定记》,《体用论》,中华书局,1994年,第5页。
② 熊十力:《新唯识论赘语和删定记》,第4页。

他阅读了梁漱溟于1916年发表在《东方杂志》上的《穷元决疑论》,于是写下了与梁漱溟商榷的文字。不意,此场笔墨官司却促成了二人于1919年暑假在北京广济寺相会,开始了近半个世纪的学术友谊。

由于梁漱溟的介绍,1920年秋至1922年秋,熊十力在南京内学院(当时是金陵刻经处研究部)从欧阳竟无大师学习佛学,打下了坚实的唯识学和因明学的基础,同时也接受了理性思辨的严格训练。

1924年梁漱溟打算自己办学,决心离开北京大学。事先征得蔡元培同意后,梁漱溟乃在南京商请欧阳竟无的高足熊十力来北大替自己讲授唯识学,熊十力遂由此受聘为北大特约讲师。

从1918年到1922年,他经历了由儒转佛,先从大乘有宗入手,后合有宗而深研大乘空宗的学术历程。

1923年到1932年,是熊十力酝酿、营造自己的哲学体系的关键时代。在北大讲述唯识学的过程之中,他逐步背弃其师说,由佛学唯识学折入了儒学。

1932年10月,《新唯识论》文言文本在杭州出版,由浙江省立图书馆发行。此书出版后,佛学界人士几乎群起而攻之。此种批判应该说自有其道理。因为熊十力论学的基本立场,并不是"照着讲",而是"接着讲"。所谓"接着讲"的具体含义是,沿用唯识学的语言概念讲述自己对唯识学的理解。或者更直接地说,是在讲自己的心得体会。他从不认为自己是唯识学方面的专家学者,不是在严格地讲唯识学的文献学。对此,熊十力自己有着极为明确的表白。他说道:"余之学儒学佛,乃至其他,都不是为专家之业,而确是对于宇宙人生诸大问题,求得明了正确之解决。"[①]可见,他是假借唯识学在讨论自己所感觉兴趣的宇宙人生等问题。在他看来,六经为我所用,是自己思想的注脚。

[①] 熊十力:《新唯识论赘语和删定记》,第6页。

此种思想立场当然是截然不同于学术立场。然蔡元培、马一浮等人则给以高度评价。

熊十力此书虽然在用唯识学术语讨论、研究自己的问题,但其主要思想还落在佛学唯识学之内,只是不是严格地照着唯识学讲而已,时不时地逸出唯识学思想的框架,而反复运用儒家思想来改造和说明佛家唯识学。

1938年在熊十力的指导下,学生钱学熙等着手译《新唯识论》为语体文,未竟其事。后熊十力亲手改写《新唯识论》文言本的中、下卷。1944年《新唯识论》语体文本由重庆商务印书馆出版。是书反映了抗战时期熊十力哲学思想的演变。此书虽然是由《新唯识论》文言文本改写而来,事实上,与文言文本却有很大的差别。这一差别主要表现在:文言文本主要是吸收儒道思想改造佛学,语体文本则是吸收佛家思想来阐述、充实儒学。这标志着熊十力哲学思想的又一次大的转变和飞跃。就1932年《新唯识论》文言文本的理论倾向而言,熊更适合称为"新佛家"或"新法相宗"。而《新唯识论》语体文本的思想立场却可归入"新儒家"。

熊十力于四十年代出版的著作还有《读经示要》、《读智论抄》、《十力语要》、《十力语要初读》。

1949年后,又写有《体用论》、《明心篇》、《原儒》、《乾坤衍》。《体用论》和《明心篇》实际上是《新唯识论》的又一个版本。

熊十力的思想,一直被排斥在时代的主流之外,其影响始终局限在一个有限的学术圈内,如孙道升在三十年代就曾经指出:"这派哲学,在现代中国哲学的势力最小,地位最低,而知道它的人最少。"但是,自六十年代特别是1968年熊去世后,他在港台和海外的影响日益扩大,被推崇为新儒学第一代代表人物,被公认为是新儒家哲学形上学的奠基者。

第二节 体用不二

熊十力认为学问可分为两类：一是科学，一是哲学。他指出，这是两门根本不同的学问。其间的不同之处在于，科学根本从实用或日常生活的经验出发，它所凭借的工具是理智，科学所探究的是分门别类的部门知识。正是由于科学的迅猛发展，哲学的范围日益缩小。且科学的研究方法几乎成为了哲学研究的方法。哲学似乎变成了科学的奴婢，只有依附于科学才能藏身。熊十力认为，虽然科学发展势头迅猛，且其前途正不可限量，但是科学决计不可能代替哲学。因为哲学与科学有着根本的性质上的差异。

哲学探究的是万事万物所以存在的本体或根源。科学研究的是现象，哲学探究的是隐藏于现象背后的本体或根源。因此研究现象的科学决计不可能代替研究现象根源的哲学。这样的认识导致熊十力指出，哲学研究的就是本体，因此本体论才是哲学的范围。他认为，要能够真正地得到本体，就不能凭借科学所习用的所谓理智或量智，而需凭借熊十力所谓的性智。他如斯说道："性智者，即是真的自己的觉悟。"[1]可见，熊十力儒学思想体系的根本问题，就是要以所谓的性智来得到真正的本体。寻求本体是熊十力儒学思想的主旨，所以他的一生重复得最多的一句话就是"吾学贵在见体"。其《新唯识论》一书的核心，也就是试图解决什么是"体"的问题。他因此说道："为欲悟诸究玄学者，令知一切物的本体，非是离自心外在境界，即非知识所行境界，唯是反求实证相应故。"[2]于此，我们可以

---

[1] 熊十力：《新唯识论》，中华书局，1985年，第248页。
[2] 熊十力：《新唯识论》，第247页。

清晰地看见,熊十力的终极关怀就是以探究宇宙人生的大本大源为己任。也正是因此,"重立大本"是他的《新唯识论》的要旨。大本是与大用相互为用的,不得分割的,所以为了"重立大本",又必须"重开大用"。由此而展开了他的"体用不二"的儒学思想体系。可以说,熊十力的"新唯识论"的思想核心是"以体用不二为宗极"的。

我们在此首先必须要探究的是,熊十力所谓的"本体"的真实含义究竟是什么。

我们先来看看他自己是怎么来定义"本体"这一核心的概念的。他说:本体之所以为本体,有这样六种含义:"一、本体是备万理、含万德、肇万化,法尔清静本然……二、本体是绝对的,若有所对,便不名为一切行的本体了。三、本体是幽隐的,无形无相的,即是没有空间性的。四、本体是恒久的,无始无终的,即是没有时间性的。五、本体是全的,圆满无缺的,不可剖割的。六、若说本体是不变易的,便已含着变易了,若说本体是变易的,便已含着不变易了,他是很难说的。"①由上述的引语,我们可以明确地知道,在熊十力的儒学思想体系中,本体首先是形成宇宙间万事万物的本原。既是万事万物的本原,当然这一本原也就是圆满无缺的,是绝对的,是无形无相的,是变易和不变易的统一。从其无形无相、超时空、绝对、不变易等方面而言,本体就是无;但从其备万理、含万德、肇万化等方面讲,本体又是有。所以,本体又是有与无的统一。

熊十力所谓的本体有一个鲜明的特色,即他坚决反对将本体看做是脱离我们的心而独立存在的实体。他解释道:"哲学家谈本体者,大抵把本体当作是离我的心而外在的物事,因凭理智作用,向外界去寻求。由此之故,哲学家各用思考去构画一种境界,而建立为本体,纷纷不一其说。不论是唯心唯物、非心非物,种种之论,要皆以向外找东西

---

① 熊十力:《新唯识论》,第313—314页。

的态度来猜度,各自虚妄安立一种本体。"①本体不是离我们的心而存在的,或者说本体就是我们与天地万物共同具有的本原。所以本体不在我们的心外,离却我们的心或本心便无本体。正因为如此,熊十力反反复复地强调,我们的本心即是吾人与天地万物所同具之本体也。本心即是本体,即是万化之实体。我们在此尤须注意的是,他又经常将本心称之为天、命、道、性、心、理、仁、知、明德等。以其无声无臭、冲寂之至,名为天;以其流行不息,则名之为命;以其为万物所由之而成,名之为道;以其为吾人所以生生之理,名之为性;以其主乎吾身,故谓之心;以其秩然备诸众理,名之为理;以其生生不容已,名之为仁;以其照体独立,名之为知;以其含备万物,故名明德。总之,本体不仅是万物之主,而且显然也是自身之主宰,是生命。

　　熊十力上述关于本体的解读显然主要源于传统儒学思想。如《新唯识论》(语体文本)就反复多次引《孟子·尽心上》的"最亲切"的一段话"万物皆备于我矣。反身而诚,乐莫大焉。强恕而行,求仁莫近焉"。孟子此一思想在儒学思想的发展过程中得到不断的回响,尤其是宋代以后得到极大的加强。陆九渊就反复申述道:"宇宙便是吾心,吾心便是宇宙。""宇宙内事,是己分内事;己分内事,是宇宙内事。"(《杂说》)又说:"万物森然于方寸之间,满心而发,充塞宇宙,无非此理。"(《语录》)明代王阳明则百尺竿头更进一步,明确断言"心外无理"、"心外无物"、"心外无事"。他说道:"身之主宰便是心,心之所发便是意;意之本体便是知,意之所在便是物。"(《传习录上》)在王阳明看来,万事万物本不在心外,于是人与天地万物当然也就浑然融为一体了,"盖天地万物与人原是一体"(《传习录上》)。

　　显然,熊十力关于心为万物本体的思想是继承了中国传统儒学思想中心学一派关于人与天地万物之间所具有的同构性的看法。我们必须注意的则是,这种同构性的看法显然被排斥在科学认知之外的。

---

① 熊十力:《新唯识论》,第250页。

熊十力所以要在哲学与科学之间强行划界，估计是他看到了科学知识实际上就是通过认知途径得到的。而认知途径的一个最为明显的方法就是在认知主体与认知客体之间必须做出硬性的划界。认知活动所以能够进行的基础就是认知主体以认知客体为对象。此种强行划分虽有利于推进知识的增进，却也给人类带来了无数的困惑。这些困惑表现在，认知活动将人与自然、人与人之间对立起来了，更为严重的则是科学注重的是那些能够为我们所感察到的现象。因此，通过科学认知活动得到的知识也便是支离破碎的。

然而，科学知识追求的是清晰、明确。通过上述熊十力关于本体的描述，我们很难看清熊十力所谓本体的真正含义。如果说，本体不是离我们的心而存在的，或者说本体就是我们的心与天地万物共同具有的，那么问题就在于这样的用语并不是哲学的。熊十力的表述只是对一种道德理想或人生理想的描述。比如我们的"心"就是相当费解的。显然，这样的"心"既是我们的，那么它只能是经验性的。但是，我们都清楚，作为经验性的"心"绝对不可能具有形上学的本体的意义。从另一个角度说，如果此处所说的"心"是先验的，其结果也同样无法让我们接受，因为生活在经验世界中的我们的"心"不可能具有超越经验世界的先验性。从这里，我们可以悟出，熊十力所以要竭力反对科学的认知方式，是有其深深的用意的。具体说，他清楚地意识到，自己的本体论不适合于以清晰的哲学语言来表述，所以他也就喜用带有某种诗意的语言描绘自己的本体论哲学。当然，我们必须意识到的是，熊十力竭力反对将我们的心与世界万事万物割裂的哲学思想，是有其一定意义的。

存在主义者反对上述的人与物分割的状态，指出认知活动是后于存在的。人的存在是先于认知活动的。

既然存在是先于认识的，所以从认识论的层面我们不可能揭示或彰显人的存在的本真状态，而只能必然地扭曲或肢解人的完整性，带来数不清的问题、烦恼、困境。我们必须学会从具体的人出发来看人,来研究人。这里所说的人不是指的人的概念,而是指的活生生的人,有血有肉的人,是存在于特殊时间和空间之内的人。

海德格尔认为,此在是"在世界之中存在"。"此在"专指像人这样的存在者。但这里所说的人或存在不是抽象或普遍意义上的概念或范畴,而是以单称的人称代词称谓的"我是","你是"这样的单个的人。但是严格说来,海德格尔所说的人称代词指称的人并不是真正意义上的个体。因为任何个人都可以使用"我是"、"你是"这样的人称代词。语言的危险就在于凡是可以被其指称的任何东西的特殊性都将被遮蔽,而不知不觉地带上了语言本身具有的普遍性。所以,要使人称代词真正能够使我们走进真实的个体,我们必须在使用人称代词同时用自己的手指向所指。这就是说,生存意义上的人或存在是在特定的时间和空间内存在的个体,他们具有真实性、生动性、经验性和特殊性。而最为重要的是他们具有自己才有的个体性。他们就是具有特殊性的个体。但这样的个体之间并不是分离或隔离开来的,而是处在一种相互渗透、普遍联系的整体之中。不仅如此,这样的个体本身就是自然的产物,并且生存在自然之中,一刻也脱离不开自然。于是,海德格尔说道:此在是"在世界之中存在"。他解释道,所谓的"在之中"并不是像水在杯子之中,或衣服在柜子之中那样的"在之中"。因为水在杯子之中固然为水,在杯子之外水也同样为水。水并不必然地在杯子之中。可见,水与杯子之间没有必然的生存论意义上的关系。但个体的人"在世界之中"的"之中"却具有截然不同的意义或关系,它具有一种生存论的性质,是一种存在的机制。说人"在世界之中存在"实质说的是人源自世界,居寓世界之中,依赖于世界,融入世界之中。[①] 因此人和万物和世界是一种浑然一体的关系。人以各种方式消失在世界之

---

① 〔德〕海德格尔:《存在与时间》,三联书店,参见第二章,第十二节《依循"在之中"本身制定方向,从而草描出"在世界之中存在"》,第65—74页。

中。所谓的独立的个体实质上是我们抽象思维的产物。把人从世界的整体联系中肢解出来,我们就永远也不可能对其有真正的认识或了解。用中国哲学的术语说,人与世界的关系是人"无所逃于天地之间"。像孙悟空一样,本领再大也逃不出如来佛的手掌。庄子的话说得更准确,人与万物、与天地是并生的,是为一的。这就是所谓的"天地与我并生,万物与我为一"。此在在"世界之中存在"是说,世界是人的存在的最为基本的方式,是存在的本质性的机制。

人与他人、人与万物、人与自然之间存在着的同构性关系却一直以来为我们尤其是为近代以来西方哲学家所完全忽视。但这一点却历史地成为了中国哲学关注的焦点。如《周易》的乾卦的《文言传》对人与他人、万物、天地之间的这种关系有着传神的描述:"夫大人者,与天地合其德,与日月合其明,与四时合其序,与鬼神合其吉凶;先天而天弗违,后天而奉天时,天且不违,而况于人乎?况于鬼神乎?"北宋初年的张载更为明确地点出了人与天地万物之间这种同构性的关系。他提出了"合天地万物为一体"的命题,认为自己的本性是与一切人一切物相同的,所以应该泛爱一切人一切物。在其《西铭》中,张载申论道:天可以称为父,地可以称为母。我是渺小的,和万物一样,生存于天地之间。所以充塞于天地之间的气就构成我的身体,气的本性即作为天地之间的统帅的,就是我的本性。由此得出的结论也就是"民,吾同胞;物,吾与也"。从现象上看,人的形体似乎是独立的,为自己所有。但实质上,人是属于天地的,与天地具有同构性;人是属于全人类的,与全人类具有同构性。之后,二程也反复申说人与天地万物之间的此种同构性,指出"学者须先识仁。仁者,浑然与物同体"。[①]

当然,在此我们必须注意的是,注重个体的自我与他人、与万物、与自然的同构性时,我们不能因此而完全忽视个体的个性。如果从这样的角度来审视张载等人关于自我与他人、与自然万物同构性理论,

---

① 程颢、程颐:《二程集》,中华书局,1981年,第16页。

很容易发现他们往往缺乏对个体自我的重视。存在主义哲学经过了主客二分的理论刺激,所以能够更深入地讨论自我与他人、与自然万物之间所具有的同构性,提出了更为系统的理论来处理、分析身、心之间可能具有的关系。

按照海德格尔的理解,此在是"与他人共在"的,他人是此在的自我的另一半。同样自我也是他人的"自我"的另一半。可以说自我与他人处在交互渗透的整体性的关系之中。由于此处所说的此在或自我是具有真实性、经验性和生动性的个体,因此他人是此在的自我的一半,或自我也是他人的"自我"的一半的说法,严格说来蕴涵着这样的思想即此在或自我必须是身心完整的统一体,而不是笛卡儿所说的纯粹的精神的或心灵的存在。这种纯粹的精神的或心灵的存在并不具有现实性、生动性和实践性。自我或此在与他人的共在必须具有现实性和实践性。因为自我或此在与他人或与世界的共在的联系既具有思想性的或精神性的性质,也同时具有现实的物质性。此处所说的此在现实的物质性的含义是指此在或自我必须是身、心统一的个体。这样的个体才是真实的、生动的、完整的,他在空间中占有位置,在时间中有连续性。只有这样的人才有可能现实地借助于身体、知觉、行动与他人、与世界共在,或"在世界之中存在"。这正如生存论哲学家R.D.莱恩在其生存论哲学名著《分裂的自我》中所说的那样,"一个人也许觉得自己在这个世界上是个真实的、活生生的、完整的、在时间上连续的人。作为这样一个人,他可以切身进入世界,与他人相处。世界和他人在他的经验中也同样真实、生动、完整和连续"。[①]

但我们在此必须注意的则是,存在主义者讨论人与自然等的论域是不同于熊十力的。前者是在主客二分模式的基础上强调存在先于认知。而熊十力则是在传统儒学思想体系内分析讨论体用关系。其实熊十力所谓的体用并不是西方哲学意义上的体用之间的关系。西

---

① 〔英〕R.D.莱恩:《分裂的自我》,贵州出版社,1994年,第28页。

方哲学所谓的体用确实有现象与实在二分。既然已经打开,那么就有必要讨论这两者之间关系的必要。但是在熊十力新唯识论思想中,他所谓的体与用之间并没有非此即彼的关系。且他所谓的体用论也并不是西方所谓本体论意义上的体用论。或者更具体说,由于不是在主客二分的基础上区分了现象与实在,所以熊十力所谓的体用实则上就是一个东西的两个称谓。如他对所谓体的六个意义的解析。在我看来,其中的所谓仁、明德、心等根本就是具体的德目,本不就属于"体"的范畴。把这些不是体的东西硬说成是体,当然这样的体与用也就没有本质上的差别,因此说体就是用,或用就是体,也就没有多大的意义了。

在熊十力看来,本体既是万物之主,所以也就是自身之主宰。这就是说,在熊十力看来,物与心不是两橛化的,彼此不相关的。本体是天地万物与人自身所共有的。但在熊十力的儒学思想体系中,物化的本体说是他极力反对的。他所要的是化物而为物所化的本体理论,所以作为万物与人自身主宰的本体,主要的是我们的本心。他说道:"我们应该承认,万物都是我心所感通的,万有都是我心所涵摄的,故一言乎心,即知有境,一言乎境,知不离心。我人的生命是整个的,若以为宇宙是外在的,而把他宇宙和自己分离开来,那便把浑一的生命加以割裂。"①我们可以清楚地看见,熊十力所谓的生命本体论的真正基础是自身的心,而不是外在的事事物物。"唯吾人的本心,才是吾身与天地万物所同具的本体。"②熊十力的这一思想理路就是从人的本心出发来规定天地万物的本性。

正因为熊十力的本体论思想的基础是人的本心,所以他才坚决地反对向外去追求什么本体,也积极地反对运用科学的方法或工具去追求或把握本体。他认为科学所凭借的根据——理智是一种向外追逐

---

① 熊十力:《新唯识论》,第275页。
② 熊十力:《新唯识论》,第251页。

的根据。他把理智称之为量智,认为量智只能运用于认识物质的宇宙,而绝对不可能用来实证本体。因此,在他看来,量智或理智的效用是有限度的。量智或理智只是科学的工具,只是建立关于外在事物的知识论的工具。熊十力认为,研究知识论是科学的任务,而与哲学根本就没有关系,所以关于知识论的研究决不应该放在哲学的领域之内。哲学之为哲学,或者说哲学之所以能够在科学的步步紧逼之前始终能够站稳自己的脚跟,就是哲学有着自始至终属于自己的地盘。这一地盘,熊十力认为就是本体论。本体论是科学所不能够夺取的。因此,在他看来,哲学研究的真正目的就是本体论。当然,为了加强哲学之研究,我们会经常注重知识论的研究。但我们在此必须要注意的是,对知识论的研究并不是哲学研究的目的,而只不过是作为本体论研究的方法或手段。正是从这样的视角出发,熊十力说道:"我们正以未得证体,才研究知识论。今乃立意不承认有本体论,而只在知识论上转来转去,终无结果,如何不是脱离哲学的立场?凡此种种妄见,如前哲所谓'道在迩求诸远,事在易而求诸难'。此其谬误,实由不务反识本心。易言之即不料万物本原,与吾人真性,本非有二。遂至妄臆宇宙本体为离自心而外在,故乃凭量智以向外求索,及其求索不可得,犹复不已于求索,则且以意想而有所安立。学者各凭意想,居讼不休,则又相戒勿谈本体,于是盘旋知识窠臼,而正智之途塞,人顾自迷其所以生之理。古德有骑驴觅驴之喻,盖言其不悟自所本有,而妄向外求也。"①

在这里,熊十力所反复批评的是西方近代以来哲学领域内所发生的重大变化。这一变化可以"认识论转向"的说法概括之。

这一转向开始于法国哲学家笛卡尔、英国哲学家洛克等人。这些哲学家所研究的是知识论,而不再是本体论等问题。他们认为,本体论所涉及的那些问题,如上帝存在、意志自由等,如果我们不从认识论或知识论的角度去研究,那么我们所能够得到的结论必将是任意的武

---

① 熊十力:《新唯识论》,中华书局,1985年,第250—251页。

断的。于是，上述的那些问题必须放置在理性的法庭面前加以审视。从此，在哲学领域内，本体论不再是哲学研究的重点对象，其核心地位完全转让给了知识论或认识论。现在，哲学家关注的重点是，本体论或形而上学能否成立应该在认识论或知识论领域内寻找答案。这一哲学发展趋势引领着西方近代以来的哲学发展方向。正是在此共识的导引下，认识论或知识论的研究也就成为了西方哲学界主流。那些仍然热衷于传统本体论研究的哲学家逐渐地边缘化。又由于近代以来科学的迅猛发展，科学方法论的逐步走向完善和系统化，不少哲学家自觉地运用科学方法论，尤其是所谓的逻辑分析方法来处理哲学问题，于是二十世纪三十年代前后出现的逻辑实证主义思潮在哲学领域内成为了左右西方哲学界的核心力量。逻辑实证主义者指出，命题的意义存在于命题的证实方式之中。如果一个命题可以通过经验事实加以证实或否正，那么这样的命题就是有意义的。运用这样的证实标准，其结果必然是传统本体论所讨论的那些诸如上帝存在、意志自由等问题是没有任何意义的。因为这些命题根本不可能通过经验事实加以证实。所以结论也就是，本体论或形而上学是没有意义的，我们应该拒斥本体论或形而上学。

　　逻辑实证主义拒斥形而上学的立场虽然在中国现代哲学中产生过一定的影响，但却微乎其微。中国现代哲学家，如金岳霖、冯友兰、熊十力等对西方哲学界的这一发展趋势很不感冒。他们都冒西方哲学之大不韪，坚决主张，本体论或形而上学而不是人生论或知识论才应该是中国现代哲学研究领域的核心。他们纷纷建立了自己的本体论或形而上学的哲学思想体系。冯友兰在本体论或形而上学方面颇有建树，但却从不关注认识论或知识论，没有在这一领域内留下任何研究成果。熊十力虽有心建立自己的量论，但也终未有此方面的专著问世。与冯友兰、熊十力不同，金岳霖在知识论的研究上花费了大量的精力和时间，为我们留下了十分厚重的《知识论》专著。但他本人却指出,玄学或本体论是知识论的基础,而不是相反。知识论所要研究的正是本体论所设立的共相世界。我们可以清楚地看见,正是由于中国现代哲学家的努力,形而上学或本体论的建构才形成了中国现代哲学的特色。我们因此可以这样说,中国现代哲学的主体或主流并不是知识论或认识论而是本体论或形而上学。

应该在此指出的则是,金岳霖、冯友兰虽然将本体论或形而上学看做哲学的主体,但他们两人还是认为知识论研究应该也是哲学研究的一个方面。与他们不同,熊十力则断然指出,只有本体论才是哲学的核心,或者说哲学就是本体论。站在这样的哲学立场来看知识论,那么他也就不得不将知识论或认识论排除在哲学之外了。这也就难怪熊十力虽有心愿要建立自己的量论,但最终还是一无所获。

如果说,本体既然不是外在的,那么我们应当在什么地方求得本体呢？由于熊十力认为,本心就是吾身与天地万物所共同具有的本体,所以求本体也就应该内求于本心。他回答说:"求诸己而已矣。求诸己者,反之于心而即是。岂远乎哉？"[①]求索本心决不能依靠或凭借科学所习用的量智,因为量智在熊十力看来只是向外求索的工具。要内求诸本心,就只得凭借熊十力尚未定性智。那么,什么又叫做性智呢？熊十力是这样来定义性智的。他说道:"性智者,即是真的自己底觉悟。此中真的自己一词,即为本体。"[②]在《新唯识论》中,性智又被称之为"实证相应"。熊十力指出,所谓实证是说"这个本心的自知自识。换句话说,就是他本心自己知道自己。……这种自知自识的时候,是绝没有能所和内外及同异等等分别的相状的,而却是昭昭明明、内自识的,不是混沌无知的。我们只有在这样的境界中才叫做实证。而所谓性智,也就是照这样的境界中才显现的,这才是得到本体"[③]。总之,

---

① 熊十力:《新唯识论》,第 251 页。
② 熊十力:《新唯识论》,第 249 页。
③ 熊十力:《新唯识论》,第 253—254 页。

一句话,本体是要反求自身而得到的。本体与现象之间没有不可逾越的鸿沟。

但是问题却在于,熊十力所谓的心为万物本原的说法只是其一厢情愿的想法。如果本心就是吾身与天地万物所共同具有的本体,所以求本体也就应该内求于本心,那么他本人关于本体所说的一切至多也只能说是一种道德理想,而不是真正意义上的哲学的讨论。因为我们毕竟不清楚,他所谓的本体究竟应该具有什么样的确切含义。

在《新唯识论》看来,本体的最为基本的含义是"肇万化而成万物"。这也就是说,本体之所以能够成为宇宙本体,首先在于它是一个"创生实体"。熊十力指出,老子之"道"、儒者之"天"、佛之"真如"都是指的本性,表明了本性的真实性、常住性和超越性。正因为它不是虚妄的,不是空的,所以它才能成为万化的根源。本性、真实性和超越性是指它是无形无象、无所污染的。这是本体的一个特点。本体的另一个特点则即是孔子所说的"天何言哉?四时行焉,百物生焉,天何言哉"?这就是说,本体是刚健、孕育并鼓动万物生生不已的本性,是一种"创生实体"。

熊十力的本体显现为无穷无尽的大用,体与用虽有别,但体与用之间不可分割成两片。这是熊十力所谓本体概念的一大特色。从体发而为用说,本体应该说是变易的,然大用流行,毕竟不曾改易其本体固有生生、健动,乃至种种流行,应该说就是变易。在熊十力的哲学思想中,用指作用或功用。《新唯识论》认为,作用或功用本身只是一种动势,而不是具有实在性或固定性的东西。或者说用根本是没有自性的。如果说用是有自性的,它就是独立存在的实有的东西。就不必于用之外再找什么东西本体了。体是对用而得名的。熊十力指出,体是举起自身全显现为用分殊的用,所以说它是用的体,绝不是超脱于用之外而独存的东西。因为体就是用的本体,所以不可离用而觅体。本体是无形象、无作为的,然而又是至真、至实、无不为的。本体不是我们能够直接达到或直接揭示的,它是要显现为无量无边的功用的,显现为宇宙万象的。他说道:"桌子哪、椅子哪、人、鸟哪、思想等等精神现象哪,乃至一切的物事,都不是一一固定的相状,都只是功用。"所以"用就是体的显现,体就是用的体。无体即无用,离用元无体"。[①] 在《新唯识论》中,熊十力反复申说道,决不可将体与用析成两片。用是体之用,用即是体,非别成一物,而与体对待。体是用之体,只有通过用,无形象、无为的体才能显现为至真至实的。所以离用就不能显体,也就无所谓体了。当然,体与用之间还是有着差别的。体是绝对的,无形象的,用是显现为万殊的,是有形象的。但体与用绝不是两个不同的物。在《新唯识论》中,熊十力反复运用大海水与泡沫来说明体与用之间的关系。他说道:大海水是全体显现为众沤,不可于众沤之外另觅大海水。又众沤各以大海水为其体,非离大海水各有其自体。大海水与众沤之间虽有差别,但大海水与众沤并无本质上的区别。

西方近代以来,本体论或形而上学一蹶不振,其根本原因恐怕就是热衷于本体论的哲学家们不能很好地处理现象与本体之间的关系,把本体与现象打开,将体与用两橛化。在经验世界,我们能够直接认识的只能是现象,本体却不是我们能够直接达到的。更为困难的则是,我们企图认识本体的唯一的途径也只能是现象,用现象材料构成我们不能直接达到的本体。正是由于这样的原因,很多哲学家也就干脆抛弃本体论的立场。熊十力的关于体与用的哲学思想体系企图纠正西方哲学在体与用关系方面的偏颇,坚决主张体与用之间并无本质上的差异。他的体用不二的思想对于印度佛学的出世主义倾向也有着纠偏的效用。

但是我们也应该看到,熊十力体用不二的思想也自有其不可克服的局限性。体用不二的思想过分强调了体与用之间的共同性,而忽视了体与用之间的本质方面的差异,所以在解释体与用各自含义及相互

[①] 熊十力:《新唯识论》,第301—302页。

之间关系时不免有其含混不清的地方。既然启用体与用这一对传统的范畴,却又反复强调体用不二,似乎过于牵强,有消体归用之嫌。体是无形无相的,不是我们能够直接达到的。体只有通过用才能显现为至真至实,所以离用就不能显体。在此所谓显现实际说的是,体在经验世界显现为用或我们的感官所能够把握的只是用。根据熊十力的说法,我们能够把握住的用,不只是用,因为用就是体的显现,所以达到了用也就得到了体。但这样的说法是有问题的。因为用虽然体现了体的某些特性,但我们不能跟进说,用因此就是体了,更不能说体用不二了。在基督教徒眼里,虔诚的信徒无疑具有某些神的特性,体现了神的某些属性。神不是我们的肉眼所能够看见的,我们却能够从虔诚教徒的言行中体会到神的某些属性。但我们却不能因此说,虔诚的信徒本身就是神。

在《新唯识论》的各种不同版本中,为了清楚地表达体与用之间的这种不二关系,熊十力经常运用大海水与众沤的关系来做比喻。他说道,大海水全体现为众沤,不可与众沤之外别觅大海水。这一比喻说的是,众沤是用,大海水是体。仔细分析,我们发现这样的比喻是有问题的。其实,大海水与众沤之间并不存在着体与用的关系。大海水与众沤都是海水,只不过是海水的两种不同的形式而已。

这一比喻更为严重的困难在于,熊十力反复强调,我们切不可在众沤外别觅大海水。这也就是说,体全显现为用。体是万事万物的本原,体既体现在万事万物之中,所以我们也就不能在万事万物之外去觅体。细究这一说法,我们就会发现如下的困难。这一困难就是,万事万物既可以在过去和现在的意义上说,也可以在未来的意义上说。就过去和现在的意义上说万事万物,那么这样的万事万物就存在于现实的经验世界之中。而未来意义上的万事万物,严格说来是不能说的,因为这样的万事万物并不具有现实性,只具有可能性。如果真如熊十力所说的那样,体全显现为用或万事万物,而不能于用之外或万事万物之外别觅体,那么这样的体与用的关系就不是本体论意义上的本体与现象的关系。而且,问题也在于,熊十力既然着意在消体归用,那么他的着眼点也就全是用,以用来说明什么是体。这正如在认识论领域内,我们知道的只能是现象,但我们又执著地想知道现象背后的本体,所以也就不得不用种种现象去构造本体。本体既然是现象构造起来的,这样的本体也就显然不是真正的本体。既然本体达不到,既然熊十力要消除体,那么他也就没有必要起用"体用不二"这样的本体论术语。

第三节 翕辟成变

在其《新唯识论》中,熊十力认为,从本体论的角度,心和物都不是实在的。但从大用流行的角度,从宇宙论和人生论的角度来审视,他又认为一切心的现象和物的现象都处在极生动、极活泼、且不断变化的过程之中。当然我们必须知道的是,此处所说的宇宙万象的运动变化是用。但须知,用是体之用。在《新唯识论》中,体与用本来就是圆融混一的,体用不能割裂。本体本身就是能变的,是变动不居的,所以本体也就必然发为大用流行。正是因为如此,熊十力在其哲学思想体系中,又称本体为"能变"或"恒转"。

"恒"字说的是非断的意思,"转"则是非常的意思。非常非断,所以名为恒转。熊十力指出,从本体显现为大用流行方面说,本体是变动不居的缘故,所以说是非常。如本体是恒常的,就没有变动,也就没有用了。又因为本体是变动的不居的缘故,所以说它是非断的。不常亦不断,所以说本体是能变的,才能够成为大用。这就是说,本体作为一个有自性的整体,它自身亦是生生不已的运动变化的过程。

恒与转是相对的。但在《新唯识论》中,熊十力却使这两者统一起来了。他认为,转是舍故生新,是变易。恒转本不可言说,所以不可言常。但是舍故生新是宇宙万物的本性,不分时空,永远如此。因此,新新而起,永无断灭之"转"实在是绝对的恒常之道。恒转指的是本体运动的绝对性。熊十力指出,这种运动、变易的能量,仍来自本体自身,而不来自其外。

本体是能变、恒转,同时也即为"功能"。根据佛学唯识学本义,功能为种子之一名,是种子能生结果的功用或能力。1925年至1926年,熊十力在北京大学讲授唯识学时,即开始以"功能说为本体"。其总的意思是说,本体即为恒转。恒转势用又大得无量无边,故又名之为功能。本体自身即有能有用。本体的能力或功用只是一种动势。这种动势显现为相反相成的两个方面。此两个方面,一为翕一为辟。正是由于一翕一辟、一辟一翕,才使得本体生生大化,显现为万殊。

在《新唯识论》中,熊十力指出,"翕辟成变"说是把握他整个哲学思想体系的关键环节。他尝自谓,《新唯识论》主张即体即用,即变即不变,即流行即主宰,即用即体。我们于此正可以看见,熊十力的新唯识论思想系统实在是以翕辟概念为其枢纽。我们若是于翕辟概念稍有误会,即不可能真正领会《新唯识论》一书,只可谓之毫无价值之书。由此可见,在熊十力的哲学思想体系中,翕辟概念占据着重要地位。

现在的问题也就是,究竟什么是翕呢?熊十力指出,翕并不是一种东西,而是指的一种摄聚的势用。无形象、无质碍的本体在动的过程中,由于翕的势用,形成无量的形象,于是才能形成万事万物,建立起物质宇宙。若无翕的势用,那无形象的本体也就是浮游无据了。在他看来,翕是一种摄聚的势用,因而呈现为万事万物。他如斯说道:"唯物论者把物质看做为本原的,旧师也以为物质有他的因素,这都是把物质看成实在的,都是极大的错误。实则物并不实在,亦绝没有旧师所妄想的物质因素。物者,只是我所谓收凝的势用而诈现之迹象而已。收凝的势用,名为翕,翕即成物。"①

翕的含义如上所述,那么什么又是辟呢?熊十力指出,辟也不是一种具有实在性的东西,同样也是本体的一种势用。但是辟起着与翕相反的作用。他这样解释道:当翕的势用起来时,却有别一种势用也与之同时起来。这个势用"是能运于翕之中而自为主宰,以现其至健,而使翕随己转的。这种刚健而不物化的势用,就名之为辟"。② 对之,他要进一步申说道:"所谓辟者,亦名为宇宙的心,我们又不妨把辟名为宇宙精神。"③在他看来,如果只有翕而没有辟,那便是完全的物化,宇宙也就只是顽固坚凝的死物。正因为辟的势用迷漫于翕之中而又运用此翕,才能避免宇宙物化,使其生生不息,大用流行。

翕势凝敛而成物,所以翕即是物;辟势恒开发而不失为其本体之健,因此辟即是心。

翕(物)、辟(心)是同一功能的两个方面,这两种势用是相互依存而不可分割的。这两种势能、两种活力相互为用,流行不已。正因为如此,熊十力也就反复强调,切不可将翕辟"剖析为两片事物"。两者本非异体,而是本体所具有的两种本体势用。翕辟相反相成,是浑然而不可分的整体。我们可以分别言说之,但是这两种势能却是同时而有的。必有翕辟两方面才能构成变化,缺了其中任何一种势能,变化也就不可能了。

但是我们在此必须注意的是,翕辟这两个方面绝不是并列的或平等的。辟是主,翕是从。辟包含着翕,翕从属于辟。辟势遍含一切物而无所不包,遍在一切物而无所不入。翕和辟本非异体。这就是说,翕和辟虽同为本体的两种势能,但是势用上却有着差别。辟必待翕而后得其运用,翕必待辟而后见为流行,识有主宰。由于熊十力认为,吾

---

① 熊十力:《新唯识论》,第328页。
② 熊十力:《新唯识论》,第318页。
③ 熊十力:《新唯识论》,第328页。

人与宇宙同一大生命,自家生命即是宇宙本体,所以辟就是生命,就是心灵,处于生生不息的永恒过程之中。翕辟是本体内部蕴涵着的矛盾或动力。在这一对矛盾之中,辟势(心力)主导着翕势(物质)。所以把握即用即体的关键在于肯定辟(心)势主导翕(物质)势。翕辟开阖的世界也就是"本心"的发用。在一定意义上,可以说辟也就是体,但却不可说翕亦是体。

熊十力的翕辟成变说是要说明,本体不是一个僵硬的东西,而是一个大化流行、生生化化的东西。从此而言,本体就是"恒转"、"功能"或"大用"。这个大用就是由相反相成的两种势能、两种活力相互作用而成的。一翕一辟不住地流行变化,就形成了万殊的大用。

熊十力的翕辟成变说,运用相反相成的辩证思维方法解决了心与物之间的关系问题,注重翕与辟之间的统一不离的关系,却又突出强调了此两者不是相互并列的,而是以辟为主,翕从属于辟的。但是他翕辟成变说又认为,一切事物变化刹那生灭,而没有相对静止的一面,否认物体的运动有其相对稳定的一面。这无疑是片面的。

第四章

冯友兰的新理学

第一节 《新理学》的形上学

无疑,冯友兰是现代新儒学思想最有影响的代表人物之一。他本人曾经明确地表示,自己的《新理学》一书所以名为"新理学",是因为他所讲的"新理学"思想系统,大体上是承接宋明道学中之理学一派。而所以说"大体上",是因为在许多点上,他的"新理学"思想体系与宋明以来的理学有不同之处,所以称为"新理学"。

其间最大的不同之处,在于冯友兰自觉地运用西方逻辑分析方法来接着宋明理学讲。按照他本人的说法是,运用现代逻辑学的成就,分析中国传统哲学的概念,使那些含混不清的概念明确起来,这就是接着讲和照着讲的分别。

冯友兰极其重视逻辑分析方法在哲学及中国哲学史研究领域内

的应用。他说:"冯友兰分析哲学是从逻辑入门的,用古人的话说,就是从逻辑学'悟入',用今人的话说,就是从逻辑学'打开一个缺口'。"(《中国现代哲学史》)

他十七岁在上海中国公学上学时有一门课程是逻辑,所用的课本是耶芳斯的《逻辑浅说》,有一位先生公开地把这本书当成一本英文读本来讲,有一次这位先生把冯叫起来,问 Judgment 那个字中的 g 字母后面有没有 e 字母,后来又换了一位先生,他倒是有意要讲点逻辑,可是他不懂逻辑,冯当时对逻辑很有兴趣,就自学。他就自己做了书后的很多练习题。有一道题不会做,就去问这位先生,他想了一会儿,说:"等下一次告诉你。"可是,他以后就不再来了。

冯友兰说:"我学逻辑,虽然仅仅只是一个开始,但是这个开始引起了我学哲学的兴趣,我决心以后要学哲学,对于逻辑的兴趣,很自然地使我特别想学西方哲学。"

以后他没有学过逻辑,"但是我对于逻辑学的一知半解,帮助了我学哲学"。

他格外重视逻辑学对于哲学的重要作用,认为"逻辑学是哲学的入门"。对于逻辑分析的重视是三四十年代清华大学哲学系的传统学风,北大哲学系的传统和重点是历史研究。其哲学倾向是观念论,用西方哲学名词说是康德派。黑格尔派,用中国哲学的名词说是陆王。而清华哲学系的传统和重点是用逻辑分析方法研究哲学问题,其哲学倾向是实在论,用西方哲学的名词说是柏拉图派,用中国哲学名词说是程朱。

冯说:"就我所能看出的而论,西方哲学对中国哲学的永久性贡献,是逻辑分析方法。……对于中国人来说,传入佛家的负的方法,并无关紧要,因为道家早已有负的方法,当然佛家的确是加强了它。可见,正的方法传入,就真正是极其重要的大事了。它给予中国人一个新的思想方法,使其哲学思想为之一变。……重要的是这个方法,不是西方哲学的现成的结论。(点石成金故事)——逻辑分析法就是西方哲学家的手指头,中国人要的是手指头。"

他认为正的方法尽管很重要,但它没有取代负的方法,只是补充了负的方法。他认为:"一个完全形上的系统,应当始于正的方法,而终于负的方法。如果它不终于负的方法,它就不能走到哲学的最后顶点。但是如果它不始于正的方法,它就缺少作为哲学的知识的清晰的思想。"

他认为哲学并不能给人们提供积极的知识,而只能使人们达到最高的境界。给人们提供积极的知识的是科学,这是科学的实用。哲学没有科学的这种实用性,所以哲学是无用。但是哲学可以使人明白如何成为真正的人,这是哲学"无用之处","也可以称为大用"。冯友兰在此区分了哲学与科学,认为它们各有自己的用途。所以,他认为,玄学和科学之间的争论是没有必要的。

科学以经验为对象,哲学也从分析经验开始,这似乎是两者的共同点,但是冯友兰接着指出,科学是关于经验的科学,它以经验为对象,对之作积极的解释,由这种解释而得到的知识可以由经验得到证实或否证。而哲学则不同,它虽也从分析经验开始,但哲学只对经验作逻辑的分析,或形式分析,所谓"形式底"意思是说"没有内容底",是"空底",所以哲学的所谓分析经验不是为了得到科学的知识,它只是笼统地肯定事物的存在,而从事物推出事物所以存在的理由。所以冯说:"哲学由分析实际底事物而知实际,由知实际而知真际。"他认为哲学的真正目的是要得到真际,即理世界,或共相世界。但我们得到对于理世界的认识必须经由分析实际事物而知实际,由实际而知真际,这种意义上的哲学严格说来不是哲学,而是得到哲学的程序。真正形上学不应拖泥带水,应不著形象。这种意义上的哲学"不切实际,不事实","哲学中之观念、命题,及推论,形式底,逻辑底"。冯认为,我们得到哲学要靠经验,但我们既已得之之后,即见其并不另需经验一位证明。其所以如此者,因为此种观念,命题,及推论,对于实际并无所主张,无所肯定,或最少主张,最少肯定。这就是说,我们得到这种哲学离不开经验,因为得到某种东西,无论什么东西,都是在具体的经验之中,但一旦得到了这种哲学之后,我们就不再需要经验,这种分析告诉我们,第一种意义上的哲学即得到哲学的程序,并不是真正意义上的形上学,因为这样的哲学并不符合"玄学"标准。第二种意义上的哲学,才是极高明,才是最哲学底哲学,不著实际,超乎形象,玄之又玄。

这种哲学只对真际有形式肯定,也就是说,以真际为对象。什么是真际,他说:"真际与实际不同,真际是凡可称为有者,实际是指有事实底存在者。"冯认为,实际又与实际底事物不同,实际底事物是指有事实底存在着底事事物物,如楼房、车子等等,哲学以真际为对象,所以不著实际,不肯定事实。

毫无疑问,《新理学》表述的是一种形上学的思想体系。冯友兰认为,他的《新理学》是"接著"宋明理学讲的。而不是"照著"宋明理学讲的。这表明《新理学》中的形上学系统既与宋明理学有着思想渊源的关系,又有着性质上的差异。这种思想上的渊源关系表现在冯友兰反复强调"哲学是对于人生底、有系统地、反思底思想","形上学是哲学中底最重要底一部分。因为它代表人对于人生底最后底觉解,这种觉解,是人有最高底境界所必需底","形上学的功用,本只在于提高人的境界。它不能使人有更多底积极底知识。它只可以使人有最高底境界"。① 冯友兰对哲学或形上学性质和功能的这种看法显然是渊源于中国传统哲学,而不同于西方哲学的传统。而《新理学》与宋明理学的性质上的差异在于"宋明道学没有直接受过名家的洗礼,所以他们所讲底,不免著于形象","尚有'拖泥带水'的毛病,因此,由他们的哲学所得到底人生,尚不能完全地'经虚涉旷'",② 而《新理学》则充分地利用

---

① 冯友兰:《新知言》,《三松堂全集》,第五卷,河南人民出版社,1986年,167页。
② 冯友兰:《新原道》,《三松堂全集》,第五卷,河南人民出版社,1986年,第146—147页。

了西方近代以来的逻辑学的最新成果,冯友兰说:新理学就是"利用现代新逻辑学对于形上学底批判,以成立一个完全'不著实际'底形上学。"① 宋明理学著于形象,而《新理学》则完全"不著实际"。这就是二者之间的实质性差异。

对于冯友兰来说,这一差异源于他曾经受过维也纳学派经验主义的洗礼,接受了逻辑实证主义的方法。他认为,维也纳学派对传统形上学的批判是正确的。冯友兰指出,维也纳学派拒斥传统的形上学,这是对的。但如将一切形上学都推翻则是错误的。形上学是不能推翻的。然而将来的形上学一定要不同于传统的形上学。冯友兰自觉地承担起了重建形上学的任务,他说:"新理学的工作,是要经过维也纳学派的经验主义而重新建立形上学。"②

如果囿于冯友兰"接著"宋明理学来讲《新理学》的思路,我们就将不可能完全正确地理解《新理学》一书的哲学性质。我认为,《新理学》哲学性质的秘密在于冯友兰是要经过维也纳学派的经验主义而"重新建立形上学"。这一重建工作包含着三个主要的环节,它们分别是:现代的逻辑分析方法、经验事实和人生境界。这最后一个环节即是所谓"接著"宋明理学讲的意思。而前两项则来自于西方现代哲学中的经验主义哲学传统,它们在《新理学》的形上学系统中分别成为了这一新形上学的建构方法和建构起点。由于建构的方法和起点已经完全不同于中国的哲学传统,这就使得《新理学》中的人生境界说也不同于典型的中国传统的人生境界说。

对逻辑学的哲学功能的高度重视使得冯友兰把逻辑分析看成是哲学工作的主要的方法。把逻辑分析方法看成是哲学工作的主要方法,使得冯友兰十分重视当时在世界哲学领域内很有影响的维也纳学派的经验主义思潮。

---

① 冯友兰:《新原道》,第148页。
② 冯友兰:《新知言》,第223页。

运用逻辑分析的方法来处理哲学问题始于英国哲学家罗素。三十年代,维也纳学派更加严格地限制了逻辑分析方法运用的范围,即把逻辑分析适用的范围限制在经验现象之内。把逻辑分析方法引进中国哲学界是一件意义十分重大的事情。对此,冯友兰曾经说到:"就我所能看出的而论,西方哲学对中国哲学的永久性贡献,是逻辑分析方法,……对于中国人来说,传入佛家的负的方法,并无关紧要,因为道家早已有负的方法,当然佛家的确加强了它。可是,正的方法的传入,就真正是极其重要的大事了。它给予中国人一个新的思想方法,使其整个思想为之一变。"①冯友兰虽然在逻辑学的研究上没有做出什么贡献,但在自觉地引进和运用逻辑分析方法处理哲学问题这一方面却与中国现代著名哲学家金岳霖一样都做出了各自的卓越贡献,在中国现代哲学界产生了很大的影响。《新理学》可以说是自觉、熟练地运用逻辑分析方法的典范。而且《新理学》是运用逻辑分析方法重建形上学以回应维也纳学派拒斥形上学理论的第一部中国哲学著作。其意义也应得到充分的估量。

逻辑分析的方法是《新理学》主要的,甚至可以说是唯一的方法,经验事实则是《新理学》哲学分析的起点。这是《新理学》为了重建形上学而得自于维也纳学派的两个重要思想。我认为正是这两个重要的思想,而不是所说的"接着"宋明理学讲这一事实,决定了《新理学》中的形上学的性质。

于是,冯友兰认为形上学的出发点应当是经验事实。传统的形上学探讨的主题是关于超验的实在的命题,如上帝存在、灵魂不朽、意志自由等。维也纳学派认为,这样的命题所涉及的对象并不存在于经验事实之内,它们因此没有相应的经验事实可供我们作为判别它们是否有意义的标准,所以这样的命题没有可证实性,我们即不能证实它们,也不能否证它们。结论自然也就是,它们没有任何意义。没有任

---

① 冯友兰:《中国哲学简史》,北京大学出版社,1985年,第378页。

义的命题,当然不在哲学讨论的范围之内。冯友兰完全同意维也纳学派对传统形上学的批判,于是他以具有可证实性的经验事实作为形上学系统建构的出发点。他说:"哲学始于分析,解释经验,换言之,即分析解释经验中之实际底事物。"①

哲学虽始于分析经验,但并不局限于经验。这是冯友兰不同意维也纳学派的经验主义的地方。他指出,形上学的工作是对于经验作逻辑底释义",应"由分析实际底事物而知实际,由知实际而知真际"。② 冯友兰形上学的要义在于,它要从经验事实出发,并进而运用逻辑分析方法从中演绎出没有任何经验事实内容的形上学的全部观念。这是冯友兰形上学的逻辑构造方法和逻辑构造进程。不是为经验世界寻找形上学根源,而是相反,直接从分析经验事实入手来为形上学的全部基本命题寻找经验论的理由。恐怕这就是冯友兰的新形上学不同于传统形上学的地方。

但如说"哲学始于分析,解释经验"或"分析解释经验中之实际底事物",这就有可能再次走入传统形上学的老路,即"未免著于形象",过于"拖泥带水"。于是,冯友兰进而对逻辑分析方法的对象作了进一步的规定。

他认为,"以逻辑分析方法讲形上学,就是对于经验作逻辑底释义"。而"我们所谓'逻辑底',意思是说'形式底'。……所谓'形式底',意思是说'没有内容底',是'空底'"。③ 对于一经验事实能否作这样的形式和内容的划分是一个有争议的问题,但我们可以暂不去讨论这一问题。我们可以看到,冯友兰所谓的逻辑分析,就是不管对象的具体内容,而只对之作形式的分析。在此,我们可以看到,冯友兰对逻辑分析方法的理解已经大大不同于罗素、维也学派所说的逻辑分析方法。因为后者根本不对经验事实作冯友兰这样的划分,他们所关注的

---

① 冯友兰:《新理学》,《三松堂全集》,第四卷,第12页。
② 冯友兰:《新理学》,第12页。
③ 冯友兰:《新知言》,第174页。

只是命题和事实之间的对应关系,只是对经验事实的确实性进行不同层次的划分。

冯友兰不同于维也纳学派的经验主义而对经验事实作了形式与内容的划分。这一看法虽偏离了经验主义的轨道,然而大体上说来,它仍然落在西方哲学的框架之内,它倾向于柏拉图、康德的区分形式与内容的哲学传统。从此,我们更可以深入地看到西方哲学对冯友兰的深入骨髓的影响。

由于只对经验事实作"形式底"分析,所以在冯友兰看来,真正的形上学的命题,必须是"一片空灵"的,"形上学底命题,是空而且灵底。形上学底命题,对于实际,无所肯定,至少是甚少肯定,所以是空底。其命题对于一切事实,无不适用,所以是灵底"。① 冯友兰认为形上学的命题是否"空灵"是衡量一形上学思想体系是好或坏的唯一的终极标准。经验主义哲学家运用现代逻辑的分析方法给形上学以致命的打击,使它从此一蹶不振,而冯友兰运用同样的逻辑分析方法却给形上学以生存的希望。

方法既已确定,哲学构造的起点也已落实,现在的工作就是在这一基础上进一步构造重建形上学所需的初始命题。

冯友兰认为,对于经验事物及其存在作形式的分析就可以得到理与气的观念,对于经验事物及其存在作形式上的总括,即可以得到大全及道体的观念。理、气、大全及道体是新理学的四个主要观念。这四个观念直接地得之于如下四组命题。

新理学形上学的第一组主要命题是:"凡事物必都是甚么事物。是甚么事物,必都是某种事物。某种事物是某种事物,必有某种事物之所以为某种事物者。"②第二组主要命题是:"事物必都存在。存在底事物必都能存在。能存在的事物必都有其所以能存在者。"③第三组主

---

① 冯友兰:《新知言》,第179页。
② 冯友兰:《新原道》,第148页。
③ 冯友兰:《新原道》,第150页。

要命题是:"存在是一流行。凡存在都是事物的存在。事物的存在都是其气实现某理或某之理的流行。总所有底流行,谓之道体。一切流行涵蕴动。一切流行所涵蕴底动,谓之乾元。"①第四组主要命题是:"总一切底有,谓之大全,大全就是一切底有。"②

上述的四组命题可以用来概括冯友兰形上学的全部内容。因此冯友兰形上学的真伪完全依赖这四组命题究竟有无坚实的理论基础。

我们知道,逻辑实证主义者拒斥形上学的主要武器便是其关于命题的理论。他们把命题分为分析命题和综合命题两大类。分析命题产生于人们在语言使用上的约定。此类命题不关涉经验事实,所以它们的真伪不能决定于有无经验事实与之相关。分析命题的标准是它的效准应当只由包含于分析命题中的那些项的定义得出。而与之截然不同,综合命题则是关于经验事实的命题,它们的真伪因此就完全取决于有否与之相关的经验事实。如果有相关的经验事实与之符合,那么它们便是真的;否则,它们就是假的。

冯友兰接受了逻辑实证主义的命题分类理论。而且他进一步认为,维也纳学派拒斥传统形上学"是有理由底"。因为传统形上学的命题,"都是综合命题,对于实际有积极底肯定,但是其肯定是无可证实性底"。③

但他认为,他自己的形上学命题却有着根本不同的性质。这就是:一、这些命题几乎都是重复叙述的命题;二、这些命题可以说是对于实际都没有说什么,至少是所说很少;三、但从另一方面说,这些命题又都包罗甚广。

把形上学的命题看做是适用于一切事实的命题,这是自柏拉图以来的一切形上学家的普遍看法。如果形上学的命题没有这一性质,那么形上学也便立即失去了其存在的价值。所以,上述关于形上学的命

---

① 冯友兰:《新原道》,第152页。
② 冯友兰:《新原道》,第153页。
③ 冯友兰:《新知言》,第219页。

题性质的第二、第三条的说明并不是冯友兰的独到见解。他对形上学命题性质的真正的新见解在于他把形上学的命题看做是重言式的命题。

冯友兰在形上学命题所应具有的第一个性质的表述中加上了"几乎"这样的字眼。这就是说,这些命题还不是严格意义上的重言式命题,因为它们都肯定了主词表述的对象的存在。然而,真正的重言式命题不能对经验世界的任何存在作出肯定,否则它就具有了经验的内容,随之,它就有被经验否证的危险。然而,我们在此姑且承认这一说法。我们下面的分析,就是在这样的前提下进行的。

使冯友兰以重言式命题重建形上学的真正动机显然是由于维也纳学派对传统形上学的拒斥及他本人对传统形上学命题性质的看法这样两个事实。他认为,传统形上学的命题都是综合命题,而这些命题又得不到证实,所以拒斥它们也就是完全理所当然的。既然综合命题不是形上学真正所需要的命题,那么冯友兰眼光也就自然而然地投向了另一类命题,即分析命题或重言式命题。可见,冯友兰基本上是在逻辑实证主义者的命题理论的基础上企图重建形上学的。在此,应该明白地指出的是,他既误解了传统形上学命题的性质,同时也误解了逻辑实证主义者拒斥形上学的真正的理由。

传统形上学的命题,如上帝存在、灵魂存在、灵魂不朽、意志自由等,完全是超验的命题,而不是如冯友兰所说的综合命题或经验命题。其实,这一点早为德国哲学家康德所点破。他的批判哲学揭示了形上学的不可能,而其论据恰恰就在于人的理性企图以只能适用于经验现象的范畴去把握形上学所探讨的超验的主题。而且人们几千年来所以热切地孜孜以求形上学的真正的历史原因,也在于他们热烈地期望着为变动不居的经验世界寻找超验的形上学的源头活水。所以,传统形上学的命题决不是关于经验事实的综合命题。进而,逻辑实证主义者所以拒斥形上学的主要理由也并不仅仅是因为形上学的命题是综合命题,而是指出形上学的命题既不是分析命题,也不是综合命题。这一点早为英国哲学家艾耶尔在其名著《语言、真理与逻辑》(*Language, Truth and Logic*)中明确地揭示出来,他说:"这里应该提到的是,形而上学家的言词是没有意义的这个事实,并不仅仅是从它们没有事实内容这一点推论出来的。它是从没有事实内容这一点结合它们不是先天命题这一点而推论出来的。"[①]当然,指出这样的历史事实,其用意并不在于我们反对以重言式命题来重建形上学,这是一个完全不同的、需要我们下面详尽讨论的问题。

冯友兰以重言式命题重建形上学的真正的意图是要以重言式命题的永真性来担保其形上学的真值。他指出了重言式就是"自语重复底",就是"客辞""重复叙述它的主辞"。《新理学》中的四组主要命题是不是重言式命题呢?由于篇幅,我们不能在此全面分析这四组命题,而只能以第一组命题为例做些类型化的分析。

第一组命题为:"凡事物必都是甚么事物。是甚么事物,必都是某种事物。某种事物是某种事物,必有某种事物之所以为某种事物者。"在这一组命题中,只有第一个命题即"凡事物必都是甚么事物"这一命题类似重言式,其余的则都不是。如第二个命题"是甚么事物,必都是某种事物"拟由个别事物过渡到事物的类。显然,个别事物和其所属的类是有区别的,所以客观存在不是重言式的。第三个命题是"某种事物是某种事物,必有某种事物之所以为某种事物者"。在这一命题中,"某种事物"是类,而"必有某种事物之所以为某种事物者"表述的则是先于并决定个别事物及其类的理,所以这一个命题也不是重言式的。通过上面的分析,我们可以知道,第一组命题的真正的用意在于要从特殊的经验过渡到类,并进而过渡到超验的理。我们都清楚地知道,经验事物与超验的理之间是有本质上的差异。而冯友兰却巧妙地利用了中国语言文字中的含混性着意地模糊了它们之间的明显的差

---

① 〔英〕艾耶尔:《语言、真理与逻辑》,中译本,上海译文出版社,1981年,第41页。

异,暗渡陈仓,从经验事实抽引出他所需要的理。

总之,第一组命题不是重言式命题。而且对这一组命题所作的分析也完全适用于其他的三组命题,因为其他三组命题的句法结构完全等同于第一组命题的句法结构。所以,《新理学》一书中的形上学的真值不能从它的四组命题的重言式的性质中得到担保。

这四组命题,冯友兰有时又称之为分析命题。如他指出:"以上四组命题,都是分析命题,亦可以说是形式命题。"①逻辑实证主义者认为,分析命题只是记录我们规定以某种方式使用符号,我们不能否定分析命题而不破坏由我们的那个否定本身所预定的约定,并且因而陷于自相矛盾。这是分析命题之所以具有必然性的唯一根据。可见,分析命题的必然性依据于约定论。冯友兰不同意这一说法。他指出,逻辑实证主义者只停留在符号现象本身是不对的,因为"符号总有所代表。它是它所代表底的符号。不然,它就不成其为符号"。② 所以,在冯友兰看来,约定论并不能说明分析命题的永真性。那么,分析命题的真值又是以什么为基础的呢?

冯友兰指出:分析命题对于理有所表示。"析理所得底命题,就是所谓分析命题。我们析红之理,而见其涵蕴颜色,我们于是就说,红是颜色。我们如了解'红'及'颜色'的意义,我们就可见红是颜色这个命题,是必然地普遍地真底? 分析命题的特点,就是它的必然性与普遍性。……分析命题,为甚么是必然地普遍地真底? 最简单直截地回答是:因为这是析理的命题。红之理本来涵蕴色之理。理是永恒底,所以分析命题是必然地普遍地真底。……照我们的看法,若没有理,就不能有必然地普遍地真底分析命题。"③在关于分析命题的性质看法上,冯友兰与逻辑实证主义者之间的区别,实质是新实在论者与实证

---

① 冯友兰:《新原道》,第154页。
② 冯友兰:《新原道》,第245页。
③ 冯友兰:《新知言》,第233—234页。

主义者之间的区别。逻辑实证主义者只停留在经验的或语言的辨名之上,而冯友兰则进一步要求通过对经验事实的辨名达到析理的目的。逻辑实证主义者局限在经验现象的范围之内,而新实在论者则在经验现象之外,又承认了超验的理世界。总之,冯友兰的哲学及其方法鲜明地表现出了他是一位新实在论者。时下国内的有些学者把冯友兰划归为实证主义者的阵营,这实在是一个极大的误解。

然而把上述的四组命题说成是析理后所得到的分析命题的说法值得商榷。因为《新理学》一书并未直接从理出发来规定或范围现象世界。相反,《新理学》在方法上的独到之处是直接从经验事实出发经过类而最终达到理,这是冯友兰形上学的建构方法及其实际的演绎推导的过程。上述的四组命题完全体现了这一方法和演绎过程的要求。这就是说,在冯友兰看来,他的形上学的建构工作是从对经验的形式的解释中来演绎出其所涵蕴的义理,这一过程的结晶便是上述的四组命题。而不是相反,是从析理后才得到这四组命题。可见,把上述四组命题说成是析理后所得到的分析命题的看法本身是违反冯友兰本人所规定的建构形上学的方法论要求的。所以,上述四组命题的真值不能从冯友兰关于分析命题的性质的理论中得到保证。

我们看到在《新理学》一书中,冯友兰是试图从对经验事实的逻辑分析中去演绎出一形上学体系。这在方法上有一值得商榷的问题,即它混淆了认识论和形上学之间的区别。形上学的任务是从一般的普遍的东西出发来为经验现象的存在提供理论的说明,而认识论所要解决的才是如何从特殊的经验事实去有效地得到一般的或规律性的东西。

上述的理论上的混淆又引导出如下的一个理论失误,即冯友兰相信从对个别经验事实的形式分析中就可以毫无疑问地得到一般的东西。这样的看法在休谟以前似乎还可以存在。然而,在休谟哲学之后,如果还有人想坚持这一看法的话,他就得拿出强有力的论据来说明，我们到底有什么有效的推理方法或过程可以使我们合理地从经验事实过渡到超验的理念世界或真际去。然而我们可以看到，正是在这一十分关键的问题上，二百多年来，哲学家虽绞尽了脑汁，设计出了无数个哲学的方案，但至今我们仍然没有取得决定性的进展。从个别的经验事实能否并且如何过渡到一般性的东西，这是一个归纳的问题。而归纳推论的合理性证明只有在归纳原则之中才能得到。如果归纳原则得不到合理性的说明，那么归纳推论的有效性仍然还是一个谜。从现代归纳理论发展的趋势来看，哲学家们普遍地认为，归纳原则作为一个普遍性的原则是不可能对之进行辩护的。我们可以看到，正是在这一核心问题上，冯友兰本人也并没有拿出决定性的论据来说明从经验事实过渡到理世界的合理有效性。这样，我们就完全有充分的理由指出，冯友兰并没有能够解决究竟如何从分析经验事实来得到超验的理。如果在理论上不能够解决这一问题，却又要断言可以从对经验事实的逻辑分析过程中寻找出蕴涵在其中的普遍必然的理或真际，那么我们不能不说这样的看法就是理论上的独断。既然如此，我们也就能进一步得出结论说，这四组命题并不是分析命题，因为我们找不出任何理由来确认这样的理是存在的。

在实证主义者眼里，分析命题决不是综合命题，反之亦然。这样的看法是完全符合逻辑的。但在《新理学》一书中，这两者之间似乎并没有这样一条泾渭分明的界限。因为在事实上冯友兰也经常地把上述的四组命题称之为综合命题。如他说"形上学中底命题，仅几乎是重复叙述底命题，所以也是综合命题"，[①]又说："真正底形上学中底命题，虽也是综合命题，但对于实际极少肯定。"[②]既然形上学中的命题也是综合命题，那么这种命题也可能是假的。但冯友兰认为，假的可能性很小。他指出："形上学中底命题，除肯定其主辞的存在外；对于实

[①] 冯友兰:《新知言》，第178页。
[②] 冯友兰:《新知言》，第219页。

际底事物,不积极地说甚么,不作积极肯定,不增加我们对于实际事物底知识,所以它是假的可能是很小底。只是在它所从说起底事物的存在不是真底情形下,它才能是假底。形上学是对于一切事物作形式底释义,只要有任何事物存在,它的命题都是真底。任何事物都不存在,如果是有这种可能,其可能是很小底。"①而且,冯友兰认为,"我们可以说所谓外界事物,不过都是些感觉或感觉'堆它'。但照我们所谓事物的意义,感觉及感觉'堆它'也是某种事物。你如否认这个肯定,你的否认,也是一种事物,从这一方面着想,(这也是一个事物)我们可见;任何事物不存在,至少在我们作了这个肯定以后,是不可能。"②结论自然就是,形上学的命题,虽不如逻辑学、数学中的命题是必然的真的,"但亦近乎是必然地真底"。

但问题是,按照冯友兰的理解,"事物"不仅仅是指外在事物,而且也指感觉材料和心理活动。显然,感觉材料和心理活动是私的,你的就是你的,我的就是我的,"如水在口,冷暖自知"。而且它们也没有时间上和空间上的性质的同一性。如与这样的事物符合,则形上学的命题断然不可能是近乎必然的真的。而且问题也在于,《新理学》中的哲学命题是否为真正的综合命题?我们知道;综合命题的特征在于它对经验事实有所叙述,有所传达,它的真与假完全取决于是否与相应的事实符合。但冯友兰的形上学命题是对于事实作形式的解释的命题,其表现形式为"山是山,水是水。山不是非山,水不是非水。山是山不是非山,必因有山之所以为山;水是水不是非水,必因有水之所以为水"。这样的命题看似综合命题,实质却根本不是。它们根本就未向我们提供有关经验事实的任何信息,所以它既未能被经验事实证实,也不能被经验事实证伪。

通过上面的分析我们可以看到,《新理学》中的四组命题,按照冯

---

① 冯友兰:《新知言》,第178页。
② 冯友兰:《新知言》,第224页。

友兰的看法,它们既是重言式命题或分析命题,也是综合命题。但我们却认为,它们既不是重言式命题或分析命题,也不是综合命题。所以,这样的命题是不能担保《新理学》一书中的形上学的真值的。

冯友兰的《新理学》是试图"经过维也纳学派的经验主义而重新建立形上学"。但我们的分析却清楚地表明,他的重建形上学的努力是不成功的。

我们认为,不成功的主要原因在于:第一,冯友兰完全是在逻辑实证主义命题分类的理论框架之内来重建其形上学;第二,在对经验事实作逻辑分析这样的严格的经验主义立场上绝对不可能成功地建立一新的形上学系统。

总之,既想沿用逻辑实证主义的基本理论和方法,又想超越逻辑实证主义而重建形上学,这是使冯友兰重建形上学遭遇到理论困境的原因。冯友兰形上学理论的这一困境实质上便是中国传统哲学精神与西方逻辑分析方法之间的冲突。

要摆脱这一理论困境,建立真正的形上学,我想我们首先要抛弃以逻辑实证主义的命题分类理论为基础来建构形上学的思路。因为从这种理论得出的只能是拒斥形上学这一结论。表达科学理论的语句一般说来是与经验事实内容相对应的命题,所以这样的命题有真假值。科学理论的真假值往往取决于表述其内容的命题的真假值。从这个意义上说,任何科学理论及其命题的真值都不是永恒的,而是相对的。但形上学不是经验科学,而是探讨各门经验科学所涵蕴的绝对预设的科学。所以,形上学逻辑地先于任何的经验科学。表达形上学的语句不是命题的凭借,或者说关于形上学的陈述不是命题,所以它也就没有命题所应具有的真假值。总之,形上学的语句或陈述不同于科学的命题。科学的价值在于它必须具有真值,这就是说,它必须或者是真,或者是假的。而形上学的价值不在于它是否具有真值。逻辑实证主义者的理论上的失误在于他们把超验的形上学的问题作为表述经验事实内容的科学命题来处理。因此在他们看来,不仅形上学是没有意义的,甚至哲学也不再是一门独立的学科,而仅仅是逻辑的一个部门,或者仅仅是用来说明科学命题有还是没有意义的一种活动。但冯友兰是坚信哲学存在的必要性,认为形上学是最哲学的哲学。问题在于,他在重建形上学的方法方面却不得采用逻辑经验主义者的逻辑分析方法。他没有看到,他对哲学或形上学的信念和逻辑分析方法之间有着不可缓解的张力。

其次,形上学不同于经验科学,它是一套绝对的预设或绝对的理论预设,因此它逻辑地先于经验,经验即不能证实它,也不能否证它。所以我们不能从经验事实出发来构造形上学,也不能以是否符合经验事实来决定其真假。相反,绝对预设是一隐含的概念图式,它决定着人类经验的形式特征。绝对预设为经验科学提供概念基础,它们构成了一般经验可能的必要条件。于此可见,冯友兰从经验事实出发直奔超验的实在的方法,在其入手处便是错了。因此形上学的重建便不应再蹈冯友兰从经验到超验的老路。重建的出路似乎应该是这样的,即在古今中西思想文化大交流、大融合的背景下,考察人类各个文化系统内在的价值观念的异同和优劣,然后着眼于未来的发展做出适当超前的调整。在这一方面,冯友兰的《新原道》和《新知言》两书作了一定程度的工作,我们应在此基础上踵事增华,开拓创新,以期成功地重建未来的形上学。

最后,维也纳学派拒斥的形上学是以本体论为实质内容的形上学,所以毋宁说,维也纳学派拒斥的是本体论。就此而言,维也纳学派的拒斥,在某种意义上,是有决定性意义的。但形上学并不等于本体论。把形上学视同于本体论,这是亚里士多德及以后某些哲学家的看法。然而这一看法,使得形上学在西方哲学史上陷入了巨大的理论困境之中。冯友兰受了这一影响也把形上学和本体论等同起来。但贝克莱、休谟、康德及黑格尔等哲学家却在努力地改变上述的看法。他们认为纯存在就是无。从其中可以引出的直接结论便是形上学不等于本体论。形上学是一套绝对的预设。如形上学讨论的一个主题"上帝存在",在早期基督教领袖的著作中便是一绝对的预设,而不是一本体论的问题。这种绝对预设是人类审视宇宙和人生意义的价值预设。也正是在此意义上,我们说哲学或形上学是时代精神的精华,是民族精神的灵魂。这种绝对预设在历史上积淀为文明。因此,文明是各族人民在各自不同的绝对预设的指导下的生活方式。民族的团结和凝聚力来自于各自所拥有的价值或理论上的绝对预设。绝对预设也会有所变化。它们的变化往往决定着一个文明的全部兴衰荣辱。不同的绝对预设决定着人民的不同的生活方式,而新的科学和文化也就会应运而生。我们人类不能没有绝对预设,也不能没有形上学。传统的形上学已随着时代的前进而退出历史舞台,我们的时代正在召唤着新的形上学。但我们所期望的新的形上学必须要和本体论划清界限。我们所需要的是没有本体论的形上学。

冯友兰虽然没有能够成功地建立起一个新的形上学系统,但他在逻辑实证主义者左右着哲学界的三四十年代执著地坚持着形上学的立场,为形上学的生存、发展不懈努力,这是他超越逻辑实证主义哲学的地方。

第二节 新理学的共相理论

金岳霖在《中国哲学》一文中曾经指出,中国先秦"有一批思想家开始主张分别共相和殊相。认为名言有相对性,把坚与白分离开,提出有限者无限可分和飞矢不动的学说……然而这种趋向在中国是短命的;一开始虽然美妙,毕竟过早地夭折了。逻辑认识论的意识仍然不发达,几乎直到现在"。

冯友兰同意金岳霖的看法,认为"认识论和逻辑学的根本问题,是共相和殊相的分别和关系的问题"。但是,他不同意共相和殊相的讨论在"中国早已夭折"的说法。他指出:"在我近来写《中国哲学史新编》的过程中,我自以为对于中国哲学有了进一步的了解。我现在认识到,这个问题是贯穿于中国哲学发展过程中的一个根本问题,不过随着各个时代的不同,其表现形式有所不同。从先秦诸子说起,儒家讲正名,法家讲综核名实,名家讲合同异、离坚白,道家讲有无,说法不同,其根本问题都是共相与殊相的问题。魏晋玄学继续发挥有无问题。宋明道学所讲的理欲道器问题,归根到底,也还是共相和殊相的问题。这个问题一直到现在还在讲,这是活问题,不是死问题。"[1]据此,我们可以知道,冯友兰认为:共相和殊相的关系问题是贯穿于中国哲学发展过程的一个根本问题;认识论和逻辑学的根本问题就是共相和殊相的关系问题;共相和殊相的关系问题是一个活问题,而不是一个死问题。

其实,不仅认识论和逻辑学处理的根本问题是共相和殊相的关系问题,而且形上学或本体论讨论的主要问题在冯友兰看来更应该是这个问题。我们只要粗略地看一下冯友兰的《新理学》一书便可得知,该书的主要内容就是共相和殊相的关系问题。既然形上学、认识论和逻辑学的根本问题就是共相和殊相的关系问题,那么哲学的主要任务也就是要讨论和解决这个问题。冯友兰认为,共相和殊相的关系问题是"真正的哲学问题"。

冯友兰认为,在中国哲学史上是公孙龙首先提出这个问题,但还没有详细讨论。对于这个问题,"一直到宋朝的程颐,才有了详细的讨论。朱熹又继续这个讨论,使之更加深入。他们虽然没有用共相和殊相、一般和特殊这一类的名词,但是他们所讨论的是这个问题。这个问题的讨论,是程朱理学的主要内容。'新理学'所要'接着讲'的,也就是关于这个问题的讨论"。[2]

---

[1] 冯友兰:《怀念金岳霖先生》,载《金岳霖学术思想研究》。
[2] 冯友兰:《三松堂全集》,第一卷,第231页。

可见,《新理学》、"新理学"所讨论的主要问题就是共相和殊相的关系问题。而且,世所公认,在中国现代哲学中,金岳霖和冯友兰就是讲共相和殊相关系问题的两位代表人物。所以,不对冯友兰的共相理论作一番深入系统的分析和研究,也就根本不可能对冯友兰的哲学体系有准确、全面的认识。

在关于共相和殊相关系的理论问题上,冯友兰在1949年前后对之有着根本不同的看法。所以,他的共相理论可分为前、后两个时期。其前期的共相理论认为"理在事先",而后期的共相理论则主张"理在事中"。

《新理学》一书代表着冯友兰前期的共相理论。此书把整个宇宙划分为二。一是形而上的理世界,一是形而下的器世界。冯友兰称前者为"真际",称后者为"实际"。他认为,"真际"就是共相世界。"真际"包含实际,即"真际"的范围要大于"实际"。更具体说,就是有"实际"必然有"真际",而有"真际"未见得有"实际"。"实际"又包含具体的实际事物。《新理学》认为,有实际,但不必就有具体的实际存在的事物。"实际"中某一类的东西之所以成为某一类的东西,是因为它依照某一类东西之理。实际中的某一类东西就是真际中某一理或共相的例证。因为实际中某一类东西之所以成为某一类东西,就是因为它依照某一类东西之理。可能真际中某些理在实际中还没有例证,但不可能实际中有了例证而真际中还没有那个理。这就是说,真际比实际更根本。因为必须先有理,然后才能有例证。如果没有某一理,这个例证就无来处。冯友兰说:"就真际之本然说,有理始可有性,始可有圆底物,所以圆之理是体,实现圆之理之实际底物是用。理,就其本身说,真而不实,故为微,为未发。实际底事物是实现理者,故为显,为已发。某理即是某种事物之所以为某种事物者,某种事物即是所以实现某理者。"[①]理为体,实际的事物为用。以体用关系来说明共相和殊相

---

① 冯友兰:《三松堂全集》,第四卷,第37页。

之间的关系。显然,体是第一性的东西,用是第二性的东西。冯友兰以具体例证来说明这一思想。他认为,必须先有飞机之理,然后才有一个一个的飞机。没有飞机之理,不可能有一个一个的飞机。

冯友兰认为,他上述关于理事、体用关系的理论有与宋儒相同之处。实际上,他也运用了宋儒的"体用一源,显微无间"的说法来论述理事之间的关系。所以,他的上述理论应该说是受了宋儒的影响。但他认为,宋儒于此一问题的看法有可进一步商榷的地方,因为"宋儒对于理之为非实际底亦有看不清楚或说不清楚者。例如宋儒常说'理之在物者为性','心具众理而应万物'。此等话是可解释为以理为'如有物焉'。此错误有时即朱子亦不能免。若不能免此错误,则讲理自有种种不通之处。后来反朱子者对于朱子的攻击,有些是攻击者的错误,有些是朱子自己未看清或未说清所致"。①

《新理学》关于理事的看法与宋儒的实质性差异在于"宋明道学,没有直接受过名家洗礼,所以他们所讲底,不免着于形象","尚有'拖泥带水'的毛病。因此,由他们的哲学所得底人生,尚不能完全底'经虚涉旷'"。②而《新理学》一书则充分地利用了西方近代以来的逻辑学发展的新成果。冯友兰自己就曾经说过,《新理学》是"利用现代新逻辑学对于形上学底批判,以成立一个完全'不着实际'底形上学"。③宋儒不免着于形象,而《新理学》则完全"不着实际"。这就是二者之间实质性的差异。因此,冯友兰认为,哲学只对经验事实做"形式底"分析。在冯友兰看来,真正形上学的命题,必须是"一片空灵"。"形上学底命题,是空且灵底。形上学底命题,对于实际,无所肯定,至少是甚少肯定,所以是空底。其命题对于一切事实,无不适用,所以是灵底。"④根据这种看法,真正的形上学体系中的理世界应该是与经验事实毫无瓜

---

① 冯友兰:《三松堂全集》,第四卷,第39页。
② 冯友兰:《三松堂全集》,第五卷,第146—147页。
③ 冯友兰:《三松堂全集》,第五卷,第148页。
④ 冯友兰:《三松堂全集》,第五卷,第179页。

葛的"洁净空阔的世界"。理虽然决定事，但理不是事，事不是理。

冯友兰关于理事或共相和殊相关系的理论可以以"理在事先"这一命题来概括。然而，在《新理学》一书中，冯友兰不同意所谓的"理在事上"、"理在事中"等等说法。因为，他认为"所谓在是存在之义，则理无所谓在底。理既不能'在'事上，亦不能'在'事中。理对于实际底事，不能有'在上'、'在中'等关系。真际中有'在上'之理，但'在上'之理，并不在上；有"在中"之理，但"在中"之理，并不在中。所以理不能在事'上'，亦不能在事'中'。此等误解，皆由于以理为一'物事，光辉辉地在那里'"。① 冯友兰的这种说法实质上是站在了新实在论者的立场上。新实在论者认为，具体事物的存在是一种在特殊时间和特殊空间中的存在。所以所谓的"在中"、"在上"是对于具体事物而说的。而共相或理并不在任何的时间和任何的空间之中，它们是超时空的。由于不在时空之中，所以它们当然也没有"理在事上"还是"理在事中"诸如此类问题的产生。理虽然不在时空中，然而理却是实实在在的。所以，冯友兰说，理是"真而无实"的。

由于理不在时空之中，当然也就更不在特殊的时空之中。所以《新理学》一书中所说的理或共相，从时间和空间上说，也就当然不会有在具体事物之上或之中的问题发生。然而，从逻辑上讲，共相或理却在具体事物之先。因为根据冯友兰的说法，"某种事物是某种事物，必有某种事物之所以为某种事物者"，如他说："假使实际上无红底物，还可有红之所以为红者。"此红之所以为红者就是红之理。"红之理"落实于某个具体的物，这个具体的物就是"红之理"的例证。这个具体的物就是红的性。"凡依照所以然之理而成为某种物之某，即实现某理，即有某性，理之实现于物者为性。"② 理或共相还是逻辑地先于事或殊相的。

---

① 冯友兰：《三松堂全集》，第四卷，第39页。
② 冯友兰：《三松堂全集》，第四卷，第32页。

理不能离气,共相不能离开殊相,这仅仅是从实际的经验世界立论而得出的结论。就经验世界的某一具体事物说,某一事物之所以为某一事物就是因为它必须同时具有理和气或同时具有共相和殊相,两者缺一不可。然而,从纯粹的理世界看,或从逻辑的可能的角度来审视,情况就有所不同,理是在先的,因为它是使某一具体事物为某一具体事物的所以然者,它决定事物的性质。所以,归根结底来说,理还是先于气的,共相还是先于殊相的。关于这一点,冯友兰在他晚年所著的《三松堂自序》中直言不讳地说:"程朱理学和'新理学',都是主张'理在事先'和'理在事上'。这就是说,在时间上说,理先于具体事物而有,就重要性说,理比具体事物更根本。在新旧理学所讲的理和气的关系中,这二种说法问题不大,因为它们都认为,理和气都是无始无终的,既然都是无始无终,就说不上哪个在先,哪个在后。就具体的事物说,它没有理就不能存在,没有气也不能存在。既然离了理气它都不能存在,也就说不上哪个比较根本,哪个比较不根本。但是就理论方面说,新旧理学的'理在事先'、'理在事上'的主张,是使它们成为客观唯心主义的主要原因。"①冯友兰对自己《新理学》中的共相理论的评价大体上说是对的。此时他已经自觉地意识到,如果理在事先,那么这个理在什么地方呢?这涉及到一个共相存在方式的理论问题。其实,共相存在的方式问题不是一个新问题,而是一个相当古老的理论问题。远在古希腊时期,柏拉图在其晚年的共相理论中已经对之有了深入的思考。当然,柏拉图在理论上也并未解决这个问题。而且,对柏拉图晚年的共相理论在国内的介绍还是在二十世纪的七八十年代。所以,柏拉图晚年的共相理论对冯友兰不可能有什么影响。所以,在此我们大可不必去讨论柏拉图晚期的共相理论。

冯友兰意识到,共相存在方式这一理论问题按照《新理学》的理论体系是根本无法解决的。更由于在1949年后,着重现实性、具体实践

---

① 冯友兰:《三松堂全集》,第一卷,第234页。

性的马克思主义哲学在中国大陆思想界的普及,尤其是五十年代进行的带有强制性的思想改造运动,《新理学》的共相理论显然已经不符合当时思想界的大潮流。不仅如此,像共相、殊相这样的词汇在当时的中国哲学界被认为是属于地地道道的旧哲学或资产阶级哲学的。它们的命运只能是被抛入历史的垃圾堆中。但是,共相和殊相的关系问题既然是一个"真正的哲学问题",它就不可能因为政治意识形态的高压而从哲学家的思考中消失。冯友兰作为一个大哲学家仍然在执著地思考着如何去解决这一问题。

在《三松堂自序》中,冯友兰不但批判了自己在《新理学》中的共相理论,而且更进一步提出了自己对这一理论问题的新的看法。他说:"关于共相和殊相的关系问题,正确的回答是'理在事中',这就是说,共相寓于殊相之中。一类事物的共相和这一类事物,有则具有,无则具无,有则同时有,无则同时无,有了飞机这一类的东西,飞机之理也就有了。如果飞机这一类东西都没有了,飞机之理也就没有了。"①

冯友兰用"理在事中"这一中国传统哲学的命题来回答和处理共相和殊相的关系问题,认为"共相寓于殊相之中"。这样的命题或思想并不是冯友兰所独有的。因为在黑格尔的哲学,尤其是在列宁的哲学思想中就有同样的命题。如列宁在《谈谈辩证法问题》一文中就指出:"一般辩证法的阐述(以及研究)方法也应当如此。从最简单、最普遍的、最常见的等等关系开始,从任何一个命题开始,如绿叶是绿的;伊万是人;哈巴狗是狗等等。在这里(正如黑格尔天才地指出过的)就已经有辩证法:个别就是一般。这就是说,对立面(个别跟一般相对立)是同一的:个别只能与一般相联而存在;一般只能在个别中存在,只能通过个别而存在。任何个别(不论怎样)都是一般。任何一般都是个别的(一部分、或一方面、或本质)。任何一般只是大致地包括一切个别事物。任何个别都不能完全地列入一般之中等等。"在此,列宁已经

---

① 冯友兰:《三松堂全集》,第一卷,第235页。

鲜明地提出了关于共相和殊相的经典性命题,即"个别就是一般"、"个别一定与一般相联而存在。一般只能在个别中存在,只能通过个别而存在"。这一理论在五十年代、六十年代、七十年代的中国哲学界是无可怀疑的绝对真理。而且,事实上这样的理论也完全符合绝大多数人的常识。五十年代以后,冯友兰曾经较为系统地学习过马列主义哲学。列宁的这一经典性论述不可能不对他产生影响。他的《中国哲学史新编》第一册的"全书绪论"中就引用了不少马列哲学典籍中的论述。尤其是在讨论共相和殊相关系问题时,他还特地引用了《列宁全集》第38卷中的几条语录。而《哲学笔记》就是《列宁全集》第38卷的全部内容。可以说,冯友兰的"理在事中"的看法是受了列宁的影响。可以进一步断定列宁的这一论述是冯友兰批判自己早期的共相理论而提出新的共相理论看法的理论根据之一。

其实,列宁关于一般和个别的看法,其理论来源又恰恰是黑格尔的相关的哲学思想。这一点,列宁在其《哲学笔记》中已经做了清楚的说明。黑格尔的思想当然对于冯友兰也有很大的影响。我认为,黑格尔在其《逻辑学》最后一部分"概念论"的"主观性"部分有两点对于冯友兰的后期共相的看法有决定性的影响。第一是黑格尔关于"具体概念"和"抽象概念"的区分。黑格尔所谓的"抽象概念"是只从概念中孤立地抽取普遍性和共同点,使它脱离了特殊性和个别性,因而是抽象的概念。而所谓的"具体概念"则是指概念是包含着多种多样的有机统一体。黑格尔这一思想对冯友兰的影响就是他认识到共相有"抽象共相"和"具体共相"之分。第二,黑格尔关于辩证概念的理论。黑格尔认为辩证概念包含三个环节在自身之内,即普遍性、特殊性和个体性。这三者是一个有机联系的统一体。根据这种理论,普遍性和特殊性是不可分割地联系在一起的。普遍性是特殊性的本质。黑格尔反对把普遍性与特殊性对立起来,使普遍性脱离了特殊性,成为抽象的普遍性。所以,普遍性应该是寓于特殊性之中。特殊性是普遍性的外部显现,构成普遍性的内容。而"个体性"就是普遍性和特殊性的统一体。黑格尔认为,普遍性只有通过个别事物才能取得具体的实在,个别的特殊的事物也只有在普遍性里才能找到它的现实存在的坚固基础和真正内容。这就是辩证概念的特征。冯友兰的具体共相就是来源于黑格尔的辩证概念。针对黑格尔这一关于辩证概念的思想,列宁在《哲学笔记》中指出:"看起来,对黑格尔来说,这里主要的也是把转化指出来。在一定观点看来,在一定条件之下,普遍是个别,个别是普遍。……这就是黑格尔的主要东西。"可见,黑格尔关于普遍性、特殊性、个体性的思想得到了列宁的高度评价。黑格尔哲学是马克思主义哲学的来源之一,它也当然得到了马列主义经典作家的高度重视。因而,黑格尔哲学思想在中国内地从二十世纪五十年代到八十年代一直受到哲学界的高度重视,它对中国哲学界产生了广泛深入的影响。这一影响在冯友兰的《中国哲学史新编》第一册"全书绪论"中可以清楚地看出来。如上面已经指出的两点影响之外,冯友兰关于哲学是人类精神生活的反思这一定义就明显地受了黑格尔的哲学,尤其是黑格尔的《精神现象学》的影响。再有,"绪论"的行文用语就有不少黑格尔、马列的色彩。

不错,上述黑格尔、列宁关于共相和殊相的理论对冯友兰的后期共相理论产生了很大的影响。但冯友兰毕竟是一个哲学大家,他对共相理论有深入的思考,提出了一些自己的独到见解。

冯友兰后期的共相理论主要表现在两部文献之中,一是他的《三松堂自序》,另一是他的《中国哲学史新编》第一册的"全书绪论"。

细读这两本书,我们确实可以发现冯友兰的哲学观发生了变化。一个明显的变化就是他对什么是哲学这一问题有了不同看法。在《新理学》一书中,他反复讲,"哲学乃自纯思之观点,对于经验作理智底分析,总结,及解释,而又以名言说出之者","哲学始于分析,解释经验,换言之,即分析解释经验中之实际底事物。由分析实际底事物而知实际。由知实际而知真际"。① 从此我们可以大概看出,逻辑分析方法是《新理学》主要的,甚至可以说是唯一的方法,经验事实则是《新理学》哲学分析的起点。这是《新理学》得自维也纳学派的两个重要思想。但是在晚年冯友兰对自己早期的哲学观有了根本性的修正。现在,他认为,哲学已不是对经验事实作形式上的分析。他反反复复地强调"哲学是人类精神的反思。所谓反思就是人类精神反过来以自己为对象而思之。人类的精神生活的主要部分是认识,所以也可以说,哲学是对于认识的认识。对于认识的认识,就是认识反过来以自己为对象而认识之,这就是认识的反思。"②冯友兰早期的哲学观是试图从具体过渡到抽象,而其后期的哲学观则要从抽象过渡到抽象。

冯友兰哲学观的这一转变,对于我们考察和理解他后期的共相理论有重要的意义。他前期的哲学观尽管企图从具体事物的分析中得到实际,再从实际过渡到真际,已经在不知不觉中把形上学和认识论混在一起,他晚年也承认这一失误,但是他还是坚持认为共相是客观的实在,它是形而上学的对象而不是认识论的问题。他在《新理学》中决不是要取消共相或理的客观实在性,相反,他却时时在强调真际是独立的,是真而无实的。这里的真不是认识论意义上的真,而是实在论意义上的客观的真。而且,事实上,冯友兰虽然十分重视逻辑、认识论对于哲学的重要性,但是他却从未把哲学探讨的目光投注到逻辑、认识论研究的领域。我们可以从对冯友兰的全部哲学著作的调查中看到这一点。在那时他认为真正的哲学应该只是形上学和人生哲学,认识论似乎不在哲学探讨的范围之内。然而,冯友兰在其后期的哲学研究中却认为哲学的任务却大大不同了。哲学现在变成了"对于认识的认识"了。"对于认识的认识,就是认识反过来以自己为对象而认识之,这就是认识的反思。"

---

① 冯友兰:《新理学·绪论》,《三松堂全集》,第四卷,河南人民出版社,1986年,第7、12页。
② 冯友兰:《中国哲学史新编》第一册"全书绪论",人民出版社,1964年,第9页。

其实,对于认识的认识实质上就是认识论。但是,冯友兰却认为,对于认识的认识的"哲学并不等于认识论,不就是认识论"。因为他认为,认识论讲的只是认识的一般形式,而对于认识的认识"则必包括这些认识的内容"。事实上,包括全部人类认识内容的哲学是不可能的,也无此必要。哲学中的一组一组命题对于实际无所肯定,"哲学不能增进人们对于实际的知识",因为哲学只对实际作形式的肯定。我想,冯友兰之所以不同意"认识的认识"就是认识论,是因为他认为哲学的功用就在于它"能提高人的精神境界"。人生哲学而不是认识论才是他的哲学的最终归宿。但是,对于认识的认识,对于人类精神生活的反思,都必须有一定的认识途径和方法。没有切实可靠的认识论的方法,人生哲学似乎也可能只是一场虚幻的假象。

但是,不管怎么说,冯友兰把哲学看成是"对认识的认识"的一个直接后果就是完全彻底地取消共相的客观实在性。他在《三松堂自序》中指出:"在宋明道学中,程颐所说的'冲漠无朕,万象森然',朱熹所说的'洁净空阔的世界',我原来认为是'真际'与'实际'并存,因此就发生了'真际'存在于什么地方的问题。其实,'真际'是人的思维从'实际'中用抽象的方法分析出来的,是有'天地境界'的人的精神生活的一部分,这是一个关于认识的问题,不是一个关于存在的问题。"[①]显然,真际并不是一种客观实在,是人的精神生活的一部分。但是,冯友兰又说道:"'真际'和'实际'的分别还是有的,也还是可以说的。不过就存在说,'真际'就存在于'实际'之中,不在其外,不在其先,也不在其上。从这个意义上说,'真际'就是'实际',也可以说'实际'就是'真际'。"[②]这里,共相又是一种存在的问题了。那么,冯友兰后期共相理论中的共相到底是什么含义呢?

我们需要注意的是,冯友兰后期共相理论的一大特色是试图运用

---

① 冯友兰:《三松堂全集》,第一卷,第237页。
② 冯友兰:《三松堂全集》,第一卷,第237页。

黑格尔关于"抽象概念"和"具体概念"的理论来处理共相和殊相的关系问题。此时,他已完全把共相等同于概念了。他所说的概念就是辩证逻辑的概念,就是黑格尔逻辑学的概念。

我们先来看看,冯友兰本人是怎么来处理这一问题的。他明确地说"人类精神对于认识的反思,不仅注意到认识的一般形式,而且注意到认识的内容,不仅注意认识,而且注意知识。如果把这样的反思称为逻辑,黑格尔说:'这样的逻辑便提供这种丰富性(关于世界的丰富表象的丰富性)的本质,提供精神的和世界的内在本性","不只是抽象的普遍,而且是自身包含着特殊东西的丰富性的普遍"。① 冯友兰认为,这种包含着特殊性在内的普遍"也就是共相或概念"。他说:"自身包含着特殊东西的丰富性的普遍就是黑格尔所说的'具体共相'。"②

黑格尔所说的共相就是概念。他说:"对经验世界加以思维,本质上即是改变其经验形式,而将它转化成一个普遍的东西——共相。所以思维对于其所出发的经验基础同时即开展一个否定的活动,感性材料经过思维或共相加以规定后,已不复保持其原来的经验形状了。"③这里所说的经验基础、感性材料在黑格尔哲学中都是概念自身辩证运动经历的各阶段。总之,在这里,黑格尔所谓的共相就是概念,即包含特殊的丰富内容于自身的普遍性。

黑格尔的这种具体概念或具体共相的理论对于冯友兰产生了相当大的影响。在晚年冯友兰在比较他自己的《新理学》和金岳霖的《论道》这两本书时曾经这样说道:"金先生和我的那两本书,人们认为,内容差不多,其实也有不同,在金先生的体系里,具体共相保留了一个相应的地位,我的体系里没有。我当时不懂得什么是具体共相,认为共

---

① 冯友兰:《中国哲学史新编》第一册"全书绪论"。
② 冯友兰:《中国哲学史新编》第一册"全书绪论"。
③ 〔德〕黑格尔:《小逻辑》,商务印书馆,1980年,第137页。

相都是抽象的,这是我的一个弱点。当时我如果对于具体共相有所了解,在五十年代讲哲学继承的时候,我的提法就不同了。"①他在此就是有意识地利用了黑格尔具体共相的理论肯定了金岳霖的共相论,批判了自己的《新理学》体系中的共相理论。并且他进而据此来构造自己后期的共相理论。

但是,这里的一个困难的理论问题是,黑格尔的哲学是概念自身的辩证运动。不错,他的具体概念是主观性和客观性的统一。然而他所说的主观性和客观性,这"两者无疑地都是思想,甚至是确定的思想"。② 黑格尔认为概念的"主观性"自身是能动的、辩证发展的,它会突破其限制,使自身加入客观性。可见,黑格尔在这里所说的"客观性"是一种来源于主观思想自身的创造活动,把自己"外在化"为客观存在。所以,他所谓的"客观性"是思维把自己表现在外,而不是指的客观物质世界。因此,共相和个体事物的关系在黑格尔哲学思想体系中是不成问题的。黑格尔所说的普遍性、特殊性和个体性都是他所谓的主观概念的特性。所以,在黑格尔看来,包含着特殊性丰富内容的普遍性是逻辑的必然。这也就是说,黑格尔本人并未能真正解决共相和殊相的关系问题,而毋宁说他是在自己的思维王国里回避了这一哲学难题。因此我们就不能现成地利用黑格尔的这一理论来重新审视共相理论,而必须对之作一番改造工作。显然,冯友兰没有可能做这样的工作。他是直接从黑格尔哲学的视角来重新考察共相理论的。

如果我们顺着黑格尔的思路来看"理在事中"这一命题,那么一个必然的结果也就如冯友兰一样,即真际或理或共相是人的思维从"实际"中用抽象的方法分析出来的。也就是说,共相或理是抽象认识的结果,它只存在于人的思维领域之中,而决不是如柏拉图和本世纪初的英美实在论者所坚决主张的那样——共相是独立于经验世界并决

---

① 冯友兰:《怀念金岳霖先生》,载《金岳霖学术思想研究》。
② 〔德〕黑格尔:《小逻辑》,第371页。

定经验世界的实在。

通行的辩证逻辑的教科书也是把概念定义为最基本的思维形式。概念属于人的意识,是人这一认识主体所特有的。辩证逻辑所讲的概念不同于形式逻辑的概念。后者只注重概念的形式。而前者既注重概念的形式,也注重概念的内容,认为概念是主观和客观的统一。不管怎么样,辩证逻辑所谓的概念是人这一认识主体才有的,这是不会有问题的。

在后期的共相理论中,冯友兰经常是把共相和概念看做是一个东西,认为共相就是概念,概念就是共相。我们获得共相的过程等同于我们获得概念的认识过程,因为这两者都是人的思维从实际事物中用抽象方法分析出来的。

正因为冯友兰把概念和共相看做是同一个东西,所以他才能进而用形式逻辑的概念和外延来定义共相。但他不采用形式逻辑学界约定俗成的说法,即内涵和外延是概念的内涵和外延,而认为内涵和外延是名词的内涵和外延。他说:"用形式逻辑的话说,具体的共相就是代表一个共相或概念的名词的内涵和外延的统一。这个名词的内涵就是这个名词所代表的共相或概念。这个名词的外延就是这个名词所能适用的那一类东西的全体,两者统一起来就成为具体的共相。"①冯友兰认为具体共相或具体概念本应是辩证逻辑的所谓概念。辩证逻辑显然是不同于形式逻辑的。而他现在又运用形式逻辑的概念的内涵和外延来定义辩证逻辑的具体概念和具体共相。这样做是否合理是一个很需要进一步讨论的理论问题。但是我们不拟在此讨论这一问题。我们现在最感兴趣的是概念和语词(名词)之间的区别的问题。

为什么冯友兰不用概念的内涵和外延的说法,而用名词的内涵和外延这样的说法呢?我想,其中最大的原因是,他已经把具体概念等

---

① 冯友兰:《中国哲学史新编》第一册"全书绪论"。

同于具体共相了。在黑格尔哲学中,具体概念就是具体共相。冯友兰沿用了这一说法。在这种情况之下,他可能也就不能再采纳"概念的内涵和外延"这样的说法。概念和语词虽然有许多相应的方面,这两者不可分割。概念必须要用语词表达。语词是概念的直接现实,概念以语词的形式而存在。但是,概念和语词之间又有着不容我们忽视的差别。概念是思维形式的最基本单位,而语词是语言的基本单位。名词固然可以表达概念,但同一概念可以用不同的名词来表达,有时同一名词又可以用来表达不同的概念。而且,我们也知道,概念具有普遍性的特征,而语词却具有强烈的民族特色。更为重要的是,语词只是一种记号,它只是能指,并不需要涉及所指。作为能指的语词必须用来表达概念才能使能指与所指得到统一。也就是说,概念是能指与所指的统一。如果语词(名词)只是能指,那么我们就很难真正地说清楚名词的内涵和外延究竟是什么含义了。

如果我们现在以"概念的内涵和外延"的说法来置换"名词的内涵和外延"的说法,那么又将会出现什么样的情形呢?

我们先来看看究竟什么是概念的内涵。根据形式逻辑的说法,概念的内涵不是这个概念所代表的共相。正确的说法是,概念的内涵是指反映在概念中的对象的本质属性。这两个说法粗看似乎无多大区别。但是,仔细考察,我们可以发现,这两者的区别是很大的。前一个说法是说"这个概念所代表的共相"。概念是代表者,共相是被代表者,似乎一个在内,一个在外。若如是,那么概念和共相就不是同一的。但是,冯友兰认为这两者是同一的。正因为这样,所以他才要用名词来代替概念。后一个说法是说:"反映在概念中的对象的本质属性。"对象的本质属性和反映在概念中的对象的本质属性当然是有联系的,然而这两者之间的区别是很明显的。采取这一说法,概念和反映在概念中的对象的本质属性是同一的。根据冯友兰的说法,反映在概念中的本质属性才是共相。

什么又是外延呢？冯友兰说："名词的外延就是这个名词所能适用的那一类东西的全体。"这样的理解似乎与他把概念和共相视为同类的看法不相符。而且根据形式逻辑，概念的外延应该是指反映在概念中的具有本质属性的一切对象。照这种理解，"那一类东西的全体"不是在概念之外，而恰恰是在这个概念之中的。形式逻辑本来就是研究思维形式结构的，所以它从不关心思维范围之外的实际事物。其实，辩证逻辑也是一样，它也只研究思维的辩证运动的规律。黑格尔的逻辑学就是最为明显的一例。而且，这种对外延的理解也完全符合冯友兰以概念解说共相的思路。

根据我们对传统逻辑学的概念内涵和外延的理解，冯友兰运用名词的内涵和外延来解说的所谓具体共相就是概念。这样的共相也就只能存在于思维领域之中。如果共相只存在于思维领域之中，那么对共相的讨论就不是形上学或本体论的问题，它也就成为了一个地地道道的认识论的问题了。如果这样的理解是对的话，那么冯友兰也只是把共相的问题从《新理学》形上学的体系中转移到了认识论的领域。如果说《新理学》形上学的共相理论是不成功的话，那么把这一问题转移到了认识论的领域之内只会使这一问题变得更为复杂。而且令人感到迷惑不解的是，作为一个哲学大家冯友兰从不讨论、分析认识论的理论问题，所以他也就根本没有有效的理论和手段来分析和处理认识论领域中如何得到共相这样复杂的理论问题。

总之，不管是冯友兰前期的共相理论，还是他后期的共相理论，都没有很好地解决共相和殊相的关系问题。但是，如果这一问题是真正的哲学问题的话，那么这个问题必须要给予一个较好的解答。要解决这个问题是不可能的，中外哲学发展史已表明了这一点。我们所能做的就是怎么样提供一个在理论上首尾一贯的、合理的解释体系。

在共相和概念关系的理论问题上，我认为金岳霖的看法很值得我们深思。金岳霖早在四十年代，在其《知识论》一书中就自觉地区分了共相和概念。他认为,共相是客观实在的普遍性,而不是人们思维抽象的产物。共相是思维的对象,概念或意念才是思维的内容。他说:"思议底内容,一方面是意念或概念,另一方面是意思或命题。思议底对象是共相或共相底关联(可能及可能底关联暂不提及)。内容是意念或概念,则对象是共相;内容是意思或命题,则对象是共相底关联。"[1]根据这种看法,形上学讨论的应是不与认识主体相对待的"无观的共相"或者说独立于认识主体的客观存在的共相。而知识论要研究的则是与认识主体相对待的"有观共相",即它要研究通过什么途径或借助何种手段我们才能获得那独立于人客观存在的共相。我们不能说金岳霖已经最终解决了共相理论中的这一难题,但是把概念和共相明确地区分开来的思路应该说是很有启发意义的。不能说哲学能够解决什么理论问题,但是它至少应该梳理概念、澄清语词。只有在这样的前提之下,我们才能进行有益的哲学探讨。

冯友兰前期的共相理论主张"理在事先",后期的共相理论则批判"理在事先"的命题,而高扬"理在事中"的理论。我们应该注意到的是,"理在事先"和"理在事中"这样两个命题并不是矛盾的命题。在哲学上,在逻辑上,我们始终不能够以其中的一个命题去推翻另一个命题。这两个命题,在哲学理论上都是有其价值的。如果哲学的立足点始终是放在世界的现实性上,那么"理在事中"的命题便是完全正确的。但是,我们知道哲学不仅要研究现实性,它更应该研究可能性。如冯友兰认为,哲学家的宇宙要大于科学家的宇宙,这样的看法如果是有道理的,那么哲学家的眼光就决不应该停留在现实性上。现实性仅是无限的可能性之一种。哲学的价值就在于使我们能以无限性去统摄有限性,以可能性去引导现实性。那么,在这样的前提之下,"理在事先"或"理在事上"的命题也同样有其理论上的价值。

---

[1] 金岳霖:《知识论》,商务印书馆,北京,1983年,第338页。

第三节 天地境界论

反思、方法和境界是冯友兰哲学观的三个重要环节,所以本文拟从这三个环节来分析和探讨冯友兰的哲学观。

一、反思。

众所周知,在中国现代哲学中,有思想体系的哲学家是金岳霖、冯友兰和熊十力。而其中,金岳霖与冯友兰之间颇多相似之处。如他们都反复强调逻辑分析方法的重要性,他们的哲学思想体系都是实在论的,他们都指出哲学的中心问题应该是共相和殊相的关系问题,如此等等。而且他们两人都在清华大学哲学系,以后又都在西南联大执教,经常在一起切磋问学,相互修改对方的稿件。如冯友兰回忆,二十世纪四十年代在西南联大时,金岳霖在写作他的《论道》一书,冯友兰几乎也在同时写作他的《新理学》。我们都知道,金岳霖的《论道》集中体现的是金岳霖的形而上学思想体系,而《新理学》则是冯友兰形而上学体系的总纲。写完之后,他们两人互相看对方的稿件。因此,他们两人的哲学思想体系有某些相同之处。

然而金岳霖与冯友兰之间也有着很大的区别。冯友兰首先是一位哲学史家,然后才由哲学史家演变成为哲学家。所以他的哲学思想体系经常地大量地引用哲学史方面的史料来说明他的哲学思想。他在中国哲学史和西方哲学史方面都有着很好的训练。可以这样说,冯友兰是将哲学史家和哲学家很好地结合在一起的典范。金岳霖则不同,他很少或简直不谈哲学史,不论是中国哲学史还是西方哲学史。他首先是一位逻辑学家,其次才是一位哲学家。他是成功地将逻辑学和哲学结合为一体的中国哲学家。

当然,金岳霖的哲学思想体系并不完全抛开哲学史的问题。如他讨论的归纳问题、逻辑分析方法问题等等,也都显然是哲学史的方面的问题。但他不是站在哲学史的立场来讨论这些问题的,而是把这些问题作为他自己讨论的起点,来建构自己的哲学思想体系。所以他从来就不是,也从来就不想成为一个哲学史家。

冯友兰则不同。他首先是一位哲学史家。他撰写过一部很好的《中国哲学史》,至今仍然是我们学习和研究中国哲学史的重要的参考材料。此外,他还撰写过两部有关中国哲学史方面的著作。可以说,他的学术生涯的大部分时间是花在中国哲学史的研究方面。而且他自己也明确地宣称,他的"新理学"是接着宋明理学讲的,是接着哲学史上最好的传统讲的。

我们指出金岳霖与冯友兰两人之间思想和学术方面的不同,是因为这对于我们理解他们哲学观之间的差异有着很重要的作用。

逻辑的分析方法着重的是分析方法的应用及其被分析的对象。正因为受到逻辑分析法的影响,金岳霖的哲学观才因此发生了重大的变化。他说:"罗素底那本书(*Principles of Mathematics*——引者注)我那时虽然不见得看得懂,然而它使我想到哲理之为哲理不一定要靠大题目,就是日常生活中所常用的概念也可以有很精深的分析,而此精深的分析也就是哲学。从此以后我注重分析,在思想上慢慢地与Green分家。"[①]Green是新黑格尔主义哲学思想在英国的著名的代表。由于受他的影响,金岳霖慢慢地对哲学产生了兴趣,其哲学思想当然是倾向于新黑格尔主义的。我们知道,黑格尔就是把哲学看做是一种精神现象学,认为哲学就是对人的精神的反思的产物。然金岳霖在看了罗素的《数理哲学》一书之后,就离开了黑格尔的哲学思想,接受了罗素的哲学思想,认为"分析就是哲学"。他甚至戏称"哲学就是概念的游戏",即哲学就是对概念作分析。

---

① 金岳霖:《论道·绪论》,《金岳霖文集》,第二卷,甘肃人民出版社,1995年,第145页。

众所周知,冯友兰也如金岳霖一样十分重视逻辑分析法的运用。但冯友兰本人说,他对逻辑学的知识是"一知半解",而对于现代逻辑又没有研究过。所以我们可以这样说,作为哲学家,冯友兰的具有决定性的学术训练是中国哲学史方面的。哲学史的研究对于研究者来说就是在研究者的思想中思考或反思前人的思想。或者说就是对思想的思想,或对前人思想的反思。前人的思想是对象,研究者是思者。思想只有在思想者的思想中才能成为对象,才能被思考。这是哲学史家的特色。由哲学史家演变而来的哲学家也必然具有这样的特点。

冯友兰就是这样的一位哲学家。他是自觉地接着中国哲学史往下讲的哲学家。当然,哲学家不同于哲学史家。因为哲学家必须有自己的哲学思想,否则他就不是哲学家。但这里所说的不同,就是说,哲学家解决哲学问题的方法、语言、话语背景不同于传统。而不是说,哲学家所要解决的问题与传统完全的不一样。研究冯友兰的哲学思想,我们就会发现,冯友兰的哲学问题就是中国哲学史上的中国哲学家的老问题。因此,可以这样说,冯友兰的问题是老问题,但冯友兰用来解决问题的方法是新的,语言是新的,他解决问题的话语背景是新的。总之,他是在一种新的哲学视野下来关照、解决中国传统的哲学问题。

这就决定了冯友兰必然会具有什么样的哲学观。他这样说道:"哲学、宗教都是多义的名词。对于不同的人,哲学、宗教可能有完全不同的含义。人们谈到哲学或宗教时,心中所想的与之相关的观念,可能大不相同。至于我,我所说的哲学,就是对于人生的有系统的反思的思想。每一个人,只要他没有死,他都在人生中。但是对于人生有反思的思想的人并不多,其反思的思想有系统的人就更少。哲学家必须进行哲学化;这就是说,他必须对于人生反思地思想,然后有系统地表达他的思想。"① 可见,在冯友兰看来,所谓哲学就是对于思想的思想或对于思想的反思。

---

① 冯友兰:《中国哲学简史》,北京大学出版社,1985年,第4页。

把哲学看做对人生的反思的思想并不是冯友兰的即兴的思想火花,而是他的"一以贯之"之道。在其晚年的《中国哲学史新编》的"全书绪论"中,冯友兰在讲清楚什么是哲学的时候说道:"哲学是人类精神的反思。所谓反思就是人类精神反过来以自己为对象而思之。人类的精神生活的主要部分是认识,所以也可以说,哲学是对于认识的认识。对于认识的认识,就是认识反过来以自己为对象而认识之,这就是认识的反思。"①在此,冯友兰似乎把哲学等同于认识论了。其实不是,尽管他指出,哲学是认识的认识。但哲学并不就等同于认识论。因为在他看来,认识论讲的是认识的一般形式,其中包括有认识的能力,认识的对象,认识的程序,主观与客观的对立等问题,而不包括认识的内容。可见,认识论是不问认识的内容的。"而对于人类精神的反思则必包括这些认识的内容。"所以,认识仅是哲学的一部分。就哲学而言,她就是对人类精神反思。所以对东西的反思或对思想的思想,是冯友兰对哲学性质的一贯的看法。

但对于思想的反思或对于思想的系统的思想的内涵是相当的广泛的。哲学是反思的产物,就连科学也应该说是反思的产物。冯友兰认识到了这一点。所以他对之有所限制。他所说的反思是指对于人生的系统的反思。

冯友兰到过西方,在美国的哥伦比亚大学哲学系得过哲学博士学位。对于西方的分科治学的系统是相当熟悉的。所以他也应该清楚,哲学当然不会仅仅局限于人生论,也应包括比如宇宙论、知识论、伦理学、美学等等。为什么他要把哲学仅仅限于对于人生的系统的反思这样的说法呢?这是因为,冯友兰本人认为,对于人生的系统的反思是最基本的思想。其他种类的思想都是由对人生的系统的反思的思想演变出来的。因此他说:"这种思想,所以谓之反思,因为它以人生为

---

① 冯友兰:《中国哲学史新编·绪论》,《三松堂全集》,第八卷,河南人民出版社,2000年版,第15页。

对象。人生论、宇宙论,知识论都是从这个类型的思想产生的。宇宙论的产生,是因为宇宙是人生的背景,是人生戏剧演出的舞台。知识论的出现,是因为思想本身就是知识。照西方某些哲学家所说,为了思想,我们必须首先明了我们能够思想什么;这就是说,在我们对人生开始思想之前,我们必须首先'思想我们的思想'。"①

我们可以清楚地看到,至少在冯友兰看来,宇宙论、知识论等等与人生论相比不是更为基本的。相反,对于人生的系统的反思或人生论本身才是最基本的。而所谓的宇宙论、知识论都是从对思想的思想或思想的反思这一更为基本的思想演变出来的。比如知识论的讨论的焦点应该是人类的知识论。知识论可能的先验条件就是人这一主体的先在。如果没有人这一主体,任何种类的知识都将是不可能的。而且任何知识论创立的目的也是为了探讨人类认识自身和外在环境的种种可能的方法或手段。同样的情形也会发生在宇宙论上。因为我们关心宇宙,并且进一步形成宇宙论理论的目的就是为了探讨人类存在的可能的条件。所以同样的理由就是,如果没有人类的存在,那么宇宙论成立的可能的条件也就立刻消失了。如从此着眼,我们应该同意冯友兰的看法,即关于人生的反思的系统思想就是哲学的最基本的内容。

在他看来,哲学就是关于人的哲学。人或人生应该是哲学讨论或关注的焦点。这应该说是正确的。哲学之所以应该学习、应该研究,正是因为,学习和研究哲学的目的就是能够使人过上幸福的美满的生活。因此人本身应该是哲学的真正的目标。

正是在这个意义上,冯友兰有时又把哲学称之为人学或仁学。他这样说道:"戊戌变法的一个大理论家谭嗣同,作了一部书,名为《仁学》。这个名称,很可以作为我所说的哲学的名称。在中国文字中,'仁'、'人'两个字可以互训。《中庸》说:'仁者,人也。''仁'是儒家所

---

① 冯友兰:《中国哲学史新编·绪论》,第15页。

说的人的最高的精神境界,也是人之所以为人的最高的标准。'仁学'也可以称为'人学'。人学所讲的是关于'人'的学问。生理学、医学以及心理学所讲的也是关于'人'的学问,但它们所讲的是关于'人'的身体方面的事情。仁学所讲的则是人的精神境界,这两者之间大有区别。"①

其实,宗教与哲学一样也是对于人生的系统的反思的思想,与人密切相关。那么哲学和宗教又怎样加以区别呢?冯友兰是怎样来看这一问题的呢?

他承认,宗教与哲学在这一点上有相似之处。但他又进一步认为,哲学和宗教有着本质上的区别。在他看来,"每种宗教就是一种哲学加上一定的上层建筑,包括迷信、教条、仪式和组织"。② 根据冯友兰的理解,每一种宗教的核心内容应该是其中的哲学的部分,而不是其外层的迷信、教条等等的部分。据此,比如对于道教来说,当然,重要的是道教的哲学,而不是那套迷信、教条等部分。迷信、教条等部分,至少在冯友兰看来,并不是宗教的重要部分,它们使宗教显得不那么纯了。

而且在冯友兰看来,正是宗教过于"拖泥带水",过于关注实际的人生,所以宗教所提供的关于实际的信息都是与科学所提供的信息冲突,不调和的。所以在与科学的冲突中,科学前进一步,宗教就后退一步。宗教的权威降底了。他说:"人由宗教所得底境界,只是近乎此所谓天地境界。严格地说,其境界还是道德境界。因为在图画式底思想中,人所想象底神或上帝,是有人格底。上帝以下,还有许多别底有人格底神,共成一社会。例如耶教以上帝为父,耶稣为子,又有许多别底有人格底神,如约翰保罗等,共成一社会。一个耶稣教的信徒,在图画式底思想中,想象有如此底社会,又想象其自己亦是此社会的一分子,

---

① 冯友兰:《中国哲学史新编》,第659页。
② 冯友兰:《中国哲学史简史》,第5页。

而为其服务。在如此底想象中,其行为仍是道德行为,其境界仍是道德境界。"①在冯友兰的思想中,天地境界是要比道德境界更高一层的境界。他所谓"图画式底思想"是指有这些思想的人的思想还不是纯粹的思,而有很多想的成分。这就是,冯友兰所批评的宗教的"拖泥带水"之处。

与宗教相比,哲学却要纯粹得多。哲学能够比宗教提供更高的价值,而无须采取祈祷、礼拜之类的迂回的道路。宗教所能提供的是道德境界,至多是类似于天地境界。而哲学却能向人提供天地境界。因为哲学的思是纯思,不夹杂任何想象的成分。所以,他的结论自然就是,"人类将要以哲学代宗教,这是与中国传统相结合的。人不一定应当是宗教的,但是他一定应当是哲学的。他一旦是哲学的,他也就有了正是宗教的洪福"。②

冯友兰始终坚持以哲学代宗教的看法。如在晚年还是坚持这样的立场,在其《中国哲学史新编·总结》中他这样说:"信宗教的人,于不能自主之中,要求一个'主'。信基督教的人遇见不能自决的事,就祷告'上帝',求他的'主'帮助他决定。祷告以后,他自己再作决定。即使这个决定还是以前的决定,他也认为这是他的'主'替他作的决定。儒家指出,不需要这个'主'。人在宇宙间所遇到的幸或不幸,是个人的力量所不能控制的。既然个人不能控制,那就顺其自然,而只做个人所应该做的事。这就是'夭寿不二,修身以俟之'。人的精神境界达到这样的高度,宗教对于他就失去了作用了。蔡元培提倡以美育代宗教,其实,真能代宗教的是哲学。"③

二、方法。

如果说,哲学是对于人生作有系统的反思,或对思想作思想的系

---

① 冯友兰:《新原人》,《三松堂全集》,第四卷,第564页。
② 冯友兰:《新原人》,第564页。
③ 冯友兰:《中国哲学史新编》,第660—661页。

统反思,那么接下来的问题就是对于人生作有系统的反思的"思"是如何进行的。要回答"如何"、"怎样"的问题就必然会涉及方法论的问题。事实上冯友兰本人是极其重视哲学方法论的,具有强烈的自觉的方法论的意识,撰写过专门论述哲学方法论的专著《新知言》。哲学方法论是冯友兰哲学的极其重要的部分,是我们理解他的哲学的关键。

从哲学方法论的角度,冯友兰是这样来界定哲学的。他说:"照我们的看法,哲学乃自纯思之观点,对于经验作理智底分析,总括,及解释,而又以名言说出之者。哲学之有靠人之思与辩。"[①]思与感相对应。能感者是具体的,有形象的;而能思者是抽象的。如我们能感觉到一方的事物的存在,但不能感觉到一"方"的概念。"方"的概念只能靠我们的思才能为我们所把握。

冯友兰认为,人具有能思的官能,比如说对经验中的"这"加以分析,发现它有许多的特性,我们单独地把"方"性提出来,于是我们就得到了"这是方的"的命题。根据他的说法,这就叫做理智的分析。这种分析只能于思中方能进行。由于思是理智的,所以说这种分析是理智的分析。如果有了"这是方的"这一命题,我们也就能够知道,这里的所谓"这"是具有方的属性的一类中的一个。当然我们不可能知道,在这个世界上到底有多少方的事物,但我们知道只要有方的事物,那么"方"性就能将其概括在里面。这样的概括也只能在思中进行。所以概括也称之为理智的概括。经由分析、概括,我们就由知个体进而知类。再进一步,我们由知类而知类之所以为类者,即我们因此而对真际或共相有了了解。能够达到这一步,照冯友兰的说法,"此即所谓作理智底解释"。分析、总括和解释是思的内涵。思是在理智中进行的。理智中的纯思还必须通过言辞表达出来。因为哲学是说出或写出来的道理。说出或写出就是辩。但辩只是把纯思的内容通过言辞表达出来,因此辩是依赖于思的。

---

① 冯友兰:《新理学》,第6页。

通过上面简单的介绍,我们可以清楚地看到,所谓的总括、解释都是以分析作为基础的。因此,可以说,注重分析是冯友兰哲学方法论的最为显著的特色。

冯友兰始终重视逻辑分析方法在哲学中的重要作用。他把逻辑分析方法看成是哲学工作的主要的甚至是唯一的方法。他在其《新知言》《中国哲学简史》中讲到真正的形上学方法有两种,一种是正的方法,一种是负的方法。正的方法是以逻辑分析方法讲形上学。负的方法是讲形上学不能讲,这种不能讲本身亦是一种讲的方法。而他在《新理学》一书中的方法主要的还是正的方法,即逻辑分析方法。

把逻辑分析方法引进中国哲学界是一件意义十分重大的事情。对此,冯友兰是有很自觉的意识的。他说道:"就我所能看到的而论,西方哲学对中国哲学的永久性贡献,是逻辑分析方法,……对于中国人来说,传入佛家的负的方法,并无关紧要。因为道家早已有负的方法。当然佛家的确加强了它。可是,正的方法的传入,就真正是极其重要的大事了。它给予中国人一个新的思想方法,使其整个思想为之一变。"①

冯友兰走上学习和研究哲学之路就是由逻辑导引的。他最早感觉到极大兴趣的是逻辑学,曾经花过很大的工夫自学逻辑学。对逻辑学的兴趣使他产生了学习和研究哲学的要求。因此,对于冯友兰而言,逻辑学真正可以说是哲学的入门。用他自己的话说,他对哲学是从逻辑学入门的或悟入的或打开一个缺口的。从此,他格外地重视逻辑分析方法。可以说,《新理学》就是自觉地熟练地运用逻辑分析方法的典范。而且《新理学》是运用逻辑分析方法重建形上学以响应维也纳学派的拒斥形上学理论的第一部中国哲学著作,其意义也应得到充分的估量。

逻辑分析的方法是《新理学》主要的,甚至可以说是唯一的方法。

---

① 冯友兰:《中国哲学简史》,第277页。

经验事实则是《新理学》哲学分析的起点。这是《新理学》为了重建形上学而得自维也纳学派的两个重要的思想。于是冯友兰说道："哲学始于分析,解释经验,换言之,即分析解释经验中之实际底事物。"①

哲学虽始于分析经验,但并不限于经验。这是冯友兰不同于维也纳学派的经验实证主义的地方。他指出,形上学的工作是对经验作"逻辑底释义",应"由分析实际底事物而知实际,由知实际而知真际"。②冯友兰形上学的要义在于,它要从经验事实出发,进而从中演绎出没有任何经验事实内容的形上学理论体系所需要的全部观念和命题。这就是冯友兰的形上逻辑构造方法和逻辑构造进程,也是冯友兰的形上学不同于传统形上学的地方。

但如说"哲学始于分析,解释经验"或"分析解释经验中之实际底事物",就有可能再次走上传统形上学的老路,即"未免着于形象",过于"拖泥带水"。于是,冯友兰对逻辑分析方法的对象作了进一步的规定。他认为,"以逻辑分析方法讲形上学,就是对于经验作逻辑底释义"。而"我们所谓'逻辑底',意思是说'形式底'。……所谓'形式底',意思是说'没有内容底',是'空底'"。③这里所谓的"形式底"或"逻辑底"是与"实质底"或"积极底"相对。而所谓"实质底"或"积极底"是说"有内容底"。根据冯友兰的看法,哲学是没有向人们提供关于事物知识的这一积极功能。向人们提供关于经验事物的积极的知识是科学的功能。正是根据这一说法,冯友兰把科学与哲学严格地区别开来。

在此,我们可以清楚地看到,冯友兰所谓的对经验事实作逻辑分析就是不管经验对象的具体内容,而只对之作形式的分析。显然,对逻辑分析作这样的理解已经大大不同于罗素、维也纳学派所说的逻辑

---

① 冯友兰:《新理学》,第11页。
② 冯友兰:《新理学》,第11页。
③ 冯友兰:《新知言》,第150页。

分析了。

由于只对经验事实作"形式底"或"空底"分析,所以在冯友兰看来,真正的形上学的命题必须是"一片空灵"的。"形上学底命题,是空而且灵底。形上学底命题,对于实际,无所肯定,至少是甚少肯定,所以是空底。其命题对于一切事实,无不适用,所以是灵底。"①准此,形上学的命题是不肯定所有的经验事实的,正因为它不肯定所有的经验事实,所以它也就适用于所有的经验事实。这一说法实际上是套用了逻辑经验主义关于逻辑命题的理论。因为在逻辑经验主义者看来,逻辑命题就是不关涉实际事物的命题,正因为它们与实际经验事实毫无关系,所以它们也就当然地在任何可能的世界都是真的。如果它们肯定了某些经验事实,那么其结果也就是它们必然地不适用于另一些经验事实了。为经验所肯定的命题,也必然最终为经验所推翻。现在,冯友兰把他的形上学命题看做是"空"而且"灵"的,也就是说,它们毫无任何经验内容,与事实了无关涉,但它们却能适用于任何的经验事实。当然冯友兰关于形上学命题性质的看法是有问题的。但现在我们不拟在此讨论这一问题。

不管怎么样,冯友兰认为形上学的命题是否"空灵",是衡量一形上学思想体系是好是坏的唯一的终极性的标准。

冯友兰认为,对经验事物及其存在作形式的分析就可以得到理与气的概念,对经验事物及其存在作形式的总括就可以得到大全及道体的观念。理、气、大全及道体是新理学的四个主要观念。它们是直接地得之于如下四组命题。

新理学形上学的第一组主要命题是:"凡事物必都是什么事物。是什么事物,必都是某种事物。某种事物是某种事物,必有某种事物之所以为某种事物者。"第二组主要命题是:"事物必都存在。存在的事物必都能存在。能存在的事物必都有其所以能存在者。"第三组主

---

① 冯友兰:《新知言》,第154页。

要命题是:"存在是一流行。凡存在都是事物的存在。事物的存在都是其气实现某理或某之理的流行。总所有的流行,谓之道体。一切流行涵蕴动,一切流行所涵蕴的动,谓之乾元。"第四组主要命题是:"总一切的有,谓之大全。大全就是一切的有。"

上述四组命题可以用来概括冯友兰形上学的全部内容。我们可以清楚地看到,冯友兰的四个主要观念和四组主要命题都是在纯思中借助于逻辑分析方法从对经验事实的分析中得到的。从方法论的角度讲,冯友兰是从分析实际的事物而得到实际,由得到实际而进一步得到真际。显然实际的范围要大于实际的事物。因为根据冯友兰的说法,有实际的事物必定会有实际,而有了实际却不必有实际的事物。同样,真际的范围要大于实际,因为有实际一定会有真际,而有真际却不一定有实际。

在此,所谓的真际就是共相或所谓的理世界。由于理世界是通过逻辑分析方法对经验事实作"形式底"或"空底"分析而得到的。所以理世界是洁净空阔的世界,毫无任何经验的成分。理世界不是经验事实的世界。前者不是以后者为基础。相反,后者是以前者为基础的。理世界是经验事实世界的基础,是经验事实世界所以然的根据。而且理世界是总括了一切的有,是大全。所以理世界不是科学家所谓的世界。科学家的世界是有限的。而理世界是无限的,是至大无外的。

冯友兰就是通过逻辑分析方法从对经验事实的分析得到了理世界。运用逻辑分析方法能否得到这样的理世界或共相的世界在哲学上始终是一个从未得到解决的问题。当然,冯友兰在运用同样的方法得到他所需要的理世界或共相世界,也存在着类似的问题。但此篇文章的目的不在讨论这样的问题,而在以客观的态度来揭示冯友兰的哲学观的特点。

三、境界。

冯友兰以逻辑分析方法得到的理世界或共相世界并不是他的哲

学的最终目的。因为他的哲学的核心部分是他的境界理论。共相论为他的境界论起着奠基的作用。对此,冯友兰是有着充分的自觉的。他说道:"哲学本来是空虚之学。哲学是可以使人得到最高境界底学问,而不是使人增加对于实际底知识及才能底学问。"又说:"新理学知道它所讲底是哲学,知道哲学本来只能提高人的境界,本来不能使人有对于实际事物底积极底知识,因此亦不能使人有驾御实际事物底才能。"①按照他的说法,哲学的真正目的不在于向人们提供各种知识,而只在于提高人的境界,使人得到超乎道德、超乎形象的价值。

在冯友兰看来,所谓提高人的境界,就是使人如何成为圣人。究竟怎么样才能使人成为圣人呢?这就是冯友兰的"新理学"哲学思想体系想要回答的问题。

成为圣人的当然是人。冯友兰指出,人的生活是"有觉解底生活"。所谓解就是了解。觉是自觉。了解必须依赖概念。自觉则是一种心理状态,所以不必依赖概念。

人对于一事物的了解不同,这一事物就对人呈现不同的意义。人对于一事一物的了解有程度上的不同。深的了解可谓之胜解,最深的了解可谓之殊胜解。对于事物的最高程度的了解,即完全的了解,在理论上或事实上是不可能的。然而我们总是追求对于事物了解得越多越好,事物也因此向我们所呈现的意义就越丰富。

人之所以能有觉解,就是因为人是有心的。人有心,心就是"知觉灵明"。宇宙间有了人,有了人的心,即如黑暗中有了明灯。所以说:"人者,天地之心。"就存在方面说,人不过是宇宙万物中的一物,人有心不过是宇宙万物中的一事。但就觉解方面说,宇宙间有了人,有了人心,天地万物便一时明白起来。因此可以说"人与天地参"。知觉灵明是人心的要素。人将其知觉灵明充分发扬光大,即是所谓"尽心"。

冯友兰强调人对宇宙与社会的觉解,强调要深入的认识和把握宇

---

① 冯友兰:《新原道》,第134—135页。

宙的人生的内在规律，才能真正体现人生的价值和意义，突出了人的价值主体的地位，有益于人提高自身的精神境界。

接下来的问题就是，人又是如何成圣的呢？

在冯友兰看来，这是一个极其简单的问题。他的"新理学"的哲学思想体系就是要为人们指引出一条入圣域的路径。他这样说道："新理学中底几个主要观念，不能使人有积极底知识，亦不能使人有驾御实际底能力。但理及气的观念，可使人游心于'物之初'。道体及大全的观念，可使人游心于'有之全'。这些观念，可以使人的境界不同于自然，功利，及道德诸境界。……在这种境界中底人，谓之圣人。哲学能使人成为圣人。这是哲学的无用之用。"①

具体而言之，只有进入天地境界的人才有可能成为圣人。在天地境界中的人，其行为是事天。他们了解到除社会的全之外，还有宇宙的全。人知道了有宇宙的大全之后，人之所以为人者才能得到尽量的发挥，始能尽性。他自觉到自己不仅是社会的一分子，而且还是宇宙大全的一分子。所以不但对于社会，人应有贡献，对于宇宙，人也应做贡献。"人有了此等进一步底觉解，则可从大全，理及道体的观点，以看事物，从此等新的观点以看事物，正如斯宾诺莎所谓从永恒的形式的观点，以看事物。人能从此种新的观点以看事物，则一切事物对于他皆有一种新底意义。此种新意义，使人有一种新境界，此种新境界，即我们所谓天地境界。"②

根据冯友兰的看法，人所以可能进入天地境界，所以可能成为圣人，就是因为人可以具有理、气、道体和大全这些哲学观念。人有了这些哲学观念，就可以从这些观念去看事事物物，事事物物就会向他呈现不同于常人的意义。他因此即可以知天、事天、乐天，最后至于同天。同天境界是天地境界中的人的最高造诣。"人的肉体，七尺之躯，

---

① 冯友兰：《新原道》，第136—137页。
② 冯友兰：《新原人》，第562—563页。

诚只是宇宙的一部分。人的心,虽亦是宇宙底一部分,但其思之所及,则不限于宇宙的一部分。人的心能作理智底总括,能将所有底有,总括思之。如此思即有宇宙或大全的观念。由此思而知有大全。……自同于大全,不是物质上底一种变化,而是精神上底一种境界。所以自同于大全者,其肉体虽只是大全底一部分,其心虽亦只是大全底一部分,但在精神上他可以自同于大全。"[1]

由上面的分析和讨论,我们可以得知,冯友兰的哲学观是由反思、方法和境界三个部分组成的。当然这三个部分并不是互相独立,毫不相干的。相反,它们是紧密相连,不可分割地组成为一体的。

现在的问题是,冯友兰的由理、道体和大全的观念能不能推出他所谓的天地境界?

我想,这不应该是一个问题。因为由理、道体和大全观念或所谓的共相是完全可以推出天地境界的。早在冯友兰之前的英国哲学家罗素在其《哲学问题》一书中就是通过同样的方法推出类似于冯友兰天地境界的境界。

我们先看看罗素是怎样来处理这一哲学难题的。

罗素写作《哲学问题》时与冯友兰一样也是一位新实在论者。他也是把世界分为实在的世界和存在的世界。于是,他指出,实在的世界是永远不变的、严正的、确切的,对于数学家、逻辑学者、形而上学体系建立者和所有爱好完美胜于爱好生命的人,它们是可喜可悦。存在的世界则转瞬即逝、模糊不清、没有确定的界限、没有任何明显的计划或安排;但是它却包罗着所有的思想和感情,所有的感觉材料和所有的物质客体。他认为,这两个世界是同等重要的。但他紧接着指出,存在的世界只不过是实在的世界的淡淡的影子。这里所谓的实在的世界就是共相世界。相对于我们而言,共相的世界是外在的,是非我。因此罗素说,自由的心智对于抽象的和共相的知识,便比对于得自感

---

[1] 冯友兰:《新原人》,第570页。

官的知识更加重视。他反对从自我的角度来思考问题。而主张从非我出发。他说:"如果我们从非我出发,便完全不同了,通过非我的伟大,自我的界限扩大了;通过宇宙的无限,那个冥想宇宙的心灵便分享了无限。""通过哲学冥想中的宇宙之大,心灵便会变得伟大起来,因而就能够和那成为至善的宇宙结合在一起了。"①

可以看到,罗素是从非我或共相的伟大推出了自我的伟大。冯友兰的境界说,应该说,其路径基本上是和罗素是相同的。从共相理论应该说是完全能够推出境界理论的。

由于罗素和冯友兰在这一理论方面的相同,倒使我们想到了另外一个问题,即冯友兰的境界说既然是建立在他的共相理论基础上的,那么他的境界说与中国传统哲学思想中的境界说又有什么样的关系呢?

可以肯定地说,冯友兰的境界说与中国传统哲学思想中的境界说已经有了很大的区别。因为很显然,中国传统哲学思想中的境界说没有冯友兰这样的共相理论作为基础。对此冯友兰本人有着充分的自觉。他说:"中国需要现代化,哲学也需要现代化。现代化的中国哲学,并不是凭空创造一个新的中国哲学,那是不可能的。新的现代化的中国哲学,只能是用近代逻辑学的成就,分析中国传统哲学中的概念,使那些似乎是含混不清的概念明确起来,这就是'接着讲'与'照着讲'的分别。"②他认为,自己的哲学思想体系并不是照着中国传统哲学讲下来的,而是接着讲。所谓"接着讲"的意思是说,他自己的哲学问题就是中国传统哲学中的老问题。但这些问题需要运用西方的逻辑学的方法使其明确起来,并给予充分的论证,由于是运用了西方近代以来的逻辑学的最新成就,所以他的哲学思想体系也就显然地不同于传统的中国哲学。他把西方近代以来的逻辑学看做是正的方法,并且指出这样的正的方法是传统的中国哲学所没有的,所以我们要急于加

---

① 〔英〕罗素:《哲学问题》,商务印书馆,1959年,第110—112页。
② 冯友兰:《中国哲学史新编》,第629页。

以引进。由于冯友兰的境界理论是以西方的逻辑学方法为其基础,所以其理论要比传统的中国哲学来得细密、谨严,但也似乎显得迂阔、不着实际、过于空虚。然冯友兰本人并不以迂阔、空虚、不着实际为病,相反却以此为自己的哲学思想的特色。

我们看到,冯友兰的哲学观是他企图融和中西哲学的产物。问题是中国的,而方法却是西方的。

第四节 中国到自由之路的探索

晚清以降,由于西方强势文化的大规模入侵,中国出现了两千年来从未有过的大变局,从最上层的统治者直至民间的知识分子对于此变局,缺乏应对的招数,进退失所,手足无措。可以说,中国社会从此所遭遇到的问题,十之八九都是由西方文化挑起的,因此东西文化或中西文化的关系问题遂成为了中国知识分子关心的热点。抗日战争期间,日军的铁蹄踏遍了大半个中国,处于战火之中的知识分子讨论最多的也是东西文化的关系问题。中国的出路究竟何在?

众所周知,东西文化关系问题成为了国人关心的大问题之后,学者曾提出过种种不同的处理原则,大而言之,有如下几种:中学为体,西学为用;全盘西化;本位文化。当然上述三种只是主要的文化观,此外尚有其他种种不同的观点,但这些其他的看法也只不过是游弋在上述的看法之间。但冯友兰的文化观似乎有所不同,他对东西文化关系的看法似乎不能简单地归结为上述三种中的哪一类。之所以有这样的不同,是因为冯友兰讨论文化问题的立场与别人的不同。这种不同约有如下几个原因:第一,冯友兰站在哲学的立场,且有自己系统的哲学看法,这使冯友兰能够比其他讨论文化问题的学者站得高看得远研究得深的原因;第二,他讨论文化问题时所取的哲学立场是新实在论,这使他能够自觉地从共相和殊相的关系或一般和个别的关系的角度来探索文化关系问题;第三,能够运用马克思主义的历史唯物主义观点来处理东西文化的关系问题;第四,善于运用分析的方法分析文化关系问题,所以使文化问题的讨论显得更为深入细致系统;第五,由于是身处抗日战争的炮火之中,而战争本身就其表现形式看就是实力的较量,战争的残酷现实迫使冯友兰站在比较现实的立场来考量中西文化的关系问题。

冯友兰是在《新事论》一书中系统地表述了自己关于东西文化关系的理论。此书写于1938年。但是他对此一问题早就产生了很大的兴趣。他于1915年考入北京大学哲学系,1918年毕业,前后学习了三年。在这三年中,自觉收获颇多。他说道:"我觉得在北大的三年收获很大。这三年可以分为两个阶段。在第一阶段,我开始知道,在八股文、试贴诗之外,还有真正的学问,这就像是进入了一个新的天地。在第二阶段,我开始知道,于那个新天地之外,还有一个更新的天地。'欲穷千里目,更上一层楼。'我当时觉得是上了一层楼。"[①]他于此所说的两个新天地,实质上说的就是中国文化与西方文化,而且他已经感觉到这两种文化之间是有矛盾的。"这两个天地是有矛盾的,这是两种文化的矛盾。这个矛盾贯穿于中国历史的近代和现代。"[②]当然在那个时候,冯友兰还尚未能够解决东西文化的关系问题。但他已经自觉地意识到这一问题的重要。1919年他考上公费留学,同年入美国哥伦比亚大学研究院哲学系当研究生。他是带着上述的问题去美国的。他说:"我是带着这个问题去的,也可以说是带着中国实际去的。当时我想,现在有了一个继续学习哲学的机会,要着重从哲学上解答这个问题。这就是我的哲学活动的开始。"[③]此后一直到二十世纪的六十年

[①] 冯友兰:《三松堂自序》,《三松堂全集》,第一卷,第171页。
[②] 冯友兰:《三松堂自序》,第171页。
[③] 冯友兰:《三松堂自序》,第172页。

代的近四十年的曲折漫长的学术生涯中,冯友兰着力想解决的也是同样的问题,"想对于那个问题作一种广泛的解答,特别是对中国传统文化作一种广泛的解释和评论,虽然随着时期的变化,解释和评论也有差异"。①

反观二十世纪二三十年代关于东西文化关系的讨论,可以清楚地看到,有相当一部分讨论文化的学者是把这两种文化的差异看做是东西、中外的差异。冯友兰不同意这样的看法,他明确地指出,两种文化之间的种种差异并不是东西或中西之间的不同,而是古今、新旧的差异。或者更形象地说是乡村与城市之间的差异。

冯友兰所以能够对东西或中西文化之间的差异作出这种解释,是因为他是从其新实在论的哲学立场出发来解读两种文化之间的不同。

他的新实在论哲学思想在其《新理学》一书中得到了系统的表述。《新理学》一书代表着冯友兰前期的共相理论。此书把整个宇宙划分为二:一是形而上的理世界,一是形而下的器世界。冯友兰称前者为"真际",称后者为"实际"。他认为,"真际"就是共相世界。"真际"包含实际,即"真际"的范围要大于"实际"。更具体说,就是有"实际"必然有"真际",而有"真际"未见得有"实际"。"实际"又包含具体的实际事物。《新理学》认为,有实际,但不必就有具体的实际存在的事物。"实际"中某一类的东西之所以成为某一类的东西,是因为它依照某一类东西之理。实际中的某一类东西就是真际中某一理或共相的例证。因为实际中某一类东西之所以成为某一类东西,就是因为它依照某一类东西之理。可能真际中某些理在实际中还没有例证,但不可能实际中有了例证而真际中还没有那个理。这就是说,真际比实际更根本。因为必须先有理,然后才能有例证。如果没有某一理,这个例证就无来处。冯友兰说:"就真际之本然说,有理始可有性,始可有圆底物,所以圆之理是体,实现圆之理之实际底物是用。理,就其本身说,真而不

---

① 冯友兰:《三松堂自序》,第172页。

实,故为微,为未发。实际底事物是实现理者,故为显,为已发。某理即是某种事物之所以为某种事物者,某种事物即是所以实现某理者"。① 理为体,实际的事物为用。以体用关系来说明共相和殊相之间的关系。显然,体是第一性的东西,用是第二性的东西。冯友兰以具体例证来说明这一思想。他认为,必须先有飞机之理,然后才有一个一个的飞机。没有飞机之理,不可能有一个一个的飞机。

冯友兰认为,他上述关于理事、体用关系的理论有与宋儒相同之处。实际上,他也运用了宋儒的"体用一源,显微无间"的说法来论述理事之间的关系。所以,他的上述理论应该说是受了宋儒的影响。参见本书第 163 页。

但他关于理事关系的看法与宋儒的实质性差异在于"宋明道学,没有直接受过名家洗礼,所以他们所讲底,不免着于形象","尚有'拖泥带水'的毛病。因此,由他们的哲学所得底人生,尚不能完全底'经虚涉旷'"。② 而《新理学》一书则充分地利用了西方近代以来的逻辑学发展的新成果。关于此差异的论述,请参见本书第 163—164 页。

研究理事关系时重点在把握理而不是事。新理学认为,从这样的视角来研究东西文化关系问题所得出的结论显然是与众不同的。这种不同表现在,冯友兰重视的不是文化的特殊性而是文化的一般性或普遍性。具体说就是,冯友兰认为,讨论文化必须以类的观点作为出发点,而不同意从特殊的观点来研究文化。他指出:"某一类的事物,必有其所以为某类的事物者。此所以为某类的事物者,为属于此某类的事物所同有,即此类之理。一类事物之理,即一类事物之类型。凡属于某一类之事物,必皆依照某一理,或亦可说,凡依照某一理之事物,皆属于某类。……凡属于某一类之事物,必皆依照某理,有某性。"③ 根据他的

---

① 冯友兰:《新理学》,第 34 页。
② 冯友兰:《新原道》,第 125—126 页。
③ 冯友兰:《新事论》,第 198 页。

这种说法,个体事物的性质是完全取决于其所属的类。所以我们想要了解事物的性质,必须从其所属的类着眼。结论也就是,讨论和研究文化问题时,我们也要"知类",否则就是不知类。他批评民初人亦即是新文化运动时期的文化人只从特殊的观点来看西洋文化,认为中国文化不如西洋文化是因为我们的文化是中国文化。冯友兰指出,如果只从特殊观点来看东西文化,那么我们就根本谈不上文化系统之间彼此学习的问题,因为特殊的事物是无法学习或借鉴的。而且我们也不可能对之进行研究,原因在于只从特殊性的观点来看文化,我们也就分不清楚什么是主要的性质,什么又是次要的性质。所谓的中体西用说、全盘西化论、本位文化论,在他看来,实际上都是行不通的。

在冯友兰的眼里,中国文化所以不如西洋文化,不是因为我们的文化是中国的,西洋文化优越也不是因为其文化是西洋的。他说道:"若从类的观点,以看西洋文化,则我们可知所谓西洋文化所以是优越底,并不是因为它是西洋底,而是因为它是某种文化底。……若从类的观点,以看中国文化,则我们亦可以知道我们近百年来所以到处吃亏,并不是因为我们的文化是中国底,而是因为它是某种文化底。"①此处所说的某种底,具体说就是,中国文化属于古代文化,而西洋文化则属于近现代文化。或更进一步说,中国文化是属于以家为本位的文化,而西洋文化则属于以社会为本位的文化。中国文化是乡村文化,而西洋文化则是城市文化。冯友兰承认,在他眼里本就只有这两种文化,即"生产家庭化底文化"和"生产社会化底文化"。② 中国所以不如西方就是因为中国当时仍处在以家庭为本位的文化之中,而西洋社会则早已进入以社会为本位的文化中了。所以改造中国社会的问题从理论上说是很简单的,即努力使中国社会逐步地摆脱"生产家庭化底文化"而渐渐地走上"生产社会化底文化"。

---

① 冯友兰:《新事论》,第206页。
② 冯友兰:《新事论》,第230页。

显然新实在论的哲学思想引导冯友兰将理或类看得比特殊的事物更为重要。从新实在论的立场来看,得出这样的观点是毫不为怪的。从类的观点来看文化或事物注重的是同,不是异。比如说我们还在坐洋车的时候,西洋人则早已开上了汽车。于是有相当的中国人就说道:中国文化是洋车的文化,西洋的文化是汽车文化。冯友兰不同意这样的看法。他认为这样看事物的缺点在于只见特殊性,而未曾看见存在于特殊性中的普遍性。于是,他如斯说道:"有人说西洋文化是汽车文化,中国文化是洋车文化。但汽车亦并不是西洋本有底。有汽车与无汽车,乃古今之异,非中西之异也。"①我们应该承认汽车尽管是西洋人发明的,但古时候的西洋人也并未能够制造汽车,只是到了近现代的西洋人才能够制造汽车这玩意儿。所以冯友兰的结论是,有汽车和没有汽车并不是中西之异,而是古今之异。

但是,我们要格外注意的是,冯友兰此处所说的车不是具体的或特殊的车,而是作为类的车或在理学层面上所讲的车。或更直接的说法是车的理。因为车的理是普遍的,是无分于中西的。车是现代的西洋人发明的,但车之理却无分于中西。这种看法无疑是新实在论的。新实在论的特点在于:注重普遍或理,也承认经验事实的实在性。这是新实在论不同于旧实在论的地方。比如柏拉图是只承认共相世界或理世界的,因为共相世界是美好的永恒的。而现象世界则是短暂的转瞬即逝的。所以老实在论者不愿意承认具体特殊事物的实在性。尽管新实在论者承认经验事物的实在性,但在共相世界和经验世界两者之间,他们也如同柏拉图那样更倾向于共相的世界或理世界。我们看看著名的哲学家罗素,在他还是以新实在论者身份写作《哲学问题》一书时是怎样来看待这两者之间的关系的。他这样说道:"我们将会发现,只有事物在时间之内的时候,也就是说,只有在我们能够指出它们存在到时间的时候(这并不排除事物永久存在的可能)我们才容易

---

① 冯友兰:《新事论》,第205页。

断言它们是存在着。因此,思想和感情,心灵和物体,都是存在的。但是共相并不是在这种意义上存在着;我们要说,它们是永存的,或者说,它们具有实在,在这里,'实在'是超时间的,和存在相对立。因此,共相的世界也可以说就是实在的世界。实在的世界是永远不变的、严正的、确切的,对于数学家、逻辑学者、形而上学体系建立者和所有爱好完美胜于爱好生命的人们,它是可喜可悦的。存在的世界转瞬即逝、没有明确界限、没有任何明显的计划或安排;但是它却包罗着所有的思想和感情,所有的感觉材料和所有的物质客体:林林总总,有益而又有害、可以影响人生现世价值的事物。根据我们的气质,我们现在情愿对于这两个世界先沉思一下。我们所不情愿选择的那个世界大概就是我们所情愿选择的那个世界的淡淡的影子,不论就哪种意义来说,它几乎是不值得视为真实的。"① 从罗素的这一段话,我们可以清楚地看见,在新实在论者的眼里,存在着两个世界,一个是共相世界或理世界,另一个则是事物的世界;但这两个世界是不平等的,共相世界是真实的,永恒的,而经验世界是共相世界的淡淡的影子;形而上学家偏爱共相世界或理世界,而视经验世界几乎是不真实的。这三点对于我们理解冯友兰的实在论思想是很重要的。因为在他的思想中也存在着如上的两个世界,且认为经验世界是决定于共相世界的,所以对于他来讲,经验事物并不是很重要的。既然经验事物是被理或共相决定的,那么只要我们掌握了理或共相,我们就能够把握事物的本质特征。

正是从这里我们可以清楚地看见同样是新实在论的罗素与冯友兰的区别。我们在上面看到了罗素对两个世界的理解,但紧接着上面的引文,他接着说道:"但是事实上,这两个世界都要求我们的同等注意,两者都是实在的,对于形而上学者都同样重要。不错,我们一把这两个世界加以区别,就必须考虑它们的关系了。"② 罗素的这一补充似

---

① 〔英〕罗素:《哲学问题》,中译本,商务印书馆,1959年,第69—70页。
② 〔英〕罗素:《哲学问题》,第70页。

乎是与上述的引语有冲突。但是如果你细读《哲学问题》一书就会发现这两者之间并无冲突。在这本书中，罗素主要想处理的并不是形而上学的问题，而是着力要提出一个新实在论的知识论的体系。在知识论领域内，罗素深受英国经验论的影响，所以研究知识论他走的是经验论的路数，必须从感觉经验出发，即从感觉材料出发。感觉材料是私人的，是特殊的。由于有这样的考虑，所以他也就不得不考虑两个世界之间究竟有什么样的关系。

但与罗素不同，冯友兰的哲学思想体系中知识论似乎并不占有任何的位置。他的"新理学"体系虽也涉及了形而上学之外的其他问题，但这些问题都与形而上学密切相关，或者换句话说，冯友兰是企图运用他自己的形而上学来解决人生、社会等问题。由于他从不考虑知识论的问题，所以在他的整个"新理学"体系中也就没有必要考虑来如何解决共相世界和经验世界之间的关系问题。从这一意义上，我们可以说，冯友兰是一个纯粹的新实在论意义上的形而上学家。也正是在这个意义上，我们可以进一步得出结论，他眼中的两个世界是绝对不平等的。他本人真正重视的是理世界或共相世界，而经验世界中的特殊的个体事物并不具有重要的意义。

新实在论者坚定地相信，这样的理世界是实在的。理世界虽然不存在于时空之中，但它们却比存在于时空之中的经验事物更真实、更完美。于是，问题也就是，共相不存在于时间之内，那么我们在什么地方才能够发现共相呢？新实在论者有一个新奇的说法，他们说共相虽不在时空之中，但它们却是实在的，是实而不有的。至于"实而不有"的确切含义着实令人难以把握。新实在论者是坚信其是实在的。但反实在论的哲学家们都指出，所谓的共相或理或类只不过是我们在哲学上的先验的设定。

其实在这里讨论共相的存在方式对于我们理解冯友兰的文化理论具有重要的意义。因为冯友兰正是以共相或理和类来研究文化问题。如果共相的存在方式令人疑惑,那么类的存在方式也迫使人头痛。在《新理学》体系中,类是较共相低一层次的概念。《新事论》一书的第一章"别共殊"开始便说道:"某一类的事物,必有其所以为某类的事物者,此所以为某类的事物者,为属于此某类的事物所同有,即此类之理。一类事物之理,即一类事物之类型。凡属于某一类之事物,必皆依照某一理。或亦可说,凡依照某一理之事物,皆属于某类。"[1]于是,现在的问题是究竟什么是类呢?

依照冯友兰的理解,这里所说的类当然是实在的,更具体说类是客观实在的。其实这样的说法明显地带有实在论的色彩。如果共相是先验的设定,那么类也是一种先验的设定,是人类为了将思想世界安排得井然有序而设定的。如果是这样的话,类存在于何处也就是一个非常清楚的问题。记得以前看冯友兰的书,在某处冯友兰提到柏拉图让其仆人上街买面包的故事。故事大概是这样的。仆人听从柏拉图的话上街去了。不一会儿回来了,但却两手空空如也。柏拉图问他怎么没有买回面包呢?仆人答道:街上没有面包,只有圆的或方的面包。柏拉图告诉他去买圆的面包。于是仆人又上街去了。但却又空手而归。为什么呢?因为他实际上所能看到的面包,不仅仅是圆的或方的,又必须是黄的或白的等,还必须是有不同的味道的,如此等等。冯友兰运用此一故事是批评那位仆人只有具体的特殊的面包而没有一般普遍的意识。其实那位仆人既有具体特殊的意识又具有普遍一般的概念,只是没有将两者很好的结合起来,所以在生活中碰到了不少的困难。街上卖的面包确实都是具体的特殊的,面包店不卖一般的普遍的面包。实际生活中,有的就是具体的面包。所以所谓的"面包"这一类是不存在于外在世界之中。类的面包也不是如新实在论者冯友兰所理解的那样是客观实在的。早期冯友兰是主张理在事先的。晚期他认为理在事中。这一说法不去细究,自不成问题。但仔细分析

---

[1] 冯友兰:《新事论》,第198页。

就会问题层出。如我现在将一个苹果吃掉了。这个被吃掉的苹果是永远没有了,但类的"苹果"还是有的,而且还会永远有的。所以如果具体的苹果和苹果的类都是外在的实在的,就会是一件很费解的事。比较好的说法是说,我吃掉的那个苹果是外在于我的,而所谓的类的"苹果"不是外在的,而是内在的,是我们从无数的苹果中归纳出共同的性质后形成的概念,是用来指称所有那些叫苹果的东西的观念。这就是所谓类的性质。

如果我们这样来理解"类"的话,那么我们就能够清楚地看出,用类或所谓知类来研究文化是有问题的。因为这里也有层次的问题。这就是,民族文化是具体的,是特殊的。如中国文化不同于日本文化,也显然不同于世界上其他民族的文化。这应该是没有问题的。这是一个层次。第二个层次是,我们要研究世界上各个民族文化,就将不同民族文化共同具有的共同特征抽取出来形成所谓的文化的类。问题是这样的类只存在于我们的概念里,显然世界上任何地方是没有这样的一般的或普遍的文化系统,因为实际存在的都是具体的各有特色的民族文化。但应该承认有了这样的文化的类的概念对于我们的研究工作是极其有用的。我们坚决不能将文化研究中的两个不同层次混淆起来。

上述解释是对的话,那么在研究东西或中西文化关系的时候,我们就应该自觉地将文化的这两层含义区分清楚。在经验世界里只存在具体的文化系统,只存在中西文化的差异。如果不谈中西文化差异,只谈古今之异,实质上是不谈实际存在的个体的文化系统,而只是在思想世界中做关于文化的概念游戏,而无补于实际的文化系统间关系的处理。汽车之理是普遍的,但在街上跑的车无疑是具体的是特殊的。古代西洋诚然没有汽车,现代才有汽车的出现。但不能因此就能够笼统地说,汽车就是现代的。准确地说,汽车是现代西洋人发明的。都是类的文化,不是具体的文化。但实际存在的只是具体的文化。如中国传统文化其实不只是以家庭为本位的文化,她有着丰富的内容。

从语言方面说,只要一提起中国文化,任何人首先会想起的就是汉语。从价值系统着眼,在中国传统社会中,儒家、道家、佛家的思想在社会上有着巨大的影响。从文学传统着眼,屈骚、汉赋、唐诗、宋词、元曲、明清小说等更是中国传统文化中的瑰宝。其他诸如服饰、园林建筑、音乐、礼仪风俗等无一不是各个具体文化的重要方面。然在"生产社会化的文化"和"生产家庭化的文化"中上述的文化的核心的要素也就不见踪影了。

冯友兰的古今、新旧的差异既有其新实在论的根据,也有唯物史观理论的支撑。

这种古今、新旧的差异,冯友兰又称之为乡村与城市的区别。中国由于仍然是以家庭为本位的生产,所以中国的文化是乡村的文化。而西洋先行了一步,由以家庭为本位的文化走向了以社会为本位的文化,因此也由乡村走向了城市。此处所谓的乡村和城市的说法实际上就是采自马克思和恩格斯的《共产党宣言》。《宣言》称道:"资产阶级使乡村屈服于城市的统治。它创立了巨大的城市,使城市人口比农村人口大大增加起来,因而使很大一部分居民脱离了乡村生活的愚昧状态。正象它使乡村从属于城市一样,它使未开化和半开化的国家从属于文明的国家,使农民的民族从属于资产阶级的民族,使东方从属于西方。"[①]

与《共产党宣言》一样,冯友兰的《新事论》解读中西文化或乡村文化与城市文化的差异所运用的理论也是生产力决定生产关系、经济基础决定上层建筑的理论。他之所以采取这样的理论,首先当然是他早年曾在英国系统读过马克思主义的唯物史观方面的著作,认为历史唯物主义在解读历史方面有其不可否认的科学性。其次,他写作《新事论》一书时抗日烽火燃遍了中国大地。战争就是实力的较量,是军事力量、经济力量、管理力量等的较量。他深切地感受到当时修建的区区几公里铁路在运送军事物资方面所起到的巨大作用,使他在文化理

[①] 马克思、恩格斯:《共产党宣言》,《马克思恩格斯选集》,第一卷,第255页,1972年,人民出版社。

论上坚决地主张,中国的出路必须走经济建设的道路,只有在经济上实现了产业革命或工业革命,才是中国走向自由的唯一出路。因此《新事论》一书的副标题即是"中国到自由之路"。他本人并且反复宣称中国到自由之路只有走工业革命之路。他说道:"乡下人如果想不吃亏,惟一底办法,即是把自己亦变成为城里人。……英美及西欧等国,所以取得现在世界中城里人的地位,是因为在经济上他们先有了一个大改革。这个大改革即所谓产业革命。因为有了这个改革,所以才使'乡下靠城里,东方靠西方'。东方底乡下,如果想不靠西方底城里,如果想不受西方底城里的盘剥,如果想得到解放,惟一底办法,即是亦有这种底产业革命。这种产业革命的要素,即是以机器生产,代替人工生产。"①

而且他进一步指出,生产方式对于人伦道德具有决定性的作用。有什么样的生产工具便有什么样的生产方式,有什么样的生产方式也就会有什么样的社会组织形式,也就必须会有什么样的人伦道德。这样的立场无疑就是经济决定论。《新事论》在关于中国文化出路的问题上采取的就是这种经济决定论。他在此书中反复强调如下的观点。"在某种底生产方法之下,社会必须有某种组织,人必须有某种行为。对于人此种行为之规定,即是道德。换句话说,人如何如何地生产,则其团体必须如何如何地组织。其团体如何如何地组织,其团体中之人必如何如何地行为。对于此如何如何地行为之规定,即是道德。生产方法不是人所能随意采用者。因为用某种生产方法,必须用某种生产工具。如某种生产工具尚未发明,则即不能用某种生产方法,人亦不能知有某种生产方法。所以生产方法随着生产工具而定,社会组织随着生产方法而定,道德随着社会组织而定。生产方法不是人所能随意采用者,所以社会组织及道德亦不是人所能随意采用者。"②显然他的

---

① 冯友兰:《新事论》,第235页。
② 冯友兰:《新事论》,第236页。

这种看法基本上说来就是历史唯物主义的基础决定上层建筑的立场。

在他看来,当时中国的唯一出路只有走产业革命之路。其实不但中国是这样,西方所以能够富强壮大的根本原因,也在于它们很早就完成了产业革命。"英美及西欧等国所以取得现在世界上城里人的单位,是因为在经济上它们先有了一个大改革。这个大改革即所谓产业革命。这个革命使它们舍弃了以家为本位底生产方法,脱离了以家为本位底经济制度。经过这个革命以后,它们用了以社会为本位底生产方法,行了以社会为本位底经济制度。这个革命引起了政治革命及社会革命。"①因此在他眼里,产业革命在社会发展和演变中起着关键的作用,它决定着社会的方方面面。

冯友兰的上述文化立场明显地不同于新文化运动以来的主流看法。他的这一立场实质上就是经济决定论,产业革命较之于思想革命、政治革命等具有优先地位。众所周知,新文化运动的基本主张是思想革命优先。陈独秀就是这样主张的。陈把伦理看得比政治、经济更为根本,这就是思想革命优先的立场。可以说陈独秀的上述看法是新文化运动的指导思想,在当时的中国曾产生过巨大的影响。

其实有这样看法的不仅仅是思想激进的陈独秀,胡适、李大钊等人亦具有相同的看法。即便是在文化问题上采取保守主义立场的梁漱溟也认为文化的核心不在经济,而在于人的思想趋向。

在《新事论》中,冯友兰对于上述的看法进行了批评。他指出:"民初人自以为是了不得底聪明,但他们的自以为了不得底聪明,实在是他们的了不得底愚昧。他们不知,人若只有某种生产工具,人只能用某种生产方法;用某种生产方法,只能有某种社会制度;有某种社会制度,只能有某种道德。"②"民初人之注重玄谈,使清末人的实业计划,晚行了二十年。此即是说,使中国的工业化,延迟了二十年。但中国之

---

① 冯友兰:《新事论》,第222页。
② 冯友兰:《新事论》,第250页。

必须工业化的趋势,是客观底情势所已决定,人在此方向的努力或不努力,可以使此趋势加速或放慢,但不能使之改变。"①冯友兰此处所指的"民初人"指的就是陈独秀、胡适等人。他批评这些人"玄谈"误国,延迟了中国工业化的历史进程。

而对于清末的洋务运动,冯友兰却很赞同。清末人走的是实业救国的路子,造机器、兴实业,"照着他们的办法,一直办下去,他们的错误底见解,自然会改变。因为如果有了机器,有了当时所谓实业,整个社会,在许多方面,自然会有根本底变化,到那时候,'水到渠成',人的见解,自然会改变。"②照冯友兰的看法,清末人虽没有自觉地意识到这样做的道理,但他们的这样的做法是不错的。从社会改革的观点看,清末人的做法是正确的。为什么呢?冯友兰指出:"从学术底观点说,纯粹科学等是体,实用科学,技艺等是用。但自社会改革之观点说,则用机器,兴实业等是体,社会之别方面底改革是用。"③

通过上面的描述,我们知道冯友兰是从经济决定论的角度来研究和评判东西文化的关系。他并且认为,西方社会近代以来的巨大变化是由于产业革命引起的。这样的看法是正确的。产业革命是西方现代社会所以发生翻天覆地变化的根本原因。

同时我们也知道,西方的产业革命也其来有自,并非空穴来风。读西方的历史,我们也能够知道,其产业革命的发生不是单轨演进的,而是与人的自我意识的觉醒,社会政治制度的巨大变革、科学的长足发展等密切纠缠在一起。经济在社会发展中起着巨大的作用,这是没有人能够否认的。但是仅仅希望通过实现产业革命这一途径来根本改变中国传统的社会结构,并且使中国最终走向自由之路,似乎还有好多问题需要解决。马克思主义经典作家对之也有过深入细致的思

---

① 冯友兰:《新事论》,第249页。
② 冯友兰:《新事论》,第226页。
③ 冯友兰:《新事论》,第226页。

考。比如恩格斯在1890年的一封信中就批评了这样来理解经济在社会发展中的简单看法。他说:"根据唯物史观,历史过程中的决定性因素归根到底是现实生活的生产和再生产,无论马克思和我都从来没有肯定过比这更多的东西。如果有人在这里加以歪曲,说经济因素是唯一决定性的因素,那么他就是把这个命题变成毫无内容的、抽象的、荒诞无稽的空话。经济状况是基础,但是对历史斗争的进程发生影响并且在许多情况下主要是决定着这一斗争形式的,还有上层建筑的各种因素:阶级斗争的政治形式及其成果——由胜利了的阶级在获胜后确立的宪法等等,各种法的形式以及所有这些实际斗争在参加者头脑中的反映,政治的、法律的和哲学的理论,宗教的观点以及它们向教义体系的进一步发展。这里表现出这一切因素间的相互作用,而在这种相互作用中归根到底是经济运动作为必然的东西通过无穷无尽偶然事件(即这样一些事物和事变,它们的内部联系是如此疏远或者是如此难于确定,以至我们可以认为这种联系并不存在,忘掉这种联系)向前发展。否则把理论应用于任何历史时期,就会比解一个最简单的一次方程式更容易了。"[1]恩格斯当然是坚定地站在唯物史观的立场来看问题的,即便是他也清楚地意识到,如果将经济因素看做唯一决定因素,那么这一命题就转换成荒诞无稽的空话了。

经济固然对社会的发展起着至关重要的作用,但显然不是唯一的作用。从历史上看,政治、法律等也有着巨大的作用。尤其是宗教的作用更为巨大。对此,学界早有人研究。比如贺麟在1947年发表的《认识西洋文化的新努力》一文中就曾论述了基督教对于西洋工业化起过的重要作用。他回忆自己在美国的经历,说道:"我以前在美国,一次在一小城内登一座小山,发现两个特别触目的东西,一个是工厂的烟囱,一个就是教堂的塔尖,两者都高耸入云,挺立不移。这就给了我一个印象,觉得这两者之间,总必然有一种关系。而一个城市中如

---

[1] 马克思、恩格斯:《马克思恩格斯选集》,第四卷,人民出版社,1995年,第695—696页。

只有烟囱而没有教堂,总觉得是像缺了一面,是变态。烟囱是工业化的象征,教堂的塔尖是精神文明的象征。两者都高耸入云,代表着同一种向上的希天的精神的两方面。"①在他看来,基督教是精神文明方面的,工业化是物质方面的。这两方面对于西洋文化来说都是不可或缺的。他并且指出:"十七世纪以来的清教徒,指出只有工作的人才能有面包;又凡由勤劳得来的钱,是上帝所嘉许的这种看法,则对于资本主义社会的发生,对于工业化,就又有很大的帮助。德哲韦巴谓宗教改革后基督教中的道德观念,实最宜于资本主义工业化的社会,如勤劳、忠实、信用等等,都有助于工商业的发展,亦可谓基督教的道德观念,实与工商业社会的生活有联系。又如基督教会,往往喜欢办职业学校,这亦可为基督教有助于工业化的事实证明。因此,基督教不是反工业化,而是最宜于工商业社会,并有助于工业化的。"②贺麟在学生时代有反基督教的倾向,但赴西洋以后,深深感觉并认识到西洋社会决不只是个以社会化生产为本位的社会,西洋近代文明的一切特点,基督教中均应有尽有。

其实贺麟关于工业化与基督教的关系的思想无疑是他本人观察研究西洋社会的结论,也与他当时所受德国思想家马克斯·韦伯的影响有关。韦伯指出,新教伦理乃是西方资本主义兴起的精神动因。

韦伯和贺麟的上述的看法自有其合理的因素。其实任何生产,无论是家庭本位的生产还是社会为本位的生产,从来就不仅仅是物质的生产。从类的观点观察文化的不足在于它抽象掉了具体生动丰富的内容,比如具体存在的个体的人就看不见了。可以说,任何生产都是以人为主体才能够进行的。而人既有物质的生理的一面,也有精神性的一面。任何人都是这两个方面的统一体。而且我们也可以看到,西方的社会化自有社会生产的影响在内,其实早在工业化之前,西方的

---

① 贺麟:《认识西洋文化的新努力》,《文化与人生》,商务印书馆,1988年,第309页。
② 贺麟:《认识西洋文化的新努力》,第309—310页。

社会就已呈现出社会化的趋势。因为西方社会文化中宗教占据着重要的地位,由于基督教在历史上支配着人们的精神生活,影响着人们的社会生活,所以其社会结构自然呈现出社会化的趋势,后来的工业化只不过加强了这一趋势而已。所以要使中国走向社会化仅仅要靠生产的社会化似乎很难奏效。

很难说,韦伯与贺麟的看法就根本上是与唯物史观的立场相冲突的。但有一点却是很清楚的,这就是将经济看做是社会发展的唯一因素的说法是难以自圆其说的。如果这样的讨论有其意义的话,那么说产业革命是中国到自由之路的是不确切的,不是一条具体可行的路数。而且事实是中国1949年前走的路主要的仍然不是实业救国的路,而是走的政治上反帝反封建的革命之路。只有主权在握,才有可能谈工业化或产业革命强国的可能性。

问题也还在于,只有主权真正掌握在人民的手里实行民主政治,产业革命才能实际地推动中国走向自由之路。如果主权或政权仅仅把持在少数人的手里,那么很有可能推行产业革命的结果只是少数人享受实利。如果是这样的话,那么政治资本与产业资本的结合形成的只能是官僚资本。1949年前形成的官僚资本主义就是一个不争的历史事实。

而且西方工业化革命以来的发展历史也已经清楚地表明,产业革命或工业化革命是一头野马,所到之处,环境严重破坏、空气极度污染、资源逐渐枯竭,南北差距不但没有缩小反而在逐渐地加大。中国改革开放以来的近三十年也表明,单纯的经济建设而不注重社会的整体地和谐地发展所带来的危害是十分可怕的。所以我们必须给产业革命或工业革命这匹野马带上笼头,纳入良性的理性的整体发展轨道,或许才能使产业革命有益于人类社会的繁荣。

问题还在于,冯友兰仅仅停留在思想的层面讨论中国文化的走向,所以没有能够具体指出中国走向自由的路向。在《新事论》写作时,西方早已实现了工业化,而中国仍然处在乡村时代。现在的问题是,中国要工业化,那么我们怎么个化法?依靠自己的力量实现工业化?还是依靠西方的现代化?按照冯友兰的说法,中西差异不是中国与西方的差异,而是农村与城市的不同或是传统与现代的不同。从情感上讲,我们认同这样的说法。但从理论上讲,任何现代化都是具体的,而没有所谓的类的现代化。这样的现代化只存在于人的思维世界之内。我们也知道,现代化首先是在西方实现的。我们讲西方的现代化是很容易理解的。但如果笼统地讲现代化是不好理解的。所以我们要现代化必须首先向西方学习,由西方引进现代化。根据冯友兰的看法,在政治上实现什么主义,人生应该怎么走等问题虽然重要,但不是当务之急,当务之急是经济上搞工业化。根据他的看法,有了某种生产工具,才有某种生产方式,才有整个社会的进一步发展的可能。但我们知道,要发明某种新的生产工具并不是一厢情愿的事情。如果要等到自己有了某种新的生产工具才谋求社会的变革,那么什么时候才能走上真正自由之路呢?工业化源于西方。如果我们不得不从西方引进某种生产工具,那么照这个路子走下去,中国是不可能走向自由之路的。因为工业化的源头不在中国,而在西方。所以当务之急不是笼统地大谈特谈现代化,而是要向西方的现代化学习,当然学习的结果未必是西化。西化也只不过是现代化的一种模式。现代化的模式可以是多种多样的。但其他的现代化模式还未出现之前,我们所可借鉴的就是西方的现代化模式。且向西方的现代化学习并不一定意味着我们必须完全走彻底的西化的路数。

那么如何能够使中国真正走向自由呢?

此处所说的自由不是个人的自由,而是作为国家的中国的自由。中国要走向真正的自由,经济上的独立无疑是根本的。但经济绝不可能是单轨发展的。经济上的独立是要依赖于思想的创新和科学的发明,要依赖于教育的普及和提高。要在上述领域取得成就,中国首先必须取得学术的独立,使基础学科获得长足的进步。而所有这些又都要依赖于政治上完善的民主制度的确立。

还有一个需要讨论的问题是关于文化的定义问题。此一问题十分复杂,并且众说纷纭,莫衷一是,由于篇幅有限,不能在此展开详尽的分析讨论。尽管如此,细看各家关于文化的解说,虽分歧迭出,但也有共同的看法,即都没有像冯友兰那样将生产或经济看做是文化的核心,认为文化就是两类:以家庭为本位的生产方式和以社会为本位的生产方式。经济固然在文化中占有极其重要的地位和发挥着基础性的作用,但它显然不应该是文化的核心,不管是中国文化也好,西方文化也好,都是这样的。任何文化都是人的文化。经济或生产运作也不例外,都是以人为主体。离开了人,经济或生产活动都将得不到说明。其次,具体的生产也都是在具体的文化系统内进行的。所以文化的核心应该是人,是人具有的价值系统。在此一点上,讨论文化问题的各家都是有着相同的看法。所以将生产或经济看做是文化的核心并以之来解读社会其他领域发展的理论是很值得商榷的。

附录　重建还是拒斥形而上学

——从洪谦和冯友兰关于形而上学的论争谈起

二十世纪三十年代前后是维也纳学派的鼎盛时期。众所周知,维也纳学派的哲学家关注的一个主要问题就是要坚决而又无情地拒斥形而上学。其实在西方哲学中,反形而上学有着悠久的传统。维也纳学派只不过将之推向了一个极端。所以在当时的西方哲学界,拒斥形而上学成了一种不可逆转的哲学潮流。于是坚持形而上学的哲学家们感到大势已去,节节败退,以至于无处藏身。

但在中国哲学界,情形却截然不同。许多哲学家清楚地知道西方哲学家的反形而上学的立场,然而他们却偏偏要坚持形而上学的哲学立场。于是在三十或四十年代的中国哲学界却出现了与当时西方哲学界不同的潮流,即形而上学的哲学思潮左右着中国当时的哲学界。如在当时的中国哲学界有着重大影响的哲学家冯友兰、熊十力、金岳霖等人都建构了自己的形而上学哲学体系。这些哲学思想体系是中国现代哲学的主体。然而,需要指出的是,也有学者在积极努力地反对这种坚持形而上学的立场。洪谦就是这样的一位哲学家。他以冯友兰的"新理学"的形而上学思想体系作为靶子,对之作了坚决的批评。

洪谦和冯友兰在如何对待形而上学的问题上所发生的争论按其性质说就是逻辑实证主义者和新实在论者之间的争论。这场争论虽然发生在1946年11月11日的中国哲学会昆明分会的第二次讨论会上,但是洪谦和冯友兰在关于形而上学的看法上是历来就有矛盾的。据张岱年《回忆清华哲学系》一文的叙述,洪谦和清华哲学系在哲学观上是有明显的分歧的。张岱年说:"在1936年的一次讨论会上,张岱年提出,有的哲学家注重建立'统一的世界观',有的哲学家则认为哲学的任务只是对科学命题进行分析。当时金岳霖先生接着说:我现在就是要建立'统一的世界观'。其后不久,他的《论道》写成了,这是以分析方法建立形而上学体系的重要著作。"冯友兰也在差不多的同时建立了自己的"新理学"的形而上学哲学体系。当时也在清华哲学系的洪谦的哲学观显然是不同于金岳霖和冯友兰的。在提及这一点时,张岱年这样说道:"洪谦于1936年曾到清华哲学系任教。洪谦在奥国受学于石里克,是维也纳派的成员,坚持维也纳派的关于哲学的观点。他注重运用分析方法,但反对任何建立本体论的企图。因此,洪谦不同意冯友兰的'新理学'与金岳霖《论道》的学说,因此洪谦与清华哲学系的关系趋于淡化了。"[①]可见,洪谦与冯友兰及清华哲学系在哲学观

---

① 张岱年:《回忆清华哲学系》,《张岱年全集》,第535—539页,河北人民出版社,1996年。

上的争论是由来已久的。

在昆明讨论会上，洪谦发表了《论〈新理学〉的哲学方法》的演讲，对冯友兰的《新理学》的哲学思想方法提出了直接的尖锐的批评。在洪谦发言之后，冯友兰本人当即提出答辩，金岳霖及沈有鼎亦先后发言设法替冯友兰解围。像这样针锋相对地就某一哲学问题进行直接的讨论应该说是很有意义的。遗憾的是，在讨论会上，冯友兰及金岳霖、沈有鼎的发言没有直接的记录，所以我们现在难于了解当时争论的具体情形了。但是洪谦的文章全文刊登在《哲学评论》第十卷第一期上。此文是针对冯友兰的《新理学在哲学中的地位及其方法》而写的。冯友兰关于自己的哲学在中国哲学史、世界哲学史上的地位曾经有过多次的论述，除了上述的文章之外，他在自己的专著《新理学》、《新知言》、《新原道》等书中都有极其详尽的论述。

在冯友兰看来，维也纳学派的哲学纲领就是要拒斥形而上学。而维也纳学派拒斥形而上学的主要手段便是关于命题的理论及其命题证实的理论。冯友兰认为，维也纳学派分命题为两类，一类是分析命题，一类是综合命题。命题只有这样的两类。一个命题不是分析命题，就是综合命题。综合命题是关于经验事实的命题，它的意义存在于它的证实方法之中。这也就是说，一个综合命题必须有可证实性，然后才有意义。冯友兰指出，分析命题，我们在形式上就可以断定它是真的。分析命题的特点在于，如果我们否认这样的命题就必然会陷入自相矛盾之中。所以这样的命题是必然的真的。因此分析命题也可称之为必然命题。逻辑和数学中的命题就是这样的命题。在冯友兰的理解中，维也纳学派拒斥形而上学的主要理由是，他们以为形而上学中的命题都是综合命题，又都是没有可证实性的，所以形而上学中的命题也就是没有意义的命题。这样的形而上学中的命题类似于"砚台是道德"、"桌子是爱情"这样的似是而非的命题。显然这样的命题是毫无任何意义的。传统形而上学讨论的命题如"上帝存在"、"灵魂不灭"、"意志自由"等命题,无论你对之作肯定还是作否定,这些命题都是没有意义的。因此冯友兰认为,维也纳学派拒斥这样的形而上学是对的,是有根据的。

但是冯友兰紧接着指出,虽然维也纳学派能够推翻传统的形而上学,然而他们却不能拒斥他自己的形而上学。所以他自己的形而上学不在维也纳学派批判的范围之内。为什么呢?他认为,他是要"经过维也纳学派的经验主义而重新建立形上学"。这一重建的具体途径就是利用逻辑分析的方法来对经验事实作所谓的形式的分析,"由分析实际底事物而知实际,由知实际而知真际"。他的形而上学的要义在于要从经验事实出发,进而从中演绎出没有任何经验事实的形而上学所需要的全部观念。由于对经验事实只作形式的分析,所以在冯友兰看来,真正的形而上学的命题必须是"一片空灵"的。可见,在冯友兰本人看来,他的形而上学的全部命题是毫无经验事实内容的,所以这样的命题不容易为维也纳学派所取消。因为他认为,他的《新理学》中的形而上学与传统的形而上学是两种完全不同的形而上学。这种不同表现在传统的形而上学是以"对于事实为积极的肯定"的综合命题为根据的,而他的形而上学却与之不同,是以"对于事实作形式的解释"的分析命题为根据的。维也纳学派能够取消传统的形而上学是因为这样的形而上学的命题是似是而非的命题。而他自己的命题则是空且灵的,所以是维也纳学派所不能推翻的。

然而洪谦并不这样认为。从冯友兰本人来看,维也纳学派所以推翻形而上学是因为传统形而上学的命题是对于经验事实作积极肯定的命题。但洪谦却指出,从维也纳学派的哲学立场来看,问题就完全不一样了。他这样说道:"从维也纳学派立场而言:它的'反形而上学'(Antimetaphysik)的主要点,并不是如冯友兰所言将形而上学从哲学上加以'取消',只想将形而上学在哲学中的活动范围加以指示,在哲学中的真正地位加以确定。换句话说,维也纳学派虽然否定形而上学之为一种关于实际的知识理论体系,但并不否认它在人生哲学方面的重要意义。所以某种形而上学之能被'取消'或不能被'取消',与某种形而上学之以某种命题为根据,毫不相关。某个形而上学家视他的形而上学是否为一种关于实际的知识理论体系,才是其唯一的标准了。"① 这就是说,在洪谦看来,冯友兰对维也纳学派有关形而上学的理论是有误解的。第一,维也纳学派并没有拒斥或取消形而上学,只是划定了形而上学的活动范围,把它从实际的知识体系领域中逐出,但是并没有彻底地取消形而上学在哲学中的地位和作用,也没有否认形而上学在人生哲学方面所能起的重要作用。第二,如果说维也纳学派取消形而上学的话,那么他们所运用的标准也并不如冯友兰所说的那样是以什么样的命题为根据,而是看形而上学是否是一种关于实际的知识理论体系。

我们已经知道维也纳学派是从知识理论的角度来评述形而上学的,认为形而上学不是一种关于实际的知识理论体系。现在洪谦也是从知识理论的角度来评论冯友兰的《新理学》。他指出,冯友兰实质上确实是把形而上学视为一种关于实际的知识理论体系。因为冯友兰本人这样说过,人类的知识可以分为四种:数学逻辑,形而上学,科学,历史。洪谦指出,冯友兰与传统的形而上学家不一样的地方在于,他没有强调在科学这样的关于实际的知识理论体系之外,还有所谓的超越实际的知识理论体系。但是他却认为,关于所谓实际的知识也可以分为两种,即"积极的实际知识"和"形式的实际知识"。他于是这样说道:"所谓实际的积极方面的知识,就是一些'对于事实为积极的肯定'的综合知识。所谓实际的形式方面的知识,则是如冯先生所谓'对于事实为形式的解释'的分析知识,就是冯先生所主张的形而上学知识了。"②洪谦认为,冯友兰关于知识的这两种分类是成问题的。

因为在维也纳学派看来,一个关于实际的命题在原则上必须对于

---

① 洪谦:《维也纳学派哲学》,商务印书馆,1989年,第183页。
② 洪谦:《维也纳学派哲学》,第184页。

事实有所叙述,有所传达。被叙述、被传达的事实对象就是这个命题有无意义的唯一根据。说一个命题是对事实有所叙述有所传达必须以这个命题有无证实方法为之标准。所谓的证实方法实质上是指,命题与其所反映的经验事实之间有无一一相应的关系。如果有这样的关系,那么这个命题就是真的,相应的它也就有了意义。否则,这个命题就是假的。当然维也纳学派所谓的证实方法并不是很严格的,所以它的证实方法有原则的和事实的两种。如果一个命题没有事实上证实的可能性,但是只要这个命题有原则上被证实的可能性,我们就可以说,这个命题具有实际的意义。如果一个命题没有这样的原则上的可证实性,那么这样的命题就是在原则上无法加以肯定或否定的,所以也就没有实际的意义了。洪谦指出,维也纳学派之所以能"取消"传统的形而上学就是因为传统的形而上学的命题在原则上就没有可证实性,所以这些命题都是一种"似是而非的命题"了。

在洪谦看来,冯友兰的形而上学的命题也是没有实际的意义的命题。但是与传统的形而上学的命题不一样,《新理学》中命题的没有意义不是因为它们是"似是而非的命题",而是因为它们是"重复叙述的命题",所以这些命题才没有意义。"重复叙述的命题"所叙述所传达的对象,我们根本就无法从事实方面加以肯定或否定。同时它是真或假、是否有实际的意义我们也无法从事实方面加以肯定或否定。可见,"冯先生的'对于事实为形式的解释'的形而上学命题如'山是山,水是水。山不是非山,水不是非水。山是山不是非山,必因有山之所以为山,水是水不是非水,必因有水之所以为水',在原则上就是一些对于事实无所叙述无所传达的'重复叙述的命题',因为这样的命题对于事实所叙述所传达的对象,我们从事实方面亦不能有所肯定或否定,同时这样的命题亦不因其在事实方面不能有所肯定或否定而失去它的真性,而失去其原有的意义的"。①所谓"这样的命题不因其在事

---

① 洪谦:《维也纳学派哲学》,第188页。

实方面不能有所肯定或否定而失去它的真性,而失去其原有的意义"是说,"重复叙述的命题"的真假并不决定于事实。洪谦接着指出,如果传统的形而上学命题是一些变相的"桌子是爱情"、"炮台是道德"之类的"似是而非的命题"的话,那么冯友兰的形而上学中的命题则是一些"今天是星期三就不是星期四"、"今天是晴天就不是雨天"一类的对于事实无所叙述无所传达的"重复叙述的命题"。洪谦把传统的形而上学的命题说成是没有根据的"胡说",他指出冯友兰的形而上学的命题虽然没有"胡说"的成分,但是他的形而上学的命题对于事实却是没有叙述没有传达,所以这样的形而上学最终也不过是"一种'空话'的理论系统了"。冯友兰把形而上学看做是他所理解的知识中的一种,但是经过洪谦这样的分析,我们可以清楚地看到,他的形而上学的命题也与传统的形而上学一样并不能构成关于实际的知识理论的系统。

冯友兰自认为,维也纳学派能够拒斥传统的形而上学,但是却不能推翻他的形而上学。所以他的形而上学是以维也纳学派的经验主义为基础,而进一步超越了维也纳学派。但是洪谦却不这样看。他说,传统的形而上学,在维也纳学派看来,固然不能成为一种关于实际的知识理论体系,但是它们在人生哲学方面还是具有科学所不具有的深厚的意义和特殊的作用的,"我们能从形而上学的体验中和形而上学理想中确能得到内心中的满足和精神上的安慰,确能弥补生活上的空虚,扩张我们体验中的境界"。"我们从传统的形而上学命题如'上帝存在'、'灵魂不灭'、'意志自由'中,可以得到在理想上的许多丰富的感觉,优美的境界,得到许多满足许多安慰。"[①]然而冯友兰的形而上学既不是关于实际的知识理论体系,同时它也不具有传统形而上学所具有的人生哲学方面所能发挥的作用。他说:"但是我们从冯先生的形而上学命题如'山是山,水是水','山不是非山,水不是非水','山是山不是非山,必因有山之所以为山,水是水不是非水,必因有水之所以

---

① 洪谦:《维也纳学派哲学》,第191页。

为水'中不仅无有如此的感觉境界、满足和安慰,甚至于似乎有点'无动于中'之感。"如果说传统的形而上学不是一种关于实际的知识理论体系,但是它们在人生哲学方面毕竟还有其相当的价值,那么冯友兰的形而上学则既不是关于实际的知识理论体系,在人生哲学方面也没有相当的价值。按洪谦的说法,冯友兰的形而上学是"两者俱无一厝"。所以他的结论是,如果维也纳学派真的要取消形而上学的话,"那么冯先生的形而上学之被'取消'的可能性较之传统的形而上学为多"。[①]

我们可以相当清楚地看到,洪谦是彻底地否定了冯友兰的形而上学思想体系。

现在的问题是,洪谦对冯友兰《新理学》的批判是否有道理。这是一个很复杂的问题。

如果站在维也纳学派哲学的立场上,那么毫无疑问洪谦的这种批判是绝对的正确的。因为事实上冯友兰的形而上学与传统的形而上学相比是大同小异,两者之间并没有实质上的区别。所以如果维也纳学派要取消形而上学的话,那么冯友兰的形而上学也难逃这样的厄运。这应该是显而易见的事实。因为冯友兰的形而上学同样不是对实际有所反映的知识理论体系。他的体系中的命题同样缺乏可证实性,不但事实上无证实性,就是在原则上也缺乏可证实性。冯友兰称自己的形而上学中的命题为"重复叙述的命题"。这样的命题也就是重言式命题。重言式命题的真假值显然不取决于其是否与外界的经验事实有一一相应的关系,所以这样的命题当然也就不可能对实际有所反映了。冯友兰的形而上学的另外一个问题就是他反复地宣称哲学始于分析经验事实,所谓分析经验事实就是对经验事实作形式的分析,而不是对之作积极的或有内容的分析。这样作的目的是要从特殊的经验事实过渡到一般性的东西。这当然是不可能的。而且命题分

[①] 洪谦:《维也纳学派哲学》,第191页。

类理论本来是维也纳学派用来批判形而上学的,但是冯友兰却不加以改造就利用所谓的分析命题来构造自己的形而上学,这当然会带来种种困难。这个体系还有其他的一系列问题。总之,如果从哲学方法论的角度来看冯友兰的形而上学,那么我们不得不说他的这一哲学体系之中充满着很多的矛盾,难以成立。我们应该说洪谦对《新理学》方法论的批判是正确的。

冯友兰的《新理学》不是在一个严格的分析哲学的传统中形成的,而且他本人对于现代数理逻辑并没有作过深入的学习,更谈不上有什么研究了,所以在运用逻辑分析方法来建立自己的哲学体系之时难免会有不少错误。而洪谦是在严格的分析哲学的传统中接受过专业的训练,并对现代科学有较深入的了解。在科学方法或逻辑分析方法方面,洪谦当然具有更厚实的知识基础和方法论的训练。

但是问题的另一方面却是,冯友兰和洪谦可以说有着不同的哲学背景。洪谦可以说完全是在西洋哲学背景之下成长起来的哲学家,他的思维方式明显是西方式的。而冯友兰则不同,他虽然也曾赴美国留学,也曾受过新实在论哲学思想和方法论的影响,但是他的哲学思想主要的还是中国传统哲学的。他本人曾经这样说过,如果一个人听了西洋音乐,再听中国音乐,他肯定喜欢西洋音乐;但是如果他同时阅读西洋的哲学著作和中国传统的哲学著作,难免他会喜欢中国传统的哲学思想。可以说冯友兰自己就是这样的一个人。

中国传统的哲学思想虽然不重视逻辑的分析,但是却特别注重人生哲学中的人生境界理论。冯友兰完全继承了中国传统哲学的这一优良传统,他的哲学工作的路向就是要给传统哲学的人生境界奠定一个现代性的哲学理论或方法论的基础。在这样做的时候,他思考的重点毫无疑问的是传统的人生境界说,而从西方借鉴来的逻辑分析方法在他看来只不过是一种工具。可见,在他的哲学思想体系中,西方的逻辑分析方法是为中国传统的人生境界说服务的。

冯友兰从事于哲学研究的目的似乎并不纯粹是一种学术的事业，或者仅仅是为了求真。他在民族危机重重的年代创立自己的"新理学"哲学思想体系，目的是要"以志艰危，且鸣盛世"，他是要以自己的哲学思想体系为中华民族确立哲学思想的基础。可见，他是有着民族文化的担当。因此他同时在追求着真和善，或者说在真和善这两者之间，他更注重的是善，所以他认为，形而上学虽然不能增加人们实际的知识，但是它却可以提高人们的境界，他的《新理学》就是要帮助人们进入天地境界，成为圣人。显而易见，冯友兰的哲学思想研究并不仅仅是一种学术事业，而且也是一种民族文化的担当。我们这样说并不是说洪谦不关心国家的安危，而是说他是把哲学研究看做是一种纯学术的事业。而且我们也能很清楚地看到，洪谦的分析哲学指向的是真，真是最高的，是唯一的。他完全赞同维也纳学派的哲学的任务就是要说明科学命题的意义就是一个明证。

洪谦对冯友兰的批判固然是一个逻辑实在论者对一个新实在论者的批判，而更为根本的是，这一批判也是一个完全站在西方哲学立场的哲学家对一个中国哲学家的批判。这就涉及到维也纳学派与中国哲学对待形而上学的根本态度问题了。可以说，在这个很重要的哲学问题上，他们之间有着很大的分歧。在西方哲学史上早就有一个取消形而上学的传统，维也纳学派只不过将其推向极端而已。但是在中国哲学中却从来就没有这样的排除形而上学的传统，不但没有，而且还积极地维护形而上学。这是因为按照中国哲学家的看法，哲学从本质上说就是形而上学。应该说中国哲学与西方哲学有着某种共性，但不能否认它们之间还是有着很大区别的。西方文化的核心是宗教而不是哲学。与此不同，中国文化的核心却是哲学。西方人的终极关怀和终极托付是宗教，而中国人的安心立命之所却是哲学。准此，我们可以说，西方人具有宗教的本质，而中国人就其本质说是哲学的。把哲学看做是概念游戏是典型的西方人的说法，因此对于他们来说，哲学并不是绝对必须的。相反,对于中国人来说,特别是对于中国的知识分子来说,宗教倒并不是必须的,但哲学却是不可一日或缺的。这倒是应了黑格尔老人的一句名言,一个国家没有哲学,就像一座雄伟壮观的庙中没有神像一样,空空荡荡,徒有其表,因为它没有可信仰的东西,可尊敬的东西。哲学或形而上学就是中国人可信仰的东西,可尊敬的东西。对于形而上的执着追求源于中国人的本性。冯友兰就是这样看的,他认为,人没有必要一定要具有宗教的性质,但每一个人却必须学习哲学,具有哲学的修养,他才有可能成为真正的人。因此哲学才是人的本质。而且他还进一步指出,在不远的将来,哲学一定会代替宗教。显然,这就是典型的中国哲学家的看法。其实有这样看法的不仅仅是冯友兰,熊十力也有这同样的看法。

与他们不同,熊十力基本上是一个传统的中国哲学家。他维护形而上学或本体论的立场更为积极。他的哲学思想体系就是本体论或形而上学。他说:"学问当分二途:曰科学,曰哲学。科学,根本是从实用出发,易言之,即从日常生活的经验里出发。……哲学自从科学发展以后,他底范围日益缩小。究极言之,只有本体论是哲学的范围,除此之外,几乎皆是科学的领域。……哲学思想本不可以有限界言,然而本体论究是阐明万化根源,是一切智智,与科学但为各部门的重视者不可同日而语。则谓哲学建本立极,只是本体论,要不为过。夫哲学所穷究的,即是本体。"①洪谦或维也纳学派的哲学家们认为,哲学不是一种知识体系或科学,而是一种活动,它的任务就是要说明或明确科学命题的意义。总之,哲学没有自己的独立性,没有自己独立的领地,而只不过是科学的附庸,只不过是科学范围之内的一种活动。而熊十力却不这么看,他指出人的智有性智和量智的区别。"性智者,即是真的自己底觉悟。""量智是思量和推度,或明辨事物之理则,及于所行所历,简择得失等等的作用故,故说明量智,亦名理智。此智,元是

---

① 熊十力:《新唯识论》,第248页。

性智的发用,而卒别于性智,因为性智作用,依官能而发现,即官能得假之以自用。"①他认为,性智是一切智中最上的智,它要高于量智。本体是需要性智才得体认,而量智的运用形成的是知识。他于是这样说道:"哲学所以站得住者,只以本体论是科学所夺不去的。我们正以未得证体,才研究知识论。今乃立意不承有本体,而只在知识论上钻来钻去,终无结果,如何不是脱离哲学的立场?凡此种种妄见,如前哲所谓'道在迩而求诸远,事在易而求诸难'。此其谬误,实由不务反识本心。易言之,即不了万物本源,与吾人真性,本非有二。遂至妄臆宇宙本体为离自心而外在,故乃凭量智以向外求索,及其求索不可得,犹复不已于求索,则且以意想而有所安立。学者各凭意想,聚讼不休,则又相戒勿谈本体,于是盘旋知识窠臼,而正智之途塞,人顾自迷其所以生之理。"②由于人们认识不到本体,所以才凭借量智向外逐物,在知识论上纠缠不休,所以才认识不清哲学的真正目的在于认识本体。

根据熊十力的这种看法,知识论的研究不是哲学内容,更不是哲学追求的目标。很显然,这样的看法与西方近代以来的哲学思潮是背道而驰的。从笛卡尔、洛克以后的西方哲学史的重点似乎一直是在知识论方面的研究,这就是所谓的"认识论的转向"。所以在西方哲学中,一个真正的哲学家如果不去研究知识论,不建立自己的知识理论的体系,就是一件不可思议的事情。可见,在西方哲学中,知识理论恰恰是哲学的中心内容。而形而上学在近代以来的历史中却逐渐地失去了原有的神圣不可侵犯的地位,在历史中渐渐地隐去。熊十力不可能不知道西方哲学的发展史,他的上述思想似乎就是批评西方哲学的这种发展趋势。冯友兰和金岳霖都在西方学习哲学多年,对于西方哲学的发展更是了如指掌,但是他们似乎也没有为这种哲学发展的趋势所动,而仍然执著地坚持着形而上学的立场,花了极大的精力来创建

---

① 熊十力:《新唯识论》,第249页。
② 熊十力:《新唯识论》,第250—251页。

自己的形而上学哲学体系。冯友兰认为,形而上学是"最哲学底哲学"。金岳霖也明确地指出"玄学是统摄全部哲学的"。他虽然在知识理论的研究上花了极大的工夫和时间,但他对知识理论的基本观点却是,知识理论应该是以形而上学或本体论为基础的。

总之,上述的哲学家们都毫不犹豫地坚持形而上学才是哲学的核心内容的哲学立场。在冯友兰的哲学研究生涯中,他似乎从来也没有在知识论研究的领域中下过工夫,写过文章。作为哲学家,他的全部精力都投入到人生哲学的研究之中了。他的哲学就是他的"新理学"。在"新理学"中知识论是没有地位的。

我们可以看到,中国现代哲学虽然受到西方哲学很大的影响,但是中国现代哲学还是在走着自己的发展道路。我们上面所作比较的意图就是要显示中西哲学之间的区别。

第五章

贺麟的新心学

第一节 生平和著述

贺麟是中国现代哲学家,是儒家思想的积极提倡者。"儒家思想的新开展"的论述,知行合一新论与直觉论,"心即理"的唯心论,构成他儒学思想的主要部分。他对儒学思想的解读直觉地融进了包括黑格尔哲学在内的西方文化或哲学的要素。

贺麟(1902—1992),字自昭,四川省金堂县人,1902年9月20日生。父亲是一位清代秀才,曾主持乡县教育事务。家境殷实,衣食无忧。他自幼便受到良好的家庭教育。八岁入私塾发蒙,从《三字经》、《千字文》、《弟子规》、《百家姓》读起,一直读到"四书五经",旁涉诸子书籍。他"从小深受儒家熏陶","特别感兴趣的是宋明理学"。[①]

[①] 贺麟:《康德黑格尔哲学东渐记》,《中国哲学》第2辑,三联书店,1980版,第376页。

十三岁那年,他读完小学,因身材矮小,又体弱多病,父母不放心他一人赴外地求学,于是要求他在家自修两年。1917年,他考入著名的四川成都省立石室中学,从此开始了独立求学的生涯。1919年,贺麟初中毕业后考入清华学校,曾当过《清华周刊》总编辑。在校期间,贺氏被梁启超的渊博的学识所折服。在此期间,他还曾多次拜访过梁漱溟。受梁启超、梁漱溟思想的影响,他对宋明理学尤其是陆王心学产生了浓厚的兴趣。在将毕业的那一年,吴宓教授首次为高年级开设"外文翻译"课,讲授翻译的原理与技巧,于是贺麟选了这门课。在吴宓的影响下,他"想步吴宓先生介绍西方古典文学的后尘,以介绍和传播西方古典哲学为自己终身的'志业'"。① 1926年贺麟毕业于清华学校高等科。

1926年9月,贺麟赴美留学,插入美国奥柏林大学哲学三年级。奥柏林大学浓重的基督教的氛围及该校哲学系重实用主义哲学的传统都给贺麟留下了深刻的印象。1928年,贺麟修满了学分,提前半年毕业,获哲学学士学位。同年入芝加哥大学哲学系攻读硕士学位。由于"不满于芝加哥大学偶尔碰见的那种在课上空谈经验的实用主义者,所以在28年下半年转往哈佛大学"。哈佛大学的哲学系重视对德国古典哲学的研究,是新黑格尔主义的重镇,理论思维水平较高,这与重视义理的贺麟相契合。在留美期间,贺麟基本上确立了研究西方哲学的方向。斯宾诺莎的哲学首先引起了他的学术兴趣。在哈佛读研究生期间,由于与怀特海接触,他研究斯宾诺莎的愿望变得更为强烈。而对斯宾诺沙哲学的探索遂使贺麟对黑格尔哲学产生了兴趣。于是他又自学了黑格尔的哲学。贺麟对黑格尔哲学的理解是从新黑格尔主义契入的。他说道:"我最感兴趣的是英国的新黑格尔主义者格林和美国的新黑格尔主义者鲁一士,特别是鲁一士的《近代哲学之精神》和《近代理想主义演讲》这两本书对我启发甚大。"② 为了进一步学习和

---

① 贺麟:《康德黑格尔哲学东渐记》,第376页。
② 贺麟:《康德黑格尔哲学东渐记》,第376页。

研究黑格尔哲学,贺麟决意到黑格尔的故乡深造。1930年在哈佛取得硕士学位后,他便启程来到德国,入柏林大学。

1931年8月,贺麟回国。9月受聘于北京大学,任讲师。1932年至1936年任副教授,1936年任教授。他先后主讲过西方现代哲学、西方哲学史、哲学问题、哲学概论、黑格尔哲学、斯宾诺莎哲学、伦理学等十多门课程。同时他也在自己的母校清华大学哲学系兼课。1938年,贺麟到"西南联大"任教。此时,他也曾在设于重庆的国民党中央政治学校教哲学一年。1935年,哲学界同仁发起成立了中国哲学会,贺麟在第一届年会上当选为理事。1937年又当选为常务理事,与另两位常务理事金岳霖、冯友兰共同主持学会日常工作。1942年,他任西洋哲学名著编译委员会主任委员。1946年,随北京大学迁回北平,翌年贺麟任北京大学训导长。

1956年他调入中国科学院哲学所任研究员,先后担任西方哲学史研究组组长、研究室主任、中国社会科学院哲学所学术委员会副主任、全国外国哲学史学会名誉会长、中文《黑格尔全集》编译委员会名誉主编。曾任第二、第五、第六届全国政协委员。1992年9月,贺麟逝世,享年90岁。

贺麟是中国近代自严复以来最杰出的翻译家。他在中国哲学界积极地从事于西方哲学的研究和介绍,产生了很大的影响。正是在他的推动下,我国学术界对西方哲学的译述和介绍才逐渐走上了严格认真、高层次、有系统、有计划的轨道。这有助于中、西哲学的交流和贯通。可以说贺麟是中国西方哲学史界当之无愧的权威。

他介绍、译述西方哲学思想的宗旨是要从中吸收有利于重建有自己民族特色的哲学思想体系。贺麟在这一方面做的具体工作是将传统儒学尤其是宋明理学与他认可的西方正宗的唯心主义哲学结合起来,创立了"新心学"的唯心主义哲学。1940年,他在《五伦观念的新检讨》一文中开始提出其"新心学"的基本思想。《近代唯心论简释》、

《文化与人生》、《当代中国哲学》是他阐述"新心学"思想的基本著作。由是,贺麟也是中国现代新儒家思潮中"新心学"的代表人物之一。

贺麟的主要著述有:《近代唯心论简释》、《文化与人生》、《当代中国哲学》、《现代西方哲学讲演集》、《黑格尔哲学讲演集》、《哲学与哲学史论文集》等。

第二节 儒家思想的新开展

抗战初期,"中国的出路何在"是当时热烈讨论的问题。贺麟的答案是必须走"学术建国"的路,其核心在于要以儒家思想的真精神、真意义来建国,建国的标准是以能否契合儒家精神为标识。他认为,康有为以来的五十年的思想史的主潮就是新儒家思想的发展,而陆王心学的复兴和发扬是其中的主线。在这种考察的基础之上,贺麟提出了儒家思想新开展的途径,他认为儒学本来就是合诗教、礼教、理学三者为一体的学养,因此新儒家思想的开展,将循艺术化、宗教化、哲学化的途径。

早在抗日战争的初期,贺麟就认为,实现现代化是当时中国的急迫之务。但是他认为现代化决不应该局限在所谓的实业化、工业化、机械化、行政机构的现代化等方面,而且应该包括现代化的思想、现代化的道德。假如思想道德不现代,那么实业、军事、政治的现代化是不可能的。这反映出贺麟对思想道德与经济实业之间关系的基本看法。

为什么会这样,他分析说:经济实业可以影响思想道德,思想道德也可以影响经济实业。但是,照他看:"被动的为经济所影响的思想道德,非真正的有意义有价值的思想道德。反之,为思想道德的努力所建设的经济实业,方是真正的经济实业。"①这是因为,"真正的道德行

---

① 贺麟:《文化与人生》,商务印书馆,1988年,第43页。

为乃为自由的意志和思想的考虑所决定,而非受物质条件的决定"。①这就是说,心为心因,物为物因。思想决定思想,经济决定经济。所以,经济实业与思想道德是同一社会的两面,不能互为因果,互相决定。然而,就经济实业的本质言,"经济实业乃道德努力的收获"。②

贺麟进一步分析道,自然非经济,必须利用自然方是经济。经济是人造的。经济不是自然的产物,而是人力征服自然的收获。所以,贺麟说:"就经济的性质或意义论来,经济就是为人力所决定的东西,是由人类的理智和道德的努力创造而成的东西。由此足见一切经济或一切金钱,其背后均有道德的观念和意识的作用在支配它。更足见经济既是理智的和道德的产物,故即所以代表能产生此经济的主人公的意志、思想或道德观念。经济既是代表它背后的主人公的意志、思想或道德观念的工具,故有时一个人的行为虽表面上好似受经济的支配,而其实乃是受那经济背后的主人公的意志的支配。"③可见,在贺麟看来,经济乃人类利用理智的努力和道德的努力所得到的结果。所以,其结论便是,经济的现代化并不能使思想道德随之也现代化,只有思想道德的真正现代化才能有经济现代化。

贺麟不仅讨论了思想道德和经济实业之间的关系问题,而且也进而讨论了学术与政治之间的关系问题。他认为,学术在本质上必然是独立的、自由的,不能独立自由的学术,根本不能算是学术。学术是一个自主的王国,它有它的大经大法,它有它神圣的使命,它有它特殊的广大的范围和领域,别人不能侵犯。同样,政治也是独立自由的,也有其特殊的领域和神圣的使命,也有自己的规矩准绳,纪纲律例。据此,学术与政治之间彼此应当互不侵犯,两者各有自己独立自主的范围。

---

① 贺麟:《文化与人生》,第43页。
② 贺麟:《文化与人生》,第43页。
③ 贺麟:《文化与人生》,第29页。

但是,贺麟又说,学术与政治这两者之间又应该有一种密切的联系,而失掉了这种联系,就会两败俱伤。具体而言之,就是一个自由独立的政府,一定会尊重学术的自由独立,一个自由独立的学术也一定能够培植独立自由的人格,帮助建树独立自由的政治。他据此明确地指出:"学术是政治的根本、政治的源泉。"[①]他进而用"体"与"用"的关系来说明学术与政治之间的这种若即若离的关系。他说:"学术是'体',政治是'用'。学术不能够推动政治,学术就无'用',政治不能够植基于学术,政治就无'体'。……政治是学术理想在社会人生的应用、组织和实现。……政治没有学术作体,就是没有灵魂的躯壳,学术没有政治作用,就是少数人支离空疏的玩物。"[②]

根据上述关于学术与政治的这种关系的理论,贺麟明确地提出了"学术建国"的思想。他认为日本除了崇奉武力及与武力有关的科技外,看不出日本文化的创进与发扬。以文化学术在世界上列于第三等国的日本,政治军事一跃而居一等强国之列,这种先天不足,本末倒置,实为日本的根本危机。学术文化的一等国,政治军事虽偶遭挫折,终必复兴。譬如德国在欧战后,政治军力,虽一落千丈,但学术文化仍居一等国地位,故终将复兴为第一等强国。他所以如此来比较日本和德国,是因为他认为:"学术文化是培育精神自由的基础。一个精神自由的民族,军事政治方面必不会久居人下,而学术文化居二、三等国地位,政治军备却为一等强国的国家,有如无源之水,无本之木。若不急从文化学术方面作固本浚源工夫,以期对于人类文化和世界和平有所贡献,终将自取覆灭,此乃势理之必然。"[③]

根据上述关于学术与政治的这种关系的理论,贺麟指出,中国百年来所以备受异族侵凌,国势不振,"根本原因还是由于学术不如人"。[④]

---

① 贺麟:《文化与人生》,第248页。
② 贺麟:《文化与人生》,第248页。
③ 贺麟:《文化与人生》,第20页。
④ 贺麟:《文化与人生》,第20页。

而中国之所以能够复兴建国,是因为"中华民族是有文化敏感,反可引起新生机,逐渐繁荣滋长。近数十年来,虚心努力,学习西洋新学术,接受西洋近代化的结果,我们整个民族已再生了,觉悟了,有精神自由的要求了,已决非任何机械的武力、外来的统治所能屈服了。所以我们现在的抗战建国运动,乃是有深厚的精神背景和普遍的学术文化基础的抗战建国运动,不是义和团式不学无术的抗战,不是袁世凯式的不学无术的建国。由此看来,我们抗战的真正最后胜利,必是文化学术的胜利。我们真正完成的建国,必是建筑在对于新文化、新学术各方面各部门的研究、把握、创造、发展、应用上。换言之,必应是学术的建国"。① 也就是说,中国民族百年来的危机乃是"学术不如人",而中国民族复兴的希望在于中国有悠久的文化学术传统,而又虚心向西方学习。总之,贺麟的观点是:"任何建国运动,最后必然是学术建国运动。离开学术而言建国,则国家无异建筑在沙上。"②这就是贺麟"学术建国"的思想。

既然中国具有数千年深厚的文化基础,中华民族又是有文化敏感、学术修养的民族,为什么又说中国近百年来的危机,根本上是一个文化的危机,是学术文化不如人呢?贺麟认为,这是因为文化上有失调整,就不能应付新的文化局势。更具体而言之,中华民族的最大危机,是"儒家思想在中国文化生活上失掉了自主权,丧失了新生命"。③造成这种危机的原因,不是来自外部的,而仍旧是内在的文化的原因。贺麟说:"中国近代政治军事上的国耻,也许可以说是起于鸦片战争,中国学术文化上的国耻,却早在鸦片战争之前。儒家思想之正式被中国青年们猛烈地反对,虽说是起于新文化运动,但儒家思想的消沉、僵化、无生气,失掉孔孟的真精神和应付新文化需要的无能,却早腐蚀在五四运动以前。"④

---

① 贺麟:《文化与人生》,第20—21页。
② 贺麟:《文化与人生》,第249页。
③ 贺麟:《文化与人生》,第5页。
④ 贺麟:《文化与人生》,第5页。

如果说儒家思想真精神的丢失是中华民族的最大危机,如果说民族复兴本质上应该是民族文化的复兴,那么"民族文化的复兴,其主要的潮流、根本的成分就是儒家思想的复兴,儒家文化的复兴"。假如儒家思想没有新的前途,新的开展,则中华民族以及民族文化也就不会有新的前途,新的开展。总之,"儒家思想的命运,是与民族的前途命运、盛衰消长同一而不可分的"。①

至此可以清楚地看到,贺麟所谓的"学术建国",其核心在于以儒家思想的真精神、真意来建国。其建国的标准也是以能否契合儒家精神为标识。他坚信:"中国许多问题,必达到契合儒家精神的解决,方算得达到至中至正、最合理而无流弊的解决。如果无论政治、社会、文化、学术上各项问题的解决,都能契合儒家精神,都能代表中国人的真意思、真态度,同时又能善于吸收西洋文化的精华,从哲学、科学、宗教、道德、艺术、技术各方面加以发扬和改进,我们相信,儒家思想的前途是光明的,中国文化的前途也是光明的。"②于是,贺麟提出了"儒家思想新开展"这一课题。

为了深入地探讨"儒家思想新开展"的途径,贺麟对康有为以来的五十年的思想史作了详尽的考察。他认为,中国哲学在近五十年来有了进步。这进步的来源,"可以说是由于西学的刺激,清末革新运动的勃兴,和从佛学的新研究里得到方法的训练,和思想识度的提高与加深"。③ 其中最主要的是"西学的刺激","我们打开了文化的大门,让西洋的文化思想的各方面汹涌进来。对于我们自己旧的文化,即使不根本加以怀疑破坏的话,至少也得用新方法新观点去加以批评的反省和解释,因而觉得有无限丰富的宝藏,有待于我们的发掘"。④

---

① 贺麟:《文化与人生》,第5页。
② 贺麟:《文化与人生》,第17页。
③ 贺麟:《五十年来的中国哲学》,辽宁教育出版社,1989年,第3页。
④ 贺麟:《五十年来的中国哲学》,第1页。

贺麟是站在儒家哲学尤其是陆王心学的立场来分析、考察这五十年来中国哲学的发展趋势的。他认为这五十年来中国哲学的发展，至少有四点可以值得"大书特书"的："（一）在这几十年中，陆、王之学得了盛大的发扬；（二）儒佛的对立，得了新的调解；（三）理学中程、朱与陆、王两派的对立，也得到了新的调解；（四）对于中国哲学史有了新的整理。"①他指出，这五十年来中国哲学的主潮就是新儒家思想的发展或儒家思想的新开展，而陆王心学的复兴和发扬是其中的主线，认为康有为、谭嗣同、梁启超、章太炎、梁漱溟、熊十力、马一浮等人的哲学思想的灵魂便是陆王的思想。举例说，康有为"前后比较一贯服膺的学派仍是陆、王之学"，谭嗣同则大声疾呼地"反对荀子，尊崇孟子，扬陆、王而抑程朱"。而梁启超的"全部思想的主要骨干，仍为陆、王"，其晚年仍"斥朱子支离，发挥阳明良知之学"。又举例说，章太炎在早期虽提倡诸子之学的研究，表扬诸子，特别表扬老、庄，以与儒家抗衡，使学者勿墨守儒家，但是在晚年他却"回复到儒家"，所以"即谓其思想渐趋于接近陆、王，亦无不可"。

由于贺麟认定，中国文化的出路在于弘扬儒家思想的真精神，而儒家思想又是中国现代思潮的主潮，所以他对梁漱溟、熊十力、冯友兰等人谋求儒家思想近代化和现代化的种种理论尝试作了详尽的分析和系统的批评。

贺麟认为，在当时热烈讨论中西文化的大潮流中，"比较有系统，有独到的见解，自成一家言，代表儒家，代表东方文化说话的，要推梁漱溟先生在1921年所发表的《东西文化及其哲学》一书"。②梁漱溟是"新文化运动以来，倡导陆王之学最有力量的人"，"对于儒家思想的辩护与发挥，他坚决地站在陆、王学派的立场，提出'锐敏的直觉'以发挥孔子的仁和阳明的良知。他特别着重锐敏的直觉是反功利的，不算账

---

① 贺麟：《五十年来的中国哲学》，第3页。
② 贺麟：《五十年来的中国哲学》，第9页。

的。不分别人我的、不计算利害得失的,遇事不问为什么,而但求此心之所安的生活态度"。① 梁漱溟认为,儒家的人生态度,就是使生活有意义有价值的态度,有其独特的永久普遍的价值,且足以拯救西方人在功利竞争中精神生活上的苦恼与烦闷。他预言中国文化在最近的将来将复兴,印度文化在更远的未来将复兴。贺麟指出,梁漱溟"巧妙地避免了东方文化优于西方文化的褊狭复古的见解"。② 他的这一思想可以"使人对整个东方的前途,有了无限的乐观和希望",从而"助长国人对于民族文化的信心和自尊心"。③

但是,贺麟对于梁漱溟的思想也作了中肯的批评。第一,他认为梁漱溟关于文化未来发展的预见"是基于综观世界文化演变的事实所得到的识见和态度,并不是逻辑的公式,亦不是基于文化哲学的普遍原理。这是他的长处,因为以事实作根据而推测;也是他的弱点,因为缺乏文化哲学的坚实基础。……因为他只是撷拾许多零碎的事例,说西洋有宗教,中国无宗教,说中国人富于理性,西洋人只有理智,缺乏理性等,不惟对文化的本质、宗教的本质、宗教在文化中地位等问题,缺乏哲学的说明,且亦有违陆象山'人同此心,心同此理'的根本原则了"。④ 第二,梁漱溟一面重新提出儒家的态度,而一面主张全盘接受西方的科学和民主,亦未完全逃出"中学为体,西学为用"的圈套。第三,梁漱溟对于西方文化之精神背景,特别对于超功利的道德艺术玄学宗教方面缺乏了解。第四,梁漱溟注重的是文化问题,他发挥儒家陆、王一派的思想,亦重在人生态度方面,很少涉及本体论及宇宙论。应该说贺麟对梁漱溟思想的批评是准确的,深刻的。

贺麟认为,熊十力的哲学是"陆王心学之精微化系统化最独创之

---

① 贺麟:《五十年来的中国哲学》,第10页。
② 贺麟:《五十年来的中国哲学》,第11—12页。
③ 贺麟:《五十年来的中国哲学》,第11页。
④ 贺麟:《五十年来的中国哲学》,第11页。

集大成者"。指出熊十力"得朱、陆精意融会儒释,自造新唯实论。对陆王本心之学,发挥为绝对的本体,且本翕辟之说,而发展设施为宇宙论,用性智实证以发挥陆之反省本心,王之致良知"。① 他批评梁漱溟的思想很少涉及本体论及宇宙论,因为他本人认为儒家思想的新发展,就应发挥出仁的本体论、仁的宇宙观。而他的这一儒家思想新发展的思路却"不意于熊先生处得一有力之代表"。所以贺麟对于熊十力的哲学评价很高,就是他非常看重熊十力能从本体论和宇宙论的角度发扬陆、王心学。他指出,熊十力所谓的本心"不纯是理智的纯思纯知,而乃即是'仁',便充分代表儒家的传统了"。② 贺麟认为,如果熊十力单讲本心而不言翕辟,既讲本体又言大化流行之用。而且熊十力"又能发挥王阳明'即知即行'的意蕴,提出体用不二,即流行见本体的说法,以为基础。这就是他超出'离用言体,未免索隐行怪''于性体无生而生之真机,不曾领会'的佛家思想的地方。他指出,'无体即无用,离用原无体'。体不可以说,而用却可说。工夫要在即用显体,从用中悟出本体。宇宙一切原是大用流行,大用流行,即是体之显现。……所以他提出的即用显体之说,实不啻为反本归寂、明心见性指出一下学上达简易平实的门径"。③ 熊十力哲学的不足在于"'本心即理,心即理也'一点,似少直接明白的发挥。"④

贺麟对从康有为、谭嗣同直到熊十力这五十年来的哲学发展作了这样一个总结,他说:"根据以上对于近五十年来中国哲学的叙述,我们很可以看出,如何由粗疏狂诞的陆、王之学,进而为精密系统的陆、王之学,如何由反荀反程朱的陆、王之学进而为程、朱、陆、王得一贯通调解的理学或心学。"⑤他并且进而分析了为什么在这五十年中陆、王学派得到盛大的发扬。这是因为:"(一)陆、王注重自我意识,于个人

---

① 贺麟:《五十年来的中国哲学》,第12页。
② 贺麟:《五十年来的中国哲学》,第13页。
③ 贺麟:《五十年来的中国哲学》,第15页。
④ 贺麟:《五十年来的中国哲学》,第15页。
⑤ 贺麟:《五十年来的中国哲学》,第18页。

自觉、民族自觉的新时代,较为契合。因为过去五十年,是反对传统权威的时代,提出自我意识,内心直觉,于反抗权威,解脱束缚,或较有帮助。(二)处于青黄不接的过渡时代,无旧传统可以遵循,无外来标准可资模拟。只有万事自问良知,求内心之所安,提挈自己的精神,以应付瞬息万变的环境。庶我们的新人生观,新宇宙观,甚至于新的建国事业,皆建筑在心性的基础或精神的基础上面。"①

其实,贺麟对这五十年来的中国哲学发展的叙述和评论完全是从他的新陆、王或新心学的理论视角出发而作出的。他用以解释这五十年来何以陆、王学派独得盛大发扬的原因,也正可以搬用来说明他为何要复兴和发扬陆、王之心从而创建了新心学。贺麟并不反对程朱,而是主张融会程朱陆王。但是,他的所谓融会的基础是陆王,是在找程朱中与陆王的相似之处。

冯友兰的"新理学"是"接着"宋明理学讲的,而且冯友兰是现代新儒家的重镇,所以贺麟也必得要对之评说一番。但是,他不但不推崇冯友兰的"新理学",而且多有批评。他说:"冯先生在纯哲学上的地位及贡献究竟如何,我们现在似乎不敢断定,我们也无法采取他自己认他的'新统'是'最哲学的哲学'的估价。"②但是他承认冯友兰是抗战期间"中国影响最广、声名最大的哲学家"。

贺麟之所以批评冯友兰的"新理学"的主要原因在于:第一,冯友兰只讲程朱而排斥陆王,认陆王之学为形而下之学,有点"拖泥带水"。贺麟认为:"讲程、朱,必失之狂禅。"③贺麟不能同意冯友兰只讲程朱而排斥陆王的哲学立场。第二,在贺麟看来,冯友兰不仅排斥陆王,而且也没有能够全面、准确地把握程朱哲学的真精神,因为他"只注重程、朱理气之说,而忽视程、朱心性之说"。④ 第三,贺麟不满意冯友兰离心

---

① 贺麟:《五十年来的中国哲学》,第18页。
② 贺麟:《五十年来的中国哲学》,第33页。
③ 贺麟:《五十年来的中国哲学》,第33页。
④ 贺麟:《五十年来的中国哲学》,第33页。

而言理,在心外去假定"满坑满谷死无对证之理"。

如何来处理中西文化的关系问题是晚清以来自觉思考中国文化前途问题的学者所关注的焦点。贺麟也不例外。他八岁时就开始接触中国传统的儒家经典,从《三字经》、《千字文》、《百家姓》一直读到"四书"、"五经","自小受到儒家熏陶","特别感兴趣的是宋明理学"。青年时远渡重洋,在美国和欧洲学习西洋哲学。从其个人的学习经历及其学术分野来看,他的思想"似乎比较接近中国的儒家思想,和西洋康德、费希特、黑格尔所代表的理想主义"。可以清楚地看到,贺麟就是在中西文化之间成长起来的学者,因此如何来协调这两种文化之间的关系自然也就成为他自觉关注的一个大问题。事实上,他本人学术生涯中考虑的重点之一就是文化问题。

他为此专门撰写过《文化的体和用》、《认识西洋文化的新努力》等文章来阐发他关于中西文化关系的看法或理论。在他之前的学者在此一问题的讨论上过于注重实用、十分关注现实的利益,所以他们的讨论很少从文化哲学的高度来审视文化系统之间的关系。而且由于在西方文化的强大压力下显得多少有点情绪化。与此不同,贺麟关于此一问题的讨论却显得更为理智、更为客观和冷静,且能够站在形而上的文化哲学的高度,对于诸如什么是文化、什么是体、什么是用、体和用的关系及如何处理都有系统的理论阐述,并能据此文化哲学理论提出处理文化问题的政策性意见。所以他关于文化问题的看法更应该受到我们的注意或关注。但遗憾的是,在有关中西文化关系的讨论中,人们眷顾得更多的是"中体西用"、"本位文化"、"全盘西化"等看法,而很少涉及贺麟的相关看法。

怎么样在经济全球化的浪潮席卷下保持中国传统文化的固有价值和生命力依然是一个我们必须关注的大问题。由于经济全球化的浪潮源于西方,因此这一问题的实质仍然是中西文化之间的关系问题。贺麟关于文化关系的理论即使在现在也并没有过时。重温他的文化理论或许对于我们现在处理中西文化的关系问题会有益处。

所以要重新讨论文化问题是因为贺麟不满意当时现有的文化讨论的状况。第一,他指出:"几种比较流行的口号如'中学为体西学为用','中国本位文化','全盘西化'等似乎多基于以实用为的目的的武断,而缺乏逻辑批评的功夫。"第二,他的讨论的真正目的是要人们重新认识西洋文化的实质。这一说法含义在于他认为当时的人们对于什么是西方文化的体的认识还未到家。即便是作为"五四"运动精神的"自由"、"民主"也并不能说是代表着对西方文化之体的认识。在他看来,自由和民主不是西方文化的体,它们仍旧还是用。因此我们需要重新认识西方文化。

既是讨论文化问题,那么首先要回答的问题就是什么是文化。

文化的含义极其广泛,可以说人类生活的方方面面都属于文化的范围。因此其结果也就是:第一,关心文化的学者特别得多,众说纷纭,然文化究竟为何物,却仍然莫衷一是;第二,给出一个涵盖文化方方面面内容的精确定义几乎是不可能的一件事。但既要讨论文化,就不得不给它一个定义,否则有关文化的讨论也就毫无意义可言。从中国现代文化讨论的情况看,关于文化的定义就有几十种。积极参加文化讨论的李大钊、胡适、梁漱溟等人都曾给文化下过定义。如李大钊认为,文化是对人类生活的整体的解释,他说:"把人类生活作成一个整体的解释,这生活的整个便是文化。"[1]梁漱溟则指出,所谓文化是"生活的样法"。而胡适则说,所谓的文明或文化是"一个民族应付他的环境的总成绩"。所有这些对文化的解说严格说来并不是定义。但从其中大约可以看见,这些关于文化的解说有这样一个总的特点即都没有能够从文化哲学的高度概括出文化的根本特点。这些学者严格说来并没有系统的哲学知识和正当的方法论训练。与他们不同,贺麟却长期浸润于东西方哲学思想之中,有着很系统的哲学知识和很好的

---

[1] 李大钊:《研究历史的任务》,《李大钊选集》,第480页,人民出版社,1959年。

哲学方法论方面的训练。因此他之思考文化问题也就自然有着自己的鲜明个性,即能够从文化哲学的层面来审视文化的本质属性。我们且先看看他对文化所下的定义。

他说:"道之显者谓之文。"①这就是说,文化是道的显现,是道的外在表现。显而易见,道应该是文化之体,文化则是道之用。道是逻辑地先于文化。那么什么是道呢?

贺麟曰:"所谓'道'是宇宙人生的真理,万事万物的准则,亦即指真善美永恒价值而言。"②此所谓道即指价值理性或价值真理,然不是通常意义上所谓的价值模式。因为此道乃逻辑地先于万事万物,是在自然、人类和社会出现以前就在某一处所存在的。可见,这样的道类似于黑格尔所谓的绝对理念。绝对理念在黑格尔处是一个活生生的理念,是一种创造性的本原,它必须使自己外在化,并对自己的否定物加以否定。正是在这样的过程中,依次逐渐地形成了自然、社会、精神等。这样的道在某种意义也是朱熹所谓的"理"。朱熹认为,理是最高的、绝对的、永恒的和必然的。总天地万物之理就是太极。他说道:"总天地万物之理,便是太极。"(《朱子语类》卷九十四)太极乃"造化之枢纽,品汇之根柢也"(《太极图说解》)。在朱熹看来,一切事物的产生、变化都是原自理或太极。无论是黑格尔的绝对理念还是朱熹的理或太极都是逻辑地先于万事万物的,或者说是先于文化的。这种对文化之体的看法显然具有形而上学的性质。这样看法的现代意义在于,文化的讨论当然必须要落实在微观具体的层面上,舍此,文化的讨论就不可能取得实质性的成果。但如果这样的讨论仅仅停留在微观具体的层面,那么文化的讨论就会落入漫无方向头绪的琐碎支离之中。同样如果仅仅停留在这样的形而上学的层面上,那些不惯于哲学思维的人们会认为,这样的看法是空而不实。因此贺麟需要将此具有形而

---

① 贺麟:《文化的体和用》,《哲学与哲学史论文集》,第346页,商务印书馆,北京,1990年。
② 贺麟:《文化的体和用》,《哲学与哲学史论文集》,第346页。

上学性质的有关文化的看法进一步落实。

文化是道的显现。道的显现可以通过如下两个途径：第一，通过不具有精神生活性质的自然而显现出来；第二，通过具有精神生活的人类活动而显现出来。也就是说，道既可以有自觉地显现，也可以有不自觉地显现。贺麟认为道的不自觉的显现，严格说来，不能形成文化，而只能是自然之物。这也就是说，文化应该而且一定是道的自觉的显现。于是，贺麟进一步将其文化的定义修整如下："道之凭借人类的精神生活而显现者谓之文化。"①

经过这样的讨论，贺麟得出了他所需要的四个概念：道、文化、自然和精神。具体而言，道是文化之体，文化是道的自觉的显现，自然是道的不自觉的显现，精神是文化之所以为文化的条件。在上述的四个概念中，精神这一概念对理解贺麟的文化哲学思想最为重要。因为人之所以为人就是因为人具有其他动物所不具有的精神或思想。人有精神，精神通过人的种种活动表现出来就形成文化。可以说，精神是文化的本质，是理解文化的钥匙或唯一途径。那么，在贺麟看来，什么又是精神呢？

他说道："精神就是心灵与真理的契合。换言之，精神就是指道或理活动于内心而言。也可以说，精神就是为真理所鼓舞着的心。在这个意义下，精神也就是提高了，升华了洋溢着意义与价值的生命。精神亦即指真理之诚于中形于外，著于生活文教，蔚为潮流风气而言。简言之，精神是具体化，实力化，社会化的真理。若从体用的观点来说，精神是以道为体而以自然和文化为用的意识活动。根据这个说法，则精神在文化哲学中，便取得主要，主动，主宰的地位。"②经过这样的分疏，道进一步落实为精神，道凭借精神而落实为文化。道是最终的本体，它当然也就是精神的本体。由于精神是有意识的真理，所以

---

① 贺麟：《文化的体和用》，《哲学与哲学史论文集》，第347页。
② 贺麟：《文化的体和用》，第347—348页。

精神虽以道为本体,然它亦具有主体的性质。相对于文化,精神是其本体,也是其主体。无论从哪种意义上说,精神是文化之体,文化也是精神之用。总之,精神才是文化的真正的体。

贺麟这一看法的合理性在于,他认识到了文化的本质。文化是人的创造。动物不可能具有文化。这是因为,动物不具有人所具有的精神或思想。正如帕斯卡尔所言,人是思想的存在。正应了人的这一本质属性,所以人才能创造文化。

精神的含义既已清楚,那么现在贺麟就可以为文化作清楚明白的解说。什么是文化呢？贺麟说道:"文化(包括自然在内)是道的显现。但严格讲来,文化只能说是精神的显现,也可以说,文化是道凭借人类的精神活动而显现出来的价值物,而非自然物。换言之,文化之体不仅是道,亦不仅是心,而乃是心与道的契合,意识与真理打成一片的精神。"①

精神是文化的本体和主体,所以讨论文化问题就得由精神入手。贺麟指出,由于精神所涵有的价值理念有真善美之不同,所以由精神表现出来的文化也因此有不同。哲学和科学追求的是真,然哲学追求的是价值的真,科学追求的是自然之真;哲学追求形而上的价值之真,而科学所追求的乃是形而下的自然事物之真。从哲学和科学同为精神之用说,此两者都是精神之用。然就哲学和科学这两学科的关系说,哲学就为科学之体,而科学却为哲学之用。宗教与道德都以善为追求的目标,但贺麟认为这两者所追求的有着很大的区别。宗教所追求的为神圣之善,道德所追求者为人本之善,宗教以调整人与天的关系为目的,而道德所调整者为人与人之间的关系。艺术与技术的目标为美,但它们之间也有着本质性的区别,贺麟说:"艺术是超实用的美的价值,而技术代表实用的美的价值。艺术是美的精神生活的直接产物,而技术代表实用智慧产物。故只能说,艺术是技术之本,技术是艺术之用。

---

① 贺麟:《文化的体和用》,第348页。

至于政治法律实业经济军事等,距真善美之精神价值更远,乃科学道德技术之用,以科学道德技术为体,而直接以自然物质为用。"①

贺麟这一思想中的核心部分为他关于文化之体和用之间的系统看法。他指出:体和用是不能分割的,体是用之体,用是体之用,有体就有用,无体也就无用。落实到具体的文化系统说就是中国文化有中国文化之体,那么中国文化之体也就有中国文化之用;西方文化有西方文化之体,那么西方文化之体也就有着西方文化之用。体用不可颠倒,体是体,用是用,体用之间是有着明确的界限的。贺麟说,比如哲学宗教艺术在西方文化中为体,那么它们被介绍到中国来后决不会成为用;又如科学在西方文化中一直被认为是用,所以它们被介绍到中国来后也决不会成为中国文化之体。所以我们一直把科学和民主看做是西方文化的本质的认识确实有待作进一步的检讨。文化的各个部门之间有着统一性,文化的各个部门是有着联系的,因为它们都是人类精神的显现,所以有其共同性。贺麟以西方文化为例来说明此点。无疑西方文化是由各个不同的文化部门组成的,然其部门之间却有其一致性。他一针见血地指出,基督教是西方文化的核心。他这样说道:"其实我胆敢说一句,中世纪的基督教,是中古文化的核心,近代基督教是整个近代西洋文化的缩影与反映。可以说西洋近代精神的一切特点,基督教中皆应有尽有。"②他认为,自五四以来,我们只从用的方面来看西方文化,没有了解西方文化的体。所以我们只注重科学和民主,而没有进一步研究西方文化的体。因此在行动上,我们只知用西方文化的用来补充我们自己文化的用。殊不知,西方文化的用是有自己的体的。西方文化的体和用是不能割裂的。

那么西方文化的体是什么呢?根据上面的叙述,我们可以清楚地看出,贺麟认为基督教是西方文化的体。把基督教看做是西方文化的

---

① 贺麟:《文化的体和用》,《哲学与哲学史论文集》,第349页。
② 贺麟:《文化的体和用》,第350页。

体就是贺麟对西方文化的新认识。这一看法显然大不同于五四以来中国的先进知识分子对于西方文化的认识。可以说,后者始终停留在西方文化之用的层面上,而从未认识西方文化的体。

认识到中学西学各有自己的体用,所以学习西方文化就不能生吞活剥、割裂零售。在此种认识之下,贺麟认识到,要学习西方文化就必须整个地学习。因此他反对"中体西用"说,而主张"以体充实体,以用补助用;使体用合一发展,使体用平行并进"的理论。

"以用补助用"不是贺麟所要关注的问题。更何况用是由它所从属的体所决定的。因此他所真正想要解决的问题是究竟如何以西方文化之体来"充实"中国文化之体或用他本人的话说就是如何解决"儒家思想新开展"的问题。这方面思考的结果就是他所提出的以西洋哲学发挥儒家的理学,以基督教的精神充实儒家的礼教,以西洋的艺术发挥儒家的诗教。贺麟在这一方面只是提出了一个大致的路向或框架,并没有构造出一个系统周密的哲学思想体系,供后学研究探讨,所以我们现在很难对他的"以体充实体"的看法作出确切中肯的评介。好在我们本文的重点不在这一问题上面。我们在此关心的重点是贺麟既要以西学之体来充实中学之体,那么他到底是如何看待儒家哲学思想的。

贺麟显然认为,中国文化之体确凿无疑地应该是儒家哲学思想,而且就应该是孔孟、陆王之学。以西学之体来充实中学之体这一说法蕴涵的前提就是中学之体有其自身的不足,所以在近代落伍了。贺麟本人从来不愿意说,儒家哲学思想有什么不足。但这并不表明儒家思想本身没有需要"充实"或提升之处。他从未明确地批评过儒家思想,但是他确实委婉地指出了儒家哲学思想的不足。比如他说要以西洋的哲学来发挥儒家的理学,为什么呢?因为西洋的哲学可以使"儒家的哲学内容更为丰富,体系更为严谨,条理更为清楚,不仅可作道德可能的理论基础,且可奠定科学可能的理论基础"。[①] 这就是在委婉地

---

① 贺麟:《儒家思想的新开展》,《文化与人生》,第8页。

说,儒家的哲学思想在历史上未能像西方哲学那样为道德和科学奠定理论基础,内容不够丰富,体系不够严谨,条理还不够清楚。又如在艺术上,贺麟指出,儒家因乐经佚失,乐教中衰,诗教亦式微,对其他艺术,亦殊少注重与发扬,几为道家所独占。所以我们"须领略西洋的艺术来发扬儒家的诗教"。

由于贺麟把儒家思想的诗教、礼教和理学约归为伦理道德这一核心,而儒家思想的不足在于"狭义道德意义的束缚"。我们竟需要以西洋的基督教的精华来"充实"儒家思想实在是因为儒家思想"究竟以人伦道德为中心"。如他说:"儒家的礼教本富于宗教的仪式与精神,而究竟以人伦道德为中心。"①"以人伦道德为中心"就是说儒家的哲学思想实质上是人伦道德的哲学,而不是宗教或者说不是"真正的宗教"。他又说:"宇宙可分为神、人、物三界。中国人历来对于物的研究不大注意,已经缺了一面,而中国又向来缺乏真正的宗教,对于神亦不大理会,因此又缺了一面。西洋则基督教盛行,而基督教有一要义,就是说'欲知人不可以不知天'。此语借自《中庸》。但柏拉图亦曾说过类似的话。认为对于神、圣的对象若没有知识,则对于人事方面亦无法了解。'天'是人的根本,是无限、无对的,而人则属有限、有对,'天'或'神'是永恒,人则是暂时的。人与人的关系是平行的横的关系,人与天的关系则是上下的纵的关系。我们要真正了解人,了解人的地位,人的意义,只知道人与人的横的关系是不够的,要了解人对天,人对神、或永恒之理的关系,才能完全。"②"以人伦道德为中心"的儒家思想不能说一点都不关心人与天的关系,但其关注中心却始终是人与人之间的横向的关系,所以儒家思想不是宗教,至少不是他所说的"真正的宗教"。在贺麟看来,人伦道德是用,所以道德自身需要有体来支撑。若没有体的支撑,道德信念会出现危机。那么什么是道德的体呢?

---

① 贺麟:《儒家思想的新开展》,第8页。
② 贺麟:《西洋近代人生哲学的趋势》,《文化与人生》,第314页。

他认为,道德的体是宗教。进而他提出"宗教为道德之体,道德为宗教之用"的命题。为什么宗教是体,而道德是用呢?贺麟指出:"宗教与道德皆同为善的价值之表现。但宗教所追求者为神圣之善,道德所追求者为人本之善,宗教以调整人与天的关系为目的,道德以调整人与人的关系为目的。在此意义下,我们不能不说,宗教为道德之体,道德为宗教之用。"①他认为宗教能为道德注以热情,鼓以勇气。宗教有精诚信仰、坚贞不二的精神;宗教有博爱慈悲、服务人类的精神;宗教有襟怀广大、超脱尘世的精神。

贺麟关于新儒家思想新开展的思想的核心在于要使儒家的伦理道德思想扩充提高而深刻化。更具体地说,就是要由道德进而为宗教,或者说为儒家的伦理道德寻找一宗教的基础。这一宗教基础就是基督教。我们可以进一步从他的《五伦观念的新探讨》一文中看见这一思想倾向。他指出,儒家的伦理道德观念是以宗法血缘为其基础的,是一种家族宗法式的等差之爱。贺麟认为,我们须以基督教的普世伦理来补充儒家的等差之爱。他实质上是站在基督教的普世伦理的基础上委婉地批评了儒家的等差之爱。他这样说道:"所谓普爱者,即视此仁爱之心如温煦的阳光,以仁心普爱一切,犹如日光之普照,春风之普被,春雨之普润,打破基于世间地位的小己的人我之别、亲疏之分。此种普爱,一方面可以扶助善人,鼓舞善人,一方面可以感化恶人于无形。普爱观念的最极端的表现,见于耶稣'无敌恶','爱仇敌'的教训。盖如果你既然抱感化恶人的襟怀,你又何必处于与恶相敌对的地位呢?你既与恶人站在你死我活的敌对地位,你如何能感化敌人呢?必定要超然处于小己的利害、世俗善恶计较之外,才可以感化恶人。能感化恶人才能转化恶人。"②

由上可以清楚地看见,贺麟高度赞扬了基督教,认为宗教是道德

---

① 贺麟:《文化的体与用》,《哲学与哲学史论文集》,第349页。
② 贺麟:《五伦观念的新检讨》,《文化与人生》,第56页。

的体,基督教创造了灿烂伟大的西方近代文明,可以说,他是完全地无条件地接受了基督教的思想。他所说的儒家思想的宗教化实质是说儒家思想的基督教化。他深怕有人误解他的以基督教精神来充实和补充儒家思想的立场,以为他是在中国传道或布教,所以他声明自己"并不是基督教徒,故我绝不是站在宗教的立场传道,而纯粹是站在哲学和文化的立场,觉得要了解西洋文化不可不知基督教,而基督教确实有许多优点,值得我们注意和采取"。①

他虽明言要"儒化西洋文化",要"以民族精神为体,以西洋文化为用"。但由于他把宗教或基督教看做是体,而道德是用,又由于他把儒家思想定位为伦理道德思想,所以儒家思想也就从他所说的"体"的位置下降到了"用"的位置。儒家思想新开展课题的主旨是要使"人伦道德为中心"的儒家思想提升为宗教或基督教。用他本人的话讲就是要"从宗教的精诚的信仰中去充实道德实践的勇气与力量,由知人进而知天,由希贤、希圣进而希天,亦即是由道德进而为宗教,由宗教以充实道德"。② 宗教高于道德。这就蕴涵着这样的思想,即基督教要高于儒家的思想,儒家思想仅仅是用,而基督教才是体。如果说"西洋文明中的一切特点在基督教中应有尽有",如果说我们以基督教之体充实儒家思想后,那么有了基督教为体的儒家思想也会在中国的未来创造出灿烂伟大的现代文化。可见,贺麟本人是有强烈的统合融会儒家与耶教的思想。他的儒家思想新开展的思路有着强烈的基督情怀。

他高度地赞扬基督教的伟大和崇高,力主儒家思想的宗教化,但他本人从来也没有想成为基督教信徒。个中原因恐怕在于,虽然他从哲学和文化的视角看出宗教是体,道德是用,但他毕竟还是站在儒家人文主义的立场上来自觉地吸收和利用基督教中有利于儒家思想新

---

① 贺麟:《认识西洋文化的新努力》,《文化与人生》,第311页。
② 贺麟:《儒家思想的新开展》,《文化与人生》,第11页。

开展的资源,而不是站在宗教的或基督教的立场使儒家思想基督化。

从上面我们可以清楚地看出,贺麟的文化体用观显然具有自己的鲜明的特点。其讨论文化的起点无疑要高于同时代的其他学者,对于文化问题建构了比较系统的哲学理论,有一个清晰的形而上的构架。这是为胡适等学者所没有的。

显然,贺麟并不满足于在文化哲学的高度来抽象地谈论文化,他还进一步将自己的文化哲学理论落实为具有操作性的原则和指针。

如他指出了规定各文化部门的三条原则:一、体用不可分割,体必有其体之用,用也必然是体的用;西学有西学之体,也必然有自己的用。同理,中学有中学之体,中学之体也有着自己的用。二、体和用不可颠倒,体是本质,用是体的表现,体不会成为用,用也不会成为体。三、文化的各部门之间有其统一性。

根据上述的文化的理论和原则,贺麟更进一步讨论了我们学习西洋文化应取的态度。他认为这样的文化讨论的指针有三条。我想,对于我们现在处理中西文化关系仍然具有现实意义的是以下两条。第一,他指出,研究和学习西洋文化,应"得其体用之全,须见其集大成之处。必定对于一部门文化能见其全体,能得其整套,才算得对那种文化有深刻的了解。"[①]此项方针显然是针对当时中国文化界研究西洋文化的现状而发的。贺麟认为,国人对于西方文化的态度是有严重的问题的,即求用而不求体,重表面而轻本质,留情形而下之事物,而不知寄意于形而上的理则,只知分而不知全,提倡此便反对彼。此种批评在现时还有巨大的意义,因为食洋不化仍然是我们讨论中西文化中经常会遇到的现象。第二,因为体用之关系不容颠倒,所以贺麟指出,中学为体,西学为用的看法说不通。所以研究和学习西方文化就必须兼顾体和用,不能割裂零售;此一看法落实在处理中西文化问题上就是要强调"以体充实体,以用补助用"。

---

① 贺麟:《文化的体和用》,《哲学和哲学史论文集》,第351页。

我们可以看到，贺麟的文化体用观与上个世纪三十年代和四十年代的其他学者的文化理论相比来得更为系统，更具有文化哲学的深度。而且他的理论也特别注重理论和实际的结合，既能坐而论道，也能起而能行。他指出，研究学习西方文化，对于其体和用的全套，要源源本本加以深刻透彻的掌握和了解，在此基础上再创造性地建设适合现代性需要的民族文化。

贺麟有关文化体用观的核心似乎在他关于西方文化的体的看法。胡适、陈独秀等人认为，西方文化之体无疑就是民主和科学。贺麟却指出，这样的看法大可商榷。因为他不认为民主和科学是西方文化之体，它们只是西方文化的用。西方文化的体是基督教。西方近代文明的一切精华都已蕴涵在基督教之中了。因此，学习西方文化的途径现在就变得更为清晰了，这就是，我们怎么样才能把创造了近代以来西方灿烂文明的基督教学到手，以使儒学思想狭隘化了的伦理思想上升为宗教。问题是变得简单明了了。但贺麟的这些看法清楚地表明了，他的文化体用观实质上还是一种西化论的立场。其次，儒学和基督教之间能否找到一种中介或结合点，使此两者融会统合在一起也是一个不易解决的问题。明末来华的传教士如利玛窦等人也有将此两者整合在一起的企图，然终以失败告终。传教士的失败并不必然地说明，此路走不通。现在贺麟坚决要重走这条路，那么他必须要有新的思路。但可惜，他本人在其关于中西文化观思想中也并没有告诉我们此路到底该如何走。

贺麟认为，儒家思想是最古最旧的思想，也可以说是最新的新思想。儒家思想的新开展就是要得到最新与最旧的统一，古代与现代的交融。

通过对五十年来的哲学发展的考察，贺麟认定新儒家思想或儒家思想新开展，就是中国现代思潮的主潮。而当时的新文化运动与西方文化的输入"皆足以促进儒家思想的新开展"。

贺麟认为,五四新文化运动是促进儒家思想新发展的一个大转机。他指出:"新文化运动的最大贡献在于破坏和扫除儒家的僵化部分的躯壳的形式末节,及束缚个性的传统腐化部分。它并没有打倒孔孟的真精神、真意思、真学术,反而因其洗刷扫除的工夫,使得孔孟程朱的真面目更是显露出来。……推翻传统的旧道德,实为建设新儒家的新道德做预备工夫。提倡诸子哲学,正是改造儒家哲学的先驱。用诸子来发挥孔孟,发挥孔孟以吸取诸子的长处,因而形成新的儒家思想。"①

西方文化学术大规模的无选择的输入是使儒家思想得到新发展的又一大动力。贺麟认为:"西洋文化的输入,给了儒家思想一个考验,一个生死存亡的大考验、大关头。假如儒家思想能够把握、吸收、融会、转化西洋文化,以充实自身、发展自身,儒家思想则生存、复活而有新的发展。如不能经过此考验,渡过此关头,它就会消亡、沉沦而永不能翻身。"②贺麟认为,问题的关键在于中国人能否真正彻底、原原本本地了解并把握西洋文化。因为认识就是超越,理解就是征服。真正认识了西洋文化便能超越西洋文化。能够理解西洋文化,自能吸收、转化、利用、陶熔西洋文化以形成新的儒家思想、新的民族文化。儒家思想的新开展,不是建立在排斥西洋文化上面,而是建立在彻底把握西洋文化上面。

虽然儒家思想的新开展在于融会吸收西洋文化的精华与长处,但是贺麟认为,我们无须科学化儒家思想,因为"科学以研究自然界的法则为目的,有其独立的领域。没有基督教的科学,更不会有佛化或儒化的科学。……反之,儒家思想也有其指导人生、提高精神生活、发扬道德价值的特殊效准和独立领域,亦无须求其科学化。换言之,即无须附会科学原则以发挥儒家思想"。③ 所以,科学化儒家思想决不是儒

---

① 贺麟:《文化与人生》,第5—6页。
② 贺麟:《文化与人生》,第6页。
③ 贺麟:《文化与人生》,第7页。

家思想新开展的途径。儒家思想新开展须另辟途径。

儒家思想新开展的途径应从儒家思想内部来寻找。贺麟认为："儒家思想本来包含有三方面：有理学以格物穷理，寻求智慧。有礼教以磨练意志，规范行为。有诗教以陶养性灵，美化生活。"①按照这种理解，儒学是合诗教、礼教、理学三者为一体的学养，也即艺术、宗教、哲学三者的谐合体。根据这种思路，贺麟指出："新儒家思想的开展，大约将循艺术化、宗教化、哲学化的途径迈进。"②具体而言之，儒家思想新开展的途径如下：

第一，必须以西洋的哲学发挥儒家的理学。儒家的理学为中国的正宗哲学，所以也应该以西洋的正宗哲学发挥中国的正宗哲学。贺麟将中西正宗哲学融会弥合的可能性寄托于心学的"东圣西圣，心同理同"理论。他指出，中西哲学的会合贯通"能产生发扬民族精神的新哲学，解除民族文化的新危机，是即新儒家思想发展所必循的途径"。③沿着这条途径，可使儒家的哲学内容更为丰富，体系更为严谨，条理更为清楚。这样既可奠定道德可能的理论基础，又可奠定科学可能的理论基础。这一儒家思想新开展的路向即是以贺麟所谓的"学治"来补充德治主义。如此融会贯通，既可使道德立基于学术，又可由纯学术导出科学。

第二，"须吸收基督教的精华以充实儒家的礼教"。在贺麟看来，基督教"有精诚信仰、坚贞不二的精神"，有"博爱慈悲、服务人类的精神"，有"襟怀广大、超脱尘世的精神"。他认为基督教在西方文明中起着巨大的作用。他说："若非宗教的知'天'与科学的知'物'合力并进，若非宗教精神为体，物质文明为用，绝不会产生如此伟大灿烂的近代西洋文化。"④因此要形成强有力的新儒家思想必须吸纳接受基督教的

---

① 贺麟：《文化与人生》，第8页。
② 贺麟：《文化与人生》，第9页。
③ 贺麟：《文化与人生》，第8页。
④ 贺麟：《文化与人生》，第8页。

上述精神。

第三,"须领略西洋的艺术以发扬儒家的诗教"。贺麟认为,建筑、雕刻、绘画、小说、戏剧,"具有无尽藏的美的价值",与"诗歌、音乐皆系同一民族精神及时代精神的表现"。儒家本来就特别注重诗教、乐教,但因乐经佚失,乐教中衰,诗教亦式微,而且对其他艺术亦殊少注重与发扬。所以,贺麟认为:"今后新儒家的兴起,与新诗教、新乐教、新艺术的兴起,应该是联合并进而不分离的。"①

总之,贺麟认为:"儒学是合诗教、礼教、理学三者为一体的学养,也即艺术、宗教、哲学三者的谐和体。因此,新儒家思想的开展,大约将循艺术化、宗教化、哲学化的途径迈进。"②据此,他反对种种指责儒家轻视艺术、缺乏宗教思想和宗教精神、不探究哲学的说法,他认为:"凡此种种说法,皆所以企图将儒家褊狭化、浅薄化、孤陋化,不惟有失儒家的真精神,使儒家内容贫乏狭隘,且将使儒家思想无法吸收西洋的艺术、宗教、哲学以充实其自身,因而亦将不能应付现代的新文化局势。"③贺麟认为,循此艺术化、宗教化、哲学化的方向开展,则儒家的狭义的人伦道德方面的思想,均可扩充提高而深刻化。具体而言之,就是从艺术陶养中去求具体美化得到的,所谓兴于诗,游于艺,成于乐是也。从宗教的精诚信仰中去充实道德实践的勇气与力量,由知人进而知天,由希贤、希圣进而希天,亦即是由道德进而为宗教,用宗教以充实道德。从哲学的探讨中,以为道德行为奠定理论基础,即所谓由学问思辨而笃行,由格物致知而诚正、修齐是也。而且"经过艺术化、宗教化、哲学化的新儒家思想不惟可以减少狭义道德意义的束缚,且反可以提高科学兴趣,而奠定新科学思想的精神基础"。④ 儒家思想的一些重要概念,在贺麟看来,都可以循艺术化、宗教化、哲学化的思路进

---

① 贺麟:《文化与人生》,第9页。
② 贺麟:《文化与人生》,第9页。
③ 贺麟:《文化与人生》,第9页。
④ 贺麟:《文化与人生》,第11页。

行重新诠释。如儒家思想的中心概念"仁",如从诗教或艺术方面看来,"仁即温柔敦厚的诗教,仁亦诗三百篇之宗旨,所谓'思无邪'是也","'思无邪'或'无邪思',即纯爱真情,乃诗教的泉源,亦即是仁"。① 从宗教观点来看,则"仁即是救世济物、民胞物与的宗教热忱","'求仁'不仅是待人接物的道德修养,抑亦知天事天的宗教工夫"。② 从哲学看来,"仁为仁体。仁为天地之心,仁为天地生生不已之生机,仁为自然万物的本性。仁为万物一体、生意一般的有机关系和神契境界。简言之,哲学上可以说是有仁的宇宙观,仁的本体论。离仁而言本体,离仁而言宇宙,非陷于死气沉沉的机械论,即流于漆黑一团的虚无论"。③ 对于儒家思想的另一重要概念"诚",贺麟也按上述的方法进行了新的诠释。他认为,诚的哲学意味比较多。诚即"是指真实无妄之理或道而言","所谓诚,即是指实理、实体、实在或本体而言"。④ 从宗教方面着眼,"诚亦是儒家思想中最富于宗教意味的字眼","诚即是宗教上的信仰"。⑤ 就艺术方面说,"思无邪或无邪思的诗教即是诚","诚亦即是诚挚诚真的感情"。⑥

上面,贺麟从儒家思想新开展的可能性条件、新开展的具体途径、新开展的意义等方面论述了其关于新儒家思想开展的路向。从中我们可以得知,贺麟重建儒家思想的路向与梁漱溟、熊十力、冯友兰等人的新儒家思想体系相比较,确实有自己的特色。他尤其重视从本体论和宇宙论的理论角度来为新儒家融会贯通起来以重建儒家思想体系。他力图将中国哲学和西方哲学融会贯通起来以重建儒家思想体系。他贯通中西哲学的特点在于"以儒家思想为体、以西洋文化为用"。他

---

① 贺麟:《文化与人生》,第9页。
② 贺麟:《文化与人生》,第10页。
③ 贺麟:《文化与人生》,第10页。
④ 贺麟:《文化与人生》,第10页。
⑤ 贺麟:《文化与人生》,第10页。
⑥ 贺麟:《文化与人生》,第10页。

这种方法也就是所谓的"旧瓶装新酒"的办法,一方面要固守儒家思想的基本精神和基本概念,一方面又要接纳西学的内容。他对于"仁"和"诚"这两个概念的新诠释采用的就是这种方法。不过,这仅仅是一种新的尝试,因为我们可以看出在这种诠释中确实存在着拼凑的痕迹,而达不到融会贯通的目的。

第三节 知行合一新论与直觉论

知行合一论与直觉论是贺麟"新心学"的重要内容。在知行观上,贺氏主张自然的知行合一说,认为知行合一是自然而然、不假人为的事实。他从知行的概念、合一的意义、知行的关系、知行难易四个方面讨论了他的知行观。

贺麟认为,直觉既是一种生活态度,也是一种方法;直觉是与理智辩证统一的。他把直觉区分为先理智的直觉和后理智的直觉。进而,他提出了从先理智的直觉经过形式分析与推论、矛盾思辨法而过渡到后理智直觉的方法论系统。

知与行的关系问题本来就是中国传统哲学,尤其是宋明理学家如程朱、阳明讨论的主题之一。所以贺麟自称知行合一论实在是由程朱到阳明讨论知行问题的发展的必然产物。贺麟说,阳明之后三百年内赞成、反对阳明学说的人虽多,但对知行合一说,由学理的发挥,有透彻的批评和考察的人,似乎很少。而且,阳明的知行合一说似乎表面上与常识抵触,所以在新的时代里很有必要重新提出讨论知行合一的学说,"要超出常识的浅薄与矛盾",并为程朱、阳明的知行合一观奠立学理的基础。

贺麟又进一步指出:"知行问题,无论在中国的心理学或新心学中,在西洋的心理学或知识论中,均有重新提出讨论,重新加以批评研究的必要。"① 这是因为,本体论的研究、伦理学的研究都必须以对知行关系问题的研究为前提或基础。所以,贺麟正确地指出:"不批评地研究思有问题,而直谈本体,所得必为武断的玄学(dogmatic metaphysics),不批评地研究知行问题,而直谈道德,所得必为武断的伦理学(dogmatic ethics)。因为道德学研究行为的准则,善的概念,若不研究与行为相关的知识,与善相关的真,当然会陷于无本的独断。至于不理会知行的根本关系,一味只知下'汝应如此'、'汝应如彼'、'使由不使知'的道德命令的人,当然就是狭义的,武断的道德家。而那不审问他人行为背后的知识基础,只知从表面去判断别人行为的是非善恶的人,则他们所下的道德判断也就是武断的道德判断。"②

总之,要超越常识的浅薄与矛盾,所以要重新提出和讨论表面上好像与常识违反的知行合一说;要谈论本体问题并反对武断的玄学,所以要重新提出和讨论知行合一说;要反对道德判断、道德命令和道德上的武断主义,所以要提出知行问题。

贺麟虽然主张知行合一说,但是他的知行合一说与朱熹和王阳明的知行合一说不尽相同。他把朱熹的知行合一说称之为直觉的价值的知行合一观。朱熹和王阳明的知行合一观可统称为价值的知行合一观。他认为,价值的或理想的知行合一说,认知行合一为理想的知或理想的行,认知行合一为"应当如此"的价值或理想,必须加以人为的努力方可达到或实现,而且也只有少数人才能达到或实现。另外,价值的知行合一观,实质上知行二元观,先根据常识或方便起见,将知行分为两事,然后再用种种的努力,勉强使知行合一,所以它们是将知行分开于先,然后又求合一于后。与朱熹、王阳明的价值的知行合一

---

① 贺麟:《五十年来的中国哲学》,第130页。
② 贺麟:《五十年来的中国哲学》,第130—131页。

观不同,贺麟称自己的知行合一观为"自然的知行合一论"。他说:"此种的知行合一论,我称为'普遍的知行合一论',亦可称为'自然的知行合一论'。"①为什么称这种知行合一论为自然的知行合一论呢?他说:"一以表示凡有意识之论,举莫不有知行合一的事实,一以表示不假人为,自然而然即是知行合一的事实。前者与理想的(经过选择的)知行合一论对立,后者与价值的知行合一论对立。"②又说:"自然的知行合一论则认为知行合一乃是'是如此'的自然事实。知行本来就是合一的,用不着努力即可达到,因此单就知行合一之本身言,并无什么价值,虽然有高级的或低级的知行合一之别,但以知与行的内容为准。"③如果说朱熹、王阳明的所谓知行纯属于德行和涵养心性方面的知行,那么贺麟所说的知行的范围却要广得多,而且其知行主要应属于认识论、逻辑方面的知行。

贺麟的自然的知行合一论主要包括以下几个方面的内容:知和行的概念;"合一"的意义;知行的主从关系;知行难易问题。

先让我们来看看贺麟是如何来界说知和行这两个概念的。

他说:"'知'指一切意识的活动。'行'指一切生理的活动。"④他举例说,任何意识的活动如感觉、记忆、推理的活动,如学问思辨的活动,都属于知的范围。也就是说,知是心理的活动。而任何的生理的动作,如五官四肢的运动是行,就是神经系的运动,脑髓的极细微的运动,也属于行的范围。所以,行是生理的或物理的动作。可见,知与行是两种性质不同的活动,但是知与行都是活动。他进一步指出,知行都是有等级的,如动手动足的行为为显行,静坐、思的行为为隐行。同样,知也有显隐的区分,如推理、研究学问为显知,最不显著或隐晦的意识活动如本能的意识、下意识的活动等为隐知。显行与隐行、显知

---

① 贺麟:《五十年来的中国哲学》,第136页。
② 贺麟:《五十年来的中国哲学》,第136页。
③ 贺麟:《五十年来的中国哲学》,第137页。
④ 贺麟:《五十年来的中国哲学》,第131页。

与隐知虽有等级的差别,但无性质的不同。

知行的概念既已界定,就得进而来解释"合一"的意义。贺麟认为,知行关系中的知行是分中有合,合中有分。也就是说,既要指出知行本来是合一的,也要分析清楚知与行如何又分而为二,最终更要明了知与行又是如何最终复归于统一。"知"是意识的活动,"行"是生理的活动,这是二者之分。但是,这两种活动是同时产生或同时发动的。在时间上,知行不能分先后。不能说知先行后,也不能说知后行先。两者同时发动,同时静止。这里所说的知行合一是指同一生理心理活动中的知与行而言的,而不是指所谓甲的知与乙的行这样不同主体间的知行关系。正因为"知行是同一活动的两面",所以"认知行合一为知行同时发动,方有意义"。① 由于知行是同一活动的两面,所以知与行永远在一起,两者不可分离。无无知之行,亦无无行之知。贺麟又进一步用"知行平行"来解释知行合一。什么是平行,他解释说,意识活动的历程与身体活动的历程乃是一而二,二而一,同时并进,次序相同。由于知行平行,所以知行不能交互影响。知为知因,行为行因。知不能决定行,行不能决定知。知不能知身体动作,行不能使知识增进。总之,贺麟认为:"任何一种行为皆含有意识作用,任何一种知识,皆含有生理作用。知行永远合一,永远平行并进,永远同时发动,永远是一个心理生理活动的两面。最低级的知永远与最低级的行平行。……最高级的知与最高级的行,所谓真切笃实的行,明觉精察的知,亦永远合而为一,相偕并进。"②

贺麟还认为,合一体中的知行可以辨别主从,亦应当辨别主从。他指出:"所谓主从关系,即是体用关系,亦即目的与手段关系,亦可谓领导者与随从者的关系。"③但是知行关系中的主从关系不能以事实上

---

① 贺麟:《五十年来的中国哲学》,第134页。
② 贺麟:《五十年来的中国哲学》,第136页。
③ 贺麟:《五十年来的中国哲学》,第140页。

的显与隐或心理上的表象与背景定主从,而应当以逻辑上的知与行的本质定二者之孰为主孰为从。贺麟认为,从逻辑上分析起来,知是主,行为从。其要点如下:

一、知是行的本质(体),行是知的表现(用)。行若不以知作主宰,为本质,不能表示知的意义,则行为失其所以为人的行为的本质,而成为纯物理的运动。知是不可见的,知藉行为而表现其自身。总之,知是体,行是用;知是有意义的、有目的的,行是传达或表现此意义或目的的工具或媒介。

二、知永远决定行为,故为主。行永远为知所决定,故为从。贺麟认为,知行同时发动,两相平行,本不能互相决定。但是,这里所谓的决定为内在的决定或逻辑的决定。这也就是说,知为行的内在的推动原因,知较行有逻辑的在先性。

三、知永远是目的,是被追求的主要目标;行永远是工具,是服从的、追求的过程。任何人的活动都是一个求知的活动。

以上就是贺麟所谓的知主行从说的主要内容。

贺麟认为,如果从逻辑上解决了知行主从的问题,那么价值上的知行难易的问题也就自可迎刃而解。从知行同时发动,平行并进的角度看,当然知行同其难易。但是如从知主行从着眼,那么就应当说知难行易了。所以贺麟说:"显知隐行永远决定显行隐知,较高级的知行合一体永远支配较低级的知行合一体,则显知隐行,较高级的知行合一体(即中山先生所谓科学研究及革命先觉的工作)当然难;而显行隐知,较低级的知行合一体(即中山先生所指的日常饮食的动作)当然容易。故照这样讲来,知难行易不惟是确定的真理,而且与知主行从之说互相发明。"[①]

以上就是贺麟"知行合一新论"的主要内容。显然,这一知行关系的理论不仅仅是接着朱熹、王阳明的知行合一说讲的,它也同时吸收

---

① 贺麟:《五十年来的中国哲学》,第146页。

了斯宾诺沙、格林和鲁一士有关的思想。可以说,贺麟在新的历史条件下,推动了关于知行关系理论的研究。他的知行合一新论较朱熹、王阳明的理论要系统、精致得多。其最主要的特色是把知行合一说从纯粹的德性修养的领域扩展到了逻辑和认识论的领域,从而为中国传统哲学的知行关系理论奠定了逻辑和认识论的学理基础,指明了道德学的研究应该以知行关系这样的认识理论为其前提。而且,由于人这一认识主体的任何活动都是在意识的自觉地或不自觉地支配下进行的,所以不可能有脱离意识的行动,从这个意义上可以说知决定行,知行是合一的。虽说这一理论有进一步完善的必要,但是从现代知识论研究的现状看,应该说是正确的。

当然,贺麟的知行合一新论也有其不足之处。如关于"知"的概念的界定,贺麟有时把它定义为意识的活动,有时又直接称之为知识,这就使得前后不一致。而且将知定义为意识的活动有消知归行之嫌。再者,贺麟认为知不能决定行,行不能决定知,但在其知主行从说中,他又说知永远决定行,故为主。还有,如果知不能知身体动作,行不能使知识增进,那么知识增长的途径又是什么呢?如果知行不能交互影响,那么合一就不能算是真正的合一。

贺麟哲学思想中一个很有特点的思想是积极地倡导并系统地论述了直觉这一哲学方法。他反对把直觉与理性割裂为二,而是要把直觉与理性辩证地统一起来。

贺麟在哲学的基本立场上是要自觉地坚持和发扬宋明理学尤其是陆王的思想路线,那么他就必须要首先搞清楚在思想方法上宋儒的特色是什么。经过深入的思考之后,他认为,宋儒的思想方法不是严格的科学方法,而是所谓的哲学或形而上学的直觉法。

最早引起贺麟注意并研究直觉问题的是梁漱溟。梁漱溟在二十年代的中国思想界中是倡导直觉说最有力量的第一人。所以要系统深入地研究考察直觉就不能避开梁漱溟的直觉说,而必须对之作详尽的分析、评论。

在《东西文化及其哲学》一书中,梁漱溟从研究和比较东西文化问题出发,认为直觉是一种生活的态度,这种态度是反功利的、不算账的、不计较利害得失的、遇事不问为什么的,又是随感而应的、活泼而无拘滞的、刚健的、大无畏的、充满了浩然之气的修养境界。他认为,孔子所说的仁就是这种锐敏的直觉。梁漱溟说过,"仁是一个很难形容的心理状态",它包含着两个条件:第一是"寂——像是顶平静而默默生息的样子",第二是"感——最敏锐而易感且很强"。所说的"感"是附于感觉的第一种直觉,而"寂"则是附于感觉的第二种直觉,是生命本体的直觉。梁漱溟说:"要晓得感觉与我们内里的生命是无干的,相干的是附于感觉的直觉;理智与我们内里的生命是无干的,相干的是附于理智的直觉。我们内里的生命与外面通气的,只是这直觉的窗户。"①

这就确立了直觉高于理智的原则。而且在梁漱溟看来,从根本上说,理智与直觉是对立的。他说:"在直觉、情感作用盛的时候,理智就退伏;理智起了的时候,总是直觉、情感平下去。"②总之,理智与直觉有相违的倾向。

贺麟由梁漱溟的上述直觉说,进而追溯到宋明儒的直觉说,且更推广去研究西洋哲学家对于直觉的说法。对直觉问题如此深入而系统的探讨遂使贺麟对于梁漱溟所提出的直觉说提出了两问题。第一,梁漱溟认为直觉是一种生活态度,这种态度是反功利的、不算账的、不计较利害得失的,但他却并没有讲清楚直觉究竟是否计较苦乐、计较善恶。然而,儒家的人生态度根本就是道德的。凡是道德本位的人生态度决脱不了善恶的计较和君子小人的分辨,以奖善罚恶,亲君子远小人为归。贺麟认为,梁漱溟"只明白表示他所谓直觉态度是反功利的,却未进而明白反对苦乐及善恶的计虑,且反而有计虑某种快乐的

---

① 梁漱溟:《梁漱溟全集》,第468页。
② 梁漱溟:《梁漱溟全集》,第455页。

近似,而且因为他是出自道德本位的儒家,于善恶的讲虑,似亦特别注重。……漱溟先生所谓直觉,不是超苦乐善恶的境界,而是计虑苦乐善恶最耐熟最锐敏的境界;是分辨善恶的敏感或道德的直觉,而不是超道德的,艺术的,科学的,或宗教的直觉"。① 第二,直觉既是一种生活的态度,一种精神修养达到的境界,那么直觉究竟是否是一种思想的方法呢?对于这个问题,梁漱溟没有讲清楚,他根据唯识家的说法认为直觉是认识意味的能力,而非认识实在的方法。他又分直觉为附于感觉的直觉与附于理智的直觉,约略相当于柏格森所谓的"机体的同情"及"理智的同情"。但他未曾指出直觉如何是认识"生活"及"我"的方法。总之,贺麟认为,梁漱溟虽有承认直觉为方法之意,但并不认为直觉是求真实的方法。

针对梁漱溟的直觉说,贺麟提出了自己对直觉说的看法。他说:"梁先生所讲的直觉只是一种道德的直觉,而我进而把它发展为超道德、艺术的、宗教的直觉……梁先生认直觉与理智的对立,我打破了这种对立,提出有所谓'前理智的直觉'和'后理智的直觉'的区别,认为在后理智直觉中一切对立得到了辩证统一。于是我一方面把直觉辩证法化,一方面又把辩证法直觉化。"②这就是贺麟的直觉与理智辩证统一的方法。

要确立直觉是一种思想方法是哲学理论上一个十分困难的问题。为了解决这个问题,贺麟考察了西方哲学史上英、美、法、意大利等著名哲学家如西吉微克、孟太苟、巴斯尔、孔德、斯宾格勒、克罗齐等人关于伦理学、认识论、历史学、美学等方面的直觉方法。

这些哲学家都承认直觉作为一种思想方法并不违反理性。于是,贺麟认为:"我们谓直觉方法与抽象的理智方法不同则可,谓直觉方法为无理性或反理性则不可。"③

---

① 贺麟:《宋儒的思想方法》,《哲学与哲学史论文集》,商务印书馆,1990年,第177页。
② 贺麟:《两点批判,一点反省》,《哲学和哲学史论文集》,第466页。
③ 贺麟:《宋儒的思想方法》,第180页。

对于直觉是否为一种思想方法,贺麟也曾"异常徘徊","得经过很久的考虑,我现时的意识仍以为直觉是一种经验,复是一种方法。所谓直觉是一种经验,广义言之,生活的态度,精神的境界,神契的经验,灵感的启示,知识方面突然的当下的顿悟或触机,均包括在内。所谓直觉是一种方法,意思是谓直觉是一种帮助我们认识真理,把握实在的功能或技术。……就直觉之为方法言,是一种工夫,可用可不用,时有用时无用。这就是说,虽我们事实上客观地承认直觉是一种方法,但我们可以不采用这种方法,而采用别的方法。我们此时可以采用此法,他时亦可以采用别的方法"。① 但是,我们决不能因为不采用直觉方法,便根本否认直觉的方法。

贺麟反对把直觉与理智对立起来。他说过,直觉与理智各有其用而不相背。没有一个用直觉方法的哲学家而不兼采形式逻辑及矛盾思辨法的。同时也没有一个理智的哲学家不兼用直觉方法及矛盾思辨法的。贺麟认为:"形式的分析与推论、矛盾思辨法、直觉三者实为任何哲学家所不可缺一,但各人之偏重略有不同罢了。"②他把直觉分为先理智的直觉和后理智的直觉。"先用直觉方法洞见其全,深入其微,然后以理智分析此全体,以阐明此隐微,此先理智之直觉也。先从事于局部的研究,琐屑的剖析,积久而渐能凭直觉的助力,以窥其全体,洞见其内蕴的意义,此是后理智的直觉。"③这样,他在实际上提出了从先理智的直觉经过形式的分析与推论、矛盾思辨法而过渡到后理智直觉的辩证的方法论系统。

贺麟认为,先理智的直觉只是一种混沌的经验而非知识,它相当于康德的感性阶段。形式逻辑和矛盾思辨法即理智的分析形成科学知识,它相当于康德的知性阶段。后理智的直觉则相当于康德的理性

---

① 贺麟:《宋儒的思想方法》,《哲学与哲学史论文集》,第179页。
② 贺麟:《宋儒的思想方法》,第181页。
③ 贺麟:《宋儒的思想方法》,第181页。

阶段,哲学知识形成于此一阶段。他认为,只有第一阶段而无第二、第三阶段,就是狭义的神秘主义。但是,这第一阶段的先理智的直觉在整个认识过程中的重要作用在于它为第二阶段的理智分析提供了前提或对象。因为"就推论言,推论必先有自明的通则以作基本,但此自明的通则,则系一种直观知识"。① 这就是说,分析就是分析用先理智的直觉方法所得到的对于实在、对于理念的整个印象。及至部分的分析到了面面俱到的程度,于是又借助于后理智直觉的方法,对于整体有更新更深的认识。经过第一阶段过渡到第二阶段之后,还须继续,如果只重第二阶段的分析,而不企图第三阶段的直觉的综合,就是狭义的理智主义。贺麟认为,第三阶段中,斯宾诺莎的思想与形气二属性之统一,黑格尔的辩证统一都达到了理智与直觉的辩证统一。他尤其指出,第三阶段约略相当于朱熹所谓的"物之本末精粗无不备,而吾心之全体大用无不明"之豁然贯通的直觉境界。总之,贺麟认为,直觉与理智乃代表同一思想历程之不同的阶段或不同的方面,不但不相冲突,而且相互印证发明,相互通融过渡。而且近代哲学以及现代哲学的趋势,乃在于直觉方法与理智方法的综贯。"这条路实在是治哲学的康庄大道。"

直觉既分为理智的直觉与后理智的直觉两种,那么这二者之间应是有质的差异的。它们的区别是:"先理智的直觉,只是经验而绝不是方法。后理智的直觉,亦经验亦方法。"②贺麟认定直觉主要是一种思想方法。"盖方法据界说必是后理智的,任何方法均起于理智之使用,据斯宾诺莎的说法,'方法起始于真观念的获得',无真观念(理智)以作指导,绝不能有方法。直觉方法的本质为理智的同情,亦即后理智的同情。"③所以,只有后理智的直觉才当得起是一种思想的方法。

贺麟讨论、研究直觉法的主旨在于指出宋儒的思想方法不是严格

---

① 贺麟:《宋儒的思想方法》,第181页。
② 贺麟:《宋儒的思想方法》,《哲学与哲学史论文集》,第200页。
③ 贺麟:《宋儒的思想方法》,第200页。

的科学方法,而是直觉法或后理智的直觉法。也就是陆象山的思想方法都是直觉的方法。朱子注重向外体认物性,读书穷理,而陆象山注重向内反省以回复自己的本心,发现自己的真我。所以,朱陆之间在方法上似有差异。但是,贺麟认为,直觉方法既可向外观认,也可以向内省察。直觉方法的一面,注重用理智的同情以观察外物,如自然、历史、书籍等。直觉方法的另一面,则注重向内反省体察。所以,朱子与陆象山的方法恰好每人代表了直觉法的一面,两人的方法之间并无实质性的差异。而且"根据宋儒所公认的'物我一理,才明彼,即晓此,合内外之道也'的原则,则用理智的同情向外穷究钻研,正所以了解自己的本性;同样,向内反省,回复本心,亦正所以了解物理。其结果亦归于达到心与理一,个人与宇宙合一的神契境界,则两者可谓殊途同归"。① 在此,贺麟运用直觉方法向内反省和向外观看的两面消弭了朱陆思想方法上的矛盾,将两者统一包容在直觉方法之内,指出朱陆间的差异大体上只是二人对于直觉方法之着重点与得力处不同。

最后,贺麟又特别指出他对于直觉法的研究的目的在于指出直觉是一种方法。这种方法"第一,不是简便省事的捷径,而是精密谨严,须兼有先天的天才与后天的训练,须积理多,学识富,涵养醇,方可逐渐使成完善的方法或艺术";"第二,我并要说明直觉不是盲目的感觉,同时又不是支离的理智,是后理智的,认识全体的方法,而不是反理智反理性的方法。"②他并且进一步指出,这种后理智的直觉方法才"可达到'众物之表里精粗无不到',而'吾心之全体大用无不明'的最高境界。盖只有直觉方法方能深入其里,探究其精,而纵观其全体大用。而科学方法则只求认识其表面的精的、部分的方面,并没有认识形而上的、里面的精的、全体大用之职志也"。③

---

① 贺麟:《宋儒的思想方法》,第184页。
② 贺麟:《宋儒的思想方法》,第183页。
③ 贺麟:《宋儒的思想方法》,第191页。

在中国现代哲学中,贺麟对直觉方法的研究最为细致、系统、深入,他自觉地将理智与直觉辩证地统一起来,明确地规定感性直觉为先理智直觉,理性直觉为后理智直觉,提出了感性直觉、形式逻辑、矛盾思辨、理性直觉这四种形式相互为用的系统的方法论,这都是对中国现代哲学理论的很大贡献,其中不乏创见。但是,贺麟并没有清楚地说明如何可以由理智的分析、推论、矛盾的思辨过渡到后理智的直觉,也没有讲明何以可以由理智的分析、推论、矛盾的思辨过渡到后理智的直觉,也没有讲明何以理性直觉要高于理智。而且,只有直觉方法才能深入其里、探究其精而纵观其全体大用这样的思想也是更有待深入论证、说明的哲学难题。

第四节 心即理的唯心论

贺麟把自己的哲学思想称为唯心论。他在 1946 年写作的《〈文化与人生〉序言》中认为他自己的哲学思想"如从学派的分野来看,似比较接近中国的儒家思想,和西洋康德费希特黑格尔所代表的理想主义"。这里所谓的理想主义就是唯心论的代名词。他在晚年回忆说:"我在解放前是赞同'心为物之体,物为心之用','心即是理'的唯心观点的,所以我是从新黑格尔主义观点来讲黑格尔,而且往往参证了程朱陆王的理学心学。"[①]

他虽赞同唯心论,但是却不否认外物的存在。相反,他认为唯心论的出现和发展须以物质文明的发展为其基础的。他说:"无创造物质文明、驾驭物质文明的需要,无精神上的困难须得征服的自然人,决不会感觉精神的重要,决不会发生唯心的思想。"[②]所以"物质文明与科

[①] 贺麟:《康德黑格尔哲学东渐记》,第 378 页。
[②] 贺麟:《近代唯心论简释》,独立出版社,1942 年,第 132 页。

学知识最发达的地方或时代,往往唯心论亦愈盛,当一个国家只知稗贩现成的科学知识,只知崇拜他人的物质文明,为之作被动的倾销场时,当然无暇顾及构成科学知识的基本条件,和创造并驾驭物质文明的精神基础,则此国家尚未达到精神的独立与自觉,而其哲学思想之尚不能达到唯心的阶段,自是必然而无足怪"。① 可见,在他看来,唯心论是"精神独立与自觉"的产物。是构成科学知识的基本条件,是物质文明的精神基础。所以,科学知识、物质文明是心或精神的外在形式,心或精神才是其内核。从外在形式来讲,只有物质文明首先得到了发展,才有可能追本溯源地找寻到作为它的基础的心或精神。因此,贺麟断言:"由物质文明发达,哲学家方进而追向征服自然,创造物质文明的精神基础——心;由科学知识发达,哲学家方进而追溯构成科学知识的基本条件——具有先天范畴的心。"②

贺麟的上述论述已经涉及哲学的一个根本问题,这就是心、物及两者之间的关系的问题。

唯心论哲学的最主要的范畴当然是心。贺麟在《近代唯心论简释》一文中一开头就讨论了什么是心。他说:"心有二义:一,心理意义的心;二,逻辑意义的心。逻辑的心即理,所谓'心即理也'。心理的心是物,如心理经验中的感觉幻想梦呓思虑营为,以及喜怒哀乐爱恶欲之情皆是物,皆是可以用几何方法当作点线面积一样去研究的实物。"③由于心理意义的心是物,所以唯心论所谓的心是逻辑意义的心。逻辑意义的心就是理,就是精神原则,也就是"认识或评价的主体"。贺麟说:"逻辑意义的心,乃一理想的超经验的精神原则,但为经验行为知识以及评价之主体。此心乃经验的统摄者,行为的主宰者,知识的组织者,价值的评判者。"④又说:"'心即理也'的心,乃是'主乎身,一

---

① 贺麟:《近代唯心论简释》,第132页。
② 贺麟:《近代唯心论简释》,第22页。
③ 贺麟:《近代唯心论简释》,第1页。
④ 贺麟:《近代唯心论简释》,第1页。

而不二,为主而不为客,命物而不命于物'的主体。"①

"心即理也"的心即是"灵明能思者",所以贺麟认为,"灵明能思者为心"。这样的心在与物相对待的意义上即是主体的心。但是,他又认为,这种逻辑意义上的又具有客观的性质,所以心又可作性解,因此,唯心论又可称之为"唯性论"。他说:"性(essence)为物之精华。凡物有性则存,无性则亡。故研究一物,贵探讨其性。……性为代表一物之所以然及其所当然的本质,性为支配一物之一切变化与发展的本则或范型。凡物无论怎样活动发展,终逃不出其性之范围。但性一方面是一物所已具的本质,一方面又是一物须得实现的理想或范型。"②性之在人即是性格。贺麟认为:"'性格即是命运','性格即是人格'是唯性论者对于人性的两句格言。……性格为决定人之一生的命运的基本条件,如人之穷通成败,境遇遭际,均非出于偶然,而大半为其本人的性格所决定。"③

上述贺麟对逻辑意义上的心的分析是就知识的起源与限度以及认识的对象与自我发展的法则立论的。"就知识之起源与限度言,为唯心论,就认识之对象与自我发展的本则言为唯性论。"④

贺麟认为,"唯心论又名理想论或理想主义"。这种对唯心论的界说是"就行为之指针与归宿言"的。⑤ 他指出,理想主义最足以代表近代精神。"近代人生活的主要目的在求自由。漫无标准与理想之行为,不得谓之自由。……故欲求真正之自由,不能不悬一理想之行为,以作自由之标准,而理想主义实足以代表近代争自由运动的根本精神。"⑥

---

① 贺麟:《近代唯心论简释》,第1页。
② 贺麟:《近代唯心论简释》,第4页。
③ 贺麟:《近代唯心论简释》,第5页。
④ 贺麟:《近代唯心论简释》,第32页。
⑤ 贺麟:《近代唯心论简释》,第32页。
⑥ 贺麟:《近代唯心论简释》,第32页。

我们可以看到,贺麟所说的逻辑意义的心实质上是在西方近代哲学中得到了充分发展的认知意义的心,是价值的主体,是自觉的真理,自由的理想。所以,他所说的逻辑意义的扩充,超越或者说取代了陆王"心即理"的道德良知意义上的心。这可以说是陆王心学现代化的理论尝试。

心与物是相对而言的。唯心论虽然以心为本体、为主体,但是它也必须去说明或处理心与物之间的关系问题。在贺麟看来,"心与物是不可分的整体。为方便计,分开来说,则灵明能思者为心,延扩有形者为物。据此界说,则心物永远平行而为实体之两面:心是主宰部分,物是工具部分"。①他又进一步用体和用这一对范畴来说明心和物之间的关系。他说:"心为物之体,物为心之用,心为物的本质,物为心的表现。故所谓物者非他,即此心之用具,精神之表现也。"②在此,贺麟将心与物看做是不可分割的,是一体两面的关系,两者永远平行。这种心物平行说源于斯宾诺莎。既然"心物永远平行而为实体之两面",那么物固不能决定心,心也不能决定物。但是,贺麟认为,物不能决定心,心却能决定物。所以,心是主宰,物是工具。心能主宰、决定工具。心与物之间有主从、体用的关系。物就是"精神之表现也"。贺麟由此认为:"姑无论自然之物,如植物,动物,甚至无机物等或文化之物,如宗教哲学艺术,科学道德政法等,举莫精神之表现,此心之用具。"③在此,贺麟以主从、体用的关系来说明心物关系的看法已经远离了斯宾诺莎的心物平等说而归宗于黑格尔的客观唯心论,认心为物的绝对本体。

由于心为物之体,物为心之用,所以不能离心而言物。他说:"普通的人所谓'物',在唯心论者看来,其色相皆是意识所渲染而成,其意义,条理,与价值皆出于认识的或评价的主体。此主体即心。……离

---

① 贺麟:《近代唯心论简释》,第3页。
② 贺麟:《近代唯心论简释》,第3页。
③ 贺麟:《近代唯心论简释》,第3页。

心而言物,则此物实一无色相,无意义,无条理,无价值之黑漆一团,亦即无物。"①这就是"心外无物"。他曾以黑板为例来说明这一思想。他说:"所谓物质,一定是以过思考的物质。所谓不可离心而言物。一块黑板是客观的黑板,因为大家公认它是一块黑板。易言之,黑板之所以为客观的黑板,因其建筑在人们共同的主观基础上。离开主观,没有客观。凡是'客'的东西,一定要经过'观'。宇宙自然是客观的,因为我们大家对它有共同的了解,共同的认识,若大家不能认识,无有'观',则世界即不成其为'客观'世界了。"②

贺麟认为,哲学理论不同于科学事实,所以要将这两者加以区分。他认为,物质在意识之先,先有物质,后有心灵,人类文明的历史只有几千年,但宇宙的历史已有几百万年,这是科学常识。又如身体属于物质所决定。所以,物质决定意识,身体决定心灵,艰险存在决定意识。贺麟认为,这是生理学的事实,是哲学家所不能反对的。但是他又认为,这统统都又不是哲学家的理论。因为"哲学要问在理论上逻辑上什么东西最根本最重要:什么东西是核心,是命脉?"③他以具体事例说明此一思想。如战争,战争的核心是战略政略。以建国为例,建国的核心是心理建设。又如做人先要立乎其大者,什么是大?人格是大,人的根本是人格,不是身体。以此为例,在心物的关系上,心是体,物是用。这是无疑义的。贺麟认为,这才是真正的哲学理论的看法。

根据上述的理论,贺麟自然而然会得出这样的看法,艰险意义、条理、价值等等皆源自于心,心具万物之理,心即理也。这即是陆王心学的大法,也是康德哲学的内容。从这种意义来讲,唯心论又可称之为精神哲学。"所谓精神哲学,即注重心与理一,心负荷真理,理自学于心的哲学。"④他认为所谓的"事实"就是心以范畴加以组织整理而成

---

① 贺麟:《近代唯心论简释》,第1页。
② 贺麟:《五十年来的中国哲学》,第68—69页。
③ 贺麟:《五十年来的中国哲学》,第69页。
④ 贺麟:《五十年来的中国哲学》,第69页。

的,他说:"事实本来是经理论、逻辑、先天范畴加以整理而成。离开逻辑或先天的范畴,只有混沌的黑漆一团,更无所谓事实。"①他在《时空或超时空》一文中还说:"时空是心中之理","是主体(此心)整理或排列感觉材料的总法则(理或原理)。"而对感觉材料进行时空排列的能力,"乃是人人所不虑而知,不学而能,自然如此,必须如此的先天的认识功能"。

贺麟此处所说的精神哲学最酷似陆王心学。他说:"象山有'宇宙即是吾心,吾心即是宇宙'之伟大见解,而为从认识吾心之本则以认识宇宙这本则的批导方法,奠一坚定基础,且代表世界哲学史上最显明坚决的主观的或理想的时空观。"又说:"自陆象山揭出'心即理也'一语以后,哲学乃根本掉一方向,心即是理,理即是在内,而非在外,则无论认识物理也好、性理也好、天理也好,皆须从认识本心之理着手。不从反省心着手,一切都是支离骛外。心即是理,则心外无理,心外无物。而宇宙万物,时空中的一切也成了此心之产物,而非心外之傥来物了。"②

贺麟唯心论的一个重要特点是人为不能离开文化而空谈抽象的心。他指出,文化是精神的表现,"文化之物乃精神自觉的活动之直接产物,其表现精神之程度较高罢了。故唯心论者,不能离开文化或文化科学而空谈抽象的心。若离开文化的陶养而单讲唯心,则唯心论无内容,若离开文化的创造、精神的生活而单讲唯心,则唯心论无生命。故唯心论者注重神冥想乎价值的宝藏,文化的大流中以撷英咀华取精用宏而求精神的高洁与生活之切实受用,至于系统之完成,理论之发抒,社会政治教育之应用,其余事也。如是则一不落于戏论的诡辩,二不落于支离的分析,三不落于骛外的功利,四不落于蹈空的玄谈"。③

---

① 贺麟:《近代唯心论简释》,第249页。
② 贺麟:《时空与超时空》,《哲学与哲学史论文集》,第151页。
③ 贺麟:《近代唯心论简释》,第249页。

正是基于这样的看法，所以贺麟尤其重视将其唯心论哲学的研究与文化的讨论紧密地联系起来，或者说关于文化的讨论就是其唯心论哲学的一个重要部分。在他看来，唯心论就是精神哲学，而文化科学或精神科学就是精神哲学的表现。所以，他对文化关注的切入点就是精神观或理想观的角度，认为人类文化为人类的精神力量创造而完成的，因而应用其精神的或理想的观点以解释人生和自然，认自然为自由精神的象征，认历史的进化为绝对精神的自由发展，认精神有陶铸物质的力量，且必借物质方得充分的表现。

贺麟说过，精神就是心灵与真理的契合。换言之，精神就是指道或理之活动于内心而言。在此意义下，精神也就是提高了、升华了洋溢着意义与价值的生命。他又说，若从体用的观点来说，精神是以道为体而以自然和文化为用的意识活动。根据这个说法，则精神在文化哲学中，便取得主要、主动、主宰的地位。自然只不过是精神活动或实现的材料，所谓文化就是经过人类精神陶铸过的自然。就是说，道只是本体，而精神乃是主体。文化乃是精神的产物，精神才是文化真正的体。以体用观点论，精神是以道为体，以自然及文化为用。文化是精神的产物，精神是文化之体。就个人言，个人一切的言行和学术文化的创造，就是个人精神的显现。就时代言，一个文化就是那个时代的时代精神的显现。就民族言，一个民族的文化就是那个民族的民族精神的显现。整个世界的文化就是绝对精神逐渐实现或显现其自身的历程。显然，这是黑格尔客观唯心论在贺麟的文化体用观上的落实。

贺麟的文化体用观有绝对体用观和相对体用观之分。文化的绝对体用观认为科学与哲学皆同是精神之用，精神兼为科学与哲学之体。而文化的相对体用观却认为，哲学为科学之体，科学为哲学之用。宗教为道德之体，道德为宗教之用。正是根据这种文化的相对体用观，贺麟认为五四运动虽然比以前进步多了，但是当时所注重的西洋思想，还只是实用主义；虽然提倡民主与科学，但却认为不需要较高深较根本的纯正的古典的哲学、艺术，特别是道德和宗教。所以五四运动还是只从用方面着手，没有了解西洋文化的体。① 根据他的文化相对体用观，西洋文化的体是哲学、宗教、艺术，而民主、科学只是其用。这种看法应该说是有见地的，是深刻的。

进而，贺麟提出了处理文化的体和用关系的三原则：第一，体用不可分离。凡用必包含其体，凡体必包含其用，无用既无体，无体即无用。没有无用之体，也没有无体之用。第二，体用不可颠倒。体是本质，用是表现。体是规范，用是材料。不能以用为体，不能以体为用。第三，各部门文化皆有其有机统一性。即是说："各部门的文化皆同是一个道或精神的表现，故彼此间有其共通性。一部门文化每每可以反映其他各部门的文化，反映整个的民族精神，集各种文化之大成。"②

根据这三条原则，贺麟又讨论了对待西洋文化应该取的态度。第一，研究、介绍和采用西洋文化，不能取其用而弃其体，而须得其体用之大全，须见其集大成之处。他不赞同全盘西化论，认为这在事实上不可能，在理论上亦无必要。他的态度是主张对于各种理论的体与用之全套，源源本本加以深刻彻底了解，而自己批评地创立适合民族生活时代需要的理论。第二，根据文化的体用合一的原则，他指出，"中学为体，西学为用"的说法也不可通。中学西学各自有其体用，不可割裂。而且体用不可倒置，西学之体搬到中国来决不会变成用，中学之用，亦决不能作西学之体。第三，他认为："中国本位文化"的说法也是无法使人接受的。"因为文化乃人类的公产，为人人所取之不尽用之不竭的宝藏，不能以狭义的国家作本位，应该以道，以精神，或理性作本位。换言之，应该以文化之体作为文化的本位。"③应该说，贺麟本其

---

① 参见贺麟：《文化与人生》，第304—305页。
② 贺麟：《文化与人生》，第304—305页。
③ 贺麟：《文化与人生》，第305页。

文化体用的理论来讨论对待西洋文化的态度的基本看法至今仍有其意义和价值。

第五节　儒学思想基督教化的努力

但以上讨论是局限在中国现代哲学思想这一视角。在此论域之内,把贺麟的哲学思想定位为"新儒家"似乎有其一定的道理。但问题在于,提倡儒学开展的话题者未必就是"新儒家"。而且仅仅从这一层面,我们似乎很难为贺麟的哲学思想的性质作准确的定性分析。贺麟本人对于自己的哲学思想曾有过定位。他说道:自己的思想"如从学派的分野来看,似乎比较接近中国的儒家思想,和西洋康德、费希特、黑格尔所代表的理想主义。"[①]从这一说法,我们可以清楚地得知:第一,他也只是说自己的思想"似乎比较接近中国的儒家思想",而没有直接说自己就是"新儒家",事实上他的思想与儒家思想确实有较大的差距;第二,除了中国的儒家思想之外,他还受了"西洋康德、费希特、黑格尔"等人哲学思想的影响。当然受西方哲学思想影响这一事实并未提供充分的理由表明贺麟不是"新儒家"。因为"新儒家"毕竟不同于"儒家",更何况"新儒家"还是一个含义非常不清楚的概念,这就能够使我们有理由把任何一位稍与儒家思想有些瓜葛的思想家都可以称之为"新儒家"。

但笔者认为,如果把贺麟其人放在中西哲学思想的背景下来考察,我们可能会看到,与其把贺麟定位为"新儒家"还不如把他定位为"西化论者"似乎更为合乎他本人的思想性质。其理由如下。

第一,我们要探究贺麟为什么要提出"儒家思想新开展"的课题。

[①] 贺麟:《文化与人生·序言》。

其实不用细究我们就能明白,因为在西方文化的压力下,我们感觉到中国传统文化有自身的缺陷,要自强就得学习西方文化的长处。以西学来充实儒学这一说法本身蕴涵的前提就是中学之体有其自身的不足,所以在近代落伍了。贺麟本人从来不愿意说儒家哲学思想有什么不足。但这并不表明儒家思想本身没有需要"充实"或提升之处。他从未明确地批评过儒家思想,但是他确实委婉地指出了儒家哲学思想的不足。比如他说要以西洋的哲学来发挥儒家的理学,为什么呢?因为西洋的哲学可以使"儒家的哲学内容更为丰富,体系更为严谨,条理更为清楚,不仅可作道德可能的理论基础,且可奠定科学可能的理论基础"。[①] 这就是在委婉地说,儒家的哲学思想在历史上未能像西方哲学那样为道德和科学奠定理论基础,内容不够丰富,体系不够严谨,条理还不够清楚。又如在艺术上,贺麟指出,儒家因乐经佚失,乐教中衰,诗教亦式微,对其他艺术,亦殊少注重与发扬,几为道家所独占。所以我们"须领略西洋的艺术来发扬儒家的诗教"。

由于贺麟把儒家思想的诗教、礼教和理学约归为伦理道德这一核心,所以他明确地指出,儒家思想的不足在于"狭义道德意义的束缚"。我们需要以西洋的基督教的精华来"充实"儒家思想实在是因为儒家思想"究竟以人伦道德为中心"。如他说:"儒家的礼教本富于宗教的仪式与精神,而究竟以人伦道德为中心。"[②]"以人伦道德为中心"就是说儒家的哲学思想实质上是人伦道德的哲学,而不是宗教或者说不是"真正的宗教"。他又说:"宇宙可分为神、人、物三界。中国人历来对于物的研究不大注意,已经缺了一面,而中国又向来缺乏真正的宗教,对于神亦不大理会,因此又缺了一面。西洋则基督教盛行,而基督教有一要义,就是说'欲知人不可以不知天'。此语借自《中庸》。但柏拉图亦曾说过类似的话。认为对于神、圣的对象若没有知识,则对于人

[①] 贺麟:《儒家思想的新开展》,《文化与人生》,第8页。
[②] 贺麟:《儒家思想的新开展》,第8页。

事方面亦无法了解。'天'是人的根本,是无限、无对的,而人则属有限、有对,'天'或'神'是永恒,人则是暂时的。人与人的关系是平行的横的关系,人与天的关系则是上下的纵的关系。我们要真正了解人,了解人的地位,人的意义,只知道人与人的横的关系是不够的,要了解人对天,人对神、或永恒之理的关系,才能完全。"①"以人伦道德为中心"的儒家思想不能说一点都不关心人与天的关系,但其关注中心却始终是人与人之间的横向的关系,所以儒家思想不是宗教,至少不是他所说的"真正的宗教"。在贺麟看来,人伦道德是用,所以道德自身需要有体来支撑。若没有体的支撑,道德信念会出现危机。那么什么是道德的体呢?

第二,贺麟明确地指出:"宗教是道德之体,道德是宗教之用。"②这一思想是他深入研究探讨西方文化之后得出的结论。他指出,西方文化之体就是基督教。他如是说道:"其实我胆敢说一句,中世纪的基督教,是中古文化的中心,近代基督教是整个近代西洋文化的缩影与反映。可以说西洋近代精神的一切特点,基督教中皆应有尽有。"③为了深入系统地说明这一思想,他曾写了《认识西洋文化的新努力》一文。在文中,他从西方文化的各个方面的特点来说明自己的这一思想。

首先,贺麟指出,认为基督教是反科学的看法是错误的。事实是,"基督教对科学毋宁是有保护促进之功"。中世纪的欧洲由于野蛮民族的入侵,古代文化科学均遭破坏,唯赖修道院中的教士保存了古希腊哲学科学等典籍,为以后科学的发展奠定了基础;基督教常利用科学,采取科学上的理论,为其本身的教义做辩护,所以教士本身也很有科学方面的知识;历史上确实发生过基督教反对科学的事实,但正因为反科学,科学反更变得神圣。

---

① 贺麟:《西洋近代人生哲学的趋势》,《文化与人生》,第314页。
② 贺麟:《文化的体和用》,《哲学与哲学史论文集》,第350页。
③ 贺麟:《文化的体和用》,第350页。

其次，基督教中充满了民主的精神。宗教改革，教皇专制推翻以后，基督教固有的民主精神得到发扬；宗教没有国界，也不受旧家庭或家族观念的束缚，主张一切人都是兄弟，打破了贵族的观念，在上帝面前，人人平等。无论何人都可入教受洗礼，得到上帝的恩惠拯救；基督教富有平民的精神，主张到民间去，办学校、开医院，为平民服务，与平民接触；基督教的爱仇敌、宽容对方的伟大胸襟，有助于民主政治的实施。

再次，贺麟指出，基督教最适宜于工商社会，并有助于工业化。至少比较佛教、道教为更适宜于工业化的社会。他引用德国哲学家韦伯的看法，说："宗教改革后基督教中的观念，实最适宜于资本主义工业化的社会，如勤劳、忠实、信用等等，都有助于工商业的发展，亦可谓基督教的道德观念，实与工商社会的生活有联系。"①

总之，基督教是支配西方人的思想、情感、生活的宗教。可以说，西方文化的一切特点在基督教中是应有尽有的。结论也就是："基督教文明实为西洋文明的骨干。其支配西洋人的精神生活，实深刻而周至，但每为浅见者所忽视。若非宗教的知'天'与科学的知'物'合力并进，若非宗教精神为体，物质文明为用，绝不会产生如此伟大灿烂的近代西洋文化。我敢断言，如中国人不能接受基督教的精华而去其糟粕，则决不会有强有力的新儒家思想产生出来。"②

贺麟关于新儒家思想新开展的思想的核心在于要使儒家的伦理道德思想扩充提高而深刻化。更具体地说，就是要由道德进而为宗教，或者说为儒家的伦理道德寻找一宗教的基础。这一宗教基础就是基督教。我们可以进一步从他的《五伦观念的新探讨》一文中看见这一思想倾向。他指出，儒家的伦理道德观念是以宗法血缘为其基础的，是一种家族宗法式的等差之爱。贺麟认为，我们须以基督教的普

---

① 贺麟：《认识西洋文化的新努力》，《文化与人生》，第310页。
② 贺麟：《儒家思想的新开展》，第8—9页。

世伦理来补充儒家的等差之爱。他实质上是站在了基督教的普世伦理的立场上委婉地批评了儒家的等差之爱。接着他高度地赞扬了基督教的普世伦理,他这样说道:"所谓普爱者,即视此仁爱之心如温煦的阳光,以仁心普爱一切,犹如日光之普照,春风之普被,春雨之普润,打破基于世间地位的小己的人我之别、亲疏之分。此种普爱,一方面可以扶助善人,鼓舞善人,一方面可以感化恶人于无形。普爱观念的最极端的表现,见于耶稣'无敌恶','爱仇敌'的教训。盖如果你既然抱感化恶人的襟怀,你又何必处于与恶相敌对的地位呢?你既与恶人站在你死我活的敌对地位,你如何能感化敌人呢?必定要超然处于小己的利害、世俗善恶计较之外,才可以感化恶人。能感化恶人才能转化恶人。"[1]

由上可以清楚地看见,贺麟高度赞扬了基督教,认为宗教是道德的体,基督教创造了灿烂伟大的西方近代文明,可以说,他是完全地无条件地接受了基督教的思想。他所说的儒家思想的宗教化实质是说儒家思想的基督教化。他深怕有人误解他的以基督教精神来充实和补充儒家思想的立场,以为他是在中国传道或布教,所以他声明自己"并不是基督教徒,故我绝不是站在宗教的立场传道,而纯粹是站在哲学和文化的立场,觉得要了解西洋文化不可不知基督教,而基督教确实有许多优点,值得我们注意和采取。"[2]

贺麟这一看法的新意在于指出,民主和科学并不是西方文化之体,所以把此两者看做是西方文化的本质性的东西表明对西方文化的认识还未到家。在他看来,西方文化的体是基督教,如果我们真能把基督教的精华学到手,科学和民主也就自然在其中了。

第三,既然基督教为西方文化之体,我们理应吸纳基督教来补充中国传统文化之不足。这是毫无疑义的。但是现在的问题是我们应

---

[1] 贺麟:《五伦观念的新检讨》,《文化与人生》,第56页。
[2] 贺麟:《认识西洋文化的新努力》,《文化与人生》,第310—311页。

该怎么样来吸纳基督教或我们应该站在什么样的思想立场上来接纳、消化基督教。针对这一问题,贺麟尖锐地指出:"中国的旧道德,旧思想,旧哲学,决不能为西洋近代科学及物质文明之体,亦不能以近代科学及物质文明为用。当中国有独立自得的新科学时,亦会有独立自得的新哲学以为之体。"①说白了就是,中国传统的哲学(当然包括儒学在内)是属于旧哲学或旧思想的范畴,这样的哲学思想体系是没有能力吸纳西方现代的精神文明和物质文明的,因此我们需要创造一种新的哲学思想体系。可见,贺麟在此已经确实全盘地否定了传统的中国哲学,儒学当然也在否定之内。就是为了接纳和消化西方精神文明或基督教,我们才需要创造这样一种新哲学,贺麟也才提出了"儒家思想新开展"的课题。也就是说,儒家思想的新开展大约将循哲学化、宗教化、艺术化的途径迈进。具体而言之,儒家思想新开展的途径如下:

首先,必须以西方的哲学发挥儒家的理学。儒家的理学为中国的正宗哲学,所以也应该以西方的正宗哲学发挥中国的正宗的哲学。贺麟将中西正宗哲学融会弥合的可能性寄托于心学的"东圣西圣,心同理同"的理论。他指出,中西哲学的会合融贯能够产生发扬民族精神的新哲学,解除民族文化的新危机,这就是新儒家思想发展所必遵循的途径。沿着这条途径,可使儒家的哲学内容更为丰富,体系更为严谨,条理更为清楚。这样既可奠定道德可能的理论基础,又可奠定科学可能的理论基础。这一儒家思想新开展的路向即是以贺麟所谓的"学治"来补充儒家的德治主义。如此融会贯通,既可使道德立基于学术,又可由纯学术导出科学。

其次,必须吸收基督教的精华以充实儒家的礼教。在贺麟看来,基督教"有精诚信仰、坚贞不二的精神",有"博爱慈悲、服务人类的精神",有"襟怀广大、超脱尘世的精神"。他认为,基督教在西方文明中

---

① 贺麟:《文化的体和用》,《哲学与哲学史论文集》,第352—353页。

起着巨大的作用。他断言,中国人如不能接受基督教的精华而去其糟粕,则决不会有强有力的新儒家思想产生出来。因此,要形成强有力的新儒家思想就必须吸纳接受基督教的上述种种精神。

最后,必须领略西方的艺术以发挥儒家的诗教。贺麟认为,建筑、雕刻、绘画、小说、戏剧具有无尽藏的美的价值,与诗歌、音乐都是民族精神及时代精神的表现。儒家本来就特别注重诗歌、宗教,但因为《乐经》佚失,乐教中衰,诗教也式微,而且对其他亦殊少注重与发扬。所以,贺麟指出,今后新儒家的兴起,与新诗教、新乐教、新艺术的兴起,应该是联合并进而不分离的。

儒家思想的一些重要概念,在贺麟看来,都可以循哲学化、宗教化、艺术化的思路进行重新诠释。如儒家思想的中心概念"仁",从诗歌或艺术方面来看,仁即温柔敦厚的诗教,是诗三百篇之宗旨;从宗教观点来看,仁即救世济物、民胞物与的宗教热诚;从哲学的角度来看,仁为仁体,仁为天地之心,仁为天地生生不已之生机,仁为自然万物的本性。仁为万物一体、生意一般的有机关系和神契境界。简言之,哲学上可以说是有仁的宇宙观,仁的本体论。

总之,贺麟认为,新儒学是合理学、礼教、诗教三者为一体的学养,也即理学、宗教、艺术三者的谐和体。因此新儒家思想的开展,大约将循哲学化、宗教化、艺术化的途径迈进。

在贺麟看来,哲学化、宗教化和艺术化可约归为伦理道德这一核心。遵循这样的方向,则儒家的狭义的人伦道德方面的思想均可扩充而深刻化。具体而言之,就是从艺术的陶养中去求具体美化的道德,所谓兴于诗、游于艺、成于乐是也。从宗教的精诚信仰中去充实道德实践的勇气与力量,由知人进而知天,由希贤、希圣进而希天,亦即是由道德进而为宗教,由宗教以充实道德。从哲学的探讨中,以为道德行为奠定理论基础,即所谓由学问思辨而笃行,由格物致知而诚正、修齐是也。经过艺术化、宗教化、哲学化的新儒家思想不但可以减少狭义道德意义的束缚,而且也可以提高科学兴趣,从而奠定新科学思想的精神基础。

贺麟从儒家思想新开展的可能性条件、新开展的具体途径、新开展的意义等方面论述了其关于新儒家思想开展的路向。从中我们可以得知,贺麟重建儒家思想的路向与梁漱溟、熊十力、冯友兰等人的新儒家思想体系相比,确实有自己的特色。他尤其注重从贯通中西哲学思想的角度来探讨儒家思想新开展的途径问题。用他自己的话来说就是要"以儒家思想为体,以西洋文化为用"。具体说就是要站在儒家思想的立场上吸取西方哲学、西方的基督教和西方的艺术。这是贺麟早期的看法。在四十年代晚期,他的思想有了很大的变化,对于西方的文化有了更深层次的认识。于是,他指出,学习西方文化不能仅仅停留在用的方面,而"必须有体有用的整个研究,整个介绍过来,单重其用而忽略其体,是必无良好效果的。"①这就是说,他反对"中体西用"的看法。如果说,中国文化有自己的体和自己的用的话,那么西方文化也有自己的体和自己的用。他认为,自五四以来,我们只从用的方面来看西方文化,没有了解西方文化的体。所以我们只注重科学和民主,而没有进一步研究西方文化的体。因此在行动上,我们只知用西方文化的用来补充我们自己文化的用。殊不知,西方文化的用是有自己的体的。西方文化的体和用是不能割裂的。

第四,贺麟的《文化的体和用》一文发表之后,坚决主张全盘西化的学者陈序经明确地指出贺麟的此种看法是在主张全盘西化。对于这种看法,贺麟不仅不作反对,反而主动地接过这一话题,并进一步申说自己的西化的主张。在几年之后,他又作文《认识西洋文化的新努力》说道:"我以前曾写过一篇〈西洋文化的体和用〉的文章,其中反对从量的方面言全盘西化,而竭力主张在质、在体、在内容方面要彻底西化。……该文发表以后,主张全盘西化的陈序经先生就认定我的认识

---

① 贺麟:《认识西洋文化的新努力》,《文化与人生》,第305页。

西洋文化,较一般人深刻,并且还说我的主张亦就是他所主张的全盘西化。但我其实并不赞成从量方面去讲全盘西化,而主张各部门从质方面讲应该彻底西化、深刻西化。"① 也正是在这篇文章中,他顺着所谓的"彻底西化"或"深刻西化"或"质方面的西化"的思路,讨论了宗教在文明进程中的伟大的作用,并进而详尽地探讨了他的"西洋近代文明的一切特点基督教中均应有尽有"的命题,揭示了基督教与科学、与民主、与工业化等等之间的血脉关系,坚决主张基督教就是西洋文化的体。顺着同样的思路,贺麟又撰写了《基督教与政治》、《论研究宗教是反对外来宗教传播的正当方法》、《基督教是中国的民族主义运动》、《西洋近代人生哲学的趋势》等文章。这些文章的中心思想都在显示他对基督教和基督教在中国传播研究的关注,都是服务于他的以基督教补充或丰富中国儒学思想、基督教是西洋文化之体的看法,更明白地说都是他的西化思想的具体体现。可以清楚地看到,贺麟就是自认为是一个"西化论者"。不过与陈序经和胡适等人的区别在于,他所谓的"西化"不是量的西化,而是质的西化或深刻西化。所谓的质的西化或深刻西化是批评胡适等人的西化论还停留在现象或量的层面,未曾涉及西方文化的本质。他认为西方文化的本质或体应该是基督教。所以他的西化论的实质就是要使基督教儒化或华化或中国化。

不错,贺麟也经常讲要儒化或华化西洋文化。如他在《儒家思想新开展》一文中就经常讲到要"以儒家思想或民族精神为主体去儒化或华化西洋文化",主张中国不能失掉文化上的自主权,而沦于文化上的殖民地。但我们要记得,他的此一说法的立场或论域是儒家思想的复兴。也就是说,他是站在中国哲学思想的立场上深刻地认识到,我们必须努力地吸收、消化西洋文化,舍此别无他路。这些说法的前提还是一种西化论。但西化必须是我们主动地去化,自觉地儒化或华化基督教,而不是让洋人来征服我们的文化,然后被动地去化。西化的

---

① 贺麟:《认识西洋文化的新努力》,《文化与人生》,第305页。

主体是儒家思想或民族精神,是说的西化的主动权是要掌握在我们的自己手里。循此,我们则可收复失地,争取文化上的独立与自主。

这样我们就可以看到,在贺麟的思想里其实有两种立场,一是儒家思想新开展的立场,一是在中西文化方面的西化论立场。但这两种立场并不是矛盾的,而是统一的,后者涵盖前者,因为儒家思想新开展的主题和终极目标就是如何吸纳和消化西方文化之体的基督教。可见,贺麟在文化和思想上的根本立场还是一种西化论。用他自己的话说是一种"彻底西化"论。但西化必须我们自己去化,文化或思想的自主权在我们自己手里。儒家思想开展的内容实质是要使儒家思想中狭隘的伦理思想宗教化或基督教化。

总之,贺麟在文化哲学上的基本立场是西化论或是彻底西化论。唯有如此,我们才能准确地理解贺麟的哲学思想的性质及其在文化上的取舍。也只有从这样的视角,我们才能准确地理解他的儒家思想开展的内容及将其标榜为"新儒家"的真实涵义。

第六章
方东美的儒家思想

第一节 生平及思想历程

方东美名珣,字东美,1899 年农历二月初九生于安徽省桐城县。

桐城是清朝前期"桐城派"的发源地,其创始人方苞便是桐城人。方苞提出了以程朱理学为内核,以《左传》、《史记》等先秦两汉散文及唐宋八大家古文为正统,以服务于当代政治为目的,在文章体格和作法上又有细致讲求的系统化的古文理论。此一理论的核心概念即是他所谓的"义法"。此中所说的"义"主要指文章的意旨、论断与褒贬。"法"主要指文章的布局、章法与文辞。所谓"义法"实质是说要将文章的思想与其表达方式统一起来。所以他接着指出:"若古文则本经术而依于事物之理"(《答申谦居书》)但在这两者中,"义"又似乎显得更为重要。所说的"经术"就是儒家经典。上面引文的意思是说有必要依据儒家经典的义理来叙事论理,如此才可论说古文的"义法"。儒家的经典是文章思想的源头。方苞主要是站在儒家思想的立场论说古文的优劣。如他说:"盖古文所从来远矣,六经、《语》、《孟》,其根源也。得其枝流而义法最精者,莫如《左传》、《史记》,……其次《公羊》、《穀梁传》,两汉书、疏及唐宋八大家之文。"(《古文约选序例》)至于唐宋八大家,在他看来尚有不够精熟之处,即这些古文大家如柳宗元、苏氏父子等人的经学根底就很差,欧阳修虽有所进步,但也显粗浅。(《答申谦居书》)他虽然很重视"义",但也强调必须将"义"、"法"两者统合起来。但在这两者之间显然"义"或儒家思想是主要的,是文章的精神或灵魂。通过上面的简单叙述,我们知道方苞强调文章要以儒家思想为其思想宗旨。可以说,方苞的上述思想为桐城派散文特色奠立了基础。在方苞与桐城派其他人物如刘大櫆、姚鼐等的努力下,桐城派逐渐成为了具有全国性影响的最为广泛的宗派,其影响一直延续到民国。①综观桐城派的发展,我们可以看见方苞是最为重视文章的思想内容即儒家思想的。

我们所以在上面较为详细地叙述方苞的文章"义法"是因为方苞是方东美的十六世族祖。重视儒家思想的家传是方氏家族的家训或传统。

方东美的十四世族祖为方以智。方以智生于明万历三十九年(1611),卒于清康熙十年(1671),崇祯时曾任翰林院编修,明亡后,削发为僧,决不降服清朝。出家后,改名弘智,别号愚者大师。以智博览群书、纷纶五经、统合儒释道,兼攻当时之自然学科。他努力倡"质测"贯"通几",指出"或质测,或通几不相坏也"。他此处所说的"通几"指的是哲学,而所谓的"质测"说的就是实验科学。他说的"几"是指事物的细微的变化,即事物运动变化的内在微妙的变化。"通几"就是说要研究通晓事物变化的深微根源的学问,此种学问就是现在所说的哲学。在解释何谓"质测"时,方以智说道:"物有其故,实考究之,大而元

---

① 参见章培恒等《中国文学史》,上海:复旦大学出版社,1996年3月,第八编,第一章。

会,小而草木蠢蠕,类其性情,微其好恶,推其常变,是曰质测。"我们可知,这里所谓的"质"是指实物,而"测"指考察。"质测"是指对于事物做精细深微的考察以发现事物运动的内在的规则。他所谓的"通几"和"质测"、"不相坏"实质说的是哲学与科学是相辅相成的,决不会相互妨碍。以智关于哲学与科学的这一看法是相当深刻的,独步当时的中国思想界,真可说是发前人之所未发。他所以能够先于当时的学界认识到科学的重要作用,是因为他与当时来中国传教的西方传教士建立了较好的关系。他与利马窦来往密切,后者以在中国传播西方科学知识为手段积极普及、宣传天主教义。从上面的简单介绍,我们即可清楚地看到,方以智不但对于中国传统的儒释道有深入细微的研究,即便对于西方的科学也有着独特的理解和不少创见。有学者指出:方以智在"光学、色彩学方面之识见,领先牛顿六十年;其场论思想以'虚'名'场',领先爱因斯坦三百年。"[1]他早年有《通雅》、《物理小识》,晚年有《药地炮庄》、《东西均》等著作流行于世。可以说,方以智的社会影响虽不及方苞但他却是明、清最为博学的思想家,也是方氏家族中思想最为深刻系统、学问最为博学贯通的族祖。从这方面说,方东美极其类似于方以智。

方氏家族不但学术思想文章世代相传著称于世,且极富道德勇气,不畏权势,以道德气节表率天下。如前所述,方以智父孔昭公,崇祯时以右佥都御史巡抚湖广,清剿流寇张献忠,攻无不克,八战皆捷,唯香油坪一战因援军接应不力而失利,下狱论死。其子方以智血书跪阙,为父鸣其冤,并愿以自身代父罪。此事感动崇祯皇帝,因此叹曰:"此亦是人子,求忠臣出于孝子之门",子孝如是,父焉能不忠?于是立即释放其父。明朝为清所灭,方以智不降服清朝,遂削发为僧。[2] 方氏

---

[1] 方东美:《中国哲学精神及其发展》(下),台湾:黎明文化事业股份有限公司,2005年11月,第235页。

[2] 方东美:《中国哲学精神及其发展》(下),第233页。

家族中有方以智气节者代不乏人。

方东美两岁丧父,其兄长承担其启蒙教育,督责甚严。方东美三岁就诵习《诗经》,自幼聪颖过人,一经诵习就过目不忘。他回忆自己的成长经历时曾经这样说道:"我从小三岁读诗经,在儒家的家庭气氛中长大。"①注重儒家思想的教育是方氏家族的传统。

1917年,十七岁的方东美入当时的南京金陵大学读书。南京金陵大学是由美国基督教教会在中国创办的高等学校。我们不清楚他当时在金陵大学所学的课程。但基督教在华创办的高等学校的主要课程应该是西学,这是没有问题的。要求学生诵读《圣经》应该是题中应有之义。但方东美似乎没有严格地按照学校的要求在礼拜时诵读《圣经》,平时对学校的管理及教育措施也多有批评,因此引起某些教师的不满,甚至愤怒,竟在某次教授会上有教授倡议开除方东美。要开除就必须有理由。此教授的理由便是"学生方东美于礼拜时不读《圣经》而看小说"。②幸亏当时有赞赏方东美学术与见识的教授极力为之排忧解难,此事遂不了了之。但我们不能由方东美礼拜时不读《圣经》而看小说便得出他的主要兴趣不在西学的结论。礼拜时不读《圣经》是因为程序式的安排本就不易为一般年轻人所接受。很有可能方东美厌恶的是此种程序性安排,从现有的材料中我们看不出他对研读《圣经》的对立情绪。可以说他对西学的兴趣的形成就是在进入大学之后。这有方东美自己的回忆为证。他说:"但是进了大学后,兴趣却在西方哲学,后来所读的书和所教的书多是有关西方哲学的。"③一个对西方哲学有兴趣的学者不可能断然厌恶《圣经》的。因为实在可以说,基督教神学在西方文化中占有着核心的位置。总之,进大学后,方东美的兴趣转向了西方哲学是毋庸置疑的。后来他的求学经历

---

① 方东美:《原始儒家道家哲学》,台湾:黎明文化事业股份有限公司,1993年6月,第1页。
② 方东美:《中国哲学精神及其发展》(下),第238页。本节关于方东美生平的资料多取自此文。
③ 方东美:《原始儒家道家哲学》,第1—2页。

及早年的教学生涯也是以西学为内容。

方东美在南京金陵大学到底看过哪些西方哲学典籍,现在尚不清楚,因此其学习西方哲学的心路历程我们难以求索。似乎他最早是对杜威的实验主义哲学感兴趣。其兴趣是由杜威访华讲学开始。杜威是美国著名的哲学家、教育家,在当时具有世界性的影响。1919年春杜威的学生胡适、蒋梦麟、陶行知等得知杜威在日本东京大学讲学,便商请国内各教育团体共同邀请杜威来华讲学。杜威于是在1919年的10月来到中国,开始其两年零两个月的漫长的讲学历程。1920年杜威来到了南京金陵大学讲学近一年,讲学内容为《西洋哲学史——上古部分》。杜威来金陵大学前,方东美已挑头在南京创建了"中国哲学会",杜威来时他代表全校学生致欢迎词。他对于杜威所讲授的"西洋哲学史"产生了很大的兴趣,但对于杜威的实验主义却并不感冒。杜威哲学思想的最大特点在于,他本人不喜欢玄虚的哲学思想,总想把学问坐实。在他眼里有两类问题,一类便是传统的思辨晦涩的所谓哲学家的问题,如形而上学家热衷的本体与现象、共相与殊相及其关系等问题,另一类便是当前的生活问题或生活境遇。杜威显然不喜欢前一类所谓的哲学家的问题,他专注关心的是后一类问题,即我们面临且迫切需要解决实际生活的问题。这种实际的生活问题在杜威看来才是真正的哲学问题。而传统的哲学家讨论的那些问题在他看来就应该是伪问题了。实验主义反对虚玄思辨的哲学,主张哲学要能解释生活,应付环境。要适应环境,应付环境,就要能解决生活中的种种问题。方东美注定是不会喜欢杜威过分注重实际效果的实验主义的哲学思想的,因为他本人具有强烈而又执著的超越的形而上学的情怀,如他后来反复强调本体论,且又指出仅讲本体论不够,还得进一步讲所谓的超本体论。在形而上学家看来,杜威所讲的一切只停留在现象层面,尚未进入哲学的殿堂。方东美后来的求学历程表明,他所喜欢的是西方的生命哲学和英美的新实在论。

1921年自南京金陵大学毕业后,方东美即赴美国留学,初入威斯康辛大学,后转俄亥俄州立大学,最终又返回威斯康辛大学。前后共三年。在这短短的三年间他竟完成了硕士学位论文《柏格森生命哲学之评述》和博士学位论文《英美新实在论之比较研究》。方东美在美国留学时年龄刚过二十,正值年富力强好学上进之时。这时的方东美已经有了自己强烈的哲学取向。当时在美国走红的两个哲学思想流派是柏格森的生命哲学和新实在论,而这两者也完全符合他本人的哲学情怀,所以他也就将这两者作为自己热衷研究的对象。无疑,柏格森的生命哲学思想的基本理论及其方法后来都成为了方东美本人哲学思想的主要资源。其实新实在论思潮却不能说完全符合方东美的哲学趋向。新实在论理论的一大特色在于将现象与实在打开,与旧实在论只承认共相的实在性不同,新实在论者指出,共相是实在的,经验世界也同样有其实在性,指出他们的任务正是要努力从经验现象出发达到现象背后的实在。将现象与实在打开的实在论的致思理路应该说是完全适合于方东美的哲学趋向的。因为方东美也正是要努力使人从当下的境遇不断地向上提升超拔而达到"寥天一"的至上境界。但麻烦的是,新实在论者处理现象与实在的关系无一例外地运用的都是分析的方法,这一点我们只要稍微浏览一下英国新实在论者罗素、美国实在论者蒙太古、斯皮尔丁、霍而特等人著作便可清楚知晓。显然,读过方东美著述的人也同样清楚地了解,方氏对于所谓的分析方法多有严厉的批评,认为分析哲学走到什么地方,什么地方的哲学就死了。他对分析方法的这种苛刻的批评显然是受了柏格森哲学思想的很深的影响。柏格森认为,分析的方法根本不适合运用来研究生命现象本身。为什么呢?柏格森指出,分析方法只适用于对外物做形式的没有内容的分析,且分析方法追求的是清晰固定的对象,但生命却是在时间中流动绵延,没有片刻停顿。正是基于这样的认识,柏格森指出对于生命现象的认识我们只能运用直觉的方法。

在柏格森看来直觉方法与分析方法是决然对立的。同样,罗素也认为这两种方法是水火不相容的,他本人竭尽全力在哲学研究领域倡导分析的方法,这就导致他必须全力以赴批评、推倒、颠覆柏格森的直觉方法,因此只要有机会罗素就会以柏格森的直觉方法为靶子进行猛烈的攻击。他写过批评柏格森的小册子,在《我们关于外在世界的知识》的前言中也不忘批评柏格森。来华讲学时,罗素有所谓的《五大讲演》,其中一讲题为《哲学问题》。在这一讲演专列一讲"唯心主义",罗素将柏格森的生命哲学思想列为神秘的唯心主义,并对之做无情的批评。罗素对柏格森的批评引起了方东美的好奇,遂引起他研究柏格森的兴趣。其实杜威在华五大演讲中就有《世界三位哲学家》的演讲,他介绍的第一位有世界影响的哲学家便是柏格森。杜威对柏格森哲学思想主要是比较客观的介绍,不似罗素是为了颠覆或推倒柏格森,因此后者的批评引起了方东美的注意或兴趣。于是方东美就自觉地以柏格森的生命哲学思想为其硕士学位论文的研究内容。此番对柏格森的研究使方东美大有相见恨晚的感触,从此爱上了柏格森的生命哲学。

在此我们还必须提到的是,在美国学习期间,更具体说在威斯康辛大学学习期间,方东美曾向威斯康辛大学请假,转至俄亥俄州立大学哲学系,师从雷敦教授(J. A. Leighton)钻研黑格尔哲学一年。雷敦教授当时是研究黑格尔哲学的名家。方东美向威斯康辛大学告假显然是慎重思考后的理性选择。他之所以选择俄亥俄州立大学师从雷敦教授专研黑格尔哲学是因为黑格尔哲学中富含着他急切需要的哲学思想资源。黑格尔哲学是西方哲学史上体系最为庞大的形而上学思想体系。这一哲学体系包含着逻辑学、形而上学、自然哲学、精神哲学、法哲学、艺术哲学、宗教哲学等。总之,他的哲学涵盖了包括自然、社会、人类所可能包括的一切。在黑格尔看来,这个宇宙中的自然、社会、生命、精神等源自一种绝对的理性。理性不是毫无差别的绝对,而是包含着内在矛盾的绝对。而且此种绝对不是一死的或静止的实体，而是一主体，是实体与主体的合一。这就意味着这样的主体就是生命，就是发展运动，或者说就是意识，或趋向意识的过程。理性在其自身的发展过程的初期虽然是无意识的，但其最终的趋向毫无疑问的就是意识自身。因此整个宇宙不过是理性自身的深化或异化。

深化或异化并不具有绝对单一的特性，而是不断地由一种状态异化为另一种既有联系又有不同性质的另一状态。不同状态之间的这种既有联系又有性质差异的状况，黑格尔称之为对立统一。所谓的对立统一是说，两个对立的方面统一在一个统一体中，双方既对立又统一。孤立地看其中的任何一方是毫无价值或意义的。只有将任何一方看做是统一体中的一方，或者是必须结合着对立的另一方来看，某一方面或片段才有可能具有特定的价值。黑格尔哲学思想之所以吸引方东美，我们不得不说这是一个很重要的原因。因为黑格尔哲学思想这一显著特征用方东美本人的话来说就是广大和谐。广大是说黑格尔哲学是无所不包的。如果说西方哲学史上真正有无所不包的思想体系的话，那么黑格尔哲学思想便是。和谐实质上说的是将各个不同的要素或成分融合包容在一个既有差别又能彼此相容的体系之中。具体到思想史的研究领域来说就是，仅仅滞留在某一思想体系之内，我们是决计不可能真正理解其思想实质的，因为任何思想体系之间是相通的。所以结论也就是，要研究儒家的思想，就必须将其放在一个广大的学术思想背景之下，看其与其他思想系统之间的共同性。

黑格尔哲学思想吸引方东美的另一重要原因，恐怕还在于黑格尔这样的理念，即在黑格尔看来，实在不是静止不动的，而是不断运动发展的过程，而这样的运动发展的动力不是来自于外部的，而是内在于实在本身，源于实在内部所蕴涵的一种冲力。实在这一运动、发展呈现为一过程。黑格尔认为，这样的运动、发展过程不是抽象的概念所能够把握的。任何事物都是漫长运动或发展过程的一个结果，所以我们要真正地认识它们就不能截取某一个阶段或某一个片段,而必须认识事物本身所包含的所有可能包含的矛盾,必须要揭示它所包含的全部的矛盾。

总之,黑格尔哲学思想对于方东美思想的形成起到了一种关键的作用。或许可以这样说,方东美后来所谓的广大和谐理念的主要思想资源应该是来自于黑格尔哲学思想。

通过上面的介绍,我们知道对于方东美哲学思想形成有影响的西方哲学流派主要有黑格尔有机整体主义、柏格森的生命哲学和英美新实在论。可以说,生命哲学是方东美哲学思想的基本内容,其方法是直觉方法,而他后来不厌其烦强调的本体论和超本体论则与新实在论密切相关。

其实,我们还需注意的是,方东美对于西方哲学的研习当然不局限于上述两家,此外如怀特海的过程哲学,方东美也是情有独钟。怀特海的过程哲学不同于其他西方哲学之处似乎在于他本人不像其他哲学家过多地强调"实体"这一概念。过于强调容易使"实体"流于实体化,使其固定僵化。而怀特海哲学强调的是过程的有机性,实有一种机体主义倾向。而此中机体主义思想也易于使方东美将怀特海的哲学思想与中国易学思想有机结合起来。

1924年方东美学成回国,应聘华中国立武昌高师(武汉大学前身),任哲学副教授。以后又先后历任东南大学哲学系教授(1925—1927)、中央政治学校哲学系教授(1927—1936)、金陵大学哲学系教授(1927—1936)、中央大学哲学系教授(1929—1948)兼哲学研究所所长(1938—1948)、台湾大学哲学系教授(1947—1969)、辅仁大学哲学讲座教授(1973—1976)。

回国后至抗战前,方东美的学术兴趣主要在西方哲学,所以"所读的书和所教的书多是有关西方哲学的"。

1937年"七七"全面抗战前夕,应当时国民党政府教育部的邀请,方东美在当时南京的中央广播电台,发表告全国青年书《中国人生哲学概要》。抗战后方东美的哲学思想发生一重大变化,"觉得应当注意自己民族文化中的哲学"。题为《中国人生哲学概要》的告全国青年书既表明了方东美当时哲学精神的转向,也意在鼓励全国青年以中国人生哲学的精神自立并积极抗击日本的入侵。可见,他的哲学研究的兴趣逐渐由"西方转回东方"。所谓"转回"者实乃意味方东美进入大学之前的思想意趣的根本在中国哲学,只是进入大学后逐渐转向西方哲学。日本侵略中国所带来的深重民族危机激发了方东美内在的强烈的爱国心或民族意识,遂使他逐渐转回中国哲学。

尤可注意者,方东美在《中国人生哲学概要》讲演中系统论述了中国人生哲学要义及其特点。他认为,中国先哲在民族遭遇大难之际,"总是要发挥伟大深厚的思想,培养溥博沉雄的情绪,促我们振作精神,努力提高品德,他们抵死要为我们推敲生命的意义,确定生命价值,使我们在天壤间脚跟站立得住"。[①] 他接着指出:中国人的生活精神,常寄于入世的热忱,而不肯轻率作出世的幻想;中国人的生活根基虽以笃实的人间世为依据,但仍须启发空灵理性,提神太虚,处处求与天地合其德,与日月合其明,以显一种溥博远大的襟怀;中国人的生活要义在于忠恕感人,同情体物,包裹万类,扶持众妙,养成一种人我两忘,物我均调的伟大人格。他所理解的上述中国人的生命哲学是融和了儒、道、墨三家思想。所需注意的是,在他眼中此三家思想本无间隔,而是彼此可以融会贯通。比如他认为儒、道之间就是相通的,他因此主张庄子便是老子思想和孔子思想合流的产物。从这样的视角来看,儒、道、墨及释等各家思想的基础既有道家的"道通为一"精髓,也有《易·系辞》"易与天地准,故能弥纶天地之道"、"曲成万物而不遗"、"道并行而不相悖,万物并育而不相害"的思想因素在内。此种"万物

---

① 方东美:《中国人生哲学概要》,《中国人生哲学》,台湾:黎明文化事股份有限公司,1991年第12页。

并育不相害"的和谐思想在方东美以后所读的《华严经》中也有相当系统深入精致的表述,这也能够用来解释方东美为什么在抗战期间热衷于读《华严》的文化心态。

抗战期间,国内许多大学纷纷搬迁至西南各地。方东美所在的中央大学也不例外地迁至重庆。中国近百年来不断遭受外敌的侵扰,割地赔款,主权沦丧,民生凋敝,经济落后,军阀混战,土匪遍地。长期以来中华民族经历的内忧外患使中国知识分子陷入深重的精神苦痛之中。方东美当然不能置身其外,他深深感受到了民族苦难给个人带来的种种忧虑、艰辛、悲痛,日夕萦绕其间,简直不能自拔,感受至深。他在平时授课之余,多隐居在重庆郊外的乡间农舍或破落的庙宇佛寺借读佛经。方东美此时甚好读《华严》。读佛经是他这一段生活的重要的内容,但不是唯一的。方东美出身桐城方氏家族,长期浸润于深厚的诗书经文传统中,自不免有写诗的才情。多说悲愤出诗人,又古云"悲深则诗工"。当此民族忧患之际,方东美白天读佛经,寻求解救思想苦难之道,夜深人静之际则经常写诗抒愤。方东美曾以"读华严,作歪诗"来概括自己这段生活。方东美有《坚白精舍诗集》流传世间,集有近千首诗词,近半数以上作于抗战时期的重庆。方东美所作诗多为古体。新文化运动以来,中国诗坛流行的是新诗,又由于西方文化的影响,中国传统文化遂遭国人的质疑或批判,因此古典诗也便不受诗坛的重视,于是我国的古典诗也就出现了"大雅不作"的局面。喜欢作古典诗又能达至雅且工的境界,新文化运动之后,确实不多见。难怪有人读方东美诗后有"欣喜如狂"的赞赏,认为方氏诗"兼清刚鲜妍之美"。[①] 如何来评价方东美古典诗的历史地位不是我们的责任,且笔者也没有这方面的修养,我们要注意的是方东美在诗词方面的艺术修养及所表现出来的对人生、社会苦难的焦虑悲愤艰辛的感受对方东美的哲学思想的走向及研究哲学的方法有着至大至深的影响。难怪后来,

---

① 朱光潜致方东美函。

方东美本人一直有"诗哲"的雅号。诗人兼哲学家在当今的哲学界,尤其是在中国现代哲学界并不多见。

尤其需要我们更多注意的是,在抗战炮火正酣的时候,方东美却酷好读《华严》。诚然解救民族危机的一种必要的方式是全身心地投入到轰轰烈烈的民族救亡运动的热潮之中去。但是我们也必须冷静深刻地认识到,中华民族自救运动的基石归根结底还是一种民族文化的建设运动。只有牢固地挺立固有的民族文化精神及价值脊梁,我们才能自立于世界民族之林,才能最后获得民族的解放和繁荣。其实当时许多先进的中国知识分子已经具有这样的认识。所以我们不妨从这样的角度来看方东美。当然他之研读《华严》等佛经,自有其主观方面的因素,但在客观方面仍有上述的原因在其中。中国文化近代以来遭遇的种种危机实与自身的文化有失适时的调整有相当的关系。中国传统文化所以能够历经磨难而日久弥新,实与其在历史中不断适时调整密切相关,如先秦后儒道墨之间的弥合、东汉后儒道与佛教的交融等给中国传统文化增添了新的生命力。但明清后,中国似乎很少有思想上新的资源,代之而起的却是训诂、音韵学等的崛起。返观西方各国由于工业革命和资本增殖的需要,相互之间的交通日益频繁。这种相互之间的交通客观上给文化的创新发展提供了新的资源,文化面目因此也呈现日新月异的景象。在此全球化的浪潮裹挟之下,任何固步自封的文化系统都决计不可能得到生存与发展的机遇。在这样的大潮流下,中国文化的未来走向问题自然而然进入了当时知识分子思考范围。可以说,抗战时期,方东美之读《华严》有其主观上喜欢的华严宗思想的因素,但客观上也反映出他在思考以什么样的文化心态或理论平台来自觉处理中西文化冲突与融合的问题。之所以这样来解读方东美,是因为华严宗的思想本身就有企图弥合佛教经纶及各派之间的差异的特点,而此点正符合方东美试图融合中西各思想流派的思想要求。华严宗自认其教义圆满无碍,故称为"圆教"。华严宗提出

"四法界"说,即"事法界"、"理法界"、"理事无碍法界"、"事事无碍法界"。在华严宗看来,上述的四法界是互相包容而彼此决不妨碍。华严宗的"理事无碍"的命题似乎更能满足方东美追求本体论的思想需要。此一命题认为,事法界和理法界虽然是两个世界,但它们却不是孤立地存在的,事法界依赖于理法界,理法界即存于事法界。这种关系就是水与波的关系。这种关系,华严宗叫做"理彻于事"和"事彻于理"。以金做的狮子为例。金是本体,狮子的形象是现象。显然没有金肯定不会有金狮子。从另一方面看,金就存在于金狮子中。可见,金与金狮子之间是同一的,是互相包容,彼此无碍,融通为一。在华严宗看来,理法界与事法界是相通的,事物与事物之间更是互相包容为一,"圆融无碍",这就是所说的"事事无碍"。一即一切,一切即一。方东美将华严宗的"事事无碍"思想概括为"广大和谐",认为华严讲的就是"广大和谐"的哲学。华严宗的一即一切,一切即一的思想看到事物之间的同一性,彼此之间没有质的差异性,认为凡事物都是相互包容的。以这样的角度来看,思想史上各学派之间的争执就是画地为牢、固步自封,最终的结果必然是导致思想的停顿、直至死亡。因此方东美在思想上主张坚决反对孟子的"道统"说。

他之由西方哲学的研究逐渐转向中国哲学在其时也有着外在的因素。根据方东美本人的回忆,在印度独立后不久,印度有位学者来到中央大学访问。在与方东美的交谈中,这位学者问道:"从中国认念哲学的立场,对于西方之介绍中国哲学是否满意?"方东美当时的回答是否定的。因为在他看来,哲学是很不同于其他的学问的。其他的学问可能是客观的,但哲学则不一样,尤其是东方哲学。他认为东方哲学所讲的智慧是"内证圣智"。此种智慧不是依靠外在的经验和事实能够证得的,而需要的是一种深刻的内在精神。如果只在外面打转,就根本不可能得到这种智慧。方东美指出:"从这个观点来看中国哲学和印度哲学,虽然目前交通频繁,西方也有不少名家,但是他们的精神与心态还是西方式的,所以没有办法透视这种内在的精神。内在观照重于外在观照。"① 这位印度学者接着说道:正因为印度学者不满意于西方学者对于印度哲学的介绍,所以印度学者才自己站出来做介绍的工作。英语在印度是通用语言,所以印度学者比较能够充分地运用英语来做这项介绍工作,并取得了比较使印度学者满意的成就。可是反观中国学术界则不一样。汉语与英语及其他西方语言之间存在着较大的差异。这种差异是如此的巨大,甚至于有的熟悉中西哲学思想的学者指出,中西哲学思想相互之间是不可互释。有相当的中国哲学理念根本不可能有相对应的英语词汇。反之亦然。正是有了这种语言上的差异,所以要用英语来表达中国哲学确实有巨大的障碍。西方学者由于受其学术思想及语言的影响,所以不能够精确地介绍中国哲学,而中国学者自己能够用英语来西方介绍中国哲学的人又微乎其微,所以介绍中国哲学的重任仍由西方学者担任,其结果是介绍交流中包括避免的误会、曲解等越来越多。正是鉴于中国哲学介绍的这种现状,所以这位印度学者希望方东美将来能够用西文来向西方介绍中国哲学。方东美将此印度学者的这项建议看做是善意的挑战。为了回应这一挑战,在中央大学任教的时候,方东美也就逐渐地由西方哲学转向东方哲学,转向中国哲学。到台湾后,1956年方东美用英语撰成《中国人生观》一书。此书即是回应印度学者善意挑战的最初尝试。

初到台湾大学的时候,方东美的哲学教学内容仍以西方哲学为主。1964年至1966年方东美在美国大学任客座教授,与西方哲学界有了直接接触后,更是感觉到西方学者对于中国哲学精神的深深的隔膜,"西方学者固然只从外表看中国,充满误解","西方也有不少人谈中国的 intellectual history(学术史),但多半把中国真正的哲学内在精神牺牲了,再以西方的观点去解释,误解难免就越大了"。② 这一现象

---

① 方东美:《原始儒家道家》,第 2 页。
② 方东美:《原始儒家道家哲学》,第 3、5 页。

当然令方东美极其不满。不过外界对中国哲学精神的误解还是可以谅解的。外国人雾里看花看不真切,原就在情理之中。但是更令方东美百思不得其解和深深不满的是中国现代学术界对中国传统思想的隔膜或误解。

中国传统思想中本无"哲学"一名。日本学者西周最早以汉语"哲学"来译西文的 philosophy。不久这一译名传入中国。第一部以"中国哲学史"标题来整理中国传统思想的著作是谢无量的《中国哲学史》。此书出版于1906年。方东美认为谢无量的《中国哲学史》是抄袭来的,尽管抄袭得"像样"。[①] 谢无量抄袭的是日本学者宇野哲人的书。既是抄袭的,所以这样的书自不能成为中国学者自己的研究成果。被称为中国哲学史领域奠基之作的是胡适的《中国古代哲学大纲》和冯友兰的《中国哲学史》。方东美同样也看不起此两人的著述。他认为,有些书胡适根本看不懂。"像胡适所说,他讲中国哲学,从来不敢利用尺书。为什么缘故呢?因为他看到书实在太少,有许多书他不敢看、不能看,他没有看的能力,结果对于古代历史产生误解。他对《尚书》未了解,即认为它代表神话,不是历史,这可说是十九世纪以来西洋浅薄的历史潮,以为讲历史是一种科学,而科学应以正确的证据为主,若证据不充分则不可称为科学。所以当时把各种历史斩头去尾,缩短历史的时间。"[②]他说:"在胡适的哲学史里面,重要如道家,他却把老子看成反政治意识;孟子的重心明明在教育学说,他却根本没碰上边。"[③]同样在方东美看来,冯友兰的中国哲学研究问题也不少。他批判道:"现在大陆上所说的孔子是顽固、复古的,根本是歪曲历史,不读中国书。或是像冯友兰,在从前写哲学史就这样写法,我叫他做切头式、斩头式的哲学家,所谈的经学是汉代的经学,《周易》没有说、

---

① 方东美:《原始儒家道家哲学》,第5页。
② 方东美:《原始儒家道家哲学》,第50页。
③ 方东美:《原始儒家道家哲学》,第6—7页。

《尚书》没有说,《春秋》也没有说,根本没有经,他竟然还讲起经来。胡适的哲学史更坏,完全是切头式、斩头式的中国哲学。"①他又说道:"像冯友兰的《新原道》由英国人翻译成 Spirit of Chinese Philosophy,其中的中国哲学完全是由宋明理学出发到新理学的观念,只占中国哲学四分之一的分量,再加上他之了解宋明理学乃是透过西方新实在论的解释,因此剩下的中国哲学精神便小之又小。"②他还捎带着批评了梁漱溟、熊十力对中西哲学的解读。

其实,在方东美看来,不仅中国现代学者对传统哲学的解读存在着问题,即便是汉代学者,对中国原始哲学精神的解读也充斥着误解或歪曲。如他认为清初以来哲学便已死了,指出:"中国哲学的发展应当先把汉学的各门学问,包括文字、训诂、典章制度等分开,其生命精神才是哲学。如顾炎武、黄梨洲等人是学问家,但不是哲学家。"③清初以来文字训诂所以盛行本有其复杂的社会、思想、历史等方面的原因。文字训诂考证之学是研究学术史、思想史等的基础。但显然文字训诂考证本身还不是哲学。清初以来确实有这样的以文字训诂考证学代替哲学思想的强大的思潮。这一思潮过分强盛压制了哲学思想的发展。

对中国哲学精神的误解并不是从明清以来就有的,方东美指出,汉儒对原始儒家、原始道家等就有误解。如汉儒透过象数之学解读儒家就是一种显而易见的误读。魏晋玄学透过道家解读儒家是"完全的误解"。宋明理学由于"已经受六朝佛学、禅宗、新道家、道教等思想所影响",所以他们所谓的儒家思想也是一种误解。

显然方东美不满意上述的种种误解,尤其使他深受刺激的是1966年在台湾一家书店看到一本中国哲学史简直是谬误百出。所有这一切迫使方东美"放下一切西洋哲学的课程,改教中国哲学"。④

---

① 方东美:《原始儒家道家哲学》,第135页。
② 方东美:《原始儒家道家哲学》,第5页。
③ 方东美:《原始儒家道家哲学》,第7页。
④ 方东美:《原始儒家道家哲学》,第5页。

第二节 儒家的人文价值

学习和研究哲学的目的是要获取一种不同于常识的观察问题的观点和角度。正是因为有了这样的观点和角度,所以哲学家看日常问题往往不同于没有学习和研究过哲学的人。然而这样的观点和角度不是在学习和研究完了哲学思想之后才形成的,而往往是在学习哲学思想之前就应该先验地具有。所以问题就是我们究竟如何来获得这样一种观点和角度。在方东美看来,这样的哲学思想的观点和角度应该就是庄子哲学的。他说:"我常告诉同学,学哲学的人第一课先要请他坐一次飞机。平常由常识看法,吾人生在人间世,但对人间世并没有充分的了解。甚至生在此世,对世界也不知欣赏只知诅咒,便由痛苦经验去误解、诅咒世界,认定它为荒谬。在飞机上,由高空俯视,所谓黑暗痛苦的世界,却有许多光明面。我曾经五次在美加交界的大湖区,由两万尺以上高空再俯视人间世,看到世界周遭被极美丽的云霞点着了,成为一个光明灿烂的世界,这种美满的意象,正如 heaven on earth(天国临于人间)实现了。"①

我们能够清楚地看到,方东美的飞机之喻显然是来自于庄子的大鹏鸟抟扶摇而上的思想。所以他紧接着说:"关于这点,庄子很清楚,他的精神化为大鹏,抟扶摇而上者九万里,在未上之时,昂首天空苍苍茫茫,而一上之后再俯视此世,由时空相对的观点看来:'天之苍苍,其正色邪?……其视下也,亦如是而已矣。'因此人间世亦是美丽的,这可以纠正我们对世界的误解。尤其今天太空人已经指点出了,吾人在地球上看月亮(尤其中秋节),便以种种诗的幻想去欣赏;但是太空人

---

① 方东美:《原始儒家道家哲学》,第8—9页。

身临其境,看月亮只是荒土一片。反之,由太空视地球,却是五颜六色、辉煌美丽。学哲学的人只认识此世之丑陋、荒谬、罪恶、黑暗,就根本没有智慧可言。应该由高空以自由精神回光返照此世,把它美化;在高空以自由精神纵横驰骋,回顾世界人间,才能产生种种哲学和智慧。"[1]在方东美看来,庄子的抟扶摇而上九万里,到达所谓的"寥天一"即宇宙的顶点,由高空俯视人间世是一种最佳的哲学视点,由此我们才有可能进入哲学的最高境界,才有可能产生真正的哲学和智慧。

"不识庐山真面目,只缘身在此山中。"身临此世,我们不可能对它的性质有真正的认识。我们必须超越这个世界,像庄子那样由九万里的高空俯视人间世,才有可能对这个世界有真正的认识。超越这个世界,不是永远脱离这个世界,而是由一个更高的视点来俯视这个世界。我们所处的物质世界是基础,但我们的思想、精神不能局限于这样的物质世界。思想和精神要获得真正的自由就必须超越这个现实的世界。而且不但要超越这个世界,我们还必须提升这个世界,使人的世界一层一层向上无限地提升。由方东美看来,庄子的"寥天一"即宇宙的顶点并不是实际能达到的顶点,而是无限上升的理论上的极限。可以说庄子的"寥天一"是方东美哲学思想的视角,也是方东美哲学思想追求的最高目标。从此出发,我们才有可能比较正确地了解方东美的哲学思想的性质。

方东美的哲学思想的主体就是人生哲学。而人生哲学说到底就是人生境界论。他认为,人的生命要以物质世界为基础,但不能局限于物质世界,而要不断地向上提升。从物质世界上升到生命境界、心灵境界、艺术境界,直至道德境界。他说道:"假使一个人在他生活上面的阅历,由物质世界→生命境界→心灵境界→艺术境界→道德境界,他这样子向上提升他的生命地位、生命成就、生命价值,到达这个时候,他这个人得以真正像庄子所谓'以天为宗,以德为本,以道为门,

---

[1] 方东美:《原始儒家道家哲学》,第8—9页。

兆于变化,谓之圣人'。如此他不仅仅是一个自然人,也不仅仅是一个艺术家,不仅仅是一个道德人格,而且在他的生命里面各方面的成就都阅历过了,都提升他的精神成就到达一个极高的地位。在那一个地方,他不是人的这一点、人的那一点,更不是人的小数点;那是个真正的大人,而这个大人,他整个的生命可以包容全世界、可以统摄全世界,也可以左右、支配全世界,那一种人我们可以叫做'全人',而那个全人的生命能力叫做全能。那个全能,从世界许多文化上面看,我们拿艺术名词赞美他不够,道德名词赞美他不够,世界上许多宗教拿宗教的神圣价值赞美他的生命才庶乎近之。"①

在方东美看来,人的生命从物质世界逐步提升到道德境界的过程像一个建筑,到达了道德境界似乎达到了顶峰。然方氏指出,中国的建筑到达最高点上面是飞檐,这个飞檐就是指着上面还有更高妙的境界,上面还有无穷的苍天,还有无穷神奇奥妙的境界。当然这是一个比喻。于是,方东美接着指出:"我们从哲学上面看,尤其在近年来的哲学的路径都走尽了之后,发现在哲学上面,上层更有上层的境界。比如谈'本体论'(ontology)不够,要谈 regional ontology, material ontology,再谈 universal ontology,然后 pure ontology 谈尽了,宇宙的秘密还不够发掘尽了,所以往往在上面再超越向上追求,追求到无止尽境。这样子一来,哲学就变作 meta-philosophy,而这个 ontology 就变作 me-ontology。因此,宇宙的真相是无止境,所以英国哲学家 F. H. Bradley 就用 really real reality,在宗教上面我也就仿照了一个名词叫做 Mysteriously mysterious mystery,这是道家所谓'玄之又玄'。玄之又玄,无止境地向上面提升到深微奥妙。"②方东美本人点出了他的人生哲学的思路来自道家的"玄之又玄"。但我认为,方东美的人生境界无止境地向上提升的思路更接近于庄子如下的思想。庄子说:

---

① 方东美:《方东美演讲集》,第 22 页。
② 方东美:《方东美演讲集》,第 24 页。

"有始也者,有未始有始也者,有未始有夫未始有始也者。有有也者,有无也者,有未始有无也者,有未始有夫未始有无也者。"(《庄子·齐物论》)道家的上述思想是方东美所谓的"超本体论"的基础。这种"超本体论"是中国哲学中固已有之的,并不是在与西方哲学的比较中才显现出来的。

庄子的上述思想打破了对有和无的执著。如执著于有和无,我们自然落入相对时空的领域之中。打破超越这种相对的时空我们也就进入了绝对无限之中。可见,方东美关于人生境界无限向上提升的理论思路是源自于道家的。在儒家思想中我们找不到这样的思路。方东美本人高度重视庄子的这一思想。可以说,他也正是从这样的角度来评说道家和儒家的价值理想的。为了让读者对方东美的思想有更清楚的了解,我想还是引用方氏本人的话来说明问题,尽管这一引语较为冗长。他说:

> 道家所谓的道,是超脱解放之道,在这一点上,道家与儒家的精神,主要的差别在价值理想的差别。从庄子所表现的态度,已在《天下篇》中表现出来!在《天下篇》中,儒家开创的精神可以叫做六艺精神。六艺精神所支配的世界,主要的是诗书礼乐这一类价值所流露的世界!而这一种世界,拿那一种人为代表呢?庄子就说:"邹鲁之士,搢绅先生,多能明之。"于是"诗以道志,书以道事,礼以道行,乐以道和,易以道阴阳,春秋以道名分",这就是六艺或六经所描绘的世界。儒家的伦理都是流露着政治、艺术、文学的思想,乃至于社会的典章制度所构成的这一种社会的、政治的、和历史的世界。而在这个世界里面所成就的主要价值,是就家庭、社会、国家的制度里面所流行的人类创造出来的价值,这就是人文世界!这就是孔子的后代七十门弟子以及在这里面的像孟子、荀子,乃至于像战国以后的儒家所代表的精神。但是道家老庄对于这一种精神价值最高的仁义,有时就颇有微词,好像儒

家精神天天在那里号召说"仁的价值在什么地方","义的价值在什么地方",好像这个价值就要颓废、丧失了!天天在那里打锣打鼓地追求,号召人类要保持这个价值。从道家的立场看起来,这种价值当然不能够否认的,也不能抹杀的。但是人在宇宙中,儒家把他看成宇宙中心,宇宙的主体;而道家则说:"人法地,地法天,天法道,道法自然!"在人之上还有许多层级,许多不同的很高境界。所以,道家承认 value of humanity,只能够流行在历史的世界中。人类社会的相对价值,这个相对价值诚然是重要,但是这只能代表 aspects of copious wisdom。所以在道家这方面,还要向上面超越,有时对于儒家的价值还要表现微词,因为这只能够代表人类最高的价值;但是在宇宙里面,这并不是最高的绝对价值。①

在方东美看来,人文的世界是相对的,人文的价值当然也就是相对的了。但相对的价值不是最高的。道家孜孜以求的是宇宙的最高价值。方东美追求的也是这种最高的价值。

为什么说人文价值是相对的,不是最高的呢?这是因为人是有缺陷的。他说:

> 所以道家就说在哲学上面同其他的学问不同,其他的学问要讲知识同知识的累积。但是一切知识的累积都是从人的根本立场去获得,而人的内在精神,除非像后来的许多哲学家所讲的超人,假使那超人的理想没有建立起来,人只是在宇宙万有里面比其他的生物出类拔萃,但是不是在一切宇宙里面、所有的存在里面已经到达顶点?人固然有他优美的人性,但是人性上也有他的缺陷。如果我们对于"人性的弱点"(Human weakness)不能够认识以及不能够提炼出来,然后再求超脱解放,这个顶多只是我们

---

① 方东美:《演讲集》,第 51—52 页。

人对人有相对的了解。但是人上面更高的价值理想,不能够体认。这么一来,人是有他的缺陷;假使人的缺陷不能够完全避免,根据人的要求所成立的价值理想也有他的缺陷,在一时代不显现出来,但是等到时代一变迁之后,流行在一种社会制度里面的价值标准,就表现缺陷出来!……学问上面所累积的一切知识,有时会形成偏见。我们对这一类的偏见,要看出它的缺点,然后求超脱解放,如此才达到更高的知识。这更高的知识不仅是 mere knowledge,它是 exalted wisdom,它是高度的智慧。仿佛我们登山,山脚要延伸到山中央,山中央要延伸到山顶,山顶上面还有天,天还有种种不同的有形境界,与太阳系统相等地其他的星云系统,亿万种的星云系统里面,在层叠上面有无穷的高度,向上而发展。所以在庄子的逍遥游、齐物论,他不是把宇宙的上层世界拉下来,而是把宇宙下层境界向上面 level up,一直到寥天一处。这是在精神宇宙上面登峰造极,到达那一个高度,然后才恍然大悟,明白我们从前所斤斤计量的价值只是相对的价值,而不是绝对的价值。假使要获得最高的价值,那么人类的精神,超脱解放向上面寥天一的高度发展。所以道家所讲的道的内容,不像儒家,儒家一方面也有高度,他是下学上达,上达之后,再下来践形,那么一切理想在人类的家庭、社会、国家、国际的秩序里面,或者是在人类世界里面去兑现。但是不管怎么样子兑现,假使从历史这方面看起来,历史的世界是一个多元的世界,在一个时代认为最好的精神成就,等到世界再以它的创造过程到达很高的的第二种境界时,再回顾原来第一层世界里面所流行的价值,我们不满意,在那上面就要求再进一步向上面超升。所以,历代,尤其是汉代以来,一直到宋代,我们认为中国最高的智慧只有儒家,这是很褊狭的一个见解,道家的精神至少可以纠正儒家的弊端。①

---

① 方东美:《原始儒家道家哲学》,第 52—53 页。

上面的引语很清楚地告诉我们,在方东美看来,儒家的精神是人文精神,儒家的价值是人文价值。人文精神和人文价值都是相对的,因而不是绝对的和最高的。而且在他看来,相对的价值观是由知识的累积而成的,因此不能说是一种智慧,而只能说是一种知识。道家的精神和价值才应该说是最高的和绝对的,是一种真正的哲学和智慧。由上面我们也可以得知,真正构成方东美哲学思想精髓的是道家的,尤其是庄子的精神。当然我们在此并不否认,方东美也同样看重儒家的精神和价值。但儒家和道家这两者相较,方东美本人还是更倾向于道家。

诚然,在方东美看来庄子的哲学思想所以博大精深是因为庄子综合了孔子和老子的哲学思想。所以儒家思想是庄子思想的一个资源。但方东美心目中的儒家到底是什么样的儒家呢?下面我们就来探讨这一个问题。

第三节 中国哲学源于儒家思想

众所周知,方东美批判后儒是为了突出原始儒家。他心目中的原始儒家是指孔子、孟子和荀子。我们在讲方东美哲学思想的儒家精神时必须首先要弄清楚,方东美是如何来讲儒家精神的。在研究这个问题时,我们要注意如下两个重要问题。

第一个问题是,方东美明知老子要早于孔子一二十年,然而在他的学术史著作中,他却偏要把儒家摆在道家之前。他这样处理有什么样的用意?

第二个问题是,在研究原始道家时,方东美显然认为《老子》一书可以代表老子的思想,《庄子》一书也可以用来诠释庄子的思想,所以他是以《老子》解老子，以《庄子》解庄子。但他在解读所谓的原始儒家的时候，却采取着截然不同的解读方式。学界的通常做法是以《论语》解读孔子，以《孟子》来研究孟子，当然研究荀子也就必须依据《荀子》一书。但方东美却偏不以《论语》来解孔子，不以《孟子》来解孟子，不以《荀子》来解荀子。他却以《尚书》、《周易》这两部著作来笼统地概述以孔孟为代表的原始儒家哲学思想。这样做的真正用意又是什么呢？

要回答上述的问题，我们尤其要注意方东美晚年的巨著《中国哲学之精神及其发展》一书及其以此书为基础后来在台湾辅仁大学哲学系所作的《原始儒家道家哲学》与《新儒家哲学十八讲》讲演。① 上面提到的这些书重点在系统考察中国哲学的起源、流派思想及其发展脉络。撰写这样一部思想史著作遇到的一个重要问题就是究竟应该怎么样来解决中国哲学思想的起源问题。方东美在比较哲学的研究中注意到了，西方的希腊、东方的印度都可以一步一步地由起源讲到发展的高潮，所以哲学思想的起源，在希腊和印度是不成问题的。因为希腊和印度各自都保留了一套完整的神话系统，由神话系统再演变为以理性为主导的哲学思想。反观中国文化，中国哲学思想的起源问题"却是非常困难"，困难不在于中国没有神话，而在于系统的神话都是在战国以后才形成的，所以我们不能以后出的神话系统来说明中国哲学思想的起源。所以问题仍然是"文献不足"。这样，中国哲学思想的起源就成了一个大问题。

方东美看到了，要研究中国哲学史必须要能够解决中国哲学思想的起源问题，这无疑是一个很重要的思想。不能够解决哲学思想的起源问题的中国哲学史当然是一个很大的缺憾。至今这一缺憾似乎仍然存在。

在方东美的《中国哲学之精神及其发展》一书之前，有影响的中国

---

① 方东美：《原始儒家道家哲学》及《新儒家哲学十八讲》两书是方东美在其《中国哲学之精神及其发展》一书基础上所作的讲演。本文主要是依据此两本书来阐释方东美的儒家思想。

哲学史著作有胡适的《中国哲学大纲》、冯友兰的《中国哲学史》等。对这两部著作，方氏都有极其严厉的批判。他批评胡适是"浅薄的学者"，说他有许多书不敢看，没有能力看，结果对于中国古代史产生许多误解。如他批评胡适不是把《尚书》看成历史，而视为神话。胡适认为历史是一门科学，既是科学就要凭借确凿的证据讲历史，证据不充分不可称之为科学。这种历史观促使胡适"当时总把各种历史斩头去尾，缩短历史的时间"，①于是胡适的哲学史便完全是"切头式、斩头式的中国哲学"。

在方东美看来，冯友兰的哲学史著作也有着同样的问题。他指出，冯友兰所谈的经学是汉代的经学，冯氏不讲《周易》，不讲《尚书》，也不讲《春秋》，而只是以《论语》来讲儒家思想。所以方东美也称冯友兰为"切头式、斩头式的哲学家"，当然冯氏的哲学史也是"切头式、斩头式的"。应该说，方东美的上述批判有其一定的道理。

一般认为，胡适的《中国古代哲学史》确立了中国哲学史研究的现代模式，奠定了中国哲学学科的基础。因此可以说，胡适的这一本书也就成为了中国哲学史的开山之作。既然是一本有关中国哲学史的著作，那么中国哲学思想的起源也就当然是首先必须要解决的问题。胡适本人是清楚地意识到了这一问题。在《中国古代哲学史》一书的开篇，胡适就提出了中国哲学思想起源的问题。其书第二篇即题为"中国哲学发生的时代"。此篇第一章为"中国哲学结胎的时代"。其中，胡适说道："大凡一种学说，决不是劈空从天上掉下来的。我们如果能仔细研究，定可寻出那种学说有许多前因，有许多后果。"②他所谓的中国哲学结胎的时代指的是公元前800年至公元前500年，也即周宣王至周敬王这一段时间。胡适是参考了《诗经》、《国语》、《左传》来仔细研究那一时代的。但他认为要研究那一时代的思潮似乎也就只

---

① 方东美：《原始周易道家哲学》，第50页。
② 胡适：《中国古代哲学史》，《胡适文集》，第六卷，北京大学出版社，1998年，第185页。

有依据《诗经》。他指出:"从前八世纪,到前第七世纪,这两百年的思潮,除了一部《诗经》,别无可考,我们可叫他做诗人时代。"①诗人时代的思潮大致可分如下几派:第一,忧时派,第二,厌世派,第三,乐天安命派。显然诗人时代的这三派思潮还不就是哲学,所以胡适称此三派思潮为哲学结胎的时代。胡适认为中国哲学的第一个哲学思想体系是老子。于是,他的《中国古代哲学史》便是从老子讲起。

胡适如此处理中国古代哲学的起源自有其良苦用心,熟悉中国哲学发展史的学者当然会很清楚。据冯友兰回忆,在胡适之前,北京大学哲学门讲中国哲学的先生,一般是"从三皇五帝讲起,讲了半年,才讲到周公,我们问他,照这样的速度讲下去,什么时候可以讲完。他说'无所谓讲完讲不完。若说讲完,一句话可以讲完。若说讲不完,那就永远讲不完'。"②这位先生的此种讲法使当时的学生看不清道路,摸不着头脑,如堕五里烟雾之中,无所适从。这样的讲法用现在的讲法就是根本没有学术规范。更为严重的问题在于,这位先生对古代哲学思想的材料从不做严格的审查,信而好古。

胡适的《中国古代哲学史》却完全不一样。他指出,中国中古哲学的史料即存在着不少困难,至于古代哲学史料问题简直是层出不穷。如果不对史料下一番功夫,是断不能写出像样的哲学史教科书的。在中国古代哲学史研究领域中,胡适首先自觉地意识到了这一问题的严重性,并认为中国哲学史料审定是研究中国哲学史的第一位的问题。其《中国古代哲学史》一书的第一篇题为"导言"。我们且看看"导言"中的各节目录。此篇共有八节,分别为:哲学定义、中国哲学在世界哲学史上的位置、中国哲学史的区分、哲学史的史料、史料的审定、审定史料之法、整理史料之法、史料结论。八节中关于史料审定的则有五节。且此五节的篇幅要远远大于前三节。我们尤其需要注意的是,胡

---

① 胡适:《中国古代哲学史》,第190页。
② 冯友兰:《三松堂自序》,《三松堂全集》,河南人民出版社,2001年,第一卷,第170页。

适此"导言"的特色不在于前三节,而在于后五节,因为后五节充分反映出了胡适治中国哲学史的鲜明特色。我们更详细地看看胡适史料审定部分的细目,或者能够帮助我们深入分析方东美处理中国古代哲学史料的方法和立场。

在"哲学史的史料"一节中,胡适进一步指出,哲学史的史料可大致分为两种,一为原料,一为辅料。原料当然是指各哲学家的著作。胡适认为,近世哲学史对于这一层似乎没有什么大的困难。但到了中古时期,史料问题就有困难了。而古代哲学的史料简直就有大的问题了,所以就需要史料审定的功夫来做弥补。他所说的辅料是指关于哲学家的传记、轶事、评论、学案、书目等。

在"审定史料之法"一节中,胡适指出,审定史料乃是史学家第一步功夫。史料究竟是真是伪,需要有证据,方能使人信服。他认为中国哲学史料幅面的证据大概可分五类:史事、文字、文体、思想、旁证。前四项称之为内证。

关于史料整理的方法,胡适指出此类方法约有三端,即:校勘、训诂和贯通。

以上简单介绍胡适关于中国哲学史史料整理与审定的大概内容。这一部分内容占去了其"导言"的大部分内容。于此,我们可以清楚地看到,胡适中国古代哲学史研究的独到之处全在于他认为,如果不做史料整理与审定的工作,我们的历史研究决计不可能有信史的价值。而史料整理与审定全在于要有证据。所以他的名言就是,有一分证据,说一分话,有七分证据,绝不说八分话。历史的研究必须跟着证据走,而坚决不能够以自己的想象与虚构来填补历史的空白。正因为有这样的要求,所以胡适的中国哲学史研究被后辈学者认定为具有汉学的特色。

从原则上讲,历史的研究一定要重视史料的整理与审定的思想立场无疑是正确的。当然,根据这样的原则得出的历史结论有可能是值得商榷的。

冯友兰的《中国哲学史》研究路数似乎与胡适的很不一样。如果说胡适的哲学史研究具有汉学的特色,那么冯友兰的则具有强烈的宋学特色,即"对于'哲学'方面,较为注重"。所以他的《中国哲学史》开篇即是对孔子哲学思想的解读。其实,在冯友兰看来,胡适强调对史料的整理与审定的立场无疑是正确的。但与胡适的疑古立场不同,他是持奉信古立场的。按他自己的说法,这一历史立场是"事出有因,查无实据"。"前人对于古代事物之传统的说法,近人皆知其多为'查无实据'者。然其同时亦多为'事出有因'则吾人所须注意者也。"[①]此种研究历史的立场实质是肯定了历史研究要有史料的整理与审定,但要求对古代流传下来的历史著述保持一种同情的态度,相信各种历史传说虽然我们"查无实据",但肯定在历史上是"事出有因"的。"查无实据"是我们没有能够找出实据。

方东美认为,胡适、冯友兰的哲学史观是受了十九世纪以来西方实证主义的浅薄的历史观的影响。实证主义认为,一个命题的意义完全存在于此一命题可能具有的证实方式之中。如果一个命题可以得到经验的证实,那么此一命题就是有意义的,否则便是没有意义的。其实,按胡适、冯友兰的哲学思想,他们与实证主义相去甚远。如胡适是个实验主义者,冯友兰则是一个地道的新实在论者。从学理上讲,实验主义、新实在论与实证主义是有距离的。但就现代学术规范讲,却也有着共同的地方,即关于经验科学,尤其是历史学科的研究,不是诗人的想象,必须要有足够证据的历史才是信史,否则便不是。方东美是不相信实证主义那一套东西的。

方东美指出,二十世纪以后,整个历史学的发展趋势却出现了不同的方向。如以前只知道古希腊,再向前追溯到纪元前七八世纪就是神话时代,不真实了。但是近代以来的考古学的学者在希腊本土克里

---

① 冯友兰:《中国哲学史》,中华书局,1961年,第1页。

特岛上的新发现可将希腊的历史推前到五万年之前。同样,在埃及的考古新发现也证明埃及历史上的新旧王朝可上推到纪元前二三万年。"新证据不断出现,只有把历史加长,而不是缩短。"①这种新的历史观促使方东美以新的视角来重新审视中国的上古史。他指出:"在中国历史上,甲骨文出土以前,殷代历史可以说是神话,但是甲骨文出土后,至少殷人的生活、政治制度、文字显然不是神话而是证据确凿的事实。加上黄河流域上新石器时代陶器的发掘,北京人的发现,都足以证明他们早已生活几十万年了。"②他又说:"从甲骨文的发现看,整个的商代已经清清楚楚,商代所代替夏代的一部分,从甲骨文看也清清楚楚,并不是像前些年疑古学派所说禹汤三代是神话,至少从甲骨文的记载看,从殷代的后代追溯到成汤是不成问题的,而成汤又是出自夏禹之邦,因此夏代也应该是真实的历史。"③在考古学的新发现的基础上,方东美认为不应把夏、商看成是神话。

这种新的历史观对方东美的启示使他认识到,讲中国哲学史再也不能按照胡适、冯友兰的方法,只从纪元前五六世纪讲起,而应该往前推。那么应该推到什么时候为止呢?把中国哲学史的起源往前推在史料上又有什么根据呢?这是方东美必须要解决的学术问题。

显然他本人还是没有能够找到这一方面的证据。但是,方东美却指出,在这个问题上,我们虽然还没有"直接"的证据,但却有"间接"的证据。有什么样的"间接"证据呢?他指出,《尚书》、《周易》就是这方面的"间接"的证据。

今文经学家认为,孔子以前不得有经,有孔子然后有六经;古文经学家则认为,孔子以前就有六经,经非始于孔子。方东美的看法接近于今文经学家的看法,即孔子删定"六经",所以六经自然就是儒家的

---

① 方东美:《原始儒家道家哲学》,第50页。
② 方东美:《原始儒家道家哲学》,第50—51页。
③ 方东美:《原始儒家道家哲学》,第54页。

著作。对此,他是坚信不疑的。他知道,孔子与老子相比,老子要年长一二十岁,并先于孔子形成自己的思想系统。但他仍然坚持要先讲儒家,因为老子虽比孔子年长,但《尚书》和《周易》的经的部分却显然要比《老子》一书早出好几百年。更何况《老子》一书也并未向我们提供有关中国哲学起源的蛛丝马迹。所以要讲中国哲学的起源,在方东美看来,只能间接利用《尚书》和《周易》。在此我们可以清楚地看到,方东美哲学史观的特点在于坚持逻辑先于历史。这样的看法似乎就是德国哲学家黑格尔的哲学史立场。黑格尔认为历史与逻辑是统一的,且这样的统一的基础就是逻辑学。因此逻辑显然是先于历史的。历史只不过是逻辑的展开。

但中国哲学思想史的常识告诉我们,有孔子而后才有儒家,因为孔子是儒家的创始人,所以孔子以前的典籍如《尚书》和《周易》当然也就不能算在原始儒家的账上。

《论语》一书虽然没有能够网络尽研究孔子思想的全部资源,但历来已被学界认定是研究孔子思想的主要典籍。这一看法源远流长,在学术界已成定论。方东美很尊重司马迁,认为司马迁的"汉承秦弊"说法打了个历史的通关,有着伟大的历史眼光,为我们解读中国历史提供了慧眼。但是我们看司马迁在其《史记》的《孔子世家》及《仲尼弟子列传》里凡讲述孔子思想处运用的主要是《论语》一书内的材料。对此,方东美本人应该是清楚的,而且他本人对于司马迁的论断都持肯定的态度。如果他信服司马迁的话,应该相信《论语》一书才能比较真实地反映孔子的思想和精神。这是一个历史事实。但在这一问题上方东美却离开了自己的信古或复古的立场,居然也与司马迁持守截然相反的学术立场,坚决反对以《论语》讲孔子。于此,我们可以清楚地看到,方东美在学术上有着自己的独特见解,而且是以自己的见解在裁断学术思想史。

现在的问题在于,方东美为什么不以《论语》来解读孔子思想呢?

不以《论语》解读孔子思想,而且更进一步也并不以《孟子》解读孟子,不以《荀子》解读荀子,而是以《尚书·洪范篇》、《周易》的十翼来笼统地解读所谓原始儒家思想,这是方东美解读和研究原始儒家思想的特色。我们尤其需要格外知道的是,方东美如此来处理并不是出于他本人的一时心血来潮,而是有着他自己的慎重考虑。在辅仁大学讲授《新儒家哲学十八讲》的时候,他曾经专就此话题做过比较详细的论说。他说道:"记得三年前我初到辅仁来讲学时,谈到时下有些学者凭一部《论语》来笼统概括整个孔子的思想,这也是不可以的!"[1]

于是,问题是为什么不能以《论语》来讲孔子思想呢?方东美没有直接讨论这一问题,而是径直从哲学的性质谈起。在这样做的时候,他特别注重哲学当下的状态。于是,他这样说道:

> 处在现代来谈哲学,如果把哲学与科学联结到一起来讲,在哲学上就称做 Cosmogony、Cosmology——宇宙发生论、宇宙论。这在哲学上是比较具体的问题。至于宇宙何从发生的?发生以后表现什么样的真相?真相如何变为现象?这一类问题在纯理哲学上是属于形而上学的,称之为"万有论"(Ontology)。如果,再对于宇宙的现象加以深诘,一直追溯到本体的根源;甚至把握住本体的根源后犹不能满足,还做根源以上的探讨,在哲学上建立另外一套更根本的理论,这就称做 Me-ontology——超本体论。把这些问题都穷源究本的在各方面都分析清楚,充分了解之后,然后再回顾价值学上面的各项具体问题,从道德价值、艺术价值的形成的问题,文学诗歌的价值以及社会正义的价值标准问题……等等,再向上追溯到本体论及超本体论所表现的最后根本价值。这重重问题的探究,在现代哲学方面,必须透过比较哲学的眼光,从东方的中国哲学、印度哲学,以及西方的自古希腊以来

---

[1] 方东美:《新儒家哲学十八讲》,第24页。

经中世纪一直到近代的各种哲学思想体系,都能弄清楚了以后,才可以谈哲学,才可以谈纯理哲学。①

方东美对哲学的上述理解应该说是有其自身的特点及深入的考虑。他反对当时学者仅仅以一两位哲学家来恣意纵论哲学或哲学史,这是不错的。我们也必须注意的是他所谈的也是哲学的现代形态。但紧接着方东美话锋来了一个急转弯,马上评论起《论语》这本书了。"而《论语》这部书,就学问的分类而言,它既不是谈宇宙发生论或宇宙论的问题,又不谈本体论的纯理问题,也不谈超本体论的最后根本问题;而在价值方面也不谈包括道德价值、艺术价值、宗教价值等各种价值在内的普遍价值论。那么《论语》就不能归类到任何'纯理哲学'的部门。它究竟算是什么学问呢?就是根据实际人生的体验,用简短的语言把它表达出来——所谓'格言'!用来在实际的社会行为、政治行为、道德行为上,根据丰富的经验,指导实际的人生,这样的学问称为'格言学'(Mora logy)。"②

不能说方东美对《论语》一书性质的断定是错误的。特别是用方东美上述的哲学现代形态来要求,那么《论语》一书简直就根本不是哲学。但是,问题在于,《论语》这本书究竟是不是对于孔子本人言行的实录。孔子本人不是哲学家,当然也就不可能有所谓的宇宙发生论或宇宙论的言论。再说了,我们根本就不能够以哲学的现代形态来要求古代的《论语》一书,求全责备。就是在这么一个关键的问题上,方东美没有试图给出任何可信的史料来证明《论语》一书与孔子或者原始儒家根本就没有任何关系。我们也可以断言,做史料审定工作本来就不是他的所好、所专。由此,我们可以清楚地看出方东美治中国哲学史确有其所短。因为治中国哲学史的学者都知道,文字关与思想关均是研究中国哲学史的学者必须要过的。方东美在思想上确有其所长,

---

① 方东美:《新儒家哲学十八讲》,第25页。
② 方东美:《新儒家哲学十八讲》,第25页。

但文字、训诂方面确实是有其所短。

既然《论语》表述的仅仅是"格言学",那么显然它和方东美心目中的哲学相去甚远。在他看来,哲学的途径就是形上学的途径,因此哲学就应该讲本体论、讲宇宙论、讲普遍的价值论。《论语》一书没有方东美所需要的哲学的内容,所以他也就很轻蔑地将之撇在一旁。我们在此就能很清楚地看到,在研究中国传统哲学思想的历程中,方东美信奉的是"六经注我"的态度,是研究的逻辑高于或优于实际的历史。他坚持的是历史从属于思想的学术立场。他是根据自己的哲学思想研究的需要来阐释原始儒家的精神或思想。

如果联系他批评后儒的思想线索来看,那么他轻《论语》一书就有着相当严重的后果,即在事实上他已完全否定了整个儒家思想的传统。他看重原始儒家,但却置换了原始儒家思想。因为整个儒家思想传统,至少在方东美的心目中,是完全不同于一般的中国哲学思想史研究者所理解的儒家思想传统的。或者说根本就不同于历史上以孔子为代表的儒家思想传统。从此我们可以看出,方东美是一个思想家,而绝不是一个严谨的思想史家。没有充分的材料根据,根据自己的需要随意取舍,是学术研究的一大忌。在对待《论语》一书的态度上,方东美就犯了这样的大忌。

方东美原始儒家的精神不同于实际历史,那么他所理解的原始儒家具有什么样的精神风貌呢?综观他的《中国哲学之精神及其发展》、《原始儒家道家哲学》,我们可以清楚地看见,他之选取《尚书》主要是想"以《尚书·洪范篇》来说明中国哲学思想这方面的起源",[①]而选取《周易》一书则主要是说明中国最早的形上学、宇宙论和价值哲学的诞生。

我们在前面已讲过,方东美对胡适的和冯友兰的中国哲学史研究模式是有尖锐的批判的。所以要批判这两人的主要原因之一,在于胡适与冯友兰的中国哲学史居然没有给中国哲学发展历史安上一个头,

---

① 方东美:《原始儒家道家哲学》,第54页。

变成了没有头的中国哲学史这样的问题当然是一个很大的问题。这一问题启发方东美,使他认识到要讲中国哲学的发展史,必须要从源头讲起。那么什么是中国哲学发展的源头呢?方东美于是想到了儒家经典的《尚书·洪范篇》。

方东美认为,《尚书·洪范篇》中最为主要的是五行和皇极这两个观念。

五行思想之所以重要是因为他认为"中国后来的科学思想和哲学思想,部分可以由流行于夏殷时代的五行之说找出一种线索"。①

方东美认为,从纪元前八世纪中叶到六世纪末期,那时的人们都是停留在维持生活的必需品的自然元素上来解释五行。例如土就是稼穑与食物的出产地,火是取暖与熟食的必需品,木可以用来盖房子,金则可以用来制造工具和武器。如此等等。"因此这段时期的民间用语与政府公文中提到五行不叫五行,而叫五材,就是生活上的物质资料——金木水火土,没有其他意义。"②

到了春秋时代,五行除代表可直接观察到的物质资料外,也开始具有了其他的意义。这在《管子·水地篇》里有反映。如水不仅指人的血管流动的血,同时可以灌注到一切植物里以维持它们的生命,甚至可以渗透到矿物里面,如玉的纹理就是水气培养出来的。经过这样的扩充,"所谓五行,不仅是维持人类生活的工具,而且代表了宇宙里面神秘的物质,神秘的力量,维持宇宙万有的存在,是一切生存的根本原理。因此,五行之说到了春秋时代就变成哲学上很重要的概念,就仿佛希腊神话时代之后继之以自然哲学,拿地水气火来说明物质宇宙的构造一般,由此可以看出中国的宇宙论,即五行之说,在春秋时代的发展。这是一项很重要的事实"。③

---

① 方东美:《原始儒家道家哲学》,第75页。
② 方东美:《原始儒家道家哲学》,第70页。
③ 方东美:《原始儒家道家哲学》,第71—72页。

五行学说在春秋时代的另一变化趋势是"自然思想又变作神话思想"。

　　而五行之说到了战国时代的阴阳家邹衍等人手上又一变而为阴阳五行相生相克的历史哲学。"五行之间的关系有时循环相生,有时又互相克制。然后把五行应用到术数方面,再转变为历史哲学,以之牵制战国时代的帝王:如果你今日为君暴虐无道,则必将衰败而为别的力量所征服。如此,阴阳五行相生相克的道理导出一种历史哲学,警惕战国时代一意孤行的各国君主。这是五行之说在战国时代的又一变。"①

　　由上所述,可以看到,方东美认为自殷周直至战国时起,五行之说由维持人类生活的物质资料逐渐地演变为后来的宇宙论、自然哲学、自然神话、历史哲学。而所有上述的发展、变化的源泉即在《尚书》中的五行思想。所以《尚书》的五行说实为后来宇宙论、自然哲学、历史哲学的萌芽。就是通过这样的历史叙述,方东美为中国哲学发展找到了一个历史源头。

　　在方东美看来,较之五行,"皇极"这一概念更为重要。"极"的本义是中国建筑中最高的屋梁。由此而进一步引申为至高无上支持一切的力量。再进而抽象为宇宙价值上的最高标准,从而成就神圣的人格。方东美认为,"《尚书·洪范》的'皇极'代表了宇宙的最高真相和价值","'皇极'已非一抽象的本体论、价值论之标准,同时在人类的现实生活中也成为一个最高的道德标准"。② 方东美认为,这就是从上古社会的宗教衰退中而产生的德治主义,以道德理想取代了神权政治。用他本人的话说就是"把宗教上的秘密不从宗教本身来看,而借用理性之光把它展开来成为一个道德世界,其中显现一种道德秩序"。③ 于是,这就完成了"从神秘宗教到理性哲学,从神秘的宗教精神到理性的

---

① 方东美:《原始儒家道家哲学》,第 73 页。
② 方东美:《原始儒家道家哲学》,第 78—79 页。
③ 方东美:《原始儒家道家哲学》,第 91 页。

哲学的思想"的转变。

究竟如何从神秘宗教转向到理性的道德世界的呢？方东美解释道："就'极'这个字的字面意义来看，它是一个建筑最高层的栋梁；我们假使站在一个建筑前面向上看时，视线几乎是以屋脊为视线，在面对我们的这一面，什么都显现出来，变成清晰明了的概念。但是假使透过屋脊向后面看，就会被那最高的栋梁遮断视线，屋脊之后背景就变成了渺渺茫茫看不清楚了。"①根据他的解读，这清楚明了的一面当然就是理性的世界，而那渺渺茫茫的一面就是神秘的宗教的世界。根据这一解读的逻辑，那么现在的问题就是如何从这神秘的宗教世界转变到清楚的理性世界呢？方东美说道："要透过秘密的世界，把秘密展开来成为非秘密，所以在哲学的建立上，我们要找出一种线索，能够把秘密世界投入这个理性世界。现在，用医术上的名词来说，在宗教的神圣世界与科学与哲学世界所面临的理性世界之间，有一过脉处，要把这个来龙去脉找出来把握住，然后才晓得这里所显现的理性世界（不管是道德世界、艺术世界或人类社会）都是从后面那个神奇奥妙的世界透露过来的，秘密已经成为理性了。"②那么这个过脉处又是什么呢？其实，根据方东美的解释，这样的过脉处也是极其简单的，结束时，只要我们透过理性去思考，用文字来表达，那么秘密世界就自然而然转向清晰明了的理性世界了。于是，神秘的宗教世界透过理性而显现成为了哲学上的本体论、价值论、道德世界、艺术领域。

根据上述的解读，我们可以知道，方东美所谓的"皇极"这一概念，如果对之作了深入的分析，它可以有如下四层含义。第一层当然是宗教方面的含义。第二层是要把宗教上的"皇极"符号转变到哲学世界里，使它代表真相的标准与价值的标准。这就把宗教的秘密转化成本体论体系，再成为价值论体系。第三层"就是要把本体论上的真相的

---

① 方东美：《原始儒家道家哲学》，第87页。
② 方东美：《原始儒家道家哲学》，第99—100页。

标准、价值的标准,再一转变成为一个世界——这世界第一层是纯粹行动世界,第二层是充满生命的世界,第三层是提升的生命、道德的生命,或美善生命的世界。如此,在中国哲学上,把原始的神秘的世界变成道德文化世界。到了道家,更要说'圣人者,原天地之美而达万物之理'。而把儒家的道德世界再转化为美感世界,以说明这世界不但充满了人类生命的纯粹行动,而更应是善的行动、美的行动。这样一来,不仅形成普通的哲学,还形成了特殊的道德哲学或美感哲学,来说明宇宙与人生之秘密"。[1] 第四层在我们把宗哲学、伦理等各方面集中于一符号,这符号就产生一种作用,即在"皇极"的正面展开来成为中国的早熟文化,这就是成周时代的道德理想、艺术观念与哲学推论。这样传衍而下,就形成春秋以后的系统哲学,在春秋战国期间,构成了原始儒家、原始道家、原始墨家的思想体系。

这就是方东美所谓的原始儒家哲学思想,显然大大不同于历史中的儒家本来的思想面貌了。无怪乎方东美此论一出,台湾的整个学术界为之哗然。平心而论,方东美的原始儒家是方东美在自己的心中构建起来的原始儒家,是对原始儒家的方氏阐释,而不是在历史中注重人文精神、人文价值、企图把外在的强制性的礼仪规范转化为内在的自觉的道德规范的原始儒家,更不是孔子的思想。两者相去甚远。如果我们硬把方东美视为新儒家,那实在是对儒家哲学思想的极大误会。因为在历史上并不存在方东美所说的那种儒家思想传统。

方东美以《尚书》来解释原始儒家的思想。但我们已经指出过,方氏并不是严谨的学术史家。他常常是根据自己的需要,随意取舍,如他以《尚书》解儒家,但他同时又指出,通过揭示"皇极"观念的内涵而形成了"春秋以后的系统哲学,在春秋战国期间,构成了原始儒家、原始道家、原始墨家的思想体系"。[2] 我们可以看到,以《尚书》解原始儒

---

[1] 方东美:《原始儒家道家哲学》,第99页。
[2] 方东美:《原始儒家道家哲学》,第90页。

家思想并不是方东美的本意。其真正的本意是为了要说明中国哲学的起源。既以《尚书》来说明中国哲学的起源,那么这样的起源就不应该仅仅是儒家哲学思想的。因为方本人明明知道春秋战国是中国哲学的黄金时代,儒、墨、道同为当时的显学。所以这样的起源应该同时是上述各家思想的起源。事实上,方东美本人也是这样看的。于是,我们轻易就能看到,方东美在处理哲学思想史时所遭遇到的困境。有时他以《尚书》来说明原始儒家思想,有时又出于需要把《尚书》看成是原始儒家、原始道家和原始墨家共同的典籍。

事实上,把《尚书》看做儒家的典籍,并以之为根据来解读他所谓的原始儒家,似乎缺乏充分的根据。孔子生当纪元前551年至纪元前479年间。而《洪范》则是周武王寻访殷之遗老箕子的记录,时间约在纪元前1122年左右。这两者相差约500年。方东美坚信《尚书》"这部中国最古的历史乃是他(孔子)删定的",所以他用此书来讲孔孟原始儒家的哲学思想。现在看来,这样讲是有问题的。孔子是否删定《尚书》至今仍然是学术界未有定论的问题。退一步讲,即便孔子真的删定了《尚书》,我们也不能据此草率地断定《尚书》就完全反映了孔子本人的思想。因为毕竟《尚书》是武王访问箕子的实录,而并不是孔子本人思想的记录。更何况,从历史上看,《尚书》也并非儒家专擅的典籍。司马迁固然在《史记·孔子世家》中说"孔子以诗书礼乐教",但更早的《墨子》一书也是经常引用《尚书》一书。所以我们至少可以说《尚书》是春秋时代儒墨两家共同尊奉的典籍。因此以《尚书》来解释儒家并不能反映儒家思想的真正面目。

其实,方东美本人也清楚地意识到以《尚书》解读原始儒家思想可能会遭遇到的学术问题,所以他反复说,《尚书》、《周易》只是间接的证据。现在的问题是,他所谓的间接证据到底算是什么样的证据?方东美本人在其相关著作中对之并没有作任何解释。他所谓的间接证据既不是胡适所说的"内证",也不是胡适所说的"旁证"。他根本就不像胡适那样对所使用的史料做严格的整理与审定的工作。

第四节 儒家的价值论

方东美之所以要以《周易》来叙述原始儒家的哲学思想主要是为了给儒家思想寻找一个比较纯粹的价值论的哲学,以说明中国哲学史上价值论哲学出现的历史渊源。

根据他的看法,从武王到周公到成王这一段时期内,中国古代文化史上曾经出现过一个大的革命。这一革命的内容是古代神秘宗教逐渐变化,逐渐转移到现实世界上来说明一般人的共同生活,而这个共同生活挪到一个普遍范畴当中,也就是清明的道德理性。因此成周时代在整个文化上形成了一个道德上的革命。这个道德革命一方面保留了原始宗教价值,而把它转化成道德价值,把神圣世界和现实世界联系在一起,成就一个人类的生命的道德秩序。如此成周时代在中国文化上形成了一个新的文化态势,即所谓伦理、道德文化的形成。

他认为,《周易》本来不属于《尚书·洪范篇》的系统,但是传古代《周易》的周公是一个枢纽,孔子接受了周公的传统。那么,像周代这种高度的道德文化,究竟是以什么样的精神为基础而形成的呢?

在方东美看来,《周易》"十翼"所蕴涵的精神就是这种高度的道德文化的真正基础。如他说"《象传》中尽是道德规范或道德范畴的理由","道德和艺术可以扩大成为价值精神,这可以成为价值学的解释。这个价值学的解释在'十翼'中就是《文言传》","《象传》的解释不只是道德的、美学的解释,而是统一的哲学解释。换言之,从伦理、艺术转变到宇宙论上,这还不够,因为宇宙论只说明宇宙的发生,而发生了之后宇宙的万类,万有——从天之气象,山河大地到物质事物,构成了一个外在为统一的宇宙,其中分配了矿物、植物、动物、人类。就这些说,中国表现一种特殊的观点和西洋哲学的立场不同,像希腊哲学的发展,头一步是形成一个自然界的系统,一种自然哲学;由此一变而为天文学或自然科学,再扩大到人文科学。其根本出发点集中在物质宇宙的探讨上。就中国的哲学来说,也是形成一个统一的宇宙,但是统一宇宙当中的基本现象并不是纯粹自然事物而已,更是一个生命现象。因此中国的哲学从春秋时代便集中在一个以生命为中心的哲学上,是一套生命哲学,这生命不仅是动植物和人类所有,甚至于在中国人的幻想中不承认有死的物质的机械秩序。……中国向来是从人的生命来体验物的生命,再体验整个宇宙的生命。则中国的本体论是一个以生命为中心的本体论,把一切集中在生命上,而生命活动依据道德的理想,艺术的理想,价值的理想,持以完成在生命的创造活动中,因此《周易》的系辞大传中,不仅形成一个本体论系统,而更形成以价值为中心的本体论系统。第一步是以生命为中心的哲学体系,第二步是以价值为中心的哲学体系。则《周易》从宇宙论、本体论、价值论的形成,成了一套价值中心的哲学"。①

可见,方东美是把《周易》的"十翼"看成是中国以人的生命为中心的本体论哲学或价值哲学的源头。

以《周易》来讲原始儒家思想,而所谓的原始儒家主要又是指孔子、孟子、荀子,于此我们也同样会碰到一系列的问题。首要问题便是关于《周易》作者问题。关于这一问题最有影响的说法是《汉书·艺文志》提出的"易道深矣,人更三圣,世历三世"说。《艺文志》认为伏羲氏"仰观象于天,俯观法于地,观鸟兽之文,与地之宜,近取诸身,远取诸物,于是始作八卦,以通神明之德,以类万物之情"。殷周之际,周文王"以诸侯顺命而行道,天人之占可得而效,于是重易六爻,作上下篇",演八卦为六十四卦,并作卦辞和爻辞。而孔子"为之《彖》、《象》、《系

---

① 方东美:《原始儒家道家哲学》,第157—159页。

辞》、《文言》、《序卦》之属十篇"。上述即是《艺文志》所谓的"人更三圣,世历三世"说的具体内容。

方东美本人是坚信《汉书·艺文志》的这一说法,确信"十翼"与孔子有密切的关系,认为易传是"孔子以前没有的,而是孔子到商瞿以后才有的,是春秋时代的产物",①"孔子商瞿作了'十翼'"。② 当然他也认识到"要断定《易经》成于孔子一人之手,是没有这个说法的,因为《易经》是集体著作啊。换言之,'十翼'之形成是从孔子发动,再由门人弟子的历代易学专家完成的,因此这部书从春秋时代起,经历了战国,而不是成于一人,成于一代"。③

方东美关于孔子与易传关系的看法又是以司马迁在《史记·仲尼弟子列传》中所记载的易学传授系统为基础的。《仲尼弟子列传》曰:"孔子传《易》于瞿,瞿传楚人馯臂子弘,弘传江东人矫子庸疵,疵传燕人周子家竖,竖传淳于人光子乘羽,羽传齐人田子庄何,何传东武人王子中同,同传淄川人杨何。何元朔中以治《易》为汉中大夫。"方东美确信这一传授系统是正确无误的。因为,第一,"司马迁家学渊源,他父亲司马谈既是掌管周王朝的历代文献,对于古代的学说派别可以说是十分清楚的。而司马迁本人幼承家学而且天才卓绝,尤其是青出于蓝。在历史学方面,无论就'才'、就'学'和就'识'、就'德',无一不充分具备。所以他下的历史判断很少有纰缪的地方"。④ 第二,传授"十翼"的第一代是孔子,到司马谈学《易》于杨何是第九代,再到司马迁承其家学是第十代。十代传《易》未曾中断。然而其他经的传授系统却没有这样的情形。《诗经》没有这样的传授系统,《书经》只有伏生,其他概无。《春秋》更是从孔子到左丘明以后就没有了,到了汉代只有刘氏父子、公羊、谷梁,但是其传授线索不明。所以"只有易学的传授情形是清楚的"。

---

① 方东美:《原始儒家道家哲学》,第128页。
② 方东美:《原始儒家道家哲学》,第130页。
③ 方东美:《原始儒家道家哲学》,第155页。
④ 方东美:《新儒家哲学十八讲》,第7—8页。

方东美就是通过司马迁的《史记》、班固的《汉书·艺文志》确证自己关于《周易》与原始儒家的密切关系,以之来解读原始儒家思想。

但通过欧阳修,经崔述一直到现代学者的研究,孔子作《易传》的说法已被完全推翻。这在学界几乎已成定论。如关于《彖》文的形成年代,朱伯昆断定为是在《孟子》以后,当在孟子和荀子之间。关于《象》文的形成的年代,高亨指出,大《象》只解六十四卦的卦名和卦义,而不及卦辞,因为《彖》已解卦辞,所以《象》出于《彖》之后,可以看做是战国后期的作品。《文言》则出于《彖》、《象》之后,其下限当在《吕氏春秋》以前。《系辞》与《彖》《象》《文言》同,不是出于一时一人之手,是陆续编撰而成的。李镜池认为,此传成于西汉昭宣之间。高亨认为成于孔门弟子公孙尼子以前。朱伯昆先生则不同意上述的看法,指出,无论就《系辞》对筮法体例的解释,还是就范畴、概念、命题发展的看,它的上限当在《彖》文和《庄子·大宗师》之后,乃战国后期陆续形成的著述,其下限可断于战国末期。至于《说卦》《序卦》《杂卦》的形成年代则更晚。① 所以《周易》经传并不能代表孔子的思想。细读《孟子》一书,我们也同样找不到孟子与"十翼"关系的蛛丝马迹,可见《周易》的传也不能作为原始儒家孟子的思想。如果事实是如此的话,我们又怎么能说,《周易》代表原始儒家的思想呢?据此,我们的结论是,方东美以《周易》来阐述原始儒家孔子、孟子哲学思想的思路不能说是毫无根据,但可以说是缺乏充足理由的。

方东美是坚决反对事事拿证据来的实证主义方法论的。他认为这种方法是受了十九世纪实证主义哲学的影响。中国现代史学研究中产生的"疑古派",在他看来,就是这种影响的一个结果。其实,"疑古派"的许多结论性的东西看来是错误的,有疑古太甚的毛病。但历史研究中注重方法论,要根据证据讲话,无证不信,应该是学术研究的

---

① 参见朱伯昆:《易学哲学史》(上),北京大学出版社,1986年,第一卷,第二章;高亨《周易大传今注》,齐鲁书社,1988年。

基本信条。如果没有了这样的信条,可以不顾证据,完全根据自己主观的思想逻辑来剪裁历史事实,思想史的研究就永远不可能走上科学研究的道路。方东美反对实证主义哲学思想应该说有其合理的地方,但完全否定实证主义的方法论似乎就走向了另一极端,即可以不做任何史料的考证,轻信古人的说法,凡是古人的都是对的,正确的。这样的看法显然也是错误的。

平心静气而论,要以《周易》来解读原始儒家思想其实也未尝不可。要这样做,必须对《周易》与原始儒家思想的关系做一番史料的整理与审定工作,以大量的证据表明可以通过《周易》经传来解读孔子、孟子、荀子的思想,指明自欧阳修以来的学者对"十翼"的看法是错误的。如果要这样做,也就必须如胡适的《中国古代哲学史》那样开篇就对所用的史料做一番严格的考订。但这似乎并不是方东美本人的长项。而且他本人似乎对于这样的材料考证的工作根本就不感兴趣,这一点从他对实证主义历史学观点的批判就能清楚地看出来。如果他本人稍微对中国哲学史史料审定的工作有哪怕稍许的兴趣,他就会在批判实证主义历史学方法论之余,提出自己的研究中国哲学史史料方面的理念或方法的。但他并没有这样做。其实,在研究或探讨中国哲学史起源领域内,这样的史料整理与审定的工作是决计不可少的,而且永远都是第一位的工作。不做这样的工作,中国哲学史起源的问题依然是一个永远得不到解决的谜。但方东美主要的仍是个思想家,而且是一位颇富思考力、想象力的思想家,他感兴趣的只是自己对哲学史的先验的理念或想象的逻辑。他想将自己关于中国哲学是发展的逻辑强加于中国哲学史。他并不是将中国哲学史的研究看做是历史学的任务,而是视为哲学的创造或思想的阐释。显然哲学思想的建构、创造与哲学史的研究本就不是一回事。

而且"十翼"所表述的也并不是纯粹的儒家思想。方东美认为《象》表达了儒家的统一的哲学解释。但是高亨在《周易大传今注》一书中指出:"《彖传》多有韵语,《象传》中之交象传皆是韵语。我对此曾加以研究,知其韵字多超越先秦时期北方诗歌如《易经》卦爻辞及《诗经》等之樊篱,而与南方诗歌如《楚辞》中之屈宋赋及老庄书中之韵语之界畔相合。"①朱伯崑不尽同意高亨的看法,指出"《彖》中使用的术语,如'刚柔','盈虚'等,同老庄著作,确有一致之处。但就《彖》的思想内容说,除受道家影响外,同孟子的学说有密切关系。"②又钱穆早在上个世纪二十年代就著文《论十翼非孔子所作》,以详尽的资料、透彻的说理证明了《易经》与孔子无关,并进而得出结论说:"《易传·系辞》里的哲学,是道家的自然哲学。"③陈鼓应先生则在以前学者考证的基础之上,百尺竿头更进一步,从《易传》的天道观、自然观(宇宙论)以及辩证思维方法等方面列举了大量的材料证明《易传》中的哲学理论架构是得自于道家的,而《易传》中的伦理政治部分,是受了儒家思想的影响的。所以,他的结论是"《易传》非儒家典籍,乃道家系统的著作"。④ 上述诸家对于《易传》思想性质的看法当然不能说是定论。但它们至少说明了这样一个事实,即把《易传》完全看成是原始儒家的典籍是缺乏史料上的根据。

在还没有充分的证据来说服学术界相信《尚书》和《易传》是原始儒家的典籍的时候,我们当然也就不能用这两部著作来解说原始儒家的哲学思想。

---

① 高亨:《周易大传今注》,第7页。
② 朱伯崑:《易学哲学史》(上),第40页。
③ 钱穆此文收入《古史辨》第三册上编,1982年,上海古籍出版社。
④ 陈鼓应:《易传与道家思想》,台湾商务印书馆,1994年,第104页。

第七章

牟宗三的道德的形而上学

第一节　理论渊源及其历史背景

牟宗三是当代新儒家的代表人物,早年毕业于北京大学哲学系,从张申府先生治西方哲学,后长期追随当代新儒家的开山熊十力先生,为熊氏在港台的三大弟子之一。他曾在华西大学、中央大学、金陵大学、浙江大学等校任教,讲授逻辑与西方哲学。1949年后,在港台两地多所大学任哲学教授、导师,讲授逻辑、知识论、西方哲学、中国哲学。牟宗三一生笔耕不辍,有数百万言的作品传世,而且他的思想深刻、敏锐,堪称当代新儒家学者中最富原创力的学者之一。

牟宗三在北大读书期间一个重要的事情是他遇到了熊十力,他自己也认为认识熊十力是他一生中的一件大事,熊十力开启了他哲学的慧命,他说:"我在这里始见了一个真人,始嗅到了学问与生命的意味。

反观平日心思所存只是些浮薄杂乱矜夸邀誉之知解,全说不上是学问。真性情,真生命,都还没透出来,只是在昏沉的习气中滚。我当时好像直接从熊先生的狮子吼里得到一个当头棒喝。使我的眼睛心思在浮泛的向外追逐中回光返照:照到了自己的'现实'之何所是,停滞在何层面。这是打落到'存在的'领域中之开始机缘。"①

如果说熊十力在精神气质上极大地影响了牟宗三,开启了牟宗三的精神慧命,那么客观的外在环境是牟宗三成为新儒家更重要的原因。尤其是1949年他到了台湾,对故土和中华文化有了更为深切的理解和更深沉的热爱后,他走出了纯粹的架构的思辨,关注政治、关注历史。促使他产生这种改变的动力正是一股"客观的悲情"。他说:

> 这些重要的关节,使我常常被拖到"存在的"现实上,亦使我常常正视这"存在的"现实,而体会另一种义理。这便是从外在化提升起来而向内转以正视生命。这另一种义理就是关于生命的学问。不打落到"存在的"领域上,是不能接触这种学问的。存在的领域,一是个人的,一是民族的。这都是生命的事。西方的学问以"自然"为首出,以"理智"把握自然;中国的学问以"生命"为首出,以"德性"润泽生命。从自然到生命,既须内转,又须向上。因为只有这样才能由"存在的"现实而契悟关于生命的学问……人类的生命史是可悲的,亦是可喜的。何以会如此?这不能只看生命本身,这须透到那润泽生命的德性,那表现德性或不表现德性的心灵。这里便有学问可讲。这里是一切道德宗教的根源。我由世俗的外在涉猎追逐而得解放,是由于熊先生的教诲。这里开启了一种慧命。这慧命就是耶稣所说的"我就是生命"之生命,"我就是道路"之道路。而中土圣哲,则愿叫做"慧命"。②

---

① 牟宗三:《五十自述》,台北:鹅湖出版社,1993年10月,第86页。
② 牟宗三:《五十自述》,第89页。

我们之所以引用牟宗三这么一大段文字,是因为它对于我们理解牟宗三哲学思想的转变非常重要。

首先,这段文字来自《五十自述》,我们前面说过,《五十自述》写于1956—1957年间,虽然这部自述是回忆自己的心路历程,但作者写作时的心态不能被忽略。我们都有这样的经验:我们不可能回忆起多年以前的全部想法,我们的记忆实际上是有选择性的,而且我们现在的兴趣、爱好、心态和思考的问题对我们的回忆都有着非常重要的影响,甚至可以说回忆更多的体现的是回忆时的心态,而并非回忆的内容本身。我们做这样的分析是说,与其说《五十自述》是牟宗三在回忆自己的成长,不如说他更像是在表达一种态度、想法和观点。所以解读《五十自述》对于我们理解牟宗三在五十年代思想的转变具有重要的意义。

其次,这段文字向我们揭示了牟宗三为什么由"架构的思辨"走向了"客观的悲情",以及"客观的悲情"的含义究竟是什么。所谓"存在的"实际上也就是指现实的生活,虽然哲学家的思想是空灵的、超越的,比如冯友兰在抗战时期写作《贞元六书》,金岳霖写作《知识论》、牟宗三写作《认识心之批判》,但他们也不是不食人间烟火的隐士,他们生活在那个离乱的年代中,和中国人民共同承受着民族的苦难,他们在生活上所遭受的艰苦、困顿,精神上、心灵上所遭受的震撼与刺激是我们这些和平年代中成长的一代很难体会到的,他们对于自身、对于家国、对于民族自然有一种悲悯之情,这就是牟宗三所说的"客观的悲情"。这种悲情促使牟宗三走出"架构的思辨"的象牙塔,走出纯粹知识论的建构,走出了"非存在"的领域,关注现实,关注存在,关注生命。

再次,法国哲学家帕斯卡尔说过,人的生命就像一根脆弱的芦苇。对于生活在兵荒马乱年代的人们,这种体验可能会更加深刻。在这种个人生命存在受到威胁,民族也面临生死存亡的时刻,人也许或多或少都会产生一种渺小感、恐惧感和无依感。越是在这样的情况下,就越需要精神上的方向、依靠和指归,就好像寻到了"根"的感觉。对于牟宗三先生来讲,他寻到了这个"根",这就是中国传统文化之根。

第二节　道德主体的确立

　　五十年代,是牟宗三的儒学真正的形成时期,其标志是"新外王三书"的完成,所谓"新外王三书"是指《道德的理想主义》、《政道与治道》和《历史哲学》三部著作,学术界一般认为它们主要是政治哲学、历史哲学方面的著作,因而称为"新外王三书",但实际上这三部著作所涵盖的不仅仅是政治哲学和历史哲学,同时也有文化哲学、形上学,可以说牟宗三后来儒学的内容,在此阶段都有涉及,只是尚未充分展开、深入。在五十年代,牟宗三儒学的一个重要特征是产生了"道德主体"这样一个概念,这个概念贯穿了牟宗三哲学后期的发展,后来的"良知"、"知体明觉"、"自由无限心"都是"道德主体"的不同表述形式。在一定意义上"道德主体"概念成为牟宗三哲学的核心,或者说是牟宗三的道德的形而上学的奠基石。在"新外王三书"中每部著作所强调的重点又有所不同,我们来看一下五十年代牟宗三儒学的主要内容。

　　1949年,牟宗三到台湾,先后发表《儒家的学术发展及其使命》、《理性的理想主义》、《道德的理想主义与人性论》、《理性主义的实践之函义》等文。次年,由香港人文出版社印行出版的《理性的理想主义》一书,后经过增订扩充,改书名为《道德的理想主义》。虽然这部书的写作时间和《认识心之批判》极为接近,但是其关注的问题和思考的方向却有了根本性的转变。关于此书的写作动机与目的,牟宗三先生说:

　　　　此书集文共十四篇。虽非一学术上之专著,而实为一中心观念之衍展。其目的唯在对时代唤醒人之价值意识、文化意识、与历史意识。故其中心观念之衍展亦在环绕此三者而为其外延。此中心观念为何？曰即孔孟之文化生命与德慧生命所印证之"怵惕恻隐之仁"是也。由吾人当下反归于己之主体以亲证此怵惕恻隐之仁，此即为价值之根源，亦即理想之根源。直就此义而曰"道德的理想主义"。此怵惕恻隐之仁是了悟性命天道之机窍。……吾之言此，并非旁征博引，以求成一新说，乃直接祖述孔孟之所开辟，以为外此并无更佳之途径。又吾之言此，亦非由纯理论之思辨以极成此义，此为学院之工作，于吾此处之目的乃不适宜者。①

从这一段话我们可以看出，牟宗三此时的工作在于唤醒世人的价值意识、文化意识和历史意识。价值是一个意蕴丰富的概念，它是道德情感、道德追求、道德判断的统称。人生活在这个世界上，总要有所追求，总要有一个是非判断的标准，这就是价值的需要，或者说是价值意识。不同的文化环境、社会背景、历史时代和宗教信仰都会创造不同的价值观，从这个意义上讲，价值观是深深植根于民族、历史和文化之中的，所以牟宗三认为，价值意识、文化意识和历史意识是统一的，或者说它们有一个核心观念，这个观念就是孔子所讲的"仁"、孟子所讲的"怵惕恻隐"之心。牟宗三在这里把孔孟并称，是因为他觉得孔子和孟子在精神实质上是一致的，所以他合称为"怵惕恻隐之仁"。

价值观本来是相对的，不同的人可以选择不同的价值观，但对于某种价值观的确立，则必须有其绝对、必然的理由，比如基督教价值观的确立必须以上帝存在为其绝对理由。在牟宗三看来，儒家的价值观之所以能够成立，是因为它以孔孟所讲的"怵惕恻隐之仁"为其绝对根源。在儒家观点看来，"怵惕恻隐之仁"是人之本心，是人人具有的，同时它又通贯性命天道，或者说是性命天道的展现，因而具有绝对性和

---

① 牟宗三：《道德的理想主义》，台北：台湾学生书局，2000年，序言第4—5页。

普遍必然性。对于这种普遍必然性的证明,牟宗三不是通过思辨意义上的论证实现的,他是以孔子和孟子的"文化生命"和"德慧生命"来说明这个"怵惕恻隐之仁",他主张要用个体的"亲证"来领会、理解这个"仁",这种学术方法很明显区别于西方哲学的论证方法,也区别于他在《认识心之批判》一书中所用的方法。如果我们做一哲学史的考察,会发现牟宗三这里所用的方式完全是中国哲学式的,他没有通过旁征博引和细密论证,而是通过一种简单直接的论断、通过"祖述孔孟"这样的方式来确立价值之源、道德本体。如果从西方哲学的角度来看,这种论证当然是不充分的,得出的结论也是武断的。但不能否定的是,这是传统中国哲学研究的方法,或者说是中国哲学固有的特征之一,无论是孟子、陆象山还是王阳明,他们确立良知、道体、绝对本心的方法几乎都是这样的,即使是现代学者,也几乎没有办法用西方哲学的论证的方法把道德本心论证清楚,所以如果我们用"武断"、"论证不充分"来评价牟宗三的工作的话,似乎有些求全责备。牟宗三似乎也意识到了这一点,所以他说:"吾之言此,并非旁征博引,以求成一新说,乃直接祖述孔孟之所开辟,以为外此并无更佳之途径。"

上面所引文字来自《道德的理想主义·序》,这篇序言写于1949年,是在牟宗三著作里面较早讨论道德主体的文章。如果说《逻辑典范》和《认识心之批判》是牟宗三哲学知性主体确立的过程,那么《道德的理想主义》则标志着牟宗三开始确立德性主体,这个德性主体既包括了价值意识,又包括了历史意识、文化意识、民族意识。上面所引文字已经说明了牟宗三确立道德主体的目的、动机及方法,对于此道德主体的价值、意义与作用,牟宗三也有分析和说明:

> 主体主义唯是道德的主体主义,而不是浪漫的主体主义。惟树立道德的主体,始能开出人文世界。当周文疲敝之时,儒道墨三家都想以质救文。而儒家自正面以质救文,点出仁义之心,此即树立道德的主体。……随道德的主体主义下来必是道德的理

想主义,而不是浪漫的理想主义。惟由道德的主体始真能开出理想与价值之源,人性与个性之源。故儒家特重视人性个性与人格也。①

从这段话中,我们清楚地看到牟宗三明确提出建立道德的主体这个概念。虽然道德主体不是牟宗三的首创,道德主体的意识来自传统儒家哲学,但是这个概念对他后来哲学体系的建构具有非常重要的意义,甚至不夸张地说,这个概念成为他哲学体系的核心概念。他后来哲学体系的建立、哲学史研究评判的标准乃至使中国哲学和康德哲学所做的会通,都是紧紧围绕这个概念进行的,只有理解了牟宗三的"道德主体"的概念,我们才可以对他后来提出的一些命题,比如"人虽有限而可无限"、"人可有智的直觉"、"物自身是一有价值意味的概念"有真正的认识。

和在《道德的理想主义》序言里相似,牟宗三在这里也强调孔孟所讲的"怵惕恻隐之仁"是道德的主体,是价值之源。我们在此要留意两个问题,一是牟宗三开始关注道德的主体,并回归到孔孟那里寻求智慧,这标志着他哲学思想的一个重要转折;同时也应该看到,虽然牟宗三开始强调了道德主体是价值之源,但这种提法还是比较简单,没有完全展开,更多的是一种叙述和说明,创造性的建构在此还没有体现出来。而且对于这个价值之源究竟是境界性的还是实体性的,还没有给出自己的判断。如果深入研究他后期的思想,我们就会很容易看出牟宗三哲学思想的逐步发展。牟宗三哲学后期主要问题之一就是解决道德主体和知性主体的关系,而二者的关系,在《道德的理想主义》里已经有了明确的提出和表述,他说:

"主体"可分为两层说:一是认识主体,一是实践主体。……"认识主体"尚是一个逻辑的我,由内心生命中所涌现出的一个逻

---

① 牟宗三:《道德的理想主义》,第183—184页。

辑理性的刚骨建筑物。这还不是实践（行）的根源，而只是认识（知）的根源。但是我们的生活，天天在认识中，亦复天天在行动中。是以，在认识中，须反显认识主体，在行动中，更须反显"实践主体"，这一步更重要，关系更大。实践主体，就是从"认识的心"再向里转进一步而见"道德的心"，即"性情的心"。这个主体，就实践说，我们叫它是"意志主体"。这个主体，我们必须彻底透出，因为这是实践的根源。①

牟宗三在这里所说的"实践主体"实际上也就是道德主体，因为人的本心是道德之本源，而道德的呈现则是通过实践来实现的。当然，牟宗三关于认知主体和道德主体的划分并不是首创，在宋明儒者那里即有"德性之知"与"见闻之知"的划分，牟宗三在此的划分明显是受到宋明儒者的影响。但对于牟宗三哲学来讲，他能做出如此的划分，表明他已经超越了《认识心之批判》时的境界，意识到仅有认知主体是不够的，认知主体并不能发现、说明道德之根源。但道德主体和知性主体是一个什么关系？这将是牟宗三哲学要长期面对和解决的问题，在此牟宗三也给了一个简单的说明，他说"实践主体，就是从'认识的心'再向里转进一步而见'道德的心'"，应该说这种说法还是比较含糊的，"转进"是一个何种意义上的转进？究竟如何由"认识心"转进到"道德心"？二者是一个什么关系？是不是在一个层面？在这里牟宗三都没有给出清楚的回答，只是一笔带过。

在提出"道德主体"和"知性主体"的同时，牟宗三提出"三统说"：

一、道统之肯定，此即肯定道德宗教之价值，护住孔孟所开辟之人生宇宙之本源。

二、学统之开出，此即转出"知性主体"以容纳希腊传统，开出学术之独立性。

---

① 牟宗三：《道德的理想主义》，第109—110页。

三、政统之继续,此即由认识政体之发展而肯定民主政治必然。

从"三统说"我们基本可以看出牟宗三哲学的架构和范围。"道统说"实际上涵盖了本体论、宇宙论、心性论,同时道统的肯定不仅是哲学的,还是宗教的,这里的宗教是牟宗三经常说的"即道德即宗教"。"学统说"则是知识论的建立,虽然中国传统儒学中有荀子这样强调"知性主体"的哲学家,但严格说来,传统中国哲学没有建立完备的、具有西方形态的知识论体系,或者说知性主体没有完全建立起来。牟宗三认为对于现代中国、对于现代中国哲学,知性主体的建立是必要的,知识论的建立也是必要的,所以他在四十年代就开始写作知识论著作《认识心之批判》,在七十年代给学生讲述知识论课程时写作《现象与物自身》。"政统说"则是说明中国传统文化与民主政治亦不违背,中国也可有民主政治。

牟宗三"三统说"的提出有其深刻的时代背景。我们知道,牟宗三出生、成长在一个新旧思潮相互激荡的时代,尤其是新文化运动,对中国传统文化更是造成了前所未有的冲击,"打倒孔家店"、"全盘西化"这样的激进口号是要从根本上挑战中国传统的价值体系。但儒家思想体系的瓦解实际上也意味着中国价值系统的迷失和历史、文化传统的断灭,中国人将丧失自己的价值判断、价值追求,中国自本自根的历史、文化意识也将不复存在。以梁漱溟、熊十力为代表的第一代新儒家人物正是意识到了这一点,他们站出来替孔子讲话,实际上也是捍卫中国传统文化的主体性。作为新儒家第二代的代表,牟宗三、唐君毅等学者不仅面临这样的问题,他们更是离开中国大陆,"花果飘零",他们对于故土、故土文化,更是有着特殊的感情,情感上的"寻根"意识更加激发了他们文化上的"寻根"意识。他们把文化看做一个生生不息的过程,看做一脉相承、不断绵延发展的过程,所以"道统"说在文化上是要回归传统,高扬华夏文化的主体性。从哲学层面上讲,"道统"

说则是要确立道德主体。在牟宗三这些哲学家看来由孔子、孟子所确立、由宋明儒者所阐发、发扬的良知、道体是一永恒性、超越性存在,是人生之本源、宇宙之本源。中国没有西方基督教意义上的宗教,但中国人也应该有超越性的价值追求、精神支柱,虽然中国哲学中的天命、道体和西方的基督、上帝有着明显的区别,但有一点应该是一致的,那就是永恒性和超越性。"道统说"实际上就是要寻找道德的本源和根基。

"学统说"和"政统说"的提出则体现了西方思潮对中国思想、学术的影响。张之洞提出"中体西用"标志着中国的思想家开始探讨中国人应该如何去吸收、利用西方的现代文明,后来不同的思想家、哲学家有着不同的方式来解决这个问题,"学统说"和"政统说"是牟宗三从哲学的层面对这个问题的回答。"学统说"和"政统说"有两层含义:首先它说明牟宗三意识到科学、民主这些西方传来的思想可以被中国所接受,或者说对于中国社会是必须的。而且牟宗三实际上也潜在地承认了一个事实,即中国传统确实没有发展出完备的"知性主体",因而没有产生出现代意义的科学与技术,也没有发展出现代意义上的民主。同时"学统说"和"政统说"更重要的意义在于牟宗三认为由中国文化可以发展出民主与科学,一般人都会认为科学与民主是由西方引进、移植来的,是舶来品,但在牟宗三看来,由道德主体可以"转出"知性主体,即从中国文化自身就可以引申、发展出来,说明中国文化具有强大的创生性和包容性。

至于道德主体是如何"转出"知性主体的,牟宗三在此没有详细论述,但他后来哲学体系的建立,包括现象与物自身的超越区分、两层存有论以及"良知自我坎陷"等论述都是从哲学的层面回答和解决这个问题。

在写作《道德的理想主义》的同时,牟宗三也撰写了《历史哲学》。关于此书的写作目的,牟宗三的弟子蔡仁厚教授曾有一个概括:

> 先生撰著《历史哲学》一书，以疏通中国文化为主。贯通民族生命、文化生命，以开出华族更生的途径，这是先生写此书的主要动机。将历史看做一个民族之实践过程，以通观时代精神之发展，进而表白精神本身表现之途径；并指出精神实体表现之各种形态，于此而疏导出中国文化所以不出现科学民主之故，以及如何顺华族文化而转出科学与民主，这是先生撰著此书的基本用心。①

可以看出，《历史哲学》和《道德理想主义》的写作动机基本是一致的，就是贯通民族生命和文化生命，并由中华文化转而开出民主与科学。牟宗三有一段话，是从哲学层面来表达这个思想：

> 一哲学系统之完成，须将人性全部领域内各种"先验原理"予以系统的陈述。自纯哲学言，人性中，心之活动，首先表现为"理解形态"。依此，乃有理解之先验原理之显露。在此，逻辑、数学俱依先验主义，而有超越之安立。而科学知识亦得以说明。其次，则表现为"实践形态"。依此，乃有实践之先验原理之显露。在此，"内在道德性"之骨干一立，则道德形上学，美的欣趣，乃至综合形态之宗教意识，俱得其真实无妄，圆满无缺之证成。在理解形态中，吾人建立"知性主体"（即思想主体）。在实践形态中，吾人建立"道德主体"。此两主体乃一心之二形，而由道德形上心如何转而为"认识的心"（知性主体），则是心自身内在贯通之枢纽。②

因为《历史哲学》和《道德的理想主义》几乎写作于同一时期，在这一段时期内，作者的思想应该是基本一致的，或者说，对同一个问题的看法没有太大的差别。就人的主体性而言，牟宗三依然是将人的主体

---

① 蔡仁厚：《牟宗三先生学思年谱》，台北：学生书局，1996年，第124页。
② 牟宗三：《历史哲学》，台北：学生书局，1988年，自序第4页。

划分为"知性主体"和"道德主体"。知性主体是关于科学之所以成立之根据,是逻辑、数学所以可能之根源。与知性主体相对的,是知识论范畴。而道德主体则是道德、伦理、宗教所以可能之根据,在牟宗三看来,道德也是通向形上学的关键,所以他的形上学的体系称为道德的形上学。在这里,牟宗三指出了知性主体是属于理解形态、而道德主体属于实践形态,这句话潜藏的意思就是说,我们只有在实践的意义上才能理解道德。牟宗三又明确地指出"此两主体乃一心之二形",就是说这两种主体是心的两种不同的形态,这个一心之二形的提法就是牟宗三后来两层存有论的雏形,后来他一直借用佛家"一心开二门"的提法来概括自己的两层存有论。一心有两种形态似乎并不难理解,但牟宗三似乎一直有一个想法,就是从道德的形上心"转出"认识的心,他在《现象与物自身》中关于"良知自我坎陷"理论就是详细论述如何由道德的心"转出"认识的心,这个问题比较复杂,也一直受到学术界的讨论、甚至质疑,我们会在后面展开论述。

在《历史哲学》中,牟宗三先生对汉代以前的哲学做了历史的审视,他指出,在孔孟荀时代就确立了道德主体和知性主体。孔子和孟子表现了"道德主体",而荀子则代表了"知性主体"。在这部书中,牟宗三先生对孔子的评价是"通体是文化生命,满腔是文化理想,表现而为通体是德慧"。① 孔子发明、创造"仁"的学说,在牟宗三看来,心之创造就是仁体之创造,而孔子所讲的仁体就是宇宙之仁体。仁的具体表现在于通,而对于具有具体形骸的人来说,则是有隔的,"仁心"具有超越性和普遍性,能突破此间隔,而与天地万物为一体,通家国天下而为一。所以牟宗三说"故其恻怛之仁,非个人之私爱,乃宇宙之悲怀"。② 这个具有普遍性的"仁"实际上也就是道德主体,但牟宗三又认为,将这道德主体展现得更为彻底和通透的是孟子。为什么孟子将道德主

---

① 牟宗三:《历史哲学》,第90页。
② 牟宗三:《历史哲学》,第98页。

体完全展现出来？牟宗三引用了程子的话："仲尼，元气也。颜子，春生也。孟子并秋杀。尽见仲尼无所不包。……仲尼，天地也。颜子，和风庆云也。孟子，泰山岩岩之气象也。观其言，皆可以见之矣。仲尼无迹，颜子微有迹，孟子其迹著。"①牟宗三引用程子的话是说，孔子讲的"仁"虽然完满、圆融，无所不包，但正因为其完满、圆融如天地、元气，所以不着痕迹，也就是说道德的主体性的呈现不是那么明显，到了孟子才把这种主体性完全展露出来。孟子直接点出性善，即是直接把握住"内在道德性"，这就是一个绝对的主体，此主体就是道德的主体，只有这个道德的主体确立，才有"道德的主体自由"可言。如果只有孔子的天地浑圆气象，而没有孟子的破裂以显"主体"，那么精神表现的理路则不具备。所以牟宗三认为自孟子始，才有绝对主体性，才有道德的主体自由，这是孟子立下的一个范型，也是孟子有功于圣门处。虽然孔子和孟子都强调道德主体，但牟宗三认为，孔孟所讲的"道德主体"又是"仁智合一"的，他说：

> 此步破裂是仁且智的道德主体之树立，是精神主体之向上升，由此而建体立极，当下即通于绝对，证实"绝对实在"亦为精神的，因而亦可以说即是证实一绝对精神。然而上升，不能不下降。仁且智的精神主体不只要上升而为道德的，其由破裂而显之"自然"不只是为道德主体所要克服而转化之自然，而且亦要成为理解所对之自然，而仁且智的精神主体亦须从其上升而为道德的主体，下降凝聚而为一"知性主体"，即思想主体。此步破裂是"精神转为理解"之本质，其成果为科学。精神之"智性"不能永远吞没隶属于道德意志中而不彰著，亦不能永远浑化于仁心中而为直觉的。……同时，仁且智的"道德的精神主体"亦不能永远是个人的，道德的。若智如此，则破裂所显之精神主体即不能通出去。

---

① 转引自牟宗三《历史哲学》，第113—114页。

不能通出去,精神即停滞于孤明而非精神,而为不明。所以他必须披露于个人以外之社会及天地万物而充实其自己,彰著其自己。即,必须要客观化其自己,且绝对化其自己。①

这段话对道德主体和知性主体又有了一个更详细的解释,他把主体又称为"精神主体",精神主体又是"仁智合一"的,精神主体上升成为道德主体,道德主体不仅仅限于个人,而是要通向绝对、通向实在,实际上在牟宗三看来也就是通向形上学,这也就是他所讲的"道德的形上学"。精神主体还可以下降成为知性主体,牟宗三在这里明确地说知性不能吞没隶属于道德,也就是说知性和道德是属于两个范畴,不能用道德来覆盖知性、代替知性。

但如果仔细研读这一段话的话,会发现牟宗三用词不是特别严谨,或者说不是太清楚,容易让人产生误解。因为照他文脉的意思,似乎是先有一精神主体,精神主体破裂,上升为道德主体,下降为知性主体,(当然这里的先和后,以及破裂都是逻辑意义上的,而非现实意义上)因而可以说精神主体是"仁智合一"的,这应该没有问题。但牟宗三同时又说"仁且智的'道德的精神主体'",这就容易让人费解了,既然精神主体上升才成道德主体,下降又为知性主体,那么说二者似乎并不能等同,但在这里又说"道德的精神主体"究竟是道德主体呢,还是精神主体呢,很难确定。如果从"仁智合一"的角度讲,只能是精神主体,但牟宗三又讲由精神主体进入形上学领域,这就有问题了,因为精神主体不仅包含德性,还包含知性,知性属于知识论的范畴,能否进入形上学领域,值得考虑。而且牟宗三的形上学称为"道德的形上学",实际上更否定了知性进入其形上学的可能。牟宗三的意思我们可以理解,但是他一方面区分开了精神主体和道德主体,另一方面又把两个词混同来用,似乎不是很恰当,值得注意。

---

① 牟宗三:《历史哲学》,第117—118页。

虽然中国没有发展出西方意义上的科学,但牟宗三认为中国并非没有知性传统,如果说孔子和孟子开出了中国的道德主体,那么荀子则开出了中国的知性主体。在牟宗三看来,荀子的文化生命、文化理想"通体是礼义",孔子和孟子俱由内转,由仁义出,而荀子则外转,由礼法入。荀子通过反省、自觉而提炼出一个"思想主体",这个思想主体就是认识的心,纯智的心,与此心所面对的"天"与"性"为自然的,与人所对待的,这与孟子所讲的"尽心知性知天"有着显著的区别。对于荀子彰显、强调"智"的方面,牟宗三提出了一点批评:

> 荀子一往是知性用事。他将"仁智全体"中之"智"彰显出,智涵盖一切,照射一切。然而他忘掉智的本源,因此遂成为"理解"之平面的,外在的。宋明儒尊孟而抑荀,不为无因。而不识其所表现之形态之价值而予以融摄与开发,亦是大不幸。须知:道德主体,思想主体,以及绝对实体,俱是精神之表现,无一可缺。①

现代学者往往把牟宗三的哲学称为陆王心学的现代翻版,虽然这种说法有些简单,但也道出了牟宗三哲学与陆王心学的内在关联,而陆王之学又直接来自孟子,所以在精神气质上牟宗三哲学更接近孟子当没有问题,从牟宗三上一段对荀子的批评也可以印证这一点。虽然牟宗三也肯定了荀子开出了知性主体,但又强调仅仅有知性主体还是不够的,因为"智"是由仁智合一的精神主体而来的,精神主体上升而为道德主体,由道德主体进入形上领域;精神主体下降而为知性主体,知性主体与客观、外在相对立,所建立的是知识论。对于牟宗三先生这样的哲学家来说,仅仅建立知识论显然是不够的,他认为哲学有着超越性的需求,要"建体立极",也就是要建立形而上学,所以他认为荀子之强调"智"的一方面就是"平面的、外在的",这里"平面"所潜藏的意思也就是缺乏形而上的建构。

---

① 牟宗三:《历史哲学》,第125—126页。

牟宗三对于荀子的批评是从自己的哲学立场出发的,他的这种批评也有值得我们商榷的空间。因为他在道德主体、知性主体之前设定了一个精神主体,精神主体上升为道德主体,下降为知性主体,这种理解和设定在孔孟荀那里能否成立似乎是一个问题,虽然孔子的学生也称孔子"仁且智,圣也",虽然孟子的"四心说"里也有是非之心,但是否可以如牟宗三所愿,由此发展出知识论和科学,我们不能不怀有疑问,因为孔孟总体的致思方式和他们对于天人关系的理解决定了他们不可能像荀子那样以一种"对待"的方式去理解"天人"、"物我",或者说,沿着孔孟的思路,所谓的"仁智合一"的主体中"智"的一面不可能彰显出来,宋明理学的发展就证明了这个问题。而荀子正是因为没有预设一个精神主体,所以才可能以一种"外在的"、"对待的"观点来看天人关系,这是荀子哲学的特色,也是知识论赖以建立的前提。牟宗三对荀子的批评基本上是站在孟学和陆王学的立场上进行的,理解了这一点,我们会对牟宗三对于荀子的评价有更全面客观的认识。当然牟宗三和孟子、陆王的一个差别是他毕竟受到了时代的冲击和现代学术的训练,看到了"知性主体"建立的必要,所以他也充分肯定了荀子的价值:

> 荀子所开出之"知性主体"与"自然"之关系,即理解形态之表现于科学知识一面,则后来无能承之者。荀子之学一直无人讲,其精神一直无人解。此中国历史之大不幸。①

对于中国文化为什么没有发展出逻辑、数学、科学,牟宗三也有一个分析,他认为儒家的主流,也就是孔孟儒家"仁智"形态限制了知性主体的发展。因为"仁智"的智,是属于直觉形态的智,不是辩解的、逻辑的,也可以称为"圆智",在西方,只有神、上帝才可能具有圆智,而人心所具有的,是知性形态的,人心之知性,用来了解万物,从而形成知

---

① 牟宗三:《历史哲学》,第128页。

识,这就需要两个条件,即感触直觉和概念,但在中国文化生命里,重心在于凸现德性之仁学,所以既没有单独提出"智"的方面,也没有那些形式条件,如概念、范畴等,所以中国既没有出现逻辑、数学与科学,也没有西方哲学中的知识论。

在哲学层面上分析了中国为什么没有科学和知识论之后,牟宗三又从精神文化的角度分析了中西差异,他指出中国文化的精神可以称为"综和的尽理之精神"与"综和的尽气之精神",西方文化表现为"分解的尽理之精神"。所谓"综和的尽理之精神",就是指"由尽心尽性而直贯到尽伦尽制"、由"个人的内在实践工夫直贯到外王礼制"的精神,其表现于人格,就是圣贤和圣君贤相;综和的尽气之精神,是指"一种能超越一切物气之僵固、打破一切物质之对凝,以表现其一往挥洒的生命之风姿"的精神,其表现于人格就是天才、是打天下的帝王。分解的尽理之精神则有两个特征:第一是推置对象而外在化之,以形成主客之对列;第二是使用概念,抽象地概念地思考对象。这种精神表现于文化,就会产生三种后果:一是神人相距的离教型的宗教,二是以概念分解对象和规定对象的科学,三是通过阶级集团向外争取自由人权,而逐渐形成民主政治。通过比较,牟宗三认为,中国充分发展了道德的、艺术性的主体自由,西方充分发展了思想的、政治的主体自由。

对于中国没有发展出知性主体,牟宗三有一个总结、概括,他说:"一个文化生命里,如果转不出智之知性形态,则逻辑数学科学无由出现,分解的尽理之精神无由出现,而除德性之学之道统外,各种学问之独立的多头的发展无由可能,而学统亦无由成。此中国之所以只有道统而无学统也。"①虽然牟宗三承认中国只有道统而无学统,但他又认为中国没有科学、逻辑只是发展中的事,不是先天命定的事。其实在牟宗三看来,从哲学层面上解释中国没有出现逻辑、科学、数学并不是很困难的事情,主要就是因为精神主体没有下降,没有在"下面"撑开

---

① 牟宗三:《历史哲学》,第180—181页。

一个大开大合的属于末的"知性形态"。但科学、逻辑、数学是否就是这样简单？精神主体是通过如何的过程来下降？因为无论是科学还是知识论的产生都是很复杂的事情，"上升"、"下降"这些描述性的词语是否能够用来准确地形容"精神主体"，德性与知性的关系是否就是"上"和"下"的关系，似乎都是值得我们进一步探讨的问题。

另外，对于"仁智合一"里的"智"，牟宗三解释得不是十分清楚。在《论语》里面，孔子的弟子称孔子"仁且智，圣也"，这里面的"智"现在不是知性意义上"智"，更多的是一种道德判断；《孟子》里面的"是非之心"也是说心是一种知是知非的能力，这可以称为"智"，但也是道德上的是非判断，不同于知性意义上的"智"。荀子所讲比较类似于牟宗三理解的"知性主体"，但荀子的理性模型并非从"仁智合一"的状态中开出，儒学后来的发展是沿着孔孟之路向走，因而荀学中的知性主体没有充分彰显出来，也可以从另外一个侧面证明荀子之"智"不同于孔孟之"智"。牟宗三没有把这个"智"的不同内涵说清楚有两种可能，一是他当时考虑还不够细致，没有仔细做一区分；二是他故意的一种忽略，他采用"六经注我"的模式，用古人的讲法来证明自己已经形成的一种思路、一个概念。总之这个问题还值得我们进一步的研究、探讨。

在《历史哲学》之后，牟宗三又撰写了《政道与治道》，此书的中心问题有二：一是政道与治道的问题，尤其注重于政道如何转出。二是事功的问题，即如何开出外王的问题。在哲学层面上，牟宗三的思想也进一步发展，他对于"道德主体"与"知性主体"有了新的表述，对于二者关系的探讨也更加深入，虽然他此时还没有和康德哲学做一个会通，没有借助康德关于现象与物自身的划分，也没有明确提出两层存有论，但从此书却可以看出，他的思路越来越清楚，两层存有论的框架也越来越明显。

在《历史哲学》中，牟宗三以"综和的尽理之精神"来说中国文化，以"分解的尽理之精神"说西方文化。在《政道与治道》中，牟宗三对这一理论又有了新的提法,他认为可以说"理性之运用表现"是"综和的尽理之精神"下的方式,"理性之架构表现"是"分解的尽理之精神"下的方式。

牟宗三认为"运用表现"就是禅宗所讲的"作用见性"、宋明儒者讲的"即用见体"、《周易》讲的"于变易中见不易",但后三个命题均是偏重见体,而"理性之运用表现"则是重在表现,是据体以成用,是在具体生活中连着"事"说的。而这种运用表现中的"理性"也是指"实践理性",是人格中的德性,其运用表现是德性之感召、德性之妙用。感召或妙用就是表示一种作用,必然连着事,所以是运用表现。在牟宗三看来,中国人喜欢讲情理或事理,理是与情或事浑融在一起的;而从"能"的方面、也就是人的主观方面讲,理性也是浑融的,不破裂的,所以其表现也是运用的表现,不是干枯、抽象的理性。

理性运用表现可以从三个方面来了解:第一,从人格方面说,圣贤人格之感召是理性之运用表现;第二,从政治方面说,理性之运用表现是儒家德化的治道;第三,从知识方面说,理性之作用便是要道德心灵之"智"的一面收摄于仁,成为"道心"所观照,即智的直觉。智的直觉是牟宗三哲学中重要的一个概念,他在晚年有一本著作《智的直觉与中国哲学》,是他开始有意识地会通中国哲学与康德哲学,或者说是用康德哲学来消化中国哲学,这其中最重要的一个概念就是"智的直觉",因为在牟宗三看来在中国哲学里有"智的直觉",在康德哲学中也有"智的直觉",这个概念是中国哲学与康德哲学得以会通的可能。关于智的直觉的具体内涵以及牟宗三如何证成"人可有智的直觉"和借助"智的直觉"实现中西哲学的会通,我们会在后面详细论述,这里需要说明的是牟宗三实际上在五十年代已经提出了"智的直觉"的概念。他在《历史哲学》中对"智的直觉"已经有了论述,在《政道与治道》中,他对"智的直觉"有了更明确的界定,指出了"智的直觉"的几个特点:

一、非经验的,所谓"足不出户而知天下",即不需通过耳目之官之感触,亦即其知不受耳目之官之限制;二、非逻辑数字的,即不是以思想形态出现,故不需通过辩解的推理过程,故亦不需逻辑的过程与数学的量度。……既不经由经验,又不经由逻辑数学,当然不能成科学知识。此种观照只是理性之作用表现,而非架构表现。中国以前讲学问即以德性为主,则心之智用即必然收摄于德性而转成一种德慧。德慧的表现必然是作用表现,而不能由之以成科学知识。王阳明之良知决不是成科学知识之能,而良知之觉照之用亦绝不是逻辑数学的。①

牟宗三此时关于智的直觉的理解已经比较成熟,和他后期的表述已经没有太大差别。他实际上是从"道德主体"的角度出发来描述"仁智合一"中的"智",他认为这种"智"不同于理性和认知,从直觉形态来看,可以说是"摄所归能"、"摄物归心",这就是要免去对立,把对象收进自己的主体里面来,或者把自己投到对象里面去,成为彻上彻下的绝对。这种直觉形式是实践的、形上学的,而非知识论的,因为知识论的前提是对待关系、对列格局。对待和对列的关系就形成了牟宗三所讲的"理性的架构表现","架构表现"中的理性也失去了人格中的德性而成为非道德意义上"观解理性"、"理论理性",这都是属于知性层上的,民主政治与科学都是知性层上的"理性之架构表现"之成就。牟宗三认为,科学知识之成立,一则是由于经验而限于经验,二则是遵守逻辑数学。经验接触对象使知识有特殊的内容,思想遵守逻辑数学使知识成一系统。知识的成立非预设主客体的对偶性不可,道德宗教可以摄所归能,摄物归心,知识的成立则不能在圆满自足的绝对之境中,而是要自觉地造成主客体之对立,使对象从情意中提炼出来,成为知识的一个对象。外界推出去成为知识的对象,则主体成为认知的主体,二者在对立的关系中凸现。

---

① 牟宗三:《政道与治道》,台北:学生书局,2003年,第50页。

理性的运用表现与架构表现说到底还是道德主体与知性主体的关系,二者究竟是如何一个关系,牟宗三已经考虑很久了,他在这里要正面回答这个问题,即如何从运用的表现转出架构的表现。他认为运用表现自德性,是属于内圣的事,而内圣则必须通着外王,由内圣而至于外王,是自古儒者所提倡的,《大学》里即有"格物、致知、诚意、正心、修身、齐家、治国、平天下"之说,但在牟宗三看来,这种推衍过于直接,他称之为"直通",在他看来,通过"直通"的思维模式,是不可能由内圣直接推出科学与民主的。要想沟通内圣之学与现代科学民主,必须进行一种转进,而不是直接推理,牟宗三称之为"曲通"。他举了一个例子来说明"曲通":比如山川气象并不能产生高楼大厦,高楼大厦本身有其特殊的结构,中间还须经过专家工程师设计,而工程师也有特殊的本质。从山川气象到这一些,都是转折上的突变。他认为,有了山川气象即有高楼大厦,这种直通的讲法,其实只是说了一个形式的必要条件,没有说实际的充足条件。因为没有山川气象,不能有高楼大厦,但有了山川气象,也不能直接即有高楼大厦。因此也可以说没有德性,就不能有科学与民主政治,但有了德性,也不能直接就有科学与民主政治。这其中有一个转折,牟宗三认为,这个转折有两个意义:

> 一、内圣之德性与科学民主有关系,但不是直接关系;二、科学民主有其独立之特性。这两方面的意义即表示既独立而又相关。①

但是如何能把二者贯通起来呢?牟宗三认为不能用"直通"的方法,所谓直通,就是用逻辑直接推导出来,比如"凡人皆有死,苏格拉底是人,所以苏格拉底有死",这是一个典型的三段论推理,也就是直通。但理性从运用转为架构表现则不能通过这种直接的、逻辑的方式,而是要通过一种"转折的突变"来完成,他把这种转折称为"逆"的意义。

---

① 牟宗三:《政道与治道》,第56页。

所谓逆,是指德性在其直接的意义中,在其作用表现中,虽不含有科学与民主,但对于道德理性而言,却不能不要求代表知识的科学与表现正义的民主政治。然而成就民主与科学的理性架构表现与德性之道相反,即思辨理性与实践理性相违反,牟宗三就把这种矛盾、违反称为"逆"。至于如何解决这种"逆"呢,牟宗三做了很详细的论述:

> 它要求一个与其本性相违反的东西。这显然是一种矛盾。它所要求的东西必须由其自己之否定转而为逆,其自性之反对物(即称为观解理性)始成立。它要求一个与其本性相违反的东西。这表面或平列地观之,是矛盾;但若内在贯通地观之,则若必须在此一逆中始能满足其要求,实现其要求,则此表面之矛盾即在一实现或满足中得消融。而此实现是一"客观的实现",如是则即在一客观实现中得消融。由此一消融而成一客观实现,即表示曲而能通。即要达到此种通,必须先曲一下。此即为由逆而成的转折上的突变。如果我们的德性只停在作用表现中,则只有主观的实现或绝对的实现。如果要达成客观的实现,则必须在此曲通形态下完成。如只是主观实现,则可表之以逻辑推理;而如果是曲通由之以至客观实现,便非逻辑推理所能尽。此处可以使吾人了解辩证发展的必然性。辨证的表明,在此处非出现不可。①

实际上,牟宗三做的这个论证非常复杂。他首先设定了一个前提就是道德虽然不包含民主与科学,但民主与科学是德性的内在要求。虽然思辨理性和实践理性在实现形式上是相反的,但对于道德理性的内在要求来说,却必须要求科学与民主,这是根本的、内在的要求。其实牟宗三这个设定也不无道理。我们直接说道德内在要求民主与科学似乎很难理解,但我们不妨根据牟宗三的思路做一个反向思维,来看看科学行为与道德有没有关系。在我们一般的思路里,科学是纯粹

---

① 牟宗三:《政道与治道》,第56页。

客观的行为,不掺杂任何价值成分,这当然没有问题,因为"科学的中立性"已完全为大家认可。但科学的"行为"或者说科学的"过程"没有价值意义在里面,并不代表科学和价值、意义、道德没有关系。实际上我们生活在一个价值和意义的世界里,我们的行为都是在追求一定的价值和意义的,科学在一定程度上只是实现我们目标的工具或手段。我们首先要明白科学的绝对客观性是对科学"行为"来讲的,但科学背后是有目的的,这个目的可能往往就具有道德价值意味。比如我们举著名科学家袁隆平的例子。他研究水稻杂交,努力使水稻产量增加,就他的研究来说,肯定是客观的研究过程,和道德、价值没有任何关系,但他做科学研究实际上是有目的和动机的,他就是希望解决中国广大人口的温饱问题,他希望用自己的研究来使很多人不致挨饿,这个目标促使他一步一步进行科学研究,他的目标当然是一种道德的判断和追求。从这个角度我们可以说,牟宗三所设定的前提是成立的,即道德内在要求着科学。

前提设定完成之后牟宗三又指出,如果从平面的角度看,理性的运用与架构,或者说实践理性与思辨理性是矛盾的。所谓平面,就是指直接的推导过程,也就是在人的主观范围之内,实践理性与思辨理性在形式上是矛盾的。但在实现层面上,即超出了主观、达到了客观层面,二者却并不矛盾,因为思辨理性所达到的结果和实践理性的要求是一致的。牟宗三在这里反复强调,要突破"主观的表现或绝对的表现",就是要避免仅是主观范围内的比较和单单比较两种理性的形式,而是从思辨理性结果的角度来看二者的关系。这样问题就比较清楚了,牟宗三所讲的矛盾,是指实践理性和思辨理性在形式上的矛盾,而二者的内在贯通实际上就是实践理性的要求和思辨理性的结果一致。

牟宗三对如何由理性运用转变为理性架构的论证,就是他对道德主体为何以及如何转为知性主体的论证,实际上也就是对良知的自我坎陷问题的论证。和前面的著作相比，《政道与治道》对这个问题的论证是最充分和最详细的，他从目的的层面看二者的内在贯通，从客观实现的角度看二者的一致，对于道德主体为何要转为知性主体有了一个较为充分的证明。但对于道德主体如何转为知性主体，牟宗三在此讲的似乎并不是很清楚。因为牟宗三无论是从目的上讲、还是从客观实现上讲，都是说明道德主体和知性主体是不矛盾的，他认为道德"不能不要求"科学与民主，这个要求只能代表道德主体在主观需求上认为应该出现民主与科学，但至于能不能出现是一个客观存在的问题，不是道德主体认为应该有就会有，所以这里的问题是能不能的问题，而不是应不应该的问题。当然牟宗三实际上是有一个内在逻辑在里面的，他认为主体存在有两种形态，一种是道德主体那样主观的、绝对的存在，在这种状态中，主客是统一的，或者说是即主即客的；另外一种就是知性主体的存在形式，在这种形式中，主客是对待的状态。一旦道德主体认为需要出现知性，需要出现民主与科学，它就会促使另一只主体的出现，而其方式就是否定自己、隐藏自己或者说坎陷自己，这样主客体统一的状态就破裂，主客对立的情况出现，知性主体就凸现出来。

  我们也完全有理由对牟宗三的论证提出质疑：为什么知性主体一定要由道德主体坎陷出来？按照牟宗三的思路，道德主体似乎是逻辑地先在于知性主体的，知性主体是道德主体根据自己的需要否定其自己而出现的，这当然可以看做解释的一个向度。但道德为什么比知性更具有优先性，牟宗三并没有给我们更完美的揭示。我们也可以问，我们可不可以假设道德主体和知性主体本来就是并列的，不必非由道德主体来坎陷？即使我们承认知性是属于工具理性，我们也不免有疑问：工具理性是由实践理性来指导甚至控制，但是工具理性一定要由实践理性来产生吗？

  通过分析，我们对于牟宗三的论证有了较为清楚的认识，我们理解了他所讲的道德主体和知性主体的内在关联和一致性,也知道了道德主体对知性主体的指导作用,但我们却无法通过这些论证就得出结论说知性主体是由道德主体坎陷出来的。所以我们不必认为理性架构表现非由运用表现转变而来不可,而是直接认为架构表现和运用表现都是理性不同的表现形式,二者有着一致性和内在关联,这样可能会遇到的问题更少。

以上所做的工作就是大致梳理了牟宗三五十年代的儒学思想。之所以做这样一步文献的爬梳工作,是为了以一种历史的眼光来审视牟宗三哲学的发展,把牟宗三哲学思想发展的脉络呈现出来。就《道德的理想主义》、《历史哲学》、《政道与治道》三部著作来说,其规模已经很庞大,内容很丰富,涉及的问题也很多,我们不可能进行全面的论述,只是选择了一条线索,即道德主体与知性主体这样一对关系。为什么要讨论道德主体和知性主体的关系呢?因为这一对概念是牟宗三哲学发展到这一时期最重要、最核心的概念。以上我们通过历史和逻辑的双重方式来阐释牟宗三哲学思想的发展,从时代背景、个人境遇等外在、客观角度揭示牟宗三哲学何以产生从逻辑到认知、从认知到道德的转变,并细致地列举了大量的文献,在对文献的引用和分析过程中,将牟宗三哲学发展的脉络一点一点呈现出来,使我们对他思想的发展有了一个非常清晰的认识。

学术界讨论牟宗三的"道德的形上学"往往直接从《智的直觉与中国哲学》、《现象与物自身》或《圆善论》入手,虽然这种方法也不错,但仅仅做一种静态的分析不足以揭示牟宗三哲学思想的产生、发展、完善;也有的学者试图做一种溯源,寻找牟宗三关于道德的形而上学更早的表述,他们往往寻求到《心体与性体》,虽然这也没有错,但是我们感觉溯源得还是不够彻底,因为在《心体与性体》产生之前牟宗三关于"道德主体"已有了非常多的表述。

上面所做的文献的梳理、分析工作还有一个意义就是可以由此发现牟宗三哲学和康德哲学的关系。我们知道牟宗三哲学和康德哲学是密切相关的，上面他所讲的《认识心之批判》是他真正进入哲学领域的标志，而此书恰恰也是在康德的《纯粹理性批判》的影响下写成的。此后他的思考和著作都在不同程度地受着康德哲学的影响，这种影响的程度在他不同的著作中也可以体现出来。总体说来，牟宗三在五十年代的著作受康德影响较小，尤其是在道德哲学方面，他更多的是受中国传统儒家哲学的影响，这种影响使他真正确立了自己哲学的根基。六十年代之后，牟宗三才更加重视康德，着力将儒家哲学和康德哲学做一比较，他自己在哲学体系建构上也相当程度地受了康德哲学的影响。我们就可以通过对比来看他在借用康德"现象与物自身"的架构之前和之后分别是怎样理解哲学、怎样建构哲学的，由此就可以更清楚地看到康德哲学与牟宗三哲学的关系，或者说是康德哲学对牟宗三哲学的影响。

第三节　道德底形上学与道德的形上学

进入六十年代之后，牟宗三研究的重点转向了中国哲学史，先后写作了《才性与玄理》、《心体与性体》、《佛性与般若》，他之所以把研究的重心由政治转向了学术是有他自己的考虑的。在《历史哲学》等三书中，牟宗三就是想由内圣之学来应对这个业已来临的文化新阶段，以疏导出文化生命的新途径。既然要本内圣之学来解决外王问题，则内圣心性之学的义理就要重新予以展现。佛家有所谓"彻法源底"之语，在牟宗三看来，内圣心性之学便是一切法的"源底"，所以必须透彻阐述之，才能见其究竟、明其归宿。因此，牟宗三五十岁之后便专心于中国哲学史的研究，进一步疏解儒释道三教的义理。

虽然这三部书主要都是哲学史研究的著作,但其价值与贡献却不仅仅是哲学史方面的,尤其是《心体与性体》,在牟宗三哲学思想的形成、发展过程中具有非常重要的意义。《心体与性体》的写作,自 1961 年开始,历经八年时间才完稿,共一百多万字,是牟宗三耗费生命心血最大的一部巨著。在当代的宋明理学研究中,《心体与性体》是一部里程碑似的巨著。平常大家讲宋明儒学,一般认为有程朱、陆王两系,或者分为程朱理学、陆王心学和张载气论,但牟宗三提出了另外一种三系说,即在伊川、朱子系和陆王系之外,又提出了胡五峰、刘蕺山一系,后两系可合为一系,是儒学之正宗,伊川和朱子一系是"别子为宗"。牟宗三的这些论断是大胆的、独树一帜的,虽然很多学者对牟宗三的"三系说"提出不同的意见,甚至有质疑和批评,但不能否定的是"三系说"有它独特的价值和意义。我们知道,牟宗三不仅仅是一位哲学史家,他首先是一位哲学家,他的哲学史研究和他的哲学立场是密切相关的。他已有的哲学背景和哲学观影响和决定了他的哲学史研究,他对哲学史上一些哲学家的评价、判断都是以他自己对于某些哲学问题的理解为衡准的;而在疏解往圣前贤著作的过程中,他的学养在提高,他对一些问题的理解在加深,他的哲学体系的架构也更加清晰、明确。

对于牟宗三哲学来说,《心体与性体》是一部承前启后、继往开来的著作,所谓"承前",是指他继续了自己在五十年代提出的"道德主体"的观念,无论是心体、性体还是道体、神体等提法,都是"道德主体"这一概念的深化和不同表述,也是牟宗三判教的标准;所谓"启后",则是指他开始有意识地将儒家的哲学和康德的道德哲学做比较,在比较中逐步完善"道德的形上学"的观念,这一思路是他哲学发展过程中的一个重要转折点,他后来在《智的直觉与中国哲学》、《现象与物自身》、《圆善论》中所做的儒家哲学与康德道德哲学的会通都是真正由此开始的。牟宗三哲学是一直在发展、完善的,虽然在精神实质上,他后期的哲学和他在五十年代的思想是一脉相承的,但在论述的方法上、建构体系的形式上,从《心体与性体》开始,产生了相当程度的转变。

《心体与性体》作为一部哲学史著作和牟宗三在五十年代与七十年代的论著有着明显的不同。在其他著作中,他可以直接论证问题、建构体系;而此书更多的是在一种理论预设之下整理哲学史,在对哲学史的评判中表达自己的哲学立场和态度,所以这种表达是间接的。我们前面提到过,牟宗三在五十年代就确立了"道德主体"这样一个观念,这成为牟宗三建构"道德的形上学"的逻辑起点。《心体与性体》不是凭空就能产生的,而是"道德主体"思想继续发展的结果,如果没有"道德主体"这一概念作为理论基点,很难想象有《心体与性体》的产生。当然,"道德主体"是最简单、凝练的概括,通过《心体与性体》中的阐释,"道德主体"的观念更加丰富、清晰、饱满起来。

在《心体与性体》的综论部分,牟宗三先生开宗明义地讨论了宋明新儒学的定位、价值与"新儒学"新之所以为新的意义。

在牟宗三看来,宋明儒学实际上也就是"心性之学",而"心性之学"也可以称为"内圣之学","内圣"就是"内而在于个人自己,则自觉地作圣贤工夫(作道德实践)以发展完成其德性人格之谓也"。[①] 所以"内圣之学"也可以称为"成德之教","成德"的最高目标就是圣、是仁者、是大人,其真实的意义就是在个人有限的生命中取得无限而圆满的意义,"成德之教"实际上也就是牟宗三所讲的"即道德即宗教"。在牟宗三看来,"成德之教"既不同于佛教,也不同于基督教,它的特点在于道德不是停在有限的范围内,而是通往无限。牟宗三说"道德行为有限,而道德行为所依据之实体以成其为道德行为者则无限。人而随时随处体现此实体以成其道德行为之'纯亦不已',则其个人生命虽有限,其道德行为亦有限,然而有限即无限,此即其宗教境界"。[②] 牟宗三这段话非常重要,有三层含意在里面,值得我们注意:

---

① 牟宗三:《心体与性体》,上海:上海古籍出版社,1999年,第4页。
② 牟宗三:《五十自述》,第5页。

第一，牟宗三继续强调"实体"。这个实体是道德的实体，是道德行为的根据，是孔子之"仁"、孟子之"心"。在《道德的理想主义》中，牟宗三即提出了"怵惕恻隐之仁"，"怵惕恻隐之仁"开显了价值之源，构成了人的道德主体。《心体与性体》中所讲的"实体"也就是此"怵惕恻隐之仁"，之所以称之为"体"，是因为它是道德行为的根据。把道德行为和道德根据区分开来，在孟子那里就做了很完整的说明，"孺子入于井"的比喻就清楚地说明了道德行为和道德根据的关系。见义勇为、奋不顾身地去救一个危险的孩子是一个道德行为，但此行为不是偶然的、无根的，在行为的背后有支撑和决定此行为的根据，这就是"恻隐之心"，牟宗三就把孟子说的"恻隐之心"称为道德主体、道德实体。

第二，牟宗三开始讨论"有限"与"无限"的关系。人的生命是有限的，如何在有限的生命中实现永恒，是每个哲学家所要关怀和追问的。儒家，包括牟宗三一直试图在回答这个问题。从经验主义的角度去理解，这个问题是很难回答的，因为有限就是有限，无限就是无限，如何能够虽有限而可无限，这确实是一个很难成立的问题。但牟宗三从另外一个角度来讲，他承认个人的生命是有限的，甚至道德行为本身也是有限的，这都没有问题，但有限的行为本身却可以具有无限的意义。更进一步说，道德行为所依据的道德实体却不仅仅限于个人，而是具有超越性、普遍性和永恒性，所以在这个角度上"无限"是可以成立的。"有限"和"无限"关系的提出在牟宗三哲学发展中具有非常重要的意义，他后来在《现象与物自身》中重新诠释康德的现象与物自身的关系，其中很大程度上就是借用了"有限"与"无限"的思路，用这种方法来说明"物自身"的价值意味。

第三，牟宗三把"即有限而可无限"的境界称为"宗教境界"。牟宗三的哲学具有很强的宗教性特征，或者说，他对宗教和哲学没有清楚的区分，他时常把"儒学"和"儒教"作为同义语来使用。他曾在台南神学院作过一场演讲，后来讲稿收入《中国哲学的特质》，作为此书的第十二讲,题目就是《作为宗教的儒教》。在这篇讲稿中,牟宗三提出了儒学之所以可以称为儒教是因为他具备了宗教的功能,即它能"尽日常生活轨道的责任"、"启发人的精神向上之机,指导精神生活的途径"。① 牟宗三把儒学理解为儒教更多的是从内在的精神实质去理解,而不是从外在的形式方面来理解,他说:

> 宗教可自两方面看:一曰事,二曰理。自事方面看,儒教不是普通所谓宗教,因它不具备普通宗教的仪式。它将宗教仪式转化而为日常生活轨道中之礼乐。但自理方面看,它有高度的宗教性,而且是极圆成的宗教精神,它是全部以道德意识道德实践贯注于其中的宗教意识宗教精神,因为它的重点是落在如何体现天道上。②

用一种宗教的观点去理解"即有限而可无限"是牟宗三哲学的一个特色,牟宗三所讲的宗教有两层含义,一是他注重道德的实践性;二是注重天道性命的贯通。这种天道性命的贯通是中国哲学所特有的思维模式,也是牟宗三对传统哲学的继承,牟宗三把它定义为"宗教",这是我们不得不留意的地方。因为既然他称之为宗教,那他哲学的前提、预设等方面就不可能不受到影响、或者说体现出宗教的特色,所以我们在研究评判牟宗三哲学时,一定要注意他的哲学观与宗教观。

对于个体与道德实体、道德行为与终极存在的关系,牟宗三也有明确的表述,他说:"宋明儒之将《论》、《孟》、《中庸》、《易传》通而一之,其主要目的是在豁醒先秦儒家之'成德之教',是要说明吾人之自觉的道德实践所以可能之超越的根据。此超越根据直接地说是吾人之性体,同时即通'於穆不已'之实体而为一,由之以开道德行为之纯亦不已,以洞彻宇宙生化之不息。性外无体,宇宙秩序即是道德秩序,道德秩序即是宇宙秩序。"③这段话既是牟宗三对宋明儒学的总体概括,也

---

① 牟宗三:《中国哲学的特质》,上海:上海古籍出版社,1997年,第94—95页。
② 牟宗三:《中国哲学的特质》,第103页。
③ 牟宗三:《中国哲学的特质》,第32页。

是他自己对于道德的本质理解。这几句话层次很清楚,逻辑性也很强,首先他是说道德实践有超越的根据,然后指出这个超越的根据是人的性体,实际上也就是"道德主体",而道德主体呢,又不仅仅限于个人,而是超越了个体存在,是通于"於穆不已"的天道创生实体,这个实体是宇宙生化之根源,天地万物生生不息正是因为有这创生实体,所以这个实体不仅是道德的超越根据,也是宇宙生化的根据。所以,牟宗三从这个角度上讲"宇宙秩序即是道德秩序,道德秩序即是宇宙秩序",通过这样一番推导与论证,牟宗三就把道德界和存有界打通了。后来牟宗三借助康德哲学,力图建立完整的存有论体系,其形上的存有论、物自身的存有论即是道德的存有论,他建立这种存有论的方法、思路在这时已经基本形成,只是后来更加详细、完善。

当然,能否接受牟宗三这种论证方式是另外一码事,因为一旦涉及"超越"的领域就很难用经验来证明。道德行为当然是经验层面的,但道德行为背后的超越根据却不能证明,而只能是一种理解、或者说是设定。道德行为是个人的行为,道德根据、道德主体也应该是属于个人的,但牟宗三试图把属于个人的道德主体"推出去",使道德主体与宇宙实体通而为一。很多学者不会接受这一论证,认为这种论证方式过于武断。不能接受牟宗三论证的观点更多的是从逻辑实证主义的观点来看问题的,因为用经验是没有办法来支持牟宗三的论证的,但这些学者在否定牟宗三观点的时候,他们往往忽略、或者是不认同牟宗三哲学的立场。实际上牟宗三先生做出上面的论证、做出"宇宙的秩序就是道德的秩序"这样一个结论在孟子那里说得就很清楚了,牟宗三只是用现代的语言和论证方式来诠释"尽心知性知天"、"万物皆备于我"这些命题。当然我们不是说能在古人那里找到根据就说明牟宗三的论证可以成立,我们只是揭示牟宗三哲学的精神实质和他与传统哲学的关系。理解牟宗三哲学不是一件很容易的事情,他的哲学虽然在形式上是现代的,但在精神理路上却是传统的,不理解中国传统哲学的致思方式也很难接受牟宗三哲学。

在六十年代,牟宗三对道德主体的理解和阐释主要是"心体"和"性体",他对二者的关系有过说明,他说:"心体充其极,性体亦充其极。心即是体,故曰心体。自其为'道德的心'而言,则性因此始又真实的道德创造之可言,则性也而心矣。是故客观地言之曰性,主观地言之曰心。自'在其自己'而言,曰性;自其通过'对其自己'之自觉而有真实而具体的彰显呈现而言则曰心。心而性,则尧、舜性之也。性而心,则汤、武反之也。心性为一而不二。"①从这段话可以看出,牟宗三所理解的心体和性体并不是两个东西,而是形上的道德实体的不同展现,或者说从不同的重点去表达道德实体,性体侧重从客观的方面讲,心体侧重从主观的方面讲。对于"心体",牟宗三又进一步做解释:

> 客观地自"於穆不已"之天命实体言性,其"心"义首先是形而上的,自诚体、神体、寂感真几而表示。若更为形式地言之,此"心"义即为"活动"义,是"动而无动"之动。此实体、性体,本是"即存有即活动"者,故能妙运万物而起宇宙生化与道德创造之大用。②

"即存有即活动"是牟宗三对心体的形象描述,因为一旦提到"体",大家往往容易想到的是超越的、绝对的、静止不动的存在,就好像柏拉图讲的"理念",牟宗三尽力想改变人们对于心体的这种理解,他是想说明,心是不断跃动的、涌现的存在,当然这里的心也不是血肉之心,而是道德本心。道德本心也就是道德实体,它与天道性命通而为一。"即存有即活动"生动地表现出道德实体的存在状态,也成为牟宗三判定宋明儒学统绪的重要标准。

所谓"判教"是一佛家用语,就是以佛四十九年所说的法来判释自

---

① 牟宗三:《心体与性体》,第36页。
② 牟宗三:《心体与性体》,第36页。

己的宗派是佛所说的至上的圆教经典。各宗大师都曾有教相判释,以判各宗之高下而定自宗之位次。牟宗三借用了佛家的"判教"说法,并对儒、释、道三教做一评判,认为儒教是"真实无妄、充实饱满"之圆教。牟宗三判教的前提是他认定儒家是"即道德即宗教"、或"道德宗教",所以可以和佛、道两教一起进行比较和评判。

在对宋明儒学的研究过程中,牟宗三提出了与其他学者不同的讲法,一般认为宋明儒学可分为程朱理学和陆王心学,牟宗三却提出了与此不同的三系说,这三系分别是:一、五峰、蕺山系。此系由周濂溪、张横渠、程明道的圆教模型开出,此系的特点是客观的讲性体,以《中庸》《易传》为主,主观的讲心体,以《论语》《孟子》为主。二、象山、阳明系。此系是以《论》《孟》摄《易》《庸》,而且以《论》《孟》为主,此系的特点是"一心之朗现,一心之伸展,一心之遍润;于工夫,亦是以'逆觉体证'为主者"①。三、伊川、朱子系。此系是以《中庸》《易传》与《大学》合,而以《大学》为主。于《中庸》《易传》所讲之道体性体只收缩提炼而成为一本体论的存有,即"只存有而不活动"之理,把孔子之仁理解为理,把孟子的本心转为实然的心气之心,因此,在工夫上特别重视后天之涵养以及格物致知的认知作用,工夫的落实全在格物致知。

上面是牟宗三关于"三系说"的大体轮廓。他还认为一、二两系都以《论》《孟》《易》《庸》为标准,可以会通为一大系,牟宗三把这一大系命名为"纵贯系统",此系是宋明儒者之大宗,也合乎先秦儒家之古义;伊川、朱子系,牟宗三称之为"横摄系统",横摄系统是旁支,是另开的一传统。朱子学几百年来一直被作为理学之正统,最起码也是和陆王心学相对立的儒学流派,但牟宗三却大胆地提出伊川、朱子之学是别子为宗,这是很需要勇气的。他之所以这样评判有他的理由,我们知道,牟宗三不是一般意义上的哲学史家,他首先是一位哲学家,他有着自己的哲学立场和哲学视野,所以他对哲学史上人物、流派的评判

---

① 牟宗三:《心体与性体》,第42页。

是以自己的哲学出发点为前提的。

牟宗三之所以判断朱子不是宋明儒之大宗,原因有二:第一,他认为朱子将知识问题与成德问题混在一起讲,这样阐释的道德是不纯粹的,不能说明道德之本性;对于知识来说也不能从道德中解放出来,不能显示知识之本性。之所以这样讲,是因为牟宗三认为朱子认为的把握"超越之理"的方式是通过"格物"来实现的,格物的过程中可以产生一些博学多闻的经验性知识,这些知识虽然对于道德实践有一定的作用,但作用不是根本的,而且这种知识的获得也不是伊川、朱子的主要目的,伊川、朱子的主要目的是把握、实现道德的超越根据"理",但他们却没有把作为道德实践补充的经验知识和道德根本的"超越之理"区分开来,因此说对于确立"大本"的这种方式来讲,牟宗三是不认同的,他认为通过格物致知的方式来把握超越之理对于道德实践来说是"歧出"、是"转向"。第二,牟宗三认为朱子将超越之理与后天之心对列,心认知地摄具理,理超越地律导心,因此成德之教就成了他律道德,也是渐磨渐习的渐教。格物在把握超越之理方面和在经验知识获得方面都是本质工夫,是他律道德之渐教的决定因素,这样就很难把超越之理和经验知识区分开。

透过上面牟宗三对伊川、朱子的批评,我们可以看出,牟宗三在两个层面上与他们不同:首先对于"心"的认识,牟宗三理解的"心"本身就是超越的道德实体,心、性、天道是统一的,不是在心外别有一个超越的天或者理,所以他认为朱子将心理解成后天与理对列的存在是不可以的;其次他也不赞同朱子"格物致知"的求道方法,他认为格物得到的知识可能分为两种,一种是关于超越的天道的形上之理,一种是关于经验的现实的知识,仅仅说"格物致知",得到的结果可能是混淆了两种知识,或者说不能确立道德心的根本性地位。所以在求道的方法上,牟宗三更推崇的是陆王的"尊德性",而不是朱子的"道问学"。这段话还隐含着牟宗三对于知识的理解。早在五十年代,牟宗三就确立了道德主体和知性主体,与两种主体相对应的知识也可以分为两种,即关于超越的、形上的道德的知识和关于现实的、经验的理性的知识,两种知识相比较,前者更具有根本性。两种知识对应着不同的主体,处在不同的层面上,所以获得这两种知识的方式也是不同的。牟宗三之所以反对朱子的"格物致知"就是因为他觉得朱子没有区分开这两种知识,没有把"本末"问题说清楚。

简单说来,牟宗三对宋明儒的分系的标准就是宋明儒者对于道体、性体体会的不同。体会有两种,一是体会为即存有即活动,二是体会为只存有不活动。在他看来,周濂溪、张横渠、程明道等人代表了即存有即活动,所谓即存有即活动就是以一种动态的眼光视天理为本体宇宙论的,或者说道德创造之真几,会通天地万物之根源,把百理之根源而见天理之一相;而只存有不活动则是静态地看天理为本体论的存有,静态地默识天理之一相与多相。对于"即存有即活动"的具体内涵和道体、性体、心体等概念之间的关系,牟宗三做了一个总结:

一、道体性体是即活动即存有者;

二、易体、诚体、心体、神体,此四者与理体是一;

三、心与性是一;

四、心与理是一;

五、理或天理是动理,即曰天理实体,亦是即活动即存有者。①

五十年代,牟宗三就提出了"道德主体"的概念,道德主体是形上的实体,具有超越性和绝对性,但那时他所讲的道德主体,侧重于从孔子的"仁"、孟子的"恻隐之心"等方面讲,从仁智对显的角度来讲。与之相比较,牟宗三此时的研究呈现出一定的特色,首先他还是在讲"道德主体",在精神实质、思想理路上没有发生根本性的改变;其次,因为他这一时期主要是研究宋明儒学,所以受宋明儒学影响较大,而且阐

---

① 牟宗三:《心体与性体》,第66页。

述的角度、重点也围绕宋明儒学的问题展开。事实上，宋明儒学就是天道性命贯通之学，对儒家道德形上学的重建有很大的贡献，牟宗三作《心体与性体》，一方面是在整理宋明儒关于道德心性、天理存在的论述，梳理他们的脉络，厘定他们的分际，给他们的理路、贡献和地位都做一个评判，另一方面，牟宗三在研究、阐释宋明儒思想学说的过程中也表达了自己的立场和思想。对于牟宗三哲学来讲，《心体与性体》不仅仅是一部哲学史著作，同时也是一部哲学著作。也有一些学者对牟宗三的宋明儒学研究提出疑问，比如对他的三系说，比如对他对朱子学的理解和判定，认为他误读和曲解了朱子。那是哲学史、或者说是朱子学研究领域的问题，不是本文关注的重点。本文的兴趣和重点在于讨论牟宗三根据宋明儒学提出的问题进行的阐发，举例子说就是：我们不讨论牟宗三是否真正理解了朱子、是否真正还原了朱子，我们只是想知道牟宗三为什么要这样理解朱子，他理解朱子所使用的标准是什么。

从一定意义上讲，牟宗三一方面是在"注六经"，另一方面也是"六经注我"。如果借用牟宗三的说法，宋明儒学的课题是"成德之教"。在"成德之教"的建构过程中，宋明儒者提出了大量的概念，比如心、性、理、道、易、诚。牟宗三在自己已经形成的"道德主体"思路的指导下，重新理解和整合这些概念。上面我们所引的牟宗三所列举的五个方面是他从不同的侧面理解道德主体，或者说他通过借用宋明儒者的概念把自己关于道德主体的思想表达得更清楚。

上面总结的五点是牟宗三对程明道等人关于道体、性体等概念的一个总结，实际上也是自己对于几个概念关系的理解，他对朱子也有一个评判，他认为伊川、朱子不是走明道、横渠、五峰及象山、阳明的"逆觉体证"之路，而是走"格物致知"的顺取之路，牟宗三认为："伊川、朱子所以如此者，正因其对于道体性体只简化与汰滤而为'存有'义与'所对'义之'理'字。此为言道体性体之根本的转向。朱子虽亦大讲太极,然太极之为'存有'义与'所对'义之'理'字则一也。"①这句话也就是说牟宗三认为通过伊川、朱子的顺取之路只能得到一个存有论意义上的"理",其具体的影响,牟宗三也做了细致的分析。

首先,他认为朱子理路的最大影响是"道体"、"性体"义的减杀。在他看来,"总天地万物而本体宇宙论地言之之道体(实体)原本是'於穆不已'之天命实体、'为物不贰生物不测'之创生之道,而今则只成静态的存有,至多是本体论的存有,而不能起妙运万物之创生之用者"。②牟宗三所理解的道德实体首先具有创生义,作为静态存有的"理"虽然也具有本体论的意义,却不具备创生功能,落实在现实世界中就是道德实践功能的缺乏。

其次,牟宗三认为按照朱子的思路会造成道体、性体分际的混漫。在他看来,道体性体之内容的意义虽然是一致的,但严格说来是有差别的。性体是就个体而言的,普遍的、静态的、存有的定然之理不但是对个体而为性,而且同时为一切事事物物之性,所以二者还是有着区别。

再次,牟宗三理解的道体是就"於穆不已"的天命实体言,是就"为物不贰生物不测"的创生之道言;性体则是就个体而言,是反身自证以见吾确有能自觉地作道德实践、能起道德创造之用之超越根据。而朱子的方式却只就"存在之然"推证其所以然之定然之理,这种方式在牟宗三看来是对程明道等人把握道体方式的"倒转",他称之为"存有论的解析"。

接下来牟宗三又解释了为什么要以明道所悟为标准:

> 当吾人以明道所悟者为标准,说"於穆不已"之天命实体或"为物不贰生物不测"之创生之道为创造的实体时,此创造的实体就其所创造出之"存在之然"说,亦可以说它是"存在之然"之所以

---

① 牟宗三:《心体与性体》,第70页。
② 牟宗三:《心体与性体》,第70页。

然的"存在之理",在此或亦更可说是"实现之理"即实现其为一"存在之然"之理,实现之即存在之;但如此说的"存在之理"或"实现之理"是从本体上直贯说下来的,是以本体为首出而直贯地说下来是如此,不是以存在之然为首出而推证其所以然这种"存有论的解析"中之"存在之理"或"实现之理",这是提挈宇宙之提起来说的,不是实在论式的平置地说的。就性体而言,性体是吾人能起道德创造之性能,就其所创造的道德行为之纯亦不已之存在之然说,此性体亦可以说是此等"存在之然"之所以然之存在之理或实现之理。……是以依明道所代表之一大系说,如要说存在之理或实现之理,只能从上说下来,不能从下说上去。此正是直贯系统与横摄系统之异也。①

其实牟宗三说来说去,就是一直在强调道德主体的"即存有即活动"。他很重视道德实体的创生性,因为在他看来不论是明道的理路还是朱子的理路都坚持了"理"的超越性与绝对性,但他认为朱子是静态地去理解"理","心"与"理"是二分的,这样心不能成其为体,不能具有道德的创生性,在道德实践的层面上,道德义就会减杀。而明道则把道体和心体、性体沟通起来,"存在之理"和"实现之理"是一致的、一贯的,都是从体上说下来的,是本体直贯说,不是从存在上推说,在方法就是"逆觉体证"、"尽心知性知天",而不是"格物致知"。

牟宗三以程明道所悟为标准实际上也是解释他"判教"的标准,他判明道、五峰、象山、阳明等一系为儒学之正宗嫡传,判伊川、朱子"别子为宗",从哲学史研究的角度来讲是确立儒学道统,从他个人哲学思想发展而言是他"道德的形上学"思想的发展和完善。

在牟宗三生活的那个年代,儒学面临着各种挑战,要想说明儒学的合理性、生存的正当性,就必须从历史的角度给予证明。所谓"道

---

① 牟宗三:《心体与性体》,第72—73页。

统"意识是从历史、文化的角度使中国人找到文化之根、民族之根,增强中国人的自尊心和自豪感。唐代韩愈即有道统说,孙中山先生也提出过自周公、孔子以来的道统说,"道统"代表着超越时空,代表存在的正当性和永恒性。牟宗三的判教,一方面是厘清了宋明儒学发展的脉络,交待了各宋明儒者思想的内在关联,另一方面也是承续道统,在他看来,明道、横渠、五峰、蕺山、象山、阳明一系为宋明儒学之大系,为正宗嫡传,所谓嫡传,乃是指先秦《论》、《孟》、《易》、《庸》之嫡传,而《论》、《孟》、《易》、《庸》恰恰又代表了道统,代表了儒家的真精神、真智慧。牟宗三的道统说还有一层隐含的意义,那就是他在判教的过程中认同了明道、陆王一系的标准,他的"道德的形上学"的建立也是在陆王一系的基础上完成的,既然他们代表了正宗嫡系,那么作为继承了他们思想的牟宗三哲学自然也就是儒学道统在当代的表现了。

有的学者对牟宗三的统绪意识提出质疑,认为没有必要分出所谓的"嫡系"和"旁支",因为无论是陆王之学还是程朱之学都是儒学发展的不同分支,过多的门户之见会使儒学发展的空间更为狭窄。这种质疑也不是没有道理,因为自孔子之后,儒分为八,儒学的发展本来就是发散的,朝向不同的方向,很难判定哪一派真正继承了孔子的衣钵。但这只是纯粹哲学史研究的角度,我们前面说过,牟宗三不是纯粹的哲学史家,他首先是一位哲学家,哲学家之所以为哲学家是因为他要有自己的哲学立场和主张,牟宗三的"判教"、"道统"说是以他的哲学立场为前提的,"即存有即活动"和"只存有不活动"是他判教的标准;而"道统"一旦确立,又为他的"道德的形上学"体系寻找到了合理的依据。

通过对宋明儒学的研究,牟宗三自己的哲学体系也有了相当程度的发展与完善,他的"道德的形上学"的思路更加清晰、结构更加完整。就道德的形上学的核心概念"道德主体"来说,在五十年代,牟宗三偏重于强调道德主体和知性主体的对比,那时的"道德主体"受孔孟影响较大,重点是在于说明"道德主体"是形上实体、是价值之源。宋明儒学的概念和讨论给了牟宗三很大的启发和影响,他很好地借用了宋明儒学的概念、命题,使他的"道德主体"的思想丰富了很多,比如在描述"道德主体"的超越性的一面时,他更喜欢用"道体"、"神体",这些词语似乎更能表达道德主体的超越、无限、永恒;在说明"道德主体"是不断创生的实体时,他更倾向于用"易体"、"诚体"这样的词语,因为《周易》上有"天地之大德曰生、生生之谓易"之说;在强调"道德主体"的内在性时,他更多是用"心体"和"性体"这样的概念,因为"心体"和"性体"更多是着眼于个体。

在给宋明儒学判教过程中,牟宗三"道德主体"的架构更加清晰、明显。我们姑且不评价他的"即存有即活动"的判教标准是否能够比较客观地给宋明儒学做出评判,但我们却可以发现牟宗三由此找到了一个清晰的、建构和完善自己"道德主体"思想的途径。应该说"道德主体"超越而内在的思路,在五十年代的"新外王三书"里已经有了,但如何将这个思路清楚表达出来?应该说《心体与性体》做出了很大贡献。"即存有即活动"是一种概括的讲法,它标示出了作为内在的道德的心、性本身就是超越的道德实体,而天命、天道也不是高高在上、外在于人、僵硬、静止的,心体、性体和天命天道在本质上是一个东西,他们是不断涌现的、具有无限创生作用的实体。至此,牟宗三关于"道德主体"的思想已经非常成熟,为他后面建立"道德的形上学"体系建立了充分的准备。

牟宗三认为儒家根据"践仁尽性"即已经接触到了"道德当身之严整而纯粹的意义",这是他认为的道德三义中的第一义,并且此义已经能融摄康德在《道德底形上学之基本原理》中所说的一切。同时他也谈到,儒家理解的道德不止这第一义,同时还充其极至第二义与第三义,这境界是康德所不能及的。康德之所以达不到这个境界,一是因为他那步步分解建构的思考方式限制住了他,他缺乏那原始而通透的具体智慧;二是因为他无具体清澈、精诚恻怛的圣人生命境界。牟宗三认为康德这种步步分解、强探力索是向儒家这个智慧形态前进的,虽然还有很多生硬不妥帖处,还需要继续淘滤与融化,但他的分解工作之功绩是不可泯灭的。

牟宗三认为,康德之所以达不到第二义的境界就是因为他的《道德底形上学之基本原理》与《实践理性批判》只建立了"道德的神学",却没有根据道德理性所先验供给的客观的道德法则再进一步展现出一个具体而圆熟的"道德的形上学"。牟宗三首先区分了"道德底形上学"与"道德的形上学"。他说:

> 前者是关于"道德"的一种形上学的研究,以形上地讨论道德本身之基本原理为主,其所研究的题材是道德,而不是"形上学"本身,形上学是借用。后者则是以形上学本身为主(包括本体论与宇宙论),而从"道德的进路"入,以由"道德性当身"所见的本源,此就是由道德而进至形上学了,但却是由"道德的进路"入,故曰"道德的形上学",亦犹之乎康德由实践理性而接近上帝与灵魂不灭而建立其客观妥实性,因而就神学言,即名曰"道德的神学"。但康德只就其宗教的传统而建立"道德的神学",却未能四无傍依地就其所形式地透显的实践理性而充分展现一具体的"道德的形上学"。①

这一段话里牟宗三先生比较清晰地界定了"道德的形上学"的概念。为了防止混淆"道德底形上学"与"道德的形上学",他先明确说明,"道德底形上学"重点在于"道德",也就是从形上的角度去探讨道德的问题;"道德的形上学"则是要探讨"形上学",形上学包括宇宙论与本体论,形上学的入路有很多,比如从知识的角度,从人的认知、理性等出发去探讨形上学,牟宗三却认为儒家的形上学是以道德为入路

---

① 牟宗三:《心体与性体》,第120页。

的,所谓以道德为入路就是从道德性本身,即"道德心性"为本源进入宇宙的本源,简单说来,就是道德的本源即是宇宙的本源,由道德本源的妥实性而建立宇宙本源的妥实性,从而建立"道德的形上学"。康德在西方哲学背景之下,是不可能实现由道德向宇宙本源的跨越的,他只是从实践理性出发做出了上帝存在与灵魂不灭的设准,由上帝存在和灵魂不灭这样的设准保证了道德客观妥实性。因为康德的道德的客观性是以上帝存在为前提的,所以牟宗三称之为"道德的神学"。

至于为什么康德只有"道德的神学"而没有"道德的形上学",牟宗三认为,康德所分解表现且批判表现的实践理性只是形式地建立,一方面未能本着一种宇宙的情怀而透至其形而上的、宇宙论的意义,一方面也未能从工夫上着重其"如何体现"这种真正实践的意义,即所谓"践仁尽性"的实践工夫,因而其实践理性、意志自由等无上的命令只是在抽象的理上的当然状态,而不是"当下呈现"的具体状态。说到底都是牟宗三的哲学来自中国传统哲学,他始终都有一个道德主体的观念,道德主体由道德实践来展现,二者是"体"与"用",或者"本体"与"工夫"的关系。牟宗三说:"依儒家说,无论是'尧、舜性之'或'汤、武反之',无论是'即本体便是工夫',或'即工夫便是本体',这无上命令,因而连带着发这无上命令的自由自主自律之意志、心性,都是随时在具体呈现的。然而这境界,康德未能至。"①

康德虽然没有中国哲学的"体"、"道德主体"的观念,但是却有"意志自由"、"灵魂不灭"和"上帝存在"三个设准。当然这三个设准的地位也是不一样的,康德在《实践理性批判》序言中写道:

> 自由概念的实在性既然已由实践理性的一条无可争辩的法则证明,它就构成了纯粹的、甚至思辨的理性体系的整个建筑的拱顶石,而所有其他概念(上帝的概念和不朽的概念)作为单纯的

---

① 牟宗三:《心体与性体》,第120页。

理念原来在思辨理性里面是没有居停的,现在依附于自由概念,与它一起并通过它得到安定和客观实在性,这就是说,这些概念的可能性已由自由是现实的这个事实得到了证明,因为这个理念通过道德法则展现了自己。①

康德之所以把意志自由作为设准,是因为自由意志是"实践理性的极限",在感觉界中,一切现象都是处在因果链中,是没有自由可言的,自由是属于睿智界的一个理念。在现象界中,我们的知识是经验的知识,凡知识所在之处,都有经验直觉为知识的内容,即感性直觉为知识的材料。但意志自由不是可以由经验来直觉的,它不能呈现于经验直觉中,也不能对象化而被我们所直觉。因为它不是一个知识的对象,所以说它是一消极的概念。但此消极的概念也有积极的意义,那就是"意志自律",通过意志自律,意志给它自身立法,所谓立法也就是建立客观普遍的道德原则。康德还认为对于睿智界的理解,我们只能知道"意志的自律",这是"形式的条件",除此以外,再没有别的,因为感觉界有内容,是一有感觉经验的系统,而睿智界却一无所有,只是一个形式。

对于康德关于"意志自由"的理解,牟宗三提出了一些不同的看法:

> 故康德云:"凡依自然之法则而有的决定停止之处即是一切说明停止之处。""不能被说明"之意既如此,则所谓"自由不能被领会或了解",即是不能以了解"知识对象"底方式去了解它。"说明"与"了解"既都限于经验知识底意义,则超出此知识意义的东西便是不可说明,不可了解的。理性要想去说明与了解它,便是越过了界限。说属于睿智界的自由不是经验知识方式所能说明与了解的,这本是可以的。这在现在已不成问题,凡肯认有超越

---

① 〔德〕康德:《实践理性批判》,韩水法译,北京:商务印书馆,1999年,序言第2页。

实体者，皆能契此。但除经验知识方式外，岂无另一种方式的说明与了解？康德把说明与了解之标准规定得太狭、太专一，这是很有妨碍的。正因这太狭太专一的标准，故既不能有经验知识意义的说明与了解，便是无说明与了解，不必就只是已假设，这在逻辑上就可以鉴别出来的。故康德由无经验知识意义的说明与了解便推至自由只是一假设，这在逻辑上是有问题的。且不只这逻辑推理底问题，其真实问题乃在他所讲的道德真理全部落了空。①

这一段话给出了好几层的信息。第一，牟宗三哲学与康德哲学的差别至此比较清晰地凸现出来了。为什么康德认为意志自由只是形式，没有内容？是因为在睿智界没有感性经验的提供内容，感性经验只能提供内容给思辨理性，而不能提供给实践理性。那么有没有一种方式可以提供内容给实践理性呢？康德认为是没有的，这在前面已经反复说明。但牟宗三对康德的这一观点并不认同，他认为除感性经验内容外，还应该有其他的认知方式，康德规定人只有感性经验，是过于狭小了。第二，牟宗三哲学受康德哲学影响越来越大，他讨论问题的向度、方式完全是从康德处出发的，虽然在最基本的哲学前提、预设上他还是来自中国传统哲学，但在问题的切入点上，他是以康德为入路的，就是根据康德的框架，或者说康德提出的问题，他提出了自己的看法、观点。第三，到这一段所引康德哲学的思想，以及由牟宗三对他的评判，我们可以看出牟宗三将要产生"智的直觉"的概念。虽然"智的直觉"是他在五十年代就已经提出的一个概念，但那时这个概念的内容还比较简单，而且地位也没有那么重要。在上面所引的话中，我们看到，牟宗三不同意康德所说的人只有感性经验，可以应用于现象界，而对于睿智界则没有与之相对应的直觉方式。既然牟宗三否认了康德的观点，那么他就应该指出那样一种直觉方式是什么，虽然在《心体

---

① 牟宗三：《心体与性体》，第127页。

与性体》这部书中牟宗三没有明确指出这种直觉是什么,但从后来他思想的发展来看,这种直觉就是"智的直觉",而"智的直觉"的提出就是要回答上面康德哲学中的这些问题。

康德认为"意志自由"因为没有感觉经验为其内容,所以是一消极性概念,这样"自由如何可能"这一问题就无法说明。在牟宗三看来,"纯粹理性是如何能是实践的","自由如何是可能的","人何以能直接感兴趣于道德法则"这三个问题是一致的。康德所说的纯粹的道德就是不附带任何其他条件,完全是根据道德法则的要求而自愿去做,这就是"纯粹理性如何自身就是实践的"、"道德法则本身即使吾人感兴趣"。但在康德看来,"要想去说明作为一法则的格准之普遍性,……如何并为何能使我们感有兴趣,这对于我们人类说,那是完全不可能的"。[①] 也就是康德认为,我们人类的理性是无法说明、无法理解这个问题的。

牟宗三对康德这种说法非常不满意,他认为康德是用经验知识的形态去思考这种"特别因果性"。康德认为,此"特别因果性"的结果在经验的范围内,而原因却是超经验的纯理念,我们对之并无经验的直觉,所以对我们人类理性这种特别的因果性是难以理解的。牟宗三则认为,自由自主自律的意志连同它自给的普遍法则本来就不是经验知识所能达到的,也不是经验知识的对象,即不在经验的事件串中,因此我们不必以经验知识的标准去判定它对于我们人类完全不可理解,不可说明,我们只要说明它不是经验知识所及就足够了。因为照康德的说法,以经验知识为唯一的标准,由此表明"实践哲学之极限",虽然我们还可以设定"自由",但是我们的知识却不能因此设准而扩大。牟宗三认为:

理性之思辨使用在经验内有效,超出经验,则只能提出一些

[①] 转引自牟宗三:《心体与性体》,第130页。

空理念,以此说明思辨理性的界限,这是恰当的。而当实践理性有权开辟睿智界时,还要顺经验知识去说明它的界限,那便成无意义。因为实践理性在道德上所接触到的意志自由定然命令等本已说其是超经验的,今若再依经验知识底标准判定其不可以经验知识底方式去说明,那岂不是赘词?①

康德严格区分了思辨理性与实践理性,思辨理性因为有感觉经验内容,所以是可靠的,而实践理性则没有具体的内容,如果要对它有所说明就会僭越理性的限度。康德实质上是认为"纯粹理性如何自身就是实践"这个问题是用思辨理性来回答的,而这个问题的内容又恰恰是思辨理性所无法进入的,所以是不能解决不能说明的。牟宗三则认为既然实践理性的问题是要由实践理性来回答的,不能因为思辨理性没法回答这个问题就说这个问题不能说明。所以在"自由如何是可能的"这个问题上,康德和牟宗三最大的分歧就在于究竟是用思辨理性解答这个问题还是用实践理性解答这个问题。康德实际上是认为虽然这个问题是属于实践理性的,但我们要想去思考这个问题、说明这个问题,使用的却只能是思辨理性,实践理性本身不能讲话、证明、呈现;牟宗三则正好相反,他认为我们的实践理性何以可能这个问题是可以用实践理性来说的,但事实上他在论证这个问题时,采用的路数和康德并不一致,他所用的证明方法是中国哲学式的。比如他讲:

> 康德说它的"绝对必然性",(不管是自由意志的,或是定然命令的)不可理解、不可辨识,并不是老子所说的"道可道非常道"之"道"之不可说义,亦不是如佛家所说的"言语道断、心行路绝"之"真如佛性"之不可思议义。因为"道"虽不可说,即不能用一定的概念去思考,然而它的真实性(绝对必然性)也还是呈现于我们的"虚一而静"的道心之前的,决不能说它超出人类理性底力量之

---

① 牟宗三:《心体与性体》,第131页。

外,非任何人类理性所能辨识。……依此,自主自律自由的意志这道德性的最后真实以及它所自立的无条件的实践法则、定然命令,其"绝对必然性"为什么不可以亦依这方式在道德的践履中去理解(正悟)去辨识(默识),因而使它真实地呈现于吾人之道德心灵之前呢?为什么必依条件底方式,概念思考底理性,而把它摈除于人类理性底力量之外,而视之为假设呢?①

在这段话中,牟宗三努力说明自由意志和思辨理性不是一码事,思辨理性使用概念去思考,要感觉做内容,自由自律自主的意志的真实性不需这个保证,它需要的是道德的主体和道德的实践,道德主体是自由意志真实性的保证,而道德践履则是自由意志的呈现。所以他不认同康德所说的实践理性的极限,他认为那只是经验知识思辨理性的极限。他说康德"以知识为贯通一切底标准,又因不能正视道德真理(法则)与道德主体(意志)之实践地呈现,遂错觉地误移为实践哲学之极限。实则实践哲学、实践理性可冲破此界限。惟冲破此界限,'道德的形上学'始能出现,而人始可真为一'道德的存在',其最高目标在成圣"。②

通过上面几段话的分析,我们可以看出这样几层含义:第一,对于道德事件、道德行为和道德根据关系的理解,牟宗三和康德是不一样的。康德认为由行为所产生的道德结果是落在经验范围内,可以称之为事件,但那由意志自律而给的道德法则、定然命令却不是事件,也不在经验范围内,所以称为"特种因果性",但牟宗三却说:"若依儒家的说法,这特种因果性就是体用底关系。"③牟宗三可谓删繁就简,把康德认为很复杂的关系简单直接地表示出来,他把康德关于实践理性和思辨理性的关系转化成"体"与"用"的关系。照康德的讲法,以经验知识

---

① 牟宗三:《心体与性体》,第137页。
② 牟宗三:《心体与性体》,第138页。
③ 牟宗三:《心体与性体》,第139页。

意义的标准去衡量实践理性是不可能的,所以实践理性如何可能这个问题也不可说明。但牟宗三却认为意志因果性中的那个原因实际上就是儒家所讲的"体",而道德行为、道德结果、道德实践实际上就是儒家讲的"用",体用关系就简单、直接也明确得多了。第二,对于"纯粹理性如何其自身就能是实践的"这个问题,牟宗三认为这个问题的关键就在于说明道德法则何以使我们感兴趣。他借用孟子的说法"理义之悦我心,犹刍豢之悦我口",认为"心"有两种含义,上提可为超越的本心,下落而为私欲之心。孟子此处说的当然是超越的道德本心。那些所谓的自给法则、自己决定自己的意志即是这超越的本心的自律活动,它自给这法则就是它悦这法则,它自己决定自己就是它甘愿这样决定,并不需要外来的兴趣来激发它,如果还需要外来的低层的兴趣来激发它,那么它就不是本心了。第三,牟宗三认为,"自由本身之客观存在上的绝对必然性如何可能"是不可以经验知识的尺度来衡量的,这是一个实践问题,不是一个知识问题。所以对此自由的理解应该是实践的亲证,理解它就是证实它、呈现它。这才是理性实践的运用,不是外在的解悟,而是内在的证悟。牟宗三说:

> 宋、明儒所讲的性体心体,乃至康德所讲的自由自律的意志,依宋、明儒看来,其真实性(不只是一个理念)自始就是要在践仁尽性的真实实践的工夫中步步呈现的:步步呈现其真实性,即是步步呈现其绝对的必然性;而步步呈现其绝对的必然性,亦就是步步与之睹面相当而澈尽其内蕴,此就是实践意义的理解,因而亦就是实践的德性之知,此当是宋、明儒所说的证悟、澈悟,乃至所谓体会、体认这较一般的词语之确定的意义。这自然不是普通意义的知识,不是宋、明儒所谓"见闻之知"、"丽物之知",因为它不是感触经验的,它无一特定的经验对象为其内容,因为性体心体不是一个可以感觉去接触的特定对象。从知识方面说,这只是实践意义的体证;从性体心体本身方面说,这种体证亦就是它的

真实性之实践的呈现。①

牟宗三进行了一个巧妙的滑转,他把康德的问题转化为儒家的道德实践问题,把对自由意志的理解和儒家的德性之知沟通起来。他彻底改变了康德对自由意志这个问题思考的向度。康德还是以追寻知识的态度和方法去探讨自由意志,同时又因为他不认为人可有"智的直觉",所以他得出自由意志何以可能这样的问题是无法理解的这样的结论。牟宗三则彻底摆脱了探寻知识的方法,他是把道德行为的发生理解为道德实体的展现,他用"体证"、"呈现"这些方法来说明道德的真实性,这完全是中国哲学所特有的方式,是康德无论如何都不可能有的思考问题、建构体系的方法。

在《心体与性体》的综论部分中,牟宗三首先论述了"心体"和"性体",然后又反复论证自由意志,实际上他有两个目的,第一个目的在于使康德哲学和中国儒家哲学相接头,另一个目的是建立"道德的形上学"体系。

我们可以思考这样一个问题:《心体与性体》是牟宗三整理宋明六百年儒学之著作,他为什么要在综论部分拿出如此多之篇幅去比较儒家哲学和康德的道德哲学？虽然牟宗三在书中没有明确指出,但他实际上透露给我们一个信息,那就是他认为我们今天再去研究宋明儒学必须很好地吸收、借鉴康德哲学的思想。如果通读全书的话,我们可以发现,牟宗三在价值取向、道德追求和精神实质等方面和宋明儒者并无根本差别,他还尤其推崇程明道、张横渠、陆象山、王阳明等大儒,然而他的研究方式也告诉我们,虽然往圣前贤的精神境界有着亘古常新的魅力,但我们今天在提出问题、论证问题等方面却不能停留在宋明儒者的阶段,我们必须学会分析和论证,而康德哲学在这方面给我们很大的启发。康德哲学体现了很多西方哲学的特征,比如他在前提的设定、问题的分析和体系的完整等方面的特点都是中国哲学所不具

---

① 牟宗三:《心体与性体》,第145—146页。

备的。而康德哲学那种注重道德的先验性，又和儒家哲学有着相当程度的类似，这也使得牟宗三很容易地想到把康德哲学和儒家哲学做一种比较和会通。通过前面的分析，我们也感到了这种比较和会通对于中国哲学、尤其是宋明儒学研究来说也是一个独特的视角。虽然也有的学者可能会质疑能否用本体论、宇宙论、知识论这样的范畴来研究中国哲学，但不可否认的是，这种研究方法提供了一个全新的、独特的视野，比如牟宗三把自由意志和心体、性体做比较，把自由意志和道德行为的关系用儒家的"体用说"来说明，正是因为有了康德这样的参照系，牟宗三对道德的解释才清晰朗现，他把道德分成三个层面去解释，使得我们对于他对道德的理解非常清楚、明白。

当然，需要指出的是，虽然康德的道德哲学对牟宗三产生了很大影响，但也应该看到，对于一些根本问题的理解上，牟宗三和康德还是有着很大差别的，最大的分歧就是在于对道德行为的根据或者说对道德本体的理解上。牟宗三受宋明儒学的影响，通过简单、直接的方法肯定心体、性体，实际上也就是道德主体的存在，道德主体保证了道德行为的真实性、纯粹性。这样，在康德看来所不可说明的意志的因果性，牟宗三用儒家的"体用观"就解决了。

比较自由意志、确立道德主体，牟宗三的最终目的就是建立道德的形上学。他认为康德所有的道德哲学只能概括道德三义中的第一义，对于第二义和第三义却不能接触，而且康德讲的自由意志只是设定，使得其全部的道德哲学落空，更不能建立"道德的形上学"了。牟宗三说："这是他哲学思考把他限住了，因而遂有他的'实践哲学之极限'之想法。就是这一极限，遂使他不能有一个'道德的形上学'出现。这是要有超过哲学的儒者襟怀才能做到的。如果这'道德的形上学'亦是一实践哲学，即亦可以哲学地讲出来，则它当是相应儒家成德之教的实践哲学，它是冲破康德所立的界限而将其所开辟的实践理性充其极的。"①

---

① 牟宗三：《心体与性体》，第153页。

我们应该注意，牟宗三的"道德的形上学"体系的建立始终是围绕着他开始所讲的"道德三义"所展开的，另外就是和康德道德哲学相比较，他更注重道德的实践意义。所谓道德三义的第一义是"道德性当身之严整而纯粹的意义"，在牟宗三看来，康德的道德哲学是具备这一条的。但对于牟宗三所讲的道德的第二义与第三义，也就是"其形而上的意义"和"在践仁尽性工夫中体现出的具体的表现"，他认为这是康德哲学所不具备的。在牟宗三看来，也只有具备了后两条，才真正突破了哲学的思考，而进入实践哲学的领域。简单说来，道德的第二、第三义可以概括为道德的"体"与"用"。在前面，牟宗三对"道德的形上学"有一定义，他说道德的形上学就是以道德为入路进入形上学领域，所谓"以道德为入路"就是道德实践，就是"用"的方面，所谓"形上学"领域就是道德之根据、存在之终极、宇宙之本体。牟宗三对"道德的形上学"的证成也是从"即用显体"这样一个角度来完成的。

在牟宗三看来，无论是阳明讲的良知、刘蕺山讲的意，还是康德讲的自由、意志之因果性，都是道德主体不同的表述方法，是从一个侧面、一个角度来说而已。道德主体不只是在实践的体证中呈现，也不只是在体证中被理解，而且其本身也在此体证的呈现与被理解中起作用，起革故生新的创造作用，这就是道德主体的创造。他认为，依照儒家，道德主体的创造才是真实而真正的创造，体现了"於穆不已"的创造原则，这种创造原则不同于生物学上的创造，不同于宗教信仰上的上帝之创造，也不同于文学家讲的天才之创造。因为生物学的生命之创造是实然的自然生命的本能，不是真能创造的；文学家所歌颂的天才生命是情感生命的光彩，其底子还是实然的自然的生命，这些都不是经过逆觉而翻上来的道德生命、真正而真实的精神生命之创造。而且牟宗三还认为，就是宗教信仰上所说的上帝之创造，如果真正落实了，还是道德主体之创造。

既然道德主体有如此的作用，那么它又是如何起作用的呢？牟宗三说明了道德主体创造的几个层次,他认为,道德主体在个人的道德实践方面的作用,首先,消极地消化生命中一切非理性的成分,不让感性的力量支配我们;其次便是积极地生色践形、睟面盎背,四肢百体全为性体所润,自然生命的光彩收敛为圣贤的气象;再其次,更积极地便是圣神功化,仁不可胜用,义不可胜用,表现而为圣贤的德业;最后,则与天地合德,与日月合明,与四时合序,与鬼神合吉凶,性体遍润一切而不遗。

道德主体在这样体证中所起的作用用传统中国哲学的话讲就是"繁兴大用",用现在的话说就是"道德主体的创造作用"。道德主体的这种创造作用不仅限于人类而为人类之性体,也不仅限于康德所说的一切理性的存在,而是通于"天地之性"、"天地之中",为宇宙万物之性体,也就是宇宙万物的本体、实体,这是绝对、普遍的,也是道德实践上绝对必然的。在牟宗三看来,无论就孟子的"性善"之心性说,或就《中庸》的"天命之谓性"之性说;无论就周濂溪之诚、太极、寂感之神说,还是就张横渠之太和、太虚、天地之性说,或就程明道之仁、天理、实体、於穆不已之体说,或就陆象山之本心即性即理说,或就王阳明之良知说,或就刘蕺山之意说皆然。总的说来就是:性即是道,性外无道;心即是理,心外无理。性、道、心、理是道德性的,也是宇宙性的,这样道德主体就成了本体宇宙论的生化之理、实现之理,这个生化之理虽然是超越的,但却不是隔绝的,它是由实践的体证来呈现。牟宗三说:

> 儒家惟因通过道德性的性体心体之本体宇宙论的意义,把这性体心体转而为寂感真几之"生化之理",而寂感真几的生化之理又通过道德性的性体心体之支持而贞定住其道德性的真正创造之意义,它始打通了道德界与自然界之隔绝。这是儒家"道德的形上学"之彻底完成。①

至此,牟宗三的"道德的形上学"的意义已经揭示得很清楚了,他

---

① 牟宗三:《心体与性体》,第155页。

从道德的三义入手,进而将儒家的道德学说和康德的道德哲学进行比较,分析了康德对自由意志的设准和自由意志的内涵,并由此说明儒家学说所不同于康德的道德哲学处,他从"体用"的立场出发,看儒家的道德实践和道德主体的关系,由道德实践显露道德根据、道德主体,并进而说明此道德主体就是宇宙创生之原理、存在之本体。

通过上面的分析,我们可以看出,虽然牟宗三对"道德的形上学"的论证非常细密,也参照了康德道德哲学的内容,但在最根本的前提、方法上,他依然没有突破宋明儒学的框架,他的"道德主体"就是心性、天命的现代表述。当然,这并不是对牟宗三的批评,我们没有理由要求一个哲学家在理论上一定要创新、一定要提出前人所没有的看法,这是不现实的,也是没有必要的。牟宗三和徐复观、唐君毅等先生之所以被称为当代新儒家,就是因为他们在精神追求、价值取向等方面和中国传统儒学的一脉相承。如果他们背离了宋明儒学、先秦儒学,我们就不会以"新儒家"或"新儒学"来称呼他们了。而且我们也应该意识到,从清代到近代,宋明儒学一直处于昏暗不彰的地位,以熊十力、梁漱溟以及唐、牟、徐等诸先生为代表的当代新儒家明确提出恢复儒学之道统,姑且不说他们的理论有多大的创新意义,仅仅是在这个时代提出"返本开新、慧命相续"的想法就已经体现了一定的意义。

当然我们也不是说牟宗三先生的"道德主体"或"道德的形而上学"的理论就尽善尽美或者不可以批评了,相反,我们更应该根据牟宗三提出的一些问题继续思考,甚至对他提出一定的质疑,比如:康德讲的自由意志是否等同于儒家的"心体"与"性体"?我们能否用儒家的"道德实践"取代康德的哲学思考?我们用儒家的标准来衡量康德是否恰当?要想回答这些问题可能会很困难,我们只能大致提出一点思考,这种思考可能还不够深入,需要进一步深化。

我们应该首先看到,牟宗三哲学的出发点和康德哲学就不同,他自己明确把儒学称为"成德之教"、"儒教"、或者"即道德即宗教"。虽然关于"哲学"和"宗教"的定义都有比较大的争论,我们很难给出一个人人认同的"哲学"和"宗教"的定义,但二者应该有一定的区别应该是不争的事实,否则二者就可以相互取代、或者说可以取消一个,以免引起误解了。但牟宗三却有时把儒家的学问称为"儒学",有时称为"儒教",又没有给出一个明确的标准,这对于我们理解他哲学的前提和方法造成了一定的困扰,我们不能确定他究竟是以理性作为出发点,还是以信仰作为出发点。牟宗三可以说他是以"道德理性"为出发点,而事实上他对"道德理性"或"道德主体"的规定更类似于西方宗教中对"上帝"的规定,即,规定的方法是实践的,不是思辨的,因而我们也可以说,牟宗三关于道德问题的方法是由"宗教"而"哲学"。这和康德有着明显的不同,康德的入路和方法是纯粹哲学的,他是由道德普遍、必然的原则推导出"上帝存在"的设准,这是由"哲学"而"宗教",两人在前提和方法上就有了明显的不同。

其次,由于学术背景和哲学建构方法的不同,牟宗三讲的心体性体和康德讲的自由意志还是有着很大的区别的。虽然牟宗三理解的道德主体和康德说的自由意志有着某种程度的类似,比如它们都是先验的、普遍必然的、不能从经验出发的等等,但从建立的方式来说,二者的区别非常明显。康德实际上是从思辨理性出发,通过道德行为推导出道德自律和意志自由。康德区分了思辨理性和实践理性,思辨理性无法知道实践理性的内容,所以意志自由、上帝存在和灵魂不灭只能是设准,所谓设准,其实也就是思辨理性的设准,康德的潜在的意涵是实践理性是不能思考的,我们可以用思辨理性推断实践理性的存在,但却知其然不能知其所以然。牟宗三理解的心体、性体和康德讲的自由意志实质上是不同的,他理解的实践理性实际上是中国传统儒学中"德性之知",也就是道德主体本身就有一种知是知非的能力。但如何由道德行为就能肯定出一定有道德主体,或者说道德主体是怎样保证了道德实践行为,牟宗三并没有给出清晰的逻辑起点。当他论证道德主体时,他往往从道德实践的真实性出发,认为有道德行为,其背后一定有道德的主体;同样,他又说,要想保证道德行为的真实性,必须肯定有道德主体,否定道德就不能是真实的,道德学说就成为空谈,康德不能保证道德主体的真实性,所以康德的道德哲学有落空的危险。但如果把牟宗三的两种论证放在一起的话,我们就会发现他所说的道德行为和道德主体有互为前提的可能,或者说,各自成为对方成立的前提条件、必要条件,那么从逻辑上说,这似乎有循环论证的嫌疑。

如果我们要对牟宗三的"道德主体"给出一种合理解释的话,我们只能说,他是从实践哲学的角度出发,从中国传统哲学"体用一源、显微无间"的立场出发的。他对道德主体的设定是简单、直接的,是从个人的体验、信念出发的。当他引用熊十力和冯友兰的争论,把良知作为"呈现"而不是"假设"时,实际上就说明了他对道德主体的理解。牟宗三这种对道德主体的理解和规定和康德对自由意志的规定的差别是根本性的,也就是在哲学的前提和出发点上就已经不同了。牟宗三无法最终认同康德就不足为怪了,我们假设如果康德在世的话,他也不会认同牟宗三对道德主体的理解。

第四节　智的直觉的证成

六十年代后半期,牟宗三又写作了《智的直觉与中国哲学》。他作此书的缘起是因为他偶读海德格尔的《康德与形上学问题》以及《形上学引论》两书,对于海德格尔的很多思想他并不认同。他认为海德格尔要拆毁西方自柏拉图以来的存有论史,恢复柏拉图以前的古义,开辟所谓的"基本存有论",海德格尔的入路是克尔凯郭尔的"存在的入路",方法却是胡塞尔的"现象学的方法",这种入路是错误的。他认为海德格尔是把他的"基本存有论"放到康德所谓的"内在形上学"范围来讲的,而牟宗三所理解的康德的真正的形上学应该在他所谓的"超绝形上学"范围之内,海德格尔舍弃了自由意志、物自身不讲,也就是隔绝了这个领域,把存有论置于时间所笼罩的范围之内,这可以说是形上学的误置,牟宗三要顺康德的"超绝形上学"之领域以开"道德的形上学"。而道德的形上学能否建立,关键是看"智的直觉"之证成,所以"智的直觉"成为本书的一个核心概念。

"智的直觉"在牟宗三的哲学体系中具有相当重要的作用。如果不能肯认人可有智的直觉,则牟宗三先生的道德的形上学无从建立。颜炳罡教授指出,"牟宗三先生的道德的形上学的建立是以德行优先于知识,人虽有限而可无限,人有智的直觉这三个命题为前提的"。[①]道德的形上学是牟宗三哲学的基础与核心,而"人有智的直觉"这个命题又构成了道德的形上学的前提。在牟宗三看来,智的直觉确乎有着非常重要的意义。他说:

> 如果吾人不承认人类这有限的存在可有智的直觉,则依康德所说的这种直觉之意义与作用,不但全部中国哲学不可能,即康德本人所讲的全部道德哲学亦会成空话。这非吾人之所能安。[②]

> 如若真地人类不能有智的直觉,则全部中国哲学必完全倒塌,以往几千年的心血必完全白费,只是妄想。这所关甚大,我们必须正视这个问题。[③]

牟宗三在《智的直觉与中国哲学》、《现象与物自身》两书中反复论述的就是"人是否有智的直觉"以及"智的直觉如何可能"。在牟宗三看来,如果不承认人可有智的直觉,则道德与道德的形上学均不可能。

---

① 颜炳罡:《牟宗三学术思想评传》,北京:北京图书馆出版社,1998年,第22页。
② 牟宗三:《智的直觉与中国哲学》序,台北:台湾商务印书馆,1971年,第2页。
③ 牟宗三:《现象与物自身》序,台北:台湾学生书局,1996年,第3页。

他认为康德虽然伟大,但仍处于西方传统中,仍不能承认人可有智的直觉。牟宗三试图在康德哲学的基础上更进一步,充分极成智的直觉之圆满义与现实义,他认为,在中国哲学中智的直觉有着充分的展现,中国儒释道三教都肯定人可有智的直觉。在牟宗三看来,儒家讲"性智",道家讲"玄智",佛家讲"空智",这都是智的直觉之不同展现形式。智的直觉可以展现为本心、仁体、性体、良知,也可展现为心斋、灵府,还可展现为如来藏自性清净心。这三家所讲的形上学虽然都是实践的形上学,但是入路却不一样,儒家是从道德上讲,是道德的入路,成就道德的形上学;佛、道两家是从求止求寂的角度入手,可称为解脱的形上学。但道德是大宗,道德的形上学最圆满、正大。我们前面讲过,儒家所讲的本心、仁体、性体、良知实际上就是牟宗三所讲的"道德主体",而智的直觉就是道德主体之发用。如果说感性直觉是思辨理性、知性主体的功能、功用,那么智的直觉就是道德主体的功能、功用。牟宗三努力证成"人可有智的直觉"这个命题,也就是等于证明"道德主体",因为有道德主体才有智的直觉,有智的直觉就一定有道德主体,二者的关系是密不可分的。

牟宗三长期致力于中西哲学的会通工作,但会通之中仍有分判。康德所理解的智的直觉和牟宗三所理解的智的直觉是不同的,同时也就意味着康德理解的自由意志、上帝存在和牟宗三所理解的道德主体也是不同的。如果我们从智的直觉的角度切入,就可以进一步看清康德哲学与牟宗三哲学的区别。也可以说,智的直觉在一定意义上凸显了中西哲学的差距,通过对智的直觉的不同理解的考察与分析,我们或许可以对康德哲学、牟宗三哲学乃至中西两大传统有一更好的了解。

牟宗三在《智的直觉与中国哲学》的序言里指出:本书的意义在于"就中国哲学抉发其所含的智的直觉之意义,而即在其含有中以明此种直觉之可能。"①"可使我们与中国哲学相接头,使中国哲学能哲学地

---

① 牟宗三:《智的直觉与中国哲学》序,第3页。

建立起来,并客观地使康德所不能真实建立者而真实地建立起来。"①牟宗三的这段话有两层含意,第一,他试图借用康德的方法、或者康德提出问题的方式、建构体系的方式重新审视中国哲学的内容与精神,使中国哲学更加逻辑化、体系化。他潜在的意思就是中国哲学中是有智的直觉、道德主体这样的概念,只是没有用清晰的方式论证出来,他所谓"哲学地建立"也就是按照西方哲学的方式,把问题说清楚。因为一谈到直觉、智的直觉,很多人的第一感觉就是这是很神秘的东西,是个人的体验,只可意会不可言传、类似于宗教的"冥契",是"言语道断、心行路绝",用语言是不能表达清楚的。但实际上牟宗三先生所讲的智的直觉远没有这么神秘,它实际上就是道德主体之发用。当然无论是道德主体还是智的直觉都是形而上的,不能完全用经验、事实来说明,如果坚持逻辑实证主义的观点,道德主体和智的直觉当然都是没有意义的,应该否定的。但只要承认形上学的存在,那么道德主体、智的直觉就不再是神秘的、不可思议的,而是可以言筌的概念、可以建构的体系。第二层意思就是他认为康德不承认人可有智的直觉就是不能认同道德主体,也就是只能建立道德的神学,不能建立道德的形上学。

　　牟宗三作《智的直觉与中国哲学》从两个角度入手,他一方面是接着《认识心之批判》而进一步疏解康德的"原义",一方面是补充《心体与性体》综论部分中关于康德道德问题的讨论。我们前面提到过,《认识心之批判》基本是一部有关知识论的著作,牟宗三想依据近代逻辑与数学的成就而给予先验主义的解释,把它剔除于康德所讲的"超越的感性论"之外;另外,他想就知性的自发性说,单以其所自居的纯逻辑概念为知性的涉指格,以代替康德的范畴论。在《智的直觉与中国哲学》中,牟宗三观点稍有改变,他承认知性的涉指格可分为两层,一是逻辑的涉指格,一是存有论的涉指格。如果我们仅就逻辑中的判断

---

① 牟宗三:《智的直觉与中国哲学》序,第3页。

表说,确实不能直接从此表中发现出存有论的涉指格为我们知性所具备,我们只能发现一些纯粹的逻辑概念为知性所具备。虽然我们不能直接发现出存有论的涉指格,但是我们的知性的认知活动却可以以这判断表为线索,再依据一原则,先验地、却是跳跃地对于存在方面有所要求、提供或设拟。在此要求、提供或设拟上,我们可以承认存有论的涉指格之建立为合法。所以牟宗三总结说:"知性底主动性自发性所自具的只是逻辑概念,并非存有论的概念;存有论的概念只是知性底自发性之对于存在方面之先验的要求、提供或设拟。"① 这其实就是说明在认识心上,并没有真正的主观主义与观念主义,因为认识心并不是"创造的",顺这个思路康德所讲的"先验综和判断"可以更加清楚。

但这仅仅是此书的起点,此书所要讨论的重心并不在此,牟宗三要以此为起点,进一步讨论超越的统觉,超越的对象 X,物自身,作为"超越理念"的自我,智的直觉等概念。牟宗三的著作有两个思路,一个是"从下面说上去",一个是"从上面说下来"。所谓下面,就是形而下的领域,也即经验的领域、知性的领域;所谓上面,也就是"形而上者谓之道"的上,也就是形上的领域。牟宗三经常将主客对立的、知识论的层面称为平面的、或者横列的,而将形上和形下结合的体系称为立体的,纵贯的。从下面说上去也就是以知性、理性为起点,向形上的领域伸展。所谓"从上面说下来"就是首先确定超越的、形上的本体,以本体的"坎陷"等方式来展现现象界的存有。《智的直觉与中国哲学》的基本思路属于前者,从知性的存有论性格说起,进而讨论超越的统觉、超越的对象 X,物自身,再进而到智的直觉。

智的直觉实际上就是道德主体之觉,是属于形而上的领域。康德认为只有上帝才有智的直觉,人不可能有智的直觉。牟宗三则认为:"如果吾人不承认人类这有限的存在可有智的直觉,则依康德所说的这种直觉之意义与作用,不但全部中国哲学不可能,即康德本人所讲

---

① 牟宗三:《智的直觉与中国哲学》序,第 2 页。

的全部道德哲学亦全成空话。这非吾人之所能安,智的直觉之所以可能,须依中国哲学的传统来建立。"①既然在牟宗三眼中,智的直觉有如此重要的地位与作用,那么他对于智的直觉的证成也就是对于中国哲学的奠基了。这样说似乎有夸张的成分,但在牟宗三此时看来,智的直觉类似自由意志在康德的道德哲学中的地位和作用,即自由意志是康德道德哲学的拱心石,智的直觉是牟宗三哲学、甚至中国哲学的拱心石,不能承认人可有智的直觉,则中国哲学的大厦将会坍塌。

  牟宗三以对康德提出的知性分解为出发点,最终过渡到智的直觉的证成,也就是为中国哲学的奠基上。和他前面的著作相比较,牟宗三此时的思想体现了以下几个特色:第一,从总体上讲,他的哲学思想是一个前后相继的过程,也就是他在此书中的一些思想和前面的思想保持着前后一致性。无论是五十年代提出的"道德主体",《心体与性体》中所说的心体、性体,还是在《智的直觉与中国哲学》中所说的智的直觉,都是在肯定一个超越的、普遍的、绝对的而又内在的一个道德性存在,这一点始终都没有改变。第二,我们也应该看到,牟宗三在五十年代就有了"道德主体"、"智的直觉"等概念,但他所受的主要影响还是来自先秦儒学、尤其是孔孟的思想,对宋明儒学和康德的道德哲学体会还不够深刻。他写作《心体与性体》的过程,则是消化、吸收宋明儒学和康德道德哲学的过程,但此时他又没有讲智的直觉。到了六十年代后半期,也就是他开始写作《智的直觉与中国哲学》时,牟宗三开始有意识地把五十年代所提出的"道德主体"、"智的直觉"等概念和宋明儒学、康德道德哲学相结合,并寻求到了中西哲学、尤其是儒家哲学和康德道德哲学相会通的桥梁。第三,此一时期,牟宗三的哲学还有一个特色,那就是他开始了纯哲学的建构,或者说他开始了自己哲学体系的建构。五十年代的"新外王三书"虽然也讲"道德主体"、"智的直觉"但往往是和历史哲学、政治哲学放在一起讲的;《心体与性体》主

---

① 牟宗三:《智的直觉与中国哲学》序,第2页。

要是一部哲学史著作，属于"我注六经"，有意识的、独立的哲学体系建构则明显不足。《智的直觉与中国哲学》则有了清楚而明晰的核心问题，是纯粹的、走向形上学的思考和建构，牟宗三从知性的分析一直到智的直觉的证成也是步步为营。虽然开始就涉及康德哲学的部分是根据康德的译文疏解而来，还不能说是建立的完整的体系，但从对问题的证明方式来看，却是"六经注我"，也可以看做他建立体系的前奏。

对于"智的直觉"的证成，牟宗三首先还是借用了张载对"德性之知"和"见闻之知"的划分，通过对不同认知方式的描述来确立各自的作用与意义。他引用了张载《正蒙·大心篇》中的一段话：

> 天之明莫大于日，故有目接之，不知其几万里之高也。天之声莫大于雷霆，故有耳属之，莫知其几万里之远也。天之不御莫大于太虚，故心知廓知，莫穷其极也。①

在牟宗三看来，耳属目接是感触的直觉，"心知廓之"是智的直觉，而且耳属目接的感触的直觉是认知的呈现原则，"心知廓之"的智的直觉不仅是认知的呈现原则，而且同时也是创造的实现原则。牟宗三所理解的"心知"既不是感触的直觉之知，也不是有限的概念思考的知性之知，而是遍常而无限的道德本心之诚明所发的圆照之知。这种"心知"的意义是根据孟子所说的"本心"而说的，这不是认知心，而是道德创生之心。他认为创生是竖说，圆照是横说，创生是重实体义，圆照是重直觉义。这两者都是对同一本心而言的。牟宗三引用张载的话来说明"尽其心"的含义：

> 人病其以耳目见闻累其心，而不务尽其心。故思尽其心者，必知心所从来而后能。耳目虽为性累，然合内外之德，故其为启之之要也。②

---

① 牟宗三：《智的直觉与中国哲学》，第84页。
② 牟宗三：《智的直觉与中国哲学》，第188页。

人谓已有知,由耳目有受也。人之有受,由内外之合也。知合内外于耳目之外,则其知也过人远矣。①

牟宗三把"尽其心"理解为充分实现他的本心,也就是不为耳目所累。因为耳目闻见之知是被动的、接受的、感触的、有限的、有能所关系的。而张载所说的"过人远矣"的知不只是远近程度问题,而根本是另一种知,张载称之为"德性之知",牟宗三则称之为"智的直觉"之知。他认为"智的直觉"之"合内外"不是能所关系中认知地关联的合,而是随超越的道德本心"遍体天下之物而不遗",这是摄物归心而为绝对的、立体的、无外的、创生的合,是"万物皆备于我"的合,而不是在关联方式中的合。牟宗三同时指出,这里"合"是虚说,因为严格意义上并无两端相合的实义。这种圆照之知不是在主客关系中呈现,它没有特定之物作为其对象,因而心知主体不为特定之物所限,所以它既不是感性主体,也不是知性主体。它超越了主客关系的模式,消解了主客相对之主体相与客体相。在圆照之中,万物不以认知对象的姿态出现,而是以"自在物"的姿态出现。既然是自在物,便不能通过感触直觉而经验地知之,也不能通过范畴而思之。

牟宗三把"心知廓之"的心知理解成道德本心所发的圆照之知,此知是从诚明之体而发,不是从见闻而发,因而牟宗三认为它等同于康德所说的"只是心之自我活动"的智的直觉。这种智的直觉纯粹是天德诚明的自我活动,不是由于其他东西的影响而活动,因而是"纯出于天,不系于人"。牟宗三认为,此在中国是宋明儒共许之义,而康德在西方学术背景下,却不承认人可有这种知,由此可见中西哲学传统之差异。以上是牟宗三在中国哲学的背景下对原有概念进行的分析。下面牟宗三从理论和实际两个向度分别证明"智的直觉如何可能",或者说"我们人类这有限的存在如何能有这种直觉"。

---

① 牟宗三:《智的直觉与中国哲学》,第188页。

我们首先看一下牟宗三是如何在理论上对这一命题进行证明的。牟宗三开宗明义地说在道德领域必须肯定这种直觉。那么什么是道德呢？他认为道德就是依无条件的定然命令而行之谓。发此无条件的定然命令者，康德称之为自由意志，即自发自律的意志，而中国儒者则称其为本心、仁体或良知。牟宗三称之为吾人之性体，他认为如此讲性是康德乃至整个西方哲学所没有的。性是道德行为的超越根据，而其本身是绝对的、无限的、普遍的，所以它虽特显于人类，却不为人类所限，不只限于人类而为一类概念；它虽特彰显于人类的道德行为，却不为道德界所限、只限于道德界而无关乎存在界。在牟宗三看来，性体是涵盖乾坤，而为一切存在之源的，不但我们人类道德行为是由它而来，一切存在皆系于它而为它所统摄。性体是一个"创造原则"，即表象"创造性本身"的那个创造原则，因而是一形而上的无限的绝对的体。

为什么性体能具有如此崇高之地位呢？牟宗三认为，只有如此，才能使其命令为一无条件的定然命令。相反，假如性体是一有限的概念，则本心仁体也是受限制而为有限的；其本身是有限的，则其发布命令必定会受到制约，因而无条件的定然命令便不可能。另外，如果本心受限制而为有限的，则本心便不复是本心，而转成习心或成心，受制于感性，丧失其自律性。还有，如果仁体受限制而为有限的，则其感通原则上受限，原则上受限，则其感通无必然性，无必然性的感通是气质之偶然的，其本身就是被动的，这样，仁体便不再是仁体。

接下来，牟宗三从因果关系的角度来论证本心仁体的绝对无限，他说：

> 当吾人就无条件的定然命令而说意志为自由自律时，此自由自律即表示其只能为因，而不能为果，即只能制约别的，而不能为别的所制约。如果，这第一因与发布无条件的定然命令的自由意志性质完全相同。如果第一因是绝对而无限的（隐指上帝言），则

自由意志亦必是绝对而无限的。天地间不能有两个绝对而无限的实体，如是，两者必同一。如果只承认第一因为绝对而无限，自由意志处不承认其为绝对而无限，则自由便成为非自由、自律便成为非自律，……总之，只有一实体，并无两实体。康德于自由意志外，还肯认有一绝对存在曰上帝，而两者又不能为同一，便是不透之论。①

以上的论证方式是中国传统哲学所没有的，是牟宗三在康德的思路下所做的证明，他自己说"以上的一切论证都是分析的"。牟宗三所使用的前提和康德所使用的前提一样，即自由意志是道德原则无条件的发布者。但二人不同的地方是康德把自由意志视为由意志自律所逼显的假定，而牟宗三则视之为呈现。牟宗三认为康德同时设定"上帝存在"和"意志自由"两个假设是有问题的，因为不可能有两个最高的实体，只可能有一个最高实体，牟宗三便称之为本心仁体。本心仁体既然是绝对而无限的，它便不能仅仅限于道德界或人类，而应是整个宇宙的最高实体。这样，本心仁体所发的智的直觉便由道德界而进入了存有界，智的直觉的无限性和创生性便得以证成。他说：

> 本心仁体既绝对而无限，则由本心之明觉所发的直觉自必是智的直觉。只有在本心仁体在其自身即自体挺立而为绝对而无限时，智的直觉始可能。如是，吾人由发布无条件的定然命令之本心仁体或性体之为绝对而无限，即可肯定智的直觉之可能。②

牟宗三认为，本心仁体不是一个孤悬的，假设的绝对而无限的物摆在那里，而是随时呈现的，所以必须在实际呈现的层面证成之。在牟宗三看来，见父知孝，见兄知弟，当恻隐则恻隐，当羞恶则羞恶即是本心仁体随时而具体地呈现。所以本心仁体是一随时在跃动的活动，

---

① 牟宗三：《智的直觉与中国哲学》，第192页。
② 牟宗三：《智的直觉与中国哲学》，第193页。

只有视之为明觉、活动才能知本心仁体是一呈现,而不是一假设,智的直觉才会是一呈现,而不仅是理论上的假定。

康德把自由意志看成一"设准",我们既不能以感触直觉知之,也不能以智的直觉知之,因而它不能是一具体的呈现,而只是一理性体。牟宗三认为:

> 只有当把自由意志看成是一孤悬的抽象的理性体,而忘记了它本身就是一种心能,就是本心仁体之明觉活动,才认为智的直觉不可能,不能为吾人所有。这是把已可能的东西说死了,遂成为不可能。①

牟宗三认为,康德把道德感看成是形而下的,感性的,纯主观的,因而不能成为道德之基础,这是把心的明觉义与活动义完全从意志上脱落下来,而意志也成了一个干枯、抽象的理性体。在牟宗三看来,道德感既可以属于气性,也可上提而从本心仁体说,如果只从气性上说道德感,道德便成为一死概念,无明觉义,无活动义,永远不能成为呈现的实事,牟宗三在这里实际借用了中国宋明儒者关于天命之性与气质之性的划分,他认为在气质之性的层面上,道德确实不是最高的法则,也不可能是可呈现的事实。孟子曾经说过,"理义之悦心,犹刍豢之悦我口",如果从气质之性的层面上,孟子这句话是很难理解的,因为人们很难用理智分析出人的心何以能直接感兴趣于道德。所以牟宗三借用宋明儒的说法,从本心仁体处讲道德,认为本心仁体给它自己道德法则,这是它自身不容已,也是它自甘如此。牟宗三认为:

> 这既是"心即理"义,也是"理义悦心"义。所以他说:"本心仁体之悦其自给之理义即是感兴趣于理义,此即是发自本心仁体之道德感,道德之情,道德兴趣,此不是来自感性的纯属于气性的兴趣。自由自主自律的意志是本心仁体之本质的功能,当它自给其

---

① 牟宗三:《智的直觉与中国哲学》,第194页。

自己一法则时,它即悦此法则,此即它感兴趣于此法则,它给就是它悦,这是本心仁体之悦。……孟子说理义悦心就完全是从本心仁体上说,并不视之为感性的。这就救住了道德,使道德成为一实事。因为康德把悦理义或感兴趣于道德法则视为感性的,所以才有"人何以能直接感兴趣于道德法则""纯粹理性如何能是实践的",这问题之不可能被说明,不可能被理解之说。①

牟宗三从本心仁体处说,从而解决了自给法则即自悦法则,也就是纯粹理性其自身就是实践的这样的问题,而他所依据的是智的直觉而不是感触直觉。接下来牟宗三将从三个方面来证明智的直觉的创生性。

第一,智的直觉即是本心仁体的明觉活动,它自知自证其自己,即中国传统哲学所讲的逆觉体证。在此明觉中,明觉活动的能觉无"能"义,而所觉之本心仁体亦无"所"义。逆觉体证并非能所关系,而只是本心仁体自己之具体呈现,"明觉活动之反觉其自己即消融于其自己而只为一'体'之朗现"。② 从这里不难看出牟宗三对中国传统儒家的继承,前文已经提过,无论是张载讲的德性之知还是熊十力讲的本心,都不是从认知意义上讲的,也不是从主客或能所关系中讲的,只有超越了主客、能所关系,才能明白逆觉是"明觉活动之自知自证",是"判断它自己"。

牟宗三接着指出,这种逆觉是根据本心仁体随时在跃动在呈现而说,虽然此跃动或呈现是受限制的,但本心仁体却是绝对的、无限的和普遍的。因为逆觉不是从感性而发,而是从本心仁体出发,因而是纯智的。这样的逆觉体证,是本心仁体具体地呈现,因而是有力的。

第二,本心仁体呈现即是不断表现为德行的过程。本心仁体发布命令,不是发布空悬的命令,而是要见诸行动,见父知孝,见兄知弟,当

---

① 牟宗三:《智的直觉与中国哲学》,第195页。
② 牟宗三:《智的直觉与中国哲学》,第196页。

恻隐则恻隐,当羞恶则羞恶皆是奉行本心仁体之所命。牟宗三经常引用孟子的一段话:"舜之居深山之中,与木石居与鹿豕游,其所以异于深山之野人者几希? 及其闻一善言,见一善行,若决江河,沛然莫之能御也。"他借用孟子的话想说明德行都是由本心仁体发出,"是性体之不容己"。牟宗三实际上是坚持了儒家知行合一的知行观,即他不单纯把"知"看成一理论的问题,而是同时视之为一实践问题。他很欣赏王阳明所说的"知之真切属实处即是行,行之明觉精察处即是知"。他认为知行不是两回事,而是一回事,对于本心仁体,或者说对于智的直觉而言,直觉之即创生之,创生之即实行之。他说:"智的直觉觉之即创生之,是把它引归于其自己而由其自己所引生之自在物……所创生出的德行自在现象界中而为可见的,但统于智的直觉,则只是此直觉之所生。"①

第三,本心仁体是无限的,有其绝对普遍性。它不仅具有道德实践的意义,而且具有存有论的意义。在牟宗三看来,孟子所说的"万物皆备于我矣,反身而诚,乐莫大焉",陆象山所说的"万物森然于方寸之中,满心而发,充塞宇宙,无非斯理",以及王阳明所说的"良知是造化的精灵,这些精灵生天生地,成鬼成帝,皆从此出,真是与物无对"都是说本心仁体引发宇宙秩序。他说:

> 在道德的形上学中,成就个人道德创造的本心仁体总是连带着其宇宙生化而为一的,因为这本是由仁心感通之无外而说的。就此感通之无外说,一切存在皆在此感润中而生化,而有其存在。②

这样,一切存在在智的直觉中,都不是以现象的形态出现,而是以"物之在其自己"的自在自得物的形态而出现。到这里,我们更清楚了牟宗三先生为什么赋予物自身以价值意义。因为物自身所对的主体不是感触主体,而是本心仁体,本心仁体是道德之源,具有无限性和创

---

① 牟宗三:《智的直觉与中国哲学》,第198页。
② 牟宗三:《智的直觉与中国哲学》,第199页。

生性。从这个意义它从道德界而入存有界,而它所觉之润之的自在物(物自身)自然也具有道德义或者说价值义。

牟宗三认为,智的直觉既然可能,则康德所说的自由意志必须看成是本心仁体的心能,只有这样,自由意志才不仅是一理论上的设准,而同时也是实践上的呈现。在康德那里,有上帝存在、意志自由和灵魂不灭三个设准,而在牟宗三看来,在中国儒家哲学传统中,有本心仁体的概念,本心仁体具有绝对普遍性、无限性和创生性,自由意志应是本心仁体的心能。既然已经有了绝对、无限、创生的实体——本心仁体,上帝的概念便不需要。这样,牟宗三便用中国哲学中的本心仁体取代了康德哲学中的三个设准,由此,道德界与自然界的悬隔也被打通。牟宗三所说的"智的直觉如何可能"的问题便得以证成,而他所常说的,以道德为入路,进入存有论也得以实现,从而他的道德的形上学就建立起来。

第五节 两层存有论

牟宗三的哲学、尤其是关于"道德主体"的思想主要来自中国传统哲学。但因为牟宗三所处的历史时代的原因,他不仅要在"道统"上"返本开新",还要因应时代的挑战,要解决前人所没有面对和解决的问题。中国古代的圣贤,无论是孔孟,还是程朱陆王,他们只要解决天道性命问题即可,没有知识论的问题。而且就学问的形态来说,他们的学问完全是中国式的,他们无须考虑和西方哲学比较的问题,更不用在意本体论、知识论、伦理学这种外在的形式,他们也没有自觉的体系的观念,也不需要现代哲学意义上的论证,他们只要有个人的体验、修养、实践就足够了,这也正是中国哲学的特色。正是因为他们能够自成系统,所以我们也不可能拿西方哲学、现代哲学的标准去衡量他们,这也表现了我们现代研究的一种理性、合理和宽容。

但牟宗三哲学就不同了,他对于自己的哲学有很高的期许,他希望能够通过自己的工作使西方哲学和中国哲学相接头,"使中国哲学能哲学地建立起来"。① 所谓"哲学地建立"也就是具备西方哲学、现代哲学的形态。这对于牟宗三哲学确实是一个很大的挑战,因为就精神本质来说,他没有跳出孔孟乃至陆王,但他又试图把知识论纳入他的哲学体系中,这本身就是一种冒险,因为就形上学的建立来说,方式完全是中国哲学式的,即重直觉、体验、实践,这和西方以知识为入路探求世界本质的本体论有很大的区别,能否将中国哲学式的形上学和西方的知识论结合确实是对牟宗三哲学的极大挑战。

我们一般讨论知识问题的时候,往往想到的是理性的知识,或者说是知识论意义上的知识,是认知主体对于客体的认识。但是,在牟宗三的哲学体系内,知识还有着另外一层含义,即关于道德的知识。这不是牟宗三的独创,在中国传统哲学里,就有了关于德性的知识,比如孟子就说"尽心知性知天",在"四心"里面也有"是非之心",所谓"是非之心"就是知是知非之心。无论是知性知天,还是知是知非,都不是知识论意义上的明白、理解,而是一种道德判断,强调的是一种体会、体验,也就是对于道德本性的体验,对于超越的天道实体的体验,这种格局和"我知道我眼前有一张桌子"的"知"是不同的,后者是主客体对立格局下形成的感性或理性的知识,与道德、价值无关。

宋明儒者把这个问题讲得更清楚,他们直接区分了"德性之知"与"见闻之知",张载在《正蒙·大心篇》中说:

> 大其心,则能体天下之物,物有未体,则心为有外。世人之心,止于闻见之狭;圣人尽性,不以见闻梏其心,其视天下,无一物

---

① 牟宗三:《智的直觉与中国哲学》,序第3页。

非我,孟子谓尽心则知性知天以此。天大无外,故有外之心,不足以合天心。见闻之知,乃物交而知,非德性所知;德性所知,不萌于见闻。①

张载所说的"见闻之知"就是我们今天知识论意义上的"知",也就是感性主体与客体"相交"而得到的知,这点容易理解,我们不用多讲。德性之知虽然也是知,但是和见闻之知却完全是两个层面上的知,其不同表现有三:第一,主体不同。用今天的话来讲,"德性之知"所发的主体是道德主体,"见闻之知"所发的主体是知性主体。在传统儒家哲学里面,无论是孟子还是张载,他们都把"德性之知"所发的主体称为"心"。这个"心"是具有价值意义的、可以和万物相感通的,所以孟子称为"尽心",张载称为"大心","尽"和"大"都是动词,都是强调心要不断地向外感通,要不断地展现天道,天道、天心和人的心是"合"的关系,也就是"一而二、二而一"的关系。从这个角度讲,此主体不仅具有价值论的意义,同时也具备存有论的意义,这和知性主体是有区别的。第二,"德性之知"与"见闻之知"所知的对象不同。德性之知所知的是"天下之物",就是要突破界限,对"无限"的"知";见闻之知只能知有限的对象,因为人的生命有限、能力有限,所知的当然也就有限。第三,"德性之知"与"见闻之知"的方式不同。虽然都用"知"这个字,但德性之知强调的是感知,是通过体验、感悟这样的手段提升自己的境界,达到对于天道的理解,然后把体会到的这种仁爱推广出去,张载所说的"体天下之物"的"体"意义还是相当丰富的,如果用现代的语言诠释出来,可以有很大的诠释空间,它可以理解为体会、体谅、体察,也可以理解为王阳明"致良知"的"致",即推至的意思。不管做如何意义上的理解,其形式和知识论意义的"知"、以及我们现在经常说的"知"还是有很大区别的,这点要仔细体会。也只有在这个意义上,德性之知才可

---

① 张载:《张子正蒙》,上海:上海古籍出版社,2000年,第143—144页。

以突破现实的存在条件,达到对于天下之物的"知"。

在中国传统哲学中,比较重视的是"德性之知",对于"见闻之知"没有充分发展起来。近代以来,西学东渐,中国学术开始全面接受西方学术的影响,中国传统的理学、道学、经学也开始以哲学的面目出现,或者说开始以哲学的方式去理解传统学问,当然这种新的研究方法的引入也有着复杂的历史背景和社会因素。晚清以降,中国社会积贫积弱,倍受列强凌辱,割地赔款,丧权辱国,中国的知识分子开始全面反思中国文化,从哲学、思想到政治、制度,西学思潮大量涌入中国,中国的学者对于中国文化也各持己见,争论不休,有主张"中体西用"的,也有主张"全盘西化"的。很多学者认为,中国社会之所以落后,就是因为中国没有民主,没有科学,所以五四运动喊得最响的两个口号就是"德先生"与"赛先生",有的学者认为中国之所以没有产生民主与科学就是因为儒学作为意识形态阻碍了民主与科学的发生,因为儒学是为君主专制制度辩护的,是和民主精神相违背的,而重视道德心性,忽视客观知识,则导致了科学的缺乏,基于这些原因,在五四运动中出现了"打倒孔家店"这样的声音。

牟宗三哲学正是在这样一个历史背景之下出现的,所以他的哲学从一开始就承担了多重的任务。在文化层面上,他试图说明中国文化和西方文化并不冲突,中国文化也不是阻碍民主与科学产生的原因,作为哲学家,牟宗三把这种文化上的差别归结到哲学层面上。在哲学上,一方面学习、研究西方的逻辑学、知识论,一方面跟随熊十力先生回归到中国传统哲学。西方哲学,尤其是康德哲学,对牟宗三影响甚大,使他确立了知性主体,敲开了主体认知之门,他写作《认识心之批判》是他独立运思的开始,也是他系统、完整阐述自己的知识论思想、确立知性主体的过程。五十年代,由于政治、社会原因,牟宗三以及唐君毅、徐复观等现代新儒家人物到了台湾,他们对于家国、文化有一种强烈的悲情意识,这种悲情意识使得牟宗三全面反思中国文化,他先后写作了《道德的理想主义》、《历史哲学》和《政道与治道》,这三部著作一般被称为"新外王三书",虽然这三部著作可以看做是政治哲学和历史哲学,但实际上,它们同时也是关于道德哲学和形上学的著作,其重要的贡献和标志就是提出了"道德主体"的概念,并且围绕"道德主体"也提出了"智的直觉"和"良知自我坎陷"等重要概念,这些命题都是引导牟宗三哲学发展的重要线索。

对于道德主体和知性主体的关系问题,牟宗三一直试图解决,在五十年代他就提出了"曲通"与"良知自我坎陷"等说法,但和后面的论述相比较,那时对这个问题的阐述还不够深入,或者说他的哲学还不够体系化。经过《心体与性体》和《智的直觉与中国哲学》的过渡,牟宗三的哲学成熟起来,他开始借用康德关于现象与物自身二分的框架,来建构自己的体系,他试图用现象与物自身的关系来说明道德主体和知性主体的关系。这种构思还是很巧妙的,因为物自身和现象的关系是非常密切的,借用康德的讲法,现象与物自身并不是两个东西,而是同一存在的两个面相,即同一存在对于不同主体呈现出不同的形态。既然现象与物自身有如此密切的联系,那么分别与它们相对的知性主体和道德主体也就很容易统一起来。

我们前面讲过,牟宗三先生要去回答中国为什么没有产生科学知识这一问题,在他看来,这个问题在哲学层面上就是要回答中国哲学中为什么没有凸现出知性主体,以及能否在中国哲学中开显出知性主体。他是这样看这个问题的:

> 知体明觉之感应(智的直觉,德性之知)只能知物之如相(自在相),即如其为一"物自身"而直觉之,即实现之,它并不能把物推出去,置定于外,以为对象,因而从事去究知其曲折之相。"万物静观皆自得",在此静观中,是并不能开出科学知识的。上帝不造原子炸弹;他虽无不知,但没有科学知识,或换言之,他并不以科学的方式知。……然则科学知识有无必要?在上帝根本没有,

亦不必要。依西方传统，上帝是上帝，人是人，两不相属。就科学知识言，上帝无而不能有，人有而不能无。依中国传统，人可是圣，圣亦是人。就其为人而言，他有科学知识，而科学知识亦必要；就其为圣而言，他越过科学知识而不滞于科学知识，科学知识亦不必要，此即是有而能无，无而能有。……三家在以前，于科学知识这一环，虽皆可有，尤其儒家易有，然而因为皆重视上达，故皆未能正视这一环。吾人今日须开而出之。上达下开，通而为一，方是真实圆满之教。问题是在如何能由知体明觉开知性？①

上面一段话包含了几层含义：第一，道德主体和知性主体所知的形式不同，道德主体是通过"智的直觉"对于"物自身"的知，不是"推出去，置定于外"的知，后一种知是知性主体的知，知识论意义上的知，也是科学知识的知，所以二者在形式上，是不同形态的；第二，科学知识对于人来说是必要的，无论是西方还是东方，都需要科学知识。在牟宗三看来，在西方，无限属于上帝，有限属于人类，所以上帝的知识都是无限的知识，人类的知识才是有限的知识，上帝有的是"智的直觉"，人类有的是感性直觉；而中国哲学则不同，牟宗三一直认为中国传统是人虽有限而可无限，在人的现实生存层面来讲，人当然是有限的，但是在道德超越的层面，人又是与天道实体相通的，所以人既可以有感触直觉，也可以有"智的直觉"，从这两个角度讲，牟宗三才说"科学知识之必要：在中国是无而能有，有而能无；在西方是无者不能有，有者不能无"。第三，科学知识的产生是可能的，因为在前面牟宗三论证科学知识的必要性时提到了科学知识是"无而能有"，也就是说在中国传统中科学知识虽然没有西方那么发达，但这是因为中国哲学重视的是"上达"，重视超越的层面，对于如何由超越的道德转出科学知识，中国传统没有正视这个问题，但牟宗三认为，历史上没有产生并不代表现

---

① 牟宗三：《现象与物自身》，第121—122页。

在或将来也不能产生,而且他认为作为圆满、完整的哲学系统,应该是在超越的道德层面和现实的科学知识层面都具备的。他接下来的问题就是要论证如何由超越的道德主体开出知性主体。

牟宗三上面一段话虽然简单,但却是他长期思考的结果,只有明白了他的理论背景和理论预设,才可能理解这段话。他这段话潜藏着几个命题,这些命题我们在前面都有过说明和论证,牟宗三是以这些命题为预设来说明由道德主体转出知性主体的必要性和可能性的。第一,在西方传统中,有限是有限,无限是无限,人只能是有限,不可能是无限;而在中国传统中,人是虽有限而可以无限的。当然这种无限是指道德意义上的无限,这种无限可以保证道德的纯粹性和绝对性,也可以使人进入超越和无限的领域;而人的有限性则是说人生存在现实领域,在现实中的人的生存方式是与外物相对的,这是知识论的前提,也是科学知识的前提。第二,西方只有上帝才有"智的直觉",人不可能有"智的直觉",而在中国哲学中,人可以有"智的直觉"。我们前面说过,智的直觉是一种与感触直觉不同的直觉形式,是道德主体之感应形式,是创造性的直觉。

我们前面对这两个命题也做过讨论,对于有限和无限,我们要明白是什么意义上的有限,什么意义上的无限。有限容易理解,而无限则只有从道德意义上去说,因为道德主体是超越而内在的,超越性保证了人的无限性。而西方讲的上帝无限恐怕不仅仅是道德意义上的无限,同时也应该是能力、时间、空间各方面的无限,所以中国和西方的无限意义是不一样的,但牟宗三只说有限和无限,并没有指出这种无限之间的差别。对于"智的直觉"也是这样,上帝的"智的直觉"和中国哲学中人所具有的"智的直觉"是不同的,虽然都是创造性的直觉,但创造的内涵不同,牟宗三所讲的人可以具有的智的直觉只能从道德的意义上去讲。道德和知识分别属于两个层面,这个没有问题,但有限的知性主体一定要通过无限的道德主体来开显吗?如何能由无限的道德主体开显出有限的知性主体呢？我们来看看牟宗三是怎样解决这个为何和如何的问题的。

"良知自我坎陷"是一个非常复杂的问题，因为它牵涉到超越与现实两个层面，如果仅仅从道德的意义上讲超越层面，从知性的层面讲现实层面，还比较容易理解一点，但是牟宗三讲的"良知自我坎陷"则要把现实层面和超越层面沟通起来。牟宗三哲学中的道德主体是价值论和形上学的统一，或者说是以道德为入路进入形上学领域；知性主体则是知识论的范围，"良知自我坎陷"就是要通过道德主体自我否定自己，以开显出知性主体，也就是从形上学和价值论中开显出知识论的内容，这一点是最难于理解的。

我们来看看牟宗三是如何论证这个问题的：

> 此步开显是辩证的（黑格尔意义的辩证，非康德意义的辩证）。此步辩证的开显可如此说明：（1）外部地说，人既是人而圣，圣而人（人而佛，佛而人，亦然），则科学知识原则上是必要的，而且亦是可能的，否则人义有缺。（2）内部地说，要成就那外部地说的必然，知体明觉不能永停在明觉之感应中，它必须自觉地自我否定（亦曰自我坎陷），转而为"知性"；此知性与物为对，始能使物成为"对象"，从而究知其曲折之相。它必须经由这一步自我坎陷，它始能充分实现其自己，此即所谓辩证的开显。它经由自我坎陷转为知性，它始能解决那属于人的一切特殊问题，而其道德的心愿亦始能畅达无阻。否则，险阻不能克服，其道德心愿即枯萎而退缩。……故知险知阻中即含有一种辩证的伸展。故其自我坎陷以成认知的主体（知性）乃其道德心愿之所自觉地要求的。这一步曲折是必要的。经过这一曲，它始能达，此之谓"曲达"。这种必要是辩证的必要，这种曲达是辩证的曲达，而不只是明觉感应之直线的或顿悟的达，圆而神的达。这样开知性即名曰辩证的开。如是，则知性开显有其辩证的必然性。此不能由知体明觉

之分析所可逻辑地分析出者。①

牟宗三这段话似乎有些啰唆,但我们要透过他反复强调的表达理解他的想法,他思考这个问题用了很多年,也想到了一般读者在理解"良知自我坎陷"时会比较困难,所以他不厌其烦地反复论述,试图从各个角度、各个层面让读者理解。我们之所以引用这么一大段话,就是想把牟宗三对这个问题的论证过程完整展现出来,这样对于牟宗三的论证会有比较全面的认识,以免给人断章取义之感。

牟宗三首先指出,由道德主体开显出知性主体的过程是"辩证的"开显,牟宗三关于辩证的思想主要来自于德国古典哲学。辩证法本来是指对话的方法,中世纪的哲学家把辩证法理解为形式逻辑的证明方法。康德在先验辩证论中将二律背反看成先验幻象的表现,即把矛盾看做理性世界所不应有的污点。真正对牟宗三辩证思想产生影响的是费希特和黑格尔的辩证法思想。费希特在关于自我的第一原则的设定时有三个原则:自我设定自身,自我设定非我,自我和非我的统一。所谓"自我设定非我"就是自我无条件的设定非我作为对立面。当自我意识以自身为对象时,它既是主体,又是对象,但这不是外来的对象,而是自我为自己设定的对象。同样,那些看起来是外物的对象也是自我为自己设定的表象,是自我意识的内容。那么自我为什么要设定非我作为对立面呢?费希特认为,自我是绝对自由的活动,它不会只囿于自身,只有设定了非我,自我才能在所有关于世界和他人的经验中展开自身。费希特把辩证法用于自我意识,其核心就在于否定自身,这一点对于黑格尔和后来的牟宗三都产生了很大的影响。

黑格尔肯定了费希特辩证法否定的思想,但是又认为费希特把辩证法局限在自我意识范围内是远远不够的,他认为辩证运动的主体不是自我意识,更重要的是事物本身的客观运动,也就是从主观的范围

---

① 牟宗三:《现象与物自身》,第122—123页。

扩大到客观的世界。黑格尔之所以有这样的思想是因为他一直坚持"主体即实体"的思想，所谓实体，就是在西方哲学中，从亚里士多德开始的概括客观存在和本质的范畴，斯宾诺莎对于实体有过完整的论述，认为实体是自因、是无限的、唯一的、不可分割的整体。黑格尔对于西方哲学传统中僵硬的、凝固的实体观提出不同的意见，认为实体同时也是运动变化的主体，而不是现成的、被给予的存在。实体才是辩证运动的主体，它本身具有能动性，它一方面设定自身，同时又在否定自身的过程中实现自身。黑格尔把斯宾诺莎所说的实体和费希特所说的自我意识统一起来，指出主体即实体，这个最终的主体实际上也就是"绝对精神"，绝对精神展开自身的方式也就是否定自身，绝对精神是黑格尔哲学的主题，而否定原则构成了其辩证法的核心。

牟宗三所讲的辩证的开显的过程也就是费希特和黑格尔讲的否定的开展，否定的主体就是道德主体，通过上面我们对费希特和黑格尔辩证思想的大致回顾可以看出牟宗三所受两人的影响。当然，因为牟宗三的哲学背景和费希特、黑格尔有很大的区别，所以二人的辩证法思想是他坎陷思想的来源，但不是全部。牟宗三同时把中国哲学中道德的创生性、人虽有限而可无限这样的理论预设融合进这个问题中，使得他对这个问题的论证有他自己的独到之处。

首先他是从"人虽有限而可无限"这样一个命题出发的，在他看来，人在道德方面，是可以追求无限的，但同时在现实生存层面，人是有限的，也就是说人要有现实的、科学的知识，只有同时具备了道德和知识两层含义，人才能称之为人，这实际上也就是他两层存有论的内容，即人不仅需要"无执的存有论"，同时也需要"执的存有论"，二者缺一不可。在前面的工作中牟宗三已经确立的道德主体，他再说科学知识的必要，其隐含的意义就是一定要在道德主体中开显出知性主体，这实际上是在说明道德主体开显知性主体的必然性和必要性。

牟宗三把这种必要性称为外部的原因，他认为外部的原因之所以可能在于道德主体要自觉的否定自身,这种否定也就是"坎陷",即通常说的"良知自我坎陷"。那么良知为什么要坎陷呢,这就首先要看知体明觉,即道德主体的感应形式。我们知道道德主体的感应方式不同于感性、知性,而是一种创造的感应方式,是"智的直觉",这种直觉方式不是以主体与客体的绝对二分为前提的,在智的直觉的感应形式中,知体明觉是绝对的、唯一的。"道德主体"虽然也用"主体"这样一个词,但从具体内涵上,它和知性主体、和我们平常说的知识论意义上的主体有很大的差别,道德主体是创造性的实体,是"无物与对"的存在,从这一点来看,道德主体比较接近于费希特说的自我设定自我的那个"自我"和黑格尔讲的绝对精神,它们强调的都是"自我"或"主体"在否定中展开自身,当然费希特讲的自我主要是自我意识,仅仅局限在主观范围内,和牟宗三讲的道德主体还是有相当的差别的,倒是黑格尔说的"主体即实体"非常接近"道德主体"的观念,只是绝对精神没有价值意味。

我们知道,中国传统哲学中没有发展出完善的知识论体系,也没有严格意义的知性主体的概念,虽然有德性之知与见闻之知的区分,但没有讨论如何将德性之知和见闻之知整合起来,更没有讨论如何从德性主体开显出知性主体,牟宗三对这一问题有一自觉,他吸收了西方哲学、尤其是德国古典哲学的思想,试图发展出中国的知识论系统,在哲学框架、或者说存有论形式上,他主要受康德影响,用康德关于现象和物自身的划分来建构两层存有论,但他又不满足于仅仅区分两层存有,他试图把两层世界统一起来,即从形上的存有论开显出知识论,开显的动力和方式是自我的否定,在这一点上他主要是受黑格尔的影响。我们来看看牟宗三是如何来描述和论证这种坎陷的:

> 知体明觉之自觉地坎陷即是其自觉地从无执转为执。自我坎陷就是执。坎陷者下落而陷于执也。不这样地坎陷,则永无执,亦不能成为知性(认知的主体)。它自觉地要坎陷其自己即是

自觉地要这一执。……这一执就是那知体明觉执停住而自持其自己。所谓"停住"就是从神感神应中而显停滞相。其神感神应原是无任何相的，故知无知相，意无意相，物无物相。但一停住则显停滞相，故是执也。执是停住而自持其自己即是执持其自己。但它并不能真执持其自己；它一执持，即不是它自己，乃是它的明觉之凝滞而偏限于一边，因此，乃是它自身之影子，而不是它自己，也就是说，它转成"认知主体"。故认知主体就是它自己之光经由一停滞，而投映过来而成者，它的明觉之光转成认知的了别活动，即思解活动。①

如果说前面引用的一段话说明了道德主体坎陷的必然性、方式和动力，那么这一段话则描述出了道德主体如何自我坎陷，或者说是说明了坎陷的过程。"坎陷"这个词来自于《周易》坎卦，坎卦卦辞说："习坎，入于坎窞，凶。"坎本身就是不平坦的意思，窞是坑，有陷入意，入于坎窞也就是陷入坑中的意思。牟宗三借用坎卦这样一个卦相来形象地描述道德主体和知性主体的关系，这种思路实际上来自于传统中国哲学，《周易》上讲"形而上者谓之道，形而下者谓之器"，就是区分了形上与形下，虽然这个上下不是空间意义上的上和下，但却是划分了现实与超越两个层面。既然是形上与形下，那么二者是不是截然分开的呢？宋代儒者程颐说"体用一源，显微无间"，体就是形上的超越层面，是隐藏的，我们无法感知的"微"；用就是形下的现实层面，是我们能够感知到的"显"，二者不是分开的，也就是说体是藏在用之中，或者说在用的背后。牟宗三先生的坎陷思想也可以看做来自于这种传统，即形上的体是要通过入于形下的用才能发挥作用的，这个过程就是坎陷的过程。

在介绍道德主体的坎陷时，牟宗三先生还用了"无执"和"执"这样一对概念，这对概念来自于佛教，"执"就是执著于物的意思，就是有所

---

① 牟宗三：《现象与物自身》，第123—124页。

对、有所挂碍,他把现象界的存有论称为"执的存有论",就是说在现象界里,或者说在现实的存有中,主体是有所"执"的,也就是有所对的,这也就是主体和客体二元对立的意思;而"无执"则是指道德主体具有绝对性和唯一性,不是与物对立的,是一种创造性的活动,是一个开展中的过程,牟宗三称之为"神感神应",在"神感神应"中,是没有任何"相"可言的,所谓"相"就是样子,就是客体对于主体呈现的样子,这种样子的出现是以主客二分的状态为前提的。在《心体与性体》的综论部分中,牟宗三曾提出了一个"纵贯系统"和"横摄系统",如果借用这样一对词的话,我们可以说,知体明觉,或者说道德主体的存在状态是纵贯的、立体的,知性主体和客观存在是横列的、对立的、平面的。纵贯更多的是强调一个创造的过程,而横列则是一种既成的状态。创造的过程是不可能有"相"可言的,只有当它停下来才呈现出某种样子,所以牟宗三认为由无执到执的过程就是知体明觉暂停创造的过程,而有所执著,这样就由道德主体转为了认知主体。

在《现象与物自身》、《圆善论》等著作中,牟宗三经常用"知体明觉"来代替"道德主体",虽然二者在内涵上没有本质区别,都是指一个东西,但"知体明觉"似乎更能够表现道德主体的创造性。所谓"明"有两层含义,一是其本身就是明的根源,二是它可以使万事万物明,而使之明则需要载体。我们可以作一比喻,把知体明觉比喻成太阳,太阳本身是不断发光的,但如果这光没有照射到一物体身上,我们依然看不到此光,只有当光停留下来,我们才可以感知到它,牟宗三实际上就是把光的停留这样一个过程称为"坎陷"。牟宗三又指出,经过这一执所形成的认知主体是一个逻辑的我,形式的我,架构的我,有"我相"的我,而不是那知体明觉之"真我",此认知主体的特征在于"思"。知体明觉停住成为"形式的我",明觉中感应之物被推出去成为思的对象,此对象也就是现象义的对象。"思的我"与对象之对偶性是由一执而同时形成的,这也是知识论的基本的对偶性。

为了进一步说明道德主体由无执的状态转为执的状态,牟宗三又引用了陆象山"平地起土堆"的比喻来说明这一过程:

> 那停住而自持其自己的认知主体对那知体明觉之真我而言,亦是一现象;不过这不是被知的对象义的现象,而是能知的主体义的现象。此一现象是那知体明觉之凸起,由自觉地一执而停住而其者,此即所谓"平地起土堆"。知体明觉是平地,无任何相。如视之为"真我",则真我无我相。而此凸起的认知我是土堆,故此我有我相。此有我相之我是一形式的有。它虽是一凸起的现象,但却不能以"感触的直觉"来觉摄。它既不是真我,当然亦不能以"智的直觉"来冥证。凡是"形式的有"者,吾人如依康德的词语说,皆须以"纯粹的直觉"来觉识。其为现象只就其为"凸起"而言。此是知体明觉之直觉地一执停住即坎陷而凸起者。此不是感触的直觉所觉摄之杂多而待概念以决定者,因此处只是以形式的有,思维的我,无杂多故。①

牟宗三借用"平地起土堆"的比喻是为了说明道德主体和认知主体乃两种不同的直觉形式。所谓平地就是说知体明觉无任何"相"可言,实际上还是说知体明觉是主客二分之前的状态;而土堆则是说明客体凸现出来,即认知意义上的主体和客体同时呈现。我们应注意,"起"是一个动词,牟宗三用这个比喻也是为了描述从"无执"到"执"是一个如此的动态过程。

"良知自我坎陷"这个命题的实质就是为了说明道德主体和知性主体的关系,对于这个问题的处理,牟宗三从五十年代起就开始思考,当时就提出了"三统说"、"坎陷说"等理论,但侧重于政治哲学和历史哲学,而且论述也不够细致、全面。经过二十多年的深入思考,以及吸收、借鉴中国传统哲学和西方哲学中相关的说法,他对于此问题的论

---

① 牟宗三:《现象与物自身》,第127页。

述也转向了纯哲学的领域,也就是形上学和知识论的领域。而且"良知自我坎陷"一方面是对中国传统哲学的继承,另一方面也是融摄西方哲学、把中国哲学进行现代化的一种创新方式。对于这个问题的论证,他分别从中国哲学和西方哲学中吸取资源,比如他借用康德关于现象和物自身的框架,借用佛家"无执"和"执"的说法。后来牟宗三进一步借用了《大乘起信论》中"一心开二门"的模型来说明道德主体和知性主体的关系,这也可以看做从另外一个角度去诠释"良知自我坎陷"说。

牟宗三认为"一心开二门"中的"一心"就是指如来藏自性清净心,也就是超越的真常心,它可以开出二门,一是生灭门,一是真如门。在牟宗三看来,"一心开二门"是个很重要的格局,不能仅仅看做是佛教内的一套说法,同时也可以看做是一个公共的模型,有普遍的适用性,可以拿来对治一个很重要的哲学问题,这个问题就是两层存有论的问题,也就是道德主体和知性主体、物自身与现象关系的问题,实际上也是"良知自我坎陷"问题。他说:

> 依"一心开二门"的格局而言,行动本身不只是现象。行动若直接由良知、本心或自性清净心发动,则在良知、本心与自性清净心面前,它就不是现象的身份,它本身即是物自身的身份。依康德的说法,一下就把行动说成是现象,如此就把行动定死了。康德在《实践理性批判》中曾说过,面对上帝是没有现象的;因为上帝只创造"物自身",而不创造"现象"。所以现象不是天造地设的,只有物自身才是天造地设。既然现象不是上帝所创造,而只是对着人而显现的,则现象就好像是平地起土堆,是对着感性或知性的主体而显现成扭曲状态,亦即是把物自身扭曲为现象,这也就是我所谓的"绉起来"。①

"一心开二门"对于理解道德主体和知性主体很有帮助,或者说是

---

① 牟宗三:《中国哲学十九讲》,上海:上海古籍出版社,1997年,第287页。

一种形象的说法,因为一提到道德主体和知性主体,人们往往会认为是两件东西,无论从逻辑上,还是从现实存有上,都理解成两个东西,有的学者甚至认为道德主体和知性主体是楼上和楼下的关系,所谓"良知自我坎陷"就是从楼上掉落到楼下。这种比喻过于简单、直观,不太适合形容二者的关系,因为牟宗三虽然强调道德主体的优先性和重要性,但并非把它和知性主体截然二分,因为中国传统哲学就讲"体用一源,显微无间",就是说在事实存有上,道德主体和知性主体是不能完全分开的。所以两层存有论不应理解为像楼房那样的两层,而是理解成两个角度、两种意义,这或许更准确一些。"一心开二门"的说法似乎更容易为人所接受一点,所谓一心,就是人心之全体大用,既有德性意义上的心,又有知性意义上的心,所谓开二门就是或者从道德意义上去看,或者从知性的意义上去看。所谓良知的坎陷就是说道德心之门暂时关闭,只从认知心的角度去看,这样其实并不是否定道德,道德一直在人心中,只是没有从这个角度去看而已,这样就避免了那种认为知性主体是附属于道德主体的想法。在"一心开二门"的架构中,道德主体和知性主体不存在逻辑的先后问题,这样或许可以避免很多关于"知性主体是否一定要从道德主体中坎陷出来"或者"知性主体是否有独立的地位"这样的质疑。

"一心开二门"可以看做是对"良知自我坎陷"说的一种发展,它超越了如何从良知坎陷出知性的困难,同时既肯定了道德主体存在的必要性,又保证了知性主体的独立性,是对道德主体和知性主体更加成熟的说法。

第六节　圆善与圆教

所谓圆善,就是最高的善、圆满的善,也就是"德福统一"。对于圆善问题的解决，牟宗三的晚年最后一部著作就是《圆善论》，是对于圆善问题的最终解决。但是他对于圆善问题的思考却早很多，他在七十年代写作《现象与物自身》的时候就开始思考圆善问题，其中有两个地方他正式提出圆善问题：第一是在论证"人虽有些而可无限"时；第二是在《现象与物自身》的最后一部分，"哲学原型及其可学"，这两部分都已经涉及了圆善问题。

牟宗三哲学中关于"物自身"学说的论证有两大前提，第一是"道德优先"，第二是"人虽有限而可无限"。我们看看牟宗三是如何由"人虽有限而可无限"转换出"圆善"的问题。

牟宗三认为，海德格尔在《康德与形上学底问题》中，说"我能知什么"一问题是把人类理性的能力带进问题中，"我应做什么"一问题是把人类理性的义务带进问题中，"我可希望什么"一问题是把人类理性的希望带进问题中。在海德格尔看来，人类理性不只是因为它提出这三个问题它才是有限的，而是恰恰相反，它之所以提出这三个问题是因为它是有限的，而且是极端的有限。这三个问题都是紧紧的围绕着"人的有限性"这一目标而展开的，而正是因为人的有限性，和这三个问题相关的第四个问题"人是什么"才允许被建立起来。在牟宗三看来，如果在"有限是有限，无限是无限"的前提下，只以上帝为外在的划类的观点看人，那么海德格尔说的是对的。但如果在"有限而可无限"的前提下，则海德格尔的解说就未必妥当了。牟宗三分别从"人能知道什么"、"人应当做什么"、"人可以希望什么"三个问题分别入手，阐释"人虽有限而可无限"的含义。

牟宗三首先指出：

> 在"人能知道什么"一问题中的能力问题，此若只从事实上的知性与感性看人的能力，它自然有能有不能，即人的知解能力有限（此若特殊化之，依康德，即只知现象，但并不稳定）。但若吾人能展露出智的直觉，则人亦可以知本体与物自身（此种知当然与

知现象之知不同)。如是,则人虽有限而实可具有无限性;而那只知现象的知性与感性既可以被转出而令其有,亦可以被转化而令其无,如是,它们不只是事实之定然,而且亦是价值上被决定了的,因而是可以升降进退的。当它们被转出时,它们决定只知现象,此是充分被稳定了的。若从此看人,则人自是有限的。但当它们被转化时,人的无限心即呈现。若从此看人,则人即具有无限性。当然具有这种无限性的人不会就是上帝那样无限的存有,而且根本上亦与上帝不同。①

对于"知",牟宗三还是做了区分,即"识知"与"智知",所谓"识知"就是人的感性认知、理性思辨这样的能力,也就是康德所说的对于现象的知,这样的能力人当然是有限的,牟宗三并不反对。但是他认为在"识知"之外还有"智的直觉",即"智知",智知是对本体或物自身的知,智知是由无限智心所发出的,从这个意义上说,人也就具有无限性。对于牟宗三的理论来说,这种说法并不新鲜,早在五十年代,他就区分了认知主体和道德主体,道德主体不仅具有道德、价值的意义,还具有形上的、存有论的意义。我们说"有限"是指受某种条件的局限、限制,或者是时间,或者是空间,而"无限"则是突破和跨越这些条件,人的认知不能说无限,这一点不用多解释,很容易理解;但是"智知"却可以无限,之所以说无限,一方面是在道德意义上可以说无限,道德意义上的无限就是指道德心可以跨越时空,可以不停地延展,比如我们说孔子所讲的"仁",它不仅仅局限于那个时代,也不仅仅局限于中国,它可以扩展成一种普遍的道德原则,这种法则因为跨越了时空,因而就具有了无限的意义;无限的另外一种意义就是人的道德心实际上是来自于天道实体的,无论是"心即理"还是"性即理",都是说明人的道德根基、道德源泉是内在而超越的,因为天道实体是超越的、无限的,

---

① 牟宗三:《现象与物自身》,第27页。

那么作为"尽心、知性、知天"的人自然也是无限的了。

所以在这个问题上,牟宗三与海德格尔的最大差别在于牟宗三不把"人能知道什么"中的"能"理解成一种知性能力、也不把"什么"理解成现象,他通过意义世界的开显要知物自身的领域,也就是无限的领域。

当然,即使牟宗三承认人的这种无限性,但是他还是认为人和作为无限存有的上帝是有差别的,这并不难理解,因为在牟宗三看来人是"虽有限而可无限"的,人的生命、能力都是有限的,这是常识,人只是在道德层面进入无限的领域,这和上帝的无限性是有着很大的区别的。上帝本身的永恒性、无限创生性都是和人有着更大的不同的。

在讨论了人能知道什么之后,牟宗三接下来探讨的是"人应当做什么",他说:

> 在"人应当作什么"一问题中的义务问题,此若只把义务看成是一个应尽而不必能尽,应当是而不必实是,只就义务这一概念而如此分解,则人当然是决定的有限。但若吾人能展露一超越的本心,一自由的无限心,例如王阳明所讲的良知,则凡有义务皆应作,亦必能作。知应作而不必能作,其良知必未充分呈现。复次,人或可说:一切义务必不能一时俱作,在时间形成中必尚有未充尽之义务次第出现,因为人不能一时当一切机故,如是,人仍是有限的。此义自可说。但依儒者,若自无限的进程言,自永不能充尽一切义务,此所以说"真正仲尼临终不免叹口气",(罗近溪语)此见人的有限性;但若自圆顿之教言,则亦可以一时俱尽,随时绝对,当下具足,此即人的无限性。有限不碍无限,有限即融化于无限中;无限不碍有限,无限即通彻于有限中。"先天而天弗违,后天而奉天时",这两者原不是对立的。天且弗违,此固是人之无限性,由无限心之生天生地而然;能奉天时而神明不滞,则"上下与天地同流",此亦是人之无限性。这样的具有无限性的存

在与那隔离的上帝之为无限存在不同。①

这一段主要是对于人的义务的探讨。从现实的角度来说,人的义务当然是有限的,对于个人、家庭,国家还是社会,人总是要承担有限的义务,从这一点讲,人应该做的是有限的,而且就人的能力来说,人可以做的也是有限的,正如牟宗三所引罗近溪语"仲尼临终不免叹口气",这都说明天地之大,人不可能尽全部义务,实现所有愿望,人生总是要有遗憾。但牟宗三又认为,这种现实的有限性并不妨碍可有无限性的追求,孟子曾说"万物皆备于我",陆象山说"宇宙即是吾心,吾心即是宇宙",孟子和陆象山当然知道人心不同于宇宙,不同于万物,但他们强调都是人的超越性、无限性的一面,牟宗三说"但若自圆顿之教言,则亦可以一时俱尽,随时绝对,当下具足,此即人的无限性",实际上我们就可以把孟子、陆象山的论断当做圆顿之教,也就是"随时绝对、当下具足",这里表达的就是道德的自足和自信,也就是说道德是人内心就已经具备的,不需要外在的条件。同时,人内心的道德法则和天道又是一致的,如果这种道德法则先于天道的存在,天道都不和它违背,这也就是说明它具有生天生地的作用;如果它后于天道的存在,那么它能够尊奉天时,也就是"上下与天地同流"。牟宗三这番论证还是要说明有限和无限不一定是对立,人的义务看似有限,实际上和无限的天道、天命又是一致的,这样也可以理解为有限是包含在无限之中的,从这个意义上说,人的义务也是虽有限而可无限的。

在论证"人虽有限而可无限"这个问题时,牟宗三最后要论证的是"人可希望什么?"牟宗三说:

> 此若从可得与不可得之一般期望而言,人自是决定的有限。但我们希望绝对,希望圆善(德性与幸福之圆满的谐和一致),这不必是基督教传统下康德的讲法,亦可依一自由的无限心之顿现

---

① 牟宗三:《现象与物自身》,第27—28页。

而圆顿地朗现之。孟子言天爵人爵。现实上，修其天爵，而人爵不必从之。自此而言，德性与幸福之间自有距离，他们两者自是一综合关系，非分析的关系。但孟子亦说："君子所性，虽大行不加，虽穷居不损，分定故也。"此是泯绝无寄地言之也。《中庸》亦言："君子素其位而行，不愿乎其外。素富贵行乎富贵，素贫贱行乎贫贱，素夷狄行乎夷狄，素患难行乎患难。君子无入而不自得焉。"虽自得而仍不免有悲剧意味。但若依圆教而言之，则即无德性与幸福之隔绝之可言。……是故圣人作平等观，说吉，一是皆吉，说凶，一是皆凶，德性与幸福本无隔绝，即本非综和，是则绝对地言之也。烦恼即菩提，菩提即烦恼，固即是圆善也。如是，则人即有无限性，而且即是依无限性的存在，而亦不同于上帝之为无限存在。①

牟宗三对于"人能希望什么"问题的理解和海德格尔是不同的，海德格尔着眼于人现实层面的有限性，比如他说："只要当一个希望被带进问题中，则此希望便是一种对于求此希望的人能被许可或被否决的某种事。凡被要求的东西就是这样的一种东西，即它能被期望到或不能被期望到。但是，一切期望皆显示一缺乏，而如果这缺乏包含着人类理性底最密切的业绩，则此人类理性即被肯定为本质上是有限的。"②就人的现实生活的层面而言，海德格尔的这种说法当然没有错误。人能够得到的确实是有限的，而且人的希望也是有限的，人的希望能否满足也是一个未知数，海德格尔从这一点上说明的也是人的有限性。

但牟宗三把"人能希望什么"这个问题做了一点滑转，把人能希望什么的问题转化成德性与幸福的关系问题。严格说来，牟宗三把海德格尔所讨论的问题的范围缩小了，人能希望的范围当然是很广阔的，

---

① 牟宗三：《现象与物自身》，第28—29页。
② 牟宗三：《现象与物自身》，第25页。

个人的幸福只是其中的一个方面。牟宗三比较注重道德主体,他往往从道德的立场和角度出发去探讨问题,并且他受康德哲学影响比较大,康德哲学最终就要解决人的道德与幸福的关系,牟宗三自然也要从中国哲学的立场对这个问题进行思考和解答。实际上德福关系问题也是他晚年关注的最主要的问题,他的最后一部著作《圆善论》最终所要解决的就是德福一致问题,在这里他的探讨还不够深入、细致,他主要是通过德福关系的角度来看人的有限性与无限性。

对于德福关系问题,牟宗三在此并没有充分展开,我们会在之后看看他如何去论证圆善问题。

在《现象与物自身》的最后一节,牟宗三是要确立"哲学原型",其中也涉及了"圆善"问题。所谓"哲学原型",牟宗三认为,哲学是一切哲学知识之系统,此系统是估量每一主观哲学的基型或原型,它必须是客观、完整的一套,但它现实上并不存在,所以它只是一可能学问的理念。但它又不是一永远挂空而不能实现的理念,这个理念终究是要实现的,但至于如何实现,就要看实现的途径如何被规定。这个哲学原型,同时也规定着人的最终目的,所谓"最终目的"就是人类的全部天职,也就是实现"最高善",最高善就是"圆善"。

牟宗三又指出,哲学原型不能永远停留在作哲学思考的人的筹划中,它必须在一圣人的生命中朗现,我们可以依照圣人的生命与智慧之方向,来定然而具体的决定哲学之原型。在牟宗三看来,圣人所决定的哲学原型就是两层存有论,即执的存有论和无执的存有论,通此两层存有论就是一整一的系统。两层存有论是牟宗三哲学的基本框架,也是他认为的哲学原型的唯一真正途径。牟宗三认为,如果哲学原型可由圣人的生命而朗现,那么我们就可以根据圣人的朗现而规定此原型,如此则此哲学原型是具体的、可学的,虽然它不同于数学等形式的科学,但是也具有一定的确定性。通过学此哲学,使我们明白此两层存有论,并使圣人所朗现的智慧在我们生命中也体现出来。

《现象与物自身》的主要目的是确立两层存有论,但两层存有论的功用何在?上面所讲的哲学原型基本是牟宗三对于两层存有论的总结,在他看来,两层存有论不是他个人主观的哲学,而是圣人生命所体现出的客观的哲学系统,这个哲学的最终目的是要达到最高的善,也就是圆善,这实际上也是牟宗三开始正式思考、解决圆善问题的过渡,在他八十年代最后一部著作《圆善论》中,解决的主要问题就是圆善问题。

在《圆善论》的序言里,牟宗三谈到,他之所以想写此部著作,是因为他在讲天台圆教时,感觉天台判教能把圆教之所以为圆教的独特模式表达出来,他由圆教问题,想到了康德哲学中的最高善——圆善。牟宗三认为,圆教概念启发了圆善问题的解决,这一解决是依照佛家圆教、道家圆教、儒家圆教之义理模式而解决的,与康德哲学不同。

为什么圆善问题的最终解决,要靠圆教来保证?牟宗三有一个说明。实际上,牟宗三并没有区分宗教与哲学,他这样说:

> 笼统方便言之,凡圣人所说为教。即不说圣人,则如此说亦可:凡足以启发人之理性并指导人通过实践以纯洁化人之生命而至其极者为教。哲学若非只纯技术而亦有别于科学,则哲学亦是教。依康德,哲学系统只完成是靠两层立法而完成。在两层立法中,实践理性(理性之实践的使用)优越于思辨理性(理性之思辨的使用)。实践理性必指向于圆满的善。因此,圆满的善是哲学系统之究极完成之标识。哲学系统之究极完成必函圆善问题之解决;反过来,圆善问题之解决亦函哲学系统之究极完成。①

牟宗三在这里把哲学与宗教的作用等同起来,在他看来,宗教有三个用途:启发理性,指导实践,纯洁生命,这些同样也是哲学的作用与价值,牟宗三所理解的哲学,是以实践为优先的,也就是康德所说

---

① 牟宗三:《圆善论》序言,台北:学生书局,1985年,第1—2页。

的,实践理性优于思辨理性。圆教的境界也就是圣人的境界,这同样也是哲学追求的最高境界,也就是圆善的境界。在牟宗三看来,哲学不仅仅是爱智慧,同时也是"爱学问",所谓爱学问就是使"爱智慧"成为一门学问,"爱智慧就函着爱学问,爱学问就函着爱一切思辨的理性知识。这一切思辨性的理性只是当然是就最高善论而说的",①牟宗三把这种知识称为"实践的智慧论",他认为这种意义的哲学在康德看来是一种教训,即依概念与行为而说的教训,依照中国儒释道传统,它可以称为"教",如果哲学是这种意义的一种教训,那么无人敢称自己是"哲学家"。康德所说的理想的哲学家,依中国传统,它就是儒家的圣人,道家的真人、至人,佛家的菩萨、佛。

牟宗三认为,哲学作为实践的智慧学,它所关注的是最高的善,这虽然是哲学一词的古义,但康德所讲的最高的、圆满的善却不同于古人,康德是从意志之自律讲起,先讲明什么是善,然后加上幸福讲圆满的善,此圆满的善的可能性之解答是依据基督教传统来解答的,即由肯定一人格神的上帝使德福一致成为可能。牟宗三讲圆教与圆善则是根据儒学传统,直接从孟子讲起,之所以从孟子讲起,是因为孟子的基本义理正好是自律道德,而且讲得很通透,孟子讲的天爵人爵已含有德福之两面,由此可以引至圆善之问题。牟宗三之所以采取直接从孟子讲,而不是自己依照概念之分解凭空架起一义理系统的方式,有这样几个原因:第一,有所凭借,比较省力;第二,通过讲明原典可以使人理解孟子;第三,把圆教与圆善的基本义理定在孟子,孟子是智慧学之奠基者,他的智慧不是通过强探力索得来,而是由真实生命之洞见而发。

牟宗三一直强调,中国的学问是生命的学问,他的学问也是生命的学问,他认为哲学所要关注和解决的是人的生命的存在的问题。如何使人的生命更有意义、更有价值,是他一生苦苦思索的问题。经过

---

① 牟宗三:《圆善论》序言,第6页。

几十年的思考,他建立了"道德的形上学"体系,确立了道德的实体,但对于人来说,仅仅有道德主体还是不够的,因为作为现实存在的人,必然要关注个人的幸福,否则仅仅讲道德有空洞的嫌疑。牟宗三借康德对于"圆满的善"的问题的思考,开始关注道德与幸福的关系问题。和他前面对于现象、物自身等问题的论述一样,牟宗三虽然是根据康德的思考提出问题,但对于问题论证的方式和出发点都是中国哲学、尤其是儒家哲学的。而且和以前一样,他没有区分哲学与宗教,把哲学与"道德宗教"等同起来,所以他更强调对于生命的体验、洞见。另外,他直接把孟子的理论作为圆善和圆教的基本义理,也就是把孟子的理论作为理论预设,以孟子的理解为衡定问题的标准,这种方式更具有宗教性的特征。当然,在一定意义上也可以说牟宗三采用的是"六经注我",即借用孟子来表达自己的思想。

对于孟子的诠释,牟宗三首先以《告子篇上》的疏解为入手点,厘清了"性"的内涵。他首先区分了告子讲的"生之谓性"与孟子所讲性的区别,实际上首先做出这种区分的是宋儒,他们早就区分了"天命之性"与"气质之性","气质之性"更接近于告子讲的"生之谓性"之性。无论是孟子、宋儒还是牟宗三,都不反对"生之谓性",即他们都承认人生下来都具有固有东西,比如对于"食色",他们都不否定这是人性,但他们认为这并不是人之所以为人的地方,要想把人的地位在世界上凸现出来,必须从价值层面去确立人的本性。牟宗三认为,孟子理解的"生之谓性"是指人的自然本性,由此不能确立道德的原则,也不能确立人的道德性,以使自己在价值上区别于动物。所以牟宗三说:"而孟子言性之层面,则就人之内在的道德性而言,因此'性善'这一断定乃为定是。孟子以下之答语,'若决江河,沛然莫之能御',即在显发此'内在的道德性'。此是孟子说性之洞见。"①牟宗三认为孟子之所以能从道德的层面去讲"性",不是从自然层面去讲"性"根据还是在孔子之

---

① 牟宗三:《圆善论》,第21页。

"仁",但孔子没有将这个问题展开,孟子则突出了人与天道的联系,所以牟宗三对孟子的人性论思想评价很高,他说:"人性问题至孟子而起突变,可说是一种创辟性的突变,此真可说是'别开生面'也。此别开生面不是平面地另开一端,而是由感性层、实然层,进至超越的当然层也。"①

在探讨了人性之后,牟宗三继续讨论了天爵和人爵的问题,天爵和人爵问题实际上也可以看做是对于人性问题的进一步思考,因为孟子主张人性善,就是要为道德寻求根据,在超越的层面肯定道德也就是找到了道德的根基。那么仅仅说明了人性是善的,人是有道德的是不是就够了呢?当然不是,作为现实存在的人不仅仅需要道德,他当然要关心人的幸福问题,在现实生活中,很多有道德的人未必幸福,很多幸福的人未必有道德,作为道德的倡导者的哲学家就必须回答道德与幸福是什么样的关系,有道德的人会不会就能有幸福。在这个问题上,孟子和康德可谓"殊途而同归",孟子讲的天爵和人爵的关系实际上也就是康德讲的道德与幸福的关系,天爵和人爵的最终统一也就是康德讲的圆善的境界。牟宗三敏锐的发现了二者的关联,将二者进行比较、综合,进而论证自己的关于"圆善"的理论。

孟子在《告子篇上》中说道:"有天爵者,有人爵者。仁义忠信,乐善不倦,此天爵也。公卿大夫,此人爵也。古之人修其天爵而人爵从之,今之人修其天爵以邀人爵,既得人爵而弃其天爵,则惑之甚者也,终亦必亡而已矣。"孟子所讲的天爵也就是人的内在道德,这一点是天所赋予的,是人生来就具有的德性,所以称之为"天爵";人爵则是指人的地位、权力,有了权力、地位在一般人看来就是幸福,地位的显赫和财富的占有当然是幸福,但它是否是人类追求的最高目标呢?孟子对于天爵和人爵有自己的理解,他认为天爵是天所赋予的,是良贵,不能剥夺的权利,而且具有最高的价值标准;人爵是人所给予的,君主可以

---

① 牟宗三:《圆善论》,第22页。

给予你人爵,也可以剥夺你的人爵。孟子认为只要能修天爵,自然可以得到人爵,牟宗三也认同这种说法,他认为只要能够修养人的德性,就能够得到幸福,当然有人会提出质疑,有道德就一定有幸福吗?牟宗三用了分析命题与综合命题的说法来解释二者的关系。如果一个谓词已经包含于一个主词的概念之中,那么我们一定可以从主词中推导出谓词的内容,这样的命题就是分析命题;综合命题则与之相反,谓词的内容不必然的包括在主词之中,不能直接从主词中直接推导出谓词。牟宗三认为孟子所说的"古之人修其天爵而人爵从之"是一个综合命题,所谓综合命题就是说不能说修了天爵就一定有人爵,即使有些人修了天爵并由此得到人爵,也不能说前者必然推导出后者,因为从经验的事实不能直接推出普遍必然的结论。孟子当然没有受过严格的逻辑训练,对于天爵和人爵的关系,他也没有严格考察,所以我们不能把孟子的这句话理解为具有普遍必然性的命题,只能把它理解成孟子的警戒、劝勉之意。牟宗三比较受过现代学术的训练,他知道要想证明德福一致不能通过这样的方式,他后面的证明会复杂很多。

在探讨了天爵与人爵的关系之后,牟宗三继续探讨了孟子所说的"所欲"、"所乐"和"所性",这个问题实际上也是德福问题的另外一个展现向度。孟子说:"广土众民,君子所欲,所乐不存焉。中天下而立,定四海之民,君子所乐,所性不存焉。君子所性,仁义礼智根于心,其生色也睟然见于面,盎于背,施于四体,四体不言而喻。"《孟子·尽心上》从一定角度上,我们可以说,所欲和所乐代表了幸福,所性代表了道德,但是这些在孟子和牟宗三心目中的地位是不一样的。牟宗三认为,荣华富贵、权力都是人所欲,但这大体是属于感性的,是低级的,没有什么道德的价值,作为君子,必须超越感性之满足,必须做有利于众人、有利于公德之事,这样方称得上"所乐"。"中天下而立,定四海之民"是一种公德,即有功于人民,这对于广土众民来说是增添了道德的价值。

但是牟宗三又指出,所乐虽然在此,但是所性却不在此。因为"中天下,定四海"不是人人可以强求得到的,这是属于"求之有道,得之有命,是求无益于得也,求在外者也"。所性却是人的性分中必然拥有,属于"求则得之,舍则失之,是求有益于得也,求在我者也。"无论穷苦困顿还是飞黄腾达,都不会改变上天所赋予的"性",此性也就是根于心的仁义礼智,牟宗三认为,这里的仁义礼智是真生命,不是抽象的原则,它充满了人的真实生命,随人的行动而随处显现,就像《大学》中所说的"德润身"。所性与所欲、所乐是根本不同的,所性是无条件的必然,是人之绝对价值之所在,是判断行为的标准;依所性而行,并得以成就人的品德这都是无待于外的,是我自己所能掌握的。所欲与所乐皆有待于外,不是我自己所能掌握的,而且得不得皆有命存焉。所性是评判者,是评判一切的标准,而所乐、所欲是被评判的内容,从这个角度上,所性是高于所欲和所乐的。

牟宗三虽然由孟子引出了德福问题,但实际上他对孟子的疏解并没有证明德福一致,他引用的孟子的天爵、人爵和所性、所欲、所乐可以理解为道德与幸福,但是他在疏解孟子的过程中并没有证明有道德必然有幸福,在更大程度上,他只是肯定了道德的价值,说明了道德具有更重要的地位。他希望能将道德和幸福综合起来,成为圆满的善。对于圆善的证明,牟宗三在很大程度上受了康德的影响,我们下面看看牟宗三是如何来证明圆善的。

牟宗三哲学后期受康德哲学影响甚大,他对于圆善问题的证明也是受康德影响,但牟宗三认为康德是在西方基督教传统下对圆善问题的证明,他本人对康德的证明并不是很满意。他在中国哲学的传统下对康德的证明提出了一定的批评,并自己予以证明。

康德认为,凡是道德的善都是以道德法则来决定的,道德法则都是无条件的命令,善是道德的目标,是实践理性的直接对象,依道德法则、无条件定然命令所行的善是纯然至善,无任何私利夹杂其中,这样得到的善是极善或纯善,但此纯善并不是圆善,圆善是指圆满的善,是道德与幸福有一致的配称关系。但是德福如何能够实现?它们究竟是什么关系?康德认为,德与福只能是综合的,不能是分析的,不能在现象界里肯定有德必然有福,而是应该在智思界里寻求其可能的根据,由此康德提出了"灵魂不灭"和"上帝存在"两个设准。

康德理解的灵魂有这样几个特征:纯一性,实体性,人格性,不灭性。因为康德认为我们现实的人会通过自己的努力使自己的心灵完全符合道德原则,到达极善的境界,但是我们又是现实的人、感性的人,不可能完全符合道德的原则,只有在一无限的生命进程中,我们的生命才有可能实现完满,德与福才能实现圆满的一致。康德还认为,德福一致是超越感性的关系,只有上帝才能保障二者的结合,上帝是具有人格性的无限存有,只有上帝可以使德与福的结合成为可能。

牟宗三根据中国哲学的立场,对康德的圆善理论提出批评,他认为康德把保障圆善得以实现的无限而绝对的智心人格化为上帝,这是"理性外的情识作用,或者说是依附于理性的一种超越的情识",他指出,圆善所以可能之根据放在这样一个起于情识决定而有虚幻性的上帝上就是一大歧出,牟宗三认为:

> 道德法则之确立是理性的,意志之自律亦是理性的,要求圆善亦是理性的,要求一绝对而无限的智心之体证与确立亦是理性的。惟对于绝对而无限的智心人格化之而为一绝对而无限的个体存有则是非理性的,是情识决定,非理性决定。在此,中国儒释道三教之传统有其圆熟处。我们依此传统可期望有一"彻头彻尾是理性决定"的说明模式。①

哲学家对于问题的理解往往是由于哲学前提和预设的不同,牟宗三的哲学背景和哲学立场显然是中国式的,他显然无法接受"上帝"这

---

① 牟宗三:《圆善论》,第241页。

样一个观念,他认为上帝是虚幻的,由上帝来保证圆善的实现是一种感情、情识的作用,不是理性的作用,他希望把圆善的根据从上帝那里拉回到人的道德本心处,他认为道德本心也就是他一直在强调的"道德主体",在《圆善论》中,牟宗三更习惯把它称为"无限智心"。无限智心是内在于人的道德本心,同时也是超越的、无限的天道实体,以无限智心来说明圆善可能之根据是唯一必然的途径,这个途径就是圆教之途径,圆教成而圆善明,圆善明而实践的智慧学得以成立,哲学的思考到此而止,牟宗三把圆善看做哲学的最高形态。

牟宗三认为,无限智心一观念,儒释道三教都有,对儒家而言,是本心或良知;依道家而言,是道心或玄智;依佛家言,是般若智或如来藏自性清净心。这些都没有对象化为人格神,这些对于实践理性来说,都不涉及思辨理性之虚构。

对于儒家的无限智心,牟宗三做了详细的论述,他说:

> 儒家的无限的智心由孔子之"仁"而开示。仁所以能被引发成无限的智心是由于孔子所意谓的仁之独特的基本品格而然。孔子之言仁主要地是由不安、不忍、愤悱不容已之指点来开启人之真实德性生命。中间经过孟子之即心说性,中庸易传之神光透发——主观面的德性生命与客观面的天命不已之道体之合一,下届宋明儒明道之识仁与一本,象山之善绍孟子而重言本心,以及阳明之致良知——四有与四无并进,刘蕺山之慎独——心宗与性宗之合一:经过这一切反复阐明,无限的智心一概念遂完全确立而不动摇,而且完全由实践理性而悟入,绝不涉及思辨理性之辩证。[①]

牟宗三在这里讲的无限智心,就是他一直在论述的"道德主体"概念,他从五十年代起确立了这样一个观念,就一直沿着这样的思路不

---

① 牟宗三:《圆善论》,第255—256页。

断发展,道德主体的表述也有多种不同的形式,如心体、性体、知体明觉,以及在《圆善论》里常用的"无限智心",说到底,此道德主体既是人的道德的根据,又是超越的天道实体。实际上,在牟宗三看来,之所以用无限智心取代上帝,是因为他一直坚持"超越而内在"的理路,在他看来上帝是外在于人的,虽然上帝是超越的,但是"超越而外在",牟宗三希望圆善的最终完成不是通过外在的力量来保证的,而是通过内在的力量、通过自己来保证。但牟宗三接着又指出,无限智心虽然可以开德福一致之机,但仅仅说无限智心之确立还不能使我们明彻德福一致的真实可能性,我们必须通过无限智心来讲圆教才能彻底讲明圆善问题,圆教成而圆善明。

所谓圆教就是圆满之教,是"如理而实说之教,凡所说者皆无一毫虚歉处"。牟宗三认为的圆教有三种,即佛家的圆教、道教的圆教、儒家的圆教。与之相对应,圆善的解决也有三条途径,即佛家圆教下的解决、道家圆教下的解决、儒家圆教下的解决。牟宗三认为儒家的圆教与佛道两家的圆教不同,佛家的圆教是由"解心无染"入,道家的圆教是由"无为无执"入,儒家的圆教则是从道德意识入手,有一"敬以直内,义以方外"的道德创造之纵贯的骨干。此纵贯系统自孔子开始,孔子的"践仁知天"已略含此规模,到孟子尽心知性知天,存心养性事天,相应于孔子原有之规模已充分展现;《中庸》言慎独、《易传》言乾坤并建、尊乾法坤都是相应于孔子原有规模而言。到了宋明儒,对于此纵贯系统更有发展,周敦颐默契妙道,明实践工夫之切要,虽然是开端另说,但并未违背孔子原有之规模;张横渠喜言太和太虚,又多滞词,但并不违背孔子之原义;至程明道言一本论,才真正相对于孔孟圆盈之教的规模;程伊川与朱子从《大学》讲格物穷理,走出了孔子的规模,是此系统之歧出,牟宗三称之为"顺取之路",与"逆觉体证"相对反。陆象山直接承孟子而来,扭转朱子之歧出,符合孔孟原有之规模;王阳明顺心、意、知、物讲良知,是对儒学的大贡献,但他"无善无恶心之体,有善有恶意之动。知善知恶是良知,为善去恶是格物"的四句教尚不是究竟圆教,而只是圆教之事前的预备规模,直到王龙溪提出"四无说",圆教的规模才成立,所谓"四无"就是"无心之心则藏密,无意之意则应圆,无知之知则体寂,无物之物则用神"。所谓四无,就是说心、意、知、物四者混化为一,"体用显微只是一机,心意知物只是一事"。牟宗三认为,只有到此境界才是圆教,只有在此圆教中,德福一致的圆善才真正的可能,他说:"因为在此神感神应中,心意知物是一事。吾人之依心意知物之自律天理而行即是德,而明觉之感应为物,物随心转,亦在天理中呈现,故物边顺心即是福。此亦可说德与福浑是一事。"①在牟宗三看来,只要达到了圆善的境界,则迹本圆融,物随心转,一切存在状态随心而转,事事如意而无所谓不如意,这便是福。如此德与福便通过一种诡谲的方式相即,即德福成为一事。牟宗三说:

> 无限智心能落实而为人所体现,体现之至于圆极,则为圆圣。在圆圣理境中,其实义完全得见:既可依其自律而定吾人之天理,又可依其创生遍润之作用而使万物(自然)有存在,因而德福一致之实义(真实可能)亦可得见:圆圣依无限智心之自律天理而行即是德,此为目的王国;无限智心于神感神应中润物、生物,使物之存在随心转,此即是福,此为自然王国(此自然是物自身层之自然,非现象层之自然,康德亦说上帝创造自然是创造物自身之自然,不创造现象义的自然)。两王国"同体相即"即为圆善。圆教使圆善为可能;圆圣体现之使圆善为真实的可能。②

《圆善论》是牟宗三最后的一部著作,也标志着他哲学发展的终结,他认为圆善的境界是哲学发展的最高境界,达到了圆善的境界也就是达到了圣、神的境界。

---

① 牟宗三:《圆善论》,第325页。
② 牟宗三:《圆善论》,第333页。

牟宗三对于圆善问题的研究也是他会通中西哲学的一个重要样本，他将孟子哲学、康德哲学进行比较，从不同的向度对圆善问题进行分析、比较，最终又回归到儒家的圆教系统，由圆教证明圆善。但牟宗三的证明还是有一定问题，他更多强调的是境界形态的圆满，是一种理想的状态，所以他往往受到质疑：在现实生活中为什么德福不能一致，牟宗三对此只能说这是物自身层的实现而非现象界的实现，但是现象界恰恰也是我们生存的现实的世界，如果在现实的层面不能给予充分的证明，那么牟宗三对于圆善的证明就不能不让我们考虑甚至质疑了。

第七节　贡献及其评价

"形而上"一词来自《周易·系辞》，所谓"形而上者谓之道"。近代以来，这个词就用来翻译西方的 metaphysics。metaphysics 直译是物理学之后，也就是物体、现象背后的本质，或者可称为本体，从 metaphysics 字面可以看出，西方的形而上学是以知识为入路的一门学问，在这一点上中国哲学与之有很大不同，用牟宗三先生的话讲，中国哲学是"以'生命'为中心，由此展开他们的教训、智慧、学问与修行"。①虽然入路不同，但现代中国哲学家们都认为中国还是有形上学，比如冯友兰就认为形上学是哲学中最重要的一部分，它的作用在于提升人的境界。牟宗三也是承认中国有形上学的，他甚至认为宋明理学就是真正的"道德的形上学"，在《心体与性体》中，他做了严格的界定，区分了"道德底形上学"与"道德的形上学"，他说：

---

① 牟宗三：《中国哲学的特质》，第6页。

前者是关于"道德"的一种形上学的研究,以形上地讨论道德本身之基本原理为主,其所研究的题材是道德,而不是"形上学"本身,形上学是借用。后者则是以形上学本身为主(包括本体论与宇宙论),而从"道德的进路"入,以由"道德性当身"所见的本源,此就是由道德而进至形上学了,但却是由"道德的进路"入,故曰"道德的形上学"。

从这里可以看出牟宗三所理解的"道德的形上学"是以本体论和宇宙论为主要内容,以道德为入路,而且在他看来,只有中国哲学,尤其是儒家哲学才达到了"把那道德之当然渗透至充其极而达至具体清澈精诚恻怛之圆而神之境",也就是成就了"道德的形上学"。但宋明儒学本没有"道德的形上学"这样的讲法,这是牟宗三对宋明儒学的理解和概括,同时也是牟宗三哲学的内容之所在。

"道德的形上学"还有一种意义,就是可以概括牟宗三哲学的系统,如果让我们用一个词来概括牟宗三哲学的总体特征,可能没有比"道德的形上学"更准确的了。1987年,香港大学颁赠牟宗三荣誉文学博士,港大教授F. C. Moore在致辞中说道:"牟教授由儒家的心性之学作起点,建立起一套形上学的思想,他名之曰'道德的形上学',亦可以说,他为一超越义的形上学系统供给一道德的证明。"[①]本文所用的"道德的形上学"即是指牟宗三先生建立的一套哲学系统,其中既包括本体论、宇宙论,也包括历史哲学、政治哲学和文化哲学,是牟宗三哲学的总称。

在《智的直觉与中国哲学》序言里,牟宗三说到,他试图使"中国哲学能哲学地建立起来",这句话就表明了他既承认有中国哲学,同时又认为"中国哲学"不是十分符合现代学术的需要,需要"重建"。至于牟宗三对中国哲学的贡献,李明辉教授有一总结:"在西方现代的学术讨

---

① 蔡仁厚:《牟宗三先生学思年谱》,第67页。

论当中,'重建'一词有两种意涵,即'恢复'和'重组'。以中国哲学之'重建'来说,第一个意涵意指:重寻中国哲学之原貌,恢复其原有意义;第二个意涵则意谓:透过重新诠释,将中国哲学之原有成素重新组合,从而赋予它新的意义,激发其新的潜在动力。"①这段话概括了牟宗三哲学对中国哲学的两大贡献,即继承和发展,仅以"道德主体"思想而言,也体现了这一特征。

牟宗三的"道德形上学"概念首先肯定了传统文化的价值。他生活在一个"儒门淡薄,收拾不住"的时代,西方一些学者声称要把中国文化陈列在博物馆凭吊,在这样大的时代之下,牟宗三同唐君毅、徐复观等诸位先生所怀有的是当代儒者的担当意识。很多学者批评牟宗三的哲学走向了书斋,成为纯粹学院式的建构,这实际上是没有看到牟宗三哲学深沉、厚重、博大的民族意识、历史意识和文化意识。牟宗三哲学不仅仅是一套形而上的建构,他更宏大的志向和理想在于希望中国能由"学术生命之畅通"转至"文化生命之顺适"、"民族生命之健旺",这是牟宗三哲学中的"道德主体"乃至整个牟宗三哲学的历史背景和文化背景,理解了这一点我们才可以更深切体会到牟宗三哲学中的忧患意识、悲情意识。通过本文的介绍、分析,我们不难看出,在基本的价值理念上,牟宗三是认同中国传统哲学的,他甚至直接把儒学称为"儒教",就是希望传统儒学能继续走在新的时代,起到教化民众的功用。对于肯定传统、继承文化的理想,牟宗三的学生王邦雄教授说过一段话,代表了新儒家对待传统文化的态度:

> 今天我们要讨论的是当代中国的世界,我们的世界在哪里?这"世界"是特殊的定义,是指我们精神的宇宙、价值的天地、心灵的世界,来自于文化传统与哲学宗教的世界。当代新儒家就是为我们将失落已久的世界重新的找回来。中国的世界在哪里?我

---

① 李明辉:《牟宗三先生与中国哲学之重建·导言》,台北:文津出版社,1996年,第2页。

觉得人的生命都要通过文化传统来看它,才能有一个源远流长的发展,也才能跟过去接续起来,不再是孤零零的现在,而是过去的绵延。这个接续让自己的生命茁壮起来,不再是只站在当前的某一点,而是整个历史传统的成长过程直接与生命通贯起来,这样我们才能找到当前应有的方向,去开展未来的生命。①

新儒家人物所关注的不仅仅是现实的存在,他们更希望从历史的维度、超越的维度去看人的精神、价值和心灵,这也是牟宗三的"道德主体"思想关注之所在,所以他的"道德主体"一方面继承了历史、文化意识,一方面开启了超越的价值世界。

牟宗三哲学的贡献不仅仅体现在对中国哲学的继承上,更重要的意义在于他为中国哲学由传统走向现代做出了有益的尝试。虽然在精神追求上牟宗三认同传统中国哲学,但是他却能以一种开放的心态来看西方哲学,积极引进西方哲学中的有益成分,为现代中国哲学的体系化和逻辑化做出了有益的尝试。就连对牟宗三哲学多有批评、质疑的冯耀明教授也充分承认、肯定了牟宗三对于中国哲学的重要贡献:"牟先生一生在哲学上建立了一个哲学典范,一个体大思精的哲学纲领,任何研究中国哲学的人都几乎不太可能越过他而不经过他。今天我们中国哲学界的语言不或多或少是'牟宗三语言'吗?就'牟宗三语言'之建立及流行而言,牟宗三不愧是'五百年不一见'的伟大的中国哲学家!"②

同传统社会相比较,当代社会已经经历了深刻的变革,人们在生存方式上和古代人有着明显的差异,这种生存方式的改变也必将改变着当代人的行为方式和思维方式。人们常说,现代社会是一个多元的社会,这就意味着很难有一种甚至几种价值观能成为社会的主导观

---

① 王邦雄:《从中国现代化过程中看当代新儒家的精神开展》,《儒道之间》,台北:汉光文化事业股份有限公司,第9页。

② 冯耀明:《解构与重构》,《牟宗三先生与中国哲学之重建》,台北:文津出版社,1996年,第45页。

念,每个人都有思考和选择的权力,这种现状和哲学家的期许是有着很大差距的,哲学家往往希望自己的思想能够成为社会的主导思想,但事实又恰恰相反,他们往往有被边缘化的可能,尤其是像牟宗三这样的新儒家,更会有人提出质疑:作为传统社会意识形态的儒学,在现代生存方式之下,失去了与之相适应的社会环境和政治环境,是否只能成为"游魂"?还有学者或许会疑问,牟宗三的"道德主体"不过是宋明心性之学的现代翻版,而中国传统儒学并不仅仅是心性之学,同时也是"制度儒学",仅仅建立所谓"道德主体"能否真正起到新儒家所期许的"复兴儒学"的理想?

如果把上面两个问题放在一起,我们会发现在这个问题的夹缝中或许会更清楚地看到"道德主体"意义与价值。事实上,作为制度形态的儒学在今天已经不可能,或者说儒学已经不能成为意识形态。但是这并不意味着儒学并非没有价值,相反,作为心性之学的儒学更能在思想多元的社会中更具有一定的价值和意义。如果我们回顾一下中国哲学史上的程朱陆王,会发现他们的思想主要是心性之学,事实上他们也没有真正进入当时社会的主流,但不能否定的是他们的思想在更高的层面上提升着儒学,或者说从另一个层面上体现着儒学的价值和意义,尽管"本心"、"良知"这些概念和现实生活有一定的距离,或者说作用似乎不是那么直接,但是它却在理论层面为儒学奠基,"道德主体"也是如此,它给我们最大的启示或许不一定是非要使我们相信道德的实体即是宇宙的实体,我们也不一定非要把宇宙的终极存在理解成道德的存在,但是我们应该努力为道德需求根基,应该追问善何以必要、道德何以必要,我们可以评价牟宗三哲学是"道德的理想主义",但应该看到这是牟宗三为道德寻求论证的一种方式,我们可以不接受他的结论,但是应该看到他理论的理论意义与现实意义。

也许有的学者依然会对"道德主体"提出质疑,认为牟宗三把物自身、知性、现象以及存在都统统收摄到"道德主体"上,道德主体成了吞没一切的"黑洞",这会抑止知性精神和工具理性的充分展开。事实上,牟宗三的"道德主体"并不是要吞并一切,或者说使知识成为道德的附庸,"道德主体"思想更为现实的意义是说道德对于我们人类存在更具有根本性,或者说道德是人之为人的根据,我们应该开启价值的世界,树立道德的理想,他后期所强调的"两层存有论"体系以及"一心开二门"格局都是为了对治科学理性的泛滥和日益严重的物化倾向,为精神、道德、价值留有一定的空间。理解了牟宗三的这种良苦用心,我们或许可以对他多一点同情和敬意的理解,而不再是为了批评而批评,为了反对而反对。

牟宗三哲学中的许多概念都有着极其丰富的意义,无论是"道德主体"、"智的直觉"还是"物自身"等等,这些概念都关涉形上学、知识论、历史哲学、政治哲学等诸多领域,在不同的历史时期、不同的语境之下,牟宗三对它们的诠释都有不一致、甚至矛盾之处,因而也遭到了很多学者的批评和质疑,但这恰恰在另一个角度证明了牟宗三哲学的丰富和规模庞大。牟宗三哲学承担了太多的东西,他一方面要为中国哲学走向现代树立范本,一方面要为确立"道统",为儒学复兴奔走呼号,同时还要试图说明中国文化和现代文明并不冲突,甚至在中国文化之中可以开出民主与科学,他的这种宏愿、气魄和哲学的规模在现代中国哲学史上确实是一高峰。他的哲学既有宗教般的淑世情怀,又有逻辑学家式的缜密、细腻;既弘扬了中国传统哲学的精神,又吸纳了西方哲学的方法,是中西文化、中西哲学碰撞的产物,能将如此多的内容、特点熔铸于一身,不能不让我们以一种更加审慎的态度来理解牟宗三哲学。

当然,牟宗三哲学固然伟大,但是这并不意味着我们只能站在他的哲学系统内说话,我们更应该欣赏和学习的是他对于家国、民族、文化的热忱和他以生命的实感去理解哲学、建构哲学。在哲学的问题和哲学的方法上,我们完全可以不再拘泥于牟宗三哲学。事实上,牟宗三哲学对于西方哲学的借鉴主要是来自于德国古典哲学,对于现代西方哲学,牟宗三的了解和诠释似乎没有那么深刻,我们完全可以吸收、借鉴现代西方哲学中分析的方法、现象学的方法、诠释学的方法表达我们对生活世界的理解。比如牟宗三的学生林安梧教授十年前就提出了后牟宗三、后新儒家的问题,并提出了后新儒家发展几种可能的向度,这种敏锐的问题意识、时代意识是值得称许的,也是我们新儒家研究者一个重要的方向之一。当然我们当前最重要的任务或许不在于讨论如何走出牟宗三或超越牟宗三,而是我们如何能学会牟宗三的方法,如何学会用自己的头脑来思考这个时代的问题,在哲学的层面上去回答这些问题,这或许是摆在所有哲学工作者面前的任务吧。

第八章
唐君毅的心通九境论

第一节　生平及思想渊源

唐君毅生于1909年,青年时曾到北京大学求学,后转至南京中央大学,在哲学系毕业,历任四川大学、重庆中央大学、成都华西大学、江南大学、金陵大学教授。1949年后,移居至香港,与钱穆、张丕介先生共同创办新亚书院,三十年如一日,苦心经营,使新亚书院成为世界上宣扬中国文化和哲学的重镇之一。1978年唐君毅因病辞世。唐君毅被公认为第二代现代新儒家的代表人物之一,是二十世纪的中国一位有重要影响的哲学家。唐君毅倾其一生精力,在自觉地融会中西哲学的基础上,致力于传统哲学的承续发扬和返本开新,著作浩繁,并形成了自己特有的哲学体系。可以说,唐君毅的哲学是中国传统哲学走到现代所呈现的一个新的形态。

唐君毅的儒学思想来源可以说主要有两条途径：一条是中国传统哲学，主要是儒学，另一条是德国古典哲学，主要是康德，费希特，黑格尔哲学。

儒家的人性善学说，从孟子在道德上加以提倡，朱熹在形上学上用理加以阐释，至王阳明之致良知教而集大成。在此同一个问题上，三位前贤各有所重。比较起来，唐君毅对孟子的性善理论思索最为精深，并吸收应用在了自己哲学观念的建立上。他先后撰写了《孟子言性新论》，《孟子性善论新释》等文章，系统地阐述过孟子性善论的出发点和论证方法，而在建立其形上学的中心观念——道德自我时，唐君毅也着重吸收了孟子关于人性的理论与方法。

唐君毅认为，孟子言性善，首先不是就人之实然上说人之已善，而是就潜伏的功能，内在的心灵活动趋向，与此活动之显发上说人之性善；其次，孟子是就人之所以为人之特色上论人性，而不是就人与其他动物的共同之处论人性。孟子的论证过程是：

孟子首先指出人有四端：

> 人皆有不忍人之心。……所以谓人皆有不忍人之心者，今人乍见孺子将入于井，皆有怵惕恻隐之心。（《孟子·公孙丑上》）
>
> 无恻隐之心非人也；无羞恶之心非人也；无辞让之心非人也；无是非之心非人也。恻隐之心，仁之端也；羞恶之心，义之端也；辞让之心，礼之端也；是非之心，智之端也。人之有是四端也，犹其有四体也。（《孟子·公孙丑上》）

孟子提出的这四端，都是人的消极的道德情绪，从人的消极情绪上指出人的善性，是想表明，人有自内发的道德主宰力量之存在，有内在的道德自我之存在，有内在的善性。道德情绪纯由内发出。孟子论恻隐之心特就乍见孺子将入于井为例，是想表明，恻隐之心是直接自当下的自我内部生出的反应，是发自内在的天性，而不是外有所为。

孟子也从积极的道德情绪论证进行补充。如认为善性是出自不待思虑的天性：

> 孩提之童，无不知爱其亲者。及其长也，无不知敬其兄也。亲亲仁也，敬长义也。（《孟子·尽心上》）

所以，在孟子这里，人性不是本能，而是德性。君子所性，在于仁义礼智。其次，孟子从人心之所同然上论证：

> 口之于味也有同耆焉，耳之于声也有同听焉，目之于色也有同美焉。至于心，独无所同然乎？心之所同然者何也？谓理也，义也。圣人先得我心之所同然耳，故理义之悦我心犹刍豢之悦我口。（《孟子·告子上》）

这一段说的是道德能满足心之要求，由理义悦心可以证之。道德本身是内心的幸福，是孟子亲身体验并自觉把握的事实。心自始要求道德，即好善出于内心。那么怎样从一个人的道德心而知所有人都有道德要求呢？孟子用的是类推，也就是同类相似的方式来论证。也就是，圣人是人，圣人能感道德理义之悦心，圣人之性善；则一切人之性亦善。

但是这里孟子对性善普遍性的论证是有问题的。从他的前提得不出结论。因为人包含圣人和他人，圣人和他人都具有作为人的共同性，但圣人和他人毕竟是有区别的，圣人具有的特点他人未必具有，所以，不能从圣人性善推出他人都性善。我们问，为什么不可从普通人不像圣人一样感到道德悦心而说道德非悦心？唐君毅替孟子解释说：

> 道德理义之悦不悦心唯有真行道德而获得道德之圣人才能讨论此问题。
>
> 一般人之不感道德之悦心，只是其尚未真行道德而获得道德。其未获得道德而不感道德之悦心，并不足以否定道德之悦心，亦即不足以否定道德为人之内在的深处心之所要求。[①]

---

① 唐君毅：《孟子性善论新释》，《唐君毅全集》，第十八卷，台湾学生书局，1990年，第130页。

不能否定并不意味着必然肯定,我们固然不能否定圣人的经验,但是我们同样也不能肯定圣人的个体经验就必然同样适用于所有人的经验。然而,唐君毅在自己哲学体系的建构过程中,反复使用这个方法来论证自己的观点。在道德自我之建立的过程中,他也常常用自己内心的体验推论所有人都具有此种体验。

对于孟子对性善论的论证,唐君毅将其概括为两个方向:

> 一是从自发的情绪外现的端倪上指出性善,一是从人心之所安上指出性善。前者是由四端之因,指出其必有仁义礼智之果以说性善,后者是从人之悦仁义礼智之果,指出必有悦仁义礼智之性为因。①

唐君毅将孟子这种论证方法全盘接受,在道德自我之建立过程中,也是用这种论证方法来论证道德自我的存在的。

孟子还探讨了恶的问题。什么是恶?唐君毅引述了孟子"养心莫善于寡欲",并反对戴震以孟子只言寡欲,不言绝欲为证,认为孟子不以欲为恶的说法,而同意大多数宋明儒学家的解释,认为孟子以欲为恶,原因是:

> 孟子虽不言绝欲,只言寡欲,然若孟子果不以欲本身为恶则安用寡之?寡之者,言必加以裁制压抑使不至自然放纵之谓也。孟子以欲必加以裁制压抑使不至于放纵而后可,是犹谓江河之水必以堤防之而后不至于溃决。是孟子之以欲本身为恶明矣!孟子虽言寡欲而不言绝欲,恶害其以欲本身为恶哉?②

既然人性是善的,恶从何而来?孟子认为:"若夫为不善,非才之罪也。"(《孟子·告子上》)而是由于未能尽其性,也就是未能尽其潜伏的为善之功能:

---

① 唐君毅:《孟子性善论新释》,第131页。
② 唐君毅:《孟子性善论新释》,第5页。

富岁,子弟多赖,凶岁,子弟多暴。非天之降才尔殊也,其所以陷溺其心者然也。(《孟子·告子上》)

人之为不善,是心陷溺于外在环境之中造成的。而心之所以会陷溺于外在环境的原因则是由于人与动物相同的耳目声色之欲作用的结果。人之所以为人的特性在人心之思,人心陷溺之时,就是心不思之时。唐君毅论述道:

> 一切不善,只是人之感觉性活动与仁义礼智之性分离;身体耳目之官与心之官分离,小体与大体分离,以致人只求由身体耳目之官之发出之感觉性的活动之满足,为外在之欲所蔽,乃使心之功能仁义礼智之性无由显发。①

我们看到,孟子"人心之陷溺为恶"之观念,同样成为唐君毅在建立道德自我时论恶之来源的理论来源。1959年在夏威夷召开的东西方哲学家会议上,唐君毅在其宣读的论文中再次谈到了中国儒家的性善论,并做了深入的阐发。

唐君毅认为性善学说是道德的基础,道德理想与道德原则只是人本着良善的心性自内生起的自我评价原则和标准,道德训练和涵养的目的就是维系并扩充据此标准评价为善者,道德生活的成就和道德人格的养成,就是对源自本性之物的实现。其中,起着评价功能的自省与自评,不是主观与自我封闭的,而是客观和自我开放的,因为儒家所说的心灵联系于外部世界的"格物",不但具有知性价值,且具有道德价值,因为我们认知宇宙的行为,也是我们道德价值实现的过程,宇宙间的一切,均可由于心灵之光之所及,而被道德价值燃亮,这也是《中庸》和《孟子》书中所阐扬的,认清其善性,充分发展其道德生活,尽力达致内在世界与外在世界之合一,以获致人格之庄严与完美。

既然人人都有善性,人性本善在理论上的最高推导,也就是人人

---

① 唐君毅:《孟子性善论新释》,第135、136页。

皆可成圣。唐君毅对此的论证包含以下几个方面：

首先，唐君毅认为人人皆可成圣是圣人心中的内在信念。原因是：

> 由于圣人之心满怀爱而不能自私，他不可能认为自己为唯一之圣人。①

其次，唐君毅不仅认为人人皆可成圣是圣人的信念，而且也是我们自己心中的信念。因为：

> 倘若吾相信有一圣人或相信吾可成一圣人，则吾必透过圣人之心想到圣人此一理念，如此，人人皆可成圣亦包含在吾心念之中。②

再次，唐君毅认为，性善论本身蕴涵着人人皆可成圣的可能。

> 依据人性本善之论说，吾必须相信有一圣人，同时相信吾可成一圣人，因为圣人只是吾之本性，亦即仁之充分体现而已。因此，吾必须相信人人皆可成圣。③

圣人是仁之充分体现。但是孟子的性善论主要说明，人人都有成善的端倪、趋向，并未说明这些潜能都必定会变成现实，以及人人必定都能充分体现仁的本性而最终成为圣人。孟子在举例说明伯夷，伊尹和孔子等人的品行之后，曾说："皆古圣人也，吾未能有行焉，乃所愿则学孔子"。（《孟子·公孙丑上》）

可以看出，孟子对自己是否能够成圣，似乎也不敢太乐观。唐君毅也知道，孟子并不认为我们的一切行动和意图实际上都已经很好，而

---

① 唐君毅：《中国哲学精神价值观念之发展——参加夏威夷第三次东西方哲学家会议论文》，《唐君毅全集》，第十八卷，台湾学生书局，1990年，第386页。
② 唐君毅：《中国哲学精神价值观念之发展——参加夏威夷第三次东西方哲学家会议论文》，第386页。
③ 唐君毅：《中国哲学精神价值观念之发展——参加夏威夷第三次东西方哲学家会议论文》，第386页。

只是在我们的性之中具有善的倾向或开端,但其对性善论的重新阐释,也即建立其道德自我时,还是不切实际地夸大了对人性成善的信心,从而完全承续了中国哲学中对实现德性和把握真理的乐观态度。这样,一方面确实可以养浩然之气,但另一方面,则使人易走向绝对主义的误区。

唐君毅曾如此表达其形上学的主旨:

> 吾人之论之目标,在成就吾人生命之真实存在,使唯一之吾,由通于一永恒、悠久、普遍而无所不在,而无限,生命以亦成为无限生命,而立人极;故吾人论诸心灵活动与其所感通之境之关系,皆所以逐步导向于此目标之证成。①

可以看出,心灵的感通活动就是唐君毅实现其形上学目标——成就我们生命之真实存在的最主要的途径和方式。唐君毅认为,心灵活动与之所对之感通,即生"境"。心灵的感通活动是以心知境,但是:

> 知之义不能尽感通之义,知境而即依境生情,起志,亦是感通于境之事故。②

境为心之感通,不仅是境为心知,也包含依境生情,起志。知、情、意、行原为一体而不可分,知为对境之感通,情为对境之感受,意、行为对境之感应,知欲成真实知,必与情、意结合而归于行,方成真实知。所以,心灵的感通活动实际上是知、情、意、行在共同作用。对事物的感受和感应可以依于心灵对事物的感通而生之认识,同时,心灵的认识也可以生于对事物的感受和感应,或说情与意。而情感与意志必导向行动,所以心灵的认识与情感、意志和行动一体不分。如果说,情、意、行可以归结为行,那么心灵的感通活动,就既是求如实知,也是求成真实行,是知行合一的生命活动。

可以说,唐君毅的心灵感通观念,直接承自宋明儒者。朱子曾有

---

① 金良年:《孟子译注》,第21页。
② 金良年:《孟子译注》,第10页。

诗曰:"此身有物宰其中,虚澈灵台万境融,敛自至微充至大,寂然不动感而通。"王阳明也说过:"心无体,以天地万物至感应为体。"而先圣王阳明与友人观花的故事也常常被后人所念及。阳明先生游南镇,一友指岩中花树问曰:

> "天下无心外之物,如此花树,在深山中自开自落,于我心亦何相关?"先生曰:"你未看此花时,此花与汝心同归于寂。你来看此花时,则此花颜色一时明白起来。便知此花不在你的心外。"①

王阳明不否认客观事物的独立存在,他谈的是自生自灭的客观事物如何向人生成的问题。他认为在人与花未发生关系时,这花对人未构成同一认识之境,因此,人与花各自独立,也就是"你未看此花时,此花与汝心同归于寂"。但是,如果有了人的生命心灵活动沟通二者("看"),就生成了花我无间之境,而花也就有了存在的意义,染上了人的情感色彩,所以,人对花之认识不仅是一种反映,而是一种生命心灵之体验。②

唐君毅对于心对物的认识与王阳明确实则相似,他曾谈道:

> 今谓心开而境现,亦可是心开与境现俱起。与境现俱起而开后之心,亦存于境,而遍运于境,遍通于境。固不须说先有离心之境先在,心开而后至于其境,而更知之通之也。如人之开门见山,此山虽或先有,然如此之山之境,以我开门而见者,亦正可为前此所未有也。③

心与境之感通,就是有何境,必有何心与之俱起,而有何心起,亦必有何境与之俱起。无论境在心内心外,无论是真境妄境,都与某种

---

① 王守仁:《王阳明全集》,上海古籍出版社,1992年,第107页。
② 邹其昌:《王阳明的良知体验审美论》,《中南民族学院学报》(哲学社会科学版)1998年第2期(总第91期),该文中谈到意义与审美体验时谈到类似认识,但认为王阳明的"与花同寂"这个例子不是一种反映论,而是一种审美体验。笔者认为此例中王阳明的认识论,既是心对物的反映,又是一种心灵体验。
③ 唐君毅:《生命存在与心灵境界》,《中国现代学术经典·唐君毅卷》,刘梦溪主编,河北教育出版社,1996年,第76页。

心灵活动感通相应。境不同,心灵活动亦不同,各如相应,俱起俱息。我们看到,唐君毅也不否认外物离心而独立存在,在他眼里,认识活动就是心与外物相感通而俱现之事,心不离物,需以物为着;物也不离心,物是向心呈现。

然而,唐君毅"言境为心所感通",却"不言为心所变现"。① 因为首先,心与境之感通,实是境自呈现自身性相于心,感通更确切地说,应是心与境的相互作用;其次,按照心灵的本性,它并不会僵驻在任一个境中,而是"如飞鸿踏雪泥,飞鸿不留于其指爪之所在"。所以我们说,虽然生命心灵活动是我们所认识的客观外物得以呈现的必要条件,但只是条件,而不是根据。因此,对于有的学者认为唐君毅将生命心灵活动"看成是万物散殊境,即客观境中一一个体事物所以作为实体存在的依据",②我们认为似乎是对唐君毅的一种误解。

可以说,从道德自我的建立,到人文世界之化成,到心灵九境,是唐君毅自己的哲学思想发展的三个阶段。在这个过程中,唐君毅深受德国古典哲学,特别是康德、费希特以及黑格尔的影响。如果我们可以说,唐君毅的道德自我之建立是正,道德自我在人文世界之展开是反,那么,到心灵九境的创立就是合。这里,我们将由正反合这个特征,粗略地揭示唐君毅的哲学不同阶段发展的内在逻辑。

第一阶段是道德自我建立,即正。在这个阶段中,唐君毅主要进行的是对道德自我的求证,确立了心之本体,并以之为道德自我得以建立的根源。在这个阶段,唐君毅从个体自我的道德生活角度论证了建立道德自我的可能性和必然性以及途径,道德自我天然的主体性、内在性和超越性。

自从青年时期的彷徨,从心物二元论到进化论,再转向唯心论之后,唐君毅坚定了自己一生的哲学观,虽然他的哲学始终不离对儒家

---

① 唐君毅:《生命存在与心灵境界》,《中国现代学术经典·唐君毅卷》,刘梦溪主编,第10页。
② 张祥浩:《唐君毅思想研究》,天津人民出版社,1994年,第350页。

学说的恳认和弘扬,然而受过良好西学熏习的他,不再沿袭中国传统哲学言说式的表述,而是力求借鉴西方哲学的表达方式,对自己的哲学观进行论证,他通过对人的道德生活进行反省,肯定了人的仁心本体为学问的本源。

继而,唐君毅由道德实践上说明道德生活的意义,就是自己主宰自己的自律的生活。通过笛卡尔式的论证,由人心对世界的虚幻与不仁之不忍,肯定了一求仁的道德心或道德自我的存在,说明了心灵是一道德的心灵。其次,由心身物的关系,说明道德心灵的一些特质。心所对之物生灭无常,而心则是恒常不灭,心所寄于之身体是有限的,而心之本体则是无限。最后,通过精神的表现,说明了心灵超越时空,而通上下四方与古往今来,不受任何现实事物的限制。

唐君毅建立道德自我的过程,极易使我们联想到康德的义务论伦理学,发现它们之间千丝万缕的关联。这可以看做唐君毅哲学发展过程中正的阶段。

第二阶段是人文化成之世界,即反。这一阶段中,唐君毅将道德自我客观化为人类的文化活动和生活。这一部分是中心观念道德自我在人类生活世界的展开,从而使得道德自我具有了客观性和涵盖性。同时,这一部分也可以看做是唐君毅的文化哲学。

唐君毅论述了道德自我应该建立、且在理论上建立起来了。但是,这个道德自我却是呆板的,抽象的,没有生命力的,因为它只是人的主观世界中的观念。只有到它的对立面中展开自身,才会变得丰富和具体。就像费希特的自我在设立了自身之后,又设定非我一样。那么,自我为什么要设立非我呢?费希特的回答是:

> 因为在我们之内有着某种东西,非经我们之外的某种东西就无法予以充分说明。[1]

---

[1] 〔德〕费希特:《全部知识学的基础》,王玖兴译,北京:商务印书馆,1997年,第210页。

> 自我是绝对自由的活动，它一定不会囿于自身，只有设定非我，自我才能在所有关于世界和他人的经验中展开自身。就是说，自我为了完全地设定自身，就必须设定非我。①

唐君毅年轻时代对费希特的哲学非常推崇，费希特曾将他的"自我的现象学说"解释为：

> 揭示出真我下降到形体世界的现象的完备形象，亦即提示真我的完备的现象学说。②

费希特认为，本质和现象，自我和自我的表现是统一的。如果说费希特的"知识学"是"本质"，是"道"，那么，他的现象学就是"肉身"，由知识学所建立的真我，只有道成肉身，也就是体现在现象界之后，它的真我才得以完成。唐君毅哲学中主体性的道德自我发展到这一步，化成为外部的人文世界，我们不妨也可以说，是受了费希特哲学的影响。道德自我的建立，可以说是自我设立自身，而人文化成之世界，则是自我设立的非我，是对主体性道德自我的否定和丰富。具体地说，就是道德自我具体体现在人类各项活动之中，包括家庭生活、经济活动、政治活动、哲学与科学、文学与艺术、宗教活动、道德生活、体育、军事、法律、教育等活动。这些活动都以道德理性为依据，是道德自我分殊之表现。这个过程虽然是自上而下，由内而外进行的，但是反之，同样可以使人类在从事所有这些文化活动时，能够寻根溯源，找到一个坚实的道德根基。

第三阶段是心灵九境的创立，即合。道德自我展开为人文化成之世界，完成了自我之否定，变得更加丰富和具体。但此时，唐君毅的"道德心灵"还没有回复到它自身。我们知道，唐君毅在喜爱德国古典哲学、特别是黑格尔哲学的同时，也深受其影响。黑格尔认为，意识在

---

① 赵敦华：《西方哲学简史》，北京大学出版社，2001年，第288页。
② 〔德〕费希特：《费希特选集》第六卷，莱比锡大学出版社，1912年，第35页。

其自我发展或提高的过程中,要求自身的现象和它的本质相同一,并且,在趋向于它的真实存在的过程中,它将摆脱它的"异化"或外化的形式,而"将要达到一个地点……在这地点上,现象即本质"。① 也就是说,意识经过矛盾发展过程,将达到它的本质和现象的同一。也就是否定之否定,合的阶段。

唐君毅在建立和展开其核心观念道德自我之后,根据史实对中国传统哲学进行了系统的考论,加之后来对西方哲学和印度哲学的进一步了解,其哲学致思发生了一些变化,他不再试图继续原先以"道德自我"或"道德理性"为核心来建立一个哲学系统的想法,而要从人的整个心灵的活动入手,去建立一个更大的哲学系统。生命存在的三向九境就是唐君毅一生学问的综合。从九境的顺序中可以看出,唐君毅仍旧沿袭中国传统哲学重视德性的路向,但是,唐君毅又没有囿于传统哲学的观念,而是做出了重大的突破,就是不再将哲学的归趋仅仅局限在道德这个目标上,心灵本体不再仅仅作为道德本体或"道德自我",而变成了人的整个生命存在活动。当然,生命存在的不同活动仍在道德理性的主导下,以确立人生真正的价值。

黑格尔在其《精神现象学》中曾经表达过,对象本质上属于知识,对象与知识是同一的。如果知识改变,也即考察中的尺度改变,对象也会改变,所以,"自在之物"永远只是一种为我的存在。② 在我们看来,黑格尔此处的思想应该是对康德哲学中湮灭时间性的批判,同时也隐含了现代生存论哲学的质素。与后一点相似,唐君毅所构建的生命存在的三向九境,同样表现了这样一种哲学思维。人与世界发生关系,也就是世界和人相互展开的过程,世界之展露于人生,人生也展露于世界,也即佛家的无"无明"之义。人生第一存在之性相,唐君毅称为被发现式,也就是人生如何展露自己于世界的方式,人总在特定的

---

① 〔德〕黑格尔:《精神现象学》,贺麟、王玖兴译,北京商务印书馆,1997年,第10页。
② 〔德〕黑格尔:《精神现象学》,第60页。

环境中,计划着一切,负一切的责任。就是说,人的生命在与周围的世界打交道的各项活动中,心灵逐渐认识世界、了解、和改变世界,也认识、了解、和变化自身,构建着心灵的各种境界。

当然,唐君毅对黑格尔哲学的借鉴是不完全的,有选择性的。他主要吸取了黑格尔哲学中的辩证法,以及黑格尔与费希特一脉相承的正反合之思维方式。对黑格尔精神现象学中一个突出的特征,即精神经过辩证发展后,最终达到现象和本质的同一也很认同。也就是说,唐君毅吸取的主要是黑格尔哲学中辩证逻辑的部分,但是,对于精神现象学的另一个特点,即历史性,或者说,对时间的强调,却主动地进行了扬弃。

黑格尔曾说:

> 精神必然表现在时间内,而且只要精神还没有掌握住它的纯粹概念(即本质),它就表现在时间内。①

因为只有在时间中,精神的发展才有可能达到逻辑和历史的统一。而恩格斯也曾说:"伟大的历史感是黑格尔思想方法……的基础。"②但唐君毅对道德心灵活动的剖析,并没有在时间中,道德自我中心观念的建立,展开,以至心灵九境的创立,只是一个心灵本体的逻辑发展,而这种发展没有历史性。我们可以看出,唐君毅对中西文化传统地继承不是盲目的,即使对于自己所推崇的德国古典哲学,也没有迷信和盲目照搬,而能做到取其精华,为我所用,表现了其为学上的独立精神。

第二节 道德自我的含义

唐君毅经过青年时代的追寻和探索,最终形成了自己的哲学观

---

① 〔德〕黑格尔:《精神现象学》,第10页。
② 〔德〕马克思:《马克思恩格斯选集》第四卷,北京人民出版社,1995年,第215页。

念。在建构自己的形上学体系的第一个阶段,他的主要工作是论证其形上学的核心观念,也就是道德自我的建立。此后,其形上学体系基本上就围绕这个中心观念展开。唐君毅为什么要建立道德自我?他要回答什么问题?他的理论前提是什么?在这一节里,我们将一一分析这些问题。

我们认为,唐君毅要建立道德自我的原因主要有三个:对为学的理解。当时自身的困惑以及对人生的认识。

孟子曾说,立乎其大者,其小者不可夺也。与秉承孟子——陆王一派的师友、新儒家的其他大师熊十力、牟宗三等先生对为学的看法比较一致的是,唐君毅认为:为学有道、术之分。道,即明体,术,即达用,达用难,明体易,且明体为达用之要。所以,要先立其大本,让自己个人之心志,先达于高明,然后客观社会文化之理想始存主于心,而知道当下所做一切小事,都是人类之共同大事之表现。由此可见,因重明体,唐君毅要先立道德自我的形上学。①

唐君毅对达用的道德实践未曾深入涉及的原因可能还在于,唐君毅自小受的是正规的学院式的教育,在对道德自我本体进行建构时,尚没有真正涉世应世,虽然当时日本侵华,唐君毅也无比愤慨,一度决心投笔从戎,从军卫国,但以唐君毅的性情,毕竟对政治活动,公众团体生活,人际交接应酬缺乏兴趣,亦缺乏了解,最终还是选择了最适合自己的教育和学术来实现自己对祖国和中华文化的热爱。这应是唐君毅初期建立其形上学中心观念时,只是在学理上对道德本体进行探讨,而没有具体述及道德实践的一个原因。

还有一原因在于,唐君毅认为明体乃内圣之学,达用乃外王之学,而哲学家兼为外王的时代已经过去,当今时代应是人人通过自身的修养努力使个人生活和所从事的事业相承相应,人人皆力争成圣成贤之时代。所以,达用是所有民众个人之事,而未必是哲学家的使命,若在

---

① 唐君毅:《道德自我之建立》,《唐君毅全集》第一卷,台湾学生书局,1985年,第19页。

此情形下言哲学家之达用,则启发人去明心见体,建立道德自我,就应算是哲学家的达用了。

唐君毅道德自我的建立主要是在其早期著作《人生之体验》和《道德自我之建立》中完成的。唐君毅曾称此二书是两部"为己"之作,在其著作《道德自我之建立》一书中,唐君毅曾有这样的表达:

> 本书之写作,原非为人,而是为己。只缘我自己,时不免精神不安,颇少天君泰然,海阔天空之景象。常念一切精神之不安,皆由陷于现实自我,不能超拔。而我若干年来思想之结果,已使我深信形上界之真实自我之存在。在此思想与生活之矛盾间,故我常欲有以自责自励,以改造自己之过失。我在作此诸文时,复正当数年前,精神最不安之时。每独步空山,临旷野,天高地迥,决宇宙之无穷,怀古思来,嗟吾生之悠忽。念平生所学,到此竟无受用,何以为人?于是将昔日所思,而切于自己之生活者,写成此书。①

> 就我个人来说,我那时精神的不安,是一特殊的不安,其渴求一道德理想,来支配自己之心之强烈,是后来所少有的。②

可以看出,唐君毅写作这两部建立其中心观念的书,最初只是完全出于自己的道德意识,个人求建立其道德自我而对道德生活所做的反省,是为自己所作的。

人生之目的是什么?这是青年时期的唐君毅辗转思索的一个问题。唐君毅首先列举了几种目的,包括求快乐幸福、满足欲望等五种目的,继而又否定了它们作为生活最高的指导原理的可能,并说明了其不能作为人生之目的的理由。他指出,它们至多只能作为实现人生目的之手段,本身无目的价值。它们之所以不能作为人生的最终目

---

① 唐君毅:《道德自我之建立》,第23页。
② 唐君毅:《道德自我之建立》,第25页。

的,是因为,它们是在当下自觉的心之外求得到什么,或合乎什么。而人生之目的,只应在当下自觉的心之中。应当以"当下能自觉的心之所自定自主的活动之完成,为人生之目的"。而这种活动,就是"感应该作而作的活动"。①

唐君毅将"做当下应该做的"作为指导生活的最高原理。那么,什么是当下应该做的呢?唐君毅却没有作具体规定。只是说:

> 只要是你真认为该做的,便都是该做的。②

他认为,什么是该做的,每个人自己都有能力明白。该做是自己对自己下命令,而也只有自己,能够对自己下命令。所以自己该做什么,只能内求,而不能外求。对感到应该做的活动可以各不相同,但是感到应该做,就会给我们去做的力量。当你做了当下该做的时,你就是自觉地支配了你自己。而"自觉地自己支配自己,是为道德生活"。③所以,人生的目的,也就是过道德的生活。这就是唐君毅对人生的认识。

唐君毅认为人生的目的是过道德生活,因而必须建立道德自我。那么,建立道德自我的内在根据是什么?唐君毅找到了它的形上根源,也就是心之本体。在1944年出版的《人生之体验》一书中,唐君毅首次提出,每个人都应该有一个中心观念,并提出了道德自我的概念和心体的概念。他谈到,一切真善美,"即在我之心体"。④ 心体既是灵明之智慧,又是无尽之情感。⑤ 心体中具备一切,只要念念不忘自己之灵明,就会绝对完满自足,无待于外。可以看到,唐君毅在该书中已经有了心之本体的观念。但是,将道德自我这个心之本体确立为自己学

---

① 唐君毅:《道德自我之建立》,第50页。
② 唐君毅:《道德自我之建立》,第52页。
③ 唐君毅:《道德自我之建立》,第37页。
④ 唐君毅:《人生之体验》,《唐君毅全集》第一卷,台湾学生书局,1989年,第225页。
⑤ 唐君毅:《人生之体验》,第230页。

术的中心观念,还需具体地论证和详细地阐发。

唐君毅对心本体的证明,采取的是由用返体的方式,寻找精神理想和道德自我的根源。过程共分两步,对现实世界的否定;对心本体超越性和内在性的证明。

唐君毅首先基于两点对现实世界进行了否定。

第一,世界是不真实的。此不真实并非是否定世界中的现实事物之有,而是指它们的虚幻性。其原因就在于时间:

> 现实世界中的一切事物是在时间中流转,是无常、如梦、如幻,是非真实的。一切存在者必须消灭,时间之流水,如在送一切万物向消灭的路上走。一切的花,一切的光,一切的爱,一切人生的是也,一切我们所喜欢之事物,均必化为空无。这似是我反复的对现实世界的思维之最后的结论。①

世事无常,万物流转,所有的一切都在由现在成为过去,成为空无。在这里,唐君毅抒发了对现实世界随时间流去的空幻之无奈与慨叹。由此,也得出了唐君毅否定世界的另外一点。

第二,现实世界是一残酷可悲之宇宙。由世界的不真实性,唐君毅产生了叔本华似的悲情:

> 人生的一切努力算什么,不过向死之礁石前进而已。②

时间中的一切事物都在流转,都在衰亡,因而世界是无情的。现实世界"永远是一自杀其所生的过程",③天心好生亦好杀,这就是我们生活其中的这个现实世界的本性。

由时间的一往不返,唐君毅看到了现实世界的虚幻与不仁,产生了"上无所蒂,下无所根"之悲情。这种对现实世界的否定是佛家式

---

① 唐君毅:《道德自我之建立》,第98页。
② 唐君毅:《道德自我之建立》,第98页。
③ 唐君毅:《道德自我之建立》,第99页。

的,但是,唐君毅却没有由此得出佛家消极出世的结论,而是由此更生发了向上之感,从而证得了心之本体的存在,找到了积极入世的根据。

唐君毅对心本体的证明主要是从其超越性和内在性两方面进行的。世界的虚幻与不仁之所以令人感到悲凉和痛苦,是因为我们心中有真实、完满与善的渴望与要求,这渴望与要求是真实的。自此要求之外观之,它是一心理事实,因而与现实世界有着共同的一面,但自此要求内容观之,此要求中之完满、真实与善,则都是现实世界中所无的,所以必有其超越现实世界之根源以构成其超越性。而此要求的本质,是想超越生灭与虚幻而成就真实、完满与善,所以,其所由以发出的根源,也不能不是恒常、真实、完满与善,而具超越性的。

唐君毅证明了一超越根源的存在,他对心本体的论证至此已完成了一半。我们知道,唐君毅对康德通过设定上帝来保证幸福和德性的统一等等曾有所批评,[①]但他基本上是同意可以由康德的思路肯定上帝的存在的。由道德的渴望和要求,而肯定了一真实、完满与善之超越的根源的存在,尽管唐君毅还没有明确说明此根源是什么,也没有名之为上帝,但是我们看到,此超越的根源几乎就是一个与康德的上帝十分类似的东西,而其论证方式也与康德从实践理性上肯定上帝存在的方式十分相近,与康德不同的一点是,在唐君毅这里,此实践理性非为理性,而是一有情之心灵。

此道德要求之根源,既然超越于现实世界之外,是否也在我们的心之外呢？不是。唐君毅论证说,因为我们不满现实世界的虚幻与不真实,希望此现实世界能像此恒常真实的根源一样恒常真实。而此希望,即是此恒常真实之根源对我们的渗贯。否则,我们只是一个处于时间之中的生灭者与虚幻者,而不会有此希望。所以这恒常真实的根源与我们自己是同一的,是我们内部之自己。此内部之自己,就是心之本体。

---

① 唐君毅:《生命存在与心灵境界》,第587页。

至此,唐君毅详细地阐发了心本体的超越性与内在性,完整地提出了心之本体的概念,完成了对心本体的证明过程。整个论证过程从对现实世界的否定开始,从形式上看,这也是一个笛卡尔"我思故我在"式的论证,通过否定心外之世界的真实性,反证心本体的真实存在;通过心外之世界的不仁,反证心本体之完满与善。不同之处在于,笛卡尔由理智的思开始,证得的是一个理智的心灵,而受儒家性善论影响的唐君毅,则是由不忍的情感入手,证得的是一个善的道德的心灵。

心之本体首先是道德本体,同时也是认识本体。说其为道德本体,是因为心之本体是恒常、真实与善;说其为认识本体,是因为心之本体是一"纯粹能觉"。

第一,心之本体超临时空之上,因而是不灭的。心之本体不可思,但是我们可以思心本体之用——思想。思想可思无限的时空,思想之"能"可跨越无限时空之上,故此能之本体,必也超临于时空之上。生灭只为时空中之事,故超临时空之上的心之本体本身不生灭。

思想还可以将过去重现于现在,将未来预现于现在,而将过去未来统一连贯起来,是过去得以保存以不灭,思想这种反灭性,即证明其所发自之心本体,即是不灭的。不灭即为恒常,恒常即为真实,为善。因为现实世界的生灭是无情和不仁的,所以作为对生灭的否定的恒常,即为仁爱,为善。

第二,心之本体是一"纯粹能觉"。思想之对象可为无穷,可以在思想中迁易生灭,但思想本身是一"纯粹能觉",因而是同一的。唐君毅比喻说,能觉如镜,可照万物,镜光之照,有强弱,大小,明晦,但此镜光之照恒常如一。就如我们之纯粹能觉有清明与不清明,广大与狭窄之别,但纯粹能觉本身是不生灭的,因而其所依之体即是恒常之心体。同时,思想作为纯粹能觉,它还可以思想自身,所以,它又是所觉,因而其所依之心体,也是一体两面,兼含能觉与所觉。能觉清明与否,系于

我们思想的广度和深度。王阳明在谈及圣人应变之工夫时,也曾做过一个类似的镜喻。他说:

> 圣人之心如明镜,只是一个明,则随感而应,无物不照;……只怕镜不明,不怕物来不能照。讲求事变,亦是照时事,然学者却须先有个明的工夫。学者惟患此心之未能明,不患事变之不能尽。①

可见,唐君毅是继承了王阳明的心体之思而来的。实际上,唐君毅所说的纯粹能觉也就是认识和思想的能力,或说知性和理性的能力。也就是说,心之本体作为道德本体,同时即为认识本体。甚至可以说,道德本体的道德性依赖于其作为认识主体的知性和理性能力。因为,心之本体是道德本体,就在于它对时空中现实世界之生灭的超越,而此超越是因为心体是一纯粹能觉,能够保存过去而具有反灭性,这无限的能觉也就是认知与思维能力。能觉越强越清明,此道德本体就越彰显,所以认识本体是道德本体的应有之义。

其次,个体之心本体的互相涵摄为人类的共同生活和普遍认识活动提供了可能。因为心本体作为至善,必然表现为道德心理,要求个人超越自身之限制而视人如己,生发道德活动,此可见个人之心本体,即为人与人之共同的心本体,也是现实世界的本体,"即世界之主宰,即神"。② 心之本体的发用一方面是道德活动,另一方面是认识活动,而人之认识活动,也可互相涵摄:

> 我的认识活动,遍到他人,他人之认识活动,亦遍到我。我与他人在现实世界中,以认识活动互相交摄,而在超越的心之本体处相合。③

---

① 王守仁:《象山语录·阳明传习录》,上海古籍出版社,2000年,第179页。
② 唐君毅:《道德自我之建立》,第110页。
③ 唐君毅:《道德自我之建立》,第110页。

认识活动的相互涵摄,是人类依于认识形成的共同生活实践,与普遍的科学文化活动和成果的基础。人类只有在共同的认识活动和心理结构基础上才能交流,结成组织与社会,创造共同的生活世界。

我们看到,唐君毅从本体论建立之初,就赋予心本体以道德性和认识之能,避免了现代新儒家学者在建立道德形上学的过程中所面对的,纯粹的道德本体开不出知识理性的困难。

心之本体主要表现在境中,认识的心与所认识不离,心与境不分。但何以认识的心之本体真实恒常不灭,而所认识的现实世界中之事物有生有灭？何以认识的心之本体清明广大,而一时却只能认识极少的事物？何以无限的心必与有限的身相连？何以心之本体至善完满,而人会感到苦痛,做错事恶事？

对于认识之心体清明广大,而一时却只能认识极少事物,唐君毅认为,这是因为形色外物只为心之本体表现于现实世界之道路。心之本体需要通过认识活动表现自身,心之本体是无限,但其必须表现于有限的事物中,这是因为认识活动所依之身体感官是有限的,所以一时认识的对象也是有限的；因而无限的认识心必须表现为有限的认识活动。

心之本体之恒常与现实世界中的形色外物之生灭,并非矛盾。认识之心可以到达一切有限之外物,破其限,但不能停滞于任何有限,否则它也就限制住了自己,成了有限,心之本体必须在认识外物之后,再忘掉它,完成对它的否定,才能成就现在与未来的认识,这就是认识活动的过程性。认识活动的过程性和认识对象的生灭是相应的,认识对象有生灭,认识活动却永不会停止,无限的心体就表现于心体永恒的认识活动之中。

那么,何以无限的心必与有限的身相连？唐君毅认为,感觉认识就是外物向身体"打洞",也就是外物作用于我身体之感官,唐君毅说：

> 我们张目所见之世界,乃由我们通常所谓外物之作用,与身

体相接触之交点上,开辟出之世界。这开辟出之世界,不在通常所谓身体或外物中,可姑说在两者相交之交点上。而通常所谓身体与外物,我们实从来不曾见。我们所见的都是此交点上开辟之世界。①

这段话精辟地阐明了唐君毅的认识论。心与身的交感,打破了身体与外物的相互隔膜性及各自的封闭性,使"自心的世界"显现;认识固是心之认识,但既然所认识者必是在此交点上呈现的世界,则我们必须有身体之感官与外物相交以资心之认识,所以,心必与身相连,心体才会通过认识表现自身。

而心体无限与超越的特性也必须通过他破除身体之有限上来表现,它是"以'破除限'为它之本性,以破除限为它之内容"。②

破限是无限之心体自身之规定,无限之心体只能在破限的活动中表现自身,它的存在就是它的活动,它永是渗贯于有限中,做它破限的工作。心之本体是一积极的无限,超越于一切有限;又是一破限之消极的无限,内在于一切有限。心之本体是对象化自身后,活在现实世界之中的、能动的心体,而不是静止的,仅只超越于现实世界之上,与现实世界无关的心体。如前所述,唐君毅在证明心之本体之存在时,基本同意康德的进路;但当他论证心之本体是怎样的一个存在时,我们却仿佛听到了费希特行动哲学的声音,"行动!行动!这就是我们为什么存在的根据"。③ 心之本体的本性就在它的能动的破限活动之中。

唐君毅认为人生之苦错恶都是原于身体的限制性,或把有限之身体当无限用,苦错恶既原于吾有身,无法避免。心之本体无苦错恶,但

---

① 唐君毅:《道德自我之建立》,第114页。
② 唐君毅:《道德自我之建立》,第119页。
③ J. G. Fichte, *Gesamtausgabe der Bayerischen Akademie der Wissenschaften*, B. iii, ed. R. Laute et al., Frommann(Stuggart and Bad Cannstan,1964), s. 67.

苦错恶却是心之本体的表现。前已述及，无限必表现于对有限之破除，正必有反与之相对待。所以，心之本体的自性虽是真善乐，但却必须表现在对苦错恶的破除之中。俄国哲学家别尔加耶夫曾认为，恶的起因就是善的缺席。唐君毅与其有共识。对于苦，心之本体会调整身体与外物之关系，亦调整精神对身体之要求，前者改变环境，后者改变自身；对于错，其原因大多是以所知推不知，心之本体将扩充人之所知，还原超范围推定的错误之知；对于恶，推己及人以爱人，自制其私。唐君毅还提出了真善乐之心体不死的观念，①以提起我们对克服苦错恶的信念。

同时，唐君毅认为，感性认识活动的完成，除感官和外物之外，二者之间还需要有"距离"。也就是说，感官和外物应该是"我与他"之主客分列的关系，而非"我与你"之体验式的关系。② 这就是身体与外物必须分离，也是心与物必须分离的原因。唐君毅指出了心体认识活动的主要环节在于主客分列，这是一个有别于儒道传统哲学的重要发展。因为正是主客分列的思维，才是科学发展和知识进步的必要基础。而传统儒学基本上是在天人合一的框架下体验的、默识的主体性思维，道家也追求物我两忘的境界，二者的思维方式不具备知识发展的条件。与传统儒学的道体相近，唐君毅的心体仍旧是一个道德的心体，唐君毅的发展在于，他借鉴了西方哲学的思维模式，在一下手处就将心体同时确立为认识的心体，而且心体的表现主要是通过其在主客对立中的认识活动来进行的。这在中国现代哲学本体论的建构过程中，是一个很大的贡献，直接回应了传统哲学在现代中国所面临的问题——如何开出认识主体的问题。熊十力没有写出量论，其哲学没有涉及认识问题，牟宗三通过良知的坎陷开出认识的主体，其中存在难以解决的困难，唐君毅一开始就将心体同时确立为认识的主体，避免

---

① 唐君毅：《道德自我之建立》，第136页。
② 〔德〕马丁·布伯：《我与你》，陈维纲译，北京：三联书店，2002年。

了牟先生的缺陷,是对传统哲学的突破、创新和发展。

人是什么?这是大多数哲学绕不过去的一个问题。对这个问题,唐君毅是从两方面看的。

> 从外面看,人是时空中之物质存在;从内面看,人是超时空之精神存在。①

> 究竟人是精神还是物质?是有限还是非有限?是不自由还是自由?如果我们只能在此二者选择答案,我们的结论便是,人在根本上是精神、是自由、是无限,而非物质、非不自由。②

唐君毅认为,人之身体与外物都为人的精神所渗贯,是人与人之精神交流的媒介。人最终是精神的存在,是永远处在活动中的、连接过去、现在与未来的一切经验的主体,个体的精神实在都是一共同的、形上的精神实在的表现。

人既然是精神的存在,精神的目的就在于成为纯粹的精神。唐君毅根据人类活动中含私与无私的多少,列举了精神价值由低到高的各种活动,说明了精神的上升之路。

人只求个人的生存,是最私的活动。因其世界主要是一物质而非精神的世界。接着依次是男女的活动,求名求权的活动,求同情及表同情的活动,求真之活动,求美之活动,限制身体之欲望求刻苦之活动,纯粹的爱,自尊与尊人,自信与信人,器度等,最高的精神是爱人以德。这些活动,自"量"论,人各不同;但自"性"论,则人所共俱。各种活动之间是互相贯通,促进和改变的,所以人可以在人伦日用中提升自己的精神,提升精神的活动都是求善的活动,从而证明了人性之善。

我们知道,在先儒王阳明那里,本体就是工夫。唐君毅此处所讲的精神自现方式,似乎讲的只是本体,但实际上,类似于王阳明"致良

---

① 唐君毅:《道德自我之建立》,第139页。
② 唐君毅:《道德自我之建立》,第140页。

知"的道德修养论,本体已经和工夫合一,即合内外之道。

人性既善,那么恶从何来？唐君毅认为恶是原于人的精神的一种变态,恶自人心之一念陷溺而来。首先,由此陷溺会产生无尽的贪欲。因为人的精神之本质是要求超越现实对象的无限,而一念陷溺于现实对象,要求现实对象之无限,就成为无尽贪欲之泉源。贪欲使心不断外驰,而与人争斗,人与人之间遂麻木,隔膜,冷漠,产生妒忌,欺骗等罪恶。然而人类之正义与爱,永在罪恶之上,良心之光终会照透贪欲。所以,恶仍是精神实现其善的一个阶段,是在失去了直接实现善的途径后,间接实现善的过程。

其次,粘滞也是陷溺,因而也是罪恶。明知不该如此却不能免于如此,心为物役,都是粘滞。人常不能免于粘滞,因而也时常犯罪。但是一念陷溺通于一切恶,一念不陷溺也就通于一切善。

唐君毅曾将自我分成现实自我和道德自我两方面,与人的这种两重性相适应,实现道德生活的途径也大致有两条：一条是摆脱现实自我的束缚；另一条是培养道德心理,实现道德自我。前者可谓消极方式,后者可谓积极方式。

就摆脱现实自我的束缚这条途径而言,唐君毅详细地讲述了多种方式,概括起来大致如下：由于现实自我对自己的控制往往是过去留下来的本能、冲动、欲望等对自己的支配,那么首先,我们可以拆坏这些本能冲动欲望作用的时间形式,也就是："把过去归到过去,现在按捺现在,未来放在未来。"① 其次,忘却身体,与万物齐一,因为身体是本能冲动欲望发生作用所自具的载体；再次,清心寡欲,宁静淡泊；第四,以佛眼观万物,则万物为缘起性空,从而破我执和法执；第五,将心收摄,超越于外物和冲动之上,持敬入定,注目于超越的自我自身；第六,乐天知命；第七,乐苦,放弃为幸福而求幸福的思想；第八,身体活动力求规律化,节制冲动和欲望；第九,忘"我",因冲动欲望和实在的"我"

---

① 唐君毅:《道德自我之建立》,第81页。

之观念相连,所以,应忘我之实在而知无我等等。

另一条途径是积极地培养道德心理。唐君毅认为任何一种道德心理,都含有无尽之善,都应体悟之,扩充之,方法就在当下一念的反省中。

唐君毅继承了王阳明的知行合一观,认为当下的心,知便是行,知善则善善,知恶即恶恶,只要你的生活都是经你认为应该的,那么一切生活都能够道德化。至于人之自然欲望的满足,都只为实现道德生活的手段,人的自然生理活动是自主的,我们可以自觉和控制,以实现应该的命令之目的。而在各种情形下应该的命令是什么,则只有根据当下一念的反省而知。他认为,当下之反省,永远是至高无上的权衡。① 突破现实自我的限制,是破;于当下一念中培养道德心理和行为,是立。两方面相辅相成,其中,当下一念为培养道德自我之根本枢几。当下一念不陷溺就能通于一切善,怎样才能一念不陷溺?唐君毅给出了一些方法:

> 不生占获的意思,不将现实的对象隶属之于我;心常清明的涵盖于身体与物之上,即不生陷溺之念。于发生任何活动时,但觉此活动通过我心而发出表现,但反观此活动之表现发出,而不加任何把握的意思,即是不陷溺之念。忘物我之对峙,则我之活动均依理而行,故又名之曰天理流行,依乎天机而动。不陷溺之念即是天理流行,依乎天机而动。②

当下不陷溺之念,即在一念自反中,当下觉有陷溺而拔出,就是不陷溺,要在当下的视听言动,饮食起居上随处用功,使不生陷溺之念,既是修养自己之人格。其中最重要一点,就是真实地求精神之上升。唐君毅认为人只要真实地求上升,个人精神上升之路各不相同,但殊

---

① 唐君毅:《道德自我之建立》,第91页。
② 唐君毅:《道德自我之建立》,第168页。

途同归,最终都会成为真善美的理想人格,就是圣。至于当下一念之自省如何能够知道当行之事,唐君毅认为,上升之路自有本性所指引,精神实在会将启示投射在每个人的内心中,没有什么客观的标准,个人只要返回自身,向自己的本心本性找寻精神实在的启示即可。

同时,个体人格的超升还要顾念他人,兼顾自己的道德责任,以达于一个理想的世界。这就是应从事各种应有的文化政教活动。因为一切文化政教活动,都是提高人的精神,充实人的人格内容,帮助人完成人格。我们要有从事此项工作之能力,就要修养自身之人格,而从事此项工作,反过来也将进一步提升自身之人格:

> 故我们最后便归到作一切人格之事,即所以完成我之人格;而从完成我之人格之念出发,即必要求完成他人之人格,从事应有的文化政教之活动,以帮助人完成其人格,以实现理想之人格世界。①

这也就是"一日克己复礼天下归仁"的境界。

第三节 道德自我的展开及途径

唐君毅对道德自我的建立初是从个体人格的超升上进行的,但是这样建立起来的道德自我,还只是一个主体性的自我,内在的自我和抽象的自我,这个自我尚需要在客观世界里展开,才能完成它自己。唐君毅对这一点阐述得很清楚:

> 人类一切文化活动,均统属于一道德自我或精神自我、超越自我,而为其分殊之表现。或一特殊的文化价值之实现。……一

---

① 唐君毅:《道德自我之建立》,第172页。

切文化活动之所以能存在,皆依于一道德自我,为之支持。一切文化活动,皆不自觉的,或超自觉的,表现一道德价值。道德自我是一,是本,是涵摄一切文化理想的。文化活动是多,是末,是成就文明之现实的。道德之实践,内在于个人人格。文化之表现,则在超越个人之客观社会。然而,一不显为多,本不贯于末,理想不现实化,内在个人者,不显为超越个人者,则道德自我不能成就他自己。①

道德自我在各个文化领域里的展开,形成了人文世界,而丰富多样的人文世界,也都应在道德自我的统摄之下方不至于分裂。唐君毅所论述的人文世界图景,也就是他的主体性道德自我对象化自身、展开自身的全景。

由于唐君毅欲构建的是一个以心灵本体和心灵活动为核心的形上学体系,因而,文化世界的建构,就被纳入了这个形上学体系之中。唐君毅对于文化的观念是在融合了中西方哲学传统的智识后形成的,因而,其理解的文化就更宽广和深邃。唐君毅对于文化的定义相当宽泛:

> 依文化之意义,则凡人在自然之上有所创造增加者,皆属于文化。②

唐君毅认为,人类文化是精神活动的表现或创造,而精神最初属于个人。个人表现其精神于他人,遂有社会文化,而个人的精神,又根据其理想而生。所以,人的精神和理想是决定人的文化活动的第一因,现实世界的理想意义,都要根据人的精神、理想而定。人的一切精神活动的本性,就在于使主观理想现实化客观化,使客观现实理想化内在化。因而精神活动不仅仅是一主观的心理,而是综摄心与物,心

---

① 唐君毅:《文化意识与道德理性》,《唐君毅全集》第二十卷,台湾学生书局,1986年,第5、6页。
② 唐君毅:《文化意识与道德理性》,第592页。

与生命,生命与物,个人与社会,主客内外的相对,而成一绝对的文化价值流行之世界的活动。

在文化观念上,唐君毅继承了儒家尊人文的传统,从先秦孔子统六艺之文化于人心之仁,孟子的义利之辨和对人生的重视,荀子对人为与文化的强调,以至宋明儒中船山的气学,唐君毅都尤为重视。他曾说:

> 王船山之论礼、乐、政教,犹能力求直透于宇宙人生之本原。唯王船山之论性与天道,过于重气,诚不如朱子、阳明重心与性理之纯。然重气即重精神之表现,由精神之表现以论文化,又较只本心性以论文化者,更能重文化之多方发展。而我今之论文化,即直承船山之重气重精神之表现之义而发展。然吾人之言心与性理,则仍依于朱子与阳明之路数,此即本书所承于中国儒家思想者也。①

唐君毅对于文化的观念,主要是中国儒家式的,但论述方法则采用了西方式的,并遵循了康德、黑格尔的理想主义传统。中国哲学论学方式往往是明体以达用,立本以持末,西方哲学传统则常常反之,是由末返本,由用识体,先肯定社会文化为一客观的存在,再反溯其形成的根据。唐君毅在论述道德自我展开时,就是由横面的论各种文化活动,揭示出它们的道德理性基础。

对于中西文化各自的缺陷所在,唐君毅有清楚的认识。他认为,中国将来的文化,应由本成末,现代西方文化,则应由末返本。他指出,道德自我、精神自我不仅应存在,而且要与各种文化活动贯通,从而为中西文化理想的会通,建立了理论基础。

受西方现代哲学,特别是海德格尔哲学的影响,唐君毅对于"自我"持类似于生存论的态度。他说:

---

① 唐君毅:《文化意识与道德理性》,第8页。

> 凡属于已成之现实者,皆属于过去之世界,而现在之自我或方生之自我,对于已成而过去之现实,皆可有不同之态度。凡过去之我或已成现实之我之如此,均不涵蕴吾今后之必然如此。①

所以,对于应当与否的判断,也应超越过去自我或既成自我,而以当下自我之自觉和不自觉的理想作标准。成就此理想的自我,也就是中国儒家所说的性理。唐君毅认为,此性理或理性,也就是:

> 不断生起创发一切具普遍性之理想之超越而内在的根原。②
> 具此理性或性理之自我,即一恒常悠久的具普遍性之超越自我。③

此超越自我即是当下的超越自我。当下生发理想、志愿的意志,也即自我主宰与改造的道德意志,纯是自己为自己,所以是自由的,而一般的文化活动,则要寻求实现于外在的客观世界,因有一客观的外在世界相对与限制,故为不自由。可以说,我们的精神自我或超越自我自身,对于精神或文化活动起决定作用,是其创生的依据;他人和社会等客观的外在环境,对于精神或文化活动则起规定作用,构成其实现的条件。也就是说,后者只是消极地规定我们的精神或文化活动形态不能为其他种类,而不能积极地决定精神或文化活动必为何种类。精神自我或超越自我为体,一切精神或文化活动皆为其用。因而,由超越自我统摄的精神活动最终形成的文化,具有自决性。

精神或文化活动,有自动自发之自由,其表现的文化活动有合理和不合理之分。那么,何时为合理,何时为不合理呢?标准就是精神自我、超越自我的理性所形成之理想。顺承此理想和理性而生起或创发的活动,即是合理的活动,而没有此理想和理性之根据,只是依于我

---

① 唐君毅:《文化意识与道德理性》,第35页。
② 唐君毅:《文化意识与道德理性》,第36页。
③ 唐君毅:《文化意识与道德理性》,第36页。

们个人的生物本能欲望,自然心习,任意联想等而生的活动,则不是合理的活动。自精神本性看来,精神的本性表现为依理性而形成理想,归宿于理性的圆满实现,所以,精神的本性就是理性自己。至于不合理的活动,也是精神自身的表现,只不过是精神欲完成自身所要经过的中间阶段和过程,精神经历其反面,方为自觉。可以看出,唐君毅将非理性看成理性或精神自我实现历程中一个终将被克服和超越的环节,而不是与理性并存的精神现实的一个方面。这就从根本上确立了其理性主义的哲学基础。这种对精神的认识与黑格尔精神"自我实现的历程"有很强的相似性。①

唐君毅进一步探讨了合理的文化理想与活动的性质与类型。合理的文化理想与活动的性质主要是,超越当前感觉的超越性,指向主观心理之外的客观性,发自超越自我自身之直接性和内在性,使主观精神外在化,客观世界内在化的主宰性,表现理性之本性的普遍性。

依照各自包含的价值、目的和观念,合理的文化理想和活动又可分为十二种类型,分别是:求真的科学与哲学,求美的文学与艺术,求自我超越的宗教,道德,技术,经济,政治,家庭伦理,体育,军事,法律,教育。

唐君毅又将这十二种类型分成三组。前四种为一组,是人类理性最纯净的表现;中间四种是人类理性规范人的自然生命欲望的产物,所以与人的自然生命欲望相夹杂;最后四种旨在维护人类文化世界自身的存在。所有这些文化活动中,道德虽只为其中的一种,但这是指自觉的道德理想而言,实则所有的文化活动,都由人类理性自身生起与创发出,都为实现或表现一道德价值,也就是使人的超越自我、精神自我更尽现其本身依据的理性。从这里我们可以看出,唐君毅在中期表现出较强烈的理性主义趋向。

唐君毅认为,自然生命欲望、自然心理、物体、身体以及语言文字

---

① 张世英:《自我实现的历程——解读黑格尔的精神现象学》,山东人民出版社,2001年。

这些有形相的物事与精神的沟通,在于前者为后者提供凭借和场所,以及前者表现出自身的超越性之时。前者自我超越表现精神,启发理想的精神意义,超越自身的主观性而具有客观性,超越自身的机括性而具有活泼周流的生机,超越自身的被动性而见原初所依之理。而精神表现于物体,身体,文字之形相,可规定精神之形态,并成就人与人之间精神的贯通,以及人的自我的一贯性。

在阐明对文化的基本认识之后,唐君毅一一论述了各种文化活动与精神的关系。由于唐君毅谈文化活动,重在其精神基础,所以同时也就很关注各种文化意识。他曾如此论述:

> 各种文化意识,在本原上皆为依吾人之超越自我或精神自我而生起之意识,亦即皆为一精神意识或精神活动。此即谓一切文化意识,皆有其理性之基础,并表现一成就精神自身之生发,提高吾人之人格之道德价值;而人之实现文化理想之要求,皆依于人深心之实现道德理想之要求。人形成其文化理想之理性,在本原上亦即一道德理性。人之各种文化的精神活动,皆人之道德的精神活动之各种化身。本书目的,只重在说明此义,使各种文化部门,统于一宗。①

各种文化意识同为提高人格之道德价值,也共同建立在统一的道德理性基础——精神自我之上。

唐君毅将文化划分为纯粹文化与社会文化。纯粹文化就是人之理性自我,独立于人之私欲外,以表现其活动而有的文化,包括哲学、科学、文学艺术与宗教道德,此种文化较难为人的私欲所利用,而能长久保持其清净性。社会文化就是,人类的理性自我直接表现其活动于人的私欲之中,与之相斗争,相顺展而有的文化,包括家庭、社会、经济、法律、政治等,此种文化常与人的私欲相纠缠,易为人的私欲利用

---

① 唐君毅:《文化意识与道德理性》,第64页。

和污染。通常所说的文化,即以纯粹文化为主,而最可以培养人的道德意识,需要教育传递保存的,就是纯粹文化。依据纯粹文化所培养之道德,是内心道德,依据社会文化所培养之道德,是社会道德。

从事哲学与科学等纯粹理性之活动,常被视为从根本上是纯静观的,于事物无有好恶,因而是价值中立之活动。唐君毅认为并不尽然。理由是:

> 此活动之心无善恶道德观念是一事,而此活动之心本身,是否表现道德价值又是一事。……作此活动之心,自限而陷溺于其所认识之对象为不善,能反此而继续呈现,则为善。而当此活动之心,自以为其本身为自完自足者,不受道德评价时,亦即其陷溺于其所知之时。由是而以此活动之心为无善恶超善恶,即为一错误,亦即成一罪恶。①

这种错误用到哲学科学等纯粹文化上,即导致此种文化活动与人生脱节之罪恶。所以,唐君毅指出,科学哲学之活动在根本意义上不能孤立,与其他文化活动一样,同根于人的道德理性,也当同受同一之道德自我的主宰,而可在不同的情形下,分别表现道德价值。

唐君毅认为,科学和哲学活动为追求有系统之知识与真理的活动。构成知识的概念、判断,与知识之所成,都原于我们的心灵能自物事与自然本能欲望中超越。而本理性贯通联结知识所成知识系统的哲学与科学,则是一个对概念、判断、知识次第超越的历程。此种不断超越限制之能,即表现了一种依于我们的道德理性而生的道德意义之善。

科学、哲学目的在求宇宙之真理,而此求真理之心,即涵盖人我之心的普遍心,是对自我私欲、本能欲望的节制与压抑,是对已有知识成见的陷溺的超拔。所以,此认识真理之心,为一道德的心灵。求真的

---

① 唐君毅:《文化意识与道德理性》,第309页。

文化须以道德意识为基础,并表现道德价值。但是,此道德心不能自足,因为生活上之事,可以影响我们自陷于成见之中,所以,尚需其他文化生活上之陶养。

求真的文化如科学与哲学者,须以道德意识为基础,以及其他文化活动相扶持而可能,并表现道德价值。文学、艺术等求美的文化,即使是为求美而求美,其所依的心灵,仍旧是一道德的心灵,因而也表现一道德价值。唐君毅用求美和求真相依相通的关系,对这一点作了说明。

求真与求美的相似之处,概括地说,就在于:首先,主观心身活动的忘却与实用目的的超越;其次,真理与美都是客观普遍的,因而所依之心都为一大公无私之道德的心灵。

唐君毅的这两点认识与德国的两位大哲康德和叔本华有共鸣之处。康德曾在其《判断力批判》中指出,人们在审美时是非功利的,即与审美对象没有欲望要求的关系。叔本华继承了这一思路,认为在审美时,个人不再是欲求的主体,而是一个纯粹无意识的认识主体,一个"不带意志的,超乎时间的,在一切相对关系之外的认识之主体"。[①]

但唐君毅向前进了一步,由审美的自由中更发现了道德心灵。认为真理与美在被发现时,因其在天地间的客观性与普遍性,所以发现者皆望与人共知共享,由此,求真求美可以使人自制私欲,而培养道德心灵。可以说,求真理的意识在本质上就是求绝对真理的意识,而一切求真之意识,都是直观内在于特殊中的普遍,所以,一切对在特殊中的普遍之审美的直观,都是表现求真活动的本质。所以,求真活动有转化为求美活动的倾向,以完成其自身。而求美活动对于求真活动有补足性,求美活动中表现的道德价值,可以表现求真活动的道德价值。

反之,求真之意识活动对于求美的意识活动也有补足性。因而,求真意识与求美意识都不能自足,需相待而相互补足。所以,求真意

---

① 〔德〕叔本华:《作为意志和表象的世界》,石冲白译,商务印书馆,1995年,第278页。

识必须转出求美意识,求美意识必须转出求真意识。

求真与求美二者固然有互补性,但是仅有此二种意识,仍不能达到至上之道德,使精神生命得到安顿,即便在求真与求美活动本身中,也很难到达绝对的真与美。因为从事求真与求美活动的人,如果没有一种超越的宗教意识,其活动是在其自然生命的耗费中进行,要保持其生命力,补救的方式常常是物质和生理享受的提高。所以,欲自自然生命的限制中解脱出来,使生命具有神性,人需要一种更高的意识——宗教意识。

唐君毅对各种将宗教意识归并为其他意识进行了批评,提出宗教意识的核心,是自然生命的解脱,和对神的崇拜与皈依意识。宗教意识的诞生,常在人强烈希望从自然欲望中解脱,而同时又感觉自然欲望难以克服,两种意识互相矛盾,使人陷入了自我的分裂状态,此时人常觉有两重自我出现,一为陷于欲望之自我,一为超越欲望求从中解脱之自我。人在此两种自我的冲突之中苦苦挣扎以求上达,最终逼出了对神的信仰和对之崇拜皈依之宗教意识。

唐君毅认为,道德是实践之事,而非理智之事。道德哲学上的反省,对道德的促进无直接之效用,但不好的道德哲学却会妨碍道德实践,所以,还是要对道德进行哲学的反省。

唐君毅谓道德自我在文化活动中展开,而成人文化成的世界。他在谈道德自我在文化意识中展开时谈到了道德,将道德活动看成是与各文化活动相对之一种特殊的文化活动。包括道德在内的一切文化活动均内含有一道德意识,但是道德活动与其他文化活动的不同在于:自觉的道德活动,是自觉地实现道德价值,而其他文化活动,是不自觉地实现道德价值;善的价值只存在于我们的人格内部,所以道德活动对善的实现,表现在自己支配、改造、主宰自己的志行中,而其他文化活动所自觉实现的,是善以外的其他价值,所以对道德价值的实现表现在不自觉的实事中;其他文化活动的本质是表现的,而道德生活之本质是反省的;从事其他文化活动的心向是外驰的,易于陷溺于其中而排斥其他文化活动,而道德活动的心向则是内敛的,对于各个文化活动可以起到协调、开拓、保护和延续之作用。这是将道德与其他文化活动相对待来看道德,道德能够成就文化意识,同时,道德还能够超越地涵盖一切文化意识。

唐君毅将与纯粹文化相对的、理性规范自然生命欲望因而与之相夹杂的文化,称之为社会文化。主要包括家庭、经济、政治、法律、军事、体育、教育等。

时处新中国对一切老的、旧的东西,以致传统文化都尚没有热情的年代,唐君毅标举起了传统文化的大旗,并基本上沿着中国传统哲学的路子来立论。他谈家庭哲学,夫妇之道,并在形上学的意义上论证孝与友。

家庭成立的原因有质料因和形式因,质料因指人的性本能,形式因是超越自我,形式因是家庭成立的根本原因,规范质料因。自夫妇以及父母对子女上说,家庭成立的根据就在于对性本能的超化而实现超越自我。夫妇之坚贞,对子女之爱,是耗费其自然生命,使超越自我逐渐显现的过程,同时亦是生命自物质形体中解放而向外扩张与超拔,表现和保存、延续自身,回归生命本体的过程。

家庭之形式不在家庭中各个人的现实状态中,而是既超越此现实状态,又内在于各个人的活动之中,也就是内在于发此活动的精神自我和道德自我之中。体验此形式保存此形式之意识,就是家庭意识。家庭意识使个体自觉地超越自身,节制,隐忍,有时甚至牺牲自身,以对方之心为己心,从而将自己延伸到其他成员,调整和其他成员的关系,共同维持家庭之存在。这个超越个体自身之自我,就是超越自我。超越自我在家庭中欲彻底实现自身,需经过两重超越。一重为对现实之我之欲求的超越,而贯彻我之最初的道德意志,另一重则是超越此超越欲求之活动本身,兼以成就对方之道德意志,而再肯定我之欲求,唯此时之我再无我执,而有最高之道德意志,能够实现超越自我之绝对的超越性。此时的家庭生活不仅是成就了精神自我和道德自我,还成就了自然生命之欲求,使得生命得以延展。

所以,家庭中道义关系的确立,就是仁心仁性之表现。家庭道德延伸扩大到社会,就是社会道德。家庭道德和社会道德本于同一根源。就是人的超越自我。

唐君毅认为,社会经济现象也是人文现象,而非自然现象。所以,经济意识与活动,经济社会组织与其理想,是根据于人的超越自我而成立,"亦即直接间接以人类之自觉或不自觉的道德理性为基础而成立"。[1] 人文经济社会是有最高价值的经济社会。

经济生活主要包括生产、交换与分配。在生产方面,唐君毅认为,人能够造工具与储蓄财物的原因,就在于人之精神有不能自已之奋发而表现的对现实欲望的超越。精神奋发导致对身体欲望冲动的节制,形成客观的目的观念。为了未来理想境的实现而努力的活动,不管是自利还是利他的理想,都有一种超自利的精神蕴含于活动之中,这就是人的道德自我的显发。

在商品交换中,包含着人与其所有的财物之关系非固定不变的意识,此是一种自现实财物中之超拔或解放的精神意识,同时,商品之自愿交换,会使彼此将人我之欲,更作平等观,可以引出人我各得其欲的公平意识。财物交换中有期约存在,而期约的基础是人与人间的信义。所以,财物之交换,需依赖于人的信义之道德,也将引发培养人的信义之道德。交换所必须使用之货币,代表的非个别人或实物,而是抽象的交换能力,所以追求货币之意识,也将与诸超个人意识相援引,相显发。而货币由实物转变为纸币,且能够具有稳定的交换价值,同样依于人之对可保证其兑现的这些的政府、法律、舆论等的信心。而法律的基础是道德,对这些的信心也是一种较高的精神活动和道德

---

[1] 唐君毅:《文化意识与道德理性》,第119页。

意识。

在经济活动所普遍关心的还有分配环节。之所以关心分配环节，是因为我们欲求分配至少是合理的，而欲求一正当的分配。所以分配过程中必力求顾及每一个个体之需要，而有一超越于个体之上之公心。此公心贯彻下来，即是求分配平等的公平意识。而人在经济上公平意识的培养，需要人对他人的需要，人格的价值，人的生产能力与对社会文化的贡献，有广泛的了解与深切的同情。而这又与整个人类文化的进步有很大的关系。

在政治意识中，求权意识比较突出，所以唐君毅论述政治与道德理性时首先谈到了权力意志。权力意志欲达到某种目的，就要在其实现过程中进行"自我节制"，而自我节制是一种道德价值。其次，人在权力意志的实现过程中表现着双重自我：一个是争胜之现实自我，一个是知失败后果之超越自我。第三，对人我胜败之平等思虑与估价中，蕴涵了超越自我对人我的平等观。可以看出权力意志自身蕴涵着无法克服的矛盾，一方面有同时承认人我意志的超越自我，另一方面又有欲强他人意志顺从我之意志的现实自我，所以权力意志在本性上无法满足。因而权力意志欲安顿自身，必化为或引发出一种道德意志。权力意志在主奴关系中伸展，即引发出主人对奴隶的恩赐意识和恕道意识。

同时，人类社会政治之形成，除肯定权力意志之权力价值之外，还需要有客观上共同肯定之价值。二者相结合，主观的权力意志将会逐渐超化，而统于超越的道德意识之下。而追逐权力之私心，也将统于实现客观价值之公心。而人之行为必先表现一客观公认之价值，始得他人顺从，其权力意志得以满足。由是，权力意志转变为一种求荣誉的意识。求权是向外之伸张扩展意识，求荣誉则将增益向内反求诸己之意。

"理性自我"在唐君毅的政治哲学中是个非常重要的概念。在论述这个概念之前，唐君毅首先谈到了"自我"这个概念。唐君毅认为"自我"就是包括和统帅一切活动的一个"觉照"，此觉照陷于事物或活动中时,不能自觉,只有抽离自身,无所对,仅以自见时,方知此昭临一切活动之上的统一能觉,从而形成"我"之概念。"我"即是一个"觉"。

我们能够形成"我"的概念,而概念都是普遍的,所以我们具有普遍性的理性。理性之活动,由合理性之理想引导,而合理性之理想必都是可普遍化的,所以,理性之活动,都力求普遍化理想于自己的过去未来,也普遍化理想于他人社会,将自己的过去与未来贯通,他人与社会贯通。理性在自身发展的这个过程中,不断否定淘汰非自己的成分,肯定自己,建立自己,而趋向于使各种理想融合贯通,能绝对普遍化的理性活动,此时人即能自觉一"理性自我"的存在。若此统一的理性自我之所对为主宰自己的活动行为,即为道德活动,若所对为客观之各种社会文化目的,以及建立一整体的国家,即为政治活动。

唐君毅认为社会公共团体存在的最重要的根据,在于人们在共同合作中产生的公共目的,以及不断化除人我对待意识和私的目的的理性活动。而各种理性活动统一的最后根据是理性自我。个别的社会团体虽然是理性活动的客观化和普遍化,但统一融合各种不同的理性活动的理性自我,则需要在更广阔的背景下实现自身。这就是国家产生的内在的积极根据。国家要通过政治活动透入各个团体和个体的行为与目的,修正限制与协调彼此之间的矛盾和冲突,从其内部融合贯通各个团体的活动,此为国家产生的外在的消极根据。国家的建立,是人的理性自我客观化自身的内在的和必然的要求。

对于国家的理解,西方近代以来有诸多的先哲曾提出多种理论予以阐述。从霍布士,洛克,卢梭到马克思的国家理论,唐君毅都不能同意。唯独服膺德国大哲黑格尔。他谈到自己对国家的理解时曾说:

> 吾人之所言与黑氏所言,表面或有异同,可留待他人之评论。然在精神上则实仍与黑氏所言,并无大差异。①

---

① 唐君毅:《文化意识与道德理性》,第263页。

唐君毅的国家学说对黑格尔的继承主要有以下三点：第一，国家的存在有理性上的必然性，为完成理性自我道德意志的客观精神之化身。第二，家事实上的建立，也是至善而纯洁的客观精神的表现，是为本原清净论。第三，家为涵盖个人的精神实体或人格。

但是，唐君毅对国家的解释又有更进于黑格尔的方面。我们知道，黑格尔的国家学说建立在这样一个形而上学前提上，即：全体中的实在性或优越性比部分中的要多。这是因为，一个全体中的部分要受全体和其他部分的影响，一脱离全体和其他部分，部分就会改变自身的性质。因而除全体之外没有完全真的和实在的东西。所以作为全体的国家和作为部分的个人的关系，是全体大于个人，个人服从全体的关系。个人离开国家，就像眼睛离开了身体一样不再具有价值。黑格尔曾说，国家是地上存在的神的理念。国家是理性自由的体现，这自由在客观的形式中实现并认识自己。国家是人的意志及其自由的外在表现中的精神的理念。在其《法哲学》一书中，黑格尔进一步说，国家是道德理念的现实——即作为显现可见的、自己明白的实体性意志的道德精神；这道德精神思索自身并知道自身，在它所知的限度内完成它所知的。国家是自在、向自的理性者。人的精神现实性就在于人的本质——理性，而人所具有的全部精神现实性，都是通过国家而获得的。[1] 唐君毅认为黑格尔偏重说明国家包含个人，对于个人的超越的理性自我的涵盖性在本源上未能认清，使人易生国家偏离个人而另有实在性和意志之感。遂运用其理性自我的统一原理，将黑格尔的国家与个人关系的理性根据作了修正。

唐君毅认为，国家观念与普遍的自我人格意识仍发自我们的理性自我，而依理性之推扩而成。故此理性自我可称作超越的理性自我。而国家之如为普遍的自我人格而有意志，仍毕竟依此超越的理性自我之超越意识而立。国家的存在，仍毕竟只由人超越的理性自我之超越

---

[1] 〔德〕黑格尔：《历史哲学》，王造时译，上海书店出版社，2001年。

意识所肯定,而为自此超越意识出发的理性活动求客观化之意志或道德意志所支持。就是说,作为国家之根据的超越的理性自我,不能离个人真正的理性自我而存在,而作为现实中的个人的理性自我之所以能支持超越时空的国家存在,是因为理性自我的本质,纯粹理性是普遍的,理性自我客观化自身的理性行动或道德意志,本质上是超越时空,纵贯时空,贯通过去未来所有人的真正理性行动和道德意志的。而这样一种理性自我,实际上已经了融合了中国儒家哲学,特别是陆王心学的"心"的思想于其中。陆九渊曾反复强调心的普遍性品格:

> 心只是一个心。某之心,吾友之心,上而千百载圣贤之心,下而千百载复有一圣贤,其心亦只如此。①

就是说,作为个体的心,主体性的心超越了自身,成为超越时空的存在——一种超验的客观的精神。在这里,心一而二,既是个体性的,又是普遍性的;既是主体性的,又是客观性的。

黑格尔将国家解释为客观精神在现实世界的化身,唐君毅则融合了陆王心学的个体性和主体性,将黑格尔的客观精神改造成了既具有个体性和主体性,又具有普遍性和客观性的超越的理性自我,以之作为国家的理性基础。这个理性自我实际上是思维与存在的统一体。对于黑格尔来说,国家凌驾于个人之上,个人需要服从国家,而对于唐君毅来说,个人为国家之本。

对于国家内具体的政治制度,唐君毅认为君主专制不如贵族政制,贵族政制不如民主政制,原因在于对权力划分和限制的范围依次越来越大,理性活动普遍客观化的程度也越来越高,政治活动也越来越合理。但民主政制也有弊端,群言折中之结果,未必得出为政之善策。而中国传统政治之德治,人治,礼治之理想:

> 虽有高于西方法治及民主政制下之社会政治之处,然因未透

---

① 陆九渊:《语录下》,《陆九渊集》,北京:中华书局,1980年,第439页。

过法治,与今日之民主政制,故其实际又有较今日西方之法治民主政制下之政治社会为低之处。①

而西方近代民主法治的精神基础,乃在于对个人的权利的承认和尊重,此为中国政治思想传统中所未有。所以,唐君毅综合中国传统政治之智慧与近代西方政治之优点,提出了理想的民主政治,即:建立在民主法治基础之上的礼治,人治和德治。

前述各种文化活动都可以只以实现自身活动价值,完成该文化活动为目的,而不需有其他外在的目的。体育军事,法律和教育这四种文化活动的不同在于,它们被称为文化活动,就在于它们能够促进,保卫,维持,延续他种文化,实现其他文化价值,其本身的价值,即在于达此目的的工具价值。

体育活动是一种生命自己建设自己,补充自己的过程,它所要成就的目标,是保持增强身体生命力的未来状态。在体育活动中,为达一自觉的未来目标和理想而对自然本能的节制,对身体现实状态的超化,都表现了道德价值。

军事活动作为一种文化活动,其主要意义在于对文化的保卫和维护,同时,在军事意识中包含超越现实物质与求生本能,视生命为虚幻的形上意识,此种超越自然生命欲望之形上意识,就内含道德意识。根据这种理解,唐君毅将军事意识分成高低等级,最低等为侵略意识,较高等的为自卫战争意识,再高者为"乐于战争之纯粹战争意识",依次还有表现纯粹的勇士之勇与圣贤之勇的战争意识。唐君毅对于战争等级的划分,似乎得出了歌颂战争的结论。侵略战争固然为最低等的战争,但是为捍卫自然生命财产等的正义的自卫战争,也仅属于次低等的战争,而为了战争而战争,表现人的勇德之战争,却是高等级的战争,有些难以令人接受。唐君毅之所以得出这种结论,与他对道德

---

① 唐君毅:《文化意识与道德理性》,第289页。

的理解有关。他继承了宋明理学家"天理""人欲"的思想,认为人的行为所含的道德价值的高低,与对人欲的超越程度直接相关,越是超越人的自然生命欲望,所含的道德价值就越高,这种理解发展到极端,就排斥自然生命的存在合理性,认为生命本身没有目的价值,只有成就德性的工具价值,为了德性,可以否弃生命。这是令人难以接受的。

体育军事可以纯为达个人目的之活动,法律和教育则需以社会文化的维持为目的,因而依赖于超个人的道德意识。唐君毅认为法律的作用,就是为实现人的守法立法之理性,而保护人的文化活动。法律意识源于依照社会风俗习惯标准以自制,这就表现一种道德价值。依照唐君毅的观点,自觉的法律意识,本质上就是:

> 成就社会集体生活之理法以现客观理性之意识;……法律意识不仅包含吾人通常道德意识中所谓仁义理智等之当然之理,亦包含各种人类之自然生活实际生活而形成之存在之理。①

而法律意识最初依照的社会风俗习惯标准,也将接受道德理性的进一步批判,而不断改变。

对于教育意识,唐君毅认为,就是包含在人成就自己之道德意识中,直接顺人之成就自己之道德意识而发的成就他人的意识。② 教育意识以成就他人的文化生活与人格,保卫人类的文化延续为目的,但也有高低之分。

最低等为含自己的生物本能,夹杂私心在其中的教育意识;较高等为无私地求延续文化于被教育者之意识;再高等为尊重受教育者自动运用理性接受文化之人格的教育;更高等为使受教育者不仅为已成文化的接受者,还是未来文化的创造者;最高等为教学相长,人人都成为文化的传承与创造者,自然世界成为人文世界。

---

① 唐君毅:《文化意识与道德理性》,第607、608页。
② 唐君毅:《文化意识与道德理性》,第616页。

概括地说,唐君毅以理性主义观为基础,认为自然宇宙的进化历程,在自己超越自己的过程中不断彰现普遍理性。贯通其中的:

> 自始为一超越物质世界或使物质世界自己超越之原理或道或生命精神在不断显现。①

这种原理或道,就其使万物互相贯通,吐纳万形而言,就像一个大生命,大心灵,大精神。人类精神文化活动,是人性和人之精神的外化,也是自然宇宙精神进化过程中不断超越自身而最后显现出来的,所以人类精神理想通于自然宇宙无限的形上实体,形上生命精神,也就是人类超越个体自我,而涵盖他人自我及一切生物或物体的超越的精神自我或本心之存在。人类精神文化,即是此形上的生命精神实体和人的超越的精神自我的客观化。

总之,唐君毅始终不离道德理性基础而论文化,一方面在完成道德自我的展开,另一方面,也使人自觉人类文化本源中的向上精神,而避免文化的堕落。可以说,唐君毅看到了人类文化的堕落,在于精神耽于文化成果的享受,而不是进行文化的创造;文化分殊发展而不知归,各自离析而无所精神统摄,各自为重而抹杀其他文化活动之价值。他指出了人类文化的振兴之道,也就是:以道德理性为基础,文化意识与精神振奋向上,分殊而有会通,会通而不失分殊。

第四节 心灵九境

唐君毅在学术生涯早期,建立了形上学的中心观念——心本体观,也就是道德自我,这时的道德自我主要是一个主体性的本体,类似

---

① 唐君毅:《文化意识与道德理性》,第648页。

于康德的道德理性;中期的唐君毅将道德自我展开,客观化为一个人文化成的世界,此时的心本体类似费希特的自我转化为他我;在其晚期,心灵本体在经历了九种境界的递进之后,完成了自身,成为一个几近黑格尔意义上的绝对精神。或者也可以这样说,唐君毅的形上学的这三个阶段,类似于黑格尔哲学的主观精神,客观精神,和绝对精神。经过这个过程后,一个完整的形上学体系也建立了起来。在这一节中,我们将对第三个阶段进行论述,也就是唐君毅完整形态的形上学体系之建立。

唐君毅第三个阶段的形上学的建构方式,就是心灵的感通活动。心灵感通即生境。唐君毅认为,感通活动与感通之境,为人人所共有,感通之境遍及于人的一切心灵活动。可以说,心灵的感通活动,是唐君毅用以构建九种形上学境界的最主要方式,也是心灵认识对象和丰富、提升自身的最主要方式。

唐君毅所说的"境界",或说"境",与通常谈及道德境界、理想境界时的意义不同。就此概念在自己形上学中的独特含义和使用方法,唐君毅曾作了较为详细的解释:

> 此上文言心灵之境,不言物者,因境义广而物义狭。物在境中,而境不必在物中,物实而境兼虚与实。如云浮在太虚以成境,即兼虚实。又物之"意义"亦是境。以心观心,"心"亦为境。此"意义"与"心",皆不必说为物故。于境或言境界者,以境非必混然一境,境更可分别,而见其中有种种或纵或横或深之界域故。然以境统界,则此中之界域虽分别,而可共合为一总境。则言境界,而分合总别之义备。①

唐君毅最后形态的形上学体系,就是按照种别、先后次序、及高下层位的不同,心灵与其所对依次产生了横观、纵观以及顺观三个方向

---

① 唐君毅:《文化意识与道德理性》,第648页。

的感通活动,以分别观客体、生命心灵之主体、及超主客体之绝对体的体、相、用三个方面,从而构成了这种意义上的九种境界。在其巨著《生命存在与心灵境界》一书中,唐君毅曾概括地论说了这九种境界:

> 人之观其生命存在与心灵及其所对之世界或境界,初必视其所对之世界或境界,为一客观存在之世界;次乃视此客观存在之世界,属于一主观之心灵;再次乃谓有一超主观心灵与世界,统于此主客之上,或更超于主客之分别之外,以通贯次此主与客、心灵与其世界。此即吾人之论生命存在与心灵之境界,所以开为次第九重,而说其中之初三为客观境,次三为主观境,后三为超主客境之故也。①

我们看到,在这个九境构成的形上学体系中,心灵本体已经涵摄进了生命和存在的意义,扩大成为生命存在的三向九境。不过,在这三个向度九种境界中,心灵自身的状态是不同的。在客观境中,生命存在与心灵未能自觉其所观,就在能观之心灵之中;在主观境中,心灵自觉到客观境在自觉中,也自觉到感觉,观照,道德实践等心灵活动的存在。在超主客观境中,人的心灵不但能够自觉,且能够超越于客观外物和心灵自身,达到与神的冥合与同一。

我们知道,唐君毅的形上学主旨是成就生命的真实存在。而心灵的感通活动就是唐君毅实现这个形上目标的最主要的途径和方式。心灵的认识与情感、意志和行动一体不分。如果说,情、意、行可以归结为行,那么心灵的感通活动,就既是求如实知,也是求成真实行,是知行合一的生命活动,也就是生命的存在方式。

我们知道,唐君毅的心灵感通观念承自宋明儒者。在前面所提到的王阳明与友人观花的例子中,王阳明谈到了自生自灭的客观事物如何向人生成的问题,认为如果有了人的生命心灵活动"看"沟通花与

---

① 唐君毅:《生命存在与心灵境界》,第745页。

人,就生成了花我无间之境,由此,人的这个生命心灵活动赋予了人与花存在的意义。

而唐君毅则通过"感通之境"将心与物联结了起来,认为认识活动就是心与外物相感通而俱现之事,心不离物,需以物为着;物也不离心,物是向心呈现。在其晚期成熟的形上学体系中,唐君毅正是通过这种心灵的感通活动,开出了其著名的生命存在的九种境界,他曾这样总结:

> 此九境者,只是吾人之心灵生命与其所对境有感通之一事之原可分为三,而此中之三,皆可存于此三中之一,所开出。故约而论之,则此九可约为三,三可约为'吾人之心灵生命与境有感通'之一事而已。①

也就是说,心灵九境的形上学体系,可以归结为心灵感通之境这一件事情。唐君毅认为,心灵活动与感通之境,为人人俱有,但是活动的范围和境之感通的程度,则有所不同。程度越高,活动范围越大,所通之境越广,越近于生命的无限。唐君毅哲学之目标,并非教人陷溺于他的哲学,而是归于成教以立人极,使世人对自己的心灵活动与其所感通之境,能够如实知,真实行。同时希望自己的哲学成为接通与超越诸异彩纷呈之哲学的桥梁和道路。希望世人的心灵在经历他所构建的这九个境界之后,能沟通古今中外诸大哲的哲学境界,从而成就生命的悠远和无限。这应是另一种"通"吧。

唐君毅认为,心灵之知,最初是外照而非内照,即觉他而非自觉,心灵只是隐匿于后,成为外在客体的背景,故心灵感通之境首先为客观境。客观境中,是心灵对外物的认识之境。

客观境中第一境为万物散殊境,于其中观个体界——个体之相。也就是心灵与个体感通所成之境。"万物散殊"出自《礼记·乐记》篇。

---

① 唐君毅:《生命存在与心灵境界》,第752页。

唐君毅引用以谓万物各自相别，一一自立为个体。唐君毅将心灵外向而观个体物所成之境，称为万物散殊境。物的含义很广，只要各为一存在，散殊并列于世界或时间空间中者，都可称为物。物与事意近，又可换用或连用，称为事物或物事。物是时空中的物，所以物总与史地意识相联。世间一切个体事物的史地知识，个人自求生存、保其个体的欲望，都根于此境，一切个体主义的知识论，形上学和人生哲学，都归于此境之哲学。

第二境为依类成化境，由个体进而观其类，也即是心灵与群体感通所成之境。人根据性相、形相观万物，形成类的概念，而将万物分门别类。事物自持其类，自化其类于宇宙之中，就形成一个依类成化的世界，心灵对此依类分别、变化的事物之认识，就形成了依类成化境。万物可以分类来认识，同样，人自身也总在一定的生活习惯中，在所习之类的生活中行，以成自身之变化。人的思想和认识之形成，也是由类之概念作为基本的语言单位来构成和表达。所以，宇宙万物和人的生活、思想，都犹如在类的网络之中，无所逃之于外。唐君毅将一切关于事物之类的知识，以种类为本的知识论，形上学，人生哲学，都归此境之哲学。

第三境为功能序运境，于其中观因果界，目的手段界。唐君毅所说的功能序运境就是：

> 指一事物或存有之功能，其次序运行表现于其他事物或存有所成之境。此所谓功能，与能力、效能、力用、效用，皆可视为同一义之语。①

如果说，万物散殊境和依类成化境主要是描述物之体或相，那么，功能序运境所要描述的就是体或相之用，也就是作为个体或类的物与其他物之间的关系。或说由一物之依类成化，进而观其对他物之因

---

① 唐君毅：《生命存在与心灵境界》，第180页。

果。一切以事物因果关系为中心的自然科学、社会科学之知识,及人之以因求果,以手段达目的的行为和功名事业心,都根于此境,一切专论因果之知识论,只根据因果观念而建立的形上学与所有功利主义人生哲学,都归此境。

中三境为主观境。也就是心灵由外向而向内反转,观照自身以及自身创造的世界,自觉而非觉他境。

第一境为感觉互摄境,观心身关系与时空界。在这一境中,主体知客体之相内在于感觉,而此相所依之时空即内在于心灵本身,此推知客体的感觉主体本身独立,又可与各为一感觉主体的万物互摄,故为感觉互摄境。一切关于心身关系,感觉,记忆,想象与时空关系的知识及知识论,心身二元论,唯身论,泛心论之形上学,与一切重人与其感觉境相适应,以求生存之人生哲学,都归于此境。此境与前三境中的万物散殊境相应,同为显体,只是体之层位不同。

第二境为观照凌虚境,于其中观意义界。此境之形成,是由于人可于现实事物之上,抽象出一个纯相或意义的世界,宛若独立于现实世界而存在。此世界对心灵而显,由观照的心灵所统摄,故称观照凌虚境。一切由人对纯相、纯意义的直观而有的知识,与人之纯欣赏观照的态度,皆根于此境。哲学中之重此纯相纯意义的直观的现象学的知识论,形上学以及审美主义人生哲学,都归此境。此境与前三境中之依类成化境相应,虽层位不同,同为显相。

第三境为道德实践境,于其中观德行界。主要是人自觉其目的理想,求实现其意义于所感觉之现实界,化成人之行为,完成人之道德生活和道德人格。统摄这些的是人的道德实践心。人之本良心而有之道德观念,道德生活,道德人格之形成,都根于此境。有关的伦理学,知识论,形上学等都归此境。此境与前三境中的功能序运境相应,层位不同,同为发用。

上面两节所论,首先是人之心灵主体相对于客观世界所成之境,其次是人之心灵反观自身,作为感觉心灵,观照心灵,道德实践心灵,以主观摄客观所成之境。接下来所论之境,是超主客观之绝对境,形上境。唐君毅认为此三境的存在,"即在人初之只信其所崇敬亲爱之人之鬼神为有者,原依于人之道德心灵之情而谓其有"。① 也就是说,形上境的,始于人的情感和信仰,也依赖于情感和信仰。

知识不能仅止于世间之学之分别知,而须化为智慧,运于人的生活,成就人有真实价值的生命存在。其中之哲学,不再是学,而是生命之教。其中第一境为归向一神境,于其中观神界。主要论一神教所谓的超主客,统主客之神境,此神为最高之实体。

第二境为我法二空境,于其中观法界。主要论佛教之观一切法界、法相,而见其同以性空为其法性,以破人"我法"二执而超主客之别,一切有情若皆证其执之空,即皆可彰显其佛心佛性,以得普度,而与佛同类。

第三境为天德流行境,又为尽性立命境,于其中观性命界。此主要论儒教之尽主观之性,以立客观之天命,而成此性命之流行,使性德之流行成天德之流行,而通主客,天人,物我,以超主客之分,此境通于中三境中之道德实践境,所以唐君毅认为又可成为至极的道德实践境。

第五节　唐君毅形上学的特质

唐君毅的老师熊十力一生致力于形上学体系的建构,虽然他也认为知识论(量论)很重要,但对知识论几无所涉,只能寄望于后人。作为熊先生的学生,唐君毅具有更深厚的西学功底,他一生主要也致力

---

①　唐君毅:《生命存在与心灵境界》,第548页。

于形上学的建构,但是,其形上学已经不是传统意义上的形上学,而是融合了知识论的形上学。

唐君毅著作中涉及知识论的著述不多,在《哲学概论》一书中,唐君毅将知识论作为一部分进行了专门论述,但应该说,这里所论述的知识论,还是倾向于就中西印哲学比较的角度进行的,内容主要是介绍性的。

除了有关哲学史、哲学概论以及泛文化评论的著作之外,唐君毅自己独创的哲学很少独立的知识论。在其晚年著作《生命存在与心灵境界》一书的自序中,唐君毅曾谈到这一点:"关涉于哲学中之所谓形上学、知识论之问题,吾初欲于此书论之者,则三十余年来,除于吾之《哲学概论》、《中国哲学原论》之书,述及中西哲学时,偶加道及外,则迄未有所述著。盖欲及此形上学、知识论之问题,须与古今东西哲人之所言者,办交涉,兴争论,其事甚繁,未可轻易从事。尝欲俟学问之更有进,至自顾不能更有进时,乃从事此书之写作。"①可见,根据唐君毅此处之交代,唐君毅的《生命存在与心灵境界》一书应为一本形上学与知识论的著作。那么,唐君毅是如何处理形上学与知识论的关系的呢?

对于形上学和知识论的关系,唐君毅的观点是,实事的范围大而知识的范围小,所以他说:

> 形上学初并不须在知识论上立根,而可直接在其所接之一一实在事物之共同普遍之理或道,初尽可直接以此理此道,为所向往之对象,而一方求知此理此道;一方亦同时欲由此知,以接触实在事物,而非只在成就形上学之知识为目的者。其成就形上学知识,亦只是由形上学要求所发出之全部思想活动、精神活动之中间一段事。至于形上学知识之成为知识论所研究讨论之知识之

---

① 唐君毅:《生命存在与心灵境界》,第3页。

一种,即为形上学知识既成后之一事。形上学知识,固不待知识论之加以研究讨论而后有者也。①

从唐君毅对形上学与知识论关系的论述可以看出,唐君毅并未将知识论和形上学置于同等的地位上,在唐君毅这里,似乎形上学优先于知识论。而事实确实是这样的。其《生命存在与心灵境界》一书所建立的首先是一形上学体系,对于知识的论述溶于其中,但与其说唐君毅是在同时表述他的知识论,不如说,对各类知识的论述,只是为了构筑形上学体系。唐君毅在《生命存在与心灵境界》一书中,将形上学和知识论做了完全的融合。当然,在本书对形上学体系进行建构的过程中,知识论是以对心灵九境所展示的各类知识进行介绍的面目出现的。生命心灵所开出的三向九境涉及各类知识问题,如客观境中的个体、类的概念以及因果关系等知识;主观境中的感觉知识、时空问题、数学、几何学、逻辑与哲学等问题的知识等,单纯就唐君毅对诸类知识的论述上讲,唐君毅并无新的创见,但是,唐君毅依照心灵之不同表现来说明九境不同的含义,不是由知识的角度去探讨关于知识的理论,而是在于:

> 说明人的心灵相应于其所对的不同的境界而见其分殊的功能的表现。但此一对心灵所具有的分殊的功能的表现的说明,亦同时显示了由此而建立的不同的知识所具有不同的性质,及其不同的依据所在。②

在唐君毅的形上学中,心灵的总体方向是升进的。道德自我之建立的过程,就是心灵突破现实自我之限制而向上超升的过程,在这个阶段,心灵活动的方向比较单纯,就是直线地上升。

从唐君毅的整个形上学的辩证发展过程来看,其所经历的正反合

---

① 唐君毅:《哲学概论》(下),《唐君毅全集》第二十二卷,台湾学生书局,1989年,第13、14页。
② 李杜:《唐君毅先生的哲学》,台湾学生书局,1982年,第114页。

三个发展阶段,很显然,其总体方向也是螺旋式升进的。

而在后期形上学中所建立的心灵活动的九个境界,与境相感通的心灵在其中同样也是由低级到高级逐级升进的。

如果说在建立道德自我,确立其哲学的中心观念时,唐君毅形上学中的心灵还只是一维的道德本体,那么,在道德自我展开为人文化成之世界时,道德自我实现了自身的客观化,心灵就成为了与世界相对待的二维的道德理性,而到了心通九境时,虽然以仁心本体为中心的观念没有改变,但不难看出,心之本体的向度和内涵都在不断地扩展和丰富,心灵已经具有了三向的维度,变成了生命心灵的全幅活动。

在道德自我展开为人文化成之世界时,心灵在对象化的过程中获得了对立统一。在生命存在的三向九境中,心灵已不仅仅是道德本体,而同时还是一个认识的主体。

我们知道,与唐君毅同一阵营的另一位新儒家大儒牟宗三先生在其哲学中也言及道德性本体——心体,然而,在他的道德形上学中,心灵本体之活动没有唐君毅的形上学中这样一个繁复却一致的升进过程,所以,他只好用"良知的自我坎陷"说使道德本体自我否定来开出认识本体,从而解决道德本体中包含认知功能的困难。

而在唐君毅的形上学中,心灵本体始终处于一种动态的升进过程中,最先建立起来的道德自我只是一个形上学中心观念,而不是形上学的完成,道德本体需要继续在客观化和扩展的过程里,在这种曲折的升进中完成自身。而这一切,都是通过生命心灵的感通活动来完成的。而这种感通活动,就是一个知行合一的过程,所以,道德活动本身就在认识活动中展开,道德本体已经自然地内涵着认知本体。

另外需要强调的一点就是,构成唐君毅形上学体系的九种心灵境界,并非其他哲学家,诸如冯友兰、方东美等所谈的境界,这一点通过我们前面的分析已经可以看出。概括地说,唐君毅的心灵境界首先不是通常意义上的境界理论,而是生命存在与心灵的三个方向的全幅活动。

唐君毅认为,与科学方法相比,哲学方法有其独特性。唐君毅的形上学方法主要有以下几点。

可以说,唐君毅在其哲学体系的构建过程中,使用的最典型的方法,是开阖法。唐君毅曾就其《哲学概论》的写作方法谈及哲学方法时写道:

> 此书之写作方法及我认为哲学方法之根柢,可以二字表示,即"开阖"。《易经》说:"一辟一阖之谓变。"辟即是开。开的意思是分、是散、是多;阖的意思是由多而聚合为一。开阖是易道的二面。《易经》中此处是以开阖为明宇宙之变易原理;但我在此处只是作为哲学方法来讲。
>
> 作为哲学方法看:开就是思想的展开,思想的舒放;阖就是思想之收卷,思想之凝聚。《易经》所谓"放之则弥纶六合,卷之则退藏于密",亦可以说明此思想之开阖。一人之思想能善于开阖,则可以入于哲学之门。①

唐君毅认为哲学之全部,不外是由知识到存在世界,再到人生行为这样一个大圆圈。其中的许多义理,可一层一层开出去以至于无穷,但最后仍需要回到始点而阖。此中一层层义理之开,亦随处有阖,成一节奏之流行。唐君毅建立的心灵九境,心灵朝三个方向开出九境,是开,九境归于心灵,为阖。"阖户之谓坤,辟户之为乾",本是《易经》中人生宇宙最高的道,但唐君毅认为我们不能只视之为一客观的道理,要认识此道理,"亦须我们之思想之自身依一阖一辟而进行,故此开阖亦即思想之方法,哲学之方法"。②

唐君毅在对知识论的论述中曾将知分成亲知和知识之知。亲知

---

① 唐君毅:《哲学的研究法－新亚书院第四次文化演讲会讲辞》,《唐君毅全集》第十八卷,台湾学生书局,1990年,第442页。

② 唐君毅:《哲学的研究法－新亚书院第四次文化演讲会讲辞》,第451页。

是原始的知行合一,也就是知情意三者浑一而未分化,先于语言概念的运用;知识之知,则是"能知之心,对于所知对象,由概念与语言作媒介,加以联系而达成者"。① 所以能知之心与所知对象不能合一,而有主客内外之分。唐君毅在《哲学概论》一书中对知识论的论述就是环绕于人如何由亲知之知,转到知识之知,以及此知识之知中,能知之心与语言概念及所知对象之如何关联,已成种种知识等问题。

唐君毅认为,中西哲学之不同在于,西方哲学以知识为主,东方以人生行为之价值为主。知识总是向已成之世界,而已成世界之最大部分仍寓于自然,所以西方思想最大成就,是在对自然世界之知识,然后有对自然、社会、或上帝之行。他曾说:

> 这些行,东方非全不重;但这些行皆先赖人对世界之知识而有,东方不重那许多知识。东方人之这些行,或亦有不如西方处;但这些行都不是最高的行,因其仍只是对外之世界的行。人最高的行为应是对人自身之行为,即其所行的对象,乃对其行为之自身加以修养之道德的行为,或如佛道二家之所谓修行。……由此修行,人亦最后可有一种知,此种知即德性之知,或开悟之知,或启示之知。此知悟是后于行,不同于我们对我以外之世界行为时,乃先有知识而后有行为者。东方之哲学则是向此途而趋。②

也就是说,西方哲学知前行后,由先知外面世界而生行,东方哲学行前知后,由修行而成德性之知,开悟之知,和启示之知。这是两种不同的知和行,唐君毅明确将这两种知和行划分了高低,就知而言,知识之知比德性之知层次低;就行而言,对自然界和社会等外部世界的改造的行,比对自身改造的修行层次低。比起西方哲学的知行路向来,唐君毅显然更加推崇东方的知行观。这种思维取向决定了唐君毅自

---

① 唐君毅:《哲学的研究法—新亚书院第四次文化演讲会讲辞》,第447页。
② 唐君毅:《哲学的研究法—新亚书院第四次文化演讲会讲辞》,第445、446页。

己哲学体系的特色,也就是九境论中九种境界的高低层次。因而,可以说,唐君毅的形上学建构方法其实是一种"中体西用"式的方式。也就是延续中国传统哲学的主题、观念、思维方式和价值取向,而采用西方哲学的论证方式。

此外,还有唐君毅运用最多的就是他自己曾说的超越的反省法,以及"辩证之综合"的方法。从异以观同,于歧以见通,由多而显一,是唐君毅所创造和运用的辩证法。而以物观物,周流无碍,也是唐君毅哲学方法的一个特点,在此不拟赘述。

第六节　唐君毅形上学的地位

唐君毅是当之无愧的一代新儒家大师,他学养深厚,文化感受深沉,通过自身深切的道德体验和宗教情操,一方面为儒家的身心性命之学作了有血有肉的见证,同时也丰富和扩大了儒学的内涵,并为儒学在国际学界进一步发展的可能性,创造了有利的条件。

然而,唐君毅的哲学不仅是就中国哲学的问题而言的,他同时也常以西方哲学的问题形式展开。这表明,唐君毅力图要解决的并非仅仅是中国传统哲学的命运和前途问题,同时也是整个世界哲学的未来和人类生命存在的问题。他最终所建立的生命存在的三向九境,肯定了中西印三个哲学传统各自的价值,并将它们圆融地沟通了起来,形成了一个完整的形上学体系,其中所充溢的历史感,涵盖性及面向未来的动态发展,是融合世界哲学的一个创造性成果。

唐君毅的哲学并非像有的学者所认为的,几十年来变化不多。应当说,恒定的是其哲学的主旨,而其哲学理论本身是发展的。中国传统哲学形上学的特点在于主观性和内在性,而客观性和超越性不足,唐君毅在建构形上学体系中对西方哲学的融通,充分摄取了西方哲学,特别是德国古典哲学形上学的客观性和超越性特征。在其正反合的形上学建立过程,特别是第二阶段,道德自我客观化为人文生活,就是一个成功的尝试。

在西学之风正盛的当时,唐君毅对西方哲学的学习和吸收是带着批判的眼光的,在创造自己的哲学时,既取所需,也避免了生搬硬套西方的东西。比如,西方近代哲学一直没有能够理解自身,一个根本原因在于,没有越出知识论的框架去揭示存在论基础,因为人的行为、认识、理性、怀疑等的基础,处在理性探究之前和之下。[①] 而当时一些中国哲学家则恰恰对西方哲学中的知识论发生了兴趣,比如,金岳霖和牟宗三两先生都在其哲学中比较深入地引入了知识论的研究。我们以为,本着丰富中国哲学自身和哲学研究本身需要,这些哲学家的尝试无疑是值得肯定和学习的。唐君毅在著述《哲学概论》时也曾对知识论做出过介绍。但另一方面,我们也不得不指出,中国现代哲学的知识论研究从总体上似乎并没有自己的特色,金岳霖的《知识论》主要还是一本介绍性的著作,而牟宗三的知识论研究,主要也是遵循西方的研究模式,成就并没有超越西方的同道。当然,时至今日,中国哲学的知识论研究仍旧没有成为国内哲学研究的主流,除了知识论要求很强的逻辑功底和思辨能力之外,可能与中国哲学自古至今一脉相承的特质有很大关系吧。唐君毅在其哲学中,对知识论问题做了比较恰当的处理,没有为了知识论而牺牲自己的哲学主旨,而是让知识论为我所用,知识论成了构建其形上学体系的一个强有力的工具。知识论和形上学有机地融合。尽管唐君毅的知识论涉及的也是西方知识论中常谈到的问题,但这样一来,其知识论已经不是西方式的原汁原味的知识论,而是具有中国哲学特点的知识论了。应该说,唐君毅在这一点上做出了比较成功的创新。

---

① 张文喜:《自我的建构与解构》,上海人民出版社,2002年,第17页。

此外,对于中西哲学会通中,一些概念的内涵之辨析,唐君毅不遗余力,并明晰地提出了在当时颇为醒目的见解。比如,他对"哲学"一词的解释为,西方哲学 philosophy 为爱智之义,中国之哲,则为有智之人。

另如对本体这个在其哲学中极为重要的概念,唐君毅是这样理解的,他认为:

> 中国形上学思想之重彻上彻下,彻内彻外。而不同于西方形上学思想之多为以下缘上,以内缘外之形态者。①

强调在中国哲学中,本体即主体:

> 本体之名,或以 substance 为之译名。此 substance 之名,原自希腊哲学,初指"客观的站立于下"者。故言 substance 恒指一客观存在之实体。然在中国,则"本初指枝叶之本",为枝叶之生长或生命之原者。"体"初指人之身体,为人之视听言动之活动所自发出者。合为哲学中之本体之一名,即恒指吾人指生命心灵之主体,而此主体即表现于生命心灵之种种活动或用,如体验、体会、体贴、体悟、体达等之中。故于"体用合一"之义,以中国文字之"体""用"之字表之,最易明白。今如以西方 substance 指主体指生命心灵,更言与其用如 function 或 activity 之合一,或先想着西方哲学之本体问题,再以中国哲学中之体用之论,为其答案;则须经一曲折支离之论,而或使人偏向于此体之形上学的客观义,而忽略再中国哲学中,此体之主观义乃本义,客观义只是末义。至于译中国之本体为 reality 者,则当知西方之 reality 乃与现象或幻象对。此与中国之本只与末对,体只与"用"或"相"对,而不与幻象对者,亦有不必同。②

---

① 唐君毅:《中国哲学原论·导论篇》,《唐君毅全集》第十二卷,台湾学生书局,1986年,第10页。
② 唐君毅:《中国哲学原论·原道篇》卷一,《唐君毅全集》第十四卷,台湾学生书局,1986年,第24、25页。

对中西哲学之不同,唐君毅认为:

> 大率中国之哲学传统,有成物之道,而无西方唯物之论;有立心之学,而不必同西方唯心之论;有契神明之道,而无西方唯神之论;有通内外主宾之道,而无西方之主观主义与客观主义之对峙。①

这些,都不无深刻的见地,也解释了自己在哲学的创新过程中,所走过的路程。

总之,唐君毅用一生的过程完成了他的形上学。尽管同时期也有不少中国的哲学家在致力于形上学的建构,但唐君毅用正反合的方式最终所建立的融合知识论于一体的形上学体系,在现代哲学家中是独树一帜的,是他对中国哲学的一个重大贡献。

对于西方哲学的借鉴,唐君毅也不仅仅是成就了一个黑格尔精神现象学式的当代新儒学,其形上学体系还明显地受到现象学和海德格尔的生存论之影响,从而,其由道德自我向生命存在的伸展不仅仅是黑格尔式的精神之回归和完成,还隐含着意旨的扩大和转化,即从道德自我向生活世界的扩大和转化。

有学者曾说,牟宗三的学思锐利孤峭而主理,学问路数以分解为主而精于辨析,唐君毅则倾于圆融浑厚而主情,喜欢辩证而长于综合。牟先生的哲学凸显了一个新时代的精神,唐君毅的哲学则是将这一新的精神接引回归到历史文化的母体中,而与之相融为一,②实为至论。

在《后形而上的思维的主题》一文中,哈贝马斯曾这样定义形而上学:

> 在略去亚里士多德路线的前提下,我把形而上学称之为可以回溯到柏拉图的哲学唯心论思维,这种唯心论经由普罗丁和新柏

---

① 唐君毅:《中国哲学原论·原道篇》卷一,第11页。
② 曾昭旭:《唐君毅先生与当代新儒学》,《鹅湖》1991年第8期。

拉图主义、奥古斯丁和托马斯、皮科·德拉·米兰多拉、笛卡儿、斯宾诺莎和莱布尼茨一直延伸到康德、谢林和黑格尔。①

相对于这种形而上学,古代唯物论和怀疑论,中世纪后期的唯名论以及近代经验主义虽然可被认为是与之相反的逆运动,但它们仍旧停留在形而上学的思维可能性框架之内。哈贝马斯将传统形而上学的特点归纳为三点:同一性思维,理性论和强大的理论概念。

语言哲学批评形而上学的主要根据是:任何一个词语都蕴涵着无法界定的生存空间,更不用说理想化的逻辑语言了。因而在理解和使用时,决不能把它从其生存空间中分离出来,并锁闭到一个形而上学欲是其所是的概念和范畴中,使之成为概念词语。否则就会因此而冒形而上学限定的假设性,宰割生活世界的风险。② 现代西方哲学家艾丽西亚·朱阿蕾罗则把西方哲学发展的历史一截为二:从古希腊到尼采之前是现代性的"根"的哲学,之后产生了后现代的"茎"的哲学。前一种哲学具有归根究底的性质,对事物的说明是追踪到第一原理,把现象归结为本质,从变化中找出永恒的东西,抛弃语境和时间因素,这是一种基础主义。根的哲学预设了土地:理性与实在对应,语言忠实地描画实在这个大地的图景。根的哲学也是再现论哲学。而自尼采开始的后现代哲学认为,根本就没有土地,不存在独立于语言符号的纯粹事实。③

西方哲学到了近代,特别是德国古典哲学,坚持"自我"(无论是"小我"还是"大我")、"主体"和"本体"的混同,超时间的"先验主体"和"先验自我"的建构成了西方近代哲学的一大课题。而唐君毅的形上学体系也表现出明显的这一倾向。

同时,西方现代哲学还有一个明显的趋向,就是消除知识论本身

---

① 〔德〕尤尔根·哈贝马斯、米夏埃尔·哈勒:《作为未来的过去——与著名哲学家哈贝马斯的对话》,章国锋译,浙江人民出版社,2001年,第149页。
② 张文喜:《自我的建构与解构》,第21页。
③ 〔法〕雅克·施兰格等:《哲学家和他的假面具》,徐友渔主编,社会科学文献出版社,1999年,第5页。

的独立性外观,试图将问题域归并到存在论基础上。这就是西方哲学的一个现代转向:生存哲学的转向。"生存"不再是"生命的存活",而是"生成着的存在"。西方哲学所探讨的问题变成了"与我们本身相关涉的,触动着我们的,而且是在我们的本质深处触动我们的"东西。①

很显然,唐君毅用庞大的概念和语词所建构起来的形上学体系正在这些语言哲学家们所批评之域,即所谓的旧传统哲学,和朱阿蕾罗所谓的"根"的哲学。我们知道,唐君毅在深研中国传统哲学之余,一直非常关注西方哲学理论,并试图借鉴西方哲学的理论和表达方式发展中国哲学,曾着力研读过尼采、海德格尔等人的著作,比起同时代的其他中国哲学家,唐君毅对这些存在主义哲学家所传达的哲学的这种转向给予了较多的关注,在其晚期形上学体系中,这种生存论哲学的影响也有所表现。他也曾说过:"人生的一切事仍皆当由情志开始。"②但他还是将理性和理性活动看得高于感性和感性活动,心灵几近理性的代名词。他借鉴德国古典哲学的语言和方法,在中国哲学史上第一次将哲学形上学构造成一个完整谨严的体系,在中国哲学的表达形式上作出了突破。然而,就好像用黑格尔的话语系统表达海德格尔的思想一样,在自己所创造的这个宏大形上学体系中,唐君毅终究没有实现哲学本质上的超越。

关于社会文化的是非价值标准,唐君毅提出,除非我们确知自己原来生活存在于其中的历史文化、社会风习及其他生活方式没有价值,确不值得我们生活于其中,我们就没有理由说,应当抛弃原来的这一切而存在和生活;因而"不离之以存在生活即是,而应当,离之以存在生活即非,而不应当"。③

> 此中之要点,在人之生活方式之一切改变,必须有自觉的价

---

① 孙周兴选编:《海德格尔选集》上卷,上海:三联书店,1996年,第589页。
② 唐君毅:《中华人文与当今世界》(上),《唐君毅全集》第七卷,台湾学生书局,1988年,第5页。
③ 唐君毅:《中华人文与当今世界》(上),第18页。

值上之理由,然后才可说是进步;至于人之一切保守其生活方式而仍旧贯之事,却另不须自觉的价值之理由。因而一切无自觉的价值上之理由之求变迁求新奇,即本身无价值而不当有,而其'无理由',亦即其无价值而不当有之理由。此即偏在维护一切自然的保守,而被斥以新奇变迁即进步之说。由此我们又引出一我们生活上之是非和应当不应当之原则,即凡无自觉的价值上之理由的一切生活上之忘本而失其故常之事,皆为不当有而无价值者。而一切不忘本不失其故常之事,则另不须有自觉的价值上之理由。只须人无自觉的价值上之理由加以改变,即可为其应当而有价值之理由。①

唐君毅认为,若无必要改进,即须保守。在这里,他公开提倡保守的观点。这在他自己学术中也是一直贯彻的。唐君毅自己的形上学体系在内容上没有太多自己的创见,而是秉承了中国传统哲学,特别是宋明理学的学脉和理路,加以发扬。唐君毅认为,人的生命和灵根就植根在自身的传统和文化教养之中。对传统的持守"关系于人对自己植生命存在植所依所根,是否真实的加以自觉的问题"。②对这一点若不自觉,就不是一个真实的中国人,也不是一个真实的人,或有真实的自我的人。也就是说,若肯定自己生命的价值,那么就必须肯定生命所依之根的价值。而对其之保持(或言保守),也就有价值。

最后,我们不得不提的一点是,唐君毅建立的形上学体系仍旧隐含了传统哲学在道德、知识、以及价值上的多重自负。唐君毅的哲学中较多独断式的、神学性质的语言,内中充满理性的自信。对于这一点,早有很多哲学家曾提出过批评,"认定所有的人就像知道什么是科学一样,都知道什么是理性,完全是一种设想"。③

---

① 唐君毅:《中华人文与当今世界》(上),第19页。
② 唐君毅:《中华人文与当今世界》(上),第20页。
③ 〔俄〕舍斯托夫:《在约伯的天平上》,董友等译,北京:三联书店,1989年,第8页。

事实上，人、世界和宇宙本身是一种无限神秘的现象，由无数神秘的内在联系维系着。人类理性可以逐渐去揭示这些联系，但却永不能完全弄通它们，完整地描述它们，并从这种描述中得出改善的看法。由此，人类就应该对这些自己还不知道的内在联系及其神秘秩序保持深刻的尊敬，对所有的知识保持必要的谦虚，包括在对善的认识上。知识分子因为对整个世界的兴趣和强烈的责任感，往往会想掌握整个世界，全面地解释整个世界，并对世界的各种问题提供普遍的解决办法，但这个过程中往往会犯下错误。

第九章

钱穆的儒学思想

第一节 阐扬中国文化的一生

钱穆(1895—1990),字宾四,是中国现代史上一位百科全书式的学者。他学识渊博,著作等身,其学问兼涉经、史、子、集四部,治学范围以史学为主,广及文、史、哲各个学科。主要史学名著有《刘向歆父子年谱》、《先秦诸子系年》、《中国近三百年学术史》、《国史大纲》、《朱子新学案》等,有人把他与陈寅恪、吕思勉、陈垣并称为中国现代史学四大家。钱穆的一生以弘扬和传承中国传统文化为己任,几十年来的学术生涯无不与近代中国的时代忧患相始终。饱含着对国家民族的满腔热忱,他毕生的学问宗旨和人生终极关怀就是中国传统文化面对现代西方文明的冲击究竟何去何从的问题,所以有人把钱穆称为中国"最后一位国学大师"。

钱穆来自中国社会最基层的乡村,一生既未上过大学,也未留过洋,完全靠自学成为名家。自民国元年起,历任小学、中学教师及各大学教授,创办香港新亚书院,选任"中央研究院"院士,获香港大学名誉法学博士、美国耶鲁大学名誉人文学博士学位。教学生涯近八十年,印行编著八十余种,兼治四部,史儒并进,堪称一代学术大师。

钱穆的一生是阐扬中华传统文化的一生,他的民族观念与历史文化意识,溯其家学渊源,最早乃是受其父祖的影响。钱穆的曾祖父钱绣屏,前清国学生,祖父钱鞠如,邑庠生。父亲钱承沛,自幼聪慧过人,有"神童"之誉,十六岁县试,以案首第一名为秀才。钱穆的父亲考中秀才后,因体弱多病无意功名,但却对子女寄予厚望,在钱穆七岁那年,父亲便送他到私塾读书。1904年,十岁的钱穆与其兄一道考入无锡荡口镇果育学校,在这里接受了四年的新式小学教育。钱穆在果育小学四年,遇到了众多良师的教诲与指点,使他既接受了良好的传统国学的熏陶,又得以接触新学,大开了眼界。果育诸师开启了他喜治史地、重历史观念、民族意识,而又兴趣广泛、博学多思的治学风格,为他日后从事学术研究打下一个良好的基础。天有不测风云,在钱穆十二岁那年,父亲去世。钱父去世后,遗有窗课两册,钱穆年幼时就喜诵此两册窗课,直到年老,仍能背诵其中的《春山如笑赋》和《岳武穆班师赋》,他说自己自幼即知民族观念,特重忠义,即渊源于此。在父亲去世的第二年,十三岁的钱穆和其兄一同考入常州府中学。在常州府中学堂读书的三年中,钱穆受到了监督屠元博的关心与照顾,以及史地教席吕思勉的赏识。后来钱穆因参加要求改革学校课程的学潮而自动退学。1911年春,由屠元博代为申请,钱穆转入南京私立钟英中学就读五年级。辛亥革命爆发以后,学校停办,钱穆自此辍学在家,结束了自十岁以来进入新式学校读书的求学生涯。钱穆自幼丧父,家贫无依,所以不能像冯友兰他们那样进入大学深造。他自知家贫,升学无望,于是在家矢志自学,闭门苦读。钱穆心慕北大,虽然没有机会投考,但是当年北大招生广告中的两本书,即章学诚的《文史通义》和夏曾佑的《中国历史教科书》却使他受惠无穷,对他以后的治学产生了重大影响。钱穆撰写《国史大纲》,"叙治世则详,叙乱世则略。一朝兴则详叙,一朝亡则略及"。① 这些无不受夏书的影响。钱穆称自己"素重此书",以后任教北大,教人治史,"每常举夏氏书为言"。

1912年春,由亲戚的介绍,年仅十八岁的钱穆离开了老家七房桥,到秦家水渠三兼小学任教,开始了长达十年半的乡教生涯。从1912年春到1922年秋,钱穆先后在秦家水渠三兼小学、荡口镇私立鸿模学校、梅村镇无锡县立第四高等小学、后宅镇泰伯市立第一初级小学担任了十年半的乡村小学教师。在这十年的乡教生涯中,他深信学问来自"功夫",虽蛰居乡村,以教谋生,也"未尝敢一日废学"。在十年的乡教生涯中,钱穆虽然醉心旧籍,但不表示他不关心实事。在三兼小学,他遍读严复所译各书,自谓对斯宾塞《群学肄言》、穆勒《名学》二书感触颇深,受益匪浅。应《东方杂志》征文,他撰写了《论民国今后之外交政策》,提醒世人警惕列强侵略。1919年春,杜威来华讲学,钱穆对其教育哲学思想也颇为留意,五四运动中,钱穆对挚友朱怀天的演讲大加赞赏,表现出了对五四反帝爱国运动的支持。钱穆对当时《新青年》杂志的文章也是悉心拜读,在1928年完成的《国学概论》的最后一章中,他对五四新文化运动也有积极正面的肯定,尽管后来对新文化运动采取了全盘否定的态度。由此看来,钱穆早年对当时的新思想、新潮流还是颇为关注,多有接触融受的。正是这十年艰苦的乡教生活,磨炼了钱穆的意志,也为他以后的学术研究奠定了深厚扎实的基础。

钱穆离开后宅镇小学后,转至无锡县立第一高等小学任教,到校任教不足一月,就应聘南下,执教厦门集美中学,开始了九年的中教生涯。1923年5月,集美学校发生学潮,钱穆辞去集美学校下半年的聘

---

① 钱穆:《八十忆双亲·师友杂忆》,北京:三联书店,1998年,第338页。

请，返回家乡无锡。从厦门返回无锡后不久，即受中国近代著名学者钱基博先生的推荐，转入无锡江苏省立第三师范任教。钱穆在无锡任一年级国文课并担任班主任，教授文字学、《论语》《孟子》《国学概论》。在教书过程中，均自编讲义，成《论语要略》《孟子要略》，阐发"仁"、"性善"义理，推崇《论语》《孟子》为儒学正统、中国文化结晶之所在，同时中国文化不只限于儒家，也应重视治道、名、墨。钱穆在三师讲授的国文课，有所突破创新，深受学生的喜爱。1927年秋，由无锡三师同事胡达人的推荐，钱穆转入苏州省立中学任国文课教席。在苏州中学任教的三年中，撰成《国学概论》一书。《国学概论》是钱穆早年研究中国学术思想史的力作，内容包括孔子与六经、先秦诸子、秦之焚书坑儒、两汉经生今古文之争、晚汉之新思潮、南北朝隋唐之经学注疏及佛典翻译、宋明理学等，扼要地叙述了上自春秋孔子，下至晚明心学各个时期的学术思想及其变迁轨迹。全书最后一章为近期之学术思想，讨论学术思想的继承与发展问题。他在书中言简意赅地叙述了五四新文化运动、东方文化派、学衡派、科玄论战、戴季陶论孙中山三民主义等近期的新思想，对全盘反传统的西化思潮多有批评，欲以唤醒国人的民族文化意识。

正当钱穆一心向学之时，家中忽然连遭三丧。钱穆的妻子和新生婴儿相继死去，其兄亦因为弟料理后事操劳过度，与世长辞。在逐渐走出丧亲之痛之后，钱穆开始着意整理他早年考辨先秦诸子生平事迹的著作《先秦诸子系年》。正是因为拜读了《系年》，与钱穆素昧平生的顾颉刚对钱穆的史学功底和才华大加赞赏，于是推荐钱穆到中山大学任教。由于苏州中学校长汪典存的盛情挽留，钱穆回绝了中山大学的邀请。此时顾颉刚为《燕京学报》编委会主任，他催促钱穆为学报撰稿，于是钱穆撰写了《刘向歆父子年谱》一文。这是钱穆轰动学术界的成名之作，也是中国近代学术史上不朽的名作，它针对康有为《新学伪经考》，由史入经，尽扫刘歆伪造群经说，开辟了经学史上以史治经的崭新路径。此文刊出以后,北平学界大震,各大学主康有为说的经学课都在秋后停开,钱穆也自此扬名学界,跻身名流学者。1930年秋,由顾颉刚的推荐,钱穆得北平燕京大学聘请,任燕京大学国文课讲师,时年三十六岁。在燕京大学朗润园中,钱穆整理并最终完成了他早期学术生涯中最重要的学术著作——《先秦诸子系年》。《先秦诸子系年》是近代中国学术界的一部名著,对先秦诸子的年代、行事及学术渊源的考订,以及对战国史的研究都做出了极大的贡献,深得学术界好评。蒙文通称其"体大精深",是"乾嘉以来,少其匹矣"的大著作。陈寅恪称其"极精湛","自王静安后未见此等著作"。顾颉刚则称赞其"作得非常精炼,民国以来战国史第一部著作也"。余英时则称其为"诸子学与战国史开一新纪元"。

钱穆在燕京大学执教一年,因不适应教会大学的环境,于是辞职南归。1931年夏,钱穆在苏州家中得到北京大学的聘书,遂任教北大历史系。这是钱穆在大学讲授历史课的开始。居北平八年,先讲"中国上古史"、"秦汉史"、"中国近三百年学术史";继讲"中国政治制度史"。"九一八"事变后,民族危机日益严重,为了培养青年学生的民族情感和爱国热忱,南京政府规定中国通史为大学必修课,北大聘请钱穆一人独任中国通史课。钱穆的中国通史课深受北大学生的欢迎。当时的听课者,除必修的文学院新生外,还有文学院高年级的学生和其他院系的学生。北平其他高校的学生也纷纷慕名前来旁听。钱穆学问功底深厚扎实,知识广博,且善言辞长于演讲,因而深受学生的欢迎,成为北大最叫座的教授之一。据说只有胡适一人可与之媲美,当时在学生中即有"北胡南钱"之说。在此期间,钱穆撰成《中国近三百年学术史》,这是钱穆研究清代学术史的力作。全书共十四章,上自黄宗羲、王夫之、顾炎武等晚明诸老,下至晚清龚自珍、曾国藩、康有为,共叙述了五十一位学术人物的思想。《中国近三百年学术史》高抬宋学,指陈清学源于宋学。书中特严夷夏之防,竭力弘扬宋学,表彰晚明遗老的民族气节和操行,指出在日寇侵夺我大好河山之时,乾嘉考据之学这种不问世事的学风不利于鼓励民众抵抗侵略,所以,弘扬学贵经世、以天下兴亡为己任的宋学精神,成为贯穿全书的主旨所在。

在北平八年期间,是钱穆学术生涯最重要的时期,他不仅在学术上取得了令人瞩目的成就,而且交游日广,与当时学术界许多著名人物相互切磋,学问日长。当时与钱穆相游论学的学者有汤用彤、贺麟、熊十力、梁漱溟、林宰平等人。1937年,抗日战争爆发以后,钱穆随校南下,参加北大、清华和南开合组的长沙临时大学。自此,开始了抗战时期流转西南八年的学术生涯。

由于日军进攻,长沙地处前线,国民政府决定临时大学迁往昆明,组成西南联大,钱穆亦随校转赴昆明。在西南联大,钱穆继续讲授中国通史课程,并本中国通史课的讲义,撰成《国史大纲》一书。《国史大纲》是钱穆一生最重要的学术代表作,是一部享有盛誉、影响甚大的中国通史著作。钱穆把历史与文化看成是一而二、二而一的关系,在他眼中,中国历史的真相就是中国文化精神的演进,而中国的文化主要表现在中国以往的全部历史中。《国史大纲》针对历史文化虚无主义,宣言对本国传统文化应保有温情与敬意,详述自虞夏至民国初年的中华全史,探究中华历史文化自身发展的逻辑、原动力与生命源泉,用简洁明了的语言将国史真态展现在国人眼前,揭示中国文化未必劣于西方文化,以献给前线抗敌将士,建立国人的文化自信心。《国史大纲》同时以历史经验主义的分析,指证孔子"仁"学思想综合了以往政治历史宗教各方面而成,代表了大一统国家的民族性,这在以哲学思想为进路的梁漱溟、张君劢、熊十力之外异军突起,以史学为进路的钱穆也因此拓展了新儒学,建立了独树一帜的新儒学史学。

1939年暑假,钱穆返回苏州省亲,著《史记地名考》,主编《齐鲁学报》。1940年,至成都任齐鲁大学国学研究所主任,直至1943年研究所停办。期间,曾应邀讲学于武汉大学、乐山复性书院、浙江大学,参与华西大学东西文化协会事,编《清儒学案》。齐鲁国学所停办以后,至华西大学。1945年春任教于四川大学。就钱穆一生的学术研究言,可以1940年《国史大纲》的出版为界划为两个时期,《国史大纲》以前以历史研究为主,此后则转向文化研究,以弘扬中国文化为己任。《中国文化史导论》是钱穆第一部系统阐述他对中国文化看法的著作,也是他一生中重要的学术代表作。书中系统论述了中国文化的体相、历史逻辑及其在厄运中能生生不息,在东西接触中能充实开展的生命力。抗战时期,钱穆感于国难,在大后方著书立说、奔走演讲,皆以弘扬民族文化,激扬民族精神为宗旨,这些演讲和时论,后辑为《文化与教育》和《政学私言》。

抗战胜利以后,钱穆未能重返北大,但是由于他名重学林,上海各高校竞相聘请他。1945年秋,钱穆应邀主持昆明五华学院文史研究所,讲"中国思想史"。1947年7月,钱穆东归无锡,任江南大学文学院院长。钱穆任教江南大学,课务清闲,加上多年胃病初愈,心情极佳。积思成《湖上闲思录》、《庄子纂笺》以自遣。《湖上闲思录》是钱穆表述他的哲学思想的精致散文小品集,对一系列哲学范畴的思考心得极多。《庄子纂笺》仿朱子《四书》体例,文理、考据、文章三者兼顾,荟萃诸家,网罗群言,深得《庄子》大旨。

1949年春,钱穆得广州私立华侨大学之聘,决定南下。此时江南大学同事唐君毅亦应邀,于是二人同赴广州。在广州街头,钱穆遇到老友张其昀,张邀请钱穆前往香港办学,钱穆应邀,遂随华侨大学迁回香港,时年五十五岁。钱穆南走香港,有着内在的原因。抗战期间,本着抗战救国的共同目的,钱穆在态度上与国民党政权趋近,并多次受到蒋介石的接见。内战爆发以后,他不赞同共产党的主张而对国民党政权抱有信心。在钱穆看来,中国共产党信仰马克思主义,而马克思主义是西方的理论,这与他所持的民族文化立场相悖,共产党得天下,意味着中国几千年文化传统的中断。所以他要仿效明末朱舜水流寓日本传播中国文化之举,正逢张其昀的邀请和华侨大学的回迁,本有抗拒中共之心的钱穆坚定了居港之心。

到港后,钱穆与崔书琴、唐君毅、张丕介策划,于1949年10月创办了亚洲文商学院,次年三月,改组为新亚书院,任院长。新亚办学之初,虽然条件简陋,但学校教授阵容强大,多为国内政界学界名流,论其师资,远非香港大学中文系能比。在新亚书院初创时期,钱穆主讲的"中国通史"课为新亚最大的号召力量,除了给新亚的学生授课以外,又面向社会开办学术文化讲座,阐扬中国文化精神。钱穆为新亚书院确立了明确的办学宗旨:"上溯宋明书院讲学精神,并旁采西欧导师制度,以人文主义教育为宗旨,沟通世界东西文化。"①在兴学中,钱穆又把他的办学目的具体化,求学与做人并重,为学做人要爱自己国家的民族、文化传统。就教育思想而言,钱穆力主破除门户之见,融会中西,贯通古今。在钱穆看来,当今的中国青年要发扬自己的民族文化传统,并不意味着排斥西方文化,相反,中国要现代化,就必须学习西方文化,尤其是西方的科学与民主。他还亲自为新亚书院制定了校训、校歌、校规。"诚明"二字是钱穆亲定的校训,此二字取自《中庸》,意谓做人要言行合一、内外合一,在独居时该如在群居时,不把人当做工具,循序渐进,以达到人我合一的境界。

新亚创校之初,相继获得了美雅礼协会、美亚洲协会、福特基金会、哈佛燕京社和香港政府的协助与支持,一步步立下了学校的基础与规模。自1950年起,新亚又创设文化讲座,并与徐复观所办《民主评论》、王道所办《人生》杂志互通声气,阐扬中国学术文化,使儒家文化在厄运中得以薪传海外。1953年10月,新亚研究所建立,钱穆任所长。余英时、唐端正、孙国栋、何佑森等港台学者,都是新亚研究所早期的研究生。1955年夏,香港大学特授钱穆名誉法学博士学位,1956年10月,钱穆任访日文化代表团团长,讲学日本。1959年秋,钱穆应

---

① 钱穆:《新亚遗铎》,台北:东大图书公司,1989年,第3页。

邀到耶鲁大学讲学,在耶鲁讲学期间,钱穆完成了《论语新解》一书的写作。1960年6月13日,在耶鲁大学第二百五十九届毕业典礼上,为了表彰钱穆在教育和学术上的成就及其为东西文化交流做出的贡献,耶鲁大学特授予他名誉人文博士学位。这些海外讲学经历,使得钱穆得以补救未曾出国留学带来的某种不足,使他对西方文化有了一个直接的了解和认识,拓宽了学术视野,也同时为中西方的相互了解与交流做出了贡献。

新亚办学时期,钱穆依然笔耕不辍,在这一时期里先后完成和整理出版了二十多部学术著作,均不离他自本自根的中国文化立场。五十年代出版的《文化学大义》是钱穆建构他的文化学理论的重要著作,集中反映了他多年对文化问题的意见。《中国历代政治得失》和《中国历史精神》影响延及内地,更是投考香港大学的必读书。钱穆提出中国传统政治非专制论,尽管我们未必同意他的结论,但是钱穆反对革新派把中国传统政治简单化,却不无合理之处。《中国历史精神》是钱穆阐述他的史学思想和治史方法的重要著作。他称历史便是人生,是人生全部经验的总记录与总检讨。《中国思想史》共四十四篇,从春秋到近现代,择主要思想家加以简明扼要的叙述,此书以儒学为中国文化的主流,认为先秦以来是儒道对抗,宋以后是儒佛对抗,宋明儒的主要贡献即在于援佛入儒,使儒学另开一番新的生命与气象。此外还有研究宋明理学的力作《宋明理学概述》,论文、演讲词汇编的书目《国史新论》、《四书释义》、《庄老通辨》、《两汉经学今古文平议》、《学籥》、《民族与文化》、《论语新解》、《中国文学讲演集》等等。新亚时期,钱穆不仅办学成绩卓著,培养了大批学术人才,而且学问也不断精进,取得了丰硕的学术成果。

1963年10月,新亚书院并入香港中文大学。1965年6月,钱穆正式卸任新亚书院院长。在赴吉隆坡马来亚大学讲学八个月后,1966年2月返港。1967年10月,钱穆夫妇正式迁台定居,时年七十二岁。

第二年七月,迁新居外双溪素书楼,开始了晚年居台二十多年的著述学术生涯。钱穆离开新亚后,完成了五册不朽的皇皇巨著——《朱子新学案》。钱穆认为中国传统文化以儒家文化为主干,而在儒家文化发展史上,有两位人物是承前启后、继往开来的,一位是孔子,一位是朱熹。钱穆眼中的朱熹,不仅是北宋以来理学思想的集大成者,而且也是自孔子以来中国学术思想的集大成者。仅仅把朱熹作为一个南宋的哲学家、思想家来研究是远远不够的,而应该从经史文学各个层面对朱子学术成就加以交代。钱穆晚年居台,以研究朱子学为主。他认为治朱子不仅是治中国八百年学术思想史的重大课题,亦是治中国两千年来之儒学史的重大课题,是中国文化大传统的主要骨干精神之所在。钱穆认为,朱子思想的最大贡献,在于他能把自己理想中的儒学传统,上自四书五经,下及宋代周张二程,完全融成一气,互相发明,归之条贯。朱子思想从表面上看似乎多承袭、少创见,其实朱子的创见都已融化在承袭中而不见其痕迹,这正是朱子思想最伟大之所在。

1968年7月,钱穆获选"中研院"院士,当选中国史学会理事,次年任中国文化大学史学研究所教授,首任博士班主任,授课于素书楼。同年,任台北故宫博物院特聘研究员。1970年任香港大学校外考试委员。在此期间,除撰成百万言"尊朱"巨著《朱子新学案》外,还印行成书了二三十种著作。《中国史学名著》是钱穆阐发他对中国古代史学看法的重要著作。1975年,钱穆把居港台时期发表的有关中国传统学术方面的论文汇集成《中国学术通义》一书,由台湾学生书局出版。钱穆认为文化不能与学术相分离,欲了解中国文化传统,即不能不了解中国学术传统。该书会通经史子集,从学术方法和学问德行整体上阐述中国学术的独特精神。1977年夏,为感谢钱穆的卓越贡献,新亚书院成立"新亚学术讲座",并以钱穆的名字命名。钱穆被邀请为第一位讲演人。1984年,撰成《中国现代学术论衡》一书,比较中西学术异同。1986年,是钱穆九十二岁生辰,也是他执教七十五周年纪念日。6月9日下午,他在素书楼为中国文化大学史学所博士班学生上告别杏坛的最后一课。钱穆意气风发,殷殷寄语学生们不要对自己的文化一笔抹杀,做人要从历史里探求本源,要在时代变迁中肩负起维护中国历史文化的责任。自1977年冬,钱穆目疾迭发不能视字,于是谢绝人事,闭门在家,在夫人胡美琦的襄助下著书不辍。1986年11月,终于完成他一生中的最后一部著作——《晚学盲言》。此书共九十篇,分三大部分:一为自然之部,次为政治社会人文之部,最后为德性行为修养之部。本书的宗旨是,讨论中西文化异同,阐扬中国文化精神,这是他四十年来从事中西文化比较研究的一部总结。

作为一位忧国忧民的著名学者,钱穆对两岸的时局也非常关心,希望两岸能够和平统一。1986年3月,九十二岁高龄的钱穆应台北《联合月刊》的邀请,发表了《丙寅新春看时局》一文,提出了两岸和平统一的主张,申言:民族国家的前途,主要依赖全民族合理想合原则的自尊自信心。钱穆晚年一直在思考天人合一的宇宙人生观的深刻内涵。1989年9月28日,香港新亚书院创校四十周年校庆,钱穆赴港参加,在酒店套房中,他为学生讲他新近领悟的天人问题时,称人生的最高真理是天人合一。1990年,台湾政界再起争斗,钱穆被迫搬出素书楼。在搬出素书楼的前三天,他完成了《中国文化对人类未来可有的贡献》一文,称"天人合一"观是中国古代文化最古老最有贡献的一种主张,中国文化对世界人类文化未来求生存之贡献就在此。此后世界文化之归趋,恐必将以中国传统文化为宗主。这是钱先生最后的心声。1990年8月30日上午九点十五分,钱穆在台北杭州南路寓所里平静安详地逝去了,享年九十六岁。钱穆逝世的消息传来,士林震悼。钱穆一生学识渊博,著述达千万言以上,治学范围涵盖史学与史学史、哲学及思想史、文化学及文化史、政治学与制度史、文学、教育学、历史地理学等,是一位百科全书式的学者。其学问兼及经史子集,为传统国学中的"通儒之学",所以有人把他称为"最后一位国学大师",他的离去"代表着一个时代的结束,也是传统国学的终结"。①

第二节 士统即道统

  对宇宙和人生最终依据的追问,是人类的一种普遍的精神渴求。古希腊哲学家说,哲学起源于诧异,正是这种对于本源的渴求与追问,构成了人类精神生活最高的知识形态——哲学。德国哲学家雅斯贝尔斯提出,在人类历史上存在着一个"轴心时代",在轴心时代里,各个文明都出现了伟大的精神导师——古希腊有苏格拉底、柏拉图、亚里士多德,以色列有犹太教的先知们,古印度有释迦牟尼,中国有孔子、老子,在这些精神导师的指引下,哲学也随之取得了突飞猛进的发展,因此,韦伯、帕森斯称之为"哲学的突破"。在这一时期,东西方的文明古国不约而同地确立了宇宙的终极存在,并且这个终极存在成为各民族精神文化的支柱,"轴心时代"对应着西方的古希腊哲学时期和中国的春秋战国时期。在古希腊,宇宙的终极存在被称为"逻格斯",在古印度称之为"梵",在以色列,称之为"上帝",而在中国,则称之为"道"。从一开始,"道"就以一种终极本原的形式出现在中国人的思想视野当中,道论是对宇宙人生终极依据的中国式表述,是中国哲学话语系统中的核心关键词。

  在远古时期就有天地人"三才之道",因此"道"应包含两方面的基本内容:第一,它是宇宙的终极存在;第二,它是人类的最初本性。三才一贯,致中和则"天地位焉,万物育焉"(《中庸》)。对于"道"的表述,各家虽有不同的说法,却遵循一个共同的原则,那就是把它当做一个

---

① 赖福顺:《钱穆先生的教学与学术》,见马先醒主编《民间史学》"钱宾四先生逝世百日纪念"第101页,1990年冬。

表述万物终极存在的范畴来使用。《周易·系辞》说:"形而上者谓之道,形而下者谓之器。"自有了形上、形下之分,道器关系也成为历代哲学家不可回避的问题。孔子说:"天下有道则见,无道则隐。"(《泰伯》)孟子说:"天下有道,以道殉身;天下无道,以身殉道。"(《孟子·尽心上》)《中庸》有云:"天命之谓性,率性之谓道,修道之谓教。道也者,不可须臾离也;可离非道也。"(《中庸》第三十一章)儒家的观念中,天道即是人道,人能弘道,非道弘人,孔孟强调的是道的人文意义,这是儒家的特点。老子是从宇宙发生论的角度来讲的:"道生一,一生二,二生三,三生万物。"(《道德经》)庄子接着阐述了道的特征:"夫道,有情有信,无为无形;可传而不可受,可得而不可见;自本自根,未有天地,自古以固存;神鬼神帝,生天生地;在太极之上而不为高,在六极之下而不为深,先天地生而不为久,长于上古而不为老。"(《庄子·大宗师》)"道"是自本自根,生天生地的宇宙本体,是道家的最高范畴。"道"之所以能成为中华民族的精神,就在于它是宇宙法则和人文理想的统一。

　　钱穆将中国文化称为"唯道论",是接着中国文化传统讲的。他认为:道无处不在,变动不居,道即物即灵、即天即人、即现象即本体。道既是宇宙的整体,也是一活泼泼的大生命体。整体论和大生命论是贯穿钱穆思想的主线。无论是讨论历史文化还是宇宙人生,均可透见其中的整体和生命的观念。"宇宙只是一整体","为一整体全生命",[①]宇宙人生是一个统一的生命体系。钱穆在《晚学盲言》中提出了大生命与小生命的范畴,来做宇宙论和本体论的阐述。就宇宙与人类而言,宇宙为一整体大生命,人类生命为小生命,人类小生命从宇宙万物和合的大生命来,而此大生命也在此小生命中。若只就人类而言,生命亦有大小之分,个体生命是小生命,家、国、天下是大生命。"人生大生命中包含小生命,小生命由大生命来。"[②]他肯定地说:"人身只落在现

[①] 钱穆:《现代中国学术论衡》,长沙:岳麓书社,1986年,第47页。
[②] 钱穆:《晚学盲言》(上),台北:东大图书有限公司,1987年,第194页。

象界,生命始是其本体。万物之有生无生,都只是现象,只有天地大自然始是其本体。"① 由此可以看出,钱穆的唯道论也是一种整体哲学与生命哲学。

作为唯道论的展开,钱穆又谈到了"化"与"诚"两个范畴。道为宇宙本体,而道体以化育为用,以诚为内在的德性。他说:"道之作用,则以两字可以包括,曰'化'曰'育'。"② 中国人称宇宙天地为造化,此化就是道体的妙用。"百化之内皆有一和合,若有不测之神存在。其实亦可谓百化本身即是神","由同一本体衍化出千异万状始是神"。③ 钱穆强调,万物一体之道,天人合一之道,此道字当于此一化字观念中认取。诚是道体之德性。他说,道之动不息不已不二故是至健至诚,此不息不已至健至诚即是道体内在的德性。钱穆由此诠释而凸显德性的观念,提出他的德性中心论。天地之大德曰生,生生不已是天地的一种德。这一个道,有时也称之为生,天人合德,即是性道合一,人文与天命合一。道之动有其本然的方向性,有其内在的目标与理想。创造人文生命就是道体活动的最高理想。钱穆的唯道论也是德性中心论,"性道合一"凸显了此唯道论的人文主义特质。另外,"理"与"气"也是儒家必然面对的课题。钱穆认为,道即理,虽可分而不必严格分。宇宙大道分开看,物各有道,即各有分际,各照其道,互不妨碍,此便是理。如此,他会通综合了先秦儒重道和宋儒重理的思想,而又凸显了道的观念。他还认为朱子的理气论乃是理气和合的一元论,"道即是气,气即是道,亦非有二"。④ 如此,唯道论又完成了对理气论之综合会通。

对这个作为宇宙大生命本体的道,钱穆还有一番演化论的描述。按照他的描述,宇宙大圆体富生机,有生化万物的大德,孕育并不断呈

---

① 钱穆:《晚学盲言》(上),第194页。
② 钱穆:《晚学盲言》(上),第12页。
③ 钱穆:《晚学盲言》(上),第74页。
④ 钱穆:《晚学盲言》(上),第13页。

现着向生命演化的方向性。此大圆体以形上的天为最高最外一圈,层层演变转化为形下的天地万物圈,又进而生命圈、心灵圈,最后最里是人心圈。人心最能表达天地之灵,是宇宙大生命体演化之顶点,人心可以上达天心,赞天地之化育,天人合一即合在人心之灵上。按此描述,则心性浑然一体的在宇宙整体大生命中,而心性所居之中心地位也在其唯道论中豁然朗现。

心性论乃是儒家学问的中心。"中国人之所谓道,在心世界,心之仁智始成道。"[①]"至诚是我们的性,一切由性发出的行为叫做道。"[②]由是他的心性论与唯道论逻辑地合一。在结构主义的演化论中,他已明确心性为宇宙整体之中心,人心又为中心的中心,天人合一即合在人之心灵上。实则在钱穆的思想中,心性中心亦即德行中心,故他说:"道德心性是一,则天人亦是一,实同一体,而其体变动不居,故谓之道。"[③]钱穆既以心性为"道体"之中心,故其心性中心论仍不失为孔孟以下儒家主流,属心性论中心的哲学。

冯友兰在他的《新理学》中也提出了"道体"的概念。他说:"我们所谓真元之气是无极,一切理之全体是太极,自无极至太极中间之程序,即我们的实际底世界;此程序我们名之为无极而太极。无极,太极,及无极而太极,换言之,即真元之气,一切理,及由气至理之一切程序,总而言之,统而言之,我们名之曰道。"[④]概言之,由无极而太极的整个程序,称为道。"宇宙是静底道;道是动底宇宙。"[⑤]通过这个描述我们可以看出,冯友兰没有过多地强调道的人文意义,而是把"道体"作为一种形而上的存在。他通过逻辑分析的方法,得到了理、气、大全和道体的哲学概念,并用这些概念来建构自己的形上学体系。这是钱穆

---

① 钱穆:《晚学盲言》(上),第101页。
② 钱穆:《中华文化十二讲》,台北:东大图书有限公司,1987年,第11页。
③ 钱穆:《晚学盲言》(上),第192页。
④ 冯友兰:《三松堂全集》卷四,河南人民出版社,2001年,第69页。
⑤ 冯友兰:《三松堂全集》卷四,第70页。

与冯友兰最大的不同之处,钱穆有唯道论的本体论,却没有形上学。钱穆讲"道",通常会连言"性",性道合一也就是天人合一。钱穆的天人合一实际上是一种关于人际间关系的道德精神,"中国传统文化,彻头彻尾,乃是一种人道精神、道德精神","修身齐家治国平天下,全只是在人圈子里尽人道。人道则只是一善字,最高道德也便是至善。因此说,治国的文化精神,要言之,则只是一种人文主义的道德精神"。[1] "故中国传统文化精神,乃一切寄托在人生实务上,一切寄托在人生实务之道德修养上,一切寄托在教育意义上。"[2] 钱穆将天人合一确定在人的世界中,实际上就消解了"道体"中所蕴涵的宗教内容以及形上学意义。钱穆从人与自然、人与人关系的角度解读"天人合一",将儒家精神理解为道德人文精神,极力避免任何人为的抽象,体现出他作为史学家注重经验事实、轻视形而上学的特点。冯友兰则不同,他自觉地运用逻辑分析的方法,建构起自己的形而上学体系,把道体从道德境界提升到了形而上的高度。因此可以说,钱穆的唯道论,是一种中国式的本体论,而冯友兰的道体论,是一种西方式的形而上学。

儒家的道统是一个很大的话题,这里无意将儒学简单化,只是就自己所关注的问题谈一些看法。关于道统,钱穆主要有两个命题:一为"整个历史文化大统即是道统";一为"士统即道统"。

最先将中国文化中的"道"以谱系的形式固定下来的,是唐代的韩愈。他提出,道统由尧、舜开创,传至禹、汤、文王、武王、周公、孔子,至孟子而中断。韩愈提出道统的目的是为了辟佛,他也因为对儒家道统的梳理而被后世的宋明儒所推崇。道统说自问世以来就争执不断,自北宋到明代,就有理学传统与心学传统之争。在近现代,最重视道统的莫过于新儒家学者当中的熊牟派。新儒家学者基本都赞同,自孟子以后道统中断,但中断以后自何处接续的问题却始终没有得出统一的

---

[1] 钱穆:《民族与文化》,香港:新亚书院,1962年,第29页。
[2] 钱穆:《民族与文化》,第33页。

结论。牟宗三认为朱子是儒学"歧出",陆王心学才得儒学的正宗。牟宗三在心学代表作《心体与性体》中提出,从朱子中和旧说到新说,是他理论上的一大失败,朱子背离儒学"大宗",未能体悟"生命流行本体",只能落于第二义。与牟宗三不同,钱穆最为推崇朱子,他在尊朱巨著《朱子新学案》中,通过对中和旧说年代的考辨,提出从旧说到心说是朱子思想的伟大飞跃,心统性情,统合已发未发,从而将心性论的重点落实在修养功夫上,静时涵养,动时格物致知。我不想说这是朱陆之争在现代的延续,因为钱穆虽然推崇朱子,但是他既没有因此否定陆王心学,也没有断定程朱理学就是道统,而是认为"整个历史文化传统才是道统",这其中既包括了陆王心学,也包括了中国历史上所有有价值的文化元素。"关于宋明两代所争持之道统,我们此刻则只可称之为是一种主观的道统,或说是一种一线单传的道统。此种道统是截断众流,甚为孤立的,又是甚为脆弱,极易中断的;我们又可说它是一种易断的道统。此种主观的、单传孤立的、易断的道统观,其实纰缪甚多。若真道统则须同历史文化的大传统言,当知道之此一整个文化大传统即是道统。如此说来,则比较客观,而且亦决不能只是一线单传,亦不能说它老有中断之虞。"①

余英时以钱穆与新儒家道统观的不同作为依据之一,否定了把钱穆认定为新儒家的说法。钱穆虽然推崇宋明理学,但却没有接受韩愈的道统观,他认为韩愈传道世系是模袭禅宗。"此刻要谈到中国后半部儒学史中之所谓道统问题。因凡属别出之儒,则莫不以道统所归自负。此一观念,实由昌黎韩氏首先提出。原道云:'尧以是传之舜,舜以是传之禹、汤、文、武、周公,文、武、周公传之孔子,孔子传之孟子,孟子之死,而不得其传。'韩氏则隐然以此道统自负。此一观念,显然自当时之禅宗来,盖惟禅宗才有此种一线单传之说法,而到儒家手里,所言道统,似乎尚不如禅宗之完美。因禅宗尚是一线相继,绳绳不绝;而

---

① 钱穆:《中国学术通义》,台北:台湾学生书局,1982年,第94页。

儒家的道统变成斩然中断,隔绝了千年以上,乃始有获此不传之秘的人物突然出现。"①以"心性"的体悟来判断是否见得"道体",余英时称之为"良知的傲慢"。从北宋开始,儒家道统不再强调传道谱系,而是更为注重道统中的义理内容。虽然他们不再强调传道的世系,而是以是否证悟义理作为标准,但是却对义理做了比禅宗更为严格的规定,因此能够入围道统的人少之又少。

钱穆提出的"整个中国文化传统"的大道统观并没有否定新儒家的道统观,陆王心学作为中国传统文化当中的繁盛的一支,是道统的一部分,大道统观的提出与钱穆一贯主张的"破除门户之见"的原则相一致。余英时还讲到了钱穆拒签《中国文化宣言书》的事件。1958年张君劢、徐复观、唐君毅、牟宗三四人发表《为中国文化告世界人士宣言书》,邀请钱穆联名签署,钱穆婉言谢绝。余英时似乎因此断定,钱穆与新儒家之间有着意见的不和。笔者愚见,这一事件恐怕也并非是因为学术主张的分歧而引发。今天通常将《中国文化宣言书》的发表作为"新儒家"形成的标志,这无异于在学术领域立了一个响亮的门户,钱穆一生治学反对专业化和门户之见,因而即使持有相同的见解,想必也不会参与任何学术上的划地分疆。

新儒家道统论的系统阐发者是牟宗三。牟宗三的《心体与性体》,可以看做是他的道统观的确立之作。概言之,牟宗三重新肯定了孔子的"教主"地位,认为孔子所创立的"仁教"乃是儒家"道之本统",故道统当自孔子讲,而不是自尧、舜、禹、汤、文、武、周公讲。"然自孔子对道之本统之再建言,则亦可以说一而不一。尧、舜、禹、汤、文、武、周公是王者开物成务之尽制,是原始的综合构造,是皇极之一元,而孔子对于道之本统之再建则是太极人极与皇极三者之并建,而以太极人极为本,以皇极为末:太极是天道,人极是仁教,皇极是君道。"②牟宗三认

---

① 钱穆:《中国学术通义》,第93页。
② 牟宗三:《心体与性体》(一),台北:正中书局,第262页。

为，尧舜禹三代所传之道乃是"政规业绩"之道，是文制之道。此是"王道"之道，而非内圣之道，内圣之道自孔子始，此一认识实与宋儒有实质不同。在钱穆先生看来，孔子的思想与夏商周三代文化之间是有密切联系的，孔子是"述而不作"，他只是发扬光大了三代文化。最能代表孔子思想的仁学，虽然是孔子所增，包含了孔子的创意，但它毕竟是在总结周文化的基础上画龙点睛，从实质上看仍只是"述"而不是"作"。"故谓由于中国传统文化而始产生孔子，不能谓由有孔子而始有中国文化之创造也。"可以看出，钱穆是将孔子融入中国历史文化传承发展的宏观背景和历史脉络之中，这一点与熊牟派学者将孔子奉为中国"道统"之开创者不同，显示出他作为一个历史学家的独特视角。

对宋明儒学的义理内容进行判释，也是牟宗三重建道统的环节之一。主要表现在对儒家经典(主要是《大学》)之义理归趣及其地位的论定上。牟宗三认为，把《大学》列入"四书"是程朱一派的特殊观点，"《大学》并不是继承《论》、《孟》之生命智慧而说，而是从教育制度而说，乃是开端别起。虽为儒家教义之所涵摄，然不是孔、孟之生命智慧之继承"。[①] 自清末以来，中国的"生命的学问"已经断绝，牟宗三认为，熊十力哲学的意义不在于开宗立派，而在于延续儒家的道统。"把从尧舜禹汤文武一直传下来的汉家传统重建起来，这是熊先生的功劳，是熊先生开始把这传统恢复过来的。"[②] "儒家义理规模与境界俱见于《易经》与《孟子》，而熊先生即融摄孟子、陆王与《易经》而为一。以《易经》开扩孟子，揽以孟子陆王之心学收摄《易经》，直探造化之本，露无我无人之法体。"[③] 彻底打通天人的界限，开出一"心性天通一而无隔"的义理系统，这正是宋明儒治学的紧要处，熊十力正是这一点接上和复活了"中国的学脉"。从道统之传承方面看，牟宗三明确表示他是

---

① 牟宗三:《心体与性体》(三)，第369页。
② 牟宗三:《时代与感受》，台北:鹅湖出版社，1984年，第268页。
③ 牟宗三:《生命的学问》，台北:三民书局，1990年，第115页。

"独尊吾师",对梁漱溟、冯友兰、胡适、马一孚等人都进行了激烈的批判。可见,牟宗三的道统具有极强的排他性,即使是同属于新儒家阵营,也不必然属于他的道统范围内,因此钱穆持有不同的道统观,并不能作为划分门派的依据,这也不是我们讨论的重点。

钱穆在《国史新论》中又提出了"士统即道统"的命题。"故西方有各别之系统。而中国则士统即道统。但亦绝非一宗教组织,不成一教统。孟子曰:'士尚志',又曰'劳心者治人'。士非一职业,则又异于工统。中国人又言:'君子群而不党。''众人之诺诺,不如一士之谔谔。'一为士,务求谔谔出众,岂肯结党以自附于多数?故亦决不成党统。中国之士则自有统,即所谓'道统'。"①凡是儒家学者,都以"士君子"、"圣人"为理想人格,都以成圣成贤为理想目标,故新儒家不会反对"士统即道统"的说法。但是对于何者可以称为"士"却产生了很大的分歧。牟宗三认为道统自孟子以下,由陆王心学接续,以"良知"是否能"明心见性"来作为衡量是否是"士君子"的标准,且对所体证的义理做了严格的规定。因此,只有极少数极有天赋的人才可以做到,应该说牟宗三的"士统"是一种精英主义的。而钱穆的"士"却是人人可为,他强调的是这种成圣的可能性普遍地存在于大众人群当中。圣人不是一种理论的抽象,也不是另一个世界的神明,而是生活在现实世界的活生生的人。圣人成就其理想人格的道路不尽相同,但这不妨碍他们各自成就。他特别论述了孟子书中讲到的三圣人。孟子说:"伊尹圣之任者也,伯夷圣之清者也,柳下惠圣之和者也。"这三圣人分别代表了三种人生态度:"任"、"清"、"和"。一是积极向前,以天下治平为己任,如伊尹。一是退守其清,与世隔绝,如伯夷。一是随和处群又不失却自己,如柳下惠。人之处世,大体有这三条路,则此三条路都是大道,而走此三条路的也可各为圣人。再如《论语》中讲的殷之"三仁":"殷有三仁焉,微子去之,箕子为之奴,比干谏而死。"微子、箕子、比干

---

① 钱穆:《国史新论》,北京:三联书店,2005年。

三人也大抵走的是这三条路,却不妨碍其各成仁者。钱穆认为,能达到三种境界之一,便得称圣人。自古及今,可以兼此三德者,唯有孔子,所以孔子被奉为"大圣"、"至圣先师"。除此之外,成圣更没有统一的模式,但求各尽己性,"人人皆可为尧舜"。圣人代表的是一种"普遍人格",而不是"特殊人格"。孔、墨、庄所理想的普通人格,实际内容虽不同,但他们都主张寻求一理想的普通人格来实践表达特殊人格之根本观念,则并无二致。我们要做一个理想人,并不是一个理想的特殊人,而是一个理想的普通人。理想上一最普通的人格,即是一最高人格。因此,钱穆的"士统"是大群主义的。"士"的可贵不在于其身份,而在于其精神,"人尽可以为士"更接近"人皆可为尧舜"的孔孟精神。钱穆对中国历史上的"士的精神"无限留恋,虽然内心深知"可以"不等于"必然",但他还是对社会大众抱有很高的期望,希望有一天"人人为士"的"大同"理想真的可以变为现实。

牟宗三的道统,是"哲学家的道统";而钱穆的道统,是"历史学家的道统"。牟宗三睥睨群雄,他的道统是收摄排外的;钱穆海纳百川,他的道统是开放圆融的。以历史学为进路的钱穆,怀抱着对整个中国传统文化的温情与敬意,像一个历史长河边捡拾贝壳的孩童,不舍得丢弃任何一个带有花纹的造物。与挑剔的哲学家相比,钱穆的道统似乎更容易为一般人所接受,但也有人因此指出,将钱穆称为哲学家,理由是不够充分的。钱穆的哲学思想的特点在于心有所感、性之所致,信手拈来,语句随和娓娓道来,全然是中国学问切几体察、虚心涵泳的味道,这是钱穆的可爱之处,也是他人生哲学的最动人处。钱穆既没有念过大学,也没有留过洋,非学院派非留洋派。他来自中国社会最底层的乡村,因此带有平实而坚韧的个性特点。因为有这样的人生,所以有这样的人生哲学。但作为哲学理论,他的薄弱方面在于:缺乏深入的理论分析,没有系统的体系建构,这一点也是显而易见的。钱穆的哲学思想虽有不足之处,但若不以西方哲学的体系建构为标准,而以一个中国人对中国文化的感悟来衡量,钱穆对中国传统文化的深厚情感是不输给任何一位同时代学者的。

"君子不器"是儒家传统伦理的核心价值观,表达的是一种对价值合理性的崇拜和对工具合理性的鄙薄。中国古代社会有士、农、工、商四阶层。"士"阶层居于四民之首,大致相当于现代所称的知识分子。钱穆认为,士对于整个中国历史具有两种作用,一种是入仕凭借政治力量来造福天下,一种是在野实现对文化的传承与创新。无论哪一种作用,都要遵循"君子不器"的原则。

这一命题,首先是针对士与政治的关系,围绕的是入仕与出仕的论题而提出的。子曰:"君子不器"(《论语·为政》),又曰:"古之学者为己,今之学者为人。"(《论语·宪问》)"为己"与"为人"与今意不同。依钱穆解释:"为己"是说,"入仕则以己行道,济世救民;出仕则藏道于己,以传后世,但求道之在我,而不以出仕入仕为转移"。钱穆言"求己与道之合为一体,故曰'为己'"。① "为人"是说,以我身供人用,视我身如一器,无道可言。孔子称赞颜渊:"用之则行,舍之则藏,惟我与尔有是夫。"(《论语·述而》)"用"是用其"道",非用其"身"。故曰"君子不器"。士可以用,可以不用,无论是显身仕途,还是宁退不仕,只要心怀一个"道",便进退自如。孔子讲"用舍行藏"皆以"道"为标准,又曰"不仕无义",若道统下隶于政统,则远违于中国传统文化之大义。这体现的是"道"的绝对权威性,我们姑且把儒家称为唯道主义,也就是说,一切都要以"道"为最高标准来估量其价值,只要具备了实质上的合理性,"用舍行藏"等各种形式就都具备了合理性。

孔子曰:"士志于道。"(《论语·里仁》)中国古代的知识分子们正是恪守着"君子不器"原则来参与政治,使得他们一方面抱有很高的政治理想,但又对政治现实不愿妥协,于是呈现出时而活跃于庙堂、时而

---

① 钱穆:《钱宾四先生全集·国史新论》,台北:联经出版公司,1998年,第201页。

退守于民间的态势，道统与政统始终具有一种若即若离的关系。中国历史上不同朝代的士在政治上的不同表现也说明了这一点。比如战国士在政治上极为活跃，所谓"孔席不暇暖，墨突不得黔"。到了东汉，高尚不仕则成为士风的一特色。三国士又纷纷跃上政治舞台，儒雅风流，指点江山，又不脱书生面目。至于后代，魏晋士兴于门第，隋唐士退入寺庙，宋明士或志于科举，考取功名，或隐于书院，教化人心。无论做出怎样的选择，"君子不器"的原则始终没有变。中国知识分子的理想，决不该为政治而政治，政治若脱离人文中心，连一技一艺都不如。任何知识与事业，不过是达到整个人文理想的工具与途径。

孟子曰"士尚志"（《孟子·尽心》），即尚其所志之道。这个"道"就是孔子修、齐、治、平，一以贯之之道，而又以修身为本。孔门有四科：德行，言语，政事，文学。德行居于首位，在孔子看来，苟无此德，将不得谓之人，更谈不上另外三者。政事居于德行之后。政治只是作为整个人文体系中一种实现积极的理想的手段与工具，士真正关注的，乃是大众人生的理想。人生本来平等，人人都可是圣人，治国平天下之最高理想，在使人人能成圣人。换言之，在使人人到达一种理想的文化人生之最高境界。这一功夫，先从各个人自身做起，此即所谓修身，所谓挈矩之道。政治事业不过在助人促成这件事，修身则是自己先完成这件事。他们的政治理想从文化理想人生理想中演出，政治只成为文化人生的一支。

这一理想纵然不能在实际政治上展布，依然可在人生文化的其他领域中表达。主要则归本于他们的个人生活、家庭生活。《论语》中说："孝乎唯孝，友于兄弟，施于有政，是亦为政，奚其为为政。"（《论语·为政》）就是说，家庭生活就是政治生活，家庭理想就是政治理想，因其同属文化人生之一支。因此期求完成一理想人，亦可即是完成了一理想政治家，这是把政治事业融化到整个人生中。中国传统的士，在上为士大夫在下为士君子，都是为"道"而生的人，如同孔子所说的"士谋道而不谋食"，没有一个士不致力于人群治平之大道，本于此，钱穆说"西方有各别之系统,而中国则士统即道统"。①

"士志于道"、"君子不器"反映出的是一种唯道主义精神。道家同样具有这样一种精神,在老子那里,"道"是最高的范畴,但两者的含义已有所不同。儒家重道,但并未走上道家寂灭无为的道路,乃是因为儒家的"唯道主义"又带有一种人文主义的特质。钱穆认为中国古代的知识分子,重道但不消极,反而抱有一种政治热情。"孔席不暇暖,墨突不得黔",都是忙于希求参加政治活动。老庄虽然消极地抨击政治,亦证明他们抛不掉政治意念。孔门也有"先进"与"后进"之别。孔子早期传道,登其门者为先进,来学者多致力于行道用事。孔子晚年传道,登其门者为后进,当时孔子已衰老,有"道之不行,我知之矣"之叹,故来学者多致力于文章典籍,求道、明道、传道之心为切,用道、行道之志则缓。但孔子却说:"如用之,则吾从先进。"(《论语·先进》)可见孔子行道用事之心,虽老犹存。孔子的弟子中,德行出众的还有闵子骞、冉伯牛与仲弓。孔子之所以独称赞颜渊"用之则行,舍之则藏,惟我与尔有是夫",乃是因为此三人"舍之则藏"有其德,而"用之则行"则不能有如颜渊之才。钱穆认为,孔子的"舍之则藏"易于做到,而"用之则行"难于做到。故他说:"君子不器,而仍贵其能为一大器,其意在此。"②"不仕无义"、"宁退不仕"已为难能,"能为一大器"则更是可贵,这也是钱穆"君子不器"微妙之处。

儒家的这一种人文主义精神自古就有。"中国知识分子从春秋时起,已在世界性社会性历史性里探求一种人文精神,为其向往目标的中心。这一趋向,到战国时代而达到理智的自觉。这一精神的最大特点,即在把个人没入大群中而普遍化。知识的功能虽表现在知识分子身上,而知识的对象与其终极目标,则早已大众化。"③在这种人文主义精

---

① 钱穆:《钱宾四先生全集·国史新论》,第125页。
② 钱穆:《钱宾四先生全集·国史新论》,第153—154页。
③ 钱穆:《钱宾四先生全集·国史新论》,第201页。

神熏陶下成长起来的儒士们,尽管可以为道放弃仕途,但却始终不会放弃大众人生的理想,故不会像老庄流于空寂。自汉以后,士几乎就是儒家之士,而士则是道之所系,上则从事政治,下则从事教化,虽从修身始,但鹄志却在大人群社会的治国平天下。中国社会因此被称为一个儒教社会而不是道教社会或佛教社会。钱穆认为,儒墨为社会大众建立理想,悬为奋斗目标,明知其不可为而为之,带有一种宗教的热忱。钱穆特别看重这种"明知不可为而为之"的宗教精神,称之为"战国精神"。"战国知识界,虽其活动目标是上倾的,指向政治,但他们的根本动机还是社会性的,着眼在下层全体民众。他们不是为政治而政治,而是为社会而政治,为整个人文理想而政治,因此说他们都有一种超越政治的立场。"①

在"君子不器"的原则下,士作为道统的代言人是不能够只为君王所用,以至沦为君王之器的。但自另一方面而言,士一旦出仕而成为士大夫,也就意味着他臣子的身份,这一身份要求遵循君王的意志,并对政统表示臣服,这就将士推入一个两难的困境。君与道,与代表道的师,就不得不辨一番尊卑。从理论上讲,钱穆称儒家是"于人伦修养中产出学术,再有学术领导政治"。②钱穆曾谈道:"王荆公为侍讲,曰:'臣所讲是道,帝王当尊道,不当立而讲,帝王坐而听。'神宗依之,许其坐讲。"③这是以师权规范君权、以道统领导政统的典范。在传统中国的思想世界当中,宗教、政治、伦理三者之间并无判然的分野。作为理想状态而言,政统与道统、师统应当是合一的。"君师合一则为道行而在上,即是治世。君师分离则为道隐而在下,即为乱世。"④换言之,"政治权力与文化权力都集中于天子手中,他既是溥天之下子民与臣下的君主,也是溥天之下道德与人格的楷模。"⑤

---

① 钱穆:《钱宾四先生全集·国史新论》,第157页。
② 钱穆:《国史新论》,北京:三联书店,2001年,第51页。
③ 钱穆:《国史新论》,第256页。
④ 钱穆:《中国文化史导论》,北京:商务印书馆,1994年,第76页。
⑤ 葛兆光:《中国思想史》,上海:复旦大学出版社,2001年,第268页。

但在现实中,"士"虽然抱有这样的理想,以道统自居,遵循着"君子不器"的政治伦理,另一方面却又缺乏"形式"的保护。由于儒家的政治伦理谨守"士志于道"与"君子不器"的信条,使得其注意力完全地放在价值合理性上,无法发展出一套具备更多形式合理性的法律制度来,这使得他们在与君王发生抵触的时候,缺少了强有力的后盾。余英时曾分析道:"中国'士'代表'道'和西方教士代表上帝在精神上确有其相通之处。'道'与上帝都不可见,但西方上帝的尊严可以通过教会制度而树立起来,中国的'道'则自始即是悬在空中的。以道自任的知识分子只有尽量守住个人的人格尊严才能抗礼王侯。"①更明白一点说就是:"由于'道'缺乏具体的形式,知识分子只有通过个人的自爱、自重才能尊显他们所代表的'道'。此外便别无可靠的保证。中国知识分子自始即注重个人的内心修养,这是主要的原因之一。他们不但在出处辞受之际丝毫轻忽不得,即使向当政者建言也必须掌握住一定的分寸。""由于'道'缺乏具体的形式,知识分子只有通过个人的自爱、自重才能尊显他们所代表的'道'。此外便别无可靠的保证。"②正由于这些以道自任的士惟有以个人的人格尊严才能抗礼王候,使得儒士们被迫纷纷转向对心性修养的探讨,于是有修齐治平一贯之道最终落脚到"是以修身为本"。

其实"君师合一"不过是一个人文主义的理想罢了,就像钱穆所说的:"他们要高自位置,超越在皇帝政府政治权位之上,但他们没有门第凭借,又不肯采取佛教出世态度,尔为尔,我为我,严格与政治割席分疆。在他们则只想把人文中心的'道理'二字来说服上下。"③在天下一统以后,并不是每一位君王都可以,或是迫切需要像春秋战国时的诸侯那般地礼贤下士,虚悬的"道理"二字也难以打动每一位君王的

---

① 余英时:《士与中国文化》,上海:上海人民出版社,1987年,第102页。
② 余英时:《士与中国文化》,第107页。
③ 钱穆:《国史新论》,第164页。

心。道统有着天子不能承担之重,这个担子终归只能再回到士人的肩上。在《国史新论》论士诸篇中,钱穆颂扬士的精神,痛恨科举制度僵化对士精神的荼毒,痛恨清代文字狱对士的扼杀。其实,钱穆心目中的士是理想化了的士,他们应有战国游士藐大人贱王侯的气魄而又不失西汉人的敦厚淳朴,能有东汉人结党聚朋的气势而又能崇尚名节,可以如三国书生般儒雅风流指点江山,而又不脱书生本色,如唐人般恢伟宏阔练达政事更带有一番豪杰气,心怀平步青云之志并兼有魏晋门第子弟的礼教素养和政治常识,有隋唐和尚的宗教精神兼能如先秦墨家之甘于清苦。

钱穆提出:"孔子已把为士者之应有理想应有抱负,以及其应有修养与应有品德,一一具体指示出来。因其出而在上,后世连称之曰'士大夫'。因其处而在下,后世连称之曰'士君子'。"[①]一为士,具有两条可供选择的路,一者是出而在上,成为在朝的士大夫;一者是处而在下,成为在野的士君子。面对政统与道统之争的困境,许多的士便或自愿、或被迫地采取退藏的方式,宁为士君子而不为士大夫。钱穆下面一段话是颇值得玩味的,他说:"孔子又赞颜渊曰:'用之则行,舍之则藏,惟我与尔有是夫。'用者,用其道,非指用其身。能用其道,则出身行道。不能用其道,则藏道于身,宁退不仕。不显身于仕途,以求全其道而传之于后世。故士可以用,可以不用。可以仕,可以不仕。而社会有士,则其道乃得光昌传播于天地间。"[②]一旦出仕时面临不能用其道的困境,则宁退不仕,转而以传道为己任。这意味着士可以从政治实践的领域中退出,转而投身于教育事业,由士大夫的身份转变为士君子,由臣变为师。

遗憾的是,"兼济天下"与"独善其身"二者不可两全。钱穆发现"凡属开山宗师,及其继承人物,在当时学术上有大名望大表现者,均

---

① 钱穆:《国史新论》,第122页。
② 钱穆:《国史新论》,第183页。

不曾在政治上获大用。其获用于上层政治者,在学术上仅属第三四流以下之人物。而亦鲜得安于位。不致身死,已属大幸"。① 而那些"应科举觅仕宦的,全只为的是做官,更没有丝毫以天下为己任的观念存在胸中",②是"忘其义命而徒志于身家之富贵与温饱。"③钱穆不由得感慨而言:"然则在中国,真为士,即不得大用。获大用者,或多非真士。"④

发端于新文化运动的自由主义、文化保守主义和马克思主义,共同构成了中国现代思想史上鼎足而立的三大思潮,成为推进中国文化现代化的主要力量。自由主义以胡适为代表,自由主义对整个中国文化传统全盘否定,提倡"全盘西化"。这是中国的大门向西方敞开以后出现的第一种文化偏执,保守主义是作为自由主义的对立面,可以说是继一种文化偏执出现之后起而矫治的另一种文化思潮,是文化系统内部所具有的内在张力的表现。保守主义又称为"文化守成主义",以新儒家学派为主要代表。虽然保守主义是作为自由主义的对立面出现的,但保守主义并不反对自由。恰恰相反,它正是以自由的名义来有选择、有辨别地反对"过分"的革命。保守主义的确对传统有积极的肯定,但却是有选择的肯定,而不是盲目的肯定。它肯定的往往是对社会发展有利的传统,或体现人类长远价值和基本价值的传统。这正是它有别于对传统不分青红皂白一概肯定的传统主义。张君劢、梁漱溟等新儒家对传统的态度与《学衡》派不可同日而语。按照曼海姆的看法,传统主义与保守主义的区别在传统主义是一种一般的心理态度,是一种执著于过去,害怕一切变革的倾向,是一种无意识的态度。而保守主义却是对进步的一种有意识的反思的回应。保守主义绝不是现代性的对立物或反动,它恰恰是现代性自身的产物,是现代性的

---

① 钱穆:《国史新论》,北京:三联书店,2001年,第186页。
② 钱穆:《国史大纲》,北京:商务印书馆,1994年,第862页。
③ 钱穆:《国史大纲·序》,第27页。
④ 钱穆:《国史新论》,北京:三联书店,2001年,第186页。

一种异化形式。虽然它有时表现为某种对现代性的批判,但它绝对是属于现代性范畴的。

"文化保守主义"登上历史舞台肇始于1921年由张君劢发起的人生观论战。与钱穆同时代的学者,纷纷投入两大阵营的对峙,提出自己对于科学与人生观、文化与现代化的见解。钱穆在五四主流思潮与现代新儒家的文化意识对峙中没有投入某一阵营,在二十世纪的"人生观论战"中也没有披挂上阵,这使得人们在关注这一段历史的时候,眼球往往被作启蒙呐喊的五四主流知识分子和现代新儒家的卫道斗士们所吸引,在人生观论域对这个对传统文化抱有温情和敬意的人物有所忽视。事实上,与新儒家诸将相比,钱穆是更为彻底的文化保守主义者。从价值层面上来说,钱穆与张君劢、徐复观等人没有太大的分歧,他们都具有浓重的儒家情节,都以捍卫中国传统文化为己任。注重儒家传统文化在现代价值的发掘,是他们文化卫道共同性的表现。但钱穆的彻底的保守主义和新儒家的开明的保守主义差别仍然是明显的。这种分歧在文化领域已经初见端倪,比如在对待西学的态度上,新儒家学者大都自觉接受了西方的学说,并把它应用于中国文化转活于现代过程中,"中学为体,西学为用"是新儒家普遍采取的方法。而钱穆选择的是一种更为彻底的守成的姿态。他提出要从中国文化传统内部寻找文化新生的希望,对西方的学说采取了一种消极的态度。在钱穆看来,中国文化的现代化,应该是"据旧开新"而不是"破旧立新",对待中西方文化的差异应该"察异观同"而不是"集异建同"。再落实到现实政治层面,这种分歧更是导致了截然相反的主张。

张君劢和徐复观是新儒家当中比较相似的两位。与牟宗三、唐君毅不同,他们不是象牙塔中的学者,而是对现实政治都倾注了大量的热情和精力。张君劢被称为一个"徘徊于学问和政治之间"的人物,在这两个领域都非常活跃。在政治方面,他早年追随梁启超从事立宪活动,是政闻社的骨干人物,自三十年代又组建或者参与组建过中国国家社会党、中国民主政团同盟和中国民主社会党,参加过两次宪政运动,是国防参议会参议员,国民参政会参政员,1946年政治协商会议代表,并为《中华民国宪法》起草人之一,被称为中华民国"宪法之父"。徐复观出身于贫苦的农民家庭,对于劳苦大众有着深切的同情和了解。他后来以出众的才智名动公卿,在抗战期间曾以非凡的见识得到蒋介石的赏识,被任命为国民党党政军联合处的副秘书长,并在驻节延安时与毛泽东等中共领导人有相当深度的思想交流。张君劢和徐复观从文化的保守主义,不约而同地走上了政治上现代性的道路,他们自觉融入西方社会政治文化,将西方民主自由等作为基本的价值取向,并且提出了民主宪政的具体构想。

而钱穆却从文化保守主义衍生出政治上的保守主义。钱穆认为,19世纪末(特别是五四时期)以来的批判思潮对儒学作了多方面的清算,并以强化的形式突出了儒家价值体系对近代化过程带来的消极影响,但同时却忽视了儒学的多重意蕴,表现出简单否定的趋向,这不仅引发了文化认同的危机与意义的危机,而且容易使人们产生对近代化(现代化)的异己感,这种文化心态往往将影响现代化过程的健康展开。因此在中国传统政治文化和西方现代政治两者中,钱穆选择了前者,他将中国传统政治文化的现代价值看做超越西方现代政治的东西,提出了他的惊世理论——"中国传统政治非专制论"。

"我常听人说,中国自秦汉以来二千年的政体,是一个君主专制黑暗的政体。这明明是一句历史的叙述,但却绝不是历史的真相。中国自秦汉以下二千年,只可说是一个君主一统的政府,却绝不是一个君主专制的政府。就政府组织、政权分配的大体上说,只有明太祖废止宰相以下最近明清两代六百年似乎迹近君主专制,但尚绝对说不上黑暗。人才的选拔,官吏的升降,刑罚的处决,赋税的征收,依然都有客观的规定,绝非帝王私意所能轻易动摇。如此般的政权,岂可断言是君主专制?"①"中国秦以后的传统政治,显然常保留一个君职与臣职的划分。换言之,即是君权与臣权的划分,亦可说是王室与政府的划分。皇帝为王室领袖,宰相为政府首脑。皇帝不能独裁,宰相同样的不能独裁。而近代的中国学者,偏要说中国的传统政治是专制是独裁。……这是近代中国人的偏见和固执,决不能说这是中国已往历史之真相。"②"非专制论"的要点可以概述如下:

一、传统政治为贤能政治、民主政治。钱穆认为,中国传统政治的关键在于选拔贤能。自秦汉以来的地方察举制、征辟制,自隋唐以来的科举考试制,都是为政府选拔贤能而设。政府从民众间挑选其贤能而组成,既经公开考试,又分配其数额于全国各地,政府自身即代表民众,他直接与人民同一。钱穆把这种政体称为"中国式的民主政治"。

二、传统政治是士人政治、信托政治。中国传统社会是一个由士、农、工、商组成的"四民社会","士"是这个社会的中坚和领导力量。中国传统政治,从贤不从众,主质不主量,自汉代以后的政府,既非贵族政府,也非军人政府、商人政府,而是一个"士人政府"。政府由受人民信托的士人组成,社会由士人来领导和控制,因此这种政治是"士人政治",相对于西方契约政治而言,它可称之为"信托政治"。

三、中国传统政治是"法重于人"。在钱穆看来,中国古代存在着完善的"法治",国家依据严密的法律制度运行。

四、君权有相权的制约和监督。钱穆认为,自秦以来虽有一个高悬于政府之上的君主——"皇帝"之存在,但是皇帝仅是国家的元首,象征着国家的统一,而实际政权则操纵在政府领袖宰相手中。宰相为副天子,负政治上一切实际的责任。皇帝诏书,非经宰相副署,不得施行。钱穆认为中国虽无近代西方民主政治中的国会、内阁制,但是中国古代的宰相制、监察制、封驳制、台谏制也有节制君权、弥缝君权的

---

① 钱穆:《文化与教育》,桂林:广西师范大学出版社,2004年,第115页。
② 钱穆:《国史新论》,第74、77页。

作用。绝不能因为传统政治有王室无国会而全盘否定传统政治。

在钱穆的历史视野当中,一切民主、法治思想在中国传统政治文化当中应有尽有,中国的现代政治制度的建设必须"自根自生"。有人认为文化上的保守主义是可以理解的,但政治上的保守主义就有僵化的守护传统思想的危险。张君劢读完钱穆在《民主评论》上发表的两万字的《中国传统政治》一文,即著三十万言的《中国专制君主政制之评议——钱著〈中国传统政治〉商榷》一书加以批评。从钱著的逻辑方法、专制君主、宰相、三省制、台谏、铨选、地方自治、政党、法治与人治、安定与革政十个方面对钱文的主要观点给予一一辩驳。70年代末,钱穆赴香港新亚书院讲学,再次重申了他的非专制说,也立即遭到了徐复观的批评:"钱先生所发掘的二千年的专制并不是专制,因而我们应当安住于历史传统政制之中,不必妄想什么民主。"①徐复观尖锐地指出,钱穆将平民出身做了皇帝的政府视为"平民政府"是落入了抽象名词的圈套,钱穆对中国传统政治文化的解读是歪曲的,对西方政治制度的判断是褊狭的,对现代国人的民主诉求是漠视的。

他们的批评不无道理,但钱穆的本意显然不是歪曲中国传统政治文化,也并没有漠视现代中国人的民主诉求,他采取政治保守主义的原因,恐怕还是为了捍卫他的文化保守主义。有了政治保守主义的捍卫,文化保守主义才可以在现实生活中站稳不动摇。钱穆和中国历史上的知识分子一样,对政治具有自觉的意识,他称赞那些胸怀天下的"不器"君子具有一种豪侠气和担当感,向往"孔席不暇暖,墨突不得黔"的"游士社会"。但钱穆一生也没有走进政治当中来,这其中的原因有很多,最主要的或许是因为政治保守主义所支持的文化保守主义,在近代化的背景下已经脱离了时代的氛围,因此滑向了一个力图矫正时弊却被时代疏离的极端。同是作为文化卫道者的钱穆和新儒家在西方政治现代性的弃取上表现了完全不同的态度,抛开为传统文

---

① 徐复观:《儒家政治思想与民主自由人权》,台北:学生书局,1988年,第178页。

化说话这一最低限度的一致,不能不说钱穆与新儒家之间确实存在着巨大的分歧。

第三节 经验直觉主义认识论

钱穆认为,思想可以分为两种,一种是用语言文字思想的,一种是不用语言文字思想的。前一种是理智,后一种是直觉。钱穆的所谓直觉,就是不借助语言文字思想的动物的本能。"心理学上则只叫它做本能,又称为直觉。"① 直觉与理智相比具有以下特点:理智是平铺放开的,直觉是凝聚卷紧的;理智是分析的,直觉是混成的;理智是较浅显的,直觉是较深较隐的。② 说理智是"平铺放开"的,是因为理智可由逻辑的方法层层推演得出结论,而直觉却不能用逻辑的方法展开,所以是"凝聚卷紧"的。说理智是分析的,而直觉是混成的,是因为理智必借助于时空观念来思维,而在直觉里,没有时间,也没有空间,一切混成一片,直觉只是"灵光一闪"、"灵机一动"。因为直觉是凝卷的、混成的,所以也是较深较隐的。

在直觉与理智的关系上,理智是后天形成的,而直觉则是自然的先天的,"理智根源于直觉"。③ 由于理智是分析的,所以理智也是科学和冷静的,但是这在人文界根本难以做到,理智和科学难以把握变动不居、与日俱新的人生事态。人类生命是融本体与认知能力和情感为一体的,所以单凭理智和科学的分析是无法认识的,只有直觉才能体悟到人生最本质和最有价值的道德和情感。钱穆认为东西方思维的

---

① 钱穆:《湖上闲思录》,北京:三联书店,2000年,第128页。
② 钱穆:《湖上闲思录》,第120页。
③ 钱穆:《湖上闲思录》,第132页。

根本区别之一正在于东方人重直觉,西方人重理智。他说:"人生最真切可靠的,应该是他当下的心觉了。"① 又说:"理智应属最后起。应有情感来领导理智,由理智来辅导情感。即从知的认识言,情感所知,乃最直接而真实的。理智所知,既属间接,又在皮外。"② 这里,钱穆又用"情感"二字来代替"直觉",可见钱穆的直觉必须包含着情感,是一番极真挚的感情由心坎深处的突然流露。人类正是有此直觉的本能,才能由内直觉到外,成万物一体的浑然之感,由现在直觉到将来,有直透事变之未来的先知。

钱穆提出,正是由于直觉思维的存在,引发了人类哲学上两个"极神秘极深奥"的问题发生。"第一是万物一体的问题,第二是先知或预知的问题。"③

西方文化中,自我与宇宙对立,而在中国文化中,自我是人类求知之唯一最可凭据之基点。人在茫茫宇宙中可谓有限之有限,然而这不妨碍其成为宇宙的中心。故大学言正心诚意修身齐家治国平天下。以人自身为基点,层层生发开去。中国人的人生观,乃非个人,非全体;亦个人,亦全体,而为一种群己融洽天人融洽之人生。此乃一种道德人生,亦即伦理人生。伦理人生亦称人伦。于人伦中见人道,亦即于人伦中见天道。无个人,即无全体,而个人必于全体中见。

中国文化的基本精神,简要言之,就是教人做一好人,做天地间一完人。中国社会有五伦。父子与兄弟为天伦,君臣与朋友为人伦。从天伦有家庭,从人伦有社会。而夫妇一伦,则界在天人之际。夫妇如朋友,属人伦,而天伦由此一人伦而来。故就自然言,先有天,后有人。就人文言,实先有人而后有天。钱穆认为,中国人的所谓修身,既不是个人主义的,也不是全体主义的,乃是一种"个人中心之大群主义",也

---

① 钱穆:《湖上闲思录》,第13页。
② 钱穆:《双溪独语》,台北:台湾学生书局,1983年,第172页。
③ 钱穆:《湖上闲思录》,第130页。

可说是"小我为中心之社会主义"。因中心必有其外围始成一中心,故若无大群,即无小我。因小我实为此大群中心,故小我的地位也并不轻于大群。会合五伦而通观之,以自我为中心,以社会群体为自我之外围,则外围与中心,合成一体。推此到人生世界,以宇宙为外围,以世界为中心,一如以世界为外围,以自我为中心,如是则天人合一,有限与无限融为一体。从这个意义上讲,中国文化的基本精神,也就是以有限中之有限个人——小我为中心,而完成其对于无限宇宙之大自然而融为一体。

个人的生命是有限的,而整个宇宙人生是无限的,如何以有限的生命,预知无限的将来?其关键点,就在"万物一体"的观念。因为具有万物一体的观念,才可以由内直觉到外,由现在直觉到将来,这是钱穆所说的"先知或预知的问题"。钱穆认为中国文化也提供了使有限与无限融合为一的方法。这种融合,钱穆分为以下的步骤:

首先,必于有限中求知,而所知者亦必仍然是有限。中国所长不在宗教,不在科学,也不在哲学,而在注重讨论人生大道上。宗教、科学、哲学探求的是宇宙真理,宇宙真理无限不可穷极。而人生属于有限世界,向有限世界体验,可以当体即是。"人若面向无限宇宙,不免有漆黑一片之感。但返就自身,总还有一点光明。即本此一点光明,逐步凭其指导,逐步善为应用,则面前之漆黑,可以渐化尽转为光明。"[①]人生乃宇宙一中心,那么人生真理亦即宇宙真理之一基点。人生真理虽然有限,但有限中包含着无限。比如,二加二等于四,这是一真理。二和四是无限数字之中的两个有限的数字,然而二加二等于四却是无限真理,这就是有限之中包含无限的一例。但是这里的无限不是指无限的本体。无限本体必是不可知的,而人类可知的,仅限于这有限中之无限。所以,人类从无限中求真理,只能划定一范围。"故人类当于此无限不可知中寻求一切有限可知之真理。……故人必于有

---

① 钱穆:《人生十论·如何探究人生真理》,广西师范大学出版社,2004年,第63页。

限中求知,而所知者亦必仍然是有限。"①人类求知如果跳出有限性的范围,就无此能知,无此能知则必无所知。所以人类求知应该首先就能知而求。西方宗教、科学、哲学的贡献就在于不断扩大可知的范围,向不可知的外围不断前进。

其次,转有限之知为无限真理。西方文化中,自我与宇宙对立,而在中国文化中,自我是人类求知之唯一最可凭据之基点。人在茫茫宇宙中可谓有限之有限,然而这不妨碍其成为宇宙的中心。故大学言正心诚意修身齐家治国平天下。以人自身为基点,层层生发开去。中国人的人生观,乃非个人,非全体;亦个人,亦全体,而为一种群己融洽天人融洽之人生。此乃一种道德人生,亦即伦理人生。伦理人生亦称人伦。于人伦中见人道,亦即于人伦中见天道。无个人,即无全体,而个人必于全体中见。

"万物一体的境界"与"先知先觉的功能",是直觉思维包含的奥秘,也是自然赐予人类的礼物。"人类理智,纵然是日进无疆,愈跑愈远了,但万物一体的境界,与先知先觉的功能,这又为人类如何的喜爱羡慕呀!其实这两件事,也极平常。只要复归自然,像婴儿恋母亲,老年恋家乡般。东方人爱默识,爱深思,较不看重语言文字之分析。在西方崇尚理智的哲学传统看来,像神秘,又像是笼统,不科学。但在东方人来说,这是自然,是天人合一,是至诚。"②可惜的是,随着理智的"日进无疆",人类这种"万物一体的境界"与"先知先觉的功能"却在日渐丧失。正如钱穆所言,"把直觉平铺放开了,翻译成一长篇说话。把凝聚成一点卷紧成一团的抽成一线,或放成一平面。混沌凿了,理智显了,万物一体之浑然之感,与夫对宇宙自然之一种先觉先知之能,却亦日渐丧失了"。③

---

① 钱穆:《人生十论·如何探究人生真理》,第 65 页。
② 钱穆:《湖上闲思录》,北京:三联书店,2000 年,第 132 页。
③ 钱穆:《湖上闲思录》,第 131 页。

重视直觉思维是五四以来文化保守主义所共同强调的,这一特点既与回应西方科学与理智的时代背景有关,也是现代儒学与传统儒学相衔接的枢纽。现代新儒家的学者对直觉的讨论也非常多,例如梁漱溟有"本能的直觉",熊十力有"超知的证会",冯友兰有"负的方法"等。对直觉的激烈讨论始于二十世纪初由张君劢发起的"科玄论战"。在这场论战之前,梁漱溟在其成名作《东西文化及其哲学》中就曾提出过对于"玄学"、"直觉"等问题的看法。经过"人生观论战"这场声势浩大、旷日持久的文化论战,直觉问题迅速扩大为一个全国范围的论题。对于梁漱溟、冯友兰等人的直觉思想,学界讨论颇多,而对于首先发起"科玄论战"的张君劢,人们则多有忽视。

张君劢在"人生观论战"中最为著名的命题就是"玄学为人生观立法",他也因此被丁文江冠以"玄学鬼"的头衔。二十世纪初的"人生观论战",张君劢认为不能简单、狭隘地理解为一场关于人生观或者人生哲学问题的论争,他说:"实际上,它更准确的名称应该是'科学与玄学的论战'。进一步说,论战中所谓来看待宇宙问题,从而使儒家的兴趣倾向于道德价值方面,对儒家而言,道德价值比逻辑、知识论或任何纯粹抽象的知识具有更重要的功用。'玄学'指的就是经典意义的'哲学'或曰'形而上学',所以,这场论战的实质是哲学与科学的冲突;并且……这是一场'认知'与'意向'、'知识'与'价值'、'理智主义'与'意志主义'、'工具理性'与'目的理性',科学主义与人文主义的交锋。"[①]科学的方法即是理智的方法,而玄学的方法正是直觉的方法。

张君劢提出"科学不能支配人生观"的论断,成为近代史上公开向科学宣战之第一人。张君劢通过对知识的重新划界,将科学发挥作用的范围限定于物质世界,而在精神领域,只能用玄学的方法——直觉的方法,才能把握人文世界的真理。"柏氏断言理智之为用,不适于求实在。然而人心之隐微处,活动也,自发也,是之谓实在,是之谓生活。

---

① 黄玉顺:《超越知识与价值的紧张》,成都:四川人民出版社,2002年,第12—13页。

既非理智之范畴所能把捉,故惟有一法,曰直觉而已。是柏氏玄学之内容也。"①张君劢把"直觉"直接与"玄学"挂钩,把直觉的方法等同于玄学的内容。这里不想对玄学做更深的讨论,只想借下面一段话来阐述我的观点。

记得做过玄学大家汤用彤先生研究生的许抗生在《魏晋玄学史》的序言中写道:"一般说来,玄学乃是一种本性之学,即研究自然(天地、万物)和人类社会(人)的本性的一种学说。它的根本思想是主张顺应自然的本性。它是先秦道家崇尚自然主义思想的继承与发展。……玄学为本性之学,它探求宇宙与人类的本性,则是对汉代理论思维的一次升华。"有人把玄学称为"本体之学",认为玄学是一种"形而上学"。本文更倾向于采用许抗生先生的说法,即玄学乃是"本性之学"。若从"本性之学"的角度来看张君劢对直觉的定义:"所谓直觉,依各直接所感所知之能(faculty)推定外界事物之理曰如是如是。孔子所谓己所不欲,勿施于人。孟子所谓良知良能,即自此直觉之知(Intuition)来也。"②则不难理解张君劢之直觉,最终还是落实到中国传统文化中之"良心"、"性命"与"道德"诸端。

孟子是张君劢最为推崇的思想家之一,而且张君劢说自己继承的正是孟子和阳明心学一派的思想路线。"心"是可以辨别善恶是非的,因而在"直觉观"上,张君劢直接赋予直觉以判别是非善恶的"良知良能"的功用。具体说来有以下两点:

首先:人有四端。"恻隐之心,人之端也;羞恶之心,义之端也;辞让之心,礼之端也;是非之心,智之端也。"(《孟子·公孙丑上》)孟子认为:四端与生俱来,如同人有四肢,四端乃为天赋。张君劢认为"人之四端"乃是直觉所具有的价值评判功能的人性论基础。

其次:作为道德准绳的善,应该出于情理自然,完全以是非为标

---

① 张君劢:《中西印哲学文集》,台北:学生书局,1981年,第958页。
② 张君劢:《中西印哲学文集》,第235—236页。

准，不可以参以利益的动机。人有此四端，辨别是非善恶，是直接诉诸于个人之良心。孔子说"行己有耻"、"克己复礼"，都是直接针对主体个人耳提面命。直觉思维超越经验的特点，保证了作为道德准绳的善不受利益的干扰，从而保证了行善动机的纯洁性。

钱穆所论之直觉和张君劢所论之直觉具有以下共同点：

一、都受到西方生命哲学思潮的影响。生命哲学对钱穆的影响主要体现在两个方面：重视心生命和重视客观经验。

从对生命的理解来看，钱穆提出生命最重要的两个方面。他认为，生命最重要的两个方面是身生命与心生命。身生命赋自地天大自然，心生命则全由人类自己创造。故身生命乃在自然物质世界中，而心生命则在文化精神世界中。由身生命转出心生命，这是生命中的大变化，大进步。动物尽管已有心的端倪，有心的活动，但不能说它们有了心生命。只有人类才有心生命。人生主要的生命在心不在身。身生命是狭小的，仅限于各自的七尺之躯。心生命是广大的，如夫妻、父母、子女、兄弟，可以心与心相印，心与心相融，共成一个家庭的大生命。推而至于亲戚、朋友、邻里、乡党、国家、社会、天下，可以融成一个人类的大生命。身生命也是短暂的，仅限于各自的百年之寿，心生命是悠久的，常存天地间，永生不灭。孔子的心生命两千五百年依然常存，古人心后人心可以相通相印，融合成一个心的大生命。

心生命的意义与价值就在于人类的历史文化是由人类心生命创造而成的。动物只有身生命，没有心生命，因此不能创造文化。原始人由于没有进入心生命阶段，也不能有历史文化的形成。人既然在历史文化中产生，也应在历史文化中死去。人类的心生命应该投入到历史文化的大生命中去，这样才能得到存留。在历史长河中留下美名的人的心生命，是在心生命中发展到最高阶层而由后人精选出来，作为人生最高标榜的。人们应该仿照这种标榜与样品来各自制造各自的心生命。

在身生命和心生命发生矛盾和冲突时,钱穆援引孔孟遗训"杀身成仁","舍生取义"教人牺牲身生命来捍卫心生命。他说:"心生命必寄存于身生命,身生命必投入于心生命,亦如大生命必寄存于小生命,而小生命亦必投入此大生命。上下古今,千万亿兆人之心,可以汇成一大心,而此一大心,仍必寄存表现于每一人之心。中华四千年文化,是中国人一条心的大生命,而至今仍寄存表现在当前吾中国人之心中,只有深浅多少之别而已。"①这个心,是把每个人的个别心汇通成一个群体的共同之心,这个心能上交千古,又能下开后世,一贯而下来养育中华民族之大心,这是一种历史心与文化心。唯有如此,才能使各人的心生命永存不朽于天地之间。

从认识方式看,钱穆认为,在经验与思维这一对矛盾中,人文的认识方式更重经验。西方人认为经验是主观的而思维是客观的,由此引起了主客对立。而中国的儒家摄知归仁,讲爱敬之心,通过思辨达到客观经验的境地,实现了主客统一。钱穆将人的爱敬之心,即仁的思维称为客观经验。他说这种客观经验不是个人的主观经验,也不是主体对外在事物做出反映的客体经验,而是融合了主客体经验为一体的经验,它是人类生命的本体。生命的存在根本上便在于有爱敬之心,即情感,类似于柏格森所说的"绵延"。客观经验就是宋明理学所说的"理",唯有中国儒家经验思维皆有情,把私人小我经验扩大绵延到人类经验之总体,从而超越了私人小我之主观性而成为客观经验,故儒家才为中国文化之大宗。钱穆进一步指出,儒家寻求客观经验的思辨,并不主张彻底排除思维而导入纯经验之路,而只是想以一种客观经验来容纳思维,可见,钱穆所谓的客观经验论是容纳思辨又超越思辨的经验直觉主义。虽然钱穆没有留过洋,而且对于西学一直采取拒斥的态度,但不能因此说他对西学没有了解。事实上,在他的论著中多处提到柏格森,不论钱穆本人是否承认,"绵延"、"客观经验"、"历史

---

① 钱穆:《灵魂与心》,桂林:广西师范大学出版社,2004年,第114页。

心"、"文化心"、"历史大生命"之类的提法显然是受到了生命哲学的影响。

张君劢接受生命哲学思潮的影响,始于他随梁启超第二次欧游期间。张君劢师从德国唯心主义哲学家倭铿(R. Eucken)攻读哲学,可以说是他一生思想的一个重要分水岭。1920年6月27日,在致林宰平的信中,张君劢对倭伊铿的学说进行了概括,他也因此成为系统介绍倭氏哲学的第一人。张君劢认为,倭伊铿的思想与孔子的"惟天下之至诚,为能尽其性;则可以赞天地之化育"的思想"极相类":"孔子之所谓诚,即奥氏(倭铿)所谓精神生活也;孔子之所谓以诚尽人性物性者,即奥氏所谓以精神生活贯彻心物二者也。奥氏之所谓克制奋斗,则又孔子克己复礼之说也。"①

张君劢主要接受了倭铿的"精神生活说"和"精神生活奋斗说"。倭氏所谓精神生活,张君劢认为,就人而言,则人之所以为人;就世界之大而言,而为浩瀚宇宙之真理,其义至广大而精微。精神生活,就是自我生活;自我生活扩充及于世界,就是世界生活。倭铿所谓"人",所谓"宇宙的真源",二者同属于精神生活的范畴。倭铿的精神生活哲学是因反抗主智主义、自然主义而起的。张君劢指出,自然主义,只知所谓物,不知所谓心,且其末流之弊,降为物质文明,所以自然主义不能满足人生的要求;主智主义,虽知所谓心,又仅陷于思想一部,而不能概生活全体,所以也需要求一立足点。只有倭铿的精神生活哲学,既不偏于物,又不偏于旧唯心主义之思想,而兼心物二者,推及人生全部,以人类生活之日进不息为目标,外则无所不包,内则汇归于一,可以使人生发达,归于"大中至正"之途。

倭铿的精神生活哲学之所以能调和心物超脱主客之上,原因就在于他提出的"精神生活奋斗说"。张君劢根据用力方法的不同将倭铿

---

① 张君劢:《致林宰平学长函告倭氏晤谈及德国哲学思想要略》,《中西印哲学文集下》,台北:学生书局,1983年,第1117页。

的所谓奋斗分为三个阶段:第一个阶段是确认精神生活的存在,并且在个人心中体验它的存在,他把这一阶段称为"立定脚跟之境";第二个阶段是因体验而产生怀疑,他把这一阶段称为"交争之境";第三个阶段是因怀疑而产生精神上超越一切的要求,它把这一阶段称为"克胜之境"。但是精神生活境界并非止于克胜之境,在倭氏看来,人生是无止境的,真理亦无止境,真理无止境,奋斗亦无止境。

在张君劢的思想渊源中,柏格森生命哲学也是非常重要的一方面。张君劢在与丁文江的论战中,多次援引柏格森的思想甚至原话作为论证。胡适在《孙行者和张君劢》一文中就明确指出:张君劢所宣扬的观点,来自柏格森哲学。丁文江也认为张君劢的人生观,一部分是来自于玄学大家柏格森。柏格森的哲学具有神秘主义、唯意志主义和贬低理性、崇尚直觉的非理性主义的特点。张君劢的直觉观念最初来源于柏格森,"柏氏断言理智之为用,不适于求实在。然而人心之隐微处,活动也,自发也,是之谓实在,是之谓生活。既非理智之范畴所能把捉,故惟有一法,曰直觉而已。是柏氏玄学之内容也"。[①] 在人生观这样一个特殊的论域,科学的方法是无效的,是"非理智之范畴所能把捉的",只有"玄学"才能为人生观立法。玄学的方法就是直觉的方法,因此他又提出"人生观起于直觉"的论断。"科学为论理的方法所支配,而人生观则起于直觉。……若夫人生观,……初无论理学之公例以限制之,无所谓定义,无所谓方法,皆其自身良心之所命起而主张之,以为天下后世表率,故曰直觉的也。"[②]随着张君劢思想的逐步深入,他逐渐对生命哲学感到不满,而转向康德哲学,这里不做更多讨论。

二、都认识到人文学科认识方法的特殊性。钱穆是中国近代史学史上儒家人文主义史学家的代表,他继承和发展了中国传统哲学

---

① 张君劢:《中西印哲学文集》,第958页。
② 张君劢:《中西印哲学文集》,第909—913页。

的认识论思想,提出人文科学的认识方式和自然科学的方式是完全不同的。钱穆认为建立人文科学必须具备价值观和仁慈心两个条件,不仅要有智识上的冷静与平淡,而且要有情感上的恳切与激动,纯理智决不能把握世界人生的真相。所谓仁慈心就是道德与情感。他说,近代西方人文科学从自然科学的认识方式出发来揭示人类社会和建立新的人文科学是错误的。要建立新的人文科学,应该把它建立在价值观和仁慈心的基础上。因为自然科学研究的客体可以是无差别的,也不是人类自身,因而可以是纯理智和无情感的。而人文科学研究客体是一个个不同的人,这就不能不有一种价值观。"抹杀了价值,抹杀了阶级等第而来研究人文科学,要想把自然科学上的一视平等的精神移植到人文科学的园地里来,这又是现代人文科学不能理想发展的一个原因。"①我们要建立的新的人文科学,既不乞灵于牛顿与达尔文,也不乞灵于上帝或神。真正的人文科学家,不仅要有知识上的冷静与平淡,也应该有情感上的恳切与激动。这并不是说要喜怒用事,爱憎任私,而是说要对研究的对象,有一番极广博极诚挚的仁慈之心。

要寻求一种心习,富于价值观,又富于仁慈心,而又不致染上宗教色彩的,又能实事求是向人类本身去探讨人生知识的,而又不是消极与悲观,如印度佛学般只讲出世的,那只有中国的儒家思想。现代人都知道儒家思想不是宗教,但同时又说它不是科学。其实儒家思想只不是自然科学、物质科学与生命科学,却不能说它不是一种人文科学。至少它具备想要建立人文科学的几个心习,那就是重直觉与经验,寓价值观与仁慈心。

从所关注的对象来看,科学关注客体,而人文关注主体。科学当然也关注人,但是当它把人作为一个对象来研究时,它是把人看做一个物质存在物,即便是研究人的精神,也要寻找其客观规律。人文态

---

① 钱穆:《湖上闲思录》,第152页。

度则不同,它眼中的人是道德的主体,它关注的是人的尊严和意义,它关注的是善和美,而不是真,即便是真,也不是规律的真,而是情感的真。人文精神的判断是:善的就是真的;而科学精神的判断是:真的才是善的。正是从这一点出发,张君劢分析了人生观问题与科学的五大差别:1.科学为客观的,人生观为主观的;2.科学为论理学方法所支配,而人生观则起于直觉;3.科学可以从分析方法下手,而人生观为综合的;4.科学为因果律所支配,而人生观则为自由意志的;5.科学起于对象之相同现象,而人生观起于人格之单一性。① 而正是人生观的上述特点,规定了科学的限度:"科学无论如何发达,而人生观问题之解决,决非科学所能为力,惟赖诸人类之自身而已。而所谓古今大思想家,即对于此人生观问题,有所贡献者也。……彼此各执一词,而决无绝对之是与非。……盖人生观,既无客观标准,故惟有反求之于己,而决不能以他人之现成之人生观,作为我之人生观者也。"② 由于人生观具有主观的、直觉的、综合的、自由意志的、单一的五大特点,所以对于人文学科的认识方法决不能是科学的、理智的方法,而只能是玄学的、直觉的方法。

张钱二人对于科学的限度以及科学精神与人文精神的不同都有清醒的认识。概言之,人文精神具有以下特点:1. 反功利性。人文精神有超出目前的状况、不计较当前的得失——尤其是物质利益得失而为信仰、目标或价值献身的倾向。对于永恒价值的追求使得人文精神常常表现出反功利主义的特点。2. 模糊性。人文精神所追求的多与科学精神相反,不是精确化,而是模糊化,这是因为它的对象是不可能精确化、定量化的。我们无法严格确定哪一种价值更具有真理性、哪一个民族的道德更道德。换句话说,在人文领域不存在严格的因果性,相应的输入不一定有相应的输出,因而无法控制。这与遵循因果

---

① 张君劢:《中西印哲学文集》,第 909—912 页。
② 张君劢:《中西印哲学文集》,第 913 页。

规律的科学领域不同。3. 价值多元性。人文精神就是多元精神。它追求人的多元化发展，主张每个人都应当是有个性的。多元精神坚持价值和意义的多样性，反对统一化、普遍化的要求，因为人的本性就应当是多元的，而不应当是千篇一律的雷同，人性的，就意味着多样的。所以人文精神就意味着要打破各种严格的、非人性的清规戒律，它追求的恰好是不确定性，而不是确定性。4. 自由意志性。这也是由人文精神追求多元的倾向决定的。要发展个性就必须打破对人的种种限制，这就要求有自由。这种自由与自然科学所理解的自由迥然不同，自然科学上的自由是指对自觉规律的控制，就是说只是对自然规律的利用，它是有前提条件的，这种自由只在自然规律允许的范围内和前提下才存在。这种自由从人文精神的角度看不是自由，真正的自由是按照自由意志行事，用康德的话说，叫做"实践理性"，还原为中国传统文化的表述，叫做"为仁由己"。

对于科学与人文的区别的自觉直接导致了认识方法上直觉与理智的二分。张君劢和钱穆虽然都重视直觉，却也没有因此否定理智的作用。钱穆并不是绝对反对理智，他反对的只是纯理智的以科学的心习去研究人文科学。张君劢受到康德哲学的影响不仅表现在"道德论"方面，而且表现在"知识论"方面。在知识与德性的关系上，钱张二人都表现出调和理智与直觉、知识与德性并重的倾向。

钱穆提出，人的存在是有理想和目的的，学习知识是人之生存和发展所必需的，是为追求理想和目的服务的。所谓以知识融通德性，即主张做学问要师之积学，博涉多方，做人要从历史里探求本源，在大时代的变化里肩负维护历史文化的责任，与中国传统儒家"尊德性而道问学"的学术精神相一致。"为学与做人，乃是一事之两面。若做人条件不够，则所做之学问，仍不能达到一种最高境界。但另一方面，训练他做学问，也即是训练他做人。如虚心，肯负责，有恒，能淡于功利，能服善，能忘我，能有孤往精神，能有极深之自信等,此等皆属人之德性。具备此种德性,方能做一理想人,方能做出理想的学问。真做学问,则必须同时训练此种德性。若忽略了此一面,便不能真正到达那一面。"①钱穆继承了朱熹"格物致知"的治学方法,同时坚持了王阳明"致良知"的致思方向,体现出融合程朱理学和陆王心学的思想风格。

在思想资源的汲取方面,张君劢和钱穆有所不同,除了共同的儒家思想渊源,张君劢还受到了康德哲学的影响。随着张君劢思想的逐步深入,他不久就对倭氏柏氏哲学感到了不满,他认为这二人的学说侧重于所谓生活之流,归宿于反理智主义,将一二百年来欧洲哲学系统中之知识论弃之不顾。而康德的知识论综合了欧洲的经验主义认识论和理性主义认识论。康德主张德知并重,"与儒家之仁智兼顾、佛家悲智双修之途辙",则别无二致。② 受康德哲学的影响,张君劢的"唯实的唯心主义"哲学体系也主张调和西方哲学中的理性主义和经验主义、中国儒家哲学中的孟子与荀子、陆王与程朱的分歧,实现心物平衡,理智与直觉并重,道德与知识并举。

三、都赋予直觉的方法以道德本体论的内涵。钱穆认为,心和精神既有认识的功能,又是认识的对象,因而对于人文世界的认识具有"体用不二"的性质与特征。在西方思想中,经验与思维是主客对立的,而能够融情感于经验和思维,恰当处理好三者关系的只有中国的儒家。在这里,钱穆所说的经验与思维不仅是一认识论问题,还包括了本体论和价值论。他认为中国儒家思想的长处就在于以价值论来限定和统摄认识论,将本体论和认识论融合为一。人类生命是融本体与认知能力和情感为一体的,所以单凭理智和科学的分析是无法认识的,只有直觉才能体悟到人生最本质和最有价值的道德和情感。在这里,他特别强调情感在认识当中的作用。直觉不仅不排斥情感,而且

---

① 钱穆:《新亚遗铎摘抄》,《钱穆纪念文集》,上海:上海人民出版社,1992年,第205页。
② 张君劢:《我之哲学思想》,《中西印哲学文集》(上),第44页。

以情感作为基础。只有情感最丰沛的人,才是直觉最敏锐的人。"故中国人生彻头彻尾乃人本位,亦即人情本位之一种艺术与道德。"①在情感问题上,钱穆不再采用李翱的"性善情邪"说,而认为本然之性和天赋的情感是统一在心体之内的,这与朱熹"心统性情"的观点相一致。他把传统哲学中性与情的对立,转换为情与欲的对立,他说:"情以理节,欲以法制,两者之别,实有深意之存在。"②他认为,中国人看重道德,是重情轻欲的;西方人崇尚权力,是重欲轻情的,这是中西方文化的一大区别。把情感上升到道德本体论的高度,乃是直觉由认识论而本体论的理论基础。

钱穆认为,真实而丰富的情感是一个有道德的人最应具备的品质。他对孔子推崇备至,而最为看重的,乃是孔子的真情挚性。人必有哀乐之情感,否则不能称之为人。孔子虽在后世获得了光芒万丈的荣耀,但孔子亦是一平凡人,哀乐之流露处,乃见其真性挚情。"子食于有丧者之侧,未尝饱也。子于是日哭,则不歌。"(《述而》)"见齐衰者,虽狎必变。"(《乡党》)虽然丧葬以为日常习见,但孔子见到有穿丧服之人,仍为之动容。又言:"凶服者式之。"(《乡党》)可见孔子对死者,有一份敬悼的哀情。同时他也有他的乐趣,"子在齐闻韶,三月不知肉味"(《述而》)。"子与人歌而善,必使反之,而后和之。"(《述而》)孔子对于音乐乃有深挚的趣味,一个具有艺术气质的,必也是热爱生活的人。总而言之,孔子是一个感情恳挚而浓郁的人,其哀乐之情,皆沉着而深厚。正是由这种沉着而深厚的感情为基础,才有了孔子一生事业之成就。"仁"为儒家道德本体论最重要的观念。子曰:"巧言令色,鲜矣仁。"(《学而》)人与人相处,贵在直心由中,以真感情相感通,巧言令色以求取悦于别人,非仁也。孔子之"仁"完全是发于真情挚性,没有任何虚伪与应付。仁者,二人也。仁字的本意就是人与人相

---

① 钱穆:《晚学盲言》,桂林:广西师范大学出版社,2004年,第399页。
② 钱穆:《晚学盲言》,桂林:广西师范大学出版社,2004年,第397页。

处之道,自内部言之,人与人相处所共有之同情曰"仁心",自外部言之,人与人相处所躬行之大道曰"仁道",凡能具仁心而行仁道者,曰"仁人"。钱穆言:"人群当以真心真情相处,是仁也。"①在钱穆的勾勒下,孔子不再是几缕檀香背后那张泛黄的圣人像,而是一个促膝谈心的朋友,一位耳提面命的师长。怀着这种心情,进入到孔子的学说当中来,仿佛置身于圣人谆谆教诲的学堂之上,所受所感必不相同。只有以真实的情感相沟通,才能成为具仁心而行仁道的"仁人",这是直觉的方法所具有的道德本体论的内涵。

张君劢在哲学本体论上既是二元论的,也是唯心论的,一方面,他认为心与物是宇宙间的根本元素,两相对立,二者都是本原,"既非由甲生乙,亦非由乙生甲"。②但是他又说:"心者应视为宇宙之根本也,非自物质流出者也,非物质世界中寄宿之旅客也。申言之,心之地位,至少应与物同视为宇宙之根本与实在。惟如此,宇宙观之不以心为根本或特殊物者,则其说终无以自圆。"③他一方面强调心物并重,认为一切事物都是理性与经验的共同组合,但同时又强调心或理性永远处于主宰地位。在张君劢看来,本体是超时空的绝对精神,它超绝神秘,不是感觉的对象,也不是思维的内容,因此知识对于本体是无能为力的,本体只能在道德界中由人们作神秘主义的领会。张君劢对直觉的解释是:"所谓直觉,依各直接所感所知之能(faculty)推定外界事物之理曰如是如是。孔子所谓己所不欲,勿施于人。孟子所谓良知良能,即自此直觉之知(Intuition)来也。"④从这个定义中也可以清楚地看到,张君劢将直觉理解为中国哲学智慧中的"价值理性"(道德),已经不仅仅是从认识方法上来讲直觉,而也是从道德本体论的角度来讲的。

无论是钱穆的"本能"还是张君劢的"本性",讲直觉的方法,其实

---

① 钱穆:《钱宾四先生全集·论语要略》,台北:联经出版公司,1998年,第85页。
② 张君劢:《中西印哲学文集》,第91—92页。
③ 张君劢:《中西印哲学文集》,第100—101页。
④ 张君劢:《中西印哲学文集》,第235—236页。

质都是在讲中国人的文化人生和道德生活,这是钱穆和张君劢共同特点。二人的不同点在于张君劢只将直觉用于人生观领域,而钱穆则把它看成整个中国哲学区别于西学的独特的方法。直觉即功夫即本体的观点,不是张钱二人独有,冯友兰也有类似的论述。冯友兰认为"正的方法",即逻辑分析的方法不能达到人生的最高境界,只有"负的方法"才能进入最高的"天地境界"。"天地境界"是圣人的境界,天地境界的人具有理、气、道体、大全的概念,以这些概念来看万事万物,则我与万物融为一体。引导人入圣域的"负的方法"便是直觉的方法。冯友兰的直觉,同样是在本体论的层面上讨论,但冯友兰的本体论不能称为道德本体论,而应称之为"形而上学"本体论。因为在冯友兰那里,道德境界是比天地境界低一级的精神境界,冯友兰不满足于传统儒学的道德本体论,而是以理、气、道体、大全等概念建构了一个形而上学的体系,直觉的方法正是透过道德境界到达形而上学境界的方法。钱穆和张君劢则更钟情于传统儒学的路子,将本体、天人合一都确定在人文世界当中,钱穆多次提到,"中国传统文化,彻头彻尾,乃是一种人道精神、道德精神","修身齐家治国平天下,全只是在人圈子里尽人道。人道则只是一善字,最高道德也便是至善。因此说,治国的文化精神,要言之,则只是一种人文主义的道德精神"。[①] "故中国传统文化精神,乃一切寄托在人生实务上,一切寄托在人生实务之道德修养上,一切寄托在教育意义上。"[②] 张君劢也是将直觉直接定义为"孔子所谓己所不欲,勿施于人"和"孟子所谓良知良能",所以我们说这是一种"道德本体论"的直觉观。

  钱穆和张君劢二人在直觉主义上的共同点来源于文化认同上的一致性。

  张君劢和钱穆在近现代哲学中的处境同样是尴尬的。张君劢是

---

① 钱穆:《民族与文化》,香港:新亚书院,1962年,第29页。
② 钱穆:《民族与文化》,第33页。

一个徘徊于政治和学问之间的人物,一般而言,海内外学术界肯定张君劢作为政治家、新儒家在中国文化建设、宪政建设方面的重要贡献与影响,但对其作为思想家的学术理论体系往往研究不多,评价不高。这无形中削弱了张的影响,也泯灭了其作为新儒家所阐发的人生哲学智慧对于我们当下的文化建设所应有的借鉴意义。学界研究张君劢,无论港台或大陆,更注重其"外王"事业,即其宪政思想和作为政治家的影响,至于其"内圣"之心性学,尤其是其内圣外王自然贯通之理论体系,学界研究还远远不够,评价亦有失中肯与公正。当今学者论及新儒家人物,往往都会跳过张君劢,其在学界之吊诡地位可想而知。

钱穆作为二十世纪最一流的学者,被称为"最后一位国学大师",其在国学方面的造诣是领袖群伦的,把他称为历史学家、国学大师都不会有太多异议。但对钱穆的哲学思想,特别是人生哲学思想却很少有人问津。人生观问题是近代中国文化的核心问题,钱穆先生作为二十世纪中国知识分子的代表人物,同样肩负着救亡与启蒙的双重历史使命,他一生以弘扬和传承中国传统文化为己任,并且认为文化是历史的内容与归宿,而人又是文化的中心,人生、人类生活才是文化的本质。因此,他不可能不关注人生的问题。他不仅有讨论人生的专著《人生十论》,而且他的人生观思想贯穿于他的整个学术体系,与他的历史、文化、哲学、政治、宗教、艺术、文学思想相始终,散见于著述各处的关于人生的论述数量众多。这与对钱穆人生哲学的研究现状形成强烈的反差。

张君劢和钱穆两人在哲学理论方面共同的缺失是显而易见的,没有系统的体系建构,也缺乏深入全面的理论分析。张君劢早年追随梁启超从事立宪活动,是政闻社的骨干人物,自三十年代又组建或者参与组建过中国国家社会党、中国民主政团同盟和中国民主社会党,参加过两次宪政运动,是国防参议会参议员,国民参政会参政员,1946年政治协商会议代表,并为《中华民国宪法》起草人之一。张君劢这种既搞政治,又搞学术的生涯对他的学术研究有一定的消极影响。从事政治活动,必然耗费大量的时间和精力,而且在1950年以前,张君劢的主要时间和精力是用在政治活动上面。没有一定的时间和精力作保证,很难在学术上取得巨大成就,所谓"鱼与熊掌无法兼得"。冯友兰和贺麟成名要晚于张君劢,冯友兰创立了新理学新儒学思想体系,贺麟创立了新心学新儒学思想体系,而张君劢的"唯实的唯心主义"体系并没有真正地创建起来,一个重要的原因,就是他的政治活动耗费了过多的时间和精力。但政治活动带来的影响也并非完全是负面的,正是这样一个"志于儒行,期于民主"的张君劢,对道德人生和民主宪政、对"德法合一"和"内圣外王",有着象牙塔里的学者不可能获得的独到体悟。

钱穆的学术之路是以研究子学肇始,以史学研究成名。其历史名家的地位毋庸置疑。其实,钱穆学术思想涉及十分宽广的领域,其在历史、哲学、宗教、政治、经济、文学、教育以及中西文化比较等学术范畴,都有十分重要而引人注目的建树,他以一生心力凝结而成的人文思想,更是现代中国思想史上的一座精神丰碑,是振兴民族文化的富矿。在二十世纪文化学者中,钱穆所走的是一条与众不同的学术之路,他没有留学经历,但学贯中西,他终身致力于国学研究,又突破了传统国学的治学范式,他坚守民族文化立场,其学术眼界却明显超越了五四时期单纯固守本土文化的"国粹派"的视线。钱穆一生治学反对门户之见,杏坛教学生涯以造就"通学"和"通人"为目标,在文化建设上更是秉持立足于整个文化传统的大文化观。钱穆试图打通各个学科门类的界限,所以哲学与人生连言,人生与文化连言,没有过多的理论抽象和逻辑推理,对人生问题的讨论都是博尔返约,心有所感、性之所致,信手拈来,语句随和娓娓道来,全然是中国学问切几体察、虚心涵泳的味道。与其说这是钱穆的失误处,不如说是其动人处。

作为同辈学人,钱穆与张君劢似乎也谈不上什么私交。1958年元旦,张君劢、唐君毅、牟宗三、徐复观在香港《民主评论》上发表《中国文化与世界——我们对中国学术研究及中国文化与世界文化前途之共同认识》的宣言,被认为是新儒家的形成标志,当时曾邀钱穆联署,而钱穆拒绝了。许多学者以这则材料为依据,将钱穆和新儒家划清了界限。但不能因此而否定的是,二人对于文化和人生的深切关注是共同的。面对内忧外患的民族危亡,他们都以一种历史的担当感来捍卫中国文化,重振民族精神。张君劢认为"人生观是文化的核心",钱穆也提出"文化就是人生"。在以新文化来领导新民族,以新人生观来重塑"新人"这一点上,二人是没有分歧的。这种看似最低限度的一致,却是最本质的文化认同的一致。如果用"民主"和"法治"来标注张君劢,用"史学"和"教育"来标注钱穆,那么他们的不同是明显的。但回顾二十世纪的中国知识分子,他们却有共同的关键词:"文化"和"人生"。

钱穆毕生从事教育事业,从乡教十年到北大讲学,从流转西南到定居台湾,为文化建设培养了大批优秀的学术人才。钱穆怀抱着对传统文化的"温情与敬意",开创了"大器通学"的一派学风,为中国学统的建设作出了贡献。张君劢是一个"徘徊于学术和政治之间"的人物,他对儒家内圣强而外王弱的不足有着充分的认识,投入大量的精力在民主法治体制的建构上,为中国现代政统的开出而孜孜不倦地努力着。钱穆一生最为推崇孔子和朱子:"在中国历史上,前古有孔子,近古有朱子,此两人,皆在中国学术思想史及中国文化史上发出莫大声光,留下莫大影响。旷观全史,恐无第三人堪与伦比。孔子集前古学术思想之大成,开创儒学,成为中国文化传统中一主要骨干。北宋理学兴起,乃儒学之重光。朱子崛起南宋,不仅能集北宋以来理学之大成,并亦可谓乃集孔子以下学术思想之大成。此两人,先后矗立,皆能汇纳群流,归之一趋。自有朱子,而后孔子以下之儒,乃重获新生机,发挥新精神,直迄于今。"①

---

① 钱穆:《朱子新学案》,台北:联经出版公司,1998年,第3页。

张君劢则最为看重孟子和阳明。他称赞孟子不仅是"继承中国道统之孔子的继承者",①而且"实为一有过于孔子之伟大哲学家"。② 孔子的贡献是为儒学奠定根基,孟子则是"阐明其原理,深究其意蕴",③从而建立起明晰的儒学体系。孟子给予后世哲学家的基准是:称尧舜、道性善、主能思之心、养崇高之德。④ 此等基准为后世哲学家特别是陆王心学所继承,对中华民族的民族精神和思想特点的形成,起了非常重要的作用。

钱穆在气象上近孔子,由"书斋"而"讲坛",为弘扬学统的一代儒师;张君劢在气象上近孟子,由"仁心"而"仁政",为兼济天下的一代儒仕。无论选择哪一种方式,他们最终关注的仍然是中国传统文化的复活和中华民族精神的延续。这使我想起了牟宗三先生提出的"三统并建"。中国社会的现代化应当道统、政统、学统"三统并建",以道统来领导政统与学统,以政统和学统来实现道统。如果将道统做一个"钱穆式"的广义的理解——"整个中国文化传统即是道统",那么钱穆和张君劢两人正是这个道统上并蒂而开的两朵奇葩,无论他们的人生经历和致力领域有多大的不同,他们最终的落脚点却是殊途同归的。

第四节 历史大视域关照下的中国文化观

文化保守主义本是一个描述西方文化思潮的概念。当西方学者以这种概念探讨中国文化的近现代化历程,剖析中国的文化保守主义时,曾意识到二者有别:在西方文化语境中,文化保守主义形成的基础

---

① 郑大华:《张君劢学术思想评传》,北京图书馆出版社,1999年,第68页。
② 郑大华:《张君劢学术思想评传》,第68页。
③ 郑大华:《张君劢学术思想评传》,第68页。
④ 郑大华:《张君劢学术思想评传》,北京图书馆出版社,1999年,第68页。

是基于理性主义而完成的社会文化的现代化,意义在于从文化的层面对西方文化现代化的反动;在中国文化语境中,文化保守主义兴起于中国近代文化发展的危难之中,目标是谋求民族文化向近现代的转型。两者的相似之处仅在于对各自传统文化的某种肯认。西方学者正是从认同传统文化这种学思特征方面来界定中国的文化保守主义的。在西方学者看来,中国现代史上,凡在谋求民族文化现代化的进程中主张认同传统文化者,皆可归之于文化保守主义,并视国粹派与新儒家为文化保守主义中的主要派别。[①]

从理论上讲,典型的文化保守主义者应当具备以下三个基本特征:第一,坚持民族文化的本位主义立场,以民族文化的生存与发展为自己的学术追求;第二,视价值理性高于思辨理性,德性高于知识;第三,以中国文化的复兴为己任,对中国文化的未来充满信心。因此文化保守主义又不仅限于国粹派和新儒家。钱穆不属于这两家之中任何一家,但是却被认为是最为彻底的文化保守主义者。钱穆一生都具有强烈的文化危机感和高度的文化责任感。面对西方文化的全面冲击,他坚决反对西化论的一味洋化、菲薄固有的偏激之论,提倡怀抱"温情"与"敬意"去体悟历史传统中内在的精神价值,显发我们民族绵延不绝的"文化慧命"。他认为,中华民族的命运与民族文化的命脉息息相关,文化是民族存在的根基。他站在传统的立场上批判地消化现代西方文化。在钱穆看来,现代化的道路应以自己的民族文化传统为依托,绝对不会从完全废弃了传统的"空壳"中孕育出来。中国文化未来的发展不是破旧立新,而是据旧开新,新文化必须自传统文化内部孕育生成。相对于其他新儒家学者而言,钱穆在文化上的民族本位立场显得更加突出和坚定。

钱穆在文化上的彻底保守主义立场,与他本人的学术背景有关。钱穆是以历史学为进路来探讨中国文化的,对于中国历史的深切了

---

① 洪晓楠:《论20世纪中国文化哲学思潮的发展》,《大连理工大学学报(社科版)》,1999年第2期。

解,使得他对传统文化抱有一种极深厚的情感。同时,钱穆是同时代学者中受西方思想影响最小的,这也使得他可以最大限度地保留一个中国知识分子的话语系统和思维方式。有人认为钱穆对西学的拒斥态度,造成了其文化理论多方面的缺失,在我看来,这或许正是钱穆的优势所在。其实钱穆并不缺乏西学的知识与理论,只是这些并没有成为他建构自己学术的基础,反而激发了他对于传统史学精神的坚守与阐扬。史学对于钱穆而言,不是按照近代西方学术划分而成的一门学科,而是文史哲贯通的由历史脉络关照现实的知识、思想乃至信仰。

民族精神,就是一个民族固有的价值观念和历史传统,是维系和推动一个民族生存和发展的活的精神力量。钱穆认为中华民族的民族精神包括人文精神、融合精神、历史精神。

中国文化的人文精神包括人文化成、天下一家;人为本位,道德中心;天人合一,性道一体;心与理一,用由体来几个方面。何谓人文?物相杂谓之文,人文即指人群相处种种复杂的形相。惟其人群乃由不同种类相杂而成,于是乃有所谓化。人既然能在此相异的人文中相安相处,把这个道理放大,就可以化成天下。人文二字,指的是人群相处的一切现实及理想。中国文化之表现与成就,都围绕着这人文精神作中心。故中国文化体系能融通合一,莫不围绕此中心,始见其意义与价值。钱穆认为,中国传统人文精神具有代替宗教的功能。自尽己性以止于至善,是中国人的最高道德信仰,也是中国人的普遍宗教。中国人把一切人道中心建立在善字上。中国文化的精神,要言之,则只是一种人文主义的道德精神。与此相联,中国文化以人为本位。这并不是说中国人不看重物质表现,但一切物质表现都得推本归趋于道德。要做人,得在人群中做,得在家庭社会国家乃至天下人中做,人处家庭中,便可教慈教孝,处国家及人群任何一机构中,便可教仁教敬。人与人相交接,便可以教信。中国人文精神本质上是人的道德精神,而道德精神落脚到每一个体的人,并推至家、国、天下,通过教化和修养,不同个体在家、国、天下等群体中尽自己的义务,终能达到天下一家的道德理想境界。中国传统认为,圣人可以达到天人合一的境界,而"人人可以为圣人",也就是说人人都可以通过道德修养而上达于天人合一的境界。性道合一其实也是天人合一,因为性由天生,道由人成,道德价值的源泉,不仅在人心之中,尤其在天心之中。《中庸》讲:"天命之谓性,率性之谓道。"中国人的"道"是人生的本体,是人生的内在意义与价值。由天人合一、性道合一可知,中国人文的道德精神具有内在与外在的和合,自然与人文的和合,道德与宗教的和合的特点。中国人的最高信仰,是天地人三者的合一,人之善是天赋之性,人能尽此性之善,即是圣是神,这就是性道合一、天人合一。人的一切代表着天,整个人生代表着天道,因此,天人合一是中国文化的最高信仰。

中国文化的融合精神在形成民族国家、民族文化与民族性格的过程中具有特殊的意义。首先是民族融合。钱穆认为,民族创造出文化,文化又融凝此民族。中国古代民族观不以血统而以文化作为标准。中国民族是禀有坚强的持续性,而同时又具有伟大的同化力的,这大半要归功于其民族之德性与其文化内涵。其次是文化融和。中国文化的包纳性、同化力,可以从学习、消化佛学中得到证明。钱穆认为,中国文化的包纳性与同化力归功于中国的天人合一观念。最后是国民性格的和合性。中国国民性中"和合"的成分大于"分别"的成分。从婚姻、家庭到社会、国家,中国人注重的是"和合"。这种国民性格的和合性深刻反映了中华民族融合精神的渗透力。

中国文化的历史精神就是中国五千年一贯而下,一脉相承的精神。钱穆指出,如果以历史的悠久博大为标尺,那么中华文化"于并世固当首屈一指"。"环顾斯世,我民族命运之悠久,我国家规模之伟大,可谓绝出寡俦,独步于古今矣。……一民族文化之传统,皆由其民族自身递传数世、数十世、数百世血液所浇灌,精肉所培雍,而始得开此民族文化之花,结此民族文化之果,非可以自外巧取偷窃而得。"①钱穆认为中华文化是中华民族几千年来精心培育和积累的结果,在世界文化中占有显赫的地位。"取证不在远,请即以中国文化之扩大与绵延二者论之。中国文化拥有四万五千万大群,广土众民,世莫与京。此即其文化伟大之一征。……就人类以往全史进程,而纵观通览之,则当有罗马时无美苏,有美苏时无罗马,而中国独巍然屹立于人类全史过程中,而迄今无恙,此乃见其伟大性之全体也。……故中国文化,不仅有其展扩,而尤有其绵延。必就时空立方大全体观之,乃见中国文化优秀之价值。西洋文化虽亦同为现世界人类文化绵延悠久之一系。然譬如长距离赛跑,西洋文化乃一种接力跑、传递跑,而中国文化则为个人继续不歇之全程跑。"②

在钱穆看来,民族精神,乃是"自然人"和"文化意识"融合而始有的一种精神,这始是"文化精神",也即是"历史精神"。只有中国历史文化的精神,才能孕育出世界上最悠久、最伟大的中国民族来。若这一个民族的文化消灭了,这个民族便不可能再存在。"民族"、"文化"、"历史"这三个名词,实质是一样的。"历史"与"文化"就是一个"民族精神"的表现。所以没有历史,没有文化,也不可能有民族之成立与存在。如是,我们说研究历史,就是研究此历史背后的民族精神和文化精神。因此钱穆提出,要以一种"历史视域"来看待中国文化。"我们可以说没有一个有文化的民族会没有历史的,也没有一个有历史的民族会没有文化的。同时,也没有一段有文化的历史而不是由一个民族所产生的。因此,没有历史,即证其没有文化,没有文化,也不可能有历史。因为历史与文化就是一个民族精神的表现。所以没有历史,没有文化,也不可能有民族之成立与存在。"③历史和文化在钱穆那里是

---

① 钱穆:《钱宾四先生全集·国史大纲引论》,台北:联经出版公司,1998年,第32页。
② 钱穆:《钱宾四先生全集·文化与教育》,台湾:联经出版社,1998年,第7—8页。
③ 钱穆:《中国历史精神》,台湾:联经出版社,1998年,第5—6页。

二而一的。

对历史和传统坚定维护的立场,和以"历史大视域"来关照文化的方法,使我想起了伽达默尔在《真理与方法》中极为精彩的篇章——"为权威与传统正名"。文艺复兴之后的欧洲从宗教束缚中解放出来,高高擎起了时代的理性大旗,启蒙运动以来的理性崇拜,更是几乎到了把理性无限肯定到与真理、权威二者合一的程度。十七世纪初欧洲浪漫主义思潮站在启蒙运动的对立面,竭力维护旧的历史传统和权威。伽达默尔紧随其后,对"传统"、"权威"重新诠释,为其正名。

启蒙运动的普遍倾向是不承认任何权威,并把一切都放在理性的审判台前。传统的可能的真理只依赖于理性赋予它的可信性。不是传统,而是理性,表现了一切权威的最终源泉,启蒙运动使传统成为批判的对象。浪漫主义对启蒙运动提出了批评,认为存在一种特别要加以保护的权威形式,就是传统。浪漫主义认为传统是历史上被给予的东西,有如自然一样。不管我们是想以革命的方式反对传统还是保留传统,传统仍被视为自由的自我的抽象对立面,因为它的有效性不需要任何合理的根据,而是理所当然地制约我们。浪漫主义对启蒙运动的更正告诉我们,除了理性根据外,传统也保留了权利,并且在一个相当大的范围内规定了我们的制度和行为。但是这并不意味着浪漫主义与启蒙运动的彻底决裂,相反,他们都承认了一个共同的前提,就是传统与理性的对立。

伽达默尔认为传统与理性之间并不存在这样一种绝对的对立。事实上,传统经常是自由和历史本身的一个要素。传统并不能因为以前存在的东西的惰性就自然而然地实现自身,而是需要肯定、掌握和培养的。由此,伽达默尔又得出一个命题:"传统的本质是保存。"[①]保存是一种理性的活动,而且是一种难以觉察的不显眼的理性活动,即使在生活受到猛烈改变的地方,比如革命时代,远比任何人所知道的

---

① 〔德〕伽达默尔:《真理与方法》,洪汉鼎译,上海:上海译文出版社,1999年,第361页。

多得多的古老东西在所谓改革一切的浪潮中仍保存了下来,并且与新的东西一起构成新的价值。保存与破坏和更新的行为一样,是一种自由的行动。伽达默尔说:"我们经常处于传统之中,但传统不是某种另外的异己的东西,它一直是我们自己的东西,一种范例和借鉴,一种对自身的重新认识,在这种自我认识里,我们以后的历史判断几乎不被看做为认识,而被认为是对传统最单纯的吸收和融化。"①也就是说,历史并不隶属于我们,而是我们隶属于历史。早在我们通过自我反思理解我们自己之前,我们就以某种明显的方式在我们所生活的家庭、社会和国家中理解了我们自己。

在对待传统和现在的关系上,伽达默尔打破了西方历史上主客二分的思想框架,不再把历史看做是外在、固定、封闭的对象,研究历史的人不是不参与其中而去追求纯粹客观的历史知识,而是作为历史的一部分,人既是导演又是演员。古今之间存在的时间距离过去常被认为是一种理解的障碍,一种错误的前见,但是伽达默尔说,一切理解都必然包含某种前见,时间距离并非像历史主义所主张的,为保证历史的客观性必须在理解中加以消除,相反,应该把时间距离看成是理解的一种积极的创造的可能性,保持开放的态度,包括对历史、传统的开放,建立一种对话关系,使双方的视域不断相互渗透,趋向融合,在这个过程中,新的意义不断创生。

传统不是某种另外的异己的东西,它一直是我们自己的东西,一种范例和借鉴,一种对自身的重新认识,而"理解一种传统无疑需要一种历史视域。"②"视域"(Horizont)就是看视的区域,"这个区域囊括和包容了从某个立足点出发所能看到的一切",③它本身包含了一种限制视觉可能性的立足点。历史视域是靠把自身置入一种历史处境中而

---

① 〔德〕伽达默尔:《真理与方法》,第361—362页。
② 〔德〕伽达默尔:《真理与方法》,第391页。
③ 〔德〕伽达默尔:《真理与方法》,第388页。

获得的,而"人类此在的历史运动在于:它不具有任何绝对的立足点限制,因而它也从不会具有一种真正封闭的视域"。① 视域其实就是我们活动于其中并且与我们一起活动的东西,视域对于活动的人来说总是变化的。当我们的历史意识置身于各种历史视域中,这些视域共同形成了一个自内而运动的大视域,"这个大视域超出现在的界限而包容着我们自我意识的历史深度"。② 历史是一个流变的整体,大视域是唯一存在的视域(Perspektive),任何封闭、孤立的"现在视域"和"过去视域"都只能是人为的抽象。钱穆探讨中国文化所采取的"历史的方法"与伽达默尔"历史大视域"的思想是一致的,都对时间距离持肯定态度,不是把它看成过去与现在的鸿沟,而是理解得以进行的前提条件和积极创造的可能性,而这种创造的基础在于:在理解过程中产生一种真正的"视域融合"(Horizontverschmelzung)。③

作为一种文化传统,能流传下来,说明它们都有各自的生命力,事实上传统的内在张力不仅表现在对时间距离的跨越,伽达默尔告诉我们历史从过去生成而来,向未来延伸而去,这是从纵向维度上讲传统与现在、古与今的关系,那么在横向维度上,每个民族每个国家都有自己的传统,在众多传统并存的这样一个多元世界里,凡是延续下来的并且具有生命力的传统文化同样表现出可以与其他民族的传统文化互相融通的内在张力。也就是说,传统的弹性,不仅在于过去未来的延展,而且在于今天的兼收并蓄。这一点正与钱穆所说中国文化的"历史精神"相印证。"故中国文化,不仅有其展扩,而尤有其绵延。必就时空立方大全体观之,乃见中国文化优秀之价值。"④

钱穆的"历史精神"同样包含着伽达默尔所说的时空维度。从时间上来讲,历史上的"时间"不同于物理学中的"时间"。历史上的时间

---

① 〔德〕伽达默尔:《真理与方法》,第390页。
② 〔德〕伽达默尔:《真理与方法》,第391页。
③ 〔德〕伽达默尔:《真理与方法》,第394页。
④ 钱穆:《钱宾四先生全集·文化与教育》,台北:联经出版公司,1998年,第7—8页。

具有绵延性,是过去、现在、将来的统一体。历史不仅是一种经验,更是一个生命,生命不可能由中间切断,是我以往生命之积累演变开展而来。历史时间过去的未过去,依然存在着;未来的早来到,也早存在着。惟在此时间中,必有其内容演变,而始成其为历史。我们研究过去的历史事件,实际是根据过去来了解现在,不仅如此,还要据此知道将来。历史事件是一种远从"过去"透过"现在"而直达将来的,有一种"一贯"的历史精神在其中。因此,钱穆说,历史是一种"认识我们生命的学问"、"把握我们生命的学问"。"凡属历史生命与文化生命,必有两种特征。一是变化、一是持续。只有把握这两点,才能了解历史的真精神。史学是一种生命之学,研究文化生命,历史生命,该注意其长时间持续中之不断变化与不断翻新。要在永恒中有日新万变;又要在日新万变中,认识其永恒持续的精神。这即是人生文化最高意义和最高价值之所在。"①

从空间上来讲,中华民族的历史也是一个民族、文化不断融合的过程。中国自秦以来,就是一个大一统的多民族国家,中国文化的融合精神首先表现在民族融合。民族创造出文化,文化又融凝此民族。中国古代民族观不以血统而以文化作为标准。中国民族是禀有坚强的持续性,而同时又具有伟大的同化力的,这大半要归功于其民族之德性与其文化内涵。中国文化的包纳性、同化力,可以从学习、消化佛学中得到证明。可以说儒学吸纳佛学而成的宋明理学,是中国文化融合外来文化最成功的个案。钱穆认为,中国文化的包纳性与同化力归功于中国的"天人合一"观念。在钱穆看来,天人合一有两方面的内涵:一是指人文与自然的合一。天就是自然,所谓天赋之性就是先天的自然本性,"性是天赋,又可以说是从大自然产生,故曰'天命之谓性'"。② 率性之谓道,就是"要把人类天性发展到人人圆满无缺才是

---

① 钱穆:《钱宾四先生全集·中国历史精神》,台北:联经出版公司,1998年。
② 钱穆:《中国文化十二讲》,台北:东大图书公司,1987年,第9页。

道。这样便叫做尽性。尽己之性要可以尽人之性,尽人之性要可以尽物之性"。① "人文求能与自然合一……中国人看法,性即是一自然,一切道从性而生,那就是自然人文合一。换句话说,即是天人合一。"②二是指人文世界的统一。他说:"惟其人类乃由不同种类相杂而成,于是乃有所谓'化'。如男女结合为夫妇,即化成了家庭。循此而往,群体日扩,人文日进,全人类相融,即化成为天下。因此,中国人之人文观,乃由人之一观念,直演进到天下之一观念,而一以贯之。"③一以贯之的基础在于善,每个人若能发挥天赋善性,则人类相处可以终极完成为一个天下,"此所谓天下者,就是天下一家之天下"。④ 从婚姻、家庭到社会、国家,中国人注重的是"和合"。这种国民性格的和合性深刻反映了中华民族融合精神的渗透力。

钱穆一生以抉发中国历史和文化的主要精神及其现代意义为治学的宗旨,而儒学是中国文化的主干和核心,所以他最后必然要归宿到儒家思想。对于钱穆来讲,儒家不仅是客观的研究对象,也是中国人基本的价值系统。余英时认为,钱穆对儒家的看法可以分为两个层次:历史事实层次和信仰层次。⑤ 在历史事实的层面上,儒家的价值系统并不是几个古圣先贤凭空创造出来而强加于中国人身上的。相反,这套价值早就潜存在中国文化生活方式之中,不过由圣人整理为系统而已。正是由于儒家的价值系统是从中国人的日常生活中提炼出来的,所以它才能反过来发生那样深远的影响。中国人的生活在两千多年中不断变化,儒家思想自然也不可能静止不动。儒家在各个历史阶段都根据新的生活现实而更新其价值系统,使之能继续发挥引导和规范作用。钱穆以史学家的立场,把儒家分为六个时期,并看成一个不

---

① 钱穆:《中国文化十二讲》,第12页。
② 钱穆:《中国文化十二讲》,第13—14页。
③ 钱穆:《民族与文化》,香港:新亚书院,1962年,第3页。
④ 钱穆:《民族与文化》,第48页。
⑤ 余英时:《钱穆与中国文化》,上海:上海远东出版社,1994年,第45页。

断与时俱进的活的系统。"第一,先秦是创始期。第二,两汉是奠定期,以经学为主,而落实在一切政治制度、社会风尚、教育宗旨以及私人修养之中。第三,魏晋南北朝是扩大期,不但有义疏之学的创立,而且扩大到史学,从此经、史并称。第四,隋唐是转进期,儒学在经、史之外又向文学转进。第五,宋元明是儒家之综汇期与别出期。所谓综汇,指上承经、史、诗文的传统而加以融汇;所谓别出,则是理学。第六,清代儒学仍沿综汇与别出两路发展,但内容已不相同。清儒别出在考据而不在理学。晚清公羊学的兴起则更是别出之别出。"[①]钱穆对中国儒学发展的分期具有两个特点:第一,他完全依照中国学术思想史内在演变的脉络而分期,不涉及与西方的比附。第二,儒学是不断发展与扩大的,并不限于哲学领域。儒学成为中国文化的主干,是由儒学的基本精神和历史发展的客观事实决定的,而不是什么人的一相情愿。儒学的精神,是几千年中国人的生活方式、行为方式、思维方式、情感方式和价值取向的结晶,决不是某人某派主观意向和情感决定的。钱穆坚持的儒学大传统或中国文化的大传统,不是孤立、狭窄、单线、片面的,他没有门户之见。

在价值信仰的层面上,钱穆深信,儒家的价值系统不但是造成中国民族悠久与广大的一个主要动力,而且仍然可以为中国的现代化提供一个精神的基础。钱穆的儒家信仰在一段自序中写得尤其亲切。他说:"顾余自念,数十年孤陋穷饿,于古今学术略有所窥,其得力最深者莫如宋明儒。虽居乡僻,未尝敢一日废学。虽经乱离困厄,未尝敢一日颓其志。虽或名利当前,未尝敢动其心。虽或毁誉横生,未尝敢馁其气。虽学不足以自成立,未尝或忘先儒之矩,时切其向慕。虽垂老无以自靖献,未尝不于国家民族世道人心,自任其匹夫之有其责。虽数十年光阴浪掷,已如白驹之过隙,而幼年童真,犹往来于我心,知天良之未泯。自问薄有一得,莫匪宋明儒所赐。顾三十以后,虽亦粗

[①] 钱穆:《中国儒学与中国文化传统》,《中国学术通义》,台北:学生书局,1984年。

有撰述,终于宋明理学,未敢轻有所论著。……平居于两《学案》最所潜心,而常念所见未切,所悟未深,轻率妄谈,不仅获罪于前儒,亦且贻害于当代。故虽私奉以为潜修之准绳,而未敢形之笔墨,为著作之题材也。"① 由此可见,以人生信仰而言,钱穆向往儒家的精神境界,毕生奉持的也是儒家的立身原则。钱穆对宋明理学十分推重,但是他并不接受理学家的道统观。他说韩愈所首创的道统实是模袭禅宗,声称宋明两代所争持之道统,只是一种主观的道统或说一线单传的道统。这种道统是截断众流的,是孤立的,因而甚为脆弱,极易中断。真的道统须从历史文化大传统言,整个历史文化大传统才是道统。钱穆的道统观和他对儒学史的发展与扩大的看法完全相符,与其他的新儒家学者相比,这与其说是一位哲学家的道统观,不如说是一位思想史家的道统观。

钱穆认为,要复兴中国民族传衍悠久的文化,儒家思想的复兴是其最主要的主源,他提出了以儒学复兴为主体的文化纲领。他追根溯源,远宗孔子,认为中国学术具有最大权威者为孔子和"六经"。孔子是中国学术史上人格最高之标准,而"六经"则是中国学术史上著述最高之标准。他把孔子所创立的宗教称为"心教"。中国的人生观是"人心"本位的。中国人所谓心,并不专指肉体心,并不封蔽在各小我自体之内,而实存在于人与人之间。哀乐相关,痛痒相切,中国人称此种心为道心,以别于人心。现在可以称之为文化心。所谓文化心者,因此种境界实由人类文化演进陶冶而成。亦可说人类文化,亦全由人类获有此种心而得发展演进。中国人最先明白发扬此意义者,则为孔子。我们可以说西方的宗教为上帝教,中国的宗教则为"人心教"或"良心教"。西方人做事每依靠上帝,中国人则凭诸良心。西方人以上帝意旨为出发点,中国人则以人类良心为出发点。西方人必须有教堂,教堂为训练人心与上帝接触相通之场所。中国人不必有教堂,而亦必须

---

① 钱穆:《钱宾四先生全集·宋明理学概述序》,台北:联经出版公司,1998年。

有一训练人心使其与大群接触相通之场所。此场所便是家庭。中国人乃以家庭培养其良心,如父慈子孝兄友弟恭是也。故中国人的家庭,实即中国人的教堂。中国人并不以家庭教人自私自利,中国人实求以家庭教人大公无私。各人的私生命,亦存在于人类大群的公心中。所谓人生之不朽与永生,亦当在心的生命方面求之,即人类大群公心的不断生命中求之。人的生命,能常留存在人类大群的公心中而永不消失,此即其人之不朽。必达到他人心中有我,始为我生之证。若他人心中无我,则我于何生。依照孔学论之,人生即在仁体中。人生之不朽,应在此仁体中不朽。人生之意义,即人人的心互在他人的心中存在之谓。永远存在于他人的心里,则其人即可谓不朽。

如果说汉儒借助阴阳五行的思维模式,重新阐发了儒家思想,宋儒又借助禅宗"明心见性"的直观方式,重构儒学体系,那么钱穆便是借助西学对儒学做新的阐发。钱穆认为儒家思想中就包含着西方的民权思想和人道主义。关于民主思想,钱穆提出了著名的中国传统政治非专制论,所谓"主权在民"与"三权分立"早就存在于中国传统政治和儒家思想中,只是表现形式有所不同而已。儒家的"民贵君轻"说,是这一要义的集中表现,它着重强调国之本在民而不在君。钱穆对科举制度赞不绝口,认为正是科举制度保障了中国传统政治的平民性,士人参政决定了中国传统政治的基本性质。士人作为民意的代表和政权的基础,使传统政治的重心向民主方面倾斜。在这个意义上,他把中国传统政治名之为"学人政治",学人政治成为儒家民本主义政治思想的现实保障。在学人政治下,君主首先必须接受学统的制约。儒家主张道高于君,强调孔子贤于尧舜,目的就在于确立师尊于君的地位。另外,君主还要受到相权的制约。儒家思想重臣不重君,君权的合法性根源于天,然而对天道的阐释权却在臣手里,也就是说君权的合法性实际上必须通过臣的解释来赋予。关于人道主义,钱穆认为,中国式的人道主义就是儒家倡导的根柢于家族的以孝为本位的大群精神。西方人道主义的关键词是自由二字,而儒家人道主义的核心是孝悌二字。孝的本质是"无违",实际上意味着"克己复礼"的日常实践。儒家平民化精神,正是于"洒扫应对"的日常生活中体味人生的最高原则,这也是消化和磨炼自我的最佳途径。孝当然也不是封闭的,它向整个社会乃至宇宙开放。在家为孝子,在朝为忠臣。在天人关系中,也可以看到这种孝的绵延,以天为父,以地为母,所谓天人合一,实际上也是家族观念的放大。孝父、忠君、顺天,可以说是中国文化传统精神的最高宗旨,这六个字概括了传统中国人的宇宙观、人生观和政治观。

依钱穆的观点,以儒学为本位的中国传统文化与西方文化主要体现出以下几方面的不同:

在宇宙观人生观上,中国文化讲究天人合一,物我一体;而西方文化则注重天人对立,物我对立。在钱穆看来,"天人合一"不仅是中国道德精神、人生修养的最高境界,也是中国文化的精髓所在。而与之相对的西方文化则以对自然的无限征服欲表现出天人对立的世界观和人生观。西方人的人生观重自由、组织和联合,强调"两体对立"。而中国人看重人生和社会的浑然一体。"大言之是自然,是天;小言之,是各自的小我。"①"小我"逐渐生长、扩大而后圆成,逐渐与"大自然"融合浑化为一体,这就是中国人的人生观。

在文化特性和民族性格上,中国文化追求安、足、静、定,西方文化则为富、强、动、进。中国文化是典型的大陆农耕文化,西方文化则为地道的滨海商业文化。农耕文化可自足无事外求,不求空间之扩张,"惟望时间之绵延",故农耕文化为"安、足、静、定"型文化。而游牧商业文化起于内不足,需向外寻求、征服,以"吸收外面来营养他自己",故游牧商业文化为"富、强、动、进"型文化。中国文化的特性是安定守成、敦厚平和的。而西方文化的特性常表现为流动进取、征伐侵略的。

---

① 钱穆:《中国文化史导论》(修订本),北京:商务印书馆,1994年,第17页。

在文化精神上,中国文化是和合的、内倾的;西方文化则与之相对为分别的、外倾的。"西方文化的最高精神是'外倾的宗教精神',中国文化的最高精神是'内倾的道德精神'。外倾精神之发展,一方面是科学,又一方面是宗教;内倾精神之发展,一方面是政治,另一方面是道德。"①钱穆认为,西方人常看世界是两体对立的,在宗教上也有一个"天国"和"人世"的对立,在个人有一个肉体与灵魂的对立。而中国人则较为倾向"身心一致"的观念,在他们看来,世界只有一个,并不看重也不信有另外一个天国。中国人虽要求永生,但也只是想永生于这个世界上,并不想超越世界、超越社会。中国人认为自我与世界是融为一体、和合为一的。故"在西方发展为宗教的,在中国只发展成'伦理'"。② 文化的和合性和分别性还体现在政治、经济以及学术研究等诸多方面上。在政治上,中国的政治是集团性,君与臣、臣与臣之间相互合作,相当于君主立宪,而绝非君主专制。西方的传统政治则是君主专制。在经济上,中国主张平均,而西方则主张竞争。在学术上,中国文化重融通,一切学问皆会通合一;西方文化则重区分,学术贵分门别类。

概言之,以儒学为本位的中国文化传统,以人文为中心,以人生为本位,因而最富人文意识,最重人文精神。"中国文化可谓之乃一种人本位之人文化,亦可称人伦化,乃一种富于生命性之文化。西方则为一种重物轻人之器物化、唯物化,进而为机械化,无生命性。此则其大异处。"③因此所谓的"内倾",是一种向内在心性修养的倾斜。己立而后立人,己达而后达人,尽己性而后可以尽人之性、尽物之性,自己先求合道,始可望人人各合于道,这才是内倾型文化的本质特征。

所谓视域(horizon),是指的某种思想观念的平台。比如,我们可

---

① 钱穆:《钱宾四先生全集·文化学大义》,台北:联经出版社,1998年,第60页。
② 钱穆:《钱宾四先生全集·中国文化史导论》,台北:联经出版社,1998年,第19页。
③ 钱穆:《钱宾四先生全集·现代中国学术论衡》,台北:联经出版社,1998年,第112—113页。

能采取一种知识论的视域,对儒学进行一种对象化的"客观"考量;我们也可能采取一种伦理学的视域,对儒学进行一种道德化的"价值"评判;我们还可以采取一种更"形而上"的视域,对儒学进行一种"纯粹哲学"的研究;如此等等。钱穆和冯友兰同样是以史学为背景的思想家,他们在历史学领域都取得了卓越的成就。冯友兰曾把自己的贡献概括为"三史释古今"。"三史"是指《中国哲学史》、《中国哲学简史》和《中国哲学史新编》。冯友兰的《中国哲学史》是二十世纪中国哲学史学科的奠基之作。冯友兰的名字也与中国哲学史学科的建设与发展紧密地联系在一起,成为研究中国哲学史不可能绕过的人物。钱穆早年也主要致力于史学方面的研究,其史学包括历史(主要指通史、史学理论、史学方法等)、学术思想、文化三大领域。学术思想是钱穆学术的重心,即治学的主线,他从史学立场出发,在诸子学、经学、玄学、佛学、理学、清代学术等方面都有创新。主要史学名著有《刘向歆父子年谱》、《先秦诸子系年》、《中国近三百年学术史》、《国史大纲》、《朱子新学案》等。有人把钱穆与陈寅恪、吕思勉、陈垣并称为"中国现代史学四大家"。冯友兰侧重的是中国哲学史,而钱穆侧重的是学术思想史,但二人都以史学为进路,因而对文化的关注都有一种"历史的视域"。

钱穆在其文化思想研究的代表作《文化学大义》中给文化下了这样的定义:文化即人生,文化即人类的生活。他指出:"文化是指集体的大群的人类生活而言。在某一地区、某一集团、某一社会或某一民族之集合的大群的人生,指其生活之各部门各方面综合的全体性而言,始得目之为文化。文化既是指的人类生活之综合的全体,此必有一段相当时期之绵延性与持续性。因此文化不是一平面的,而是一立体的,即在一空间性的地域的集体人生上面,必加进一时间性的、历史的发展与演进。文化是指的时空凝合的某一大群的生活之各部门各方面的整一全体。"[①]从钱穆的文化定义我们可以看出,他是站在一个

---

① 钱穆:《钱宾四先生全集·文化学大义》,第4页。

史学家的立场,将文化置于一个历史的全场里进行考量,注重文化的包容性、完整性和传统性。在钱穆眼里,文化和历史、人生是密不可分的。文化是历史绵延之全过程,而历史又是由社会大群体共同集合的人生所构成的,无论是物质的还是精神的均是如此。所以钱穆认为,文化乃是历史之真实表现,亦是历史之真实成果,舍却历史,即无文化。

钱穆还通过文化与文明的比较进一步探讨文化的内涵。在另一部文化学专著《中国文化史导论》中,他指出,文明偏在外,属物质方面;文化偏在内,属精神方面。文明可以向外传播与接受,文化则必由其群体内部精神累积而产生,文化可以产生文明,文明却不一定能产生文化。他也据此提出了中西文化之区别:西方文化是外倾的,是物质文化;中国文化是内倾的,是精神文化。冯友兰的《新事论》是运用《新理学》的"体"与"用"的观点在文化领域"别共殊"。他认为东西文化之别不是东西之异,也不是古今之别,而是类型的区别。将西方文化称为"物质文化",将中国文化称为"精神文化",正是从"类"的观点来看待文化。另外冯友兰还强调文化的时代性和民族性,时代性是文化的共性,而民族性是文化的个性,文化是共性与个性的统一,这同样是将文化置于一个历史的全场里进行考量,注重文化的包容性、完整性和传统性。

在文化的起源上,钱穆是典型的地理环境决定论者。他认为人类文化不同,归根结底是因其自然环境的不同,特别是气候、地理位置的不同而导致物产之异,而最终影响人们的生活方式,再由生活方式的不同而引生出兴趣、观念、信仰乃至行为及心理等种种差异,如此一来,文化精神必然相异。冯友兰虽然没有提出地理环境起决定作用,但是在其早期的文化思想中,同样认为地理、气候、经济等条件是形成历史的重要因素。

尽管有着相同的历史学科背景,但现在学界通常将冯友兰称为

"哲学家",而将钱穆称为"国学大师",何以会产生这种差别?若以现代西方哲学的标准看,在哲学思想方面,钱穆有三方面是不及冯友兰的:一是理论体系的建构;二是理论分析的深度;三是思想境界的高度。

在哲学理论体系的建构方面,冯友兰建立了自己的"新理学"的哲学体系,其中最具特色的应属形而上学本体论的重建。冯友兰自觉运用逻辑分析的方法,以"觉解"为逻辑原点,通过层层的分析综合,最后得到了极为抽象的理、气、道体、大全的概念,并以这些概念建构了自己的形而上学体系。可以说,逻辑分析的方法在这个过程中起了至关重要的作用。以形而上学本体论为基础,冯友兰又提出了颇具特色的人生境界理论。与冯友兰相比,钱穆的哲学思想中缺乏形而上学体系的建构,这对于一个哲学家来说,是一处硬伤。

在哲学分析的深度上,钱穆也是不及冯友兰的,这一点可以从二人对人生境界的论述中看出。钱穆常将人生分为物质人生和精神人生两个侧面,并且考察了人生发展的三个阶段,即由生活而有行为与事业,再到性命与德性,力图告诉人们人生的本质在于过一种精神生活,人生的意义在于德性与性命的培养。由钱穆的论述,我们可以看到,他对人生境界的划分是粗线条的,对道德行为的论述是不严密的。其实在物质人生、社会人生和艺术人生三个层次里面,人都是可以作出合乎道德的行为的,这样合乎道德的行为和德性的真正实现又有怎样的关系,钱穆却没有进一步的说明。冯友兰以"觉解"为出发点,对容易造成混淆的道德行为做了深入的分析。冯友兰认为,道德行为必以"觉解"为基础,知识对于境界的保持是必须的。自然境界中的道德行为是自发的,而天地境界中的道德行为则是自觉的。最高的天地境界必经过理性的过程始能达到,真正的道德行为也必经过理性的过程才能保持。在自然境界中,人有自发的合乎道德的行为,但这样的行为是自然的礼物,天地境界中的人能如此却是精神的创造,二者是不同的。没有经过理性的支持与引导为道德事的行为不是真正的道德行为,出于无知的无畏也不是真正的大无畏。这样冯友兰以"觉解"为基础,对容易造成混淆的自然境界和天地境界做了区分,从而将天地境界提高到了形而上的高度。

钱穆的最高境界是"艺术人生",冯友兰的最高境界是"天地境界"。钱穆把人生分为物质人生、社会人生和精神人生(艺术人生)三个层次,与此相对应形成了西方、印度和儒家三种文化路向。钱穆认为,艺术人生不仅统一了物质与精神、情感与理智、自然与人文,而且贯通生死,实现了无我与不朽,因此艺术人生是人生的最高境界。钱穆的艺术人生,类似于冯友兰说的道德境界,天理人欲经过一番大交战,最后实现一种道德的人生。在实现最高境界的方法上,二人都讲直觉,但钱穆的直觉显然是基于"人性本善"的"良知良能",而冯友兰的直觉,却是经过充分"觉解"的"智的直觉"。自然境界和天地境界中存在着形式上类似的合乎道德的行为,但天地境界中的人并不止于此种道德行为,知天者所行的事具有一种即道德而超道德的价值,可以从形下的事物中见到宇宙人生大全之理。这使得天地境界中的人于道德行为之中体验到一种淡泊绵长的平宁喜乐,这是一种超越了苦乐对待的快乐。当代心理学家马斯洛称这种快乐为"高峰体验"。一切自然而生、不期而至,源源不断,如歌如诉。道德行为全然不是为了消除匮乏、避免痛苦、远离苦恼和死亡,也不是为了本身以外的什么目的而为。"这种欢悦具有一种遍及宇宙或超凡的随和性质,超越了各种各样的敌视恶意。它完全称得上幸福愉悦、生气勃勃、神采奕奕。这种欢悦具有一种丰富充裕、漫衍四溢的性质,它不是由匮乏性动机驱动的。……它有一种凯旋的特性,有时也许具有解脱的性质。它既是成熟的又是童真的。"①冯友兰称这种快乐为"乐天"。这样一种"乐天之乐",是道德境界的人们无法体会的。

---

① 〔美〕马斯洛:《自我实现的人》,北京:三联书店,1987年,第256、258页。

鉴于以上几点,学界通常不会把钱穆称为"哲学家"。钱穆的哲学思想与其他同辈哲学家相比,也许是薄弱的,但是钱穆在国学方面的造诣,却是同时代任何一位学者难以望其项背的。国学研究方面,钱穆传统文化功底之深厚无人能及,他在治学范围的广度上无疑也是大大超出冯友兰的。所谓国学,是指以儒学为主体的中华传统文化与学术,而哲学只是其中的一支。钱穆一生以阐释和弘扬中国文化为己任,他学识渊博,著作等身,一生著述共有五十六种五十四册,约一千五百万字,给中国文化研究留下了宝贵的精神遗产。按现代学科门类划分,他的治学范围广及史学与史学史、哲学及思想史、文化学及文化史、政治学与制度史、文学、教育学、历史学、地理学等,按照中国传统分类法,其学问兼涉经、史、子、集四部,在人文学科中可以称得上是一位百科全书式的学者,其国学大师的地位毋庸置疑。

钱穆学术思想的特点,与他方法论上的保守主义直接相关。冯友兰在文化上是保守主义的,但是在哲学方法论上是开放的,他自觉吸收了西方逻辑分析的方法,并且用这种方法来"治整部中国哲学史",而钱穆从文化上的保守主义直接走向了哲学方法论上的保守主义。钱穆对逻辑分析的方法不屑一顾,是因为"哲学"在钱穆那里根本就不是作为一门学科而存在的。钱穆视野中的"哲学"是关于中国人人生的学问,是关于中华民族历史的学问。"哲学"不是一种"知识",而是一种"生命"。对待这样一种"生命的学问",显然不能采取逻辑分析的方法。在方法论上,钱穆延续了他的"历史精神",完全以一种中国式的方法来解读中国人的文化。具体体现在两个方面:第一,以文言话语为工具;第二,以"以经释经"为原则。

钱穆提出:"一民族文字文学之成绩,每与其民族之文化造诣,如影随形,不啻一体之两面。故觇国问俗,必先考文识字,非切实了解其文字与文学,即不能深透其民族之内心而把握其文化之真源。"[①]一个

---

① 钱穆:《中国文学论丛》,北京:三联书店,2002年,第1页。

民族的文字是对待这个民族文化的特定方式。钱穆对中国传统的语言文字——文言文情有独钟。在他看来,文字、文化是一脉贯通的,中国传统的语言文字无论就波及的地域,还是绵延的时间都举世无双。文言文经历了上千年的跨幅,在现代仍保持着可读性,说明汉字文言文具有高度的容纳能力,文言文是比西方的文字更加适合表达中国人思想的智慧结晶。文言话语正是因为没有西方的逻辑、理性等逻各斯中心主义的累赘,可以有助于打破西方逻各斯中心主义的传统。钱穆对文言文的强调,一方面来自于对文言所承载的东方文明古国之历史传统的"温情与敬意"。正如他在《国史大纲》篇首所言:"所谓对本国以往历史略有所知者,尤必附随一种对其本国以往历史之温情与敬意。所谓对本国以往历史有一种温情与敬意者,至少不会对其本国以往历史抱一种偏激的虚无主义,亦至少不会感到现在我们是站在以往历史最高至顶点,而将我们当身种种罪恶与弱点,一切诿卸于古人。"①德里达曾经说过,以中文为代表的非拼音文字,足以证明有一种完全在逻各斯中心主义之外发展起来的强有力的文明。德里达所赞扬的"中文",显然不是指现代中国人所使用的汉语,中国文化近代化进程开始以后,大量的西方思想涌入,现代汉语因为掺杂了太多的外来因素而变得"洋味十足"。近现代人所使用的中文,已经自觉或不自觉地融入"逻格斯中心主义"的框架里,不能再在"逻格斯中心主义"之外支撑起一个"强有力的文明"。从这个角度讲,只有文言文,因为其原汁原味的中国气派,理所当然担当起承载中华传统文化的重任。如此,便不难理解对"本国以往之历史"抱有"温情和敬意"的钱穆所做的选择。与其说是钱穆的选择,不如说是历史的选择。

另一方面来自于对胡适等人发起的"白话文运动"的回应。胡适认为白话文浅显易懂,说什么就写什么,不信古人,不用典故,更符合时代的潮流,白话文代替文言文是历史的必然。钱穆对此提出了激烈

---

① 钱穆:《钱宾四先生全集·国史大纲序》,台北:联经出版社,1998年,第19页。

的批判,他认为胡适所谓的白话文是从西方而来,亦非真白话,胡适等新派文人,既无文学修养,又少文学情味,"刻薄为心、尖酸为味、狭窄为肠、浮浅为意。俏皮号曰风雅,叫嚣奉为鼓吹、陋情戾气,如尘埃之谜目,如粪壤之窒息。植根不深,则华实不茂,膏油不滋,则光彩不华。"①白话文不仅是从西方而来,而且极易受到方言的影响,不适合入学,也不容易在全国传播。钱穆虽然反对白话文的形式,却接受白话文的精神。形式上的白话文实际上来源于西方,已经为西方的话语系统所支配,但是白话文的精神是可贵的,那就是形成一种为大部分人容易接受的语言形式,以实现历史文化传播与传承的重任。钱穆主张用白话文的精神融入于旧文言当中,提出将口语经过一定的"雅化"过程,形成规范的书面语言。就像十五《国风》虽然都来源于民间,经过官方的"雅化"却能为全国所接受,并且一直流传到现在。文字的这种一脉贯通,构成了传统与现代互动的前提。胡适和钱穆对待语言文字的态度,反映出他们各自对待传统的态度的差异:胡适强调时代性,钱穆强调继承性;胡适要用"科学的方法"破旧立新、整理国故,而钱穆要用"历史的方法"解读文化、再造文明。

  钱穆将历史分为三部分:一为历史本身,一为历史材料,一为我们所需要的历史知识。历史本身,就是我们人生整个以往的经验。"历史即是人生,历史是我们全部的人生,是全部人生的'经验'。"对这些人生经验的文字记载,称为历史材料。我们凭借这些材料和记载,来反看以往的历史抑或预测将来,这叫做历史知识。历史本身我们无法直接接触到,所以历史知识只能直接来源于历史材料。对待历史材料,要有审慎的态度;对待历史传统,要有深沉的情感。只有这样,才能获得我们所需要的最有价值的历史知识,在日新万变的历史发展中,认识其永恒持续的精神。这也是中国人生文化最高意义和最高价值之所在。

  对待历史材料,钱穆采取的是一种利用文献本身互相释证的方

---

① 钱穆:《现代中国学术论衡》,台北:东大图书公司1984年,第19页。

法，这里暂且称为"以经释经"的方法。"以经释经"在中国历史上早就存在，钱穆的"以经释经"有两点需要注意：第一，"以经释经"并不是说阐释者不可以有自己的见解，而是说不假借外来的观念，特别是西方的观念。在文本和诠释者的关系上，钱穆从来就不反对诠释者提出自己的见解。他的《论语新解》和《朱子新学案》都是对传统儒学经典文本的解读。钱穆自己也承认，写作的目的不仅是讲孔子和朱子之"已说"，更是讲他们之"未说"。这"未说"的部分其实正是钱穆之说，也是"新"字所在。因此"以经释经"不是材料的罗列，而是有诠释者的精神和心血在里面。钱穆最擅长的治学方法，是利用原始文献内部互相释证以得出结论，而不假借任何外来观念。这一点在二十世纪的中国学术界，尤其难能可贵。面对西方文化浪潮的冲击，中国学术界即使最具有保守形象者如王国维，亦不免取外来之观念与固有之材料相参证，但钱穆始终坚持将全副精神用在钻研中国旧有经典文献上，不稍稍假借一个西方理论或思想观念作为依傍，这也表现出钱穆一贯坚持的学术立场。第二，"以经释经"不是"为经而经"，其目的是"经世致用"。"以经释经"的方法在清代学术界最为流行。钱穆赞扬清人注意从以往历史文献中发掘实学的治学方法，但批评他们脱离社会现实，为学术而学术的治学态度。清人偏向于纯文字的书本之学，看轻了实际人生，把兴趣集中在几本遥远陈古的书籍上，脱离了人文中心，汉儒是把圣人神化，清儒则把圣人书本化。在这一点上，钱穆与同作为史学巨匠的傅斯年区别最为明显。傅斯年是五四文化干将与史料考订派的主力，主张历史研究只为获得历史真实，不能加入自己的主观，尤其反对学术经世致用、参与现实。钱穆则具有强烈的现实关怀与经世愿望，他对史学的研究以扭转世风、复兴国家、引导未来为目的。在治史方法上，傅斯年主张严格根据史料说话，而钱穆除了考证性论著之外，还有大量阐述自己思想体系的通论。由此可以看出，史学在傅斯年眼中只是"史料学"，而在钱穆眼中却是"生命之学"。

钱穆说:"凡属历史生命与文化生命,必有两种特征。一是变化、一是持续。只有把握这两点,才能了解历史的真精神。史学是一种生命之学,研究文化生命,历史生命,该注意其长时间持续中之不断变化与不断的翻新。要在永恒中有日新万变;又要在日新万变中,认识其永恒持续的精神。"钱穆并不是不讲时代性,他也认识到历史的变化和发展。但是与胡适相比,钱穆更强调继承性。将钱穆的保守主义理解为僵化教条一成不变是完全错误的,钱穆也重视"长时间持续中之不断变化与不断的翻新",只是钱穆的"新"是"老树新芽"的"新",而不是"破旧立新"的"新"。中国文化的扩充与发扬,始终是以"内聚"和"自足"的形态拓展,在不断演出新的内涵与意义的同时,保持着一种"永恒持续的精神"在里面,那就是中国的民族精神。中国三千年的文化生命形态如是,钱穆的学术生命亦如是。到这里我们似乎可以有所了解,何以冯友兰有西方的哲学形而上学,而钱穆只有中国的道德理想主义。二十世纪的中国知识分子不约而同地对西学敞开了怀抱,而钱穆却谨守着内心对传统文化虔诚的信仰,以一个历史学家的"历史情怀"来关照整个华夏民族的文化与精神。所谓"保守"二字,若解为"保护"与"持守",与钱穆采取彻底保守主义之初衷相印证,虽不中亦不远。

钱穆被称为"最后一位国学大师"。有人认为,他的离去,"代表着一个时代的结束,也是传统国学的终结"。[①] 1967年10月,钱穆夫妇正式迁台定居,自此再也没有回到生他、育他的这块土地。尘埃落定之后,我们终于可以仔细地、客观地审视这位对传统文化抱有"温情与敬意"的人物,我们也力图能指出他的一些不足,但更多的是为了从他的思想中获取一些有助于今天我们思考的精神资源。只有抱着同情的态度去反思他的思想,才能回想我们自身,钱穆哲学思想的意义也许会由此得证。

---

① 赖福顺:《钱穆先生的教学与学术》,见马先醒主编《民间史学》"钱宾四先生逝世百日纪念",1990年,第101页。

第十章

徐复观的儒学思想

第一节　徐复观与当代新儒家

在中国大陆,徐复观与牟宗三、唐君毅一直以熊十力在港台的三大弟子而闻名。但是,平心而论,在三人之中,徐复观确切地讲应当是一名思想史家,是三人当中最不哲学式的一位,最富哲学思辨头脑和创新精神的则是牟宗三。依据《论语》、《中庸》所言说的"智"、"仁"、"勇"三个概念,徐复观自己曾言,牟宗三是"智者型"的儒者,唐君毅是"仁者型"的儒者,而他自己则因时时将中国人文精神的阐发与时代时时相通而成为"勇者型"的儒者。当然,这样的比较并不表明徐复观的儒学思想不具有当代的价值。

徐复观(1903—1982),为二十世纪后半叶著名的思想史家,当代新儒家的主要代表人物之一。原名秉常,曾改名佛观,后由熊十力更名为复观。1903年1月31日,他生于湖北浠水一个贫苦农家。1911年起开始在父亲启蒙下读书,1915—1918年入浠水县高等小学读书,1918—1923年就读于湖北省第一师范学校。1923—1926年在由王葆心当馆长的湖北省国学馆学习。1926年后,开始投入革命活动当中。1928—1931年就读于日本明治大学经济系和陆军士官学校步兵科。1931年因参加抗议日本侵华活动而被驱逐回国,从此开始长达15年之久的军旅生涯。1935年与王世高女士结婚。抗战期间,曾与毛泽东、刘少奇、周恩来、彭德怀有过接触和往来。1943年因读《新唯识论》而结识熊十力,从此影响了他的人生旅程。抗战胜利后退出军旅生涯,并于1947—1949年创办《学原》杂志。1949年5月离开祖国大陆,开始在港台地区生活。1952年任台湾省立农学院教师,1955年开始任教于东海大学中文系兼任系主任,长达十四年之久。1969年后任香港中文大学新亚书院客座教授,1974年后一直在独立后的新亚研究所工作。1982年4月1日,因患癌症病逝于台湾大学医院,享年八十岁。

徐复观1949年之后开始交游学术和写文章,他虽然自谦"为学识所限,成就无多",但笔耕不辍,还是写下了大量著述。他更关注的是政治文化,因而一生写下了大量的时政杂文和政论文章。在徐复观的生命历程中,学术与政治是合二而一的。他一生关注的重心始终在于阐发以儒家精神为主体的中国文化,在于结合中国传统文化来思考中国的现实政治问题,在于结合西方民主政治来阐发儒家政治思想。他的更具有学术性的作品,是有关中国道德精神、中国艺术精神、中国史学精神的思想史著述。当然,如果以体系化、逻辑化的学术标准来衡量这些作品,徐复观显然不是一位纯粹的学者,他的以论文集结而成的著述占据了绝对的分量,即使是百万余言的《两汉思想史》也是如此。由于不是一名哲学家,徐复观并没有建构一种体系化的、思辨性的哲学,他的著述主要是对中国传统文化及其精神的现代疏解。

　　徐复观的著述有：《学术与政治之间》（甲、乙集）（1956、1957）、《中国思想史论集》（1959）、《中国人性论史》（先秦篇）（1963）、《中国艺术精神》（1966）、《公孙龙子讲疏》（1966）、《石涛之一研究》（1968）、《徐复观文录》（共四册）（1971）、《两汉思想史》（共三卷，卷一原名为《周秦汉政治社会结构之研究》）（1972、1976、1979）、《中国文学论集》（1974）、《黄大痴两山水长卷的真伪问题》（1977）、《儒家政治思想与民主自由人权》（1979）、《徐复观杂文——论中国》（1980）、《徐复观杂文——看世局》（1980）、《徐复观杂文——记所思》（1980）、《徐复观杂文——忆往事》（1980）、《徐复观文录选粹》（1980）、《周官成立之时代及其思想性格》（1980）、《徐复观杂文续集》（1981）、《中国文学论集续篇》（1981）、《中国经学史的基础》（1982）、《中国思想史论集续篇》（1982）、《论战与译述》（1982）、《徐复观最后杂文集》（1984）、《无惭尺布裹头归——徐复观最后日记》（1987）、《徐复观文存》（1991）、《徐复观家书精选》（1993），等等。这些著作，绝大多数都是徐复观有感而发和审慎思考的东西。当他在台湾大学附属医院即将辞世的时候，曾对自己的学术生涯总结道："三十年之著作，可能有错误而决无矫诬，常不免于一时意气之言，要其基本动心，乃涌出于感世伤时之念，此则反躬自问，可公言之天下而无所愧怍者。然偶得摸入门径，途程尚未及千万分之一，而生命已指目可数矣。"① 正是以自己的真性情，以对中国世事的炽热关心和对中国传统文化的同情理解，徐复观才以半路出家的身份写作出了一般学者难以媲美的大量著述。

　　当代新儒学（Contemporary New-Confucianism），是一个在十九世纪末二十世纪初兴起，并在二十世纪尤其是后半叶得到广泛发展和传播的思想潮流。将徐复观与当代新儒家联系起来进行考察，是我们

---

① 徐复观：《中国思想史论集续篇·自序》，上海：上海书店出版社，2005年。

分析其思想的一个必要前提。不过,就是在何谓当代新儒家这一问题上,学者们却提出了林林总总的看法。

对于当代新儒家,方克立先生采取的是一种广义的定义,他认为,可以把"在现代条件下重新肯定儒家的价值系统,力图恢复儒家传统的本位和主导地位,并以此为基础来吸纳、融合、会通西学,以谋求中国文化和中国社会的现实出路的那些学者都看做是现代的新儒家"。[①] 由他本人主编的《现代新儒学辑要》丛书,包括了五四以来的三代人,如梁漱溟、熊十力、冯友兰、马一浮、贺麟、方东美、牟宗三、唐君毅、徐复观、钱穆、刘述先、余英时、成中英、张君劢、杜维明等共十五人。

与方克立先生不同,韦政通、成中英、刘述先三位对于当代新儒家的界定则要丰富和系统地多。韦氏将新儒家的特征归纳为七点:(1)以儒家为中国文化的正统和主干,在儒家传统里又特重其心性之学;(2)以中国历史文化为一精神实体,历史文化的流程就是这一精神实体的展现;(3)肯定道统,以道统为立国之本,文化创造之源;(4)强调对历史文化的了解应有敬意和同情;(5)富有根源感,因此强调中国文化的独创性或一本性;(6)有很深的文化危机意识,但认为危机的造成主要在国人丧失自信;(7)富有宗教情绪,对复兴中国文化有使命感。[②] 成中英是将符合新儒家的条件定义为六个:(1)能够掌握儒家哲学体系及源流,决不闭关自守,反能推陈出新;(2)能够体认儒家哲学的智慧与精神,并能求力行实践;(3)能够发挥知解与分析的理性,在逻辑论证上思辨无碍,在观念建构上清晰明白;(4)能够面对现代人的知识、意志与行为等问题提出解释与解决之道;(5)能够把儒家哲学与其他中、印、西哲学体系深入比较,发挥"他山之石,可以攻玉"的效果;

[①] 景海峰编:《儒家思想与现代化——刘述先新儒学论著辑要》,"总序",北京:中国广播电视出版社,1993年。

[②] 参见韦政通:《当代新儒家的心态》,《儒家与现代中国》,上海:上海人民出版社,1990年,第215页。

(6)能够融和诸家之说,为儒家哲学开辟新天地。①刘述先的规定则更为复杂,他将当代新儒家的立场从形上学、认识论、价值论、宇宙论等十二层面进行了概括。②

从上述几种典型的对于当代新儒家的界定来看,显然有繁简之分。方先生的定义过于宽泛,而韦氏、成氏、刘氏三人的界定又过于繁杂。我们在此认为,所谓当代新儒家,指的就是在面对中西文化碰撞之时,以诸种哲学资源始终如一地重新肯认和塑造儒家基本精神价值,并坚持儒家本位主义的一种思想流派。具体讲来:一、当代新儒家学者是儒家学者,他们均认同以儒家为核心的中国传统文化,肯定历史文化精神,肯定孔子的人格及由孔子开创的儒家人文精神与心性之学。例如,徐复观先生曾直接写过《向孔子的思想性格回归——为纪念一九七九年孔子诞辰而作》,《孔子在中国文化史上的地位及其性与天道的问题》(《中国人性论史》(先秦篇)第四章)等。二、当代新儒家学者又不是传统意义上的儒家学者,他们也站在时代的高度积极吸收西方文化的精华,这主要是西方的科学与民主精神,并站在儒家哲学的视阈范围内来进行相关问题的探讨。三、他们以中国文化信念为标准,在中西文化之间进行了横向的比较,来评判中西文化的优劣。四、对于那些反驳儒家具有现代价值的著述,他们也展开了理性的批判。如果以上述标准来定义当代新儒家,那么,梁漱溟、熊十力、张君劢、冯友兰、牟宗三、唐君毅、徐复观、刘述先等都可以视作其中的主要代表,而贺麟、钱穆、方东美、余英时、成中英、杜维明等人显然不在其列。

作为一名当代新儒家学者,徐复观与当代新儒家的其他许多学者均有密切的往来,其中对徐复观影响最早的应是熊十力先生。正如他

---

① 成中英:《熊十力哲学及当代新儒家哲学的界定与评价》,李翔海编:《知识与价值——成中英新儒学论著辑要》,北京:中国广播电视出版社,1996年,第264页。
② 这十二点内容详见刘述先:《当代新儒家思想的批评的回顾与检讨》,景海峰编:《儒家思想与现代化——刘述先新儒学论著辑要》,第286—288页。

自己所言:"我决心扣学问之门的勇气,是启发自熊十力先生。对中国文化,从二十年的厌弃心理中转变过来,因而多有一点认识,也是得自熊先生的启示。"①另外,通过牟宗三的《悼念徐复观先生》与《徐复观先生的学术思想》两篇文章,我们也了解到,早在抗战时期,牟宗三与徐复观于重庆熊十力先生家中既已认识。1946年,当牟宗三随中央大学回到南京的时候,因创办《历史与文化》杂志的机缘,而与创办《学原》的徐复观经常见面,并谈一些文化思想的问题。从此以后,牟宗三曾多次寄居徐先生家中,深受其帮助。1949年,到台湾后的十多年,徐复观对牟宗三等也多有维护。牟宗三曾总体评价徐复观道:"我一生感念徐先生。徐先生这个人对维护中国文化,维护这个命脉,功劳甚大。这是我亲自切身的感受:疏通致远,功劳甚大。"②可以说,到达台湾之后,徐复观和当代新儒家学者的接触是频繁的,也是他因此开始著述的时期。在二十世纪五十年代初,徐复观与牟宗三、刘述先同在东海大学任教。1958年元旦,徐复观又与张君劢、唐君毅、牟宗三在《民主评论》和《再生》杂志上共同发表《为中国文化敬告世界人士宣言——我们对中国学术研究及中国文化与世界文化前途之共同认识》这一篇长文,它毫无疑问地明证了徐复观的新儒家立场。

总之,徐复观的学术生涯是以肯认和阐发以儒家思想为核心的中国文化传统为鹄的,借此,他力图使得儒家思想在现代再次得到新生和创造性的转化,并为现代人的生存提供良好的思想资源。

第二节 治学研究方法论

依徐复观的看法,对于中国文化的研究,主要应当归结到思想史

---

① 徐复观:《我的读书生活》,见《徐复观文录选粹》,台北:台湾学生书局,1980年,第315页。
② 牟宗三:《徐复观先生的学术思想——徐复观学术思想国际研讨会主题演讲》,见《时代与感受续编》,《牟宗三先生全集》(24),台北:联经出版公司,2003年,第466页。

的研究。但是,在他那个时代一直没有产生过一部像样的综合性著作,他认为这主要是由方法与态度决定的。徐复观有关治学方法的文章,主要体现在由香港"现代研究辅导中心"编印的《徐复观杂文·记所思》一书中。

何谓方法?"方法是研究者向研究对象所提出的要求,及研究对象向研究者所呈现的答复,综合在一起的一种处理过程。所以真正的方法,是与被研究的对象不可分的。"①综观徐复观的著述,他所提出的研究方法主要有如下几点:

一、要有在分析综合中的推理能力即思考力。治学最重要的资本是思考力。"要写一部像样的中国思想史,第一必须读书读得多、读得实在,第二必须受有思想的训练,第三必须有做人的自觉。三者缺一不可。"②第一点强调的是治学的功力,第二点则谈的就是思考力的重要性,第三点是对治学态度的重视,即在批评一门学问之前,应当先做了解的工作,而不能一开始就以反对者的立场来看待它。思考力决定了我们在研究思想史的过程中,要遵循具体——抽象——具体的原则。"由局部积累到全体(不可由局部看全体),由全体落实到局部,反复印证,这才是治思想史的可靠方法。"③不过,如果仅仅停留于此,则得到的只是纸上得来的抽象东西。治思想史的人,要先由文字实物的具体达到思想的抽象,再由思想的抽象走向人生与时代的具体。思考力也决定了我们在研究思想史的过程中,要遵循变化发展的原则。"我所作的这类思想史的工作,所以容易从混乱中脱出,以清理出比较清楚的条理,主要是得力于'动地观点'、'发展地观点'的应用。以动地观点代替静地观点,这是今后治思想史的人所必须努力的方法。"④

---

① 徐复观:《研究中国思想史的方法与态度问题(代序)》,见《中国思想史论集》,上海:上海书店出版社,2005年,第1页。
② 徐复观:《两篇难懂的文章》,见《中国思想史论集》,第310页。
③ 徐复观:《有关思想史的若干问题》,见《中国思想史论集》,第93页。
④ 徐复观:《中国艺术精神·自序》,沈阳:春风文艺出版社,1987年,第6页。

思考力对于治思想史的人如此重要,那么究竟如何获得这样的思考力?徐复观认为,思考力的培养,通过阅读西方哲学家的著作,要比纯粹读中国线装书来得容易。当然,这并不是说要以西方某种哲学的架子来研究中国哲学思想。这正如他自己所言:

> 我常常想,自己的头脑好比是一把刀;西方哲人的著作好比是一块砥石,我们是要拿在西方的砥石上磨快了的刀来分解我们思想史的材料,顺着材料中的条理来构成系统,但并不要搭上西方某种哲学的架子来安排我们的材料。我们与西方的比较研究,是两种不同的剧场、两种不同的演出相互间的比较研究,而不是我们穿上西方舞台的服装,用上他们的道具比较研究。我们中国哲学思想有无世界的意义,有无现代的价值,是要深入到现代世界实际所遭遇到的各种问题中去加以衡量,而不是要在西方的哲学著作中去加以衡量。面对时代的巨变,西方玄学式的,与现实游离得太远的哲学思想,正受着严重的考验。我们"简易"的哲学思想,是要求从生命、生活中深透进去,作重新的发现,是否要假借西方玄学式的哲学架子以自重,我非常怀疑。①

二、要有反省力。有反省力的人,才能在探索中不断改正自己在方法上与结论上的错误,并能吸收新材料、新观点,凭新材料突破原有观念,形成切合资料的新观念;没有反省力的人,他的心灵经常在闭锁状态之中,任何方法对于他都是无效的,只能以资料增益他原有的观念,凡与他原有观念不合的,只有被删除或歪曲的命运。徐复观之所以特别强调反省的重要,是因为:"第一,一个人对材料的掌握不易完全;第二,是对材料的解释、批评更非易事。"②关于材料的批评、解释并

---

① 徐复观:《中国思想史论集续篇》,"中国思想史论集自序之三——我的若干断想"。上海书店出版社,2004年,第8页。
② 徐复观:《由〈尚书·甘誓〉、〈洪范〉诸篇的考证看有关治学的方法和态度问题》,《中国思想史论集续篇》,第83页。

非易事,这是因为要进入到材料里去批评解释它,要把材料安放在它的历史、时代背景中去批评解释它。

三、要有由省察而来的自制力。个人的哲学思想应当和研究古人的哲学思想史完全分开。尽管可以用自己的哲学思想去衡断古人的哲学思想,但是万不可以将古人的思想涂上自己的哲学。不过这里面似乎存在的一个理论上的悖论:如果没有哲学修养,如何能了解古人的哲学思想?如果有了哲学思想,便会形成自己的哲学,那么如何避免将自己的哲学与古人做某种程度的换位?徐复观的解决方案是,"在这种地方,就要求治中国哲学思想史的人,有由省察而来的自制力"。于是,对于古人的思想,只能在文字的把握上立基,而不可以先在自己的哲学思辨上立基。通过这样的自制力,可以达到原原本本地把握古人的哲学思想。

四、要有使方法发生真正作用的治学功力。方法是出自治学历程中所蓄积的经验的反省,由反省所集结出的方法,又可以引导治学中的操作过程。没有适当的方法,很难得出有意义的结论。但是悬空的谈论方法而将其概括为几句话,并不能发生什么真正作用。方法的真正作用,是与治学的功力成正比的。

徐复观既坚持方法对于思想史研究的重要意义,同时也看重方法背后的研究态度。治学的态度和方法,可以综括为"实事求是,多作反省"。对于方法与态度的关心,徐复观认为,研究方法与研究态度是不可分的。决定如何处理材料的是方法,但决定运用方法的则是研究者的态度。所谓态度,是整个社会生活的自然流露,它是由心理作用的惯性所形成的。与研究自然科学不同,研究人文科学,研究的对象与研究者现实生活的态度密切相关,因此在现实生活中的态度,常能干涉到研究时的态度。"态度问题比方法问题更重要。"[①]有了能虚、能

---

① 徐复观:《由〈尚书·甘誓〉、〈洪范〉诸篇的考证看有关治学的方法和态度问题》,《中国思想史论集续篇》,第61页。

勤、能慎、能改的态度,那么方法是在工夫中产生、修正的。研究思想史的正确态度应当是:首先要很客观地承认思想本身,要先顺着前人的思想去思想,随着前人思想的展开而展开。据此,才可以提出怀疑、评判,才能与前人思想的本身相应,否则只能算是一种猜度。

由于许多人在文史方面所谈论的科学方法,都还没有跳出清朝考据的范围,于是徐复观便对义理与考据之间的关系展开了多次详细论述,这样的论述和争鸣是围绕学术方法而展开的。在思想史的研究中,一直存在着围绕考据和义理、历史的考订和历史的解释孰轻孰重的争论。针对钱穆、毛子水、劳干、张春树等学者强调考据、忽视义理的观点,徐复观对其进行了积极的批判,并借此提出了自己的相关主张。他的有关思想主要体现在《两篇难懂的文章》、《答毛子水先生的〈再论考据与义理〉》、《考据与义理之争的插曲》、《有关思想史的若干问题》、《中国思想史工作中的考据问题——〈两汉思想史〉卷三代序》等文章当中。他认为,以段玉裁为代表的一些标榜考据的人,犯了两个毛病:一是把义理之学与研究义理之学的历史即研究思想史混而不分;一是仅靠训诂来讲思想,来满足思想史的要求,却不了解要研究思想史,除了文字训诂以外还有进一步的工作。

关于考据与义理之间的关系,徐复观认为,它们之间不存在必然的关系。如果站在现代学术上"为知识而知识"的立场,从近代以知识为主的学问来说,那么凡是知识都有其本身自足的价值,因此考据与义理没有本末可言,它们应处于平等的地位而不可偏废。但是如果站在中国传统的观念,从中国传统文化的立场上说,可以说义理是本而考据是末。

徐复观从来不否认考据在思想史研究中的作用,他认为在思想史研究中谈论考据,必须向三个层面扩展,知人论世的层面,在历史中探求思想发展演变之迹的层面,以归纳方法从全书中抽出结论的层面。[①]

---

① 参见徐复观:《中国思想史工作中的考据问题——〈两汉思想史〉卷三代序》,《中国思想史论集续篇》,第8—9页。

但是,他更为重视思想史研究中的义理阐述一面。因为治思想史的工作,当然要根据有关的文献,凡是关涉到文献而需要训诂、考据的,当然要通过训诂、考据,但是,"并非每一思想史的文献都需要做训诂、考据的工作。并且这种工作,对治思想史而言,也只是起码的初步工作,因为仅有这步工作并不能做出思想史"。① 治思想史是在求得一种知识,凡为求得知识,都应遵守知识所得以成立的基本规定。再有,古人的思想,保存在遗留的文献里。因此,治思想史的人,自然首先必须注重文献的搜集考订,但这只是初步的文献学工作。如果工作仅仅停留在文献学的阶段,这并不是没有价值,但不能称之为思想史,紧靠训诂、考据,是难以把握到古人思想的。

围绕义理与考据关系的争辩,本质上是延续了清代"汉学"与"宋学"之争。胡适与冯友兰在二十世纪上半叶的思想交锋,其中的一点就是围绕此而展开的。徐复观有关义理与考据关系的辩证理解,是准确而合理的。这样的理解也左右了他的治思想史的方法,在他的大量思想史著作当中,都能体现出来这种方法的运用。因此,如果想去客观地了解他的思想史,首先就要把握他所提出的思想史研究方法论,以及他对于义理与考据关系的辩证理解。

第三节　文化哲学

当代新儒家与传统的先秦和宋明儒家学者之间存在一个基本的不同,即他们面对的时代背景发生了重要的变化。如果说儒家前两期处理的主要是中国文化内部的问题,也就是说,先秦儒学面对的问题是如何在礼坏乐崩的时代提出解决的办法以及如何在众多理论派别

---

① 徐复观:《有关思想史的若干问题》,见《中国思想史论集》,第71页。

中站稳脚跟,宋明儒学则主要针对佛学的盛行而力图将中国文化的核心重新归结到由孔孟开创的儒学传统中去,那么,当代新儒家所面对的则是在中国文化与西方文化相互碰撞之时,如何去看待中国传统文化、西方文化以及二者之间的辩证关系。由于儒家文化是中国传统文化的核心,它曾经长期在中国的历史生活中占据主导地位,所以作为当代新儒家的一名主要成员,徐复观自然也在文化的问题上进行了多方潜心的研究。

由于深受熊十力的"亡国族者常先自亡其文化"的提撕,徐复观认为,"中国的问题,最根本的还是文化的问题"。① 对于人类文化的三大支柱即道德、艺术和科学,徐复观对于前两者都有系统的研究。在与西方文化进行比较研究的过程中,徐复观与其他新儒家学者一样,对中国文化采取的是一种客观的同情和理解态度。对以儒家为主的中国传统文化的肯认,是新儒家学者的共同主张。徐复观认为,我们对于中国文化的态度,"不应该再是'五四'时代的武断的打倒,或是颠顶的拥护。而是要从具体的历史条件后面,以发现贯穿于历史之流的普遍而永恒的常道,并看出这种常道在过去历史的具体条件中所受到的限制。因其受有限制,于是或者显现的程度不够,或者显现的形式有偏差"。② 这里面所提出的中国传统文化中的"常道",明显地表明徐复观抱有的是一种中国文化本位主义的立场。一方面,他承认中国文化的基本特质是人间的性格与现世的性格,因此在中国文化的主流中不可能含有反科学的因素,但中国文化毕竟采取的是人与自然过分亲和的方向,征服自然以为己用的意识不强,因此以自然为对象的科学知识未能得到顺利的发展。另一方面,他又认为,中国文化在人的具体生命的心、性中发掘出道德的根源、人生价值的根源,它不假借神化、迷信的力量,使每一个人都能在自己一念之间于现实世界中生稳根、

---

① 徐复观:《〈民主评论〉结束的话》,《徐复观文录选粹》,台湾学生书局,1980年,第195页。
② 徐复观:《儒家政治思想的构造及其转进》,《中国思想史论集》,第242页。

站稳脚,并且凭借人类自觉之力,可以解决人类自身的矛盾以及由此矛盾所产生的危机。于是,"中国文化在这方面的成就,不仅有历史地意义,同时也有现代地将来地意义"。①

大凡关心文化问题的学者,势必会提出自己对文化的某种规定,徐复观当然也不例外。他因受贺麟《文化与人生》的影响,也将文化定义为一种精神的存在物,其间饱含着价值的内容。

徐复观在多处著述中都对文化进行了规定。例如,"文化是人性对生活的一种自觉,由自觉而发生对生活的一种态度(即价值判断)";②"文化是由生活的自觉而来的生活自身及生活方式这方面的价值的充实与提高";③"文化是从生活各种程度的反省中而逐渐建立起来的。所以由生活的目的性、理想性所建立起来的东西,我们才可称为文化";④"所谓文化,'是按照个人与集体的生活要求,以支配并创造诸自然、诸事物,使其能把生活推向理想方面进展。这种努力的过程称为文化'。"⑤

从徐复观对文化含义的诸多规定来看,围绕生活和价值来谈文化的本质特征是一贯的立场。文化当然离不开生活,可生活并不等同于文化,文化是对生活的反省、自觉,是对生活的理想的追求,是对生活的价值的充实与提高,因此,无自觉、无理想、无价值的生活并不是文化。文化总是被徐复观归结为一种精神价值的东西,它起源于人性对生活的自觉。

为了言称这样的文化,徐复观又在文化与文明之间做了对比。文化是因对生活进行自觉而具有的价值的充实与提高,它的内容包括道

---

① 徐复观:《中国艺术精神·自序》,第1页。
② 徐复观:《儒家精神之基本性格及其限定与新生》,萧欣义编:《儒家政治思想与民主自由人权》,台湾八十年代出版社,1979年,第45页。
③ 徐复观:《徐复观先生谈中国文化》,《徐复观杂文——记所思》,台湾时报文化出版事业有限公司,1981年,第85页。
④ 徐复观:《从生活看文化》,《徐复观文录选粹》,台北:台湾学生书局,1980年,第31页。
⑤ 徐复观:《西方文化没有阴影》,《徐复观杂文——记所思》,台湾时报文化出版事业有限公司,1981年,第61页。

德、宗教、艺术等,而文明是根据我们改进生活环境所得的结果,它的内容主要是科学技术。于是,尽管未否认文化和文明的相互联系,徐复观却认为,作为价值系统的文化与作为科学系统的文明是有着根本区别的,这种区别背后所强调的是道德与知识、"有颜色"与"无颜色"的二元分立以及道德对知识的统领地位。"道德的没落,必会引起知识的混乱、堕退。这是今日谈思想文化的人,所应注意的大问题。"①徐复观以价值角度来谈文化,并基于此批评科学主义所鼓吹的科学一层论,显然是有可取之处的,但借此强调道德与知识的分立,便必然面临如何合理处理知识与道德、科学世界与价值世界相统一这一许多当代新儒家学者面临的棘手问题。徐复观一贯坚持儒家看重德性之知而忽视见闻之知这一立场,因而将价值世界高悬于科学世界之上,于是难免落入道德主位主义的窠臼之中。

徐复观承认文化具有共性和个性双重特性,这是因为人同时具有共性和个性,而文化又是由人创造的。人的共性与个性、一与多,当然会反映在他所创造的文化上,从而成为文化的一与多、文化的共性与个性。

文化的共性与个性,涉及文化发展的统一性与多样性、中国文化与西方文化的关系问题。关于此,徐复观在承认文化发展的统一性的同时,更重视的是批判文化进化论,他持有的是文化相对主义观点。他主张,不能以一种文化性格作为尺度来抹煞其余的文化,各民族各有自身的价值系统,不能以西方的价值系统作为衡量其他文化的唯一标准。在文化的共性和个性的相互关系方面,他承认二者相互含摄,"在文化的共性上,我们应该承认有一个世界文化;在文化的个性上,我们应该承认各民族国家各有其民族国家的文化。并且各民族国家所反映出的文化底个性,是不断地向世界文化底共性而上升"。② 也就

---

① 徐复观:《再谈知识与道德问题》,《徐复观文录选粹》,台湾学生书局,1980年,第128页。
② 徐复观:《文化的中与西——答友人书》,徐复观:《中国学术精神》,陈克艰编,上海:华东师范大学出版社,2004年,第247—248页。

是说,共性与个性之间、个性与个性之间,经过不断地接触和吸收,将使某些个性的若干原有部分发生一种解体现象。不过,这种解体不是个性的消灭,而是个性新的凝聚。个性的不断上升与凝聚是人类创造文化的过程,这种过程从观照的态度说,是文化共性的不断扩大;而从实践的态度说,又是文化个性的不断完成。"无个性以外的共性,也无隔离孤独的个性。个性中有共性,而仍不失其为个性;共性中有个性,亦仍不失其为共性。说某一文化无个性,这是等于说根本无此一文化,或者说此系一不具体底文化。"①徐复观对于文化共性与个性的理解,应当说是极具辩证性的,正是通过这种辩证理解,他对于中国本民族文化的认同便具有了理所当然的理据。

基于文化共性与个性的辩证疏解,徐复观指出,从文化的个性上讲,我们应当承认中国文化与西方文化的区别。这种区别体现在三个方面:一、从文化的起源上看,源于希腊文化的西方文化起始之处关注的是自然,是因为对自然界进行思考而发生的;中国文化则是源于在思考人与人相互关系时所具有的对人的忧患进行负责。二、从人文的自觉上看,中西文化虽然都有一个从宗教中自觉产生人文主义的过程,但源于西伯来文化的西方文化是以神为中心的文化,其间透显出来的是"苦难意识"。强调才智、崇拜全能的西方人文主义,只是近代西方文化精神的产物。中国文化因为很早就开始了"宗教的人文化"即"天的人文化"历程,其间透显出来的是"忧患意识",是强调道德的中国人文主义的最初跃动。中国的文化,为人文精神的文化。三、从文化的成就和局限上看,西方文化成就的是知识、科学即物质文明,忽视的则是道德、价值即精神文化,中国文化则反之。

当然,在强调中西文化差异的同时,徐复观也没有忽视二者的互补性。"仁性与知性,道德与科学,不仅看不出不能相携并进的理由,而且是合之双美、离之两伤的人性的整体。""我相信有各种文化的不

---

① 徐复观:《文化的中与西——答友人书》,第248页。

断接触互往,人类文化能向近于'全'的方面去发展。"①西方文化所需要做的是"摄智归仁",中国文化所需要做的则是"转仁成智"。

十九世纪中期以后,中国许多问题都不再是民族内部的问题,而是在中西文化碰撞的大背景下发生的。传统的文化经受着前所未有的西方现代化的冲击,因此,此处文化的传统与现代,主要关涉的是中西文化的关系问题。

何谓传统?徐复观认为,传统是某一集团或民族代代相传的生活方式和观念,它由民族性、社会性、历史性、实践性、秩序性特征构成,具有基层与高层的分别。文化传统的层次性,主要涉及的是文化的个性问题。徐复观将作为文化发展内在动力的传统分为两个层次,"低次元的传统"和"高次元的传统"。"低次元的传统"指的是风俗习惯,它是具体的、被动的、静态的、缺少自我批判的,既包含了合理的、有意义的、先进的、进步的方面,因而是人类生活必不可少的安定因素,满足的是人们精神生活的稳定、平静的需求,同时,它也包含了不合理的、无意义的、落后的、保守的方面,这又成为文化发展的障碍。"高次元的传统"指的是形成一个民族精神的最高目的、最高要求和人生的最高修养,它是理性的、精神的、具有自我批判精神的,具有自觉性、批判性、再生性,它是同价值世界紧密相联的,形成了一个民族的宗教、哲学、史学、艺术思想的主流。两种层次传统之间的批判与继承,构成了传统的自我更新、自我改进的内在机制。

通过徐复观有关传统不同层次的分析,我们看到了传统不仅存在文化发展的阻碍力,更存在文化持续健康发展的原动力,这种对于传统的辩证的而不是形而上的理解,与反传统的西化主义者和恪守传统的保守主义者相比,显然更具客观、理性和合理。徐复观对于文化传统的定位,主要是依靠一种价值的分析。在他所运用的"高次元"、"低

---

① 徐复观:《儒家精神之基本性格及其限定与新生》,《儒家政治思想与民主自由人权》,1979年,第77、46页。

次元"语言背后,我们发现,"低次元的传统",就是一个民族的文化价值系统的边缘部分,而"高次元的传统"则是其中的核心部分,它构成了一个民族最为基本的价值观念、生活方式、思维习惯、心理习惯等。

在徐复观看来,现代化主要指涉的是科学世界的问题。由于做了这样的定位,文化的传统与现代化问题,在中国便是一方面维护中国传统文化所开出的价值世界,另一方面吸收西方的科学技术。传统和现代化,成为互相定位的两种东西,成为文化发展过程中不可或缺的两种因素。不过,对于中国传统文化的现代化问题,显然并不是像徐复观所认为的这样的简单,即中国的价值世界与西方科学世界之间的关系问题。这种简单化的理解,一方面是根源于对现代化本身的简单理解。而事实上,现代化是具有极其丰富内涵的一个概念,它至少包含了如下一些可感知的因素:工业化,市场经济,先进的科学技术,合理化、世俗化和都市化,民主政治,理性精神。将现代化等同于科学技术,只是考虑到了现代化的一个维度,而忽视了这个概念所本有的丰富内涵。另一方面,对中国传统文化现代化问题的简单理解,也是由于徐复观在看到西方现代化过程中所出现的人性危机的时候,漠视了西方现代生活中所必然存有的价值世界的一面。与东方文化相比,西方文化在近代以后不仅在科学技术上独占鳌头,即使是在人文精神价值的诠释和建构上,也提供了东方所无的巨大思想资源。意志主义、生命哲学、现象学、解释学、存在主义、结构主义、弗洛伊德主义、哲学人类学等等思潮,无疑客观地彰显了西方人在价值世界建构中的理论强势。

除了文化的传统和现代化问题,徐复观还分析了文化的层级性,它指的就是同一文化在社会生活中表现为不同的横断面,它包括"基层文化"和"高层文化"两个层次。"低层文化"就是"低次元的传统"。"高层文化",是少数知识分子对于知识的追求、个性的解放、新事物的获得、新境界的开辟所做的努力,它与"高次元的传统"相关但又不同,它主要是对传统的突破。

"高层文化"与"低层文化"是相对立的,体现的是前进的与保守的、创新的与稳定的、精英文化与大众文化之间的区别。当然,徐复观认为"高层文化"与"基层文化"虽然处于冲突的状态,但缺一不可,它们之间因冲突所形成的张力,对于民族文化的发展来说,至关重要。为了化解二者之间的矛盾冲突而保持它们之间的应有张力,徐复观则认为,"高次元的传统"是主要的手段。

中国传统文化源远流长,如何对其基本特征进行规定成为许多学者研究的热点问题。例如,李泽厚将其规定为"乐感文化",梁漱溟则将其概括为"意欲持中的文化",而牟宗三则称其为"生命的文化"。徐复观基于对中国传统文化的根本认同心态,是以"心的文化"来规定的。他认为,中国文化本来是人文主义的文化,本来是显发人生的文化,其实质是"心的文化"。"中国文化最基本的特性,可以说是'心的文化'。"①生命成为人生价值的根源,成为文化的根源。"中国文化认为人生价值的根源即是在人的自己的'心'。"②

心虽重要,但众所周知,心这一概念本身是充满歧义的。徐复观对心的含义的规定主要有这样几点:一、心显然不是西方哲学唯心主义者所谈论的心。心是人的生理构造中的一部分,即指的是五官百骸中的一部分在心的这一部分所发生的作用。二、心与一般所说的心或心理学上的意识也不相同,它是从其他生理活动中摆脱出来的本心,它只有通过工夫的体验来加以呈现。任何人随时随地都有本心的作用。只不过一般人所发生的本心的作用,是间歇性的、混淆性的,由此表现的人生是善恶混的人生。另外,只有本心才能发出道德、艺术、纯客观认知的活动。三、心是和道德紧密相连的。心作为一种深层心理,就是"性善",就是孟子所说的每个人都具有的恻隐之心、是非之

---

① 徐复观:《心的文化》,《中国思想史论集》,第211页。
② 徐复观:《心的文化》,《中国思想史论集》,第211页。

心、羞恶之心、辞让之心。人生的价值主要表现在道德、宗教、艺术、认知等活动之中,而中国文化主要表现在道德方面,道德的根源是人的心。当然,心作为价值的根源,须在克服主观性之后才能成立。

徐复观在此对于"心"的规定,显然是存在值得商榷的地方。例如,将心看做是生理构造的一部分所强调的是心的物的一面,这似乎忽略了心本来具有的也为儒家所力倡的即存有即活动的特征,即忽略了心的能动的、主观的一面。另外,心的层次是多层面的,有物理层面、心理层面、生理层面的心,也有知识层面、道德层面、宗教层面的心。对于心的这些诸多层面及其关系,徐复观并没有给予深入的解释。诚然,他承认心有各种层次,但他宁愿将心的层次看做是心的各方面,而统摄各方面的东西就是心的自身的统一。从他的著述来看,他更为看重的是道德层面的心。这与儒家轻视习心而推崇本心的主张是如出一辙的。正因此,也决定了徐复观将本心既看做道德,也看做是知识的根据。一方面,他承认以物理为对象的知性的知识活动属于实然的世界,以伦理为对象的德性的道德活动属于应然的世界,两个世界有关联但并无必然的因果关系。道德未必能随知识而增高,知识亦不能随道德而俱进。另一方面,他又认为"人的心,含有无限的可能,有各方面的作用。其中最主要的,心的知性的一面追求知识,心的德性的一面成就道德"。[①] 以心来同时言说知识与道德,这与牟宗三所赞同并深入阐发的"一心开两门"的观点,从根本上讲,并没有什么区别。不过,以道德笼罩下的心来谈论知识与道德及其关系,势必无法客观而合理的把握知识与道德的本真含义及其辩证关系。同时,在谈到应然世界和实然世界、道德与知识的关系时,徐复观依然依据儒家的立场而将重点放在应然世界上。

要成就道德,成就人的道德行为,不能在外面的各种不确实的关系中去找根据,而只能在各人的心上去找。并且从"孩提知爱长知钦"

[①] 徐复观:《象山学述》,《中国思想史论集》,第18页。

来看,人的心本是道德的心,亦即本来具备道德之理,于此而认定"心即理",认定"心即理"之"心"是人的"大本"。应然的世界、价值的世界,只能从这个大本的地方流出来。不是不要知识,而是知识对于道德的行为来说,只是处于补助的、被动的地位,它不过处于德性的印证和被选择的地位,其对于道德行为的分量自然比较轻。同时,知性的知识活动,是就客观的对象上去探索;而道德主体的大本,则只有靠"返观内照",即是"反省"。①

从此段引文中可以看出,徐复观坚守着儒家"德性之知"高于"见闻之知"的立场。客观上讲,知识与道德是人类把握世界的两种基本方式,它们本无轻重、高低、本末之分。对于知识进行道德分析与对于道德进行知识分析,是居于同等的地位。徐复观虽然并不否认知识的重要地位,但依然基于道德主体性本善的立场来立论。但一些道德问题的探索,却肯定缺少不了知识的一环。例如,究竟人性是否为善?判断善恶的标准何在?何谓道德规范的内容和范围?我们如何去遵循这样的规范?有无道德规律,以及我们是依据什么来判定一个行为是符合道德规律的?注重以科学的知识方法来研究道德问题,平行的看待知识与道德的价值,将知识与道德有机地结合起来,这些都是我们在谈论道德问题时应当持有的立场。这正如韦政通先生所言:

> 我们对传统的道德,没有先在的成见;接受还是遗弃,完全要看是否能取得知识上的证实。凡是不能取得知识上证实的,都是人的理智所不能接受的。我们不否认,人的生命和情感,都有它的神秘性,这是无法取得知识的证实的。但是,一切神秘的东西,都属于个别的经验,这无法做客观的传达,而凡是能作为生活规范的,必须以能做客观传达者为限,这样知识的信仰(或名之为宗教的科学),和知识的道德(或名之为道德的科学),才有坚实的基础。②

---

① 徐复观:《象山学述》,第 19—20 页。
② 韦政通:《儒家道德与知识》,《儒家与现代中国》,第 63 页。

徐复观所代表的儒家道德思想,由于重视先验的道德原则、心性的超越无对性、直觉的道德判断标准、体悟的道德工夫,所以造成了知识与道德之间本不应该有的冲突。高抬人性本善的理想道德而将其放在知识之上,缺乏对知识价值的积极认识,缺乏对人性现实遭遇的知识分析,这些是以徐复观为代表的当代新儒家的一个主要弊窦。

在徐复观看来,由上述意义的"心"所规定的中国文化具有如下的特点:一、心的作用由工夫而见,是由工夫所发出的内在经验,它本身是一种存在,不是有如形而上学命题那样由推理而得的,因此可以不与科学发生纠缠。二、心可以主宰其他的生理作用,但是也不离开其他生理作用,而且心的作用须由其他生理作用来完成。心的作用一定是实践的。三、人生价值的根源在心的地方生根,也就是在具体的人的生命上生根。具体的生命,必然生活在各种现实世界之中。因此,文化根源的心不脱离现实,由心而来的理想一定融合于现实生活当中。四、任何人,当他在一念之间能够摆脱自己所有的私念成见的时候,就可以体验到心的作用。因此心的作用是非常现成的,也是大众化、社会化的文化。五、每个人在心的地方开辟一个内在世界,在心上得到人生的归宿,不需外在的追求和斗争。因此,心的文化是和平的文化。六、研究中国文化,应在工夫、体验、实践方面下手,但这不是要抹煞思辨的意义。不过,思辨必须以前三者为前提,然后思辨的作用才可以把体验与实践加以反省、贯通、扩充,否则思辨只能是空想。①

依此可见,虽然徐复观对于中国文化精神的说统在很大程度上是直接源于熊十力的心性哲学,但因为他本人更为看重的是对中国文化精神的阐发而不是对于儒家形而上学的探讨,因此他认为在有关中国文化精神的阐发上,熊十力的以建构形而上学为宗旨的《新唯识论》并不如《读经示要》和《十力语要》意义重大。在他看来,学者借后两部书才能把握中国文化的核心,才可以获得研究中国文化的钥匙。

---

① 参见徐复观:《心的文化》,《中国思想史论集》,第216—217页。

依据"心的文化"来定位中国传统文化,徐复观深入分析和考察了先秦时期中国的人性论史。"中国文化发展的性格,是从上向下落,从外向内收的性格。由下落以后而再向上升起以言天命,此天命实乃道德所达到之境界,实即道德自身之无限性。由内收以后而再向外扩充以言天下国家,此天下国家实乃道德实践之对象,实即道德自身之客观性、构造性。从人格神的天命,到法则性的天命;由法则性的天命向人身上凝集而为人之性;由人之性而落实于人之心,由人心之善,以言性善:这是中国古代文化经过长期曲折、发展,所得出的总结论。"①他认为,中国文化重视现实生命的特征和人文精神的传统,首要的是通过道德精神来展开的,而中国的道德精神主要是由孔孟儒家所开启和完成的。

儒家人性论以仁义为内容,极其量于治国平天下,从正面担当了中国历史中的伦理、政治的责任。凡是受到儒家思想影响的人与事,总会在某种程度上为民族保持一线生机,维系民族一分理想与希望。虽然孔孟"为人民而治"的理想未能得到实现,但是勤政、爱民、受言、纳谏、尊贤、使能、廉明、公正等观念,毕竟在中国争到一点开明专制的意味。但以虚静为内容的道家的人性论,在成己方面,后人受老子思想影响较深的则是操阴柔之术的巧宦,受庄子影响较深的多为甘于放逸之行的隐士。②徐复观一贯地继承了儒家重视道德主体自律的"为己之学",并以心言性。他强调道德上的自觉,本无可厚非。但现实的情况是,道德的自律与他律、个人的道德自觉与社会的道德规范是相辅相成的,徐复观因重视儒家心性之学而忽略了后者,显然是他的人性哲学的偏颇之处。

在徐复观看来,儒道两家人性论虽然内容不同,但在把群体涵摄融化在个体之内因而成己即要求成物上,却有相同的性格。儒道两家的人性论的特点是:其工夫的进路,都是由生理作用的消解来使主体

---

① 徐复观:《中国人性论史·先秦篇》,上海:上海三联书店,2002年,第141页。
② 参见徐复观:《中国艺术精神》,第39—40页。

(儒家的道德主体与道家的精神主体)得以呈现,这就是所谓的"克己"、"无我"、"无己"、"丧我"。而在主体呈现时,是个人人格的完成,同时即是主体与万有客体的融合。"所以中国文化与西方文化最不同的基调之一,乃在中国文化根源之地,无主客的对立,无个性与群性的对立。"① "成己"与"成物",在中国文化中认为是一而非二。当然,儒道两家的基本动机虽然同出于忧患意识,但儒家是面对忧患而要求加以救济;道家则是面对忧患而要求得到解脱。

依据以"心的文化"来定位中国传统文化,徐复观也将消解形而上学看做中国文化与西方文化不同的一个基本特征。中国文化因重视现实的生命存在,因强调"心"是通过活动、实践、文化创造而呈现出来的,因而不具有西方文化重视形而上学的性格。心的文化、心的哲学,只能称为"形而中学",而不应讲成形而上学。"中国的'心'的文化乃是具体的存在,这与信仰或由思辨所建立的某种形而上的东西,完全属于不同的性格。"② 同样强调心,但与熊十力、牟宗三、唐君毅力图重建儒家形而上学不同,徐复观却以形而上学的消解来诠释中国文化的基本精神。他认为,"凡是形而上的东西,就是可以观想而不能实行的"。③ 他晚年对于熊十力、唐君毅等人从具体生命、行为层层向上推到形而上天命、天道的做法,进行了积极的批评。"形而上的东西,一套一套的有如走马灯,在思想史上从来没有稳过。熊、唐两先生对中国文化都有贡献,尤其是唐君毅有的地方更为深切。但他们因为把中国文化发展的方向弄颠倒了,对孔子毕竟隔了一层,所以熊先生很少谈到《论语》,唐君毅晚年似乎有回转,在独立以后的新亚研究所开《礼记》、《论语》的课,但对《论语》的课,是由他的一位学生代授。"④

---

① 徐复观:《中国艺术精神》,第115页。
② 徐复观:《心的文化》,见《中国思想史论集》,第212页。
③ 徐复观:《向孔子的思想性格回归——为纪念一九七九年孔子诞辰而作》,《中国思想史论集续篇》,第286页。
④ 徐复观:《向孔子的思想性格回归——为纪念一九七九年孔子诞辰而作》,第283页。

站在思想史研究的角度,我们当然可以说,孔子在人类文化史中的地位不会因其与西方哲学系统的格式符合或不符合而有所增加或减少。可是,形而上学毕竟是哲学研究的一个基本领域,任何一个民族的文化和哲学,都要寻求一种世界的终极存在,都有一套对于世界的终极解释,都提出和向往一种终极的价值。对此,中国传统哲学,如先秦《易传》、老庄道学、魏晋玄学以及宋明儒学,都有近似于西方形而上学的思想,但它们的存在都是散见于思想家的思想背后,是隐形存在的,毕竟一直没有加以系统化。中国传统哲学的现代化,很重要的一个方面便是借西方哲学重构出一套可以回应西方的显性的形而上学系统。以此来分析,徐复观与熊学其他学者相比,显然要逊色得多。

总体看来,在以"心的文化"来规约中国文化特质这一方面,徐复观明显的是继承和发挥了熊十力的心性哲学。当然,与熊十力、唐君毅等人从形而上学角度来阐发中国文化的立场不同,徐复观则试图消解心的形而上学意味。这是对中国传统文化进行哲学的理解还是思想史的理解之间的区别。因力图消解形而上学,所以徐复观对于心所进行的是一种形而下的理解。与此不同,当代新儒家的一些学者则是从严格区分生理学意义的心与形而上学本体意义上的心开始立论的。例如,熊十力对于"习心"与"本心",牟宗三对于"认识心"与"道德心",贺麟对于"心理的心"与"逻辑的心"的区别,都与徐复观因强调人的生命存在而将哲学意义上的心与生理意义上的心相比附,具有明显的不同。因为没有经过正规的哲学学术上的训练,作为思想史家的徐复观必然对于生理之心、逻辑之心、道德之心缺乏必要的甄别。

经学是由《诗》、《书》、《礼》、《乐》、《易》、《春秋》构成的,它的基本性格是古代长期政治、社会、人生的经验积累,并经过整理、选择、解释,用作政治、社会、人生教育的基本教材。两汉以后,经学二千年来已成为中国学术的骨干。

徐复观十分重视经学在中国文化中的地位和价值,他曾言:"经学奠定中国文化的基型,因而也成为中国文化发展的基线。中国文化的反省,应当追溯到中国经学的反省。"①"要恢复民族的活力,便必须恢复历史文化的活力。要恢复历史文化的活力,便对塑造历史文化的基型、推动文化的基线的经学,应当重新加以反省,加以把握。"②为了达到这样的目的,首要的一步便需有一部可资凭信的经学史,它由经学的传承与经学在各不同时代中所发现、所承认的意义这两部分构成。徐复观晚年的《〈周官〉成立之时代及其思想性格》(1980)与《中国经学史的基础》(1982)两部书,是他在此问题上的主要著述。

在徐复观看来,经学发端于周公及周室之史,因为经学的历史可以追溯到周公,所以儒家的历史也可以上推到周公。由《春秋左传》、《国语》所表现的春秋时代,《诗》、《书》、礼、乐及《易》成为贵族阶级的重要教材,而且在解释上也开始由特殊的意义进而开辟向一般的意义,由神秘的气氛进而开辟向合理的气氛,这是经学之所以成为经学的重大发展。不过,《诗》、《书》的编纂要到春秋中叶才完成,孔子所修的《春秋》则完成于春秋之末,《易》的十翼更迟在孔子以后。这之后,孔子和孔门奠定了经学的基础。"经学的基础,实奠定于孔子及其后学,无孔子即无所谓经学。"③孔子在经学上的作用是:一、将贵族手上的文化及文化资料,通过"学不厌,教不倦"的精神,既修之于己,也扩大于来自社会各阶层的三千弟子,使其成为真正的文化摇篮并弘扬于天下。二、将《诗》、礼、乐当作人生教养进升中的历程,使它们成为一个人格升进的精神层级的复合体。三、对《诗》、《书》、礼、乐及《春秋》作了整理和价值转换的工作,因而注入了新的内容,使春秋时代所开辟出的价值得到提高、升华,因而也形成了比较确定的内容与形式。

---

① 徐复观:《中国经学史的基础·自序》,《徐复观论经学史二种》,上海:上海书店出版社,2006年。
② 徐复观:《中国经学史的基础》,《徐复观论经学史二种》,第188页。
③ 徐复观:《中国经学史的基础》,《徐复观论经学史二种》,第29页。

不过,孔子之时,不仅经之名未立,而且《易》与《春秋》尚未与《诗》、《书》、礼、乐组合在一起。孔子及其后学所奠定的只是经学之实,但是尚未具备经学之形。

站在经学发展史的立场看,孟子除发展了《诗》、《书》、礼的意义之外,他还特别提出了孔子作《春秋》的意义。与孟子发展了《诗》、《书》之教不同,荀子则发展了礼、乐之教。虽然经学的精神、意义、规模到孔子之时已经奠定基础,但标志经学之所以为经学的经学形式,则是到荀子之时才挈其要。荀子已经将《春秋》组入于《诗》、《书》、礼、乐中而为五,《易》的价值已为他所承认。于是,荀子的门人进一步把《易》与《诗》、《书》、礼、乐、《春秋》组合在一起。徐复观进而认为,《礼记》中的《经解》是出于荀子门人之手,是六经完成的首次宣告。当然,经学虽然经过儒家长期努力而成其为经学,但经学并非儒家一家之学,于是它能在儒家之外发生影响。此外,徐复观也考察了经学在《墨子》、《庄子》、《管子》、《韩非子》、《吕氏春秋》中的种种体现。

西汉前期的经学思想主要是传播于社会之上的经学思想,它成为罢黜百家、独尊儒术,改杂家博士为五经博士的强有力背景。汉朝中期以后,随着五经博士的设立,经学由社会层面进入政治层面。但徐复观认为,汉代经学虽然在政治思想层面具有绝对的地位,但就现实来说,两汉的政治却是以皇权专制为政体,以刑罚为政治运行的骨干和基底,而作为思想纲维的儒家之教,所体现出来的只不过是政治的面貌而已。但不管怎么说,五经加上《论语》,作为政治思想的纲维,具有重要的意义,徐复观将其陈述为四点:它们在政治上的基本立足点是一切为了人民;它们是古代政治文化的总结;它们在政治上要求有言论自由,即所谓"受言"、"纳谏";它们涵具教育思想,也孕育出朝廷与社会的教育设施,从而要求以教育代替刑罚、减轻刑罚,这对人类命运也有极大的关系。①

---

① 参见徐复观:《中国经学史的基础》,《徐复观论经学史二种》,第187—188页。

第四节　政治哲学

徐复观从事军旅和政界生涯长达十五年之久,后来在接近知天命之时经熊十力指点而弃政从文,转向学术研究,并且力图重开儒家内圣外王之道和重申修己治人之学。因此,与绝大多数的当代新儒家学者不同,徐复观始终在问题的阐释过程中,将学术与政治结合起来进行考察,学术与政治在他看来具有同等的地位。他自己曾言:"自十六年前,我拿起笔开始写文章以来,虽为学识所限制,成就无多;要皆出于对政治、文化上的责任之心。政治是天下的公器,学术也是天下的公器。"他著述的一个中心主题是:探讨儒家思想的基本精神与民主政治及自由人权的关系,即如何将儒家精神与民主政体结合起来。徐复观的功绩主要体现在儒家"内圣外王"之学中的"外王"一面。"徐复观先生可说是当代新儒学中最能运用儒学基本的观念以评论当代政治问题,和注重儒家在政治思想上重构和开展的一位。"[①]

在徐复观看来,民主政治成为解决中国问题的总关键,它也是摆脱二千多年专制政体所造成的一切灾祸的根本途径。只有建立民主政治,才能彻底改变中国历史上的专制政治,才能克服儒家政治思想的历史局限性,才能跳出治乱循环的历史悲剧。徐复观虽然也承认中国传统政治未能发展出现代的民主政治和自由社会,但他坚持认为在儒家与民主政治之间不存在不相容的一面。当他在台湾办《民主评论》时,便立志以中国文化的道德人文精神作为民主政治的内涵,借此变中西文化冲突的关系而为相助相即的关系。他因此也主张,虽然自从董仲舒"推明孔氏"之后,儒家在政治上的若干

[①] 李瑞全:《当代新儒学之哲学开拓》,台北:文津出版社,1993年,第275页。

观念,如爱民、养民、纳谏、尚德、兴学、育才等等,已经成为二千年来决定政治及政治人物是非得失的共同标准。但是,这并不是说中国的政治从此便一直按照儒家思想去推演实行,因而在汉以后的政治中可以看出儒家思想在政治制度中的发展;也不能认为两千年的政治都应当由儒家来负责任。

我们都知道,由儒家开创的中国传统政治哲学,其主流是民本,宣传的则是德治与圣王理想。在徐复观看来,儒家的政治思想是德治、民本与礼治三者的结合。"德治"系基于人性的尊重,"民本"与民主相去只隔一间,而"礼治"的礼是制定法的根据和规范,这三者已经深入到民主主义的堂奥。而且德治、礼治中的均衡与中庸的观念,也是民主主义的重大精神因素。

具体讲来,首先从儒家政治思想的最高原则来说,它是一种"德治主义",德治的出发点是对人的尊重,是对人性的依赖。德治的基本意思是人君以身作则的"身教"。统治者必先尽其在己之德,因而使人人各尽其秉彝之德。统治者与被统治者之间,是以德相与的关系,而不是以权力相加相迫的关系。德是人之所以为人的共同根据。人人能各尽其德,即是人人相与相忘于人类的共同根据之中,来各养生而遂性,这正是政治的目的,也正是政治的极致。这样的政治思想是一种内发的政治思想,统治者内发的工夫常常重于外在的限制与建立。统治者不是站在权力的上面,运用权力去限制些什么,而主要的是站在自己的性分上作内圣的工夫。由内圣以至外王,只是一种推己及人的"推"的作用,也就是扩而充之的作用。德治的基本用心,是要从每一个人的内在之德去融和彼此间的关系,而不是用权力和人为的法规把人压缚在一起或维系在一起。权力的压缚固然要不得,即使法律的维系纵然维系得好,也只是一种外在的关系。外在的关系要以内在的关系为根据,否则终究维系不牢,而且人性最终不能得到自由的发展。总之,"德治是通过各人固有之德,来建立人与人之内在的关系。在儒家看来,内在的关系才是自然而合理的关系"。① 其次,从儒家政治思想基本努力的对象来说,它是一种"民本主义",《尚书》"民为邦本"的观念正好与德治的观念互相表里。民本思想的彻上彻下,形成了儒家政治思想的一大特色。由德治思想而否定了政治是一种权力的观点,更否定了国家纯是压迫工具的谰言。由民本思想而否定了统治者自身有何特殊权益的观点,更否定了统治与被统治乃是严格的阶级对立的谰言。最后,由于德治是一种内发的政治,因此人与人之间不重在从外面的相互关系上去加以限制,而是重在因人自性所固有的东西来加以诱导熏陶,使其能够自反自觉,来尽人的义务。法重在外制,而礼则强调的是内发,因此德治凭借以为治的工具当然重礼而不重法。

如此说来,儒家理想的政治是德治主义、民本主义与礼治主义的统一,它强调的是法律功能的弱化。但是,政治与道德、法律的关系,事实上应是"徒善不足以为政,徒法不能以自行"(《孟子·离娄上》)。道德与法律在政治的运行过程中是相辅相成难分轩轾的,哪一个都不可偏废。与儒家的德治理想不对称的是,传统的中国现实社会却是专制主义、君权主义、法治主义。内圣外王的理想人格毕竟与人的现实人格具有相当的差别。圣王的作用,也主要体现在修身与教化之上。因此,如何化解在理想与现实政治之间所存在的矛盾,无疑成为儒家政治思想面临的最大挑战。将人性修养的最高境界与政治境界相等同,将道德的内在自觉与政治的德性之治相混一,势必难以最终化解这样的矛盾。几千年来的中国传统政治,已经无情地铁证了这一点。于是徐复观所恪守的儒家政治思想,其本身的现实价值便打上了一个大大的问号。再有,徐复观所坚守的儒家德治主义,是泛道德主义影响下的政治思想。何谓泛道德主义?"就是将道德意识越位扩张,侵犯到其他文化领域(如文学、政治、经济),去做它们的主人,而强迫其他文化领域的本性,降于次要又次要的地位;最终极的目的是要把各

---

① 徐复观:《儒家政治思想的构造及其转进》,《中国思想史论集》,第244页。

种文化的表现,统变为服役于道德和表达道德的工具。"①这种泛道德主义在中国的传统文化当中影响甚大,体现在文学领域是"文以载道",体现在经济思想上是谋道不谋食,体现在政治思想上则是德治主义与政治神化。很显然,这样的泛道德主义是有失偏颇的。

当然,许多当代新儒家学者在看到儒家政治思想价值一面的同时,更重视的是深刻地揭露其局限性的一面。例如,牟宗三以"有治道而无政道"、"有吏治而无政治"、有治权的民主而无政权的民主、有内容的民主而无形式意义的民主对中国传统政治的分析,就很具有代表性。徐复观也正是通过分析儒家传统政治观的局限性,回答了儒家政治思想虽提出了民主政治的原则,虽强调了德治与民本,但是没有转出民主政治这一难题。也因此,儒学传统与皇权专制的关系,成为他的思想史研究的一个重点。在他看来,儒家政治哲学的缺点主要在于:

一、儒家强调突破统治者本身权力的利害范围,宣扬人君以民意为依归,要对被统治者真实负责。但是,它所设想的一切都是以人君或人臣去实行为出发点,而不曾想到如何由人民自身去实行的问题。总是以居于统治者的地位来为被统治者想办法,总是居于统治者的地位以求解决政治问题,而很少以被统治者的地位去规定统治者的政治行动,很少站在被统治者的地位来寻求解决政治问题。政治上的千言万语,总不出于君道、臣道、士大夫之道。与此不同,西方的民主政治是立足于维护民众的权利,并着眼于限定统治者的权力与行为。

徐复观认为,造成上述局限性的原因是:中国政治理念与中国政治现实之间的矛盾,即君主体与民主体双重政治主体的存在。中国传统社会的政治思想虽然除了法家之外,都可以说是民本主义,即认定民是政治的主体。但是,中国几千年的实际政治却是专制政治。政治权力的根源,是来自君王而不是来自人民。"专制时代的'权原'在皇

---

① 韦政通:《泛道德主义影响下的传统文化》,《儒家与现代中国》,第88页。

帝,政治意见应该向皇帝开陈;民主时代的'权原'在人民,政治意见则应该向社会申诉。"①君主才是真正的政治主体。中国的圣贤,一旦追溯到政治的根本问题,便首先不能不把作为"权原"的人君加以合理的安顿,而中国过去所谈的治道,归根到底则是君道,是以人君能听话纳谏为开端和归结。与此不同,民主政治所要求的"权原"是在民,一谈治道所指称的是民意。"政治的理念,民才是主体;而政治的现实,则君又是主体。这种二重的主体性,便是无可调和对立。对立程度表现的大小,即形成历史上的治乱兴衰。"②

中国的传统政治思想总是力图在现实政治生活中消解人君在政治中的主体性,来显示天下的主体性,从而消解上述的对立。但由于君在现实政治生活中始终处于绝对的地位,而人民始终处于消极被动的地位。于是,以民为本从未发展到以民为主。儒家的千言万语,最终因为缺少人民如何去运用政权的间架,乃至缺乏人民与政府关系的明确规定,而依然跳不出主观愿望的范畴,这成为儒家有了民主精神和愿望而中国不曾出现民主的最大关键所在。因为政治主体不能确立,于是德治的推扩便不能不有一定的限度。这既造成对暴君污吏多束手无策,也造成有道德自觉的圣君贤相,因为缺乏社会呼应的力量而感到力不从心。政治主体不能确立,于是政治的发动力完全在朝廷而不在社会。这也造成了儒家知识分子一生奔竞于仕宦之途,从而放弃了对社会各方面应有的责任与努力,甚至成为历史的一大负担。徐复观认为,为了彻底化解政治理念与政治思想、君主体与民主体之间的矛盾,要从"格君心之非"做起,它要求人君要从道德上转化自己,要以"无为"来否定自己,以"无为"来消解自己在政治中的主体性,把自己客观化出来,消解于"天下"的这一政治主体性之中,以天下的才智为才智,以天下的好恶为好恶。

---

① 徐复观:《中国的治道——读陆宣公传集书后》,《中国思想史论集续篇》,第307页。
② 徐复观:《中国的治道——读陆宣公传集书后》,《中国思想史论集续篇》,第308页。

徐复观此处以"无为而治"来诠释儒家的德治思想,蕴涵着限制政府权力的理念,以及政府价值中立的自由精神。这样的诠释路径,显然具有合理的地方。但此处的问题是,将政治理念与政治思想、君主体与民主体之间矛盾的化解归于君心之格,归于君的道德自律和无为之治,却显然难以具有说服力。试想,如果人君不道德,又不实行无为之治,矛盾的化解又将如何加以进行?将矛盾的化解单单归于君主体的个人道德修养和精神修养,显然难以实现。现代社会的民主政治已经证明,政治问题的解决在很大程度上要由权力的拥有者,也就是民众来决断,它决不是权力的最高执行者一个人能够完成的事情。

当然,徐复观的下述主张是合理的:只有将人君在政治中的主体性打掉,把以君主为现实政治的主体转变为以人民为现实政治的主体,才可以保障民在政治上的主体性,而这才是中国政治思想的第一义。与此不同,民主政治则是从制度上、法制上化解政治上的二重主体性。首先应将权力的根源还归于民,以"民意"代替"君心"。政治人物作为人民的雇员,是居于中国历史上臣道的地位,人民则处于君道的地位。因此,儒家政治思想,要由以统治者为起点,变为以被治者为起点,并补进我国历史中所略去的个体自觉的阶段。总之,"中国历史中的政治矛盾,及由此矛盾所形成的历史悲剧,只有落在民主政治上才能得到自然而然的解决。由中国的政治思想以接上民主政治,只是把对于政治之'德'客观化出来,以凝结为人人可行的制度"。[①] 一句话,政治矛盾的化解,要由吸取西方民主政治的儒家政治思想来完成。

二、儒家言政治都是从个人的德性推广出去,这站在政治最根源的地方和一个人的人格完成上来讲,当然是正确的。从这一方面来说,儒家思想在世界各种伦理道德的学说中,是最成熟圆满的思想,因而对人类有其永恒的贡献。但是从政治方面说,由修身而治国、平天下,由爱亲敬长而推之于民、推之于社会,在客观上需要一种有力的桥

---

① 徐复观:《中国的治道——读陆宣公传集书后》,《中国思想史论集续篇》,第325页。

梁,而这种桥梁必须人人可以了解、可以遵守。但儒家在精神上架设了这种桥梁,而在客观上并没有好好地架设起来。也就是说,将一人的道德客观化于社会,使其成为政治设施,其间尚有一大曲折。可是儒家的德治思想,却把这不可缺少的曲折省却了。

三、儒家对社会制度的态度,是主张逐渐蜕变而不主张剧烈改革,但事实上,儒家既无法在政治上保障贤者在位、能者在职,则儒家思想中所保留的贵贱观念,结果只足表征一种政治地位的高下,再堕落而为官贵民贱。

四、儒家重视历史精神,但先秦儒家都是面对现实的社会与人生而称道历史,其间蕴藏着一种思想创造的动力,但到了后来,便常常受到"古"的束缚,脱离了对于现实的观察、思考而埋头于经典的注释。[①]

徐复观上述对于儒家政治思想局限性的深刻揭露,可谓极富理性的深度。但从根本处讲,他依然坚守的是儒家的政治立场,并认为儒家思想为政治提供了道德的最高根据,而且在观念上也已经突破了专制政治。只不过是因为被专制政治压回了头,才使得儒家人格的人文主义没有完成客观的建构,以至于仅能缓和专制政治而不能解决专制政治。总体上来讲,徐复观依然认为只有返本才能开新,即只有回到儒家传统,才能开出民主政治。站在儒学本位的立场来言说政治,徐复观坚信儒家政治精神自身当中便已经存在着民主政治,只是现实政治生活当中未能开出而已。于是在儒家政治思想与民主政治之间,便不存在能不能开出的问题,而是如何开出的问题。他说:

> 我这几年以来,始终认为顺着儒家思想自身的发展,自然要表现为西方的民主政治,以完成它在政治方面所要完成而尚未完成的使命,而西方的民主政治只有和儒家的基本精神接上了头,才算真正得到精神上的保障,安稳了它自身的基础。所以儒家

---

① 参见徐复观:《儒家对中国历史运命挣扎之一例——西汉政治与董仲舒》,《中国思想史论集》,第292—296页。

"人把人当人"的思想,不仅在过去历史中尽了艰辛挣扎之力,且为我们迈向将来的永远指针,及我们度过一切难关的信心之所自出。①

我认为民主政治,今后只有进一步接受儒家的思想,民主政治才能生稳根,才能发挥其最高的价值。因为民主之可贵,在于以争而成其不争,以个体之私而成其共体的公,但这里所成就的不争、所成就的公,以现实情形而论,是由互相限制之势所逼成的,并非来自道德的自觉,所以时时感到安放不牢。儒家德与礼的思想,正可把由势逼成的公与不争,推上到道德的自觉,民主主义至此才真正有其根基。②

徐复观主张民主政治的基础应该向儒家精神转进一层,他也认为中国所需要的科学民主,要从自己民族生命中成长出来。科学民主是中国历史文化自身向前伸展的要求,而历史文化是培养科学民主的土壤。为何如此?这是因为徐复观将民主自由看做是一种态度,据此,儒家精神、人文精神,从某种角度说,主要便是成就人生从性情中流露出一幅良好态度。这是对整个人生负责,因此也是民主自由的根源,而民主自由也正是儒家精神、人文精神在政治方面的客观化。总之,问题的关键不是儒家精神当中到底存不存在民主政治,而是民主政治最终完成未完成的问题。不过,客观的历史事实已经证明:中国几千年的传统社会并没有发展出自由民主,这一点无疑凸现出徐复观所代表的新儒家,在应对外在世界问题时所采取的基本路向是不恰当的。很显然,将西方民主政治与儒家政治思想有机结合起来,并非是一件易事。

以徐复观为首的当代新儒家学者,在道德与自由民主的地位问题

---

① 徐复观:《儒家对中国历史运命挣扎之一例——西汉政治与董仲舒》,《中国思想史论集》,第296页。
② 徐复观:《儒家政治思想的构造及其转进》,《中国思想史论集》,第247页。

上,始终是将前者看做是第一义的,后者是第二义的。在他们看来,道德才是自由民主制度的形而上学根据,宣讲和发展自由民主制度,目的仍然在发扬道德。因此,道德是本、体,自由民主是末、用。从上述两段引文来看,徐复观的问题主要体现在两个方面。一方面,他将道德自由与自由本身相混,从而忽略了自由本身所具有的丰富含义,尤其是忽略了自由的政治上的含义。按照柏林(Isaiah Berlin)《自由四论》中的主张,自由存在消极的与积极的或外在的与内在的区分。前者指的是不受外在强制而言,即一个人能够不受别人阻碍地做自己想做的事,也就是独立于他人专断意志之外而具有的自由,后一种自由则是立足于意志自由问题,并导出道德自由,而且引入了政治社会自由的讨论。就徐复观论述的范围来讲,他主要谈论的是当代新儒家共同关心的积极自由观念。诚然,道德自由是我们思考问题的一个十分重要的维度,但是不受他人外在限制的消极自由,显然不同于不受自己内在情欲支配的内在自由,因此如若建立一种真正的民主制度,政治上的自由与道德上的自由相比,则更为重要。徐复观必须面对的问题是:如何科学地定位政治学中的消极自由与伦理学中的积极自由?

另一方面,徐复观将政治与道德相混,从而使得政治道德化。上述引文中的观点,是徐复观等新儒家学者以儒家本位主义的立场来言说政治所必然得出的结论。当然抛开他未能在如何从外王开出民主政治上进行有如牟宗三式的细密分析,我们也可以从其行文当中看出,他依然以儒家精神来谈论政治,从而将政治道德化。当代新儒家的中国文化本位主义立场使得他们主张:"我们承认中国文化历史中,缺乏西方之近代民主制度之建立,与西方之近代的科学,及各种实用技术,致使中国未能真正地现代化、工业化。但是我们不能承认中国之文化思想,没有民主思想之种子,其政治发展之内在要求,不倾向于民主制度之建立。亦不能承认中国文化是反科学的,自来即轻视科学实用技术的。"①可是,中国文化的有机发展与现代中国的民主科学建国,毕竟不具有必然的关联性。我们认为,中国传统文化从未开出一套现代西方意义上的民主制度与科学体系,这已经是一个昭然若揭的事实。即使中国传统文化中拥有民主思想的种子,其政治发展中存在民主制度的内在要求,但如果将民本与民主、君权与人权做一种明晰的区分,那么,我们势必会抛弃民主与科学可自中国文化本身中加以开出这一种既不切合中国现实发展实际,也不符合中国历史客观事实的玄想。

徐复观的政治道德化立场,在他关于儒家修己与治人关系的论述中,有着十分明晰的呈现。他认为,儒家的修己与治人是具有"终始"、"本末"关系的一个事情的两个方面。"儒家思想,从某一角度看主要的是伦理思想,而从另一角度看则亦是政治思想。伦理与政治不分,正是儒家思想的特色。"②一方面,治人必本于修己,修己必归结于治人;另一方面,修己和治人、学术和政治的标准是不同的。徐复观讲:

> 孔、孟乃至先秦儒家,在修己方面所提出的标准,亦即在学术上所立的标准,和在治人方面所提出的标准,亦即在政治上所立的标准,显然是不同的。修己的、学术上的标准,总是将自然生命不断地向德性上提,决不在自然生命上立足,决不在自然生命的要求上安设人生的价值;治人的、政治上的标准,当然还是承认德性的标准,但这只是居于第二的地位,而必以人民的自然生命的要求居于第一的地位。治人的、政治上的价值,首先是安设在人民的自然生命的要求之上,其他价值必附丽于此一价值而始有其价值。③

---

① 牟宗三、徐复观、张君劢、唐君毅:《为中国文化敬告世界人士宣言》,封祖盛编:《当代新儒家》,北京:三联书店,1989年,第28页。
② 徐复观:《儒家政治思想的构造及其转进》,《中国思想史论集》,第243页。
③ 徐复观:《释〈论语〉"民无信不立"》,《中国思想史论集续篇》,第266页。

尽管明确论述了修己标准与治人标准的不同,但由于强调儒家伦理与政治不分的特色,两种不同的标准被归结为以修己的德性标准来统领治人的自然生命标准。儒家的修己与治人、内圣与外王成为一事的表里。也正因为强调伦理与政治之间的一致性,因而,与西方从规定自己所应得的权利出发来建立政治思想不同,儒家更重视的则是自己对于对方所应尽的义务。民主政治的基石应当是权利观念和多元主义,而中国的传统政治突出的则是责任观念和大一统的文化理念。徐复观所坚守的儒家政治哲学,是将政治看做是伦理的延长。这样的做法与以道德来谈知识,从而将知识道德化并没有什么区别。

政治虽然与道德具有密切的关联,但它却是具有自身特质的一门独立的领域。只有建立在这样的前提之下,我们才会说中国传统政治当中没有民主政治,而今天要谈论民主政治的建构便无论如何也不能从儒家思想当中去寻找资源。"大学讲修齐治平之道。其实修身至多是齐家的必要条件,但传统却误以为修身是齐家的充分条件。这样直筒子一路推下去,缺少一个曲折的过程,乃误以为政治只是伦理的延长,以至客观精神永远发展不出来。今日我们要建立民主法治,就必须由传统的格局彻底翻出来,要整个脱胎换骨才行,否则就还不免为传统的格局所羁绊,走不出真正的道路来。"①只有将政治与伦理分开,我们才会说政治上应当是权利第一而不是义务第一,君王的道德自觉应当让位于民众的个体自觉。以德治国固然重要,但依法治国更符合人性的现实。

由于将道德看做是第一位的,民主自由政治看做是第二位的,所以徐复观才会认为:儒家的政治思想尽管存在诸多的局限性,但依然可以从中转出民主政治,因为它已经提出了比西方更为合理的民主政治的原则。根据这样原则,是可以开出民主政治制度的。但问题是,

---

① 刘述先:《从民本到民主》,景海峰编:《儒家思想与现代化——刘述先新儒学论著辑要》,第32页。

儒家政治思想到底有没有提出民主政治原则？假设它已经提出，究竟又如何依此原则来开出自由民主？

儒家德治主义的政治理想与集权专制的政治制度现实之间，在历史上必然存在矛盾。即使站在民本的立场来思考问题，在集权专制之下，也难以建立民主政治。徐复观对于中国历史中的专制主义的批评是合理而深刻的，他对于儒家政治理想与现实政治体制之间的矛盾，揭示地也十分充分。同时他也详细分析了儒家政治思想的局限性，不过这种分析还只是基于中国文化本文主义与儒家中心主义的立场来立论，而并没有根本上从儒家的内圣外王立场上来分析儒家政治思想的理论限度。如果以此来分析儒家政治理论的诸多局限性，那么，将政治笼罩在德性之下无疑是其中最致命的一个。经过德性统率下的政治思想，与现实的政治要求显然具有明显的差别。现实的民主政治，是根源于人性自然生命的特质来立论的，它提倡政治上的平等，强调政治上的个人自由与义务。此外，对于政治权力的来源和运用，也多有思考。例如，以社会契约论来解释权力的来源和国家、政府的建立，以三权分立、选举制来赋予和规范权力的运用。这样的建立和运用，在等级制、家族世袭制的中国传统社会，显然是难以实现的。

徐复观政治思想的局限性，不仅体现在将政治自由与自由本身、政治与道德相混方面，也体现在他所提出的从儒家开出民主政治的观点中。究竟如何来实现中国历史上所从来没有实现的民主政治？这也是一个徐复观必然面对的迫切需要回答的现实问题。他基于儒家政治的基本立场，认为首要的是把政治的主体从统治者的错觉中依归人民，使得人民能有力量防止统治者的不德，人民由统治者口中的"民本"一转而为自己站起来的民主。因此今后的政治，先要有合理的争，才归于合理的不争；先要有个体的独立，再归于超个体的共立；先要有基于权利观念的法的限定，再归于超权利的礼的陶冶。总之，"要将儒家的政治思想，由以统治者为起点的迎接到下面来，变为以被治者为起点,并补进我国历史中所略去的个体之自觉的阶段,则民主政治可因儒家精神的复活而得其更高的依据,而儒家思想亦可因民主政治的建立而得完成其真正客观的构造"。①

但此处的问题是:儒家思想是建立在人性皆善这一基本预设之上的,因此人与人的关系是以互信互爱为基础。儒家的政治思想也是如此,而徐复观的政治观的理据,就是一种道德的理想主义。但众所周知,人性皆善这一预设本身是否合理,便是一个很容易产生广泛争论的预设。在政治领域,预设人性极易为恶,是自由民主制度建立的一个首要前提。徐复观单独以善来规定人性本质,是简化了人性本质背后的复杂问题,是对生命的单向度的理解,其所要实现的道德工夫最终必然会流于虚玄。因此,以性善来乐观的估计人性,必然使得儒家政治哲学最终难以转出人治的格局。其次,以这样广受争议的预设作为政治理论的基石,则所建构起来的政治大厦总会存在倾覆的可能。无限的信赖与尊重人性善德,因此借此来规约人君的统治而使其统治成为一种德治,这似乎更多的是具有一种理想的意义。在政治的运行过程中,通过建构一种客观的法律制度规范来匡正统治者的政治权力,这显然更具现实的意义。最后,假使为了化解政治上的君主体与民主体之间的矛盾,需要消解君主体而转化为民主体,那么究竟如何消解,又如何转化?这些棘手的问题,显然并不是徐复观所认为的那样能够在儒家的政治思想范围内来加以完成的。

第五节 徐复观儒学思想的当代定位

徐复观具有史识和批判精神。他坚持认为,既不能简单化也不能

---

① 徐复观:《儒家政治思想的构造及其转进》,《中国思想史论集》,第251—252页。

理想化中国历史,更不能一笔抹煞中国历史,这样的历史观显然更具理性精神。在徐复观的思想背后,更重要的是体现出一种批判的精神。儒家自从开创以来,便以其德治天下的基本主张,对现实社会展开了批判。这样的批判精神在当代新儒家那里依然没有丧失。例如,梁漱溟对西方文化弊端的揭露,牟宗三对西方科学一层论的批判等等。在徐复观的全部思想当中,儒家批判精神依然得到了长久的坚持。例如,他也认为从世界范围来看,科学一层论过分注重科学是不够的,民族文化里面有些东西是不可抛弃的。

当然,单从学理角度来看,从对当代儒学义理的哲学阐释和创新来讲,作为思想史家的徐复观与学院派的儒家学者,如熊十力、冯友兰、牟宗三、唐君毅等人相比,显然要逊色得多,这也许与徐复观是半路出家而没有经过正统的学术训练有关。他一生中研究的主题不外两个方面:一是将儒学的阐发与现实生活,将学术与政治有机结合起来;二是从思想史角度阐发以儒学为主的中国传统文化的价值。

就第一方面来讲,徐复观以中国文化中心甚至儒家中心的立场来阐发中国政治问题,显然难以在理论上和实践上具有实质性的力量。我们知道,中国传统政治面临着双重的困境。一是中国传统政治建立在农耕文化之中,所采取的方式是中央一统、政治与教化合一,政治成为了道德教化的延长,但政治毕竟不是道德的延长。二是个人自由和权力的发展无疑是建立现代民主政治的主体保障,而在传统君临天下的具有严格等级分明的独裁体制下,虽然为君者受到民本思想的制衡,但从根本上终究难以实现现代的民主生活方式。徐复观对于中国传统政治困境的解决方案,依然采取的是儒家的政治道德化的立场,尽管这一立场因吸收了西方的民主政治精神而有了新的内涵。但众所周知,道德修养和民主政治都是处理人和人、人和社会关系的有效途径,其中的任何一个都不是万灵丹。徐复观以儒家道德本位主义的立场来立论,很明显是难以真正摆脱上述双重困境的。作为中国传统文化的核心价值体系，儒家思想自然具有自身存在的价值，但以儒家传统精神来解决时代问题，显然是过于高估了它的当代价值。世纪之交的中国社会正处于蓬勃的发展之中，它也深处于全球化的世界大背景之下，因此它目前所面临的问题也十分地复杂，这些问题的解决，显然不能单独由儒家思想来担当。科学知识与政治民主的追求与拓展，显然与道德的担负与要求存在基本的差异。

就第二个方面来说，徐复观依据自身对思想史研究方法的独到理解，确实从思想史的角度对于传统文化的精神价值，如哲学精神、艺术精神、文学精神等，进行了较为成功的诠释。但是，思想史的角度只是我们诠释中国文化价值的一个角度，其他的角度尤其是哲学的角度，显然更具有深远的意义。由于徐复观不是一个哲学家，没有受到正规的哲学训练，因此与其他有哲学训练背景的新儒家学者相比，他对于中国文化的思想史解读，又必然具有自身的局限性。即使是在思想史的研究方面，因他主要是以文章的形式来阐发问题，所以在理论的系统性建构方面，也显得有些不足。

除此之外，站在时代发展的高度，我们会发现，徐复观新儒家的德治理想与当代全球化、多元化现实之间必然存在某种冲突。随着文化的媒介化进程的加速，大众传媒不断地将世界上不同地域的文化呈现在不同的角落，文化的多元化在丰富本民族文化生活的同时，也向传统的文化提出了巨大的挑战。儒家精神的当代危机，也许正可以表明此点。再有，以知识经济来标识的当代社会，提供人们以极其丰富的感官与物质享受，人性的道德底线一次又一次地遭受到严峻的挑战，于是，以徐复观为代表的当代新儒家倡导的不受感官欲望所累的内在道德自由，也不断的受到冲击。是德治优先还是以法制为中心？是道德的理想主义，还是自由民主的法制主义更具现实效力？如何在这种极强的理想与现实的冲突面前寻求一种平衡，想必也是徐复观等所有当代新儒家学者必然要面对的一个理论难局。不过，由于他们未能深入探讨全球化、大众文化、大众传媒等与问题密切相关的大背景,由于对人性存在的简单化的处理,都使得他们在处理这样的难局的时候,面临诸多他们的理论本身所不能克服的严重困难。

不过公允地讲,抛开徐复观儒学思想的局限性,他在当代依然具有如下不可磨灭的价值:在深入批判和揭露传统政治制度弊窦的同时,他满怀深情地去认同并积极地以理性的方式来疏解中国传统文化的合理价值;他始终如一地敬重本民族自身的文化传统,并将其视作自己生命追求的鹄的。也正是本着一种对待中国传统文化的客观的、理性的、批判的态度,他在中国传统文化及其精神的阐释方面,才具有别人所没有的诸多独到的见解与审慎的思考。